Die Ausstellungen stehen unter der Schirmherrschaft
von Bundespräsident Frank-Walter Steinmeier.

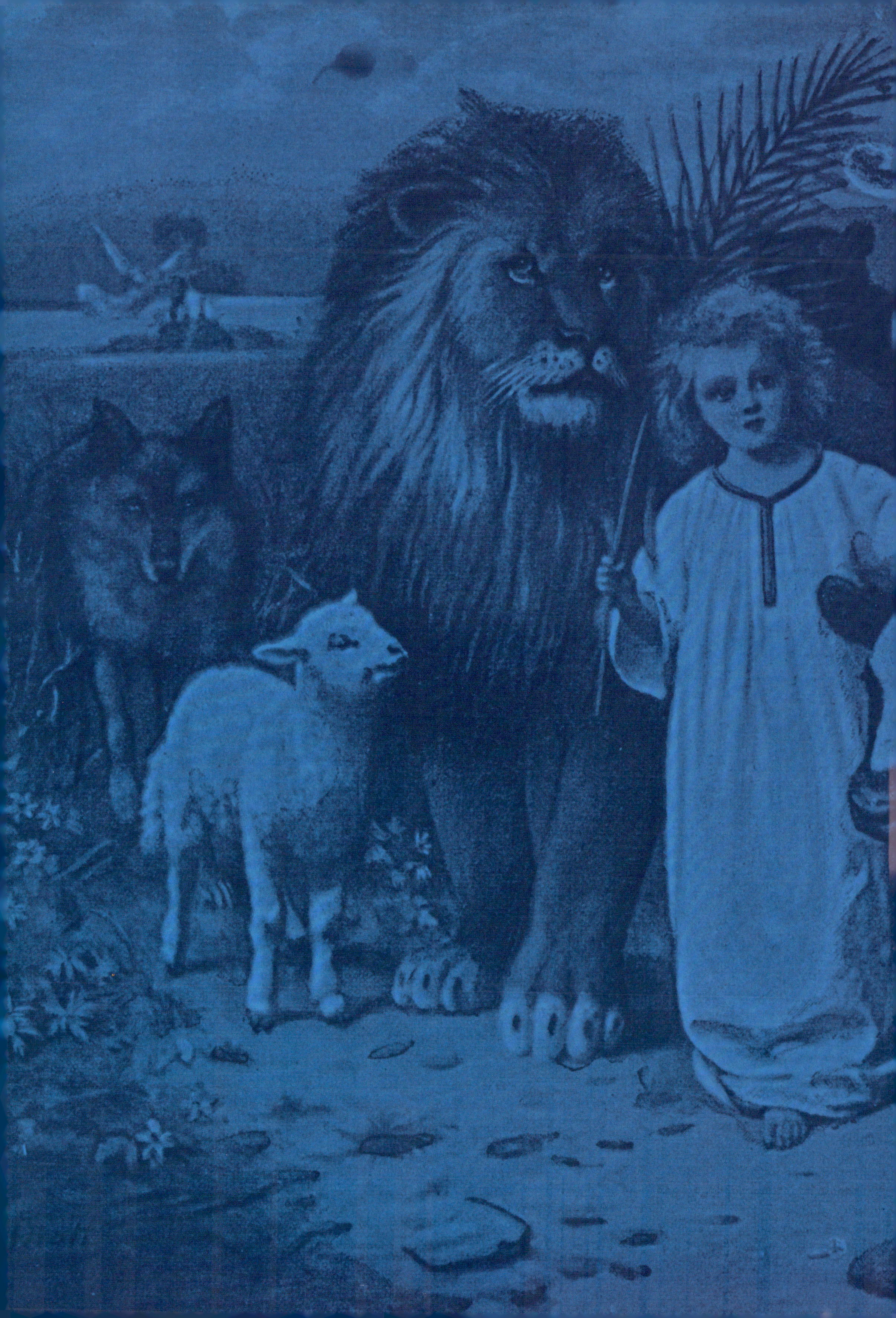

# *Frieden*

## WIE IM HIMMEL SO AUF ERDEN?

HERAUSGEGEBEN VOM
BISTUM MÜNSTER
BEARBEITET VON THOMAS FLAMMER,
THOMAS FUSENIG, VIKTORIA WEINEBECK

SANDSTEIN VERLAG

INHALT



ESSAYS

## KATALOG

### Wie im Himmel …



### … so auf Erden? Sind Kriege Gottes Wille?



### … so auf Erden? Sind Kriege religiös?



### Und nun?



## ANHANG

# Grußwort

Die Bischofsstadt Münster steht in diesem Jahr 2018 im Zeichen des Friedens. 100 Jahre nach dem Ende des Ersten Weltkriegs greift nicht nur der Katholikentag das drängende Thema unserer Zeit mit dem Motto »Suche Frieden« auf, auch fünf Münsteraner Institutionen haben es sich mit der Verbundausstellung »Frieden. Von der Antike bis heute« zur Aufgabe gemacht, der Friedensidee in Geschichte und Kunst nachzuspüren.

Als im Jahre 2014 der Exzellenzcluster der WWU mit der Idee einer Friedensausstellung an die Diözese herantrat, war es für das Bistum Münster selbstverständlich, das Vorhaben zu unterstützen, da es abgesehen von der Aktualität der Friedensthematik dem Bistum auch eine Verpflichtung ist, durch sein Engagement einen kulturellen Beitrag für Stadt und Land zu leisten. Dabei legte das Bistum von vornherein größten Wert darauf, die im Christentum innewohnende Friedenskraft nicht beschönigend darzustellen, sondern gleichfalls die schwierigen Kapitel der Kirchengeschichte zu beleuchten.

Während das Bistum anfänglich noch davon ausgehen konnte, seine Teilausstellung »Frieden. Wie im Himmel so auf Erden?« in eigenen Räumlichkeiten zu zeigen, zwang die bauliche Situation der Domkammer dazu, die Ausstellung an einem anderen Ort zu realisieren. Ich danke deshalb an dieser Stelle dem LWL – namentlich dem Direktor des Landschaftsverbands Herrn Matthias Löb – ganz herzlich dafür, dass der Diözese Münster die Möglichkeit eingeräumt wurde, mit ihrer Ausstellung zu Gast im LWL-Museum für Kunst und Kultur zu sein. Mein größter Dank gilt insbesondere dem Team des Instituts für die Geschichte des Bistums Münster, das sich mit großem Einsatz der Konzeption von Ausstellung und Katalog angenommen und zudem ein reichhaltiges Vermittlungsprogramm erarbeitet hat: Katrin Egbringhoff M. A., Prof. Dr. Thomas Flammer, Dr. Thomas Fusenig, Elisabeth Lange M. A., Viktoria Weinebeck M. A.

Ich wünsche den Besucherinnen und Besuchern der Ausstellung ein aufschlussreiches Erlebnis im Angesicht so zahlreicher Kunstwerke von hohem Rang!

Pax et bonum

+ Felix Genn

**Dr. Felix Genn**
Bischof von Münster

# Vorwort

Eine umfassende Ausstellung über Frieden in Europa von der Antike bis heute ist eine große Herausforderung für ein einzelnes Museum. Seien die Motivation und die zur Verfügung stehenden Mittel und Räume auch noch so groß. Die Motivation, dieses Thema 100 Jahre nach dem Ende des Ersten Weltkriegs und 370 Jahre nach Abschluss des Westfälischen Friedens in Münster und Osnabrück trotz aller absehbaren Schwierigkeiten anzugehen, war enorm und hat zu einer außergewöhnlichen Bündelung der Kräfte geführt: In einem einzigartigen Schulterschluss haben sich fünf museale Institutionen in Münster in einer mehrjährigen Zusammenarbeit zusammengetan, um der Herausforderung gerecht zu werden. Gemeinsam behandeln das Archäologische Museum der Universität Münster, das Bistum Münster, das Kunstmuseum Pablo Picasso Münster, das LWL-Museum für Kunst und Kultur sowie das Stadtmuseum Münster die große und vielschichtige Geschichte des Friedens. Aus unterschiedlichen Blickwinkeln beleuchtet die fünfteilige kunst- und kulturgeschichtliche Ausstellung das Thema über einen Zeitraum von mehr als zwei Jahrtausenden mit hochrangigen Exponaten aus deutschen und internationalen Sammlungen. Dank gilt dabei dem Exzellenzcluster »Religion und Politik« der WWU Münster, das bei der Ideenfindung und Konzeption beraten und das Projekt von Anfang an begleitet und unterstützt hat.

Für das Bistum Münster stand es aufgrund der für das Christentum zentralen Thematik schnell fest, sich mit einer Ausstellung an der Kooperation zu beteiligen und mit einem eigenen Schwerpunkt und Blickwinkel dazu beizutragen, im Rahmen der Gesamtausstellung »Frieden. Von der Antike bis heute« ein facettenreiches Bild zusammenzusetzen. Mit der Durchführung der Bistumsausstellung wurde das Institut für die Geschichte des Bistums Münster am Seminar für Mittlere und Neuere Kirchengeschichte von Prof. Dr. Hubert Wolf beauftragt, wodurch das Bistum gleichzeitig die langjährige vertrauensvolle Zusammenarbeit mit der Katholisch-Theologischen Fakultät und der Westfälischen Wilhelms-Münster unterstreicht. Das Ausstellungsteam, bestehend aus Kunsthistorikerinnen und Kunsthistorikern, Kunstvermittlerinnen und Theologen nahm Ende 2015 begleitet von einem eigenen Wissenschaftlichen Beirat die Arbeit an der Ausstellungskonzeption auf.

Vor dem Hintergrund der Fülle kulturhistorischer Ausstellungen der letzten Jahrzehnte – unter denen sich eine Reihe bedeutender Expositionen dem Thema Frieden widmeten – durfte das

Team durchaus überrascht feststellen, dass das christliche Verständnis von Frieden bisher noch nie Gegenstand einer eigenen Ausstellung gewesen ist. Obgleich die Verbindung von Frieden und Christentum lange eine wenig hinterfragte Konvention war, so hat sich inzwischen bei jeder Religion mehr und mehr die Assoziation mit Konflikt eingestellt. Mit der kunst- und kulturhistorischen Ausstellung »Frieden. Wie im Himmel so auf Erden?« soll deshalb das Wirken des Glaubens und der Religion als Friedenskraft einerseits und als Konfliktstoff andererseits dargestellt werden. Der Ausstellungsteil mit rund 100 Exponaten folgt thematischen Abschnitten, die ausgewählte historische Aspekte der christlichen Haltungen zu Krieg und Frieden aufgreifen.

Die christlichen Vorstellungen sind seit der Spätantike bis in die heutige Zeit geprägt von der Diskrepanz zwischen jenseitiger Friedenssehnsucht, aktualisierter Heilszuversicht und der Umsetzung konkreter politischer Ziele in der Wirklichkeit. Es werden wichtige Etappen innerhalb der Entwicklung der christlichen Friedensvorstellung gezeigt, ohne kritische Punkte auszuklammern. Natürlich war es unausweichlich, auszuwählen und sich zu beschränken – und dabei auch schmerzliche Einschränkungen zu akzeptieren, sodass die Ausstellung letztlich nur als Einstieg in eine Diskussion gelten kann. Aber wie es in Voltaires Bonmot heißt: »Das Geheimnis zu langweilen besteht darin, alles zu sagen.«

Besonders wichtig war es dem Team, das Friedensthema den kleinen Ausstellungsbesuchern zu erschließen, weshalb unsere Kunstvermittlerinnen, Katrin Egbringhoff und Elisabeth Lange, in der Ausstellung eine Kinderebene berücksichtigt und mit der Illustratorin Barbara Nascimbeni umgesetzt haben. Zudem wirkt die Präsentation des Bistums auch in den öffentlichen Raum der Stadt Münster hinein, da sich die »Klasse Löbbert« der Kunstakademie Münster mit zahlreichen Objekten und Arbeiten beteiligt und den St.-Paulus-Dom von innen und außen in die Ausstellung einbezieht. Hierfür sind wir den Professoren Dirk und Maik Löbbert sowie ihren Schülern dankbar.

Die Durchführung einer Ausstellung ist nicht denkbar ohne vielfältige Hilfe, sie ist Teamarbeit. So erwies sich in diesem Zusammenhang das von außen betrachtet zunächst ungewöhnliche Konstrukt, ein universitäres Institut seitens der Diözese Münster mit der Ausstellungsdurchführung zu beauftragen, in der Praxis als ein fruchtbares Modell. So konnte das kleine Ausstellungsteam auf zwei gut funktionierende Infrastrukturen – der des Bistums und der der WWU – zählen und wurde in allen Vergabe-, Beschaffungs- und Rechtsfragen, beim Leihverkehr und nicht zuletzt im Verwaltungsbereich hervorragend unterstützt, wofür wir allen Beteiligten der beiden Institutionen sehr dankbar sind.

Es war unglücklich, inmitten der Vorbereitungen zu erfahren, dass der genuine Ort einer Ausstellung des Bistums Münster – die Domkammer – aufgrund frappierender baulicher Mängel nicht genutzt werden konnte. Daher ist das Team – auch im Namen der Diözese Münster – umso dankbarer, dass uns die Möglichkeit eingeräumt wurde, die Ausstellung des Bistums im Altbau des LWL-Museums für Kunst und Kultur zeigen zu dürfen. So sei an dieser Stelle allen dortigen Kolleginnen und Kollegen für die angenehme und kollegiale Zusammenarbeit herzlich gedankt.

Unser Dank gilt zudem allen Kolleginnen und Kollegen des Verbundprojekts für die partnerschaftliche Arbeit, unserem Wissenschaftlichen Beirat für so manche wohlwollende Kritik, Ermunterung und wichtige Impulse und natürlich den Leihgebern, die es uns ermöglichten, eine Reihe außergewöhnlicher Exponate zusammenzutragen. Zuletzt sei dem Bistum Münster, namentlich Herrn Bischof Dr. Felix Genn, Herrn Generalvikar PD Dr. Norbert Köster, Herrn Domkapitular Dr. Klaus Winterkamp, Herrn Generalvikar i. R. Norbert Kleyboldt und Herrn Ulrich Hörsting gedankt, die das Projekt ermöglicht haben und auf deren Unterstützung und Vertrauen wir jederzeit zählen durften.

Den Besuchern der Ausstellung sowie den Lesern und Betrachtern des hier vorliegenden Katalogs wünschen wir viele neue Erkenntnisse und Eindrücke.

Im Namen des Ausstellungsteams

**Thomas Flammer, Thomas Fusenig,**
**Viktoria Weinebeck**

Gottes.

»Der k smisch t

Tie e«

Ruhe in Fri den,

Ge ch

*Essays*

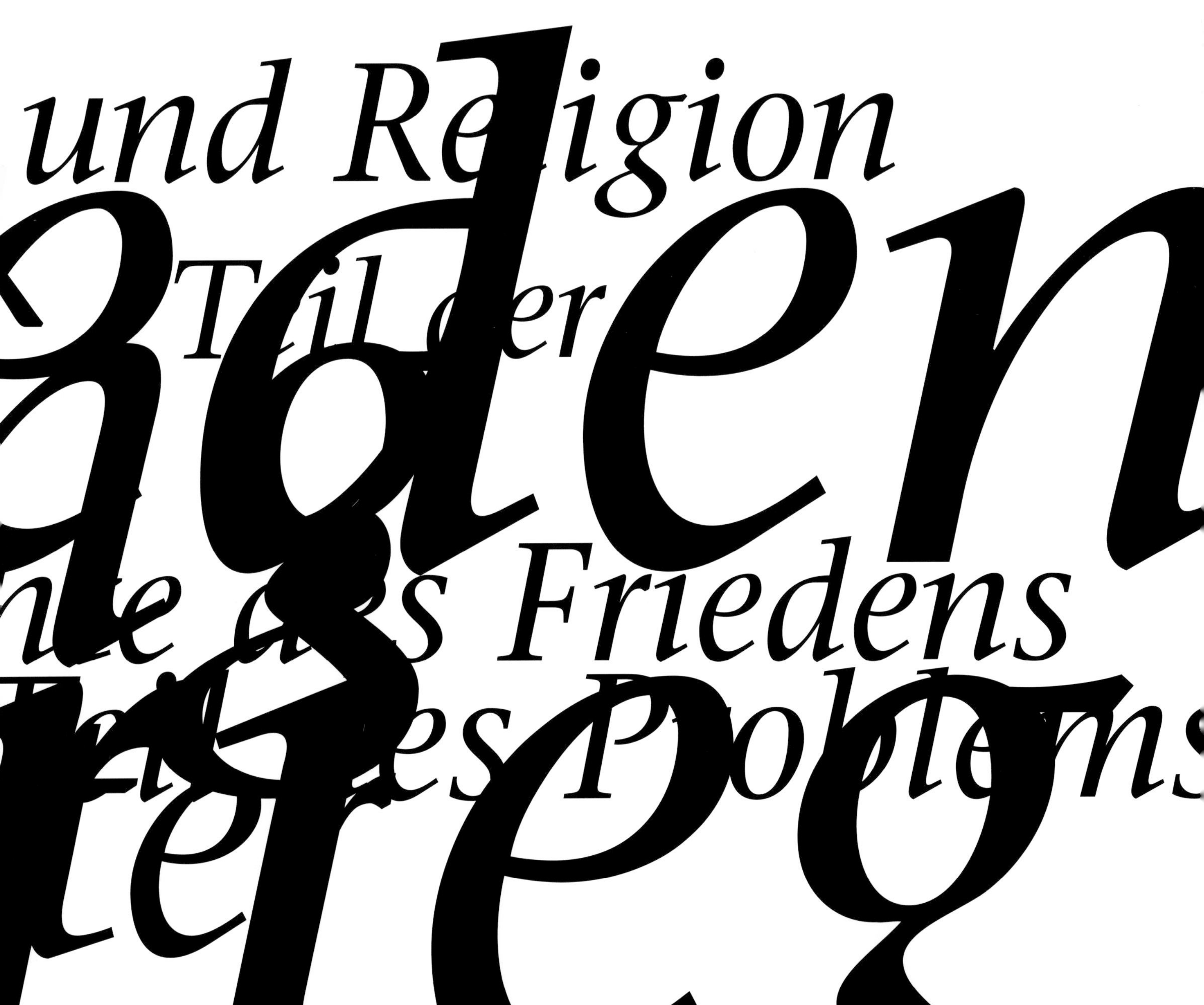

# Freüdenreicher Postilion von Münster/den durch deß Allerhöchsten ohnaußsprechliche Gnad/vo
# Vornembsten Potentaten der gantzen Christenheit/daselbst den 24. vnd 25. Octob. Anno 1648. Ratificierten/vnderschribenen vnd mit grossen Frewden offentlich Publicierten hochwerthen lieben Frieden bringent.

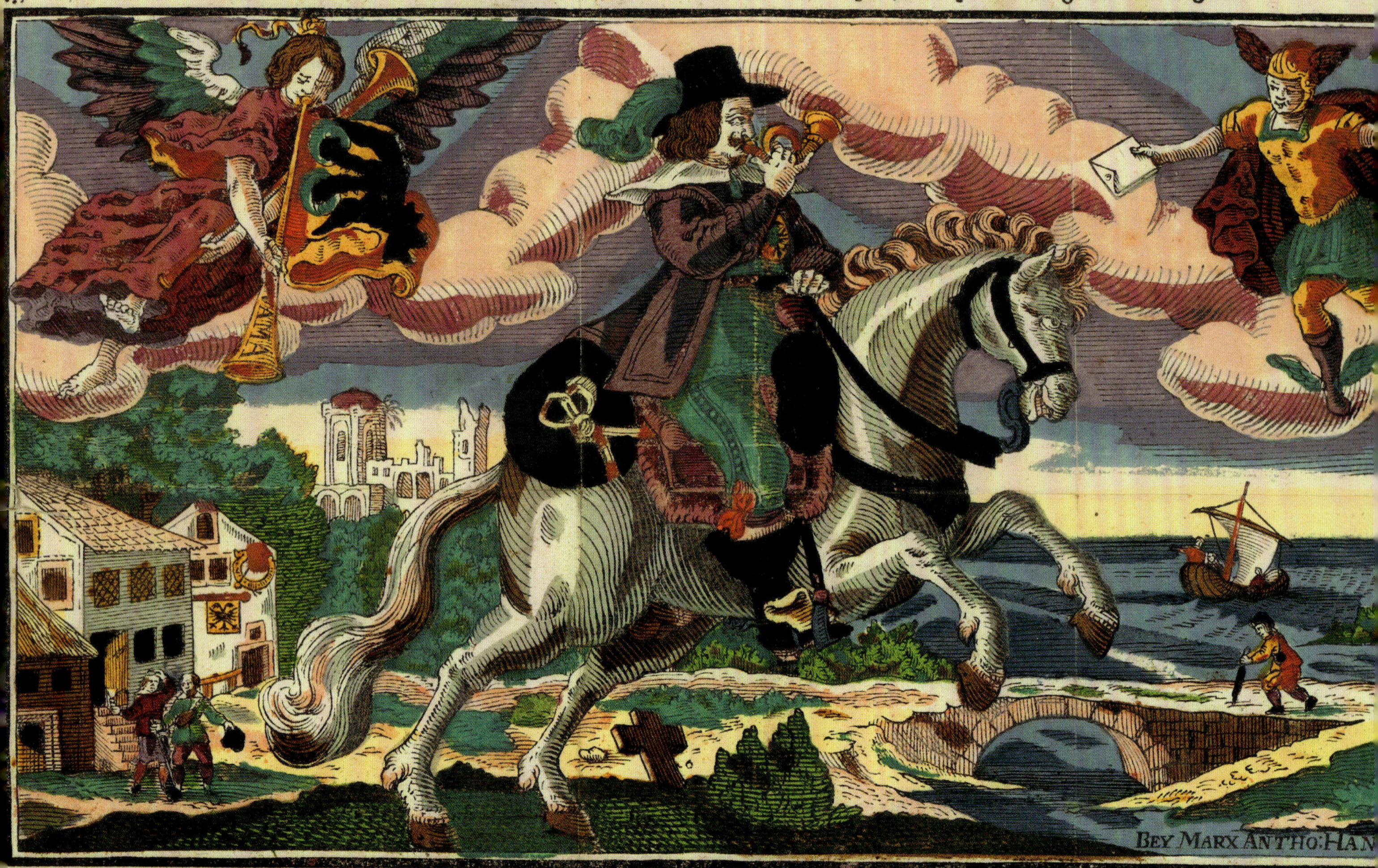


ICh die Fama vnd gmain Geschrey/
Von allen Kräfften mich erfrew?
In der so glückseligen Stundt/
Erheb mein Gefider jetzundt/
Deßgleichen ich Mercurius/
Gantz schnell ohn alle hindernuß/
Vor grossen Frewden mich schwing auff/
So renne ich in vollem Lauff/
Als ein Frewden Postilion
Damit Ich eylendt verkündt schon
Der hart betrangten Christenheit
Die ohnaußsprechlich grosse Frewd
So sich newlich durch GOttes gnad/
Zu Münster geoffenbart hat/
In Westphalen solcher gestalten/
Dann als sich alldort auffgehalten
Etlich Jahr die Allerhöchsten
Vnd Christlichsten Potentaten
Zu berathschlagen rechter Sachen/
Wie doch wider wer Fried zumachen/
Darnach viel tausendt Christen-hertzen/
Vil Jar seufftzen mit grossem schmertzen/
Hat endtlich der getrewe Gott/
Sich erbarmet vber die Not/
Die hohe Sach dahin gewendt
Vnd gebracht zu eim gutten Endt
Daß alldort der hoch edle Fried
Allerseits ohne vnderschied
Vnderschriben vnd ratificiert
Auch offentlichen proclamiert
Zu diesem End ließ man vor allen
Viel Trompeten frölich erschallen
Die Heer-Paucken thäten erklingen
Mit grossem Eifer thät man singen
Das Te Deum Laudamus fein/
In allen Kirchen insgemein
Ja man ließ auch nit ohnvermitten
Daß man mit alln Glocken gelitten
Den gantzen Tag an solcher stätt/
Die Thürnen man bestecken thät/
Mit Fahnen/als rechte Friedszeichen
Alle Stuck hat man deßgleichen
Gelösst hindurch den gantzen Tag/
Sonst mehr Frewden-zeichen ich sag
Hat man gebraucht/so nit zubschreiben
Die Frewd thät reich vnd arme treiben
So sehr das mit verwunderung
Es bald außsprechen kan kein Zung/
Ich Fama thät mich da auffhalten/
Vnd sprach wolan das muß Gott walten
Ich schwing mich auff vnd bring hiebey
Das allgemaine gut Geschrey/
Erstlichen dem Geistlichen Standt/
In den Stätten vnd auff dem Landt
Kan nun fürohin ohn beschwerden
Rein vnd lauter gepredigt werden
Das wort GOttes/mit fried bescheiden
Kan ein Seelenhört die Schaf weiden
Auff die recht grühne Aw zum Leben
Wol den Schafen/die volgen eben
Ihren Hürten/welche sie straffen
Vmb das böß/sie zum gutten schaffen.
Von dannen so schwing ich mich wider/
Zu den Schulen hoch vnd auch nider/
Bring jhnen die frölich Botschafft/
Dann all gute Künsten lobhafft
Sprachen vnd auch wissenschafften
Hinfort wider werden hafften
Bey euch/vnd Früchte bringen in rhü/
Zum lob deß Höchsten nemen zue/
Daß auß euch kommen glehrte Leuth
Vnd zu Gottes forcht vnd Weißheit
Die Jugendt aufferzohen werd/
Auff schneller Post wend ich mein Pferd/
Zu Obrigkeiten vnd Regenten
Thü jhnen den Frieden verkünden
Dann jetzund können/Fürsten/Herren/
Vnd alle Regenten mit Ehren
In Rhü regieren gantz glücklich/
Alles wird bestelt ordenlich
Groß vnd kleine Stätt/die Länder/
Wachsen vnd zunemen jhe mehr/
Mit Ehr vnd Rhüm kan auch der Adel/
Seinen Stand Christlich füren ohn tadel
Jedem Vnderthanen mit Heyl/
Wird Gricht vnd Grechtigkeit zu theyl/
Was sich der liebe Fried thät regen
Daselbst blühet Glück vnd Segen
Wa Fried ist alles wolgedeyt/
Ihr Vnderthanen euch erfrewet/
Dann jhr nun in Rüh vnd Fried köndt
Mit allem ewrem Haußgesindt/
Vnder dem schutz vnd schirm mit Nam
Ewrer Obrigkeit gantz lobsam/
Leben vnd haben ewren Rast/
Der beschwerliche Krieges-Last/
Contribution/plündern/brennen/morden
Was deß Vnheyl mehr an den Orthen
Ist nun dahin/drumb lobt GOtt/
Befleissigt euch hinfort ohn Spott/
Allen Gehorsamb zu erzeigen/
Der Obrigkeit vnd thät euch neygen/
Gebührende Steur/Gildt vnd Rendt/
Willig zu raichen an dem endt/
Den gemainen Nutzen vnzerspalten/
In gutem Wolstandt zu erhalten/
Vnd seydt allzeit dahin gerist/
Zu geben GOtt/was GOttes ist/
Deßgleichen dem Kayser das sein/
Jetzundt nimb ich den Enickher mein
Bey dem Haußstandt/der sich nit minder
Zu erfrewen/dann jetzt die Kinder
Mit sambt dem Gesind alt vnd jung/
Könden in besserer Ordnung/
Vnd gutter Zucht gehalten werden
Das offt verhindert kriegsbeschwerden
Daß es geheissen frü vnd spät/
Muß alls gehn lassen wie es geht/
Der Krieg bringet vil hindernuß.
Deßgleichen ich Mercurius/
Bring die gut Botschafft hin vnd wider
Kauffleuth vnd Bürger auff vnd nider
Dann nun mehr die Comerzien
Wider glücklich werden fortgehn/
Deren jhr vor offt müßt vergessen/
Jetzt könd jr wider Märckt vnd Messen/
Bawen/ewr Gewerb vnd Handlung/
Treiben/euch zu gutter nutzung/
So wol zu Wasser alls zu Landt/
In frembde Länder weit erkandt/
Vnd durch GOttes Segen auff Erden/
Grosse Schätz samlen/vnd reich werden
So dann der arm Mann ohn verdriessen/
Auch gantz reichlich hat zugeniessen
Daß euch der getrew Gott gantz milt
Hundertfältig wider vergilt
Darumben übt Barmhertzigkeit.
Jetzund bring ich euch Handwercksleuth
Die frölich Zeitung von Gott/
Hinfort könd jhr ewr täglich Brot
Durch GOttes Segen reichlicher
Gewinnen/als geschehen bißher/
Dann viel Handthierungen ehrlich
In den Kriegsläuffen thäten sich
Stecken/vnd gar darnider ligen
Entgegen aber war gestigen
In hohem Preiß/was der Mensch baldt/
Braucht zu seins Lebens auffenthalt/
Da es hat ghaissen vnder dessen
Mit gutten Zähnen vbel essen/
Wie dann mancher in wahrer that/
Mit Weib vnd Kindt erfahren hat/
Seit getrost/vnd darbey ermahnt/
Daß ein jeder in seinem Standt
Fleissig bete/vnd auch arbeit
Gebrauche sich der Redligkeit
Vnd thü sein Gwissen nicht verletzen
So wird jhn GOtt reichlich ergetzen
Seins grossen Ellends/hie vnd dort/
Wolan ich schwing mich weiter fort/
Vnd must den armen Bawersmann
Welchen auch viel ist gangen an/
Diese frölich Botschafft entdecken/
Nun dörfft jhr euch nit mehr verstecken/
In die Wälder mit grossem grauß
Oder fliehen von Hof vnd Hauß/
Hin in die Stätt mit Weib vnd Kind/
Vih Haußrath Hew Stro vnd Gesind
Daselbst ligen auff freyer Gassen/
Oder die Leuth bschweren dermassen/
Vnd wohnen vnder frembdem Tach/
Sonder in ewrem aignen Gmach/
Wohnen im Fried vnd gut vertrawen
Die Felder könd jhr wider bawen
Aller orthen wie es seyn soll/
Alßdann stehn sie der Früchten vol/
Dieselben thüt jhr samlen ein/
Ists Herbstzeit macht jhr gutten Wein/
Vnd setzt euch nider in der Neth/
Trinckt ein reuschlein mit ewrer Greth/
Ihr könd wider züglen allhie (Khü/
Pferdt Ochsen Schaf Schwein Gaisen
Darvon jhr hernach ohn verdriesen/
Milch butter käß vnd fleisch könd gniesen/
Item/Gänß Enten Hännen Tauben/
Darvon könd jhr zusamen klauben/
Die Eyr/vnd macht ein kirchweih Muß/
Was jhr dann habt zum vberschuß
Könd jhr wider im Fried vnd rhü/
Hernach den Stätten tragen zu/
Darauß jhr dann/es euch nit fehlt
Mögt erlösen ewr bares Gelt/
Es gilt jetzt nit mehr vmb sunst kauffen
Mit gewalt nemmen/darvon lauffen
Wie es zu Kriegszeit offt geschehen
Hernach so köndt jhr euch hin nähen
In ein Würtshauß/euch nit zü schaden/
Allda essen ein gutten Braten/
Oder aber ein gute Wurst/
Auch köndt jhr leschen ewren durst
Mit gutem Wein/Meth oder Bier/
Was euch selbst zum besten schmeckt hier/
Vnd auch ein guten rausch heim bringen
Ein wackers Bauren-Liedlein singen
Jedoch daß es nicht sey zu grob/
Für diß alles saget GOtt lob/
Im Krieg gieng es anderst daher/
Jetzt zu den Würthen ich mich kehr/
So wol in Stätten/als dem Landt/
Vnd mach euch den Frieden bekandt/
Dann jhr habt euch bey meinen trewen/
Dessen nicht wenig zu erfrewen/
Dann wann die Strässen sich
Fahren die Führleuth auß vnd
Alle Gewerb die thün auch wo
Wol von einem Orth zu dem a
Diese alle sambtlicher weiß/
Die müssen haben Tranck vnd
Pferdt vnd Menschen alt vnd
Das gibt dann ein gute Zeh
Vnd anders mehr ohn verdri
Deß jhr reichlich habt zu genie
Es sey dann daß jhr in den Sa
Selbsten zu wenig Zech wolt
Hoff doch jhr solt ewr nicht ver
Jedoch heißt es: wie jhr thüt m
Soll euch wider gemessen werd
In Sum̃a all Ständen auff E
Bringen wir die Botschafft vo
Vnd wir für vnser Boten-br
Begehren nicht mehr allbereit
Als daß die gantze Christenhei
Mit wahrem büßfertigem He
Vnd zerschlagnem Gemüt mit
Diese vnaußsprechliche Gnad
GOttes erkeñ mit wahrer that
GOtt im Himmel mit Lob e
Hinfort in aller Gottsforcht
Daß nit widerumb GOtt der
Vns zustraffen genötigt wer/
Vnd sonderlich du Teutschland
Vergiß es nit/sey hoch ermahn
Was guttes dir der HErr ge
Laß ab vom bösen von stunda
Thü wahre büß/süch rechte S
Den Frieden/vnd jage jhm na
Halt an mit beten Tag vnd Na
Bedenck allzeit vnd nimb in ach
Die Ewigkeit/die Ewigke
Leg ab Zoren Haß Hoffart N
Geitz Wücher Vnzucht sauffe
Yeb wahre Gottsforcht vnder
So wird dir Gott beystehn au
Nim̃ermehr laßn zuschanden w
Drumb fall nider auff deine
Danck GOtt dem HErrn spa
Für die Wolthat ohnaußsprech
Biß endlich Er dich nimbt zu
In die ewig him̃lische Frewde
Da der rechte Fried ist bereit
O heylige Dreyfaltigkeit
Sey gelobt vnd gebenedeit/
Von jetzund an/vnd allezeit.

A M E N.

# *Gottes Frieden*

Eine Hoffnung in kriegerischen Zeiten

THOMAS SÖDING

Religion kann Kriege entfesseln und Frieden stiften. Münster kennt beides. Die Käfige hoch oben an der Lambertikirche, in denen 1536 die Leichen der hingerichteten Täufer zur Schau gestellt worden waren, erinnern noch heute an einen religiösen Aufbruch, der fanatisch geworden, und an eine Befriedung im Namen Gottes, die gewalttätig gewesen ist.[1] In derselben Kirche hat Clemens August Graf von Galen als Bischof von Münster 1941 zwei seiner Predigten gegen die Euthanasie gehalten und mit Berufung auf Gott nicht nur die Zehn Gebote eingeklagt, sondern auch den philosophischen Grundsatz: »Gerechtigkeit ist die Grundlage jeder Herrschaft.«[2]

Am Prinzipalmarkt, der von St. Lamberti gekrönt wird,[3] liegt das Rathaus des Westfälischen Friedens. In Münster und in Osnabrück wurde 1648 der Dreißigjährige Krieg beendet.[4] Auch wenn die Konfessionen widerstrebten, haben die Politiker und Juristen, die den Friedensvertrag aushandelten, auf die religiöse Verwandtschaft aller Christen gesetzt. Deshalb bläst auf den Flugblättern, die den Friedensreiter von Münster darstellen, eine engelsgleiche Personifikation der Ruhmesgöttin aus dem geöffneten Himmel die Posaune, während in einer Version die Bildüberschrift die Gnade des »Allerhöchsten« für den Friedensschluss unter den »Potentaten der ganzen Christenheit« verantwortlich macht (Abb. 1 und 2). Für Katholiken, Lutheraner und Reformierte verbesserte sich der Rechtsfriede tatsächlich; alle anderen Konfessionen waren ausgeschlossen.

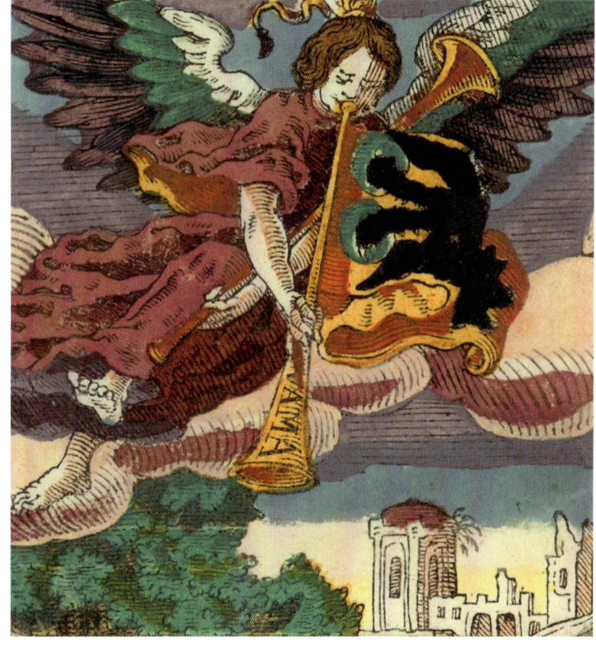

Abb. 1 und 2
**Holzschnitt zur Verkündigung des Friedens 1648 – Freüdenreicher Postilion von Münster**
Holzschnitt, koloriert, mit Typendruck, 36,4×27,4 cm, Augsburg, Städtische Kunstsammlungen, Inv.-Nr. G 20632

Im Zweiten Weltkrieg wurden die Lambertikirche wie das Rathaus schwer getroffen. Der Wiederaufbau ist der Ausdruck eines Friedenswillens, der vom christlichen Glauben tief geprägt ist. Nicht nur die Kirche, auch das Rathaus ist mit seinem Bildprogramm[5] ein Zeugnis christlicher Tradition, die der Politik den Weg des Friedens weist. In der Mitte der Fassade stand früher Jesus Christus, der messianische König, der alle Herren dieser Welt, die staatlichen wie die kirchlichen, auf ihre Verantwortung vor Gott und den Menschen hinweist. Heute fehlt diese Figur – und die Leerstelle muss durch die Menschen gefüllt werden, die sich für den Frieden »wie im Himmel, so auf Erden« einsetzen. Wenn sie vor dem Rathaus stehen, können sie sich immerhin daran orientieren, dass oben am Giebel ein König zu sehen ist – Karl der Große und Salomo in einer Person – über dem noch die Marienkrönung durch Jesus Christus dargestellt wird. Das Bild der Muttergottes als Königin soll alle irdische Herrschaft relativieren und orientieren: Vollkommenen Frieden gibt es nur im Himmel, bei Gott; deshalb soll schon auf Erden Frieden herrschen.

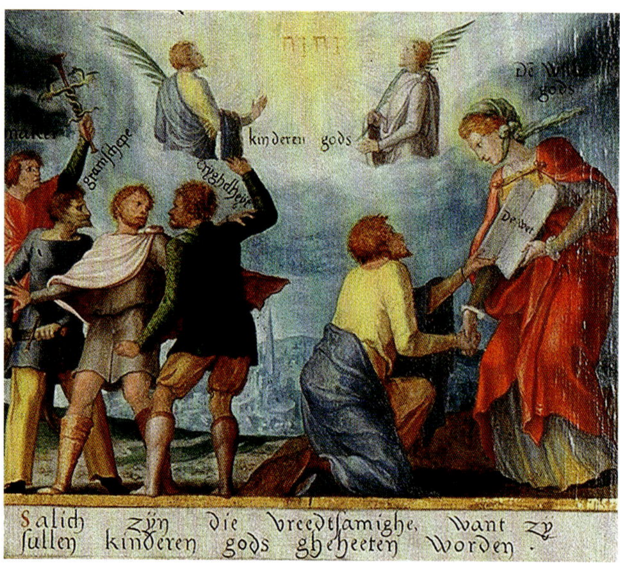


Abb. 3
**Lieven de Witte, Seligpreisung der Friedensstifter, Detail aus dem Klappaltar mit der Bergpredigt**
Gent, Museum voor Schone Kunsten (Kat.-Nr. 6)

## Selig die Friedensstifter – mitten im Krieg

Das erste Evangelium des Neuen Testaments ist Matthäus. Die erste Rede, die Jesus nach dem Matthäusevangelium hält, ist die Bergpredigt (Mt 5–7). Den Auftakt dieser Rede bilden die Seligpreisungen (Mt 5,3–12).[6] Acht an der Zahl, beschreiben sie nach dem Kirchenvater Augustinus einen Weg, der bei der Entdeckung der eigenen Armut beginnt und mit der Erfahrung der Verfolgung endet, um in der Hoffnung auf das Reich Gottes den Weg der Christusnachfolge neu zu beginnen (»De Sermo Domini in Monte« I/3 10). Die Armut ist eine Frage nicht nur materieller, sondern auch moralischer und spiritueller Not; die Verfolgung um des Glaubens willen ist zutiefst ungerecht, aber ein Anlass zur Feindesliebe: »Liebt eure Feinde«, heißt es nur kurz danach in der Bergpredigt, »und betet für die, die euch verfolgen« (Mt 5,44). Das Martyrium besteht nicht etwa darin, andere mit in den Tod zu reißen, den angeblich Gott will, sondern im Gegenteil darin, wie Maximilian Kolbe[7] das eigene Leben zu opfern, wenn andere dadurch gerettet werden können, und wie der heilige Stephanus noch im Tode, der um des Glaubens willen erlitten wird, für die Henker zu beten: »Herr, rechne ihnen diese Sünde nicht an!« (Apg 7,60).[8] Das Martyrium ist freilich nicht erst das Blutzeugnis, sondern schon der Bekennermut mitten im Leben angesichts von Diskriminierung und Blasphemie.[9] Leidensfähigkeit, Gewaltüberwindung und Gerechtigkeitssinn gehören zusammen.

In der Reihe der Seligpreisungen steht jene Verheißung, die sichert, dass Jesus nicht einer moralischen Nonchalance das Wort geredet, sondern einer starken Initiative der Ethik den Boden bereitet hat: »Selig, die Frieden stiften;

denn sie werden Söhne Gottes genannt werden« (Mt 5,9) (Abb. 3). Das Wort »Pazifist« trifft den Punkt – nur muss das lateinische *pacem facere* genau übersetzt werden: Frieden machen. Diejenigen, die als Friedensstifter aktiv sind, werden Söhne und Töchter Gottes genannt, weil sie beherzigen, dass Gott selbst Frieden stiftet. Friedensaktionen sind kreativ – wie Gott selbst. Sein Friede ist mehr als die Beendigung eines Krieges. Er ist auch mehr als die Wiederherstellung des *status quo ante,* der ja den Krieg nicht verhindert, sondern zugelassen oder gar herbeigeführt hat. Der Friede Gottes ist vielmehr im vollendeten Reich Gottes zu Hause, wenn alle Kriege, aber auch alle Nöte und Ungerechtigkeiten aufgehört haben werden, weil Gott in seiner Barmherzigkeit und Gerechtigkeit alles bestimmt. Diese Zukunft aber hat bereits begonnen; denn nicht die Kriegstreiber, sondern die Friedensstifter sind die Botschafter Gottes.

Die Seligpreisung ist die Verheißung jenes vollkommenen Friedens, die heute schon die Lage verändert. Auf der Erde tut sich der Himmel auf, weil Gottes Reich nahegekommen ist, so die überlieferte Botschaft Jesu; mitten im Krieg, für den in den Seligpreisungen Armut und Leid, Hunger und Durst, Schuld und Gewalt stehen, schlägt die Stunde derer, die Frieden stiften. Dass sie nicht verfolgt werden, ist ihnen nicht gesagt. Aber dass ihnen die Zukunft gehört, durchaus, weil Gott selbst der große Friedensstifter ist.

## Friedensarbeit – mit schwachen Kräften

Wie Friedensarbeit geht, hat Jesus vorgemacht: Er hat Kranke geheilt und Besessene befreit; er hat Kinder gesegnet und Sündern ihre Schuld vergeben. Auch die Vertreibung der Händler aus dem Tempel gehört in dieser theologischen Perspektive zu den Friedensaktionen, wie insbesondere das Matthäusevangelium zeigt: Jesus macht das Heiligtum zu einem Haus des Gebetes, das Gottes Frieden schon vorwegnimmt, weil er Lahme und Blinde mit sich nimmt, um sie dort zu heilen, und weil er Kindern Recht gibt, die ihm »Hosanna« nachrufen: Herr, hilf doch (Mt 21,12–17).[10]

Insbesondere die Jüngerschaft, die Kirche, soll der Ort sein, an dem dieser Friede Gottes erfahrbar wird und ausstrahlt: ihre Liturgie, ihre Diakonie, auch die Katechese; denn die Lehre darf nicht inquisitorisch werden, was sie allzu oft war, sondern muss dem Glauben, der Liebe und der Hoffnung dienen. Die Seligpreisungen werden in der Liturgie der Kirche zu Allerheiligen (1. November) als Evangelium verkündet. »Der Friede sei mit dir«, wünschen die Gläubigen einander, bevor sie zur Kommunion gehen. »Geht hin in Frieden«, ist nach der Liturgiereform des Zweiten Vatikanischen Konzils auf Deutsch der Schlussgruß, den der Priester oder Diakon allen sendet, die nun die Kirche verlassen werden.[11]

»Pacem in terris« heißt der Titel der Enzyklika, die Papst Johannes XXIII. am 11. April 1963 »über den Frieden unter allen Völkern in Wahrheit, Gerechtigkeit, Liebe und Freiheit« verfasst und nicht nur an die Mitglieder der katholischen Kirche, sondern »an alle Menschen guten Willens« gerichtet hat: eine Aktualisierung der Weihnachtsbotschaft (Lk 2,14), ein Plädoyer gegen die kriegerische Lösung von Konflikten, eine Programmschrift für Entwicklungsarbeit im Zusammenleben der Völker (Abb. 4). Die kirchlichen Hilfswerke – das größte heißt Caritas – treten an, den Worten Taten folgen zu lassen.

Dass die Kirche dieser eigenen Sendung noch und noch untreu geworden ist und mit Berufung auf Gott ungerechte Kriege geführt hat, ist eine traurige Wahrheit. Die Öffentlichkeit macht oft

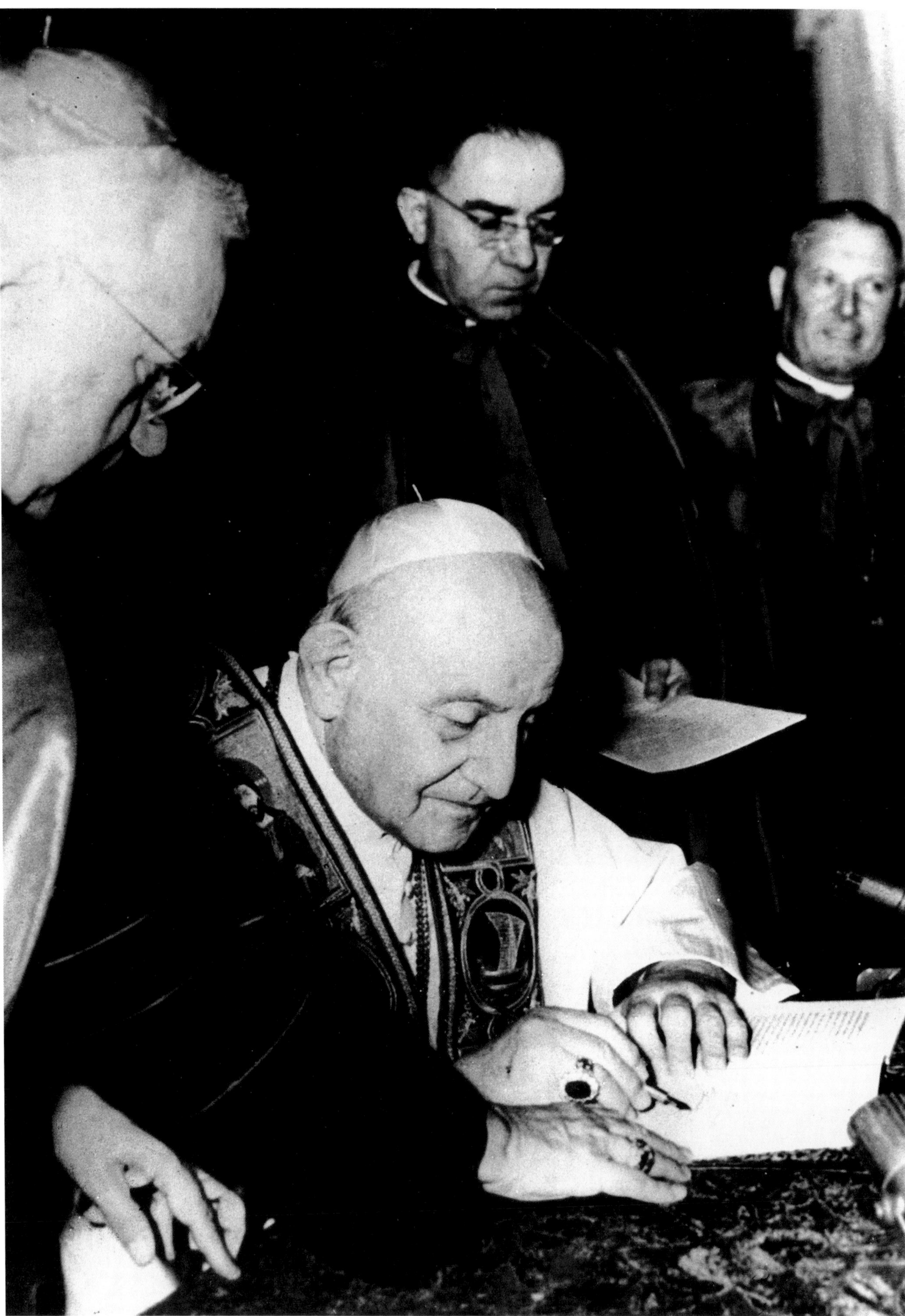

die »mosaische Unterscheidung« zwischen wahr und falsch in Sachen Religion für Gewalt verantwortlich.[12] Tatsächlich besteht die Gefahr des Fundamentalismus[13] – aber nur dann, wenn die Wahrheit als pure Doktrin gefasst wird. In der Bibel ist sie jedoch eine Macht, die befreit (Joh 8,32). Wenn das Christentum auf diese Wahrheit verzichten wollte, wäre es überflüssig. Wenn es einen solchen Wahrheitsanspruch anmeldet, muss es sich der Kritik stellen. Je vernünftiger die Kritik ausfällt, desto besser ist es für die Religion; und je mehr eine Religion auf Wahrheit und Freiheit setzt, desto mehr gibt sie den Menschen zu denken.

Anfällig ist allerdings der Glaube selbst. Einerseits öffnet er die Grenze zwischen allen Religionen, Nationen und Geschlechtern, wie Paulus es an der Taufe festmacht: »Da gilt nicht Jude oder Grieche, Sklave oder Freier, Mann oder Frau. Alle seid ihr einer in Christus« (Gal 3,28). Andererseits muss der Glaube verteidigt werden, weil er Bekenntnis und Verhalten in einem ist. Daraus können Hass und Gewalt gegen Andersgläubige resultieren – wenn der Glaube selbst nicht ernstgenommen, sondern als Mittel der Selbstbehauptung benutzt wird. Das Kriterium, das dem wahren Glauben entspricht, nennt der Erste Johannesbrief: »Wer sagt: ›Ich liebe Gott‹, und seinen Bruder hasst, ist ein Lügner [...]. Wer Gott liebt, liebt auch seinen Bruder« (1 Joh 4,20–21).

◄ Abb. 4
**Öffentliche Unterzeichnung der Enzyklika »Pacem in Terris« (»Frieden auf Erden«) am 11. April 1963 durch Papst Johannes XXIII.**

## Schwerter zu Pflugscharen – und umgekehrt

Vor dem Gebäude der Vereinten Nationen in New York steht seit 1959 eine große Bronzeskulptur, die ein biblisches Friedenssymbol darstellt: »Schwerter zu Pflugscharen«. Sie war, mitten im Kalten Krieg, ein Geschenk der Sowjetunion. Jewgeni Wiktorowitsch Wutschetitsch hat sie im Stil des sozialistischen Realismus geschaffen: Er hat einen heroischen Schmied in Szene gesetzt, der mit herkulischem Hammerschlag die Konversion vorantreibt. Kurz danach brach die Kuba-Krise aus, weil die UdSSR Mittelstreckenraketen auf der Karibikinsel stationieren wollte; die Konfrontation mit den USA führte die Welt an den Rand eines Atomkriegs. Die Skulptur am East River ist das Zeichen einer großen Friedensliebe, die politisch ausgeschlachtet wird, und einer gezielten Propaganda, die auf die Faszination biblischer Friedensbilder setzt. In der Friedensbewegung der späten DDR wurden Aufnäher mit demselben Motiv zum Ausdruck einer Freiheitsliebe, die nicht mehr eingemauert werden konnte (vgl. Kat.-Nr. 59).[14]

Seine Missbrauchsanfälligkeit einerseits, seine Strahlkraft andererseits lässt nach dem Original des Bildes suchen. Im Jesajabuch steht es gleich am Anfang als Teil eines grandiosen Festspielpanoramas für die Vollendung der Heilsgeschichte (Jes 2,1–5):[15] Die Völker werden zum Zion ziehen, zur Stätte des lebendigen Gottes; sie werden es freiwillig tun, weil sie die Wege der Gerechtigkeit erkennen, die er bahnt, auch dort, wo er mit ihnen hart ins Gericht geht; sie werden es so tun, dass sie zuerst ihre Kriege beenden, die sie Volk gegen Volk führen. »Dann werden sie ihre Schwerter zu Pflugscharen umschmieden und ihre Lanzen zu Winzermessern« (Jes 2,4). Die Friedensvision ist also zugleich eine Vision der Gerechtigkeit. Das allein entspricht dem hebräischen »Schalom«. Das

Schmieden ist nicht Sache Einzelner, sondern aller. Es ist nicht eine gewaltige Demonstration, sondern eine demütige Kraftanstrengung. Die Völker beenden ihre Kriege nicht, weil sie des Kämpfens müde sind, sondern weil sie erkennen, dass es nur einen Gott für alle gibt, auch für die Feinde. So entsteht eine universale Schlichtung, die allen Kriegsparteien eine bessere Zukunft verheißt, ohne dass die Vergangenheit ausgestrichen werden müsste; sie kann vielmehr so erzählt werden, dass die Erinnerung geheilt wird. Die Erneuerung ist so nachhaltig, dass es keiner militärischen Exerzitien mehr bedarf, sondern die Energie sich dem Acker- und Weinbau zuwenden kann, die für eine schöpfungsgemäße Kulturarbeit stehen.

Eine Parallele führt mitten ins Buch des Propheten Micha (Mi 4,1–5).[16] Wiederum geht es um die Völkerwallfahrt, die zu einer Friedensmission wird; wiederum ist es das Recht Gottes, das internationale Konflikte beilegt und alte Kontrahenten eines Besseren belehrt. Deutlicher wird nur, dass die Fahrt zum Zion einer neuen Kultivierung der Erde dient: »Ein jeder sitzt unter seinem Weinstock und unter seinem Feigenbaum und niemand schreckt ihn auf« (Mi 4,4). Die bukolischen Bilder eines Friedens in Sicherheit (vgl. 1 Kön 5,15) machen Geschmack auf mehr. Sie machen Lust auf Gott. Frieden macht glücklich.

## Kampf für den Frieden – mit Gottes Schwert

Die Bibel kennt nicht nur das Motto »Schwerter zu Pflugscharen«, sondern auch seine Umkehrung. Beim Propheten Sacharja heißt es: »Schmiedet Schwerter aus euren Pflugscharen und Lanzen aus euren Winzermessern!« (Joël 4,10).[17] Ein Dementi der biblischen Friedensbotschaft ist dieses Wort aber nicht; es zeigt vielmehr ihre Sprengkraft auf. Die prophetischen Visionen bei Jesaja und Micha setzen ungerechte Verhältnisse voraus, in denen die Frommen auf Gottes Macht setzen müssen, eine Wende herbeizuführen.
Bei Sacharja ist wieder der Zug der Völker zum Zion im Blick, doch nun richtet er sich auf das Gericht Gottes, ohne das es kein Heil geben kann, weil sonst die Lüge herrschte. Die Aufforderung zielt nicht auf Israel, sondern auf die Völker. Wenn sie aufbrechen, lassen sie Weinberge und Felder hinter sich; sie sollen sich für den Krieg rüsten – den sie gegen Gott führen, aber verlieren werden. Genau diese Niederlage ist der Showdown der Heilsgeschichte – zum Besten Israels und der Völker. Ohne Kampf gibt es keinen Frieden. Aber Gott wird kämpfen, für die Menschen: nicht mit einem menschlichen Schwert, sondern mit dem göttlichen Schwert seines lebendigen Wortes.

Zwei Schwertworte Jesu bringen die Schärfe dieser Friedensbotschaft zum Ausdruck. Nach dem Matthäusevangelium sagt er bei seiner Verhaftung zu einem der Jünger, der ihn freikämpfen will: »Steck dein Schwert in die Scheide; denn alle, die zum Schwert greifen, werden durch das Schwert umkommen« (Mt 26,52). Deutlicher kann die Entsprechung zur Bergpredigt nicht sein. Jesus wird zu Unrecht verfolgt, will aber in seiner Verteidigung kein neues Unrecht begehen. Jeder hätte das Recht zur Notwehr. Aber Jesus setzt sich der Gewalt aus, die im Namen Gottes und des Kaisers ausgeübt wird, um sie zu brechen: durch sein Leiden, das zur Auferstehung führen wird.

Das andere Schwertwort steht mitten in den Erzählungen über das Leben Jesu: »Denkt nicht, ich sei gekommen, um Frieden auf die Erde zu bringen. Ich bin nicht gekommen, um Frieden zu bringen, sondern das Schwert« (Mt 10,34).[18] In der Parallele bei Lukas steht »Spaltung« (Lk 12,51). Das klärt die Pointe: Jesus ist nicht der Propagandist einer Friedhofsruhe. Er sucht die

Auseinandersetzung. An ihm scheiden sich die Geister. Deshalb muss er scharf sein – nicht gewalttätig, aber kritisch.

Im neutestamentlichen Brief an die Hebräer kommt die Schärfe des Schwertes, das Gott führt, besonders klar zum Ausdruck: »Denn lebendig ist Gottes Wort, kraftvoll und schärfer als jedes zweischneidige Schwert; es dringt durch bis zur Scheidung von Seele und Geist, von Gelenk und Mark; es richtet über die Regungen und Gedanken des Herzens« (Hebr 4,12). Jesus hätte es nicht besser sagen können. Mit einem faulen Frieden hält es die Bibel nicht. Frieden geht mit Gerechtigkeit einher. Das Schwert, das Gott führt, ist sein lebendiges Wort. Es richtet – aber es zerstückelt nicht, sondern unterscheidet, damit auf einer neuen Basis geheilt und verbunden werden kann. Wer sich auf Gott beruft, muss gleichfalls auf das Wort setzen – spätestens wenn die Waffen schweigen, besser, bevor sie sprechen.

## Arche Noah – über der Sintflut

Eine heile Welt gaukelt die Bibel nicht vor, aber sie setzt viele Zeichen, dass Gott ein »Gott des Friedens« (Röm 15,33) ist. Er wird zwar auch als »Krieger« verehrt, doch im Zeichen der Befreiung Israels von der Fron der Ägypter (Ex 15,7). So wie einerseits die militärischen Töne das Feuer der biblischen Friedensmelodie anfachen, so sind andererseits die Friedenszeichen der Bibel Signale eines Aufbruchs aus der Not und der Rettung vor dem Untergang.

Eines der schönsten Symbole ist die Arche.[19] Der Genesis zufolge, dem 1. Buch Mose, ist sie ein Boot, das Noah in Gottes Auftrag baut (Gen 6,19–21), damit er und seine Familie gerettet werden, aber auch je sieben Paare oder je ein Paar von allen Tieren: Vögel, Vieh und Reptilien, reine wie unreine (Gen 7,2–3). Der Arche bedarf es, weil die Sintflut kommen wird, in der die Erde versinken soll, weil sie »voller Gewalttat« ist und nicht mehr weiterbestehen kann (Gen 6,20). Alle, die am Unheil Anteil haben, werden ertrinken. Nur wer in der Arche ist, wird gerettet. Sie ist ein Schiff des Segens auf einem Meer des Todes.

40 Tage und 40 Nächte regnet es (Gen 7,4). Erst nach 150 Tagen beginnt das Wasser wieder leicht zu sinken (Gen 8,3). Um zu prüfen, wann ein sicherer Ausstieg aus der Arche möglich wird, nutzt Noah die Hilfe der Tiere. Zuerst sendet er einen Raben, dann eine Taube; beide kommen zurück, ohne dass sie ihren Fuß auf Land hätten setzen können (Gen 8,7–8). Eine Woche später lässt Noah wieder die Taube fliegen – und sie kehrt mit einem Ölbaumzweig zurück, den sie im Schnabel trägt (Gen 8,10–11). Diese Taube mit dem Ölzweig ist das berühmteste Friedenssymbol der Gegenwart geworden. Pablo Picasso hat für den Weltfriedenskongress 1949 eine Lithografie entworfen, die millionenfach reproduziert worden ist.[20] Zu einer Friedenstaube konnte sie werden, weil Gott mit Noah nach der Sintflut einen Bund schließt: »Ich werde niemals wieder alles Lebendige schlagen, wie ich es getan habe« (Gen 8,21).

Das Zeichen dieses Bundes ist der Regenbogen (Gen 9,12–17).[21] Deshalb ist auch er ein Friedenssymbol geworden, weltweit verbreitet und verständlich – wie auch die Urgeschichte der Genesis nicht an einem bestimmten Ort zu einer bestimmten Zeit spielt und nur die Geschichte eines Menschen, einer Familie, eines Stammes erzählte, sondern die Geschichte der Menschheit auf der ganzen Erde und zu allen Zeiten zu Wort kommen lässt.

Die Arche über den Untiefen der Flut und die Taube unter dem Regenbogen am Himmel sind seit dem christlichen Altertum Ikonen des Friedens geworden. Die Taube des Heiligen Geistes

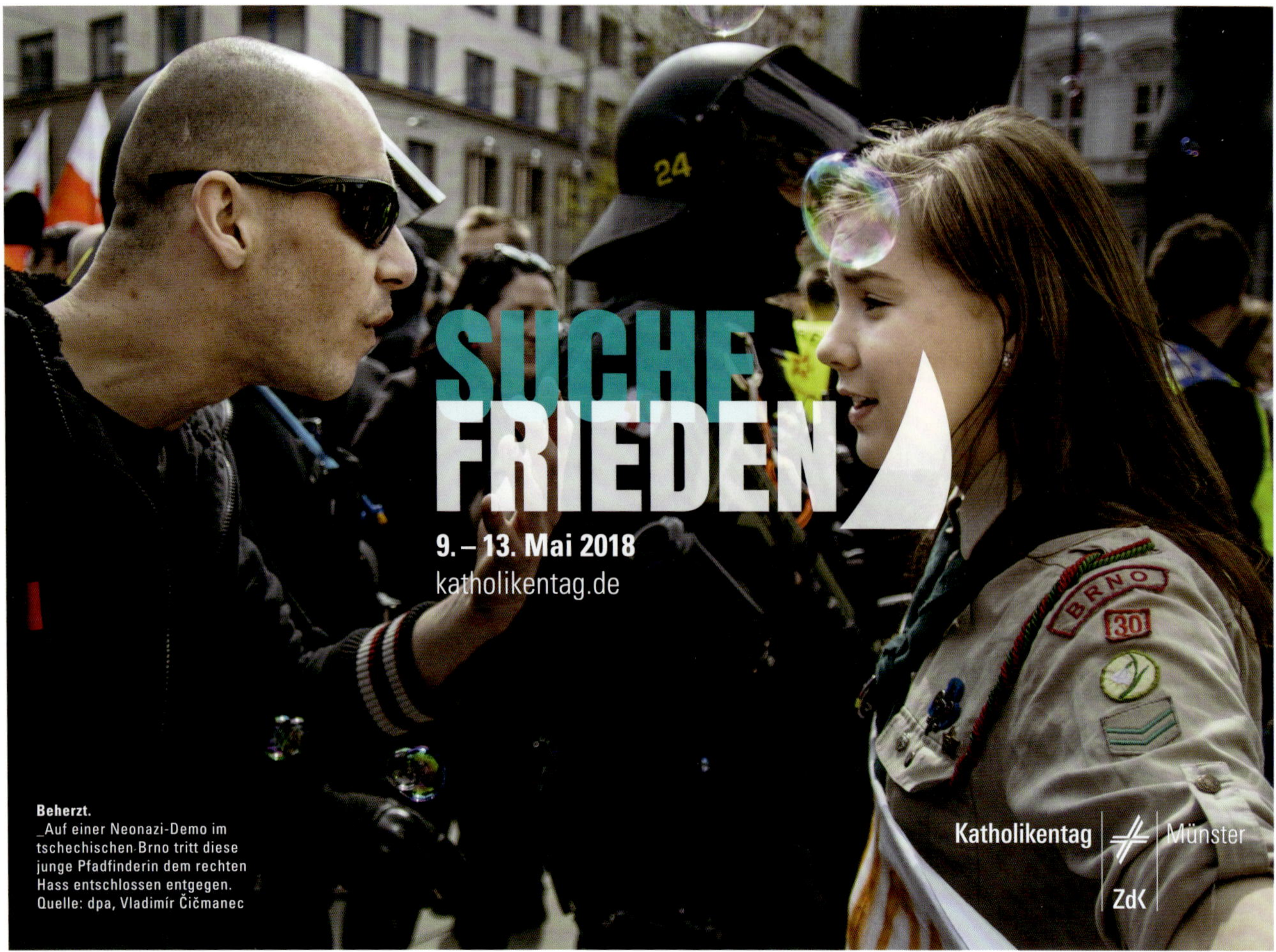


Abb. 5
**Plakatmotiv zum 101. Deutschen Katholikentag in Münster 2018 unter dem Motto Suche Frieden: »Beherzt. Auf einer Neonazi-Demo im tschechischen Brno tritt diese junge Pfadfinderin dem rechten Hass entschlossen entgegen.«**
Quelle: dpa, Vladimir Čičmanec

kommt bei der Taufe im Jordan auf Jesus herab (Mk 1,9–11). Die Kirche sieht sich als Arche; die Rettung aus der Sintflut gilt als Vorbild der Taufe, die durch den Tod zum Leben führt (1 Petr 3,20); Noah gilt als Vorbild im Glauben, weil er in einer Welt des Unfriedens auf Gott gesetzt und deshalb Frieden gefunden hat (Hebr 11,7).

## Friedenssuche – auf dem Weg

Ein Schlaraffenland ist das Reich des Friedens nicht, von dem die Bibel erzählt; für den Frieden muss gearbeitet werden. Sich die himmlische Vollendung auszumalen, scheint in der Heiligen Schrift ohnedies ziemlich uninteressant. Wichtig ist, was hier und jetzt geschieht, weil Gott die Zukunft gehört und deshalb jenseits aller Katastrophen Aussicht auf einen ewigen Frieden besteht, dessen Vorboten schon gegenwärtig zu sehen sind – am deutlichsten in den Menschen, die sich abwenden vom Krieg und hinwenden zum Frieden.[22]

Das Leitwort des Katholikentages 2018 in Münster »Suche Frieden« (Ps 34,15) zeigt die große Hoffnung auf einen Frieden an, wie ihn die Welt nicht geben kann, aber dringend braucht; es lässt aber auch die große Spannung spüren, diesen Frieden nicht zu haben, sondern ihm mitten in einer Welt von Unrecht und Gewalt nachjagen zu müssen (Abb. 5). Das Wort stammt aus einem Psalm, den die Bibel David zuschreibt, als er noch nicht König geworden war, sondern vor einem seiner Feinde, Abimelech, fliehen musste und sich wahnsinnig stellte, um sich dem Zugriff des fremden Königs zu entziehen (Ps 34,1; vgl. 1 Sam 21,11–16). Psalm 34 nennt Armut und Angst, Not und Unfreiheit, zerbrochene Herzen und Ungerechtigkeit als Dimensionen eines Krieges, der erlitten wird, aber beendet werden kann. Er nennt die ganz allgemeine Option für das Gute, aber ebenso das Vertrauen auf Gott, der den Krieg beenden und Frieden stiften wird. Im Neuen Testament wird die Ermunterung, den Frieden zu suchen, im Ersten Petrusbrief aufgegriffen, der sich an eine religiös verfolgte Minderheit richtet und sie davor bewahren möchte, in dem, was sie erleiden muss, nur eine Ungerechtigkeit zu sehen, nicht aber auch eine Gelegenheit, Jesus Christus nahe zu sein, der selbst ein solches Unrecht erlitten hat (1 Petr 3,8–12).

Die Bibel beginnt im Paradies, das einen tiefen Frieden zwischen Mensch und Tier in der ganzen Schöpfung zeichnet, die wie ein Garten vorgestellt ist (Gen 1–2). Sie endet mit dem Bild der Heiligen Stadt, die vom Himmel herabkommt und ein neues Paradies in sich birgt, offen für alle Völker dieser Erde, die ihre Schätze mitbringen können, den Dreck der Sünde aber draußen lassen müssen (Offb 21,1–22,5). Die Bibel spielt zwischen Schöpfung und Vollendung auf dieser Erde, jenseits von Eden, mitten in den Irrungen und Wirrungen der menschlichen Geschichte, die vom Brudermord gezeichnet (Gen 4,1–16), aber von einer Hoffnung begleitet ist, die Frieden möglich werden lässt: als erfüllte Gegenwart voller Gerechtigkeit (Jes 11,1–16).[23] Für diese Hoffnung tritt Jesus ein, von dem es in einem hochpolitischen Brief über Juden und Heiden heißt: »Er ist unser Friede« (Eph 2,14). Die biblische Friedensbotschaft schließt Kriegsfanfaren nicht aus, sondern ein. Sie setzt im Kern auf Gott, der für den Frieden unter den Menschen kämpft. Sie sieht deshalb den Frieden als Geschenk Gottes, aber auch als Aufgabe, die Menschen im Namen Gottes angehen müssen.

1 Vgl. Lutterbach 2006.
2 Vgl. Kuropka 2015.
3 Vgl. Böker 1989.
4 Vgl. AK Münster 1998.
5 Vgl. Selle 2002.
6 Vgl. Luz 2002, S. 267–294.
7 Vgl. Murk/Schlattmann 2011.
8 Vgl. Haacker 2014.
9 Vgl. Merkt 2015.
10 Vgl. Brünenberg 2009, S. 135–152.
11 Vgl. den Beitrag von Kranemann in diesem Band.
12 Vgl. Assmann 2010.
13 Vgl. Armstrong 2000.
14 Vgl. AK Bonn 2007.
15 Vgl. Beuken 2003, S. 87–96.
16 Vgl. Kessler 1999, S. 176–190.
17 Vgl. Fischer 1996.
18 Vgl. Flebbe/Hasselhoff 2017.
19 Vgl. Kinkel 2011.
20 Vgl. Dietrich 2008.
21 Vgl. Zenger 1987.
22 Vgl. Angenendt 2012.
23 Vgl. Kunz-Lübcke/Mayordomo 2017.

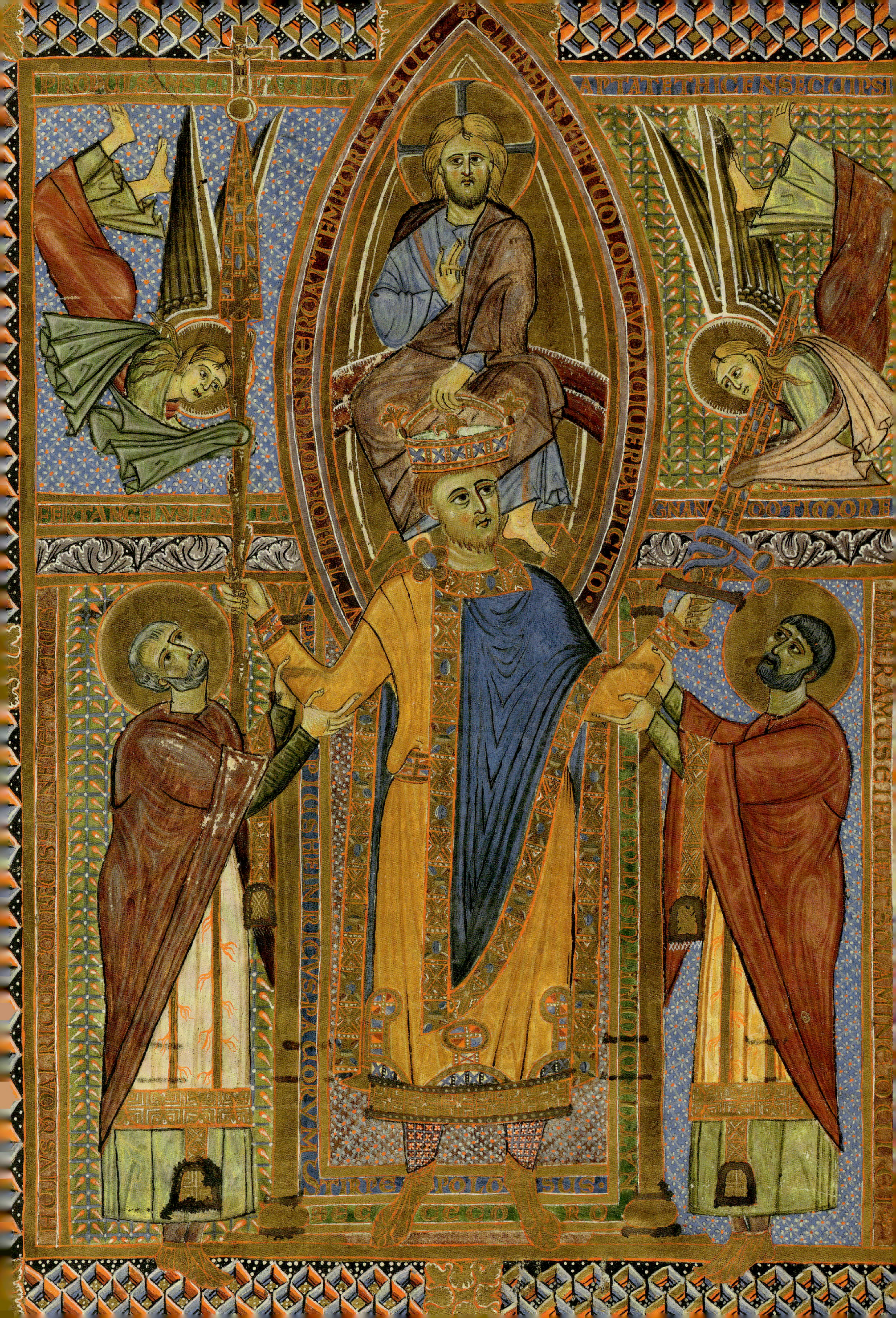

# *Politik und Religion*

Zur Wechselwirkung zweier Konzepte von Karl dem Großen bis zu Karl V. (etwa 800 – etwa 1550)

STEFAN WEINFURTER

»Politik und Religion« erscheinen beim Blick in die europäische Geschichte wie Zwillinge, die eng aufeinander bezogen, ja zeitweise miteinander verschmolzen sind. Bereits der Karolingerkönig Pippin der Jüngere (reg. 751–768) und sein Sohn, König und Kaiser Karl der Große (reg. 768–814), hatten die kirchliche Salbung für die Legitimierung ihrer Herrschaft genutzt. Dies aber keineswegs nur als äußerliche Zeremonie, vielmehr waren beide vom Auftrag Christi tief durchdrungen. Sie förderten die Kirche, ließen die heiligen Schriften wie auch die kirchlichen Texte verbreiten und in Wissensspeichern sammeln und machten die kirchlichen Gesetze zur Grundlage für die gesellschaftliche sowie politische Ordnung. Die Eroberungen Karls des Großen gingen mit der christlichen Mission einher, um damit die Voraussetzungen für eine gemeinsame Wertegemeinschaft zu schaffen. Insbesondere das Volk der Sachsen sollte – nachdem es den heidnischen Götzendienst abgelegt und die Sakramente des christlichen Glaubens angenommen hatte – mit den Franken »zu einem Volk« verschmelzen, wie Karls Biograf Einhard es formulierte.[1] Die kirchlichen Gebote, die in enger Abstimmung mit dem Papst in Rom erlassen wurden, sorgten für die Eindeutigkeit in den Normen, mit denen das Gute und das Böse definiert werden konnten.[2] Daran hatte sich auch das Handeln der Herrscher zu orientieren (Abb. 2). Schon bald begannen die Bischöfe darüber zu wachen, ob Könige und Kaiser sich an diese Vorgaben hielten, und bereits Ludwig der Fromme (reg. 814–840), der Sohn und Nachfolger Karls des Großen, wurde 822 sowie 833 zu öffentlichen Bußleistungen gezwungen.

◄ Abb. 1
**Miniatur aus dem Regensburger Sakramentar (St. Emmeram), 1002–1003, Krönungsbild Heinrichs II., Krönung des Herrschers durch den in der Mandorla thronenden Christus, Engel reichen Schwert und heilige Lanze**
München, Bayerische Staatsbibliothek, Clm 4456, fol. 11r

## Das erste Millenium

Um das Jahr 1000 erreichte der Gedanke von der göttlichen Legitimierung des Königs einen neuen Höhepunkt. Am 7. Juni 1002 erlangte Heinrich II. (reg. 1002–1024) im Mainzer Dom, der heutigen Johanniskirche, die Königswürde.[3] Er wurde, wie der Chronist Adelbold von Utrecht berichtet, »zum König gewählt, erhoben, geweiht und gekrönt«. Entscheidend war dabei die Weihe durch den Mainzer Erzbischof Willigis. Mit ihr brachte der himmlische König, Christus, seinen Willen zum Ausdruck, Heinrich II. zu seinem Stellvertreter (*vicarius*) auf Erden zu machen. Dieses Königtum – und damit die Spitze der politischen Ordnung – war transzendental legitimiert, auch wenn die Wahl der Großen des Reiches als Zustimmung hinzukam. Die Autorität des mittelalterlichen Königtums war in dieser Epoche sakral verankert.

Dies hatte Konsequenzen auf allen Ebenen des gesellschaftlichen, religiösen und politischen Lebens. Der Autor der »Vita Bischof Godehards von Hildesheim« fasste die Dimension der Königsgewalt zusammen mit den Worten: »Herr Heinrich, der bayerische Herzog, trat durch die Weihe des Willigis in die Herrschaft ein und lenkte die heilige Kirche Gottes mit wachsamster Sorge und Weisheit sein Leben lang sowohl im Hinblick auf den Klerus als auch auf das Volk.«[4] Der König, so bedeutet diese Aussage, lenkt »die Kirche Gottes«, und diese besteht aus »Klerus und Volk«. An anderer Stelle, in der Urkunde Heinrichs II. vom 7. Juli 1005, ist die Rede vom »Haus Gottes« (*domus dei*), das der König im Auftrag Gottes zu lenken habe.[5] Gemeint ist damit sein gesamtes Reich. Wenn er seine Aufgabe nicht gut erledige, so heißt es weiter im Text, dann werde er im Jenseits ewige Folterqualen erleiden.

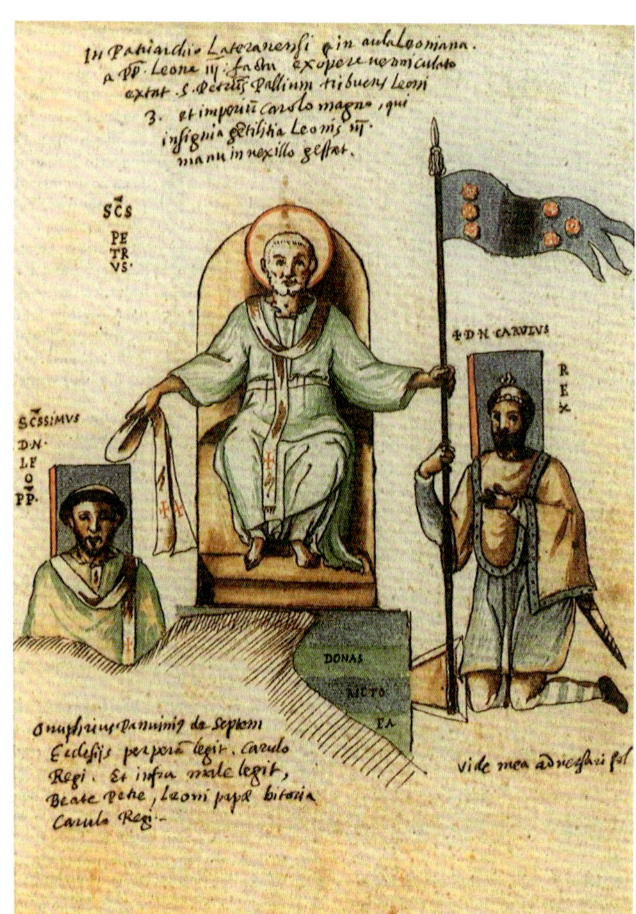


Abb. 2
**Alfonso Ciacconio (Chacón), Der heilige Petrus überreicht Karl die Fahnenlanze und Papst Leo III. das Pallium**
um 1595, kolorierte Federzeichnung, nach dem um 800 entstandenen Mosaik aus dem Triclinium des Lateranspalastes, Biblioteca Apostolica Vaticana, Vat. Lat. 5407, fol. 186r

In dichter Verschränkung flossen auf diese Weise religiös-kirchliche sowie gesellschaftlich-politische Ordnungsvorstellungen zusammen. Der König sah sich nicht nur zuständig für die weltlichen Dinge, sondern auch für die kirchlichen Belange. Sein Handeln war davon geleitet, die kirchlichen Gebote in der gesamten Gesellschaft, auch in der weltlichen Ordnung durchzusetzen. Als sein Widersacher, Markgraf Heinrich von Schweinfurt, gefangen und eingekerkert war, wurde dieser ausdrücklich mit einer Kirchenstrafe belegt: Er musste an einem Tag den gesamten Psalter absingen und dabei 150 Kniebeugen verrichten.[6] Das Verbot der Nahehe, wie es im Alten Testament angeordnet ist, wurde von Heinrich II. strikt zur Anwendung gebracht – was im Adel größten Unmut erzeugte. Königlicher Herrschaftsmittelpunkt war nicht ein Palast, sondern eine Kirche. So entstand der Dom von Bamberg und darum herum ein neues Bistum. Umfangreiche Besitzungen und Gebiete im ganzen Reich wurden diesem neuen Zentrum zugeordnet, und trotz des Widerstands der benachbarten Bischöfe setzte Heinrich II. seine Politik der Sakralautorität durch. In der Bischofskirche wurden die wichtigsten Heiligen des gesamten Reichs vereint. Sie sollten den König bewachen und ihm zur Seite stehen. Herrschen durch Christus und die Heiligen, so könnte man diese Konzeption umschreiben (Abb. 1).

## Herrschertugenden im 11. Jahrhundert

Damit rückten auch christliche Herrschertugenden in den Vordergrund. Für Heinrich III. (reg. 1039–1056) wurde von seinem Erzieher Wipo eigens ein Lehrbuch verfasst, in dem die Grundsätze christlicher Herrschaft beschrieben sind. Dieses Buch enthielt Merkverse (*proverbia*), die der künftige Thronfolger als Kind auswendig zu lernen hatte.[7] So prägte er sich frühzeitig die Forderungen königlicher Tugend und die Verhaltensnormen für sein künftiges Königtum ein. Alle diese Sätze sind auf die Nachahmung der Selbstdemütigung Christi ausgerichtet, auf die Barmherzigkeit, auf die Demut des Leidens und auf die Buße. In den *proverbia* findet sich beispielsweise der Satz: »Es ist besser, sich zu erniedrigen, als zu erhöhen« (19), oder »Wo wahre Buße ist, da ist auch Gottes Milde« (50). Andere Merkverse lauten: »Es hat der König zu hören, was das Gesetz [Gottes] vorschreibt. Das Gesetz [Gottes] zu beachten, heißt herrschen« (2/3); »Die Gabe des Friedens ist für alle ein hohes Gut« (25); »Das Urteil des Richters muss der Barmherzigkeit folgen, denn besser ist es bisweilen, über etwas hinwegzusehen, als die Strafe zu fordern« (31/32); »Das heilige Gebet überwindet die Verwirrung [...], und gut betet der, der im Herzen weint« (40/42); »Wo die wahre Buße ist, da ist auch die Barmherzigkeit Gottes« (49). Nur der Herrscher, der in Selbsterniedrigung, in der *humiliatio*, den leidenden Christus nachbildet, dürfe die Autorität und die Gewalt Christi für sich in Anspruch nehmen.
In diesem Sinn gebrauchte Heinrich III. in einer seiner Urkunden vom 21. Mai 1040 einen Satz aus der »Missa pro pace« (»Messe für Frieden«) Gregors des Großen: »Gott zu dienen bedeutet herrschen.«[8] Dieser Satz darf als Leitmotiv nicht nur seiner Herrschaft gelten, sondern bildete über Generationen das Wesen der »gratialen Herrschaft« des Königs im Mittelalter.

Dieser Typus der von *gratia* bestimmten Herrschaftsweise klingt schon in den Merkversen an: »Wer sich erbarmt, wird Erbarmen ernten« (33). Näher ausgeführt wird er in Wipos Werk »Tetralogus«, einem »Viergespräch« zwischen dem Dichter, den Musen, der Gnade und dem göttlichen Gesetz.[9] Eindringlich wird hier dem jungen König eine Herrschaftsführung nahegelegt, die dem König im Himmel gefällt. Der Dichter fordert zuerst die Musen auf, den König zu preisen. Dann führt das Gesetz dem König vor Augen, was seiner Würde entspricht. Schließlich mildert die Gnade dasjenige ab, was das Gesetz dem Rechte nach verlangen würde. Jesus Christus selbst soll den jungen König bei der Lektüre begleiten, damit er ihm der Vermittler zwischen Gesetz und Gnade sei (»*legis et gratiae mediator*«). Ganz dieser Vorrede entsprechend loben die Musen Heinrich III. dann als »zweiten nach Christus, der den Erdkreis regiert« (19: »*alter post Christum regit orbem circiter istum*«). Er sei das Haupt der Welt, nur der Leiter des Olymp stehe noch über ihm (99: »*Tu caput es mundi, caput est tibi rector Olympi*«). Das Gesetz fordert den jungen König sodann auf, die Rechte zu schützen, Zwietracht auszuschalten und seine Befehle über das ganze Reich zu verbreiten. Den Mittelpunkt bilden jedoch die Worte, welche die Gnade spricht. »Das Gesetz«, so lesen wir hier, »lehrt zu dienen, die Gnade aber zeigt, wie man herrscht« (231). Und dann folgen ganz zentrale Aussagen: »Der König des Himmels wendet durch sein Erbarmen die gerichtlichen Strafen ab und nimmt die Feinde, die sich bekehren, in seinen Schutz« (141–142: »*Rex dominus caeli miserando iudiciales abscondens poenas conversos protegit hostes*«). Gott der Allmächtige habe gesagt: »Ich will nicht den Tod der Sünder, und ich habe keine Freude an der Strafe. Wer sich bekehrt, wird leben [...]« (299 ff.). Und weiter: »Ihm, dem Donnernden, eifere nach, so bitte ich dich, barmherziger König Heinrich, ihm, der mit Barmherzigkeit Schonung gewährt und durch Schonen die Vergehen bestraft« (243–244).

## Herrschen durch Anwendung von Gnade

Im Kern dieses Herrschaftskonzepts steht demnach der Satz: Herrschen durch Anwendung von Gnade – eine vollkommen von christlicher Religion bestimmte Devise.[10] Aber wie wurde sie umgesetzt? Mit dem Instrument der Gnade, so die Antwort, konnte der König in entscheidenden Konfliktsituationen steuern, denn er konnte damit jedes Urteil revidieren und Verurteilte wieder in ihre alte Position einsetzen. Das war ein mächtiges Instrument, mit dem er sich über jede Rechtsprechung hinwegsetzen konnte. Die Gnade versetzte ihn in die Lage, gleichsam über dem Recht zu stehen und stattdessen Gerechtigkeit zu schaffen. Er konnte dafür sorgen, dass das System der vielfältigen bischöflichen, fürstlichen und adligen Kräfte und Herrschaften sich im Gleichgewicht hielten. Jede Vernichtung eines mächtigen Fürsten barg die Gefahr in sich, dass das System in Unruhe und Unfrieden versetzt würde. Mit der Gnade konnte der König solche Folgen vermeiden. Er konnte, wie schon Widukind von Corvey in seiner »Sachsengeschichte« (»Res gestae Saxonicae«) festhielt, die Vielheit der Kräfte zu einer »einträchtigen Vielfalt«, zu einer »*concors discordia*« zusammenfügen.[11] Gnade und Barmherzigkeit waren auch die Grundlagen von Heinrichs III. Friedensbefehlen. Mehrmals zelebrierte er in der Öffentlichkeit den Akt des Bußweinens, indem er sich klagend zu Boden warf und über seine Sünden weinte. So wie Gott ihm vergeben möge, so gewährte er allen seinen Gegnern Amnestie. Am Ende erteilte er ihnen den Befehl, ihrerseits ebenfalls Barmherzigkeit mit ihren Gegnern zu üben.
Es war gewissermaßen ein »geweinter Befehl«.[12] Das mag uns heute eigenartig anmuten, und wir können uns nur schwer vorstellen, wie eine Friedensordnung auf solcher Grundlage denkbar sein konnte. Heinrich III. schlüpfte gewissermaßen in die Person Christi, den »Schöpfer und Liebhaber des Friedens« (»*auctor pacis et amator*«), wie es in der »Missa pro pace« Gregors des Großen heißt.[13] So bezeichnete Wipo in seinem »Tetralogus« auch Heinrich III.: »auctor pacis«.[14]

Doch durfte der König, der den Frieden anordnete, gleichsam den Befehl dazu erteilen? Der Gedanke war im Mittelalter nicht neu. Den herrschaftlich angeordneten Frieden kannte bereits Augustinus. Er hat dieser Form des Friedens die entscheidende geistige Grundlage gegeben, indem er ihn an den Kosmos und die göttliche Weltordnung band. In seinem Werk »Vom Gottesstaat«, das im gesamten Mittelalter bekannt war, wird in Buch 19 Friede definiert als »Friede aller Dinge in der Ruhe der Ordnung«.[15] Dieser Friede sei aber nur möglich im Prinzip des Befehlens und Gehorchens, denn er sei begründet auf dem gläubigen Gehorsam gegenüber dem ewigen Gesetz.

Die Vorstellung eines »Friedens durch Herrschaft« stammt aus der antiken Welt. In der »Gottesfriedensbewegung«, die im ausgehenden 10. Jahrhundert in Burgund und in der Provence entstand, hatten sich Bischöfe und weltliche Mächtige genossenschaftlich zusammengeschlossen, um den Frieden zu garantieren. Heinrich III. beanspruchte demgegenüber das Recht, Frieden zu befehlen, für sich allein. Für seine Zeitgenossen war dieser Ansatz etwas unerhört Neues. Die Quellen sprechen von Maßnahmen des Herrschers, die seit Jahrhunderten nicht bekannt gewesen wären. Den Zeitgenossen war vielmehr das Prinzip des Friedens durch Übereinkunft und Konsens vertraut. Hierbei war der Herrscher in seiner Friedensarbeit auf die tradierten Rechtsvorstellungen angewiesen, auf Friedenseinungen und die Sicherung der konkreten Rechte einzelner Personen, Gruppen oder Kirchen und Klöster. Demnach galt nur der Friede, auf den sich Rechts- oder Standesgenossen einigen konnten. Man kann dies als konsensuales Prinzip politischen und rechtlichen Handelns bezeichnen. Ein vom König befohlener Frieden war demgegenüber systemwidrig. Er missachtete die Spielregeln der konsensualen Friedewahrung.

Überraschenderweise, so möchte man sagen, gingen besonders heftige Angriffe gegen die Friedenskonzeption Heinrichs III. von der Kirche aus. Heinrich III. hatte 1043 Agnes von Poitou geheiratet, die über ihre Mutter in Burgund verwurzelt war. Ein Brief Abt Siegfrieds von Gorze aus dem Jahr 1043 wirft ein helles Licht auf die Kritik.[16] Heinrich III., so heißt es darin, begehe durch seine Eheschließung mit Agnes eine Sünde, denn sie beide seien zu nahe verwandt. Die Argumentation des Hofes, dass man dadurch die beiden Reiche, das deutsche und das burgundische, zu einer großen Friedenseinheit zusammenführen könne, bezeichnet Siegfried als irrig und verderblich. Denn zum einen könne Friede nicht auf einer Sünde aufgebaut werden. Zum anderen, und das war das Entscheidende, wolle Heinrich III. den Frieden wie Christus anordnen. Doch der Friede, den Christus meint, die *vera pax*, sei gar nicht von dieser Welt, sondern dem Himmel vorbehalten. Das Handeln Heinrichs sei daher im Grunde blasphemisch.

Diese Kritik, die in dieser Art im Mittelalter zum ersten Mal gegen einen Herrscher vorgebracht wurde, ist überaus interessant. Sie zeigt, dass dem sakralen König das Überschreiten der Grenze zur Blasphemie drohte, ja dass Heinrich III. sie im Bewusstsein der Zeit überschritten hatte. Über diese Grenze wachte die Kirche, und das umso mehr, als mit Beginn des 11. Jahrhunderts die funktionale Dreiständelehre als Deutungsschema der gesellschaftlichen Ordnung Einzug in die Diskussionen hielt. Vor allem in den Kreisen der Kirche breitete sich die Vorstellung aus, dass die Gesellschaft in einer gottgewollten Ordnung in die Stände der Betenden (*oratores*), der Kämpfenden (*bellatores*) und der Arbeitenden (*laboratores*) eingeteilt sei. Nur dann, wenn sich jeder Stand ganz seiner Funktion widme und wenn er die damit verbundenen Pflichten möglichst vollkommen erfülle, könne die Gesellschaft in einer funktionalen Ordnung gehalten werden. Solche Gedanken finden sich in dem Gedicht Adalbéros von Laon an König Robert von Frankreich,[17] 1036 dann bei Gerhard von Cambrai[18] oder auch in der Reformurkunde des Bischofs Johannes von Cesena von 1040.[19]

Dieses funktionale Ordnungsdenken hatte erhebliche Konsequenzen für das gesellschaftliche Regulativsystem. Der Gebrauch der Waffen durch die *bellatores* oder *pugnatores* wurde »als eine transzendent legitimierte gesellschaftliche Aufgabe definiert, die auch den Einzelnen von Schuld freisprach, wenn er diese Aufgabe wahrnahm«.[20] Damit war eine ungeheure Aufwertung für den Kriegeradel verbunden (Abb. 3). Dies führte nicht nur zur Legitimierung des Waffengebrauchs, sondern auch zur Militarisierung von Religion und Kirche. »Militia« wurde »eines

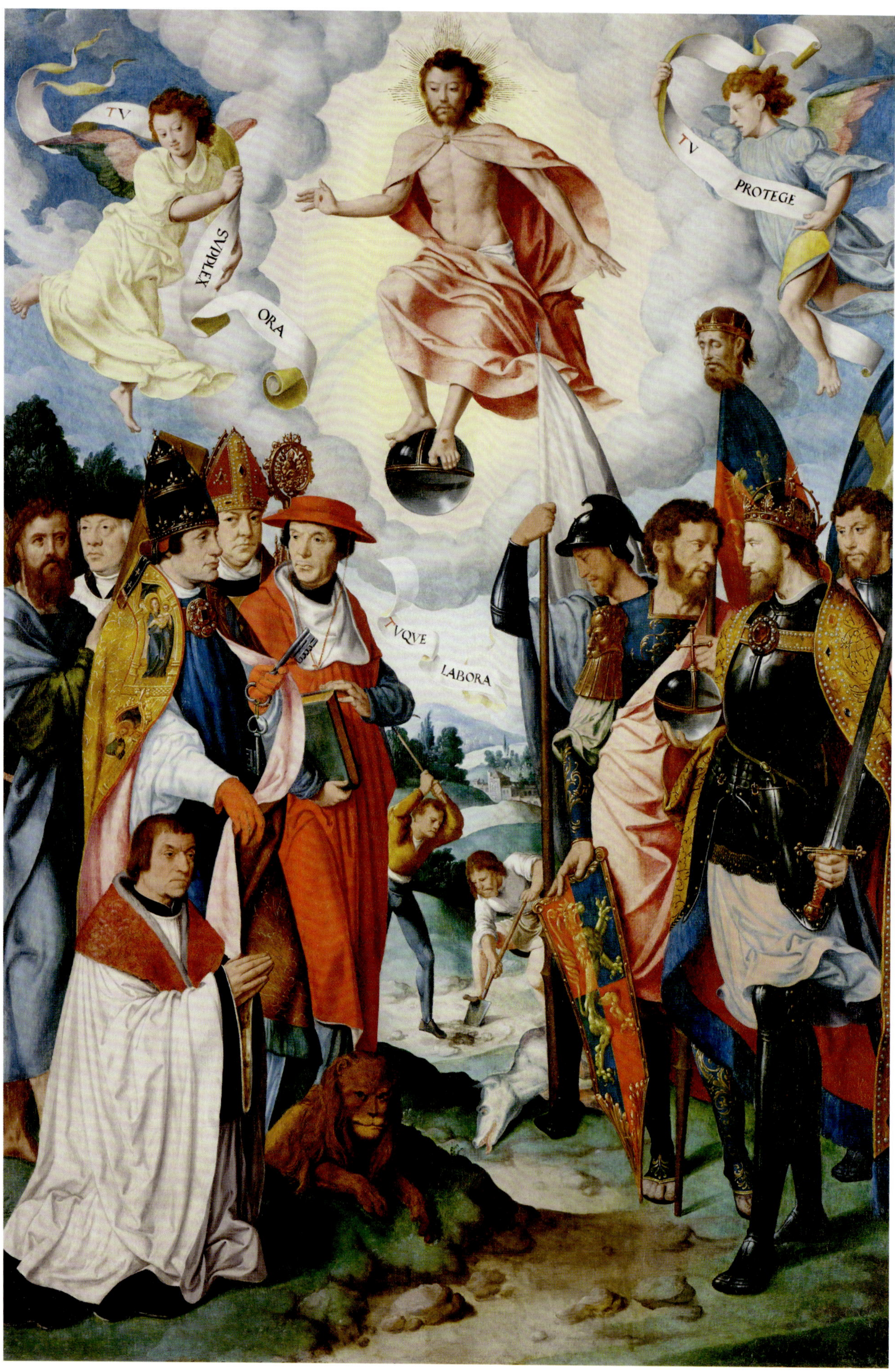
TV
SVPPLEX
ORA
TV
PROTEGE
TVQVE
LABORA

der zentralen mentalen wie politisch-sozialen Phänomene des 11. Jahrhunderts«, das rasch zur Bildung bischöflicher und 1053 erstmals auch päpstlicher Milizen führte. Hier bildeten sich die Wurzeln für die Kreuzzugsbewegung aus. Die Funktionalisierung der Gesellschaft entwickelte trotz der »Gottesfriedensbewegung« im Grunde keine Stärkung der Friedensidee, denn ihr Ziel lautete: Friede durch Gewalt. Auch dieser Ansatz stand dem auf der Barmherzigkeit Christi begründeten Friedenskonzept Heinrichs III. diametral entgegen.

Das funktionale Ordnungsdenken führte dazu, dass die Amtsträger der Kirche sich noch stärker als zuvor auf ihr eigenes Ordnungssystem besannen und die Verwaltung der göttlichen Gesetze zunehmend als ihr Monopol betrachteten. Der Umgang mit den Sakramenten, die priesterliche Fürsorge für das Seelenheil der Menschen und die damit verknüpfte höchste Verantwortung vor Gott hob den Funktionswert der kirchlichen Amtsträger über alle anderen Menschen und Funktionsgruppen empor. Hier sind die Grundlagen für die reformkirchlichen Entwicklungen des 11. Jahrhunderts zu suchen. Hieraus entstand die Forderung nach der Reinheit der Kirche und der Integrität der Priester, um sie in die Lage zu versetzen, die ihnen zugewiesene Funktion möglichst vollkommen zu erfüllen.

◄ Abb. 3
**Barthel Bruyn d. Ä.,**
**Die drei Stände der Christenheit**
zwischen 1530 und 1540,
Bonn, LVR-LandesMuseum (Kat.-Nr. 33)

## Kanonische Regeln und Gesetze

Somit rückten im Verlauf des 11. Jahrhunderts die kanonischen Vorschriften und Gesetze als Grundlagen der Kirche immer mehr in den Mittelpunkt. Mit ihrem Rechtssystem schloss sich die Kirche ab, auch und vor allem gegenüber dem König. Schon im Dekret Bischof Burchards von Worms aus dem beginnenden 11. Jahrhundert wurde deutlich formuliert, dass der König in der Kirche eigentlich nicht erforderlich sei.[21] In der Folgezeit wurde der König dann zunehmend seiner Sakralität entkleidet, weil er funktional nicht zu den Betenden gehörte. Vielzitiert und genau in den Kern treffend sind die Worte des Lütticher Bischofs Wazo. Dieser machte Heinrich III., der Ende 1046 in Rom drei Päpste aus dem Amt entfernen ließ, den Vorwurf, mit einer solchen Aktion das Sakrament der Geistlichen verletzt zu haben. Als der Kaiser darauf antwortete, auch er habe mit dem heiligen Öl das Sakrament der Weihe erhalten, habe ihm Wazo entgegnet: »Das, was ihr eure Salbung nennt, ist etwas völlig anderes und weit entfernt von der priesterlichen, denn durch eure Weihe werdet ihr zum Töten bestimmt. Wir aber werden durch unsere Weihe mit der Hilfe Gottes dazu erhoben, zum Leben zu verhelfen. Um wie viel das Leben den Tod überragt, um so viel überragt ohne Zweifel unsere Salbung eure Salbung.«[22]

Solche Worte sind sensationell, und niemals wären sie unter den Vorgängern Heinrichs III. möglich gewesen. Funktional gesehen war plötzlich die Königssalbung nicht mehr viel wert. Es kam sogar der Vergleich auf, das Haupt der Kirche, der Papst, dürfe nicht vom »Schwanz« – vom Kaiser! – geschlagen werden: wahrlich kein ehrenvolles Bild für den Herrscher. Und, um ein drittes Beispiel zu nennen, zum Mai 1046 wird von einem Beschluss der Reichsbischöfe berichtet: Der Herrscher, so heißt es da, dürfe gegen einen Bischof nur vorgehen, wenn er diesem in weltlichen Dingen etwas vorwerfen könne. Der Bereich des *ordo ecclesiasticus* dagegen sei ihm völlig verwehrt.[23]

Solche und ähnliche Äußerungen deuten an, dass sich die große Kirchenreform des 11. und 12. Jahrhunderts anbahnte. Mit ihr gingen fundamentale Änderungen im Beziehungsgefüge von Religion und Politik einher. Die Kirche unter der Leitung der Päpste suchte die Trennung von Kirche und Welt zu erreichen. Das Ergebnis war aber nicht der völlige Rückzug der Kirche aus der Welt, sondern ihr Anspruch, als absolut unabhängige und integre Autorität die Dinge der Welt zu kontrollieren, zu lenken und darüber zu entscheiden. Über die Stationen von »Canossa« 1077, »Venedig« 1177 und »Lyon« 1245 führte diese Bewegung schließlich zum eindeutigen Vorrang des Papstes vor dem Kaiser. »Der wahre Kaiser ist der Papst«, dieser Satz war schon in der zweiten Hälfte des 12. Jahrhunderts unter den Juristen geläufig.[24] Und die Absetzung Kaiser Friedrichs II. auf dem Ersten Konzil von Lyon 1245 hätte er auch ganz alleine ohne Konzilsteilnehmer bewerkstelligen können, so betonte Papst Innocenz IV. in einem Kommentar.

Entscheidend bei diesen Entwicklungen ist, dass das Papsttum im Lauf des 12. und 13. Jahrhunderts in verschiedener Hinsicht eine Monopolstellung in Europa erlangte. Die wachsende Unabhängigkeit von der weltlichen Gewalt förderte den päpstlichen Anspruch und die Überzeugung, nun die weltlichen und politischen Vorgänge aus unangefochtener Höhe zu kontrollieren, zu lenken und zu entscheiden. »Frieden«, seine Inhalte, seine Formen und seine Gültigkeit wurden mehr und mehr gebunden an die Bedingungen der römischen Zentrale. Der päpstliche Gerichtshof fällte Urteile in letzter Instanz, lieferte damit größtmögliche Sicherheit und bot sich als Garant des Friedens an. Große politische Weichenstellungen in Europa waren ohne päpstlichen Konsens kaum mehr denkbar. Der Höhepunkt war erreicht, als Papst Bonifaz VIII. in einer päpstlichen Vereinbarung vom 13. Mai 1302 verkündete, jedes Fürstentum, jedes Königreich und das Kaisertum seien eine Schöpfung des apostolischen Stuhls.[25]

Das Attentat von Anagni von 1303 auf den Papst, angeordnet von König Philipp IV. von Frankreich, die harten Pressionen gegen das Haupt der Kirche und der Wechsel der Kurie von Rom nach Avignon veränderten die Situation grundlegend. Damit ist eine Zäsur größten Ausmaßes für das weitere Wechselspiel von Religion und Politik verbunden. Von nun an setzte sich der Aufstieg der neuen nationalen Monarchien unaufhaltsam durch, und diese neuen politischen Mächte lehnten römisch-kirchliche Legitimierungsimpulse oder gar einen päpstlich-kirchlichen Vorrang in der politischen Ordnung vehement ab. Im Heiligen Römischen Reich blieben die zwei Gewalten, vertreten durch Kaiser und Papst, zwar noch einige Zeit als Ordnungsmuster lebendig (Abb. 4), aber im übrigen Europa war die monarchische Konzeption schon frühzeitig auf dem Vormarsch. Der König von Frankreich hatte schon um 1200 seine neue Position in die Worte gefasst, dass er in seinem Reich nicht nur König, sondern auch Kaiser sei. Philipp IV. erteilte seinen Bischöfen um 1300 sogar den Befehl, an die römische Kurie keine Gelder mehr fließen zu lassen. Die aufkeimende »Nation« Frankreich sollte fortan an erster Stelle stehen.

Diese neue Konzeption der souveränen und von päpstlichem Einfluss freien Herrschaft stützte sich vor allem auf das römische Recht. Auch das Lehnrecht bildete für diese Entwicklung ein Fundament aus. Berühmte Gelehrte verfassten im 14. Jahrhundert bedeutende Traktate, in denen die Einmischung durch Papst und Kirche in die Königs- oder Kaiserherrschaft scharf zurückgewiesen wird. Marsilius von Padua erblickte im Rückzug des Papstes und der Kirche

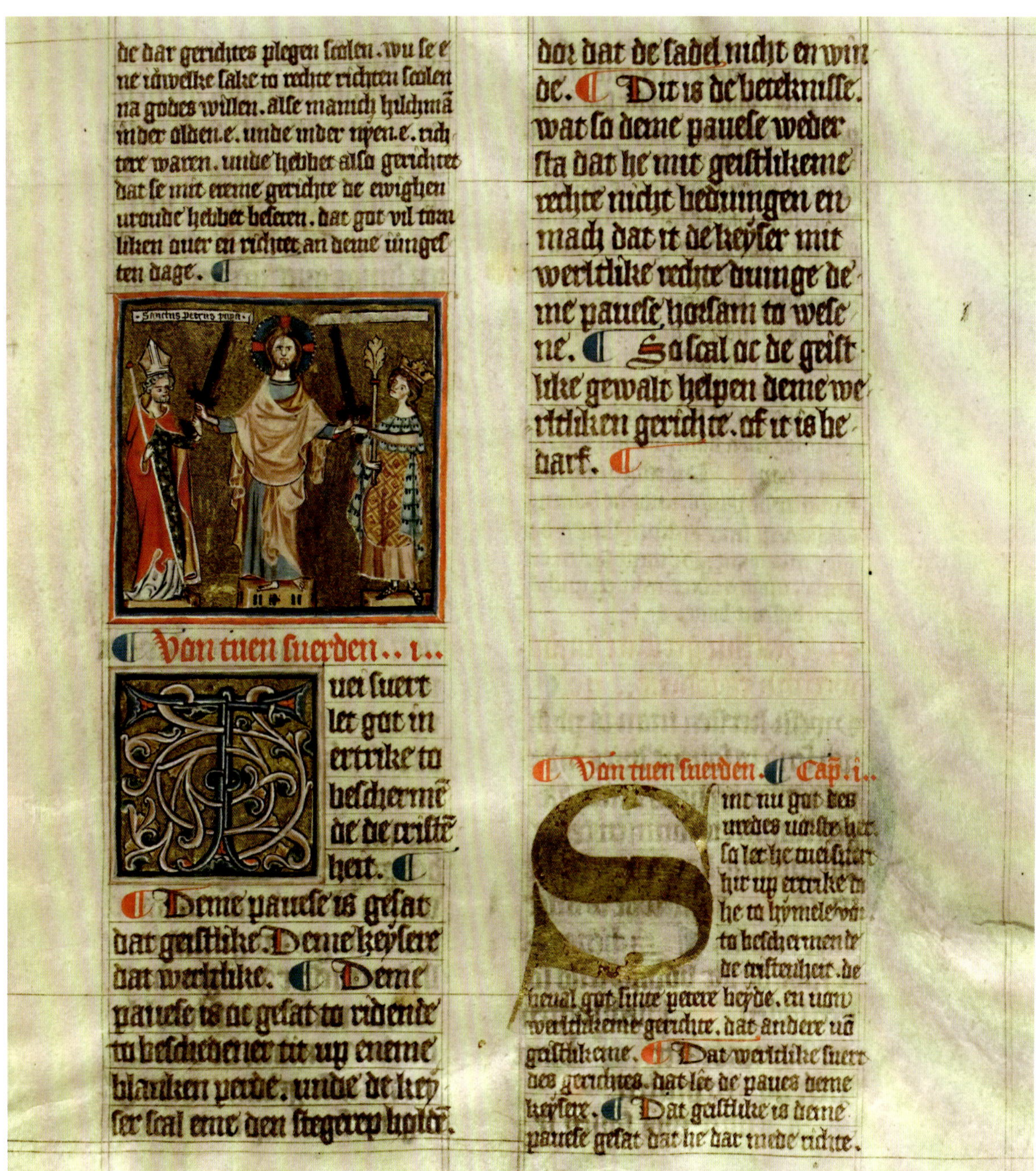

Abb. 4
**Miniatur aus einem Schwabenspiegel**
Anfang 14. Jahrhundert, Christus zwischen Papst und Kaiser, Heidelberg, Universitätsbibliothek, Cod. Pal. germ. 167, fol. 18r

aus weltlichen Angelegenheiten sogar eine Voraussetzung für den Frieden.[26] Sein 1324 vollendetes Werk nannte er daher »Verteidiger des Friedens« (»Defensor pacis«). Kurze Zeit später verfasste Wilhelm von Ockham sein »Zwiegespräch« (»Dialogus«). In scharfsinniger Argumentation werden hier die Grundlagen und Ansprüche päpstlicher und kaiserlicher Gewalt gegenübergestellt.[27] Das Ergebnis lautet, dass es eher eine Kontrolle der Laien über die Kirche geben müsse, um den Frieden in der Welt zu bewahren. Der Gelehrte Lupold von Bebenburg schließlich betonte in seiner Schrift »Über die Rechte von Kaiser und Reich« (»De iuribus regni et imperii«), die er im Winter des Jahres 1339 abschloss, die Unabhängigkeit der weltlichen Herrschaft von der Kirche.[28]

Diese neue Souveränität der Politik vermochte freilich die Sehnsucht der Menschen nach Seelenheil nicht im Geringsten zu verringern, ganz im Gegenteil. Die Verweltlichung der Amtskirche verstärkte darüber hinaus das Verlangen nach unmittelbarer Gotteserfahrung. Mit Meister Eckhart (gest. 1328), Johannes Tauler (gest. 1361) und Heinrich Seuse (gest. 1366) gelangte die christliche Mystik zu ihrem Höhepunkt im Mittelalter. Dagegen drohte die abendländische Ordnung zu zerbrechen, als 1378 zwei Päpste gewählt wurden – 1409 kam noch ein dritter hinzu – und damit das Große Abendländische Schisma begann. Doch einmal noch gelang es dem römisch-christlichen Europa zu Beginn des 15. Jahrhunderts, die Einheit und damit eine entscheidende Grundlage für den Frieden in diesem Raum herzustellen. Auf dem Konzil von Konstanz (1414–1418) konnten unter dem Schutz König Sigismunds und zahlreicher Fürsten die drei Päpste, die es damals gab, abgesetzt werden. Mit einem neuen, einhellig anerkannten Papst, Martin V. (1417–1431), wurde die kirchliche Spaltung Europas beendet. Dieser Vorgang erforderte einen gewaltigen Aufwand an Kraft, Ressourcen und Friedenswillen. Allein die finanziellen Mittel, die man dafür benötigte, übersteigen alle Vorstellungen. Mit unbarmherziger Härte wurde jegliche Abweichung vom Glaubenskanon ausgetilgt. Johannes Hus und sein Gefährte, Hieronymus von Prag, wurden gnadenlos verbrannt. Mit dieser gleichsam gewaltsamen Vereinigung von Religion und Politik sollte ein letztes Mal in der Geschichte des Mittelalters die Grundlage für die Friedens- und Glaubenseinheit Europas geschaffen werden.[29] Für die zweite Hälfte des 15. Jahrhunderts spricht man wegen der ungewöhnlich friedvollen Zeit nach dem Frieden von Lodi 1454 in Italien sogar von den »goldenen 40 Jahren«.

## Das Spannungsgefüge zwischen Religion und Politik

Aber es war im Grunde zu spät. Die Entwicklung in Gesellschaft und Politik war zunehmend von der nationalen Idee bestimmt, im Laufe des 15. Jahrhunderts auch im Heiligen Römischen Reich, das nun den Zusatz »deutscher Nation« erhielt. Der Humanismus förderte diese Entwicklung, und die deutschen Humanisten erweisen sich im Rückblick als die ersten glühenden Verfechter eines deutschen Vorrangs im »Kampf der Nationen«. Im Kampf um Italien seit dem ausgehenden 15. Jahrhundert spielten nur noch Machtinteressen eine Rolle. Italien und Rom wurden zum Spielball der europäischen Mächte. Hierbei kam der Religion kaum mehr besondere Bedeutung zu. So wie in Machiavellis Buch »Der Fürst« (»Il Principe«) von 1513 dargelegt, standen fortan die Grundsätze der Staatsräson an erster Stelle.[30] So kann es nicht verwundern, dass der Mittelpunkt der römischen Kirche, das prachtvolle Rom der Renaissance, 1527 im Sacco di Roma von Christen, also von den eigenen Glaubensbrüdern, zertrümmert wurde – ein Vorgang von großer Symbolkraft. Dass Papst Clemens VII. (reg. 1523–1534) Michelangelo 1533 den Auftrag erteilte, in der Sixtinischen Kapelle das Jüngste Gericht darzustellen, wirkt wie ein verzweifelter Schrei nach dem Eingreifen Gottes.

Das Spannungsgefüge zwischen Religion und Politik, aber auch ihr Ineinandergreifen steigerten sich in extremer Weise. Die Konflikte verlagerten sich in die Regionen, wo die Kämpfe der Reformation ausbrachen. Karl V. (reg. 1519–1556), der Herrscher eines Reiches, in dem die Sonne nicht unterging, war der letzte, der sich 1530 vom Papst zum Kaiser krönen ließ. Trotz größter Anstrengungen gelang es ihm nicht mehr, die Einheit der Kirche und der lateinischen Welt aufrecht zu erhalten. Die deutschen Fürsten und die Herrscher anderer Länder, vor allem Englands, trennten sich von der römischen Kirche.[31] Eine neue Epoche begann, in der sich der Politik eine Vielfalt von Religionen anbot, was den Weg zum Frieden für lange Zeit in höchstem Maße erschwerte. Der Dreißigjährige Krieg muss dafür als trauriger Höhepunkt gelten.

1 Einhard 1974, cap. 7, S. 174–177.
2 Dieses enge Zusammenwirken zwischen weltlicher und kirchlicher Autorität schlägt sich besonders deutlich in den Briefen der Päpste dieser Zeit nieder: Hartmann/Orth-Müller 2017.
3 Adelbold 1983, cap. [6], S. 52. Der Wahlvorgang fand am 6. Juli 1002 statt.
4 Wolfher 1854, cap. 24, S. 185: »[…] domnus Heinricus Noricus dux in imperium Willigiso consecrante subintravit, qui sanctam Dei aecclesiam vigilantissima cura et sapientia suo tempore tam clericaliter quam populariter gubernavit.«
5 MGH Diplom Heinrichs II. Nr. 99, S. 124.
6 Thietmar von Merseburg 1935, lib. VI, cap. 2, S. 276.
7 Wipo 1915, S. 66–74.
8 MGH Diplom Heinrichs III. Nr. 43, S. 53; Gregor der Große, Liber sacramentorum, in: Migne, Patrologia latina 78, Sp. 206 A: »Deus auctor pacis et amator, quem nosse vivere, cui servire regnare est …«.
9 Wipo 1915, S. 75–86.
10 An dieser Stelle folge ich meinen Ausführungen in Weinfurter 2001.
11 Widukind von Corvey 1935, S. 100, Zeile 14.
12 Hierzu grundlegend Trampedach/Pečar 2013.
13 Siehe Anm. 8.
14 Wipo 1915, Tetralogus, Vers 209.
15 Augustinus, De civitate Dei, lib. XIX, S. 13–14.
16 Parisse 2004.
17 Adalbéron de Laon 1979.
18 Gerhards Predigt ist überliefert in den Gesta episcoporum Cameracensium; Bethmann 1846, lib. III, cap. 52, S. 485.
19 Samaritani 1967.
20 Oexle 1993, S. 92.
21 Burchard von Worms 1972, lib. XV, cap. 43.
22 Leodiensium 1880, cap. 66, S. 229–230.
23 Leodiensium 1880, cap. 58, S. 224.
24 So etwa in der Summa Parisiensis (1160/1170) oder in der Summa Coloniensis (1169).
25 MGH Constitutiones IV/1, Nr. 105; Mirbt/Aland 1967, S. 458, Nr. 745.
26 Marsilius von Padua 2017.
27 Wilhelm von Ockham 1995.
28 Lupold von Bebenburg 2005.
29 Matheus/Schneidmüller/Weinfurter/Wieczorek 2017.
30 Machiavelli 2001.
31 Richter/Kohnle 2016.

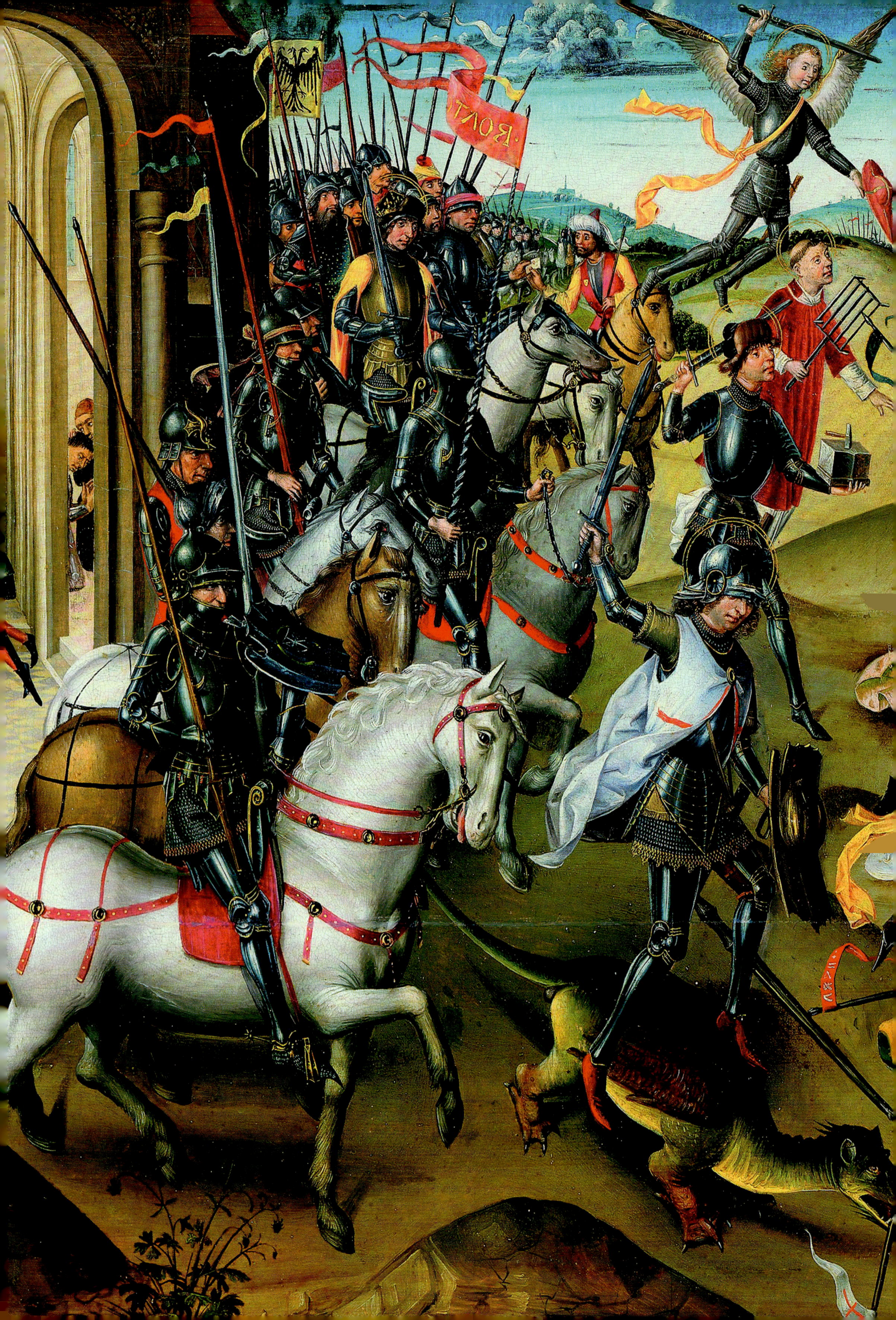

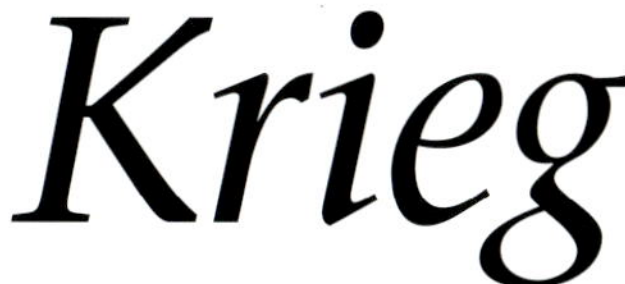

# Krieg

Theorien und Praxis im Christentum

ANDREAS HOLZEM

## Das ambivalente Verhältnis von Christentum und Krieg

Bei den Kriegstheorien, die im Christentum im Umlauf waren, geht es nicht ausschließlich um jene vorwiegend religiös motivierten militärischen Auseinandersetzungen, die mit dem Begriff des »Religionskriegs« oder des »Heiligen Krieges« gekennzeichnet werden,[1] sondern es geht allgemein um die Rolle der christlichen Religion in allen jenen Formen und Typen des Krieges, welche die lange Militärgeschichte des Westens geprägt haben (Abb. 1).[2] Das Alltagsbewusstsein historisch Interessierter ist sich der vorwiegend Krieg rechtfertigenden Funktion des Christentums sicher: Pfarrer und Pastoren segneten die Waffen und erklärten die Kriegsziele des Angreifers oder Verteidigers für gerecht und gut. Und in alledem brächten sie textuell und rituell die Parteilichkeit Gottes zur Sprache und ermöglichten die Fortsetzung dieses oder den Ausbruch des nächsten Krieges als politische Praxis mit militärischen Mitteln.

Doch gegen solche landläufigen Vorverständnisse deckt der religionsgeschichtliche Vergleich mit vor- und außerchristlichen Religionen die Ambivalenzen auf, welche das Christentum in die Konfrontation mit der Wirklichkeit des Krieges hineintrug. Sowohl in den Kulturen des Alten Orients als auch im griechisch-römischen Machtraum blieb religiöser Kriegskult engstens mit politischer und militärischer Herrschaft verknüpft.[3] Das Christentum bezog sich auf die Geschichte des Volkes Israel und des frühen Judentums und dessen Überlieferung in der Hebräischen Bibel – dem »Alten Testament« der Christen. Die Geschichte Israels kann nicht isoliert, sondern nur in ihrem Zusammenhang mit der Geschichte der Völker und den Reichsbildungen des Alten Orients betrachtet werden. Darum ist das spezifisch Christliche nur durch den Vergleich mit diesen Vorgänger- und Nachbarkulturen zu klären.

◄ Abb. 1
**Meister der Barbara-Legende**
um 1490, Kampf Kaiser Heinrich II. gegen Heiden, Ausschnitt aus der Heinrichstafel (rechter Teil), Münster, LWL-Museum für Kunst und Kultur (Dauerleihgabe des Westfälischen Kunstvereins) (Kat.-Nr. 90)

## Bibel und Antike

In der altorientalischen und antiken Umgebung des Christentums gab es keine den Krieg differenzierend reflektierende Religion. Eine unabhängige Priesterschaft, die zum Krieg eine eigenständige Haltung hätte einnehmen können, hat sich in diesen Kulturen nicht etabliert. Die Tempel waren Königsbauten; ihr Kult diente dem Königsheil und dem militärischen Erfolg. Die Kultdiener erklärten die Könige zu Auserwählten der Gottheiten und wussten deren Nähe durch fehlerlose Opfervollzüge und Traumdeutungen sicherzustellen. Diese Kulte kannten auch keine Seelsorge oder Predigt; in der Regel gab es keine unabhängigen Propheten, sondern diese waren – wie die Opferpriester, Eingeweideschauer und Traumdeuter – königliche Beamte. Sie alle betrachteten und bestärkten den König als Ausführenden des Gotteswillens oder als Göttergleichen. Sie sagten Siege und den Untergang des Gegners voraus. Sie trugen die Kultbilder mit in Krieg und Schlacht. Sie verherrlichten die Erfolge oder archivierten die Vertuschung der Niederlage.[4] Diese Kulte verbanden mit den Kriegen auch keine Missionsabsichten. Da es in ihren Augen die Fremdgötter durchaus gab, wenn auch als minder mächtige, wurden sie ins polytheistische Pantheon integriert und dem jeweiligen Hauptgott unterstellt. Darum führte niemand einen Religionskrieg. Geführt wurden die Kriege um Ressourcen: Herrschaft und Expansion, Fron und Tribut, Waffenbeute und Sklaven, Holz, Öl und Wein, den Zugang zum Meer. Das trifft zunächst auch auf die Kriegserzählungen Israels und die Rolle des Gottes JHWH (sprich: Jahwe) zu. Der Auszug aus Ägypten und die Siegesberichte der Landnahme- und der Richterzeit begründeten das Urteil einer kriegerischen, Gewalt bejahenden und fördernden Haltung des JHWH-Kultes. Diese Texte wiesen göttlichem Handeln im Krieg eine zentrale Rolle zu. JHWH gebe die Feinde in die Hand Israels und verleihe durch sein wunderbares Eingreifen in die Schlacht den Sieg. Dafür aber verlange er die völlige Vernichtung des Feindes, nicht nur der Kämpfer, sondern aller Menschen, Tiere und Beutestücke (sog. Vernichtungsweihe; vgl. z. B. 1 Sam 15).

Dann jedoch kam es in Israel zu einem wesentlichen religionsgeschichtlichen Entwicklungsschritt. In der Hebräischen Bibel entstand bereits in der späten Königszeit eine königs- und kriegskritische Prophetie, die insbesondere mit Amos und Hosea ihren Höhepunkt erreichte. Nach der Zerstörung des Jerusalemer Tempels 586 v. Chr. und während des Exils in Babylon entstand eine von der Bibelwissenschaft geläufig als »deuteronomistisch« bezeichnete Bearbeitung des historischen Materials der Geschichte Israels. Der Begriff bezieht sich auf lange deutende Redepassagen im Buch Deuteronomium (5. Buch Mose), die das Schicksal des Gottesvolkes geschichtstheologisch zu einem Sinnganzen verbinden, um den Untergang Israels und das babylonische Exil zu erklären. Deswegen kennt die Hebräische Bibel in einem hohen Maß königskritische Texte, in denen Kriegsniederlagen nicht verschwiegen wurden. Im Gegenteil: Man schrieb sie einem eifersüchtig auf die Bundesbedingungen achtenden Gott zu. Ganz gegen altorientalische Tradition war es nicht die Mindermächtigkeit Gottes, die den Untergang heraufbeschwor, sondern der permanente Bundesbruch seines Volkes, insbesondere seiner Herrscher (vgl. Hos 11–14; Jes 9,7–20; Jes 43,27–28). Die Gewalterzählungen des Alten Testaments beruhten auf dem Versuch, extreme militärische Niederlagen als Strafhandeln Gottes für die Verletzung religiöser Gebote zu erklären (Abb. 2).

Das Christentum war zunächst eine ganz staatsferne Religion, deren Gründer von Staats wegen hingerichtet wurde. Das Gebot der Feindesliebe »gehört zum Urgestein der Jesus-Überlieferung«,[5] es stand und steht einer aggressiven Ausdeutung

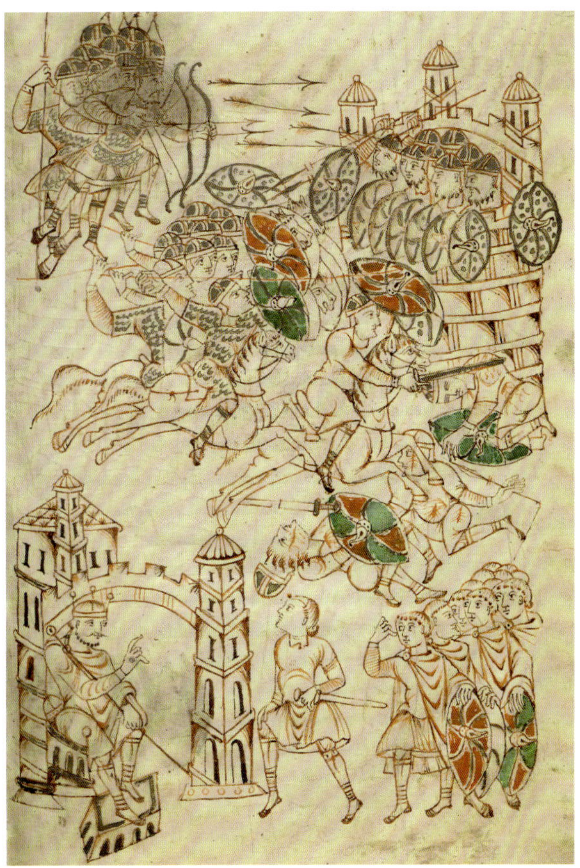

Abb. 2
**Illustration aus einem Psalter aus St. Gallen**
10. Jahrhundert, Die Makkabäer als Krieger, Leiden, Universiteitsbibliotheek, cod. Perizoniani 17 F, f. 9r

der Gottesbeziehung entgegen (Mt 5). Das *Corpus Paulinum*, alle in das Neue Testament aufgenommenen Briefe, die dem Apostel Paulus zugeschrieben werden, stellte sich der antiken Realität der Christen, einer heidnischen Obrigkeit untertan zu sein. Es verlangte aber, sich mit deren Kult nicht gemein zu machen (Röm 13). Die Apokalypse (Offenbarung des Johannes) am Ende des Neuen Testaments kündigte für die von Gott heraufgeführte Endzeit große Schlachten transzendenter Mächte und die Vernichtung der Feinde Gottes an (Offb 18/20). Die historische Exegese sieht die Offenbarung heute als eine Schrift, »die – in einer als ausweglos empfundenen Situation – bedrängten christlichen Gemeinden Trost spenden soll« und »in […] völliger Marginalisierung«[6] ein Szenarium der Hoffnung zu entwickeln versucht. Ihre Identifikationsangebote für christliche Krieger sind jedoch nicht zu übersehen. Schwierig zu deuten war auch der Gewaltverzicht Jesu bis zum Kreuz: Ursprünglich war das ein ohnmächtiges, aber subversives Zeichen gegen die Herrschenden. Dann aber verstand man das Leiden als besonderes Zeichen der Nachfolge. So konnte später selbst die Teilnahme am Krieg als Christus gleiches Opfer aufgefasst werden.

Die heiligen Schriften des Christentums stellten also zum Thema Krieg vier sehr unterschiedliche Textsammlungen zur Verfügung: die Kriegserzählungen der Hebräischen Bibel, die Feindklage in den Psalmen, das Friedensgebot der synoptischen Evangelien und die biblische Apokalyptik. Christliche Geistliche wurden darum zu Deutern, zu Exegeten des Krieges, denen die einlinige Königsprophetie des Alten Orients verwehrt war. Sie mussten sich auch mit Schuld und Gottesverfehlung christlicher Herrscher nach dem Vorbild der biblischen Könige und der kritischen Prophetie und Geschichtstheologie auseinandersetzen. Die vorchristlichen Kulte hatten hingegen eine praktische Moralphilosophie im Krieg nicht gekannt.

In der christlichen Theologie der Spätantike wurde deshalb nicht die Deutung des Krieges, sondern die Ethik des Friedens zum zentralen Thema, um das Hineinwachsen des Christentums in politische und militärische Verantwortung zu interpretieren. Laktanz, Ambrosius und dann insbesondere Augustinus schlossen den Krieg nicht aus, aber sie legten nun rationale Kriterien für seine Notwendigkeit fest: Krieg muss dienen zur Überwindung von Unrecht (*iniquitas*) und von Missachtung der Gerechtigkeit (*iustitia*) und des Ewigen Gesetzes (*lex aeterna*). Damit entwickelten sie faktisch die Unterscheidung von Recht zum Krieg und Recht im Krieg (*ius ad bellum, ius in bello*) wie ebenso

Merkmale ihrer Anwendung durch Verstand (*ratio*) und Weisheit (*sapientia*). Augustinus sah im Krieg eine Dominanz der Leidenschaften über die Vernunft; christlich interpretiert war das eine Folge des in Sünde gefallenen Menschen. Frieden war ein schöpfungstheologischer, aber auch psychologischer Ordnungsbegriff. Die Herrschsucht (*libido dominandi*) und die Begierde, anderen zu schaden (*libido ulciscendi*) seien, hier folgt Augustinus durchaus Traditionen der paganen Philosophie, Schwächungen der inneren Einheit des Menschen. Weil nach dem Sündenfall eine christliche Liebesordnung nicht mehr möglich sei, müsse die staatliche Strafgewalt die Rechtsordnung aufrecht erhalten. Der »Gerechte Krieg« sei Ausfluss staatlicher Ordnungsanstrengung, wobei Augustinus keineswegs verschwieg, dass die meisten Kriege des römischen Imperiums als ungerecht einzustufen seien. Gleichzeitig aber forderte Augustinus, die christliche Sekte der Donatisten in Nordafrika solle nicht wegen ihres abweichenden Glaubens, sondern wegen ihrer Gewalttätigkeit gegen das Gemeinwesen und gegen die wahre Religion verfolgt werden. Für spätere Ketzerverfolgungen war damit eine lange Spur gelegt. Denn der Kaiser war als frommer Herrscher in den Dienst Gottes gestellt.

Die aus den Schriften des Augustinus zu erhebende »Friedenslehre« sah für Priester im Krieg nirgends eine Rolle vor, weil der Krieg die Annäherung an das Göttliche ausschloss. Das Prinzip »Frieden durch den Frieden und nicht durch den Krieg« (*pacem pace non bello*) ist keineswegs als »Gelegenheitsäußerung«, sondern als die eigentliche »Maxime der augustinischen Friedensethik« zu begreifen. Selbst für Militärs stand das *pacificus esse* obenan. Es bedeutet »eine Verkehrung der augustinischen Gewichtung und Blickrichtung, wenn man seine vereinzelten, restriktiven Konzessionen an die Möglichkeit eines ›gerechten‹ Krieges [...] zu Grundbausteinen einer – womöglich sogar talionistisch denkenden – systematischen, vindikativen Kriegsethik macht«.[7] Das ließ einen Kriegseinsatz von Geistlichen eigentlich undenkbar werden.

Bis zum Ende des Mittelalters verschoben sich jedoch die Gewichtung und die Blickrichtung. Die biblischen Texte wurden anders, nämlich weitgehend als historische Tatsachenberichte über Herrschertugenden gelesen. Nun dominierte der starke Glauben militärischer Führer und Könige und die daraus abgeleitete Sieghilfe JHWHs. Gewalt war gerade auch gegenüber »Götzendienern« und »Häretikern« als Wille Gottes erklärbar. Augustinus' vereinzelte restriktive Konzessionen an die Möglichkeit eines »Gerechten« Krieges wurden zu Grundbausteinen einer systematischen Kriegsethik gemacht. Das sollte bis in die moraltheologischen Handbuchartikel des 20. Jahrhunderts in Geltung bleiben. Es galt also immer wieder die Frage zu diskutieren, wie sich der Krieg denn in das Leben der Christen einpasse, wie er mit dem Willen Gottes in Einklang zu bringen sei, wie das Tun Gottes und das Erleiden der Menschen zu bewältigen sei, was an geistlichem Beistand möglich war, um Sterben wie Weiterleben mit Bedeutung zu versehen. Man fragte nur noch selten, wie christliche Glaubenshaltung den Krieg begrenzen müsse.

Trotz der Ambivalenz in ihren heiligen Schriften integrierten Christen sich in die römischen Heere offenbar weitgehend problemlos. Bereits biblisch sind Christen im römischen Heeresdienst bezeugt. Weil Staat und irdische Ordnung vorläufig zu akzeptieren waren, erhielten auch Soldaten Zugang zu den christlichen Gemeinden (Mk 5 par; Mt 8 par; Lk 3; Apg 10). Der Teilnahme an heidnischen Kulten konnten sie offenbar, außer in den Phasen der zentralstaatlich gelenkten Christenverfolgungen des späten 3. und frühen 4. Jahrhunderts, ausweichen.

Mit Konstantins Sieg an der Milvischen Brücke wurde erstmals die Sieghilfe des Christengottes in Anspruch genommen. Dahinter stand die heidnische Kulttheorie des »stärkeren Gottes«. Die Schlacht selbst vollzog sich, so der Bericht des Eusebius von Caesarea, ohne jede Anwesenheit von Geistlichen. Konstantin sei bereits vor seiner Belehrung im Christentum aufgrund einer Traumerscheinung des »Gesalbten Gottes« entschlossen gewesen, das Zeichen des *XP* (griech. Chi-Rho, das Christusmonogramm) »als Abwehrmittel für die Kämpfe mit den Feinden zu verwenden«.[8] Theologische Experten des Christentums kamen erst anschließend ins Spiel, um diesen Krieg im Sinne des klassischen Schemas der göttlichen Sieghilfe zu deuten. Damit war ein Modell geschaffen, welches weit reichen sollte. Sollte angesichts der Konfliktträchtigkeit menschlichen Zusammenlebens nicht archaische Gewalt herrschen, musste die »Legitimation zum Töten« als »ein spezifisches Korrelat der Macht« dargestellt werden.[9] Darum waren christliche Priester nunmehr auch in den spätantiken Kaiserheeren präsent.

Schon Konstantin ließ seit 312 n. Chr. nicht nur das in der Vision an der Milvischen Brücke geschaute Christusmonogramm auf den Schilden der Krieger, auf der Heeresfahne (*Labarum*) und auf seinem Helm anbringen (vgl. Kat.-Nr. 35). Gegen Ende seiner Regierungszeit traten erste Waffensegnungen mit dem Kreuzzeichen hinzu. Im Heerlager wurden ein Gebetszelt, Bischöfe und Feldprediger mitgeführt. Die religiösen Bedürfnisse des römischen Heeres wurden – ohne große Abwandlungen – auf einen trinitarischen Fahneneid, auf christliche Geistliche, Gebete, Kreuze, Bilder und Liturgien im Heer und einen christianisierten Kaiserkult übertragen. Die Kaiser schrieben damit indirekt eine römische Tradition schon aus der Zeit der Republik fort: Man sah die Entscheidung über den Kriegsausgang in die Hand der Götter gelegt. Der »recht geführte« Krieg (*bellum iustum* im traditionell überkommenen Sinn) hing hier insbesondere davon ab, dass die Götter durch einen rituell korrekten Kult zur Unterstützung der Kämpfer motiviert wurden. Mit einer in ethischen Kategorien zu fassenden Gerechtigkeit hatte diese *bellum-iustum*-Theorie nichts zu tun. Christliche Geistliche taten hier im Einklang mit der Armeeführung das, was vor ihnen heidnische Kultpriester getan hatten, um die Angewiesenheit des Heeres auf die göttliche Macht zu unterstreichen. Das Christentum lieferte also im Krieg auch imperiale Stilistik.

Man muss demnach, um die frühchristliche Entwicklung zu bilanzieren, einen religionsgeschichtlichen Gegensatz festhalten, der für das Verhältnis von Christentum und Krieg viel erklärt: den zwischen einer restriktiven Kriegsethik der Theologen und einer parallel ablaufenden, offenbar reibungslosen Überführung vorchristlicher Militärkulte in christliche. Die Christianisierung des Heer- und Kriegswesens seit der Spätantike wies Geistlichen zwei unterschiedliche Arbeitsplätze zu, deren Anforderungen nur mit Mühe aufeinander abzustimmen waren und deren Regelwerke von unterschiedlichen Trägern der Verantwortung erstellt wurden. Auf der einen Seite die Theologie und die geistliche Schriftauslegung, auf der anderen Seite die Gebetsbeschwörungen und Opfer. Das Christentum war darum immer ebenso frei wie gezwungen, sich einen eigenen Reim auf den Krieg zu machen – und aus diesen verschiedenen Perspektiven Politikberatung zu treiben. Und seine Vertreter waren gleichzeitig gehalten wie gewillt, im Krieg die geistlichen Waffen zuzurüsten, die aus den politischen Religionen des Alten Orients und des vorchristlichen Mittelmeerraums stammten. Und das stürzte sie in ein Meer von Uneindeutigkeiten und ethischen Problemen.

## Das Mittelalter

Das Mittelalter hat auf der einen Seite die christliche Begründung kriegerischen Handelns, die in der Friedenslehre des Augustinus angelegt war, theoretisch durchgehalten. Weder die Karolinger noch die Ottonen führten »heilige« Missionskriege zur gewaltsamen Ausbreitung des Christentums unter den Sachsen und Slawen. Der evidente Zusammenhang von Krieg und Mission basierte auf einem Erklärungsmuster, welches die politische Unberechenbarkeit und barbarische Wildheit der »Heiden« als Merkmal ihrer Religion deutete. Die Christianisierung konnte so als Mittel der politischen Zivilisierung erscheinen (vgl. Kat.-Nr. 69). Die Spaltung zwischen der »ethischen, rechtlichen und pastoralen Ausgestaltung eines Verhaltenscodex, der jede Form von Blutvergießen problematisierte, [und] auf der anderen Seite der rituellen Zurüstung der (nicht nur königlichen) Herrschergewalt zur Ausübung ihrer Funktion der innerweltlichen Ordnung und Rechtswahrung« wurde bereits für das westliche frühe Mittelalter typisch.[10] Die Folgen dieser auf spätantiken Formen der Öffentlichkeit beruhenden Herrschaftskonzepte waren jedoch weitreichend. Weil der Kaiser – und generell jeder Herrscher – zum Schutz nicht nur der weltlichen Ordnung, sondern auch der Kirche und des wahren Glaubens bestellt war, konnte der defensive Grundzug ethischer Kriegsreflexion in der christlichen Theologie ins Offensive hinein umgedeutet werden.

Auch die Gottesfriedensbewegung im 10. und 11. Jahrhundert ist keine Heiligung von Kriegshandeln als solchem gewesen, sondern eine Kampagne der Befriedung nach außen und nach innen (*ad extra, ad intra*). Doch allen diesen Kriegen lag die Idee zugrunde, dass die Übernahme des christlichen Glaubens für die Konsolidierung gewaltfreier Räume unabdingbar sei und dass hier dem christlichen Herrscher und den Vertretern der Kirche eine Schutz- und Vogteifunktion zukomme. Daher entstand die Theorie, der zufolge auf kirchlichen Befehl hin und mit kirchlicher Autorität Krieg geführt werden konnte. Dieser Krieg sollte für den, der in rechter Absicht daran teilnahm, heilbringend sein. Die Sicherung des Gottesfriedens, der Kampf für die Kirchenreform und der Kreuzzug gegen die Bedrängung christlicher Pilger im muslimischen Machtraum wie gegen die Unterstützung der Häretiker erhielt seinerseits heilsvermittelnde Qualität.[11] Dennoch benutzen die Quellen zu den Kreuzzügen den Begriff des heiligen Krieges (*bellum sacrum/sanctum*) ebensowenig wie die Kirchenrechtssammlungen und die Moraltheologie bis hin zu Thomas von Aquin. Auch der Kreuzzug wurde als ein Gerechter Krieg zur »Verteidigung der Christenheit gegen die Bedrohung durch islamische Mächte und um die Rückgewinnung ehemals christlicher Gebiete« gedeutet (Abb. 3).[12] Der Kreuzzugsablass war in diesem Sinne keine kollektive Verklärung der Teilnehmer zu Märtyrern, obwohl die Kreuzfahrer sich selbst in der Regel so sahen. Vielmehr handelt es sich um eine auf die Absicht der Teilnahme zielende Ersetzung anderer individueller Bußleistungen, wenn der Auszug »ausschließlich aus Gottergebenheit« (*pro sola devotione*) erfolgte.

Auf der anderen Seite aktivierten die Teilnehmer der Kreuzzüge eine religiöse Eigenlogik, die mit den kriegsethischen Reflexionen von Augustinus bis Gratian schwer vereinbar war. Unter den Kreuzfahrern, dann aber auch unter denen, die bis hin zum Papst auf ihren Sieg von 1099 reagierten, war die religionsgeschichtliche Vorstellung der *pollutio* heiliger Orte, der entsühnenden Reinigung durch Blut und der gewaltsamen Gottesstrafe unbezweifelbar am Werk (Kat.-Nr. 84). Man glaubte, die heiligen Stätten von der Befleckung durch die muslimische Kultausübung befreien zu müssen. Die Texte der Hebräischen Bibel, die ursprünglich darauf angelegt gewesen waren, den Zusammenhang von

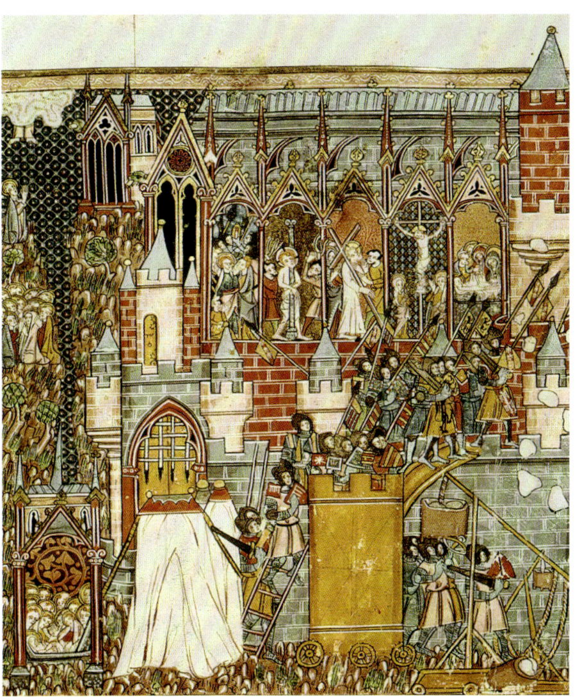

Abb. 3
**Illustration mit der Eroberung von Jerusalem 1099 durch die Kreuzfahrer unter Gottfried von Bouillon aus Wilhelm von Tyrus, Historia rerum in partibus transmarinis gestarum**
Handschrift, Frankreich, erste Hälfte des 14. Jh., Paris, Bibliothèque Nationale, Ms. fr. 352, fol. 62

Schuld, Bundesbruch und Gottesverhängnis zu thematisieren, wurden nun als analoge Vorbilder gottgefälliger Gewalt rezipiert. Zwischen der theologischen Frage nach der Gerechtigkeit und der kultischen Blutsühne war hier eine Art »negativer Kompromiss« geschlossen worden.[13]

Bei den im Westen selbst stattfindenden Kriegen gegen Feinde des wahren Glaubens, insbesondere bei den Albigenserkriegen gegen die Häresie im Süden Frankreichs, erhielten diese Theorien ihre eigene Wirkungsgeschichte. Der christliche Glaube dürfe nicht mit Gewalt verbreitet und erzwungen werden. Aber diejenigen, die ihn bereits angenommen hätten, dürften gezwungen werden (*corporaliter compellere*), den einmal übernommenen Selbstbindungen weiterhin nachzukommen – hier blieb die Stellungnahme des Augustinus zum Donatistenstreit maßgeblich, auch in den Häretikerkriegen. Der Ketzerkrieg war zur Aufspürung von Anhängern des Katharismus völlig ungeeignet, aber sein erklärtes Ziel war dem vorgelagert. Die vermeintlich illegitimen Herrscher, die die Häresie nicht bekämpften, sollten durch rechtgläubige Fürsten (*principes catholici*) ersetzt werden. Die Verurteilung der Glaubensfeinde als Friedensbrecher und die Schutzpflicht der Herren stammte wesentlich aus der christlichen Kaiseridee der Spätantike und der Karolinger- und Ottonenzeit wie aus der Vorstellung eines den Herrscher verpflichtenden Waffenstillstands Gottes (*treuga Dei*). Das Spektrum gerechter Kriegsgründe wurde hier erneut ausgeweitet: auf »eine vom Papst wegen Begünstigung der Ketzerei angeordnete Verdrängung lokaler und territorialer Herrschaftsträger durch katholische Adlige«.[14]

Die Geschichte der mittelalterlichen Kriegstheorie verantwortete sich argumentativ als Auslegung des Gerechten Krieges. Aber tatsächlich kam es doch zu einer steten Ausweitung von insbesondere religiösen Kriegsgründen. Erst Erasmus von Rotterdam kritisierte in seiner humanistischen Frühschrift »*Dulce bellum inexpertis*« (»Süß erscheint der Krieg den Unerfahrenen«, sprich: nur denen, die ihn noch nicht erleben mussten …) den Krieg als Zerstörung der göttlichen Schöpfungsordnung und als Schädigung von Staat, Gesellschaft und Wirtschaft.[15] Doch auch Erasmus sah sich später – angesichts der ausbrechenden Konfessionskämpfe im Reich und der Bedrohung durch das Osmanische Reich an dessen Südostflanke – genötigt, den ethischen Vorrang eines christlichen Pazifismus zu relativieren.

## Die Frühe Neuzeit

Die konfessionellen Auseinandersetzungen, die im Mittelpunkt der Kriegsproblematik der Frühen Neuzeit standen, mussten christliche Selbstdeutung in besonderer Weise herausfordern. Die Konfessionskriege der europäischen Vormoderne gelten als Exerzierfeld einer blutrünstig fanatisierten Religion. Das Eigenrecht des Politischen, welches für die westliche Politik- wie Kriegs- und Verfassungsgeschichte der Moderne als typisch angesehen wird, erscheint hier als in horrender Weise konterkariert (Abb. 4).

In christlichen Theoriebildungen des 16. und 17. Jahrhunderts, die für die politischen Entscheidungen, die Deutungsmuster und die Kriegserfahrung der Akteure maßgeblich wurden, ist diese Einlinigkeit keineswegs vorgezeichnet. Die Zwei-Reiche- bzw. Zwei-Regimente-Lehre Martin Luthers, als deren Teilbereich die Kriegsdeutung zu betrachten ist, versuchte erstmals eine subtil durchgeführte Trennung von Rechts- und Handlungssphären, innerhalb derer sich Gott zu den Menschen und den Dingen der Welt in Beziehung setze. Sie sind als Fortentwicklungen der mittelalterlichen Politiktheorie, keinesfalls als deren Verabschiedung zu begreifen. Der Obrigkeit wird einerseits eine Grenze gezogen: Im Bereich des Evangeliums hat sie sich nicht einzumischen. Andererseits wird ihr auch ein Freiraum eröffnet, aus dem sich die Glaubensverkündigung herauszuhalten hat. Das irdische Staatswesen (*terrena civitas*) ist mit dem Evangelium nicht zu regieren. Hier besitzt die Obrigkeit eine autonome Strafgewalt.

So bedeutsam diese Zwei-Reiche- und Zwei-Regimente-Lehre für die Staatstheorie der (Frühen) Neuzeit wurde, hatte sie doch auch ihre gleichsam blinde Seite. Mit dem Anwendungsfall des Bauernkrieges verlor die Kriegstheorie im Luthertum ihre Zugehörigkeit zur praktischen Moralphilosophie und Moraltheologie, welche sie seit der Spätantike und das ganze Mittelalter hindurch besessen hatte und in der (katholischen) Barockscholastik der Frühen Neuzeit beibehalten sollte. Der politischen Autonomie weltlicher Obrigkeiten konnte theologisch wenig entgegengesetzt werden, weil für Luther »nicht die Gestalt der Obrigkeit entscheidendes Thema war, sondern die Notwendigkeit zur Kontrolle der Bosheit des Menschen«.[16] Die Zwei-Reiche-Lehre hat daher die Staatswerdung gestützt, aber kaum kontrolliert.

Anders verlief die Diskussion im Reformiertentum der Schweiz und Englands. Das Reformiertentum wollte mit den Normen des Evangeliums die Welt gestalten. Es war »der Anspruch, das Reich Christi sei *etiam externum* [auch weltlich], der die zwinglianische und die calvinistische Kirche von den lutherischen trennt«.[17] Gemäß der Bundestheologie des Alten Testaments müsse die Obrigkeit aktiv für die Sicherheit des wahren Glaubens eintreten und das Reich Christi auf Erden ausbreiten helfen. Die Begründung dafür lag gerade nicht in den alten Schutzpflichten und Vogteirechten, die das Mittelalter diskutiert hatte, sondern in der Rezeption der sogenannten deuteronomistischen Geschichtstheologie. Ein Volk und seine Herrscher, von denen die Bestimmungen des Bundes verletzt werden, wird von Gott unmittelbar aus dem Himmel mit Kriegsniederlage, Exil und Verdrängung aus der Weltgeschichte gestraft. In diesem Zusammenhang tauchte in der reformierten Kriegstheologie erstmals die Begrifflichkeit des »heiligen Krieges« auf. Sie begründete das Widerstandsrecht eines wahrhaft christlichen Volkes gegen herrscherliche Tyrannei. Die Verfolgung des reformierten Glaubens (etwa in den Niederlanden oder in Frankreich) wurde als die spezifischste Form unrechtmäßiger Anmaßung von Gewalt interpretiert.

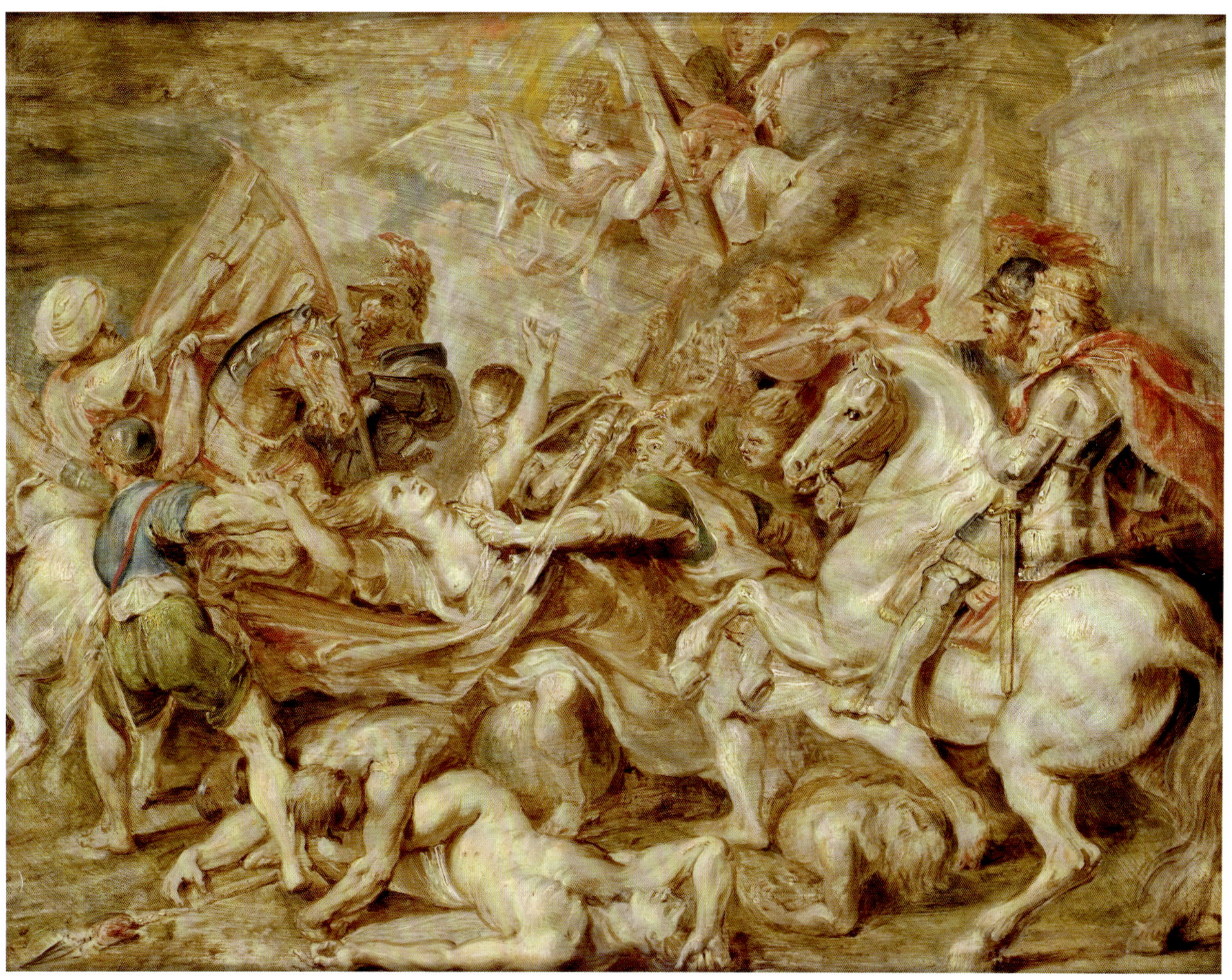

Abb. 4
**Peter Paul Rubens, Allegorie der umzingelten katholischen Austria**
zwischen 1620 und 1622, Montpellier, Musée Fabre (Kat.-Nr. 79)

Im »patriarchalischen deutschen Fürstenstaat, eingebunden in die Rechtsordnung des Heiligen Römischen Reiches«,[18] herrschte hingegen in beiden großen Konfessionen das Phänomen der Verschleierung (Dissimulation) religiöser Kriegs- und Gewaltbegründung vor. Die um die Bekenntnisauseinandersetzungen im Reich entfachten Kriege wurden als Exekutionen der Landfriedensordnung und als Verteidigung ständischer Freiheit ausgegeben. Auf lange Sicht erwies sich die Dissimulation religiöser Kriegsgründe als Motor der Verrechtlichung des Politischen und Militärischen jenseits der religiösen Wahrheitsfrage. Ein wesentliches Ergebnis der deutschen Friedens- und Verfassungsordnung nach 1648 war die Ausklammerung der Religion aus dem Konzept des Gerechten Krieges. Der Konflikt zwischen der sich verdichtenden Mehrstaatlichkeit eines europäischen Mächtesystems und den alten Universalbegriffen der *Christianitas* (Christenheit), des *Imperium* (Kaiserreich) oder der *Monarchia universalis* (Universalmonarchie) spielte hier ebenso eine Rolle wie die innere Staatsbildung, die als emanzipatorische Herauslösung aus größeren übernationalen Herrschaftsverbänden vollzogen wurde. In diesem Prozess versuchte der Staat die Religion unter seine Kontrolle zu nehmen, während deren Träger fortwährend die übergeordnete Wichtigkeit des religiösen Arguments für die politischen Entscheidungen der Herrschaft behaupteten.

Entscheidend für die Entwicklung des Verhältnisses von Christentum und Krieg in der Frühen Neuzeit ist also die Beobachtung, dass sich die theoretische Einordnung und moralische Bewertung des Krieges nicht nur konfessionell, sondern auch anhand der Verhandlungsorte aufspaltete. Kaiser und Reichsfürsten mobilisierten das mittelalterliche Ketzerrecht nicht mehr als Kriegstheorie. Anders die überwiegende Mehrheit der sich seit der Reformation so machtvoll entfaltenden öffentlichen Meinung. Hier war der Religionskrieg eine Wirklichkeit, erwartet und gefürchtet, publizistisch geführt und erlitten. Die Verrechtlichung und Verstaatlichung des Krieges setzte sich dessen ungeachtet im Verlauf der Frühen Neuzeit fort, anknüpfend an die nachkonfessionellen Staatstheorien der Naturrechtsdebatte und der Aufklärung.

## Im Sog der modernen Kriegsideologien – eine Skizze

In den Kabinettskriegen des 18. Jahrhunderts wurde das Militärische zunehmend verstaatlicht. Dadurch wuchs den Regierungen die Deutungshoheit auch über die religiösen Aspekte des Krieges zu. Die Verrechtlichung und Verstaatlichung des Krieges wurde unterlaufen von radikalisierenden Formen des politischen Bewusstseins: den Begriffen und Mythen von »Volk« und »Nation«. Die den Krieg einhegenden und begrenzenden Motive christlicher Kriegsethik gingen dabei ebenso verloren wie deren säkularisierte Formen im Völkerrecht nach 1648. Stattdessen setzte ein Prozess der Sakralisierung ein, der nun das Volk und die Nation mit Transzendenz auflud und dafür eigene, neue Kulte schuf.[19] Für das Verhältnis von Krieg und Christentum in der Neuzeit hatte diese politisch-ideologische Aufladung von Volk, Nation und Revolution mit religiöser Bedeutung durchschlagende, freilich hoch ambivalente Folgen. Schon während der Revolutionskriege, dann aber das ganze 19. und 20. Jahrhundert hindurch wurde das Christentum gezwungen, sich zu dieser neuen Sakralität des Politischen zu verhalten. Denn etwas »Heiliges« erhielt der Krieg ausgerechnet in diesem Kontext einer politischen Jenseitigkeit der Volks- und Nationsidee (Abb. 5). Allenthalben war das Christentum der Moderne genötigt, die politische Religiosität, welche als Sinnstiftung immer vorherrschender wurde, christlich zu kommentieren, zu fördern und zu legitimieren. Dies tat es, ohne die dazu in deutlicher Spannung stehenden überkommenen Deutungen des Krieges als Unglück und Strafgericht, als Aufruf zu Buße und Läuterung sowie als ethisch einzugrenzenden Extremfall politischer Verantwortung preiszugeben. Der moderne Krieg wurde für die Kirchen zum »Missionar«, weil er Gelegenheit bot, über kollektive Schuld und individuelle Umkehr zu sprechen. Das individuelle »Opfer« galt als Teil einer kollektiven Sühne für die Verfehlungen der modernen Gesellschaft. Nicht kriegskritische Fragen spielten die führende Rolle, sondern Opferbereitschaft.

Nichts von den älteren Kriegstheorien, angepasst an die Situation des modernen Massenkriegs, hat den 8. Mai 1945 überlebt. Freilich sollten die Ergebnisse dieses langen Diskussionsprozesses um Krieg und Christentum auch nicht übersehen werden. Die christliche Kriegsethik umgab sowohl das *ius ad bellum* wie das *ius in bello* mit einer Begründungspflicht und verurteilte exzessive Gewalt grundsätzlich und im Einzelfall. Den Grundgedanken, dass der Krieg keine gesteigerte Form der Existenz, sondern eine der schrecklichsten Folgen der Sünde sei, hat das Christentum nie preisgegeben. Säkulares Völkerrecht beruht in wesentlichen Grundlagen auf den christlichen Denkvorgaben zur Kriegsethik.

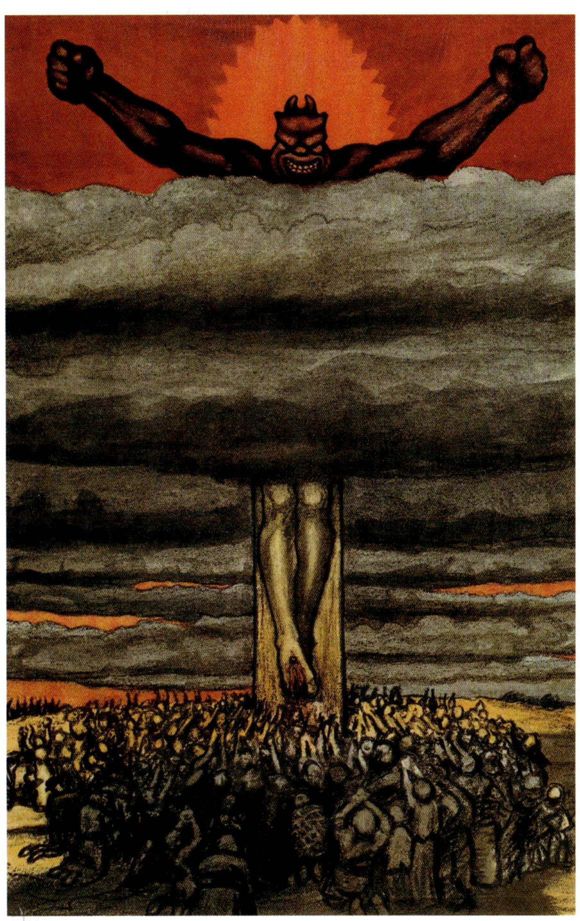

Abb. 5
**Willibald Krain, »Gebet um Sieg«**
Blatt 3 aus dem Mappenwerk »Krieg« 1916
(Kat.-Nr. 49)

Erst nach dem Zweiten Weltkrieg, im Zeichen des Kalten Krieges, des atomaren Wettrüstens und der internationalen Stellvertreterkriege in Korea, Vietnam und Afrika begann in Europa und Amerika eine breite Debatte über die Friedensfähigkeit internationaler politischer Institutionen und Prozesse. Parallel etablierte sich eine erstmals auch zahlenmäßig ernstzunehmende christliche Friedensbewegung. Seither werden die Fragen nach einer christlichen Kriegstheorie anders gestellt. In jüngster Zeit werden christliche Kriegs- und Friedensideen neu herausgefordert – durch das Problem militärischer Kriseninterventionen in zerfallenden Staaten, bei Genoziden und durch den islamistischen Terror. Aber trotz der Rasanz, mit der in diesen Debatten die alten Begriffe und Denkformen, Mentalitäten und Ritualsprachen verabschiedet wurden, bleibt auch für das Christentum des 21. Jahrhunderts die bedrängende Tatsache, dass Gott gegenüber massenhaftem Töten und Sterben nicht neutral sein kann. Christen heute formulieren in überwiegender Mehrheit die Parteilichkeit Gottes anders. Sie postulieren die Parteilichkeit Gottes für ein menschenwürdiges Leben aller, die im Mittelpunkt heutiger Bibelrezeption steht.
Daraus ergibt sich die fundamentale Frage, wie eine solche theologische Grundoption so in politische Prozesse überführt werden kann, dass das augustinische »*pacificus esse*« der Christen neue Glaubwürdigkeit gewinnt. Theologisch, politiktheoretisch und ethisch wird die Grenze zwischen wahrgenommener Verantwortung und propagandistischer Gewaltlegitimation ebenso gefährdet bleiben wie pastoral die Grenze zwischen innerer Stärkung für einen lebensbedrohlichen Auftrag von Soldaten und Gewissensberuhigung im Angesicht ausgeübter Gewalt.

1 Die Literaturverweise sind stark beschränkt. Vgl. generell Holzem 2009a.
2 Vgl. Beyrau/Hochgeschwender/Langewiesche 2007.
3 Vgl. Holzem 2009b.
4 Stietencron 1995, S. 34–41.
5 Luz 2009, S. 137.
6 Nicklas 2009, S. 150.
7 Weissenberg 2005, S. 176–177. Vgl. Fürst 2014.
8 Eusebius von Caesarea, Vita Constantini 1,29; Eusebius von Caesarea 2007, S. 184–197.
9 Stietencron 1995, S. 34–35.
10 Körntgen 2009, S. 281.
11 Vgl. Althoff 2013.
12 Hehl 2009, S. 325; vgl. S. 329.
13 Angenendt 2009a, S. 361.
14 Oberste 2009, S. 386.
15 Erasmus von Rotterdam, Rotterdam 1999, Bd. 2,7, S. 11–44; dt. Übersetzung Erasmus von Rotterdam 1987.
16 Leppin 2009, S. 411.
17 Schmidt 2009, S. 415.
18 Brendle 2009, S. 457.
19 Vgl. Graf 2008.

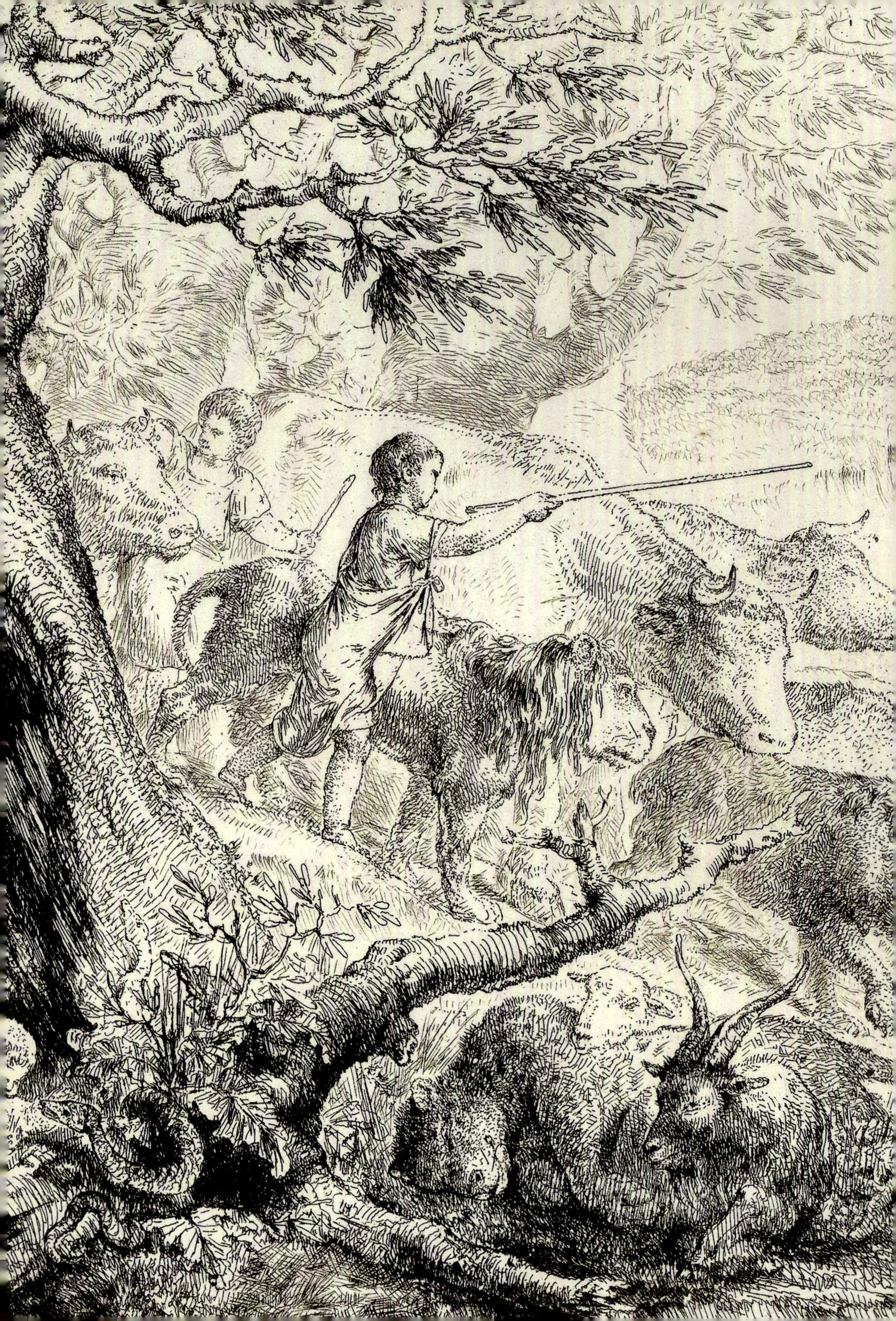

# »Der kosmische Tierfriede«

Eine Vision vom Zusammenleben aller Geschöpfe

HUBERTUS LUTTERBACH

## Göttliche Friedenszusage, menschliche Friedensverpflichtung

Wenn Menschen ihre Wünsche zum Ausdruck bringen, dann orientieren sie sich oft an bildhafter Rede: »Ich wünsche mir, dass Du mein Schatz bist.« Oder: »Ich bin sicher, dass paradiesische Zeiten vor uns liegen.« Wenn Menschen ihre tiefsten Gefühle der Zuneigung artikulieren, greifen sie gleichfalls auf bildorientierte Rede zurück: »Du bist für mich wie ein Stück vom Himmel.« »Du bist meine Perle.« Oder weihnachtlich durchfärbt: »Du bist mein Stern.« Angesichts dieser grundmenschlichen Ausdrucksweisen stimmt es tatsächlich, dass wir Menschen allesamt Bildgebärer sind. Indem wir die von uns empfundene Wirklichkeit in bildhafte Sprache fassen, können wir sie präziser ausdrücken – mit all den beteiligten Gefühlen, den eingeschlossenen Sehnsüchten und den ermutigenden Hoffnungen.

Die Heiligen Schriften des Alten und Neuen Testaments sind voller Bilder – ein Zeichen dafür, dass es in diesen Texten um menschlich Zentrales geht, eben um Wünsche, Zusagen und Sehnsüchte. Freilich werden hier nicht allein die Sehnsüchte der Menschen voreinander ins Wort gebracht, sondern zugleich die Sehnsüchte des Menschen gegenüber Gott, ja sogar Gottes Wünsche und Zusagen an die Menschen in bildhafte Rede gekleidet.[1] Eines der »stärksten« Bilder für die göttliche Zusage des Friedens findet sich im Buch des Propheten Jesaja im 11. Kapitel, wo in den Versen 6 bis 9 der große Friede auf dem heiligen Berg Zion beschrieben wird: »Der Wolf findet Schutz beim Lamm, der Panther liegt beim Böcklein. Kalb und Löwe weiden zusammen, ein kleiner Junge leitet sie. Kuh und Bärin nähren sich zusammen, ihre Jungen liegen beieinander. Der Löwe frisst Stroh wie das Rind. Der Säugling spielt vor

Abb. 1
**Christian Bernhard Rode, Das glückliche Weltalter**
Radierung, Staatsgalerie Stuttgart, Graphische Sammlung (Kat.-Nr. 13)

dem Schlupfloch der Natter, und zur Höhle der Schlange streckt das Kind seine Hand aus. Man tut nichts Böses und begeht kein Verbrechen auf meinem ganzen heiligen Berg; denn das Land ist erfüllt von der Erkenntnis des HERRN, so wie die Wasser das Meer bedecken.«

Auch wenn man zugeben muss, dass es eine Fülle von außerbiblischen Textbelegen gibt, die an die Jesaja-Vision erinnern, so unterscheidet sich Jesaja von diesen anderen Traditionen.[2] Denn Jesaja sagt nichts davon, dass dereinst die wilden Tiere um des Menschen willen vernichtet werden. Verheißen ist im Jesaja-Text stattdessen, dass alle Tiere auf Dauer friedlich beieinander leben – die als »Raubtiere« bekannten Tiere und die von uns Menschen als zahm eingestuften Tiere. Mehr noch: In Gemeinschaft mit diesen Tieren lebt auf Dauer auch der Mensch (Abb. 1).[3]

## Gott will Entfaltungsraum für jedes Lebewesen

Die anschauliche Vision des friedlichen Zusammenlebens von Menschen und Tieren könnte man so verstehen, dass diese Bildrede nicht auf die Überwindung des »Feind-Seins« abzielt, sondern vielmehr auf die Überwindung des Feindes. Damit öffnet diese bildreiche Erzählung einen Freiraum für die Vorstellung, dass Gott tatsächlich jedem Lebewesen seinen je eigenen Lebens- und Entfaltungsraum zuspricht; jedes Lebewesen soll sich mit seinen Möglichkeiten ausbreiten und die eigene Originalität in die vielgestaltige Schöpfung einbringen können. Es ist dieses Geschenk des »inneren« und »äußeren« Freiraumes für jedes Lebewesen, das in der Vision vom kosmischen Frieden zwischen Menschen und Tieren zugesagt und verbildlicht wird.

Mittelalterliche wie moderne Schriftsteller und Dichter sehen in der weihnachtlichen Geburt Jesu eine Aktualisierung der Jesaja-Vision vom großen Frieden zwischen Menschen und Tieren; das Weihnachtsereignis ermuntert sie zur weiteren Ausmalung der Jesaja-Vorlage. So überliefert Thomas von Celano (um 1190 – um 1260) das paradiesisch-ursprüngliche Verhältnis des Franziskus von Assisi (1182–1226) zu den Tieren auch in seiner Beschreibung der ›biblio-dramatischen‹ Krippenfeier von Greccio. Das Geschehen in der Weihnachtsnacht, an dem die Bürger des Ortes teilnahmen, fand vor der Kulisse eines großen Felsvorsprungs statt. Thomas von Celano beschreibt die Szene: »Zum Schluss kam der Heilige Franziskus, und als er alles vorbereitet fand, da sah er es an und freute sich. Die Krippe wird aufgestellt, Heu wird herbeigebracht, Ochs und Esel werden herangeführt. Dort wird die Einfalt geehrt, die Armut erhöht, die Demut empfohlen, und aus Greccio wurde so etwas wie ein neues Bethlehem. Die Nacht wird taghell erleuchtet, und sie ist köstlich für Mensch und Tier.«[4] Während es für die damalige Zeit schon außerordentlich war, dass die Messe nicht innerhalb einer Kirche, sondern im Freien auf einer Art Bühne stattfand, wird das Ungewöhnlichste in der Beteiligung lebendiger Tiere an der Eucharistiefeier zu sehen sein. Ja, Franziskus selbst reihte sich unter die Tiere ein und blökte gar wie ein Schaf. Mit dieser Weise der Beteiligung wollte der Heilige darauf aufmerksam machen, dass auch die animalische Kreatur Anteil an der Erlösung bekommt. Wie ratlos man damals dieser szenischen Darstellung der gesamten Kreatur gegenüberstand, spiegelt der hl. Bonaventura (um 1221–1274) wider, der das Geschehen von Greccio in eigenartig kommentierender Weise widergibt: »Damit aber dies [die Beteiligung der Tiere] nicht der Neuheit zugeschrieben werden konnte, erbat und erhielt er [Franziskus] vom Papste (sic!) die Erlaubnis und ließ dann die Krippe bereiten, Heu heranschaffen, Ochs und Esel an den Ort bringen.«[5] In eben dieser Aussagereihe ist auch das Fresko von Giotto vom Ende des 13. Jahrhunderts zu sehen, das die Oberkirche S. Francesco in Assisi ziert. Im Vordergrund der Geburtsszene hat der Maler Ochs und Esel in merkwürdig kleiner Gestalt platziert. Zur damaligen Zeit wurden nämlich schon keine lebendigen Tiere mehr am nächtlichen Weihnachtsgottesdienst beteiligt, sondern lediglich noch entsprechende Figuren zur Feier herbeigetragen. Eben dies hat Giotto in seinem Bild festgehalten.[6]

Auch unter den hoch- und spätmittelalterlichen Mystikerinnen und Mystikern finden sich bedeutende Zeugnisse für das lebendige Mitgefühl – die *compassio* – der Menschen gegenüber den Tieren. So berichtet die Lebensbeschreibung der hl. Gertrud von Helfta (1256/58–etwa 1302): »Nicht allein zu den Menschen, sondern vielmehr zu aller Kreatur fühlte sie Mitleid und Liebe, ob es nun ein Vogel oder ob es vierfüßige Tiere waren. Sobald sie sah, dass Tiere Beschwerden, sei es Hunger, Durst oder Kälte erduldeten, fühlte sie im Innersten ihres Herzens Mitleid mit denen, die ihr Herr gemacht hatte. Und sie bemühte sich andächtig, jenes Leiden der unvernünftigen Kreatur dem Herrn zum ewigen Lob darzubringen, in Vereinigung mit der Würde, in der jedes Geschöpf in ihm selbst auf das höchste vollendet und geadelt ist. Sie erflehte vom Herrn, er möge sich seiner Kreatur erbarmen und gnädig deren Schmerz lindern.«[7] Ähnlich lässt der Dominikaner Heinrich Seuse (1295/97–1366) verlauten: »Aller Tiere und Vöglein und Gottes Kreaturen Mangel und Trauern, so ich sah und hörte, so ging es mir an mein Herz, und wenn ich nicht zu helfen vermochte, so seufzte ich und bat den obersten Herrn, dass er ihnen helfe.«[8] Mechthild von Hackeborn (etwa 1241–etwa 1299) schließlich sieht in einer Vision Christus, mit einem feierlichen Pelzmantel bekleidet, der bedeutet, »dass alle Haare des Menschen, der Tiere und der Pflanzen durch die Menschheit Christi in der heiligsten Dreifaltigkeit schimmern«.[9] Nachdrücklicher noch äußert sie sich an anderer Stelle im Sinne der Gott, den Menschen und den Tieren eigenen Personalität: »Man soll nicht anzweifeln, dass unvernünftige Geschöpfe in der Art von lebendigen Personen vor Gott stehen, [...] dem kein Geschöpf unsichtbar ist.«[10]

Die bislang angesprochenen Erzählungen vom wundersamen Zusammenleben von Menschen und Tieren, wie sie in Fortsetzung der altkirchlichen Überlieferung vor allem aus dem Mittelalter bekannt sind, lassen sich nicht einfach als Topoi abtun oder als wohlgemeinte ›Konstrukte‹ entwerten. Vielmehr wurden sie auf der einen Seite aus der Sehnsucht nach Frieden unter den Menschen geboren, welche sich dem Unfrieden, dem Einbruch des Chaos in den Kosmos vielfältig ausgesetzt sahen. So empfanden sich Menschen über das Mittelalter hinaus gegenüber den Gefahren der Natur, besonders durch wilde Tiere, oftmals schutzlos ausgeliefert. Bären oder Wölfe vermochten die eigenen Haustiere zu bedrohen, welche ihrerseits als Nahrungsgrundlage für einzelne Haushalte oder sogar für ganze Dorfgemeinschaften dienten. Auf der anderen Seite spiegeln diese Erzählungen vom kosmischen Frieden die Sehnsucht der Menschen wider, des Heiligen ansichtig zu werden; denn der Heilige weist sich dadurch, dass er in der Lage ist, wilde Tiere zu zähmen, als Träger göttlicher Kraft aus. Mit anderen Worten:
Wer sich eines solchen Heiligen erinnerte, der entsann sich zugleich der Wirkmächtigkeit Gottes. Mit Hilfe einer derartigen »Anamnese« zielen diese Wundererzählungen prospektiv darauf ab, dass sich die Menschen durch das Hören dieser Begebenheiten aufgefordert fühlen, eine den Heiligen ebenbürtige Lebensweise einzuüben, um selbst mit göttlicher Kraft beschenkt zu werden und in die Abläufe der Natur eingreifen zu können. In dieser Wurzel liegt die Tatsache begründet, dass Tierwundergeschichten einen wichtigen Bestandteil der im

Mittelalter so zahlreich verfassten sowie unter anderem im Rahmen der Liturgie verlesenen Heiligenviten bilden.

Selbst noch im Rahmen des antiprotestantisch ausgerichteten katholischen Bemühens um eine dem Evangelium gemäße Lebensweise kamen diese Erzählungen von den Wundertaten zumindest ausschnitthaft zum Einsatz. So schreibt der besonders mit der Erneuerung der katholischen Schulausbildung befasste Jesuit P. Juan Bonifacio (etwa 1538–1606) im Rahmen seiner Abhandlung über »Die christliche Knabenerziehung«:[11] »Wie die wilden und unvernünftigen Tiere der Religion ihre Verehrung bewiesen, brauche ich nicht auszuführen. Es ist ja bekannt, wie der Hl. Ignatius Gott bat, er möge den wilden Tieren jene Sanftmut, welche sie bei anderen Streitern Christi bewiesen, nicht mitteilen. Dem Mönche Marianus gehorchten die Hunde, denen er befahl, einen Eber, welcher sich in seinen Schutz geflüchtet, nicht zu zerreißen. Dem Abte Kolumban dienten die Bären im Gebirge; zu Remigius, der im Glanze der Heiligkeit strahlte, folgen die Vögel herzu wie zu ihrem Neste. Blasius, dem Bischofe von Sebaste, brachte die Vögel Nahrung, als er vor seinen Verfolgern floh.«[12]

Im Unterschied zu den Katholiken trauten die Reformatoren die paradiesische Aktualisierung des kosmischen (Tier-)Friedens allein Gott selbst zu. So verwundert es nicht, wenn die Überlieferung von Tierwundergeschichten entsprechend nachließ. Gleichwohl erfreut sich diese Vision bis heute ununterbrochener Faszination. So sieht eine moderne Übertragung dieses Friedenswunders zwischen Menschen und Tieren aus der Feder des Lyrikers Jules Supervielle (1884–1960) den Ochsen und den Esel gar als Türsteher vor dem Stall von Bethlehem. Die beiden Tiere lässt er Einwände gegen die Vision vom kosmischen Frieden vorbringen, die uns womöglich leicht nachvollziehbar vorkommen: »Ochs und Esel fragten sich, ob man wilde Tiere zur Krippe vorlassen dürfte, und auch Dromedare, Kamele, Elefanten; alles Tiere, die ein bisschen verdächtig sind vor lauter Buckel, Rüssel, Bein und Fleisch. Dasselbe galt für hässliche Tiere, Insekten wie die Skorpione, Taranteln, die Riesenspinne, die Schlangen, alle, die Gift in sich entstehen lassen, tags und nachts und selbst morgens, wenn alles so klar ist. Maria, die Mutter Jesu, zögerte nicht und sprach zu Ochs und Esel [in Anlehnung an die Jesaja-Vision]: ›Ihr könnt alle kommen lassen. Mein Kind ist so sicher in seiner Krippe, als wäre es oben im Himmel.‹«[13]

## Der kosmische Tierfriede als Lockruf aus menschlichem Unfrieden

Gewiss stellt sich die immer wieder neu in Bilder gefasste Vision vom Frieden zwischen Menschen und Tieren nicht als »Selbstläufer« ein, gewissermaßen als ein schlaraffenlandartiger Automatismus. Vielmehr ist sie Folge zuerst des göttlichen und dann des menschlichen Wirkens: Ebenso wie Gott jedem Lebewesen seinen je eigenen Lebensraum zusagt, ist es die Aufgabe des Menschen, zugunsten dieses Entfaltungsraumes für jedes Lebewesen einzutreten. Entscheidend ist, dass auf dem Zionsberg – wie überall auf der Welt, auch in unseren Lebenswelten – die als randständig und arm angesehenen Menschen endlich zu ihrem Lebensrecht kommen. Wann und wo immer im Gefolge der oben beschriebenen Vision derlei geschieht, bricht an diesem Ort der Schöpfung das von Gott für Menschen und für Tiere erträumte und in der Jesaja-Vision geschilderte Zusammenleben an. Dieser Ort lohnt dann wirklich, dass sich die Völker dort kundig machen, wie friedvolles Zusammenleben gelingen kann (Abb. 2).[14]

An die Vision vom kosmischen Frieden haben sich Menschen immer dann besonders erinnert, wenn sie das friedliche Zusammenleben in seiner

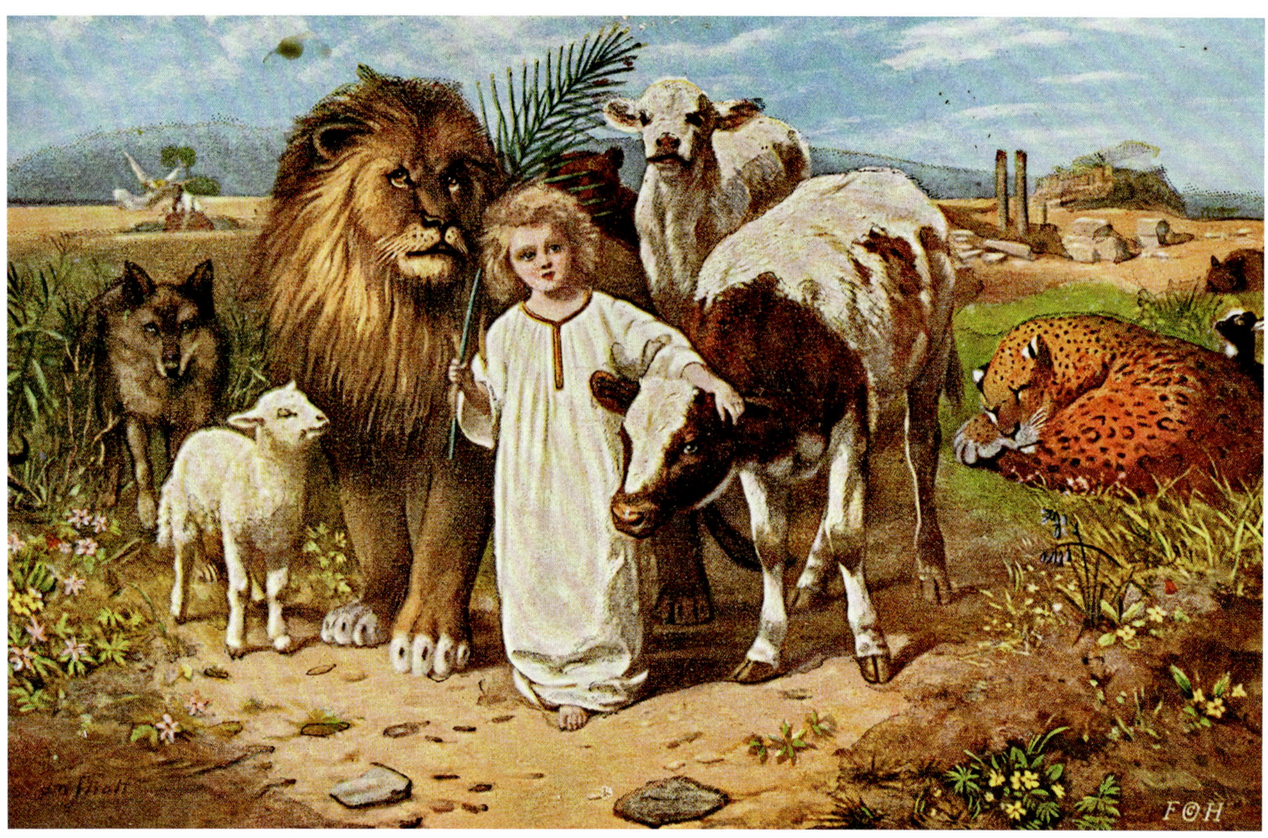

Abb. 2
**Peace: a little child shall lead them**
Bildpostkarte nach William Strutt,
Sammlung des Bistums Münster (Kat.-Nr. 12)

Brüchigkeit erlebt haben oder auf Krieg und menschlich verursachtes Unheil zurückblicken mussten. Unter anderem hat die Vision vom Frieden unter allen Geschöpfen im 20. Jahrhundert ihren tieferen Niederschlag in künstlerischen Darstellungen gefunden, welche sich auf das erst wenige Jahrzehnte zurückliegende Scheitern von innerweltlichen Friedensreich-Vorstellungen und den so verursachten menschenverachtenden Katastrophen schlimmsten Ausmaßes beziehen (Russische Revolution, Erster Weltkrieg und Holocaust). Im Sinne einer Gegenreaktion suchten vor allem Künstler und Literaten eine aus jüdisch-christlichen Wurzeln gespeiste Ethik des Friedens anzustoßen. Exemplarisch hingewiesen sei hier auf Gemälde der Jesaja-Vision von Richard Seewald (1889–1976) und von Marc Chagall (1887–1985). In die Lebenszeit beider fallen friedlose Ereignisse, die für sie von höchster persönlicher Prägekraft waren: für den in der Neumark geborenen und später als Maler, Grafiker und Schriftsteller tätigen Seewald zwei Weltkriege, für den aus Russland stammenden Chagall vor allem die Russische Revolution, später dann der Zweite Weltkrieg, der die Emigration des in Paris heimisch Gewordenen in die Vereinigten Staaten erzwang. Angesichts dieser Schreckensszenarien wandten sich der 1929 zum Katholizismus konvertierte Seewald und der seit Kindertagen mit den chassidischen Ritualen und der jiddischen Kultur vertraute Chagall der biblisch-prophetischen Vision eines alle Menschen und Tiere umspannenden Friedens in Jesaja 11,6–9 zu. Im Unterschied zu Seewald, der seine realistisch gemalte Darstellung explizit um den Text der biblischen Perikope ergänzt,[15] setzte sich Chagall sogar mehrfach mit der Thematik auseinander. Ein Wandteppich »Die Prophezeiung Jesajas« hängt in der Knesset in Jerusalem (Abb. 3). Ein entsprechendes Bild

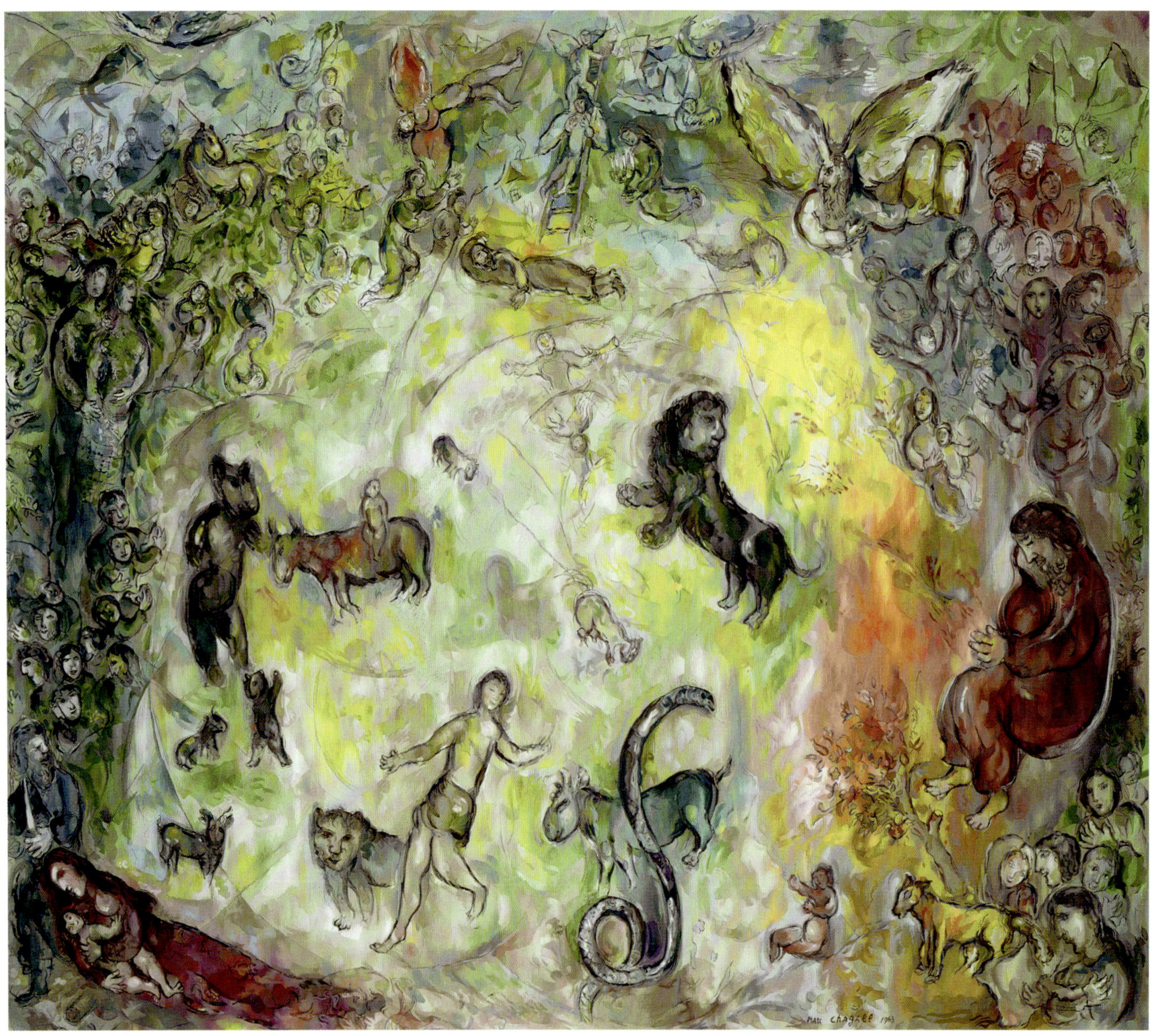

Abb. 3
**Marc Chagall, Teppich, Die Prophezeiung Jesajas oder die Schöpfung**
1964–1967, Chagall-Saal in der Knesset in Jerusalem

unter dem Titel »Der Frieden« erhielt seinen Platz im Gebäude der Vereinten Nationen in New York.[16] So befinden sich beide Ikonografien an symbolträchtigen Orten, die sich Chagall zugleich als neue Ausgangspunkte für das in der Jesaja-Vision vorgebildete Friedens- und Versöhnungswerk erhoffte.

## Der Kosmische Friede als Impuls für den Tierschutz

Schließlich ist mit Blick auf die konkreten Auswirkungen der jüdisch-christlichen Vision vom eschatologischen Tierfrieden zu erwägen, inwiefern sich der Tierschutz in unserer aufgeklärten Kultur mit aus dem vor-rationalen Gedankengut des kosmischen Tierfriedens speist. Denken könnte man in diesem Kontext an den Kavallerieoffizier Hugh Lofting, den das Elend der an der flandrischen Front des Kriegsjahres 1917 verwundeten Armeepferde zu seinen Doktor-Dolittle-Büchern anregte.[17]

Auf ausgesprochen christliche Wurzeln geht überdies die Bewegung der Tierschützer in Europa zurück. In England vermochte der Tierschutzgedanke bereits im 16. Jahrhundert Wurzeln zu schlagen. Eng verbunden war er dort mit der christlichen, insbesondere der puritanischen Tradition.[18] In Deutschland gründet der Gedanke des Tierschutzes nicht allein in der Bewegung der Aufklärung, sondern darüber hinaus unter anderem im württembergischen Pietismus, wie Martin H. Jung herausgestellt hat. Im 19. Jahrhundert suchte der Württemberger Pietist Christian Dann den »Tierschutzgedanken durch den Gotteswillen zu legitimieren«. Im Zentrum seines Wirkens zugunsten der Tiere steht seine Schrift »Bitte der armen Thiere, der unvernünftigen Geschöpfe, an ihre Vernünftigen Mitgeschöpfe und Herren die Menschen« aus dem Jahr 1822.[19] Wenn Dann unter Rückgriff auf entsprechende Schriftzitate Gottes barmherzigen Umgang mit den Tieren schildert, fordert er vom Menschen ein gleichermaßen einfühlsames Verhalten gegenüber der animalischen Kreatur. Ja, er lässt die Tiere selbst in diesem Sinne an den Menschen appellieren, indem er in seiner Schrift den Tieren »auf eine Weile Vernunft und Sprache leiht und sie selbst sprechen lässt«. Ausdrücklich stellt Jung die pietistischen Bestrebungen von Dann und seinen Mitstreitern in den Kontext der christlichen Ansätze zum Tierschutz zwischen der Spätantike und der Frühen Neuzeit, auch wenn es »keine Anhaltspunkte« dafür gebe, inwieweit Danns Eintreten zugunsten des Tierschutzes von den alten Heiligenlegenden inspiriert gewesen ist.[20] Zweifelsohne wusste Dann um Luthers Hochachtung gegenüber den Tieren, welche dieser sogar als Teilhaber am Himmelreich hervorhebt.[21] Es gibt gute Gründe für die Annahme, dass jedenfalls der Reformator mit den mittelalterlichen Tierlegenden vertraut war. Vor diesem religiös geprägten Hintergrund gab Dann den Anstoß zur Gründung des ersten deutschen Tierschutzvereins in Stuttgart während der 1830er Jahre, unterstützt von zahlreichen Theologen aus Tübingen: »Der württembergische Pietismus ist also eine bisher zu wenig beachtete, wichtige Wurzel der Tierschutzbewegung in Deutschland.«[22] Somit ist zu unterstreichen, dass auch der heutige Einsatz zugunsten der Lebensräume und Lebensrechte von Tieren bis hin zur Verankerung des Tierschutzes im deutschen Grundgesetz zutiefst auch auf das ebenso paradiesische wie endzeitliche Ideal des kosmischen Tierfriedens verweist.

## Der kosmische Tierfriede und die aktuelle Politik

Nicht zuletzt gibt es zahlreiche Beispiele dafür, wie die Vision vom kosmischen Frieden – die Utopie von Lebensräumen für alle Lebewesen – die Geschichte und den Alltag aktuell zu prägen vermag. Erinnert sei hier an die Antrittsrede des US-Präsidenten Barack Obama am 20. Januar 2009: »Wir bleiben eine junge Nation, aber nach den Worten der Schrift ist die Zeit gekommen, kindliche Dinge abzulegen. Es ist an der Zeit, unseren ausdauernden Geist zu bekräftigen; unsere bessere Geschichte zu wählen; unser wertvolles Geschenk weiterzugeben, diese erhabene Vorstellung, übermittelt von Generation zu Generation: Das von Gott gegebene Versprechen, dass alle gleich sind, alle frei sind und alle eine Chance verdienen, ihr volles Maß an Glück anzustreben« (Abb. 4). Es ist dieses Ideal, von dem wir in der jüdisch-christlichen Tradition glauben, dass es gottgeschenkt ist und unseren ganzen Einsatz verlangt, um es weiterzutragen: im verbindenden Geist liebender Aufmerksamkeit für Menschen und für Tiere. Der ghanaische Erzbischof Philip Naameh, der sich aufgrund seiner jahrelangen theologischen Studien der Stadt Münster im allgemeinen und der Katholisch-Theologischen Fakultät Münster im besonderen verbunden fühlt, spricht den Zusammenhang in einem Interview mit der »Süddeutschen

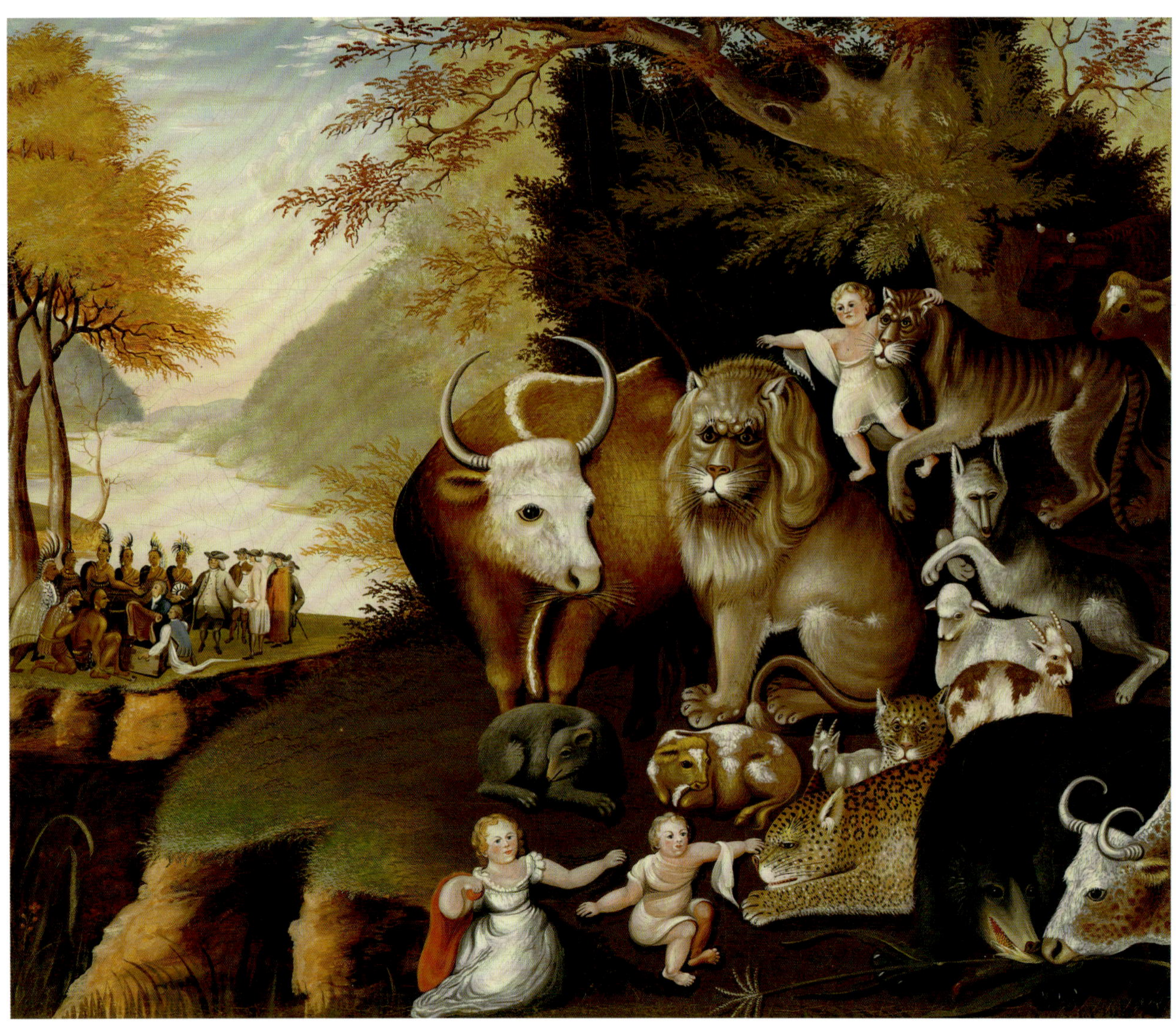

Abb. 4
**Edward Hicks, The Peaceable Kingdom**
um 1833, Öl auf Leinwand, Worcester Art Museum, Massachusetts, USA, Inv.-Nr. 1934.65

Zeitung« vom 27. Februar 2009 aus. Auf die Frage, ob der Bau eines Brunnens den Menschen in Ghana nicht mehr helfe als eine Kirche, antwortet er: »Man kann in Afrika noch so viele Dinge errichten, es braucht nur ein Missverständnis, dann wird alles wieder kaputt gemacht. Man sollte deswegen erst die alten Wertvorstellungen ersetzen. Häufig fühlen sich Menschen eines Stammes den Mitgliedern eines anderen Stammes überlegen. Sie sagen dann, ihr wart immer unsere Sklaven. Wie könnt ihr denken, dass wir mit euch teilen? Das ist die Ursache vieler Streitereien, beispielsweise, wenn ein Brunnen auf dem Land des geringer geachteten Stammes gebaut worden ist. So entstehen viele ethnische Fehden in Afrika. Geld für Brunnen ist wichtig. Aber man sollte den Menschen zunächst zu einer gemeinsamen Wertvorstellung verhelfen, damit sie die Menschenwürde der anderen respektieren.« Ebenso wie in dieser Stellungnahme aus der Weltkirche das Lebensrecht für alle angemahnt wird, kann man auf die mahnenden Worte eines Essener Weihbischofs zu dem heutzutage so wichtigen christlich-muslimischen Dialog hören, welcher doch eigentlich immer auch dem inneren und äußeren Entfaltungsraum des jeweils anderen dienen müsse: »Manchmal wird über die jeweils Andren in beleidigendem Ton gesprochen, wird jeder Kontakt vermieden«, beklagt der Weihbischof und fährt fort: »So bleiben sich Menschen fremd, obwohl sie Tür an Tür wohnen, die gleiche Schule besuchen oder die gleiche Arbeitsstelle teilen.« Schließlich ließe sich hinweisen auf das in unserem Land aktuell so einflussreiche Tierschutzwesen, dessen jüdisch-christlich verwurzelten Grundüberzeugungen – so sei abschließend nochmals erinnert – bis zur Jesaja-Vision zurückreichen.

Länger als ein Jahr dauerte die 2008 und 2009 unternommene Lesereise des Schauspielers Ben Becker, während der er fast allabendlich Texte aus dem Alten und dem Neuen Testament vortrug. Mit seinen an Effekten reichen Aufführungen füllte er die großen Hallen der großen Städte, bis ihn schließlich etwa 60 000 Menschen gehört hatten. Aber hat derlei mit Religion zu tun? Verwirklicht sich da etwas von jener Verkündigung, wie sie die Jesaja-Vision nahelegt? Genau genommen zahlten die Besucher bei Ben Becker Eintrittsgelder für etwas, das sie in der Kirche und im Gottesdienst kostenlos bekämen, aber eben nicht umsonst. Im Rahmen der Verkündigung werden die Menschen durch die Rezitation auch der Jesaja-Vision zur Einübung neuer Haltungen aufgerufen, die in der jüdisch-christlichen Tradition zentrale Bedeutung haben. Bei Ben Becker dagegen soll nichts herauskommen als ein schöner Abend. Ein Zeitungsjournalist hat es so zusammengefasst: »Bei Ben Becker erinnern sich die Leute an Texte, von denen sie sich Orientierung erhoffen, aber dann wollen sie keine Verantwortung übernehmen für das, was aus ihnen folgt.« Wie gut, dass es auch heute – ungeachtet mancher gegenläufigen Tendenz – so viele Menschen gibt, die diese Welt jeden Tag aufs Neue zusammenhalten – vielfältig inspiriert durch jene biblischen Texte, die Gottes Lebenskraft in Erinnerung und die damit beschenkten Menschen in die Verantwortung rufen. Immerhin liegt der Vision vom kosmischen Tierfrieden die Überzeugung zugrunde, dass sich Gott für die Originalität eines jeden Lebewesens entschieden hat. Die Eröffnung dieser Freiräume, an die wir uns – auch zu Weihnachten – erinnern, ist eben nicht einfach eine rührselig anzuhörende oder literarisch wertvolle Geschichte, sondern provoziert auch uns Menschen des 21. Jahrhunderts hinein in die Entschiedenheit: Die ins Bild gebrachte Vision vom großen Frieden will weitergesagt, verwirklicht und gefeiert werden.

1 Lutterbach 2003, S. 21–26.
2 Rehm 1968, S. 218–228.
3 Gross 1956, S. 83.
4 Thomas von Celano 1926–1941 (Vita Prima 30,84–86), S. 63–64, Zitat S. 64.
5 Bonaventura 1926–1941 (Legenda maior 10,7), S. 604–605.
6 Poeschke 1985, Abb. 168.
7 Gertrud von Helfta 1989, S. 534.
8 Bihlmeyer 1961, S. 85.
9 Mechthild von Hackeborn 1880–1881, I, S. 120 (Revelationes 4,3).
10 Mechthild von Hackeborn 1880–1881, I, S. 101 (Revelationes 3,7).
11 Vgl. Paul 1995, 2, S. 19–25.
12 P. Juan Bonifacio SJ, Die christliche Knabenerziehung, 3. Buch, in: Stier/Scheid/Fell 1901, S. 118.
13 Supervielle 1967, S. 8–9.
14 Zenger 1997.
15 Die Darstellung findet sich in Seewald 1969, S. 57.
16 Vgl. Amishai-Maisels 1973.
17 Griese 1993, S. 179–190.
18 Thomas 1983, S. 143–191.
19 Dann 1822 (Württembergische Landesbibliothek Stuttgart, Signatur Theol. oct. 946).
20 Jung 1997, S. 213 und 224.
21 Dazu Luther 1912, Nr. 1150, S. 567–568, der auch an die Neuschöpfung eines Hundes namens Tölpl im Ewigen Reich glaubte.
22 Jung 1997, S. 239.

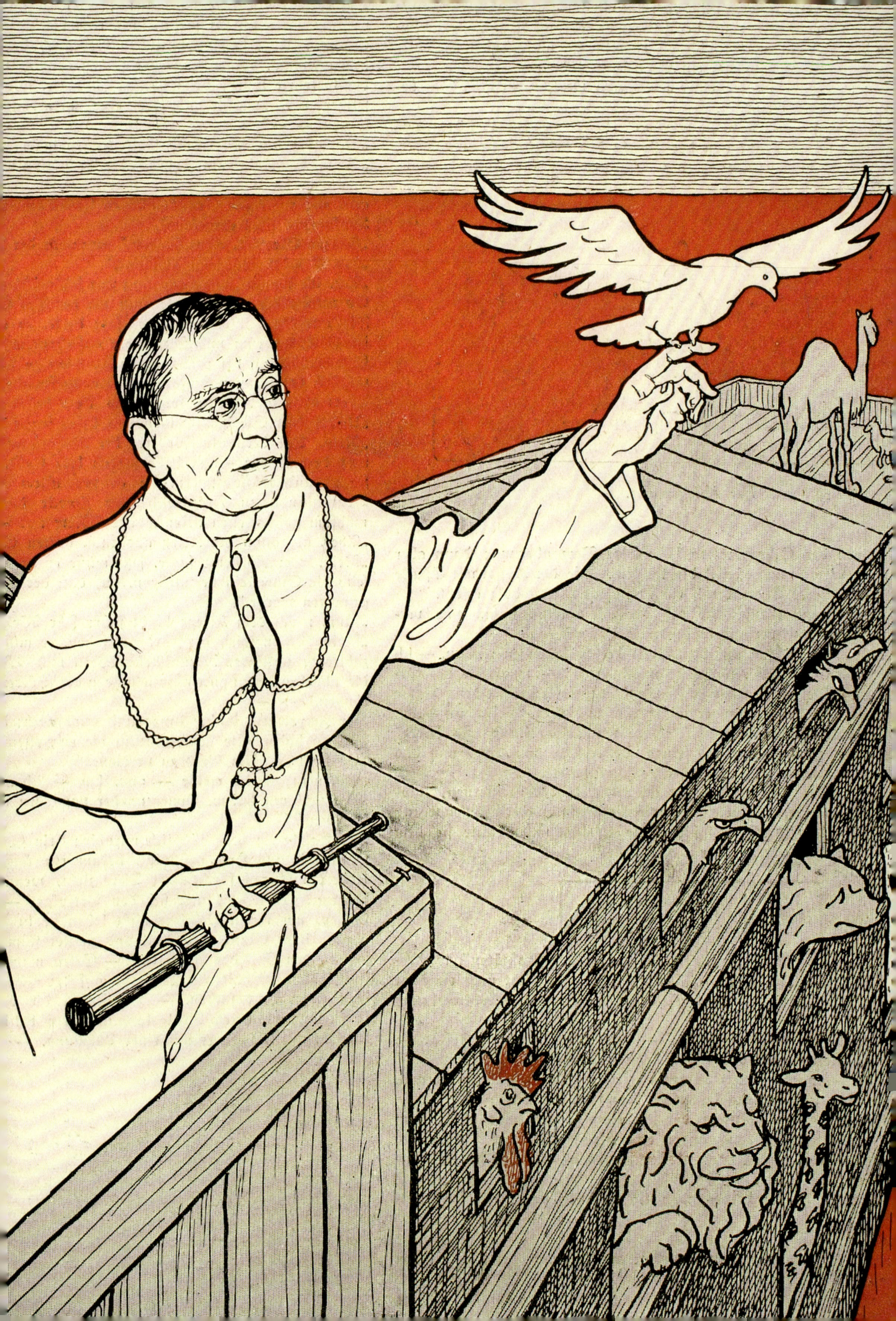

# Ruhe in Frieden, Gerechter Krieg!

Wie die Päpste zu Friedensmahnern wurden

HUBERT WOLF, HOLGER ARNING

Marxistische Arbeiter und fromme Katholiken Seit' an Seit' im Kampf für den Frieden? Der Autor des Leitartikels im SPD-Parteiorgan »Vorwärts« vom 17. August 1917 konnte es kaum glauben. »Sozialismus und Papsttum – fürwahr ein seltsames Gespann!«, so kommentierte er das Zeitgeschehen erstaunt, galt doch eigentlich: »Zwischen der großen geistlichen Macht der Vergangenheit und den emporstrebenden Kräften der Zukunft schien und scheint der Gegensatz unüberwindlich.« Aber nachdem sich Papst Benedikt XV. mit einem flammenden Friedensappell an »die Staatsoberhäupter der Krieg führenden Völker« gewandt hatte, gerieten alte Feindbilder ins Wanken. Plötzlich stand der Papst in einer produktiven Konkurrenz zur internationalen Friedenskonferenz der Sozialisten in Stockholm vom Juni 1917. Der »Vorwärts« sah sogar Möglichkeiten zur Zusammenarbeit: Der Sozialismus nehme »ohne Rücksicht auf Glaubenssätze im Kampf um ein großes Ziel die Bundesgenossen [...], wo er sie findet«.[1]

Wie kam es zu diesem neuen Bild des Papstes und der Katholiken als Friedensstreiter (Abb. 1)? Benedikt XV. hatte in seiner Friedensnote, zurückdatiert auf den 1. August 1917, das »sinnlose Schlachten« des Weltkriegs verurteilt. »Soll die zivilisierte Welt denn ganz zu einem Feld des Todes werden? Will das so ruhmvolle und blühende Europa, wie von einem allgemeinen Wahnsinn hingerissen, dem Abgrund entgegeneilen und zu seiner Selbstvernichtung die Hand bieten?«, fragte er mit spürbarem Entsetzen – und unterbreitete erstmals konkrete Vorschläge für einen Friedensschluss.[2]

Unterdessen wetteiferten viele Katholiken auf beiden Seiten der Fronten weiter darum, sich zugleich als glühende Patrioten und treue Gläubige zu beweisen, im Kampf für »Gott, König

◀ Abb. 1
**Thomas Theodor Heine, Der Friedenspapst**
Titelblatt des Simplicissimus, Nr. 20, 17. 8. 1915
(Kat.-Nr. 64)

und Vaterland«. Die Vorgänger Benedikts XV. hatten in fast 1900 Jahren Kirchengeschichte zwar immer wieder als Friedensvermittler gedient,[3] aber kaum einmal grundsätzlich gegen den Krieg Position bezogen. Im Gegenteil: Päpste riefen zu Kreuzzügen auf, schmiedeten Allianzen gegen die Osmanen, rechtfertigten koloniale Eroberungs- und Konfessionskriege und führten als weltliche Herrscher des Kirchenstaats bis zu dessen Ende 1870 selbst Kriege gegen benachbarte Staaten.[4]

Die entscheidende Grundlage dafür war die Lehre vom Gerechten Krieg. Angesichts des massenhaften Sterbens im Ersten Weltkrieg mehrten sich die Zweifel an diesem Konzept. Das Pontifikat Benedikts XV. markiert daher einen entscheidenden Wendepunkt. Die katholische Kirche hat sich seitdem – nicht zuletzt in der öffentlichen Wahrnehmung – von einer potenziellen Unterstützerin des Krieges oder gar Kriegspartei zu einer grundsätzlichen Anwältin des Friedens entwickelt. Dieser Prozess verlief jedoch keineswegs geradlinig, sondern war mit zahlreichen Rückschlägen verbunden.

## Benedikt XV.: Der ehrliche Friedensmakler

Die Lehre vom Gerechten Krieg war keine flüchtige Randerscheinung der Kirchengeschichte, sondern entfaltete über viele Jahrhunderte eine gewaltige Wirkung. Hinter ihr stand die Autorität bedeutender Kirchenlehrer wie Augustinus und Thomas von Aquin. Sie formulierten Bedingungen, die ein Krieg erfüllen musste, um als gerecht, als *bellum iustum*, zu gelten: eine legitime Krieg führende Autorität (*legitima auctoritas*), ein gerechter Grund (*causa iusta*), eine gerechte Absicht (*intentio recta*), die Feststellung, dass der Krieg das letzte Mittel (*ultima ratio*) war, um das Recht wieder herzustellen, sowie die Aussicht auf Frieden (*iustus finis*). Dazu kamen die Wahrung der Verhältnismäßigkeit (Proportionalitätsprinzip) sowie die Unterscheidung von Soldaten und zu schützenden Zivilisten (Immunitätsprinzip). Diese Lehren fanden Einzug ins Kirchenrecht und beeinflussten auch die Entstehung des Völkerrechts.[5] Noch zu Beginn des 20. Jahrhunderts wurden sie innerkirchlich kaum in Zweifel gezogen.

Die Schrecken des Ersten Weltkriegs, der millionenfache Tod durch moderne Massenvernichtungswaffen und das Elend der Zivilbevölkerung machten Benedikt XV. aber zu einem grundsätzlichen Gegner des Krieges. Im Mittelalter hatten sich die Päpste, allen voran Innozenz III., noch selbstbewusst als *arbiter mundi*, als Schiedsrichter der Welt betrachtet. Benedikt XV. dagegen sah sich deutlich bescheidener als Mahner, Mediator und ehrlicher Friedensmakler.

Dennoch hatte seine Friedensinitiative eine neue Dimension. Sein Vorhaben, sich mit konkreten Vorschlägen an die Krieg führenden Parteien zu wenden, war daher an der römischen Kurie höchst umstritten. Kardinalstaatssekretär Pietro Gasparri, der zweitmächtigste Mann im Vatikan, sprach sich entschieden dagegen aus. Der Papst, das Oberhaupt der Weltkirche, müsse als *padre commune*, als Vater der Katholiken auf allen Seiten der Fronten, unbedingt über den Parteien stehen – und das ließ allenfalls Raum für sehr allgemeine Aufrufe zum Frieden.[6]

Wenig überraschend setzte sich der Papst am Ende durch. Er sorgte gegen den Widerstand Gasparris dafür, dass Eugenio Pacelli – der spätere Papst Pius XII. – im Frühjahr 1917 als Nuntius nach Deutschland geschickt wurde, um als päpstlicher Friedensagent tätig zu werden.
In seiner Friedensnote forderte Benedikt XV. eine umfassende Abrüstung, eine internationale Schiedsgerichtsbarkeit, die Freiheit der Meere und einen allgemeinen Verzicht auf Reparatio-

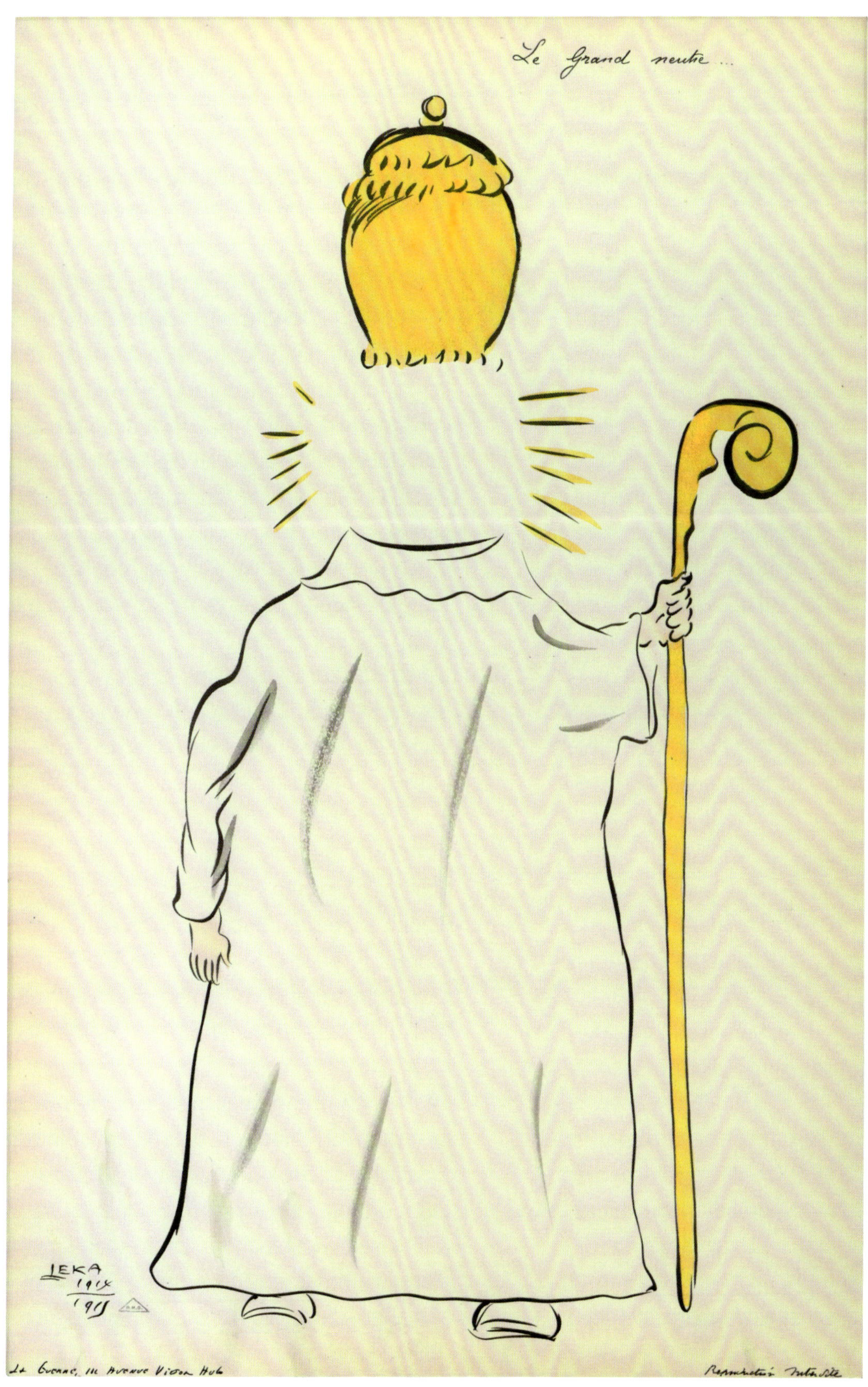


Abb. 2

**Harry Leka (Pseudonym),**
**Karikatur »Le Grand Neutre«**
1914/15, Nanterre, Bibliothèque
de Documentation internationale
Contemporaine (Kat.-Nr. 63)

nen. Die Krieg führenden Parteien sollten sich aus den besetzten Gebieten zurückziehen, allen voran Deutschland aus Belgien. Die offenen Grenzfragen gelte es, so Benedikt XV., in versöhnlicher Atmosphäre einvernehmlich zu klären, ebenso die Zukunft Armeniens, der Balkanstaaten und Polens.

Die deutsche Regierung war jedoch nicht bereit, ohne sichere Gegenleistungen verbindliche Zusagen in der Belgienfrage zu machen, und auch die Entente-Mächte reagierten ablehnend.[7] Für Italien war eine Mediation durch den Papst undenkbar: Benedikt XV. selbst war schließlich nicht völlig frei von eigenen Interessen, insbesondere hoffte er im Rahmen einer neuen europäischen Friedensordnung auf eine Lösung der »Römischen Frage«, des unklaren territorialen Status des Vatikans (Abb. 2). Am Ende schien Gasparri recht zu behalten: Benedikt XV. hatte sich in die Nesseln gesetzt, er galt allen Seiten als befangen, und Pacelli war als Nuntius mit seiner ersten großen Mission gescheitert.

Dennoch wäre es falsch, in der Friedensinitiative nur eine Niederlage des Papsttums zu sehen. Der Leitartikel des »Vorwärts« schätzte die Lage durchaus richtig ein, als er schrieb: »Der Papst kann vielleicht etwas für den Frieden erreichen, sehr viel erreichen wird er aber für die katholische Kirche.« Denn trotz ihres Scheiterns brachte die Friedensinitiative Benedikt XV. große Anerkennung ein, und das nicht nur bei den Sozialisten. Ein halbes Jahrhundert nachdem die Päpste mit dem Kirchenstaat einen beträchtlichen Teil ihres politischen Kapitals verloren hatten, gewannen sie, um mit Bourdieu zu sprechen, gewaltig an symbolischem Kapital.

## Eugenio Pacelli als Nuntius: Misstrauen gegenüber der Friedensbewegung

Nach dem Ende des Ersten Weltkriegs setzte Benedikt XV. sein Friedensengagement fort. Zum Pfingstfest 1920 veröffentlichte er mit der Enzyklika »Pacem, Dei munus pulcherrimum« (»Frieden, das schönste Geschenk Gottes«) das erste päpstliche Rundschreiben, das ausschließlich dem Thema »Frieden« gewidmet war. Der Papst gemahnte an Jesu Gebot der Nächsten- und Feindesliebe sowie an die Pflicht zur Versöhnung. Er erinnerte an Zeiten, in denen das christliche Europa unter Führung der katholischen Kirche nach Einigkeit gestrebt habe, und regte die Gründung einer neuen Völkergemeinschaft an. Seine Vision war nichts weniger als ein katholisches Abendland, an dessen Spitze der Papst stand. Den Frieden von Versailles, der ohne sein Zutun geschlossen worden war, kritisierte Benedikt XV. dagegen deutlich, weil durch diesen die »Keime alter Feindseligkeiten« nicht beseitigt worden seien. Er vergaß aber auch nicht, erneut eine Lösung der »Römischen Frage« zu fordern. Nachdrücklich ermutigte er schließlich Geistliche, sich für die Feindesliebe einzusetzen und einen »Krieg gegen Feindseligkeit und Hass« zu wagen.[8]

Das war ganz im Sinne jener deutschen Priester, die schon 1917 den »Friedensbund katholischer Geistlicher« gegründet hatten, der sich 1919 für Laien öffnete und in »Friedensbund deutscher Katholiken« umbenannte.[9] Im Umgang mit diesen katholischen Friedensbewegten zeigten sich aber schon bald die Grenzen des neuen römisch-katholischen Pazifismus. Die meisten Bischöfe wahrten Distanz, nur der Rottenburger Oberhirte Joannes Baptista Sproll und der Münchner Erzbischof Michael Kardinal von Faulhaber knüpften zeitweise engere Kontakte. Nuntius Pacelli (Abb. 3) beäugte die Mitglieder des Friedensbundes schon deswegen argwöhnisch,

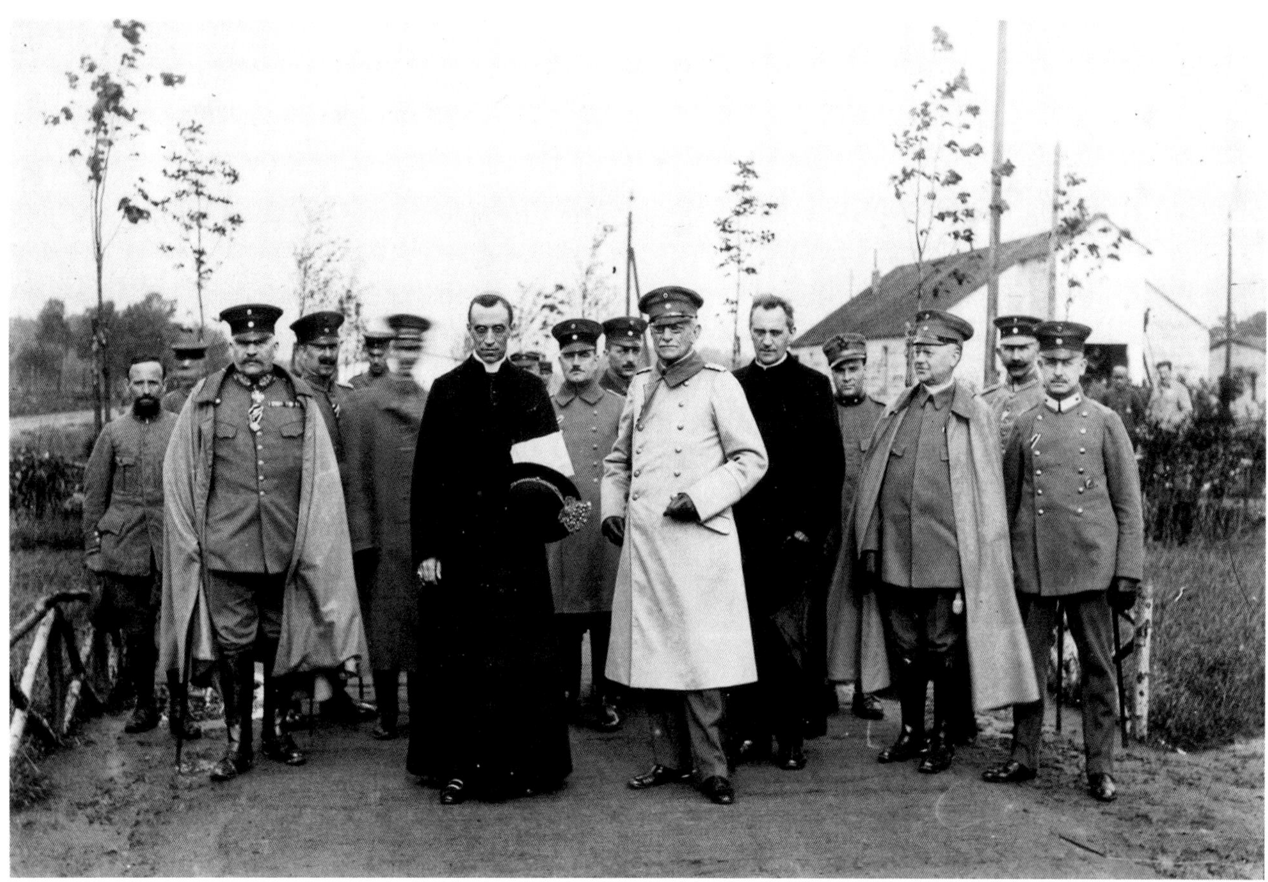

Abb. 3
**Besuch des päpstlichen Nuntius Eugenio Pacelli im Kriegsgefangenenlager I Haus Spital, 24. September 1918**
Stadtarchiv Münster, Fotosammlung

weil sie vergleichsweise unabhängig von der katholischen Hierarchie agierten und wenig Berührungsängste im Umgang mit Pazifisten anderer weltanschaulicher Lager zeigten.
Als der Rottenburger Priester Magnus Jocham den Nuntius am 21. März 1919 bat, das Protektorat des Friedensbundes zu übernehmen, lehnte dieser ab. Mehr noch: Er ließ sich vom zuständigen Diözesanbischof Paul Wilhelm von Keppler Informationen über den jungen Geistlichen liefern. Keppler schrieb, Jocham sei zwar ein »begabter, braver Priester«, aber »nicht ganz normal«, ein »Idealist und Phantast«, der »fast hochfliegende Pläne« verfolge, »ohne sich klar zu machen, ob sie auch durchführbar sind«. Der Friedensbund sei ein »politischer Verein«, die angestrebte Verständigung mit den Sozialdemokraten schlicht »nutzlos und unsinnig«.[10]

Von der Lehre des Gerechten Krieges konnte Pacelli sich nicht lösen. Das belegt etwa zehn Jahre später sein Umgang mit einer Resolution, die 8000 katholische Männer aus Rheinhessen und dem Nahegebiet unterzeichnet hatten. Darin hieß es, die klassischen Kriterien für einen Gerechten Krieg seien nicht mehr anwendbar, die Giftgaseinsätze während des Ersten Weltkriegs hätten dies eindeutig gezeigt. Die Unterzeichner baten deswegen den Papst, »vor der ganzen Welt den Krieg als völlig ungeeignetes Mittel, zwischen Staaten Streitigkeiten auszutragen«, zu verdammen.[11]

Pacelli leitete die Resolution zwar pflichtgemäß nach Rom weiter, kritisierte sie aber deutlich: Der Text gehe maßgeblich auf den Dominikanerpater Franziskus Maria Stratmann und damit auf

»Kreise zurück, die sich zu einem Pazifismus bekennen, der [...] extrem und überzogen ist und zum besonderen Vorteil der Kommunisten sein könnte«. Ausdrücklich hielt der Nuntius bei allem selbstverständlichen Engagement der Kirche und des Heiligen Stuhls für den Frieden an der »allgemeinen Lehre der Theologen« fest, nach der es in bestimmten Fällen immer noch »Gründe für einen Gerechten Krieg« gebe.[12] Als Beispiel wurde im Entwurf des Berichts auf »den Defensivkrieg, den Polen auf heroische Art und Weise 1920 gegen die bolschewistische Invasion geführt hat«, verwiesen.[13] Nicht zum letzten Mal stand hier der vatikanische Antikommunismus einem entschiedenen Pazifismus im Weg.

## Pius XI.: Zwischen Kriegsrechtfertigung und Friedenssehnsucht

Benedikt XV. war 1922 gestorben. Sein Nachfolger Pius XI. sah sich in der Tradition des »Friedenspapstes« und wählte für seinen Pontifikat den Wahlspruch »Friede Christi in Christi Reich«. Mehrfach stand er vor der Frage, wie er mit kriegerischen Auseinandersetzungen umgehen sollte, in die Katholiken verwickelt waren. Die wichtigsten dieser Konflikte waren: ein Bürgerkrieg, die sogenannte Cristiada, im Mexiko der Jahre 1926 bis 1929, der Abessinienkrieg, ein völkerrechtswidriger Eroberungskrieg Italiens im heutigen Äthiopien 1935/36, und der Spanische Bürgerkrieg von 1936 bis 1939.

In Mexiko beschnitt eine offen antiklerikale Regierung seit August 1926 die Rechte der katholischen Kirche derart fundamental, dass kirchliches Leben kaum mehr möglich war (Abb. 4). Katholische Laien gründeten daraufhin eine »Liga zur Verteidigung der religiösen Freiheit«. Nachdem ein Wirtschaftsboykott und andere Formen des gewaltlosen Widerstands erfolglos geblieben waren, griffen sie im November 1926 zu den Waffen. Die von beiden Seiten grausam geführten Kämpfe dauerten bis 1929 und forderten mehr als 90 000 Menschenleben.

Hielt der Papst den Kampf der mexikanischen Katholiken für gerecht? Zu Beginn des Konflikts, am 18. November 1926, wandte sich Pius XI. mit einer Enzyklika an den mexikanischen Episkopat. Der Text ging auf drei mexikanische Bischöfe zurück, die nach Rom gereist waren, um dort die Interessen der Hardliner unter den Katholiken ihres Landes zu vertreten.[14] Bewusst verschwiegen sie dem Papst, dass in Mexiko ein bewaffneter Aufstand vorbereitet wurde. Pius XI. wollte – wie die vatikanischen Akten belegen – die friedliche Opposition und die spirituelle Selbstbehauptung der Katholiken stärken, als er in der Enzyklika Priester und Laien in Mexiko lobte, die »sich zum Widerstand erhoben und eine Mauer der Verteidigung des Hauses Israel errichtet haben und in ihrem Kampf festgeblieben sind«.[15] In Mexiko wurde die Intention dieser Formulierungen jedoch in ihr Gegenteil verkehrt, die Enzyklika diente dort, ganz im Sinne der bischöflichen Ghostwriter, zur Legitimation des bewaffneten Aufstands: Unter dem geforderten Martyrium wurde jetzt nicht mehr das passive Aushalten und Erdulden verstanden, sondern das Sterben als Kämpfer.

Pius XI. und vor allem Gasparri waren zutiefst verärgert darüber, von den mexikanischen Bischöfen derart getäuscht worden zu sein. Als die Cristiada im Frühjahr 1927 endgültig eskalierte, ließen sie die Dinge aber zunächst laufen. Erst als Gasparri erfuhr, dass einige mexikanische Bischöfe – mit der Enzyklika im Gepäck – in Europa sogar Geld für Waffen sammelten, bemühte er sich, den Konflikt mit Hilfe US-amerikanischer Vermittlung einzudämmen. Im Juni 1929 schloss der Heilige Stuhl einen Modus Vivendi mit der mexikanischen Regierung. Als im Dezember 1931 die Cristiada wieder aufzuflackern

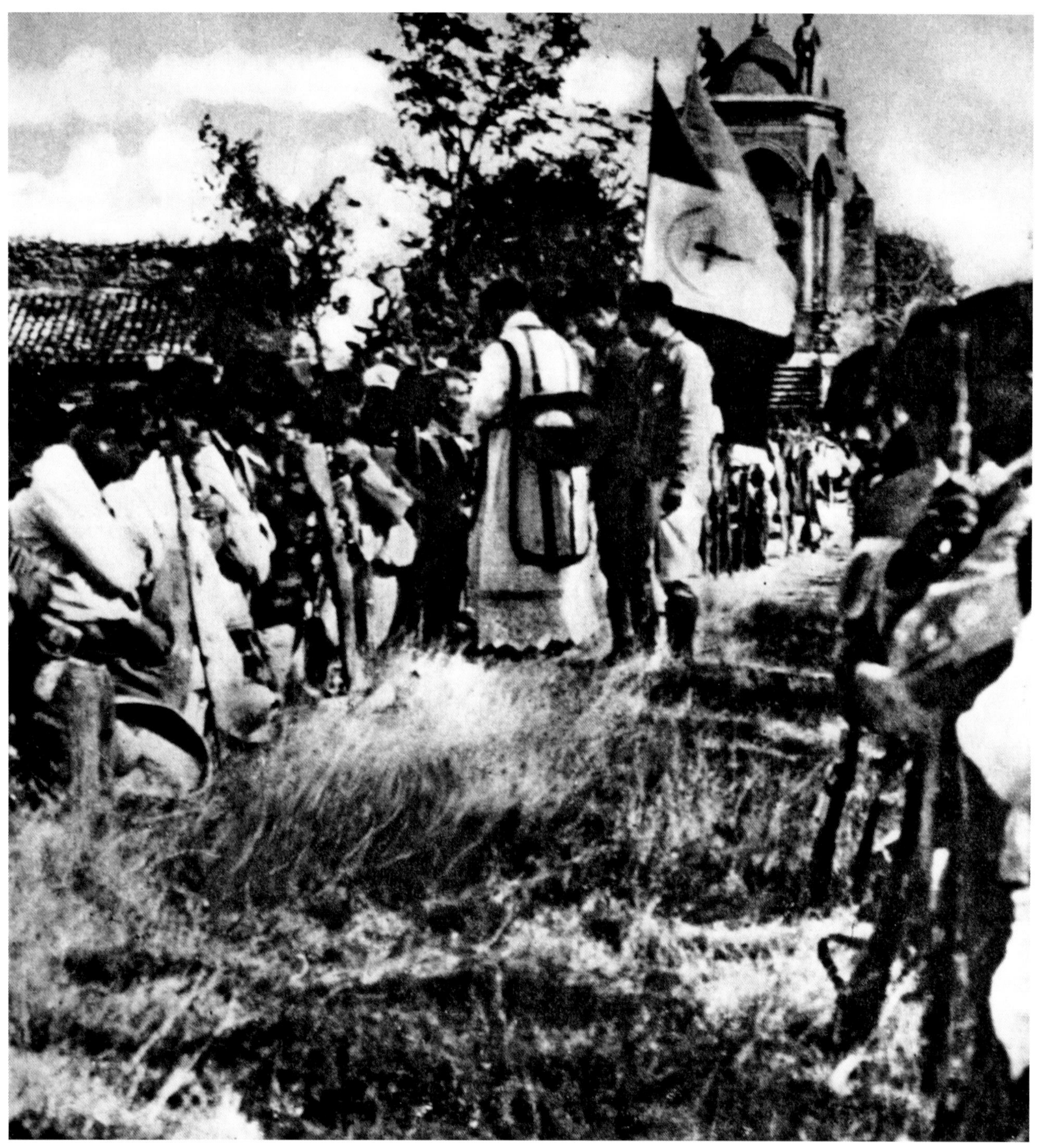

Abb. 4
**Eine Gruppe von Cristeros bei einem geheimen Gottesdienst**
um 1926, Fotografie von Augustin Victor Casasola

drohte, machte der Papst in einer Privataudienz Eugenio Pacelli, der inzwischen zum Kardinalstaatssekretär aufgestiegen war, unmissverständlich klar: In Mexiko könne der Heilige Stuhl »unter den gegenwärtigen Umständen« den bewaffneten Widerstand weder »autorisieren noch dazu ermutigen, um nicht zu sagen, dass er den bewaffneten Kampf ausdrücklich missbillige«.[16] Die Cristiada erfüllte in seinen Augen die Bedingungen eines Gerechten Krieges also nicht.

Der nächste Testfall für die Lehre des Gerechten Krieges begann am 3. Oktober 1935. Der Überfall Benito Mussolinis auf Abessinien, ein uraltes christliches Königreich, versetzte die Mehrheit der italienischen Gesellschaft – auch der Bischöfe und des Klerus – in einen nationalistischen Freudentaumel. Der Krieg dauerte bis zum 9. Mai 1936 und forderte rund eine Dreiviertelmillion Menschenleben. Viele starben durch italienisches Giftgas.

Wie verhielt sich Pius XI. dazu? Im Vorfeld, am 27. August 1935, beklagte der impulsive Papst in Castel Gandolfo, seiner Sommerresidenz, vor 2 000 katholischen Krankenschwestern, dass Mussolinis geplanter Feldzug im Ausland als »ungerechter Krieg« bezeichnet werde, als »eine Angelegenheit, die jedes Vorstellungsvermögen übersteigt, äußerst trübsinnig, äußerst traurig, eine Sache von unsagbarem Schrecken«. Er kam zu dem Schluss, dass ein möglicherweise vorhandenes Expansionsbedürfnis die Besetzung eines fremden Landes nicht rechtfertige. Der offizielle Text der Rede, der im Staatssekretariat redigiert wurde und im »Osservatore Romano« erschien, enthielt diese Passage jedoch nicht mehr.[17] Auf eine konsequente öffentliche Verurteilung des *bellum iniustum* verzichtete Pius XI., gegen seine eigene Überzeugung, also aus diplomatischen Gründen.

Der Papst befand sich in einem Dilemma, wie die Tagebuchaufzeichnungen Domenico Tardinis, des Untersekretärs der »Kongregation für die außerordentlichen kirchlichen Angelegenheiten«, vom 1. Dezember 1935 eindrücklich belegen: »Das Volk überschlägt sich beim Gedanken an den Krieg und, erzogen zur Gewalt, glaubt es, die ganze Welt besiegen zu können. Und der Klerus? Das ist das größte Desaster. Der Klerus muss ruhig sein, diszipliniert, gehorsam dem Ruf des Vaterlands gegenüber, das ist klar. Aber dieses Mal ist er ungestüm, überschwänglich und kriegshetzerisch. [...] Und die Kirche Italiens ist angeklagt, mit dem Faschismus unter einer Decke zu stecken. Und mit der italienischen Kirche der Heilige Stuhl. Ich glaube, der Heilige Stuhl hat nie eine schwierigere Periode durchlaufen als diese.« Tardini fürchtete, der Abessinienkrieg werde das moralische Ansehen des Heiligen Stuhles »für ein Jahrhundert kompromittieren«.

Eigentlich musste der Papst, folgt man Tardini, den blutigen Feldzug in Abessinien als ungerechten Krieg öffentlich und feierlich verurteilen. Aber als Oberhaupt des Vatikanstaats, der 1929 durch die Lateranverträge mit dem faschistischen Italien errichtet worden war, hatte er auch Rücksicht auf seinen Vertragspartner zu nehmen. Tardini zeigte sich ratlos: »Aber wie da herauskommen? Kann der Papst fortfahren zu schweigen? Und wenn er reden würde, was sagen? Ungerecht der Krieg, noch ungerechter die Sanktionen. Die Wahrheit ist, dass der Papst – wenn er redet, wirklich sprechen muss ... Aber dann wird er sich zwischen alle Stühle setzen. Und die Konsequenzen?«[18] Offiziell schwieg Pius XI., wie von Kardinalstaatssekretär Pacelli gewünscht, schließlich zum Überfall auf Abessinien.

Die nächste Herausforderung folgte schon 1936, als in Spanien Militärs unter General Francisco Franco gegen die Republik putschten und ein blutiger Bürgerkrieg begann. Am 14. September, dem Fest der Kreuzerhöhung, empfing Pius XI. mehr als 500 spanische Katholiken, denen die Flucht nach Italien gelungen war, zu einer Audienz in Castel Gandolfo. Diese verstanden sich als entschiedene Gegner der republikanischen Regierung und Anhänger der Putschisten. Sie erwarteten ein klärendes Wort des Papstes, schließlich waren in den wenigen Wochen seit dem Beginn des Putsches Tausende von Priestern, Ordensleuten und engagierten Laien grausam ermordet worden. Die katholische Kirche wurde in vielen Teilen Spaniens pauschal als Drahtzieherin des Putsches gebrandmarkt, obwohl sich Franco zunächst keine kirchlich-religiöse Motivation auf die Fahnen geschrieben hatte.

Dieses Mal bezog Pius XI. eindeutig Stellung, auch wenn die von ihm gewählten Formulierungen wenig spektakulär klingen und theologisch verklausuliert daherkommen. Am Schluss seiner Ansprache spendete der Papst denjenigen seinen besonderen Segen, »die sich der schwierigen und gefährlichen Aufgabe gestellt haben, die Rechte und die Ehre Gottes und der Religion zu verteidigen und wiederherzustellen«. Dieser Kampf sei deshalb schwierig, weil man bei der Verteidigung »allzu schnell ins Exzessive treiben« könne, was ihre Rechtfertigung »nicht mehr gänzlich« abdecke. »Nicht weniger einfach wird sie dadurch, dass unredliche Absichten oder egoistische beziehungsweise parteiische Interessen dazu beitragen könnten, die ganze moralische Vertretbarkeit der Handlung zu trüben oder zu verdrehen.«[19]

Pius XI. verwendete hier, wie Gianmaria Zamagni im Detail gezeigt hat,[20] Formulierungen aus dem klassischen Sprachspiel der Lehre vom Gerechten Krieg. Dessen Kriterien sah er in Francos Putsch weitgehend als erfüllt an: Die redliche Absicht war mit der Verteidigung der göttlichen und kirchlichen Rechte gegeben. Den gerechten Grund fand er, wie so oft, im notwendigen Kampf gegen die »größte und umfassendste Gefahr« des »Kommunismus in all seinen Formen und Abstufungen«.[21] Und zur Wahrung des Prinzips der Verhältnismäßigkeit der Mittel warnte Pius XI. vor »Übertreibungen«. Die Bürgerkriegsflüchtlinge verstanden seine Rede daher als ausdrückliche Legitimation von Francos Aufstand. Fast der gesamte spanische Episkopat rief jetzt zu einem Kreuzzug gegen die Kommunisten auf. So zitierte der Bischof von Salamanca, Enrique Pla y Deniel, in einem Hirtenbrief ausgiebig die Ansprache des Papstes und zog aus ihr den Schluss: »Der spanische Aufstand ist kein bloßer Bürgerkrieg, sondern er ist wesentlich ein Kreuzzug für die Religion, das Vaterland und die Zivilisation gegen den Kommunismus.«[22]

Was brachte Pius XI. dazu, Francos Putsch als Gerechten Krieg zu legitimieren, im Gegensatz zur Cristiada und zum Abessinienkrieg? Um diese Frage zu beantworten, muss die Entstehungsgeschichte der Ansprache in den Blick genommen werden, die einige Besonderheiten aufweist. Während Pius XI. sonst meist sehr spontan sprach, war der Text dieser Rede vorab im Detail ausgearbeitet worden – und zwar von Kardinalstaatssekretär Eugenio Pacelli.[23] Außerdem wurde in Castel Gandolfo eine spanische Übersetzung der italienisch gehaltenen Rede verteilt. Pacelli wollte offenbar unmissverständlich die Botschaft vermitteln: Der Heilige Vater legitimiert den Putsch Francos gegen die gewählte Regierung als Gerechten Krieg.

Die Kurie reagierte jedoch zunächst zurückhaltender als der spanische Episkopat. Nachdem im November 1936 die Beziehungen zur Spanischen Republik eingefroren worden waren, beschäftigten sich die Kardinäle im Juni 1937 in einer der seltenen Sitzungen der »Kongregation für die außerordentlichen kirchlichen Angelegenheiten« mit der Frage, ob der Heilige Stuhl offiziell diplomatische Beziehungen zum Franco-Regime aufnehmen sollte. Sie konnten sich zu diesem Schritt aber noch nicht durchringen. Pacelli notierte: »Es ist für den Heiligen Stuhl nützlich, sich in den faschistischen Block hineinzustellen, der im Wesentlichen aus Italien und Deutschland besteht (Japan ist weit entfernt).« Diese Aussage relativierte der Kardinalstaatssekretär jedoch sofort durch zwei rhetorische Fragen: »Das nationalsozialistische Deutschland? Das die Kirche verfolgt?« So nützlich es generell wäre, wenn sich der Heilige Stuhl dem faschistischen Block anschließen würde, es komme aus taktischen Gründen nicht in Frage. Denn »selbst ohne Absicht des Heiligen Stuhles würde es so aussehen, als ob der Heilige Stuhl mit einer Gruppe paktiert, die die Religion vernichten will«. Auch unter den Anhängern Francos gebe es schließlich nicht wenige, die die nationalsozialistische

Idee verträten und »Hitler vergöttern«.[24] Deshalb plädierte Pacelli dafür, sich vorläufig nicht zur spanischen Frage zu äußern. Im Herbst 1937 schickte der Heilige Stuhl dann aber einen Diplomaten als Geschäftsträger zum Franco-Regime.

Pius XI., inzwischen schwer krank, haderte unterdessen zunehmend mit dem Faschismus. Für den 11. Februar 1939, den zehnten Jahrestag der Unterzeichnung der Lateranverträge, bereitete er eine Generalabrechnung vor, in Form einer hymnischen Anrufung der Gebeine der Apostelfürsten Petrus und Paulus, die in einer leidenschaftlichen Beschwörung der Einheit der Menschenfamilie und des Friedens mündete: »Bekennt schließlich, apostolische Gebeine, Ordnung, Ruhe, Frieden, Frieden, Frieden für diese ganze Welt, die, wenn sie auch erfasst scheint vom mörderischen und selbstmörderischen Wahnsinn der Aufrüstung, den Frieden um jeden Preis will und die mit Uns vom Gott des Friedens ihn erfleht und darauf vertraut, ihn zu erhalten. So sei es!«[25]

Die Rede wurde nie gehalten. Einen Tag vor dem Termin, am 10. Februar 1939, verstarb Pius XI., und sein Nachfolger wurde Eugenio Pacelli als Papst Pius XII. Nach dem Sieg des »Caudillo« Franco wandte er sich in einer Rundfunkansprache »mit immenser Freude« an die »geliebten Söhne des katholischen Spanien«, um ihnen zu gratulieren. Die »von Gott als Hauptinstrument zur Evangelisierung der Neuen Welt und unerschütterliches Bollwerk des katholischen Glaubens auserwählte Nation« habe den »Proselyten des materialistischen Atheismus« den Beweis für die Überlegenheit der »ewigen Werte der Religion« gegeben.[26] So wurde nach dem Bürgerkrieg auch Francos Diktatur kirchlich legitimiert, obwohl Religion am Beginn seines Putsches überhaupt keine Rolle gespielt hatte.

## Pius XII.: Verhängnisvolle Unparteilichkeit

Ein halbes Jahr nachdem Pacelli zum Papst gewählt worden war brach der Zweite Weltkrieg aus. Pius XII. verurteilte den Überfall des Deutschen Reichs auf Polen mit deutlichen Worten: »Das Blut ungezählter Menschen, auch von Nichtkämpfern, erhebt erschütternde Klage, insbesondere auch über ein so geliebtes Volk wie das polnische, dessen kirchliche Treue und Verdienste um die Rettung der christlichen Kultur mit unauslöschlichen Lettern in das Buch der Geschichte geschrieben sind und ihm ein Recht geben auf das menschlich-brüderliche Mitgefühl der Welt.«[27]

Sein Anspruch, als *padre commune* über den Parteien zu stehen, hinderte den Papst in den folgenden Jahren nicht daran, immer wieder eindringlich zum Frieden aufzurufen (Abb. 5). Auf vielfältige Weise setzte er sich außerdem für Kriegsgefangene, Flüchtlinge und Deportierte ein.[28] Den Rassismus verurteilte er öffentlich, am deutlichsten vielleicht in seiner Weihnachtsansprache 1942. In dieser verwandte er sich für Hunderttausende, die ohne eigenes Verschulden, bisweilen nur aufgrund ihrer Nationalität oder Abstammung, dem Tod oder fortschreitender Vernichtung preisgegeben sind«.[29] Pius XII. vermied es aber, explizit von den Juden zu sprechen.

Dass er sich selbst Zurückhaltung auferlegte, dass er nicht alles tat, was er hätte tun können, war Pius XII. selbst klar. In Briefen an die deutschen Bischöfe erläuterte er seine Vorstellungen von der päpstlichen Unparteilichkeit im Krieg wiederholt. Ganz bewusst spreche er von »Unparteilichkeit«, nicht von »Neutralität«, erklärte er etwa Michael Kardinal von Faulhaber. »Neutralität könnte im Sinne einer passiven Gleichgültigkeit verstanden werden, die dem Oberhaupt der

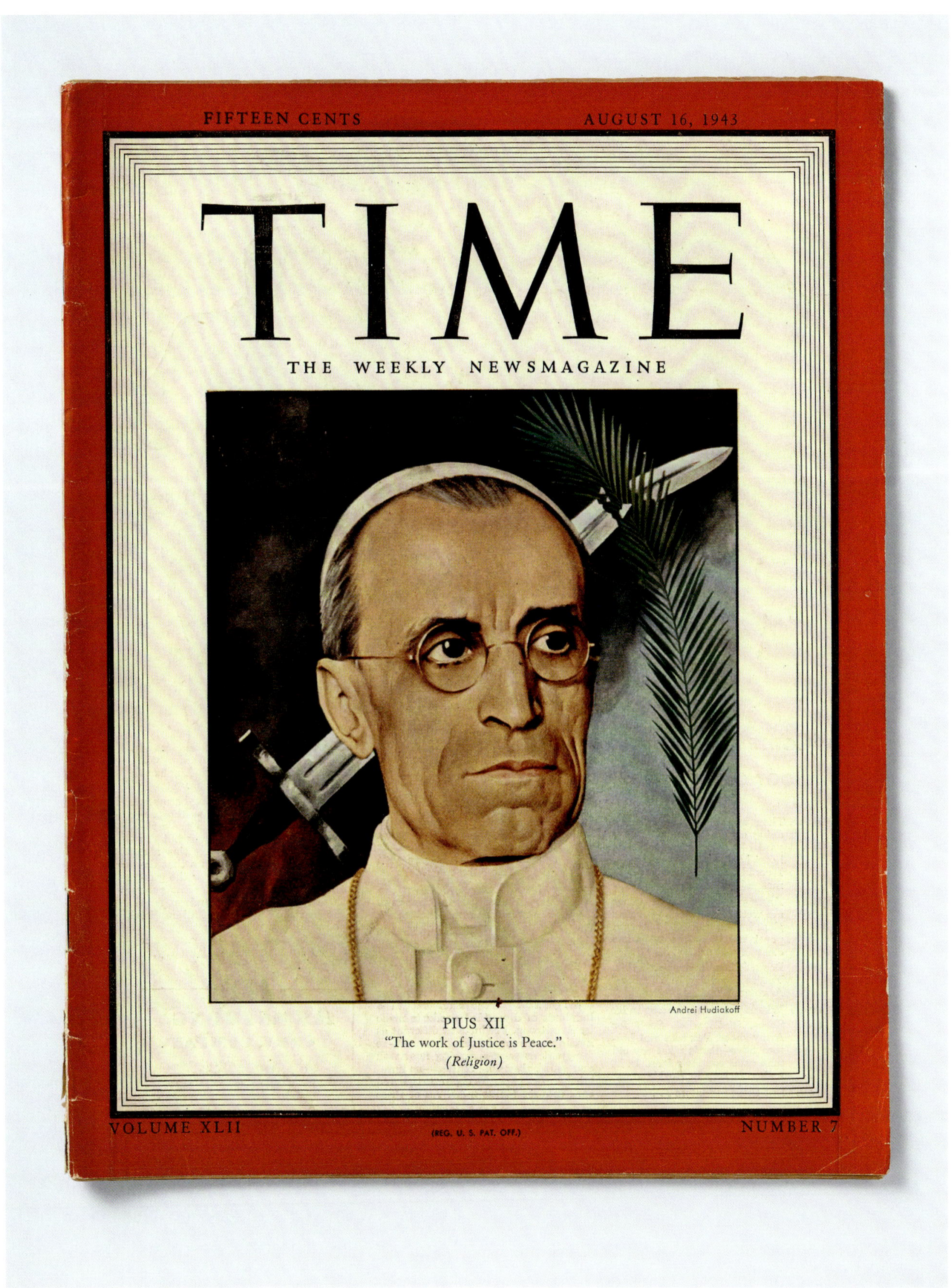


Abb. 5
**Titelblatt des Time Magazine nach einem Entwurf von Andrei Hudiakoff, 16. August 1943**
(Kat.-Nr. 66)

Kirche einem solchen Geschehen gegenüber nicht anstünde.«[30] Und dem Würzburger Bischof Matthias Ehrenfried schrieb er 1941: »Wo der Papst laut rufen möchte, ist ihm leider manchmal abwartendes Schweigen, wo er handeln und helfen möchte, geduldiges Harren geboten.«[31]

In der Forschung herrscht weitgehend Einigkeit darüber, dass die Erfahrung des Scheiterns bei der Friedensinitiative Benedikts XV. 1917 eine der wesentlichen Ursachen für das Verhalten Pius' XII. im Zweiten Weltkrieg war.[32] Die Auswertung seiner Nuntiaturberichte bestätigt diese These: Eugenio Pacelli war ein für alle Mal zu dem Schluss gelangt, dass sich der Heilige Stuhl bei internationalen Konflikten strikt unparteilich zu verhalten habe. Deswegen überließ er als Papst die unmittelbare Auseinandersetzung mit den Nationalsozialisten den deutschen Bischöfen, und deswegen schwieg er weitgehend zum Holocaust.

Als Hitler den Vernichtungskrieg gegen die Sowjetunion begann, ließen die deutschen Bischöfe jegliche Kritik vermissen. Den Bruch des Hitler-Stalin-Paktes und den Überfall auf die Sowjetunion begrüßte etwa der Münsteraner Oberhirte Clemens August von Galen als »Befreiung von einer ernsten Sorge und eine Erlösung von schwerem Druck«, er zitierte sogar ohne erkennbare Distanzierung Hitlers Tiraden gegen »die jüdisch-bolschewistische Machthaberschaft von Moskau«.[33]

An eine Friedensinitiative nach dem Muster von 1917 war im Zweiten Weltkrieg ohnehin nicht zu denken. Im totalen Vernichtungskrieg gab es keine Verhandlungsmasse oder allgemeinen Grundsätze, auf die sich die Kriegsparteien hätten einigen können. Der Papst war deswegen nicht als *padre commune* (gemeinsamer Vater) der Katholiken gefragt, auch nicht als *intermediatore della pace* (Vermittler des Friedens). Er wäre vielmehr als Stellvertreter Jesu Christi gefordert gewesen – als Anwalt aller Menschen und ihrer Rechte, als Ankläger von Holocaust und Vernichtungskrieg. Er hätte den Katholiken Adolf Hitler exkommunizieren,[34] die katholischen Soldaten der Achsenmächte vom Treueid auf ihre Führer entbinden und den Holocaust ausdrücklich und öffentlich verurteilen können. Ungeachtet aller möglichen Folgen für ihn und die ihm anvertrauten Katholiken wäre das ein großartiges Zeichen der christlichen Solidarität und Nächstenliebe gewesen. Dafür hätte sich Pius XII. aber vom über den Konfliktparteien stehenden Seelenhirten ganz zum entschiedenen *summus legis aeternae interpres et vindex*, zum höchsten Deuter und Beschützer ewig gültiger Gesetze, entwickeln müssen, wie es Benedikt XV. 1915 formuliert hatte.[35] Doch stattdessen sah er sich vor allem als oberster Hirte der Katholiken und machte deren Seelenheil zur Richtschnur seines Handelns.[36]

Den katholischen Soldaten in Hitlers Truppen fiel es unter diesen Umständen zumeist schwer, in einem nicht ausdrücklich als ungerecht verdammten Krieg zu einer kritischen Reflexion ihres Handelns zu gelangen. Klassische Deutungen des Krieges, nicht zuletzt vermittelt durch die Militärseelsorge, halfen ihnen, dem grausamen Geschehen irgendeinen Sinn abzugewinnen.[37] Auch in der Erziehung katholischer Kinder wurden militaristische Ideale unhinterfragt weitergegeben.[38] Zwar boten der Vatikan und kirchliche Einrichtungen in Rom Deserteuren während des Zweiten Weltkriegs vereinzelt Asyl,[39] aber es gab nur wenige katholische Kriegsdienstverweigerer, die zudem von ihrer Kirche kaum Hilfe zu erwarten hatten.[40] Persönlichkeiten wie der 1944 hingerichtete radikal pazifistische Priester und Ökumeniker Max Josef Metzger, für den inzwischen ein Seligsprechungsverfahren läuft, blieben auch nach dem Zweiten Weltkrieg noch lange umstritten.[41]

## Von Johannes XXIII. bis Franziskus: Die letzten Jahre des Gerechten Krieges?

Doch wie stand es nach dem Vernichtungskrieg und den Atombombenabwürfen auf Hiroshima und Nagasaki um die Lehre vom Gerechten Krieg? Pius XII. lehnte den Einsatz von Nuklearwaffen nicht per se ab.[42] Als in der Kuba-Krise 1962 die Gefahr eines Atomkriegs konkret wurde, fasste sein Nachfolger, Papst Johannes XXIII., aber den Entschluss, eine Friedensenzyklika zu schreiben, die am 11. April 1963 unter dem Titel »Pacem in terris« (»Frieden auf Erden«) veröffentlicht wurde. Darin hielt er unzweideutig fest, es widerstrebe im Atomzeitalter der Vernunft, »den Krieg noch als das geeignete Mittel zur Wiederherstellung verletzter Rechte zu betrachten«.[43]

Doch das Ende der Lehre vom Gerechten Krieg war das noch nicht. In der Pastoralkonstitution »Gaudium et spes« des Zweiten Vatikanischen Konzils von 1965 hieß es: »Es ist also deutlich, dass wir mit allen Kräften jene Zeit vorbereiten müssen, in der auf der Basis einer Übereinkunft zwischen allen Nationen jeglicher Krieg absolut geächtet werden kann.« Bis dahin könne man allerdings einer »Regierung das Recht auf sittlich erlaubte Verteidigung nicht absprechen«.[44] Auch das Zweite Vatikanische Konzil vertrat also keinen radikalen Pazifismus, sondern betrachtete die Ächtung jeglichen Krieges als Zukunftsprojekt. Während christliche Friedenssymbole wie Tauben, Regenbögen und zu Pflugscharen umgeschmiedete Schwerter die Bildsprache der Friedensbewegung prägten, blieben große Teile der katholischen Kirche zu dieser auf Distanz.[45] Dafür sorgte nach wie vor der Antikommunismus, der eine Politik der Abschreckung angemessen erscheinen ließ.

Der 1946 wiedergegründete »Friedensbund deutscher Katholiken« war teilweise heftigen Angriffen führender katholischer Politiker ausgesetzt gewesen, weil er eine »Wiederbewaffnung« und eine allgemeine Wehrpflicht ablehnte. 1951 löste er sich selbst auf. Die meisten Mitglieder wandten sich der zunächst vergleichsweise unpolitischen Organisation »Pax Christi« zu, die sich vor allem als fromme »Gebetskreuzzugsbewegung« verstand, stärker von den Bischöfen kontrolliert wurde und nur langsam zu einem entschiedeneren Pazifismus fand, vor allem nach dem Zweiten Vatikanischen Konzil und angesichts des Vietnamkriegs.[46]
Zu Beginn der 1980er Jahre behielten dann im »Zentralkomitee der deutschen Katholiken« und auf den Katholikentagen die Befürworter des NATO-Doppelbeschlusses die Oberhand, deren Alleinvertretungsanspruch jedoch zunehmend in Frage gestellt wurde, vor allem durch die Jugendverbände und die Initiative »Kirche von unten«.[47]

Ein besonderes Anliegen war »Pax Christi« und den katholischen Jugendverbänden das Recht auf Kriegsdienstverweigerung, mit dem sich die katholische Kirche lange schwertat. Pius XII. hatte noch 1956 betont, katholische Bürger könnten sich unter den Bedingungen eines Gerechten Krieges dazu nicht auf ihr Gewissen berufen.[48] Erst das Zweite Vatikanische Konzil forderte vorsichtig, auf gesetzlichem Weg »in humaner Weise« Vorsorge für Kriegsdienstverweigerer zu treffen, sofern diese zu »einer anderen Form des Dienstes an der menschlichen Gemeinschaft« bereit seien.[49] Daraufhin richteten die deutschen Bischöfe 1968 endlich Seelsorgestellen für Ersatzdienstleistende ein.[50]

Die Päpste mahnen seit dem Zweiten Weltkrieg in der Regel allgemein zum Frieden, ohne Schuldige zu benennen oder gar anzuklagen; Kriege wurden weder ausdrücklich als ungerecht verurteilt noch gerechtfertigt.[51] Papst Paul VI. wies aber verstärkt auf die Notwendigkeit hin, strukturelle Ungerechtigkeiten zu bekämpfen, da Frieden nicht einfach im Schweigen der Waffen bestehe.[52] Hinter den Kulissen bemühte er sich um Vermittlung zwischen den Konfliktparteien im Vietnamkrieg, er vermied es jedoch, zugunsten Amerikas Position zu beziehen.[53] Auch Paul VI. blieb damit dem Ideal der Unparteilichkeit verpflichtet, er verurteilte den Krieg als solchen, aber nicht einzelne Parteien.

Johannes Paul II. ging jedoch einen Schritt weiter. Zum Angriff auf die Taliban in Afghanistan im Jahr 2001 äußerte er sich nur zurückhaltend, aber den 2003 begonnenen Präventivkrieg gegen den Irak ohne UNO-Mandat verurteilte er, in Sorge um die dortigen Christen, mit ungewöhnlichem Nachdruck. Noch vor Ausbruch des Krieges, am 13. Januar 2003, erklärte der Papst bei seiner Neujahrsansprache vor dem beim Heiligen Stuhl akkreditierten diplomatischen Korps: »›Nein zum Krieg‹! Er ist nie ein unabwendbares Schicksal. Er ist immer eine Niederlage der Menschheit.«[54] Der US-amerikanische Präsident George W. Bush, der sich eine Legitimation des Krieges erhofft hatte, reagierte enttäuscht, pflegte der Vatikan doch sonst spätestens seit Ronald Reagan ein enges Verhältnis zu den republikanischen Präsidenten.[55]

Unter Johannes Paul II. vermittelte die Kurie 1978 bis 1984 erfolgreich in einem Grenzkonflikt zwischen Chile und Argentinien.[56] Aber das war eine Ausnahme, als Mediatoren im engeren Sinne haben es die Päpste nach wie vor schwer. Als Mahner zum Frieden und moralische Autoritäten haben sie sich dagegen eindeutig profiliert, wie etwa die Weltgebetstreffen in Assisi zeigen. Auch Benedikt XVI. blieb dem Thema »Frieden« verpflichtet, er stellte sich schon durch die Wahl seines Papstnamens in die Tradition des »Friedenspapstes« Benedikt XV. Und Franziskus wird nicht müde, die Konfliktparteien in Syrien zum Frieden aufzurufen. Bei diesem Engagement kommt den Päpsten ihre vielfältige *Soft Power* zugute, die nicht zuletzt mit dem Sonderstatus zusammenhängt, sowohl Oberhaupt eines Staates als auch einer Religionsgemeinschaft zu sein.[57]

Mit Blick auf den Kampf gegen diktatorische Unrechtsregime und Terrorstaaten sowie »humanitäre Interventionen« in Krisengebieten stellt sich jedoch nach wie vor die Frage, wann die Anwendung militärischer Gewalt erlaubt ist.[58] Und die Lehre vom Gerechten Krieg ist für alle Katholiken immer noch verbindlich. Im Kompendium des Katechismus, das Joseph Kardinal Ratzinger 2005 vorlegte, lassen sich die Bedingungen für einen Gerechten Krieg, deren Beurteilung »dem klugen Ermessen der Regierenden« obliege, in klassischer Form wiederfinden.[59]

Hat sich also seit Benedikt XV. wenig getan, wird die katholische Kirche ihre Lehre vom Gerechten Krieg als ewig gültige Glaubenswahrheit niemals überwinden? Vielleicht doch. Denn neuerdings hat die katholische Friedensbewegung einen mächtigen Verbündeten in ihrem Kampf gegen den Katechismus gefunden: Papst Franziskus hat grundsätzlich angemahnt, das Konzept zu überdenken und eher von »Verteidigungskrieg« als von »Gerechtem Krieg« zu sprechen. Denn kein Krieg sei gerecht. »Das einzige, was gerecht ist, ist der Frieden.«[60]

1 Vorwärts, 17. August 1917, S. 1–2. Vgl. auch Schlott 2007.

2 Benedikt XV., Dès le début, 1917, S. 418. Vgl., auch zum Folgenden, Wolf 2011; zu Benedikt XV. aktuell zudem Ernesti 2016 und Melloni/Cavagnini/Grossi 2017. Die Übersetzung von Quellen in fremder Sprache verantworten, soweit nicht anders angegeben, die Verfasser dieses Beitrags.

3 Vgl. z. B. Maleczek 1996; Kamp 2014.

4 Vgl. etwa Rotte 2014; Schreiner 2008.

5 Vgl. zum Gerechten Krieg z. B. Beestermöller 1997; Justenhoven 2012; zur damit verbundenen Erfahrungsgeschichte Holzem 2009 a.

6 Vgl. Chenaux 2003, S. 85–102; Wolf/Unterburger 2006, S. 33.

7 Vgl. die umfangreiche Edition staatlicher Quellen durch Steglich 1970.

8 Benedikt XV., Pacem, Dei munus pulcherrimum, 1920, wörtliche Zitate S. 209, 214.

9 Vgl. Höfling 1979; Horstmann 1995; Riesenberger 1976.

10 Zitiert nach Rösch 2014, S. 46, vgl. diesen auch zum Folgenden.

11 Eich an Pius XI. vom 30. Juni 1929, in: Pacelli-Edition, Nr. 14580.

12 Pacelli an Gasparri vom 20. Juli 1929, Ausfertigung, in: ebd., Nr. 68.

13 [N.N.] an Gasparri vom 20. Juli 1929, Entwurf, in: ebd., Nr. 14579. In der Ausfertigung wurde der Satz gestrichen.

14 Vgl., auch zum Folgenden, Köster 2013 sowie die bisher unveröffentlichte Habilitationsschrift desselben Autors.

15 Pius XI., Iniquis afflictisque, 1926, S. 471.

16 Zitiert nach Wolf 2009, S. 168.

17 Synoptische Edition der beiden Versionen (französisch) in: Ceci 2008 b, S. 142–143, vgl. auch S. 131, Anm. 36. Allgemein, auch zum Folgenden, Ceci 2010.

18 Zitiert nach Ceci 2008 a, S. 342–343.

19 Pius XI., La vostra presenza, 1936, S. 380.

20 Vgl. Zamagni 2013 und 2016.

21 Pius XI., Siamo ancora, 1936, S. 141.

22 Zitiert nach Zamagni 2013, S. 56.

23 Vgl. Zamagni 2013, S. 50, Anm. 57.

24 Zitiert nach Wolf 2009, S. 297–298.

25 Zitiert nach Wolf 2009, S. 236.

26 Pius XII., Con immenso gozo, 1939, S. 152.

27 Pius XII., Summi pontificatus, 1939, S. 592.

28 Vgl. Inter arma caritas 2004.

29 Pius XII., Con sempre, 1942, S. 23.

30 Pius XII. an Faulhaber, 31. Januar 1943, in: Schneider 1966, S. 214–217, hier S. 215.

31 Pius XII. an Ehrenfried, 20. Februar 1941, in: Schneider 1966, S. 125–127, hier S. 125.

32 Vgl. z. B. Repgen 1979; Chenaux 2003, S. 121; Wolf 2009.

33 Clemens August von Galen, Hirtenbrief, 14. September 1941, in: Löffler 1996, Bd. 2, S. 901–908, hier S. 901–902, zum Kontext: Wolf 2006.

34 Vgl. zusammenfassend Wolf 2009, S. 305–306.

35 Benedikt XV., Convocare vos, 1915, S. 34.

36 Vgl. auch Brechenmacher 2005.

37 Vgl. z. B. Damberg 2010; Holzem 2009 a; Leugers 2014; Röw 2014, v. a. S. 62–65.

38 Vgl. etwa Arning 2010; Missalla 1999, S. 27–34.

39 Mehrere Hinweise bei Riccardi 2017, u. a. S. 125–126.

40 Vgl. etwa Koch 2008, S. 124; Faulkner Rossi 2015, S. 114, 150; Missalla 1999, S. 40–41; Messerschmidt 2005, S. 102–105.

41 Vgl. u. a. Feneberg/Öhlschläger 1987 und Lehmann 2016.

42 Vgl. zusammenfassend Rotte 2014, S. 270–273.

43 Johannes XXIII., Pacem in terris, 1963, Nr. 67.

44 Zweites Vatikanisches Konzil, Gaudium et spes, 1965, Nr. 82 und 79.

45 Vgl. Gerster 2012.

46 Vgl. Doering-Manteuffel 1981; Hecke 1995; Missalla 1995; Oboth 2017; Seiler 2010. »Westdeutscher Katholizismus und Kriegsdienstverweigerung« ist außerdem Thema eines laufenden Dissertationsprojekts von Tatsuhito Ono an der Keio-Universität in Tokio.

47 Vgl. Gerster 2012, v. a. S. 241–245, 277–294; Arning/Wolf 2016, S. 202–203; Kullmann 2016, S. 90–93.

48 Pius XII., L'inesauribile mistero, 1956, S. 19.

49 Zweites Vatikanisches Konzil, Gaudium et spes, 1966, Nr. 79.

50 Vgl. Diringer 1989; Gerster 2012, S. 45, 135, 139–140; Gillner 1997.

51 Vgl. Rotte 2014, S. 229–362.

52 Vgl. Paul VI., Populorum progressio, 1967, Nr. 76.

53 Vgl. Ernesti 2015, S. 212–233.

54 Johannes Paul II., Heureuse tradition, 2003, S. 323, Nr. 4. Vgl. auch Sommeregger 2011, S. 218–239; Riccardi 2012, S. 560–565.

55 Vgl. Wanner 2017, v. a. S. 282–295.

56 Vgl. etwa Riccardi 2012, S. 541–547.

57 Vgl. Sommeregger 2011, v. a. S. 239–246, 286–302.

58 Vgl. Beestermöller 1997, Sp. 478–479.

59 Katechismus 2005, Satz 483–484.

60 Franziskus 2017, S. 57–58; vgl. auch Jansen 2016 und 2017.

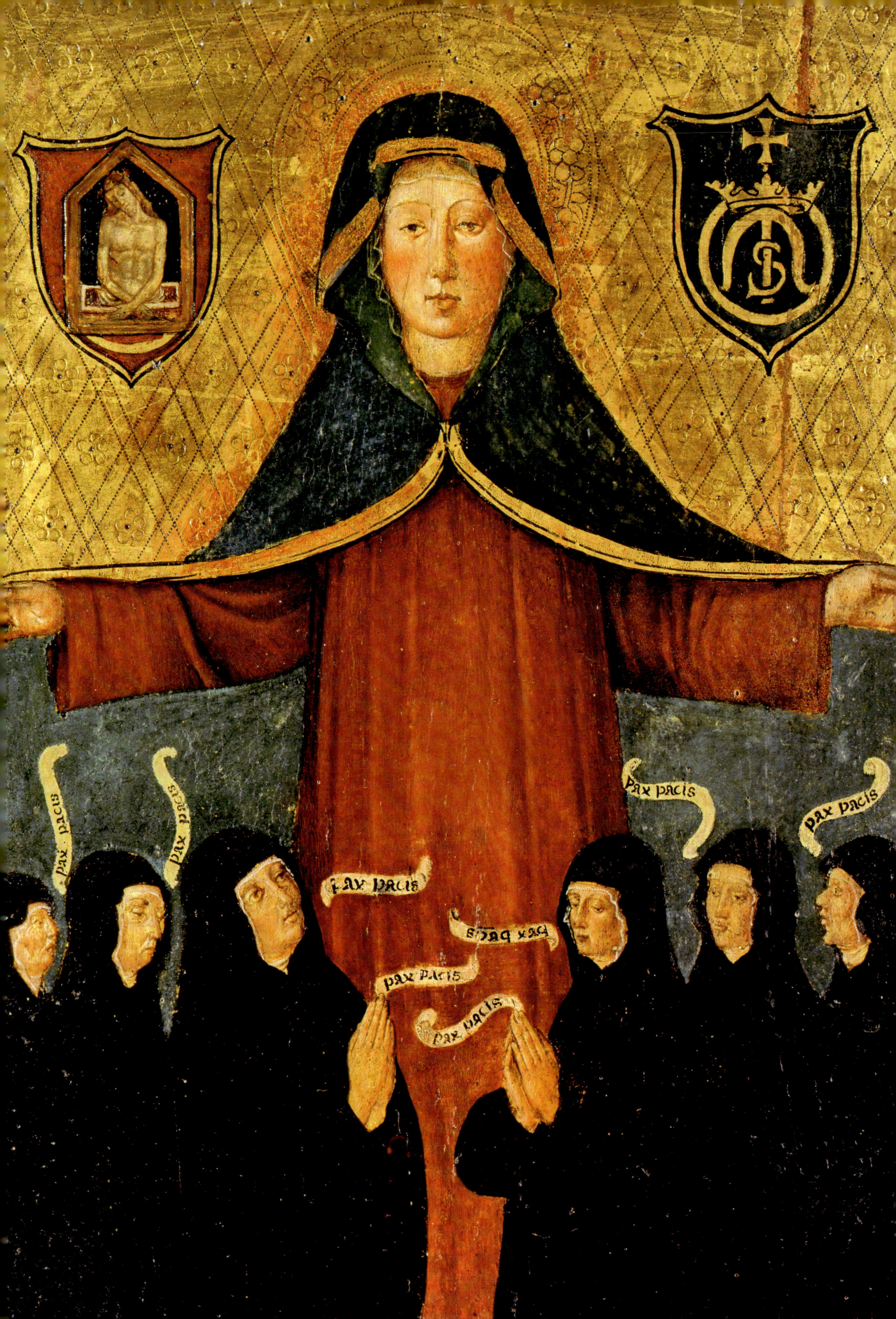
pax · pacis
pax pacis
pax pacis
pax pacis
pax pacis
pax pacis
pax pacis
pax pacis

# Zur Geschichte des Friedens

im liturgischen Leben der Kirche

BENEDIKT KRANEMANN

## Gebet um den Frieden – »nicht ohne Folgen«

»Wir beteten viel, um den Krieg fernzuhalten.«[1] Schon ganz am Anfang des Romans »Tyll« von Daniel Kehlmann über den Dreißigjährigen Krieg werden die Schrecken des Krieges in Erinnerung gerufen und wird die Hoffnung beschworen, die Menschen auf göttliche Hilfe setzten. Aber das Verhältnis von Gebet beziehungsweise Liturgie und Frieden ist vielfältiger, als es hier aufscheint. Christliche Liturgie (griech. Volks-Dienst), verstanden als Summe aller gottesdienstlichen Handlungen, muss sich von ihrem Selbstverständnis her als Gebet um Frieden für den Einzelnen wie die Gemeinde, für Kirche und Welt begreifen. In ihrem Zentrum steht das Versöhnungshandeln Gottes in Jesus Christus, das nach einem entsprechenden sozialen und politischen Handeln verlangt. Jede Liturgie – vom einfachen Segen bis zur Eucharistie – muss sich daran messen lassen. Mit Friedensgruß, Fürbittgebet, Agapefeiern und vielem mehr kennt der christliche Gottesdienst durch die Jahrhunderte einzelne Riten und ganze Liturgien, die die Bitte um Frieden in den Mittelpunkt stellen (Abb. 1).

Aber Liturgie kann auch Mittel des Unfriedens sein, sich gegen »Feinde« richten und so Gewalt und Krieg legitimieren. Sie kann zur Manipulation instrumentalisiert werden, kann zum Machtmittel werden und dann Gewalt statt Frieden fördern. Sie stiftet Identität, sodass Kirche(n) über Gottesdienste das eigene Selbstverständnis ausdrücken. Das muss nicht, kann aber dazu führen, dass sich Liturgien auf den Frieden in der eigenen Glaubensgemeinschaft konzentrieren, nach außen aber durch Abgrenzung und Abwertung anderer Unfrieden hervorrufen. Liturgie ist gegen »Feinde«, »Irrgläubige«, »Häretiker« gewendet worden, wenn beispielsweise Messfeiern zur Unterstützung von Kreuz-

◄ Abb. 1
**Norditalien (Lombardei), um 1480,**
**Madonna della Pace**
Pinacoteca Nazionale di Bologna
(Kat.-Nr. 21)

fahrern abgehalten wurden[2] oder Aggressionen gegen Juden in der Karfreitagsliturgie[3] ihren Ausgang nahmen (Kat.-Nr. 74). Das Studium von Irrwegen der Vergangenheit kann hilfreich sein für die Bewältigung der Gegenwart.[4]

Die Zeitgeschichte hat beide Seiten der Liturgie erlebt. Am 12. November 1989 feierten der damalige Bundeskanzler Helmut Kohl und sein polnischer Amtskollege Tadeusz Mazowiecki eine Messe in Kreisau (pol. Krzyżowa) auf dem Gut des deutschen Widerstandskämpfers Helmuth James Graf von Moltke. Beide reichten sich den Friedensgruß und umarmten sich. Kohl deutete diesen liturgischen Ritus später als Zeichen der deutsch-polnischen Versöhnung: »Wir haben zueinander gesagt: ›Gott segne dich, Gott segne dein Volk‹. Und das dürfen wir nicht sagen ohne Folgen.«[5]

Wenige Jahre später erlebte man im afrikanischen Ruanda eine ganz andere Szenerie. Es war die Zeit des Bürgerkriegs zwischen Hutu und Tutsi. Beim Genozid vor allem an den Tutsi wurden viele Opfer ausgerechnet in Kirchenräumen umgebracht. Der Ort der Liturgie wurde zur Stätte von Massenmorden. Das ist nur ein Beispiel unter vielen. Das soll nicht ausgeblendet werden, wenn im Folgenden gefragt wird, wie im christlichen Gottesdienst für den Frieden gebetet wird. Hier kommt ein Aspekt ins Spiel, der sich nicht generell in religiösen Ritualen findet: Die Liturgie wird durch die Kirche im Bewusstsein gefeiert, am von Gott verheißenen endzeitlichen Heil und dem damit verbundenen Frieden in Christus bereits Anteil zu haben, wissend, dass die Vollendung aussteht. Christliche Liturgie steht deshalb, auch wenn es um den Frieden geht, in der heilsgeschichtlichen Spannung der schon angebrochenen, aber in ihrer Erfüllung noch ausstehenden Erlösung und gibt den Feiernden den Impuls, sich aus dem, was ihnen schon zugesprochen ist, für den Frieden zu engagieren.

## Krieg und Frieden in der Liturgie – Wege und Irrwege

Einige liturgische oder liturgienahe Formen, in denen das geschieht, sollen im Folgenden vorgestellt werden. Es wird deutlich werden, dass die Sehnsucht nach Frieden Liturgien in der Geschichte wie im Heute durchzieht. Das ist in sehr unterschiedlichen Formen geschehen. Manches ist im Laufe der Geschichte untergegangen, manches entsteht heute neu. Gerade das Gebet um den Frieden ist sehr von gesellschaftlichen und kulturellen Kontexten abhängig.[6] Die Frühe Kirche hielt sich vom Militärdienst fern. Im Matthäus-Evangelium wird zur Zurückhaltung gemahnt: Wer zum Schwert greife, komme um (Mt 26,52). Die Kirche sah sich nicht dem Staat und seiner Politik gegenüber verpflichtet. Der Militärdienst war suspekt.

Mit der sogenannten konstantinischen Wende des frühen 4. Jahrhunderts und der Wandlung des Christentums zur Staatsreligion veränderte sich die Perspektive. Das Christentum betete nun auch für den Frieden des Reiches, was zunehmend das Gebet gegen die Feinde einschloss. Feinde Roms galten nun als Feinde Gottes.[7]
Die Bedrohungen, die mit der Völkerwanderung einhergingen, Erfahrungen von Krieg und Gewalt veränderten die Perspektive. Man betete jetzt für sich – für Kirche und Reich – und praktizierte liturgisches Gebet gegen Feinde und Unbeziehungsweise Andersgläubige. In Sakramentaren, also Sammlungen liturgischer Gebete für den Klerus, waren auch Messgebete für den Kriegsfall zu finden, in denen um die Vernichtung von Feinden gebetet wurde (Kat.-Nr. 23).[8]

Gegenüber der Frühen Kirche kann man für das Mittelalter eine andere Atmosphäre des Gebets feststellen, welche die Perspektive auf Reich und Kirche verengte und mit einem Mehr an sprachlicher und ritueller Aggressivität einherging.[9]

In diesem Klima entstanden Segnungen von Schwert, Kriegsfahnen, Rüstungsgegenständen, die man allerdings genauer beschreiben müsste, denn sie warnten zugleich vor überzogener Gewalt und mahnten, die Waffen allein zum Schutz von Menschen einzusetzen (Kat.-Nr. 43). Mannschaften wie Material, die gesegnet worden waren, sollten sich im Krieg besser bewähren. Man trifft auf neue Gebete für die Segnung von Kugeln, Pulver und so weiter.[10] Während solche Liturgien noch im Ersten und Zweiten Weltkrieg Plausibilität besaßen, insbesondere dort, wo sich Katholiken (wie im Deutschen Reich) als verlässliche Staatsbürger beweisen wollten (Abb. 2), gerieten sie unter anderem durch die päpstliche Friedenspolitik im Laufe des 20. Jahrhunderts in die Defensive. Vernichtungskriege wurden jetzt als Verbrechen gegen Gott und die Menschen abgelehnt (Pastoral-Konstitution des II. Vatikanum, Gaudium et Spes 80), Friede als Konsequenz von Gerechtigkeit betrachtet (Pius XII.), der Vorstellung widersprochen, der Krieg sei Mittel der Politik (Johannes XXIII.), Entwicklung und Frieden zusammengebracht (Paul VI.) und von der Schuld der Kirche gesprochen, die »der Logik der Gewalt nachgegeben« hat (Johannes Paul II.).

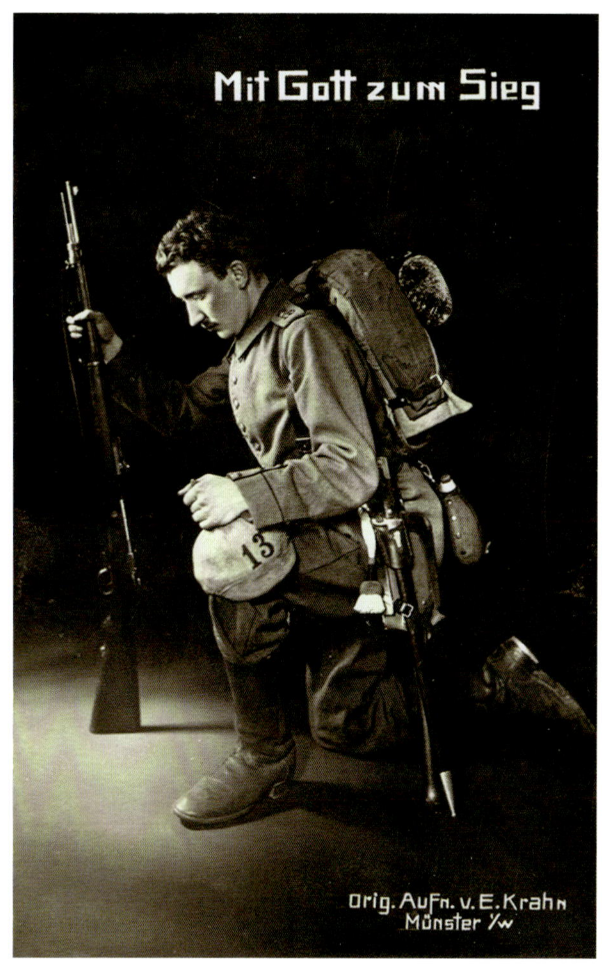


Abb. 2
**»Mit Gott zum Sieg«, Bildkarte nach Ernst Krahn (Fotograf)**
Münster, 1914 (Kat.-Nr. 38)

Papst Franziskus hat wiederholt die Religionen gemahnt, untereinander und in der Welt den Frieden zu fördern. Mit Veränderungen in Theologie und Kirche, Gesellschaft und Kultur wandelte sich das Verhältnis der Kirche zu Krieg und Frieden. Die katholische Kirche sieht sich wie andere auch aufgerufen, sich und ihre Praxis mit kritischem Blick auf die eigene Geschichte und die Friedensbotschaft Jesu von Nazareth immer wieder neu zu befragen, wo sie dem Auftrag, Frieden zu stiften, nicht gerecht wurde und wird. Für eine Weltkirche wie die katholische Kirche, die in ganz unterschiedlichen Kulturen und mit ganz verschiedenen Mentalitäten in großer Ungleichzeitigkeit lebt, ist das eine besondere Herausforderung.

Die Thematisierung von Frieden durchzieht heute die Liturgie. Sowohl in den Sakramenten und Sakramentalien (heiligen Zeichen), in der Stundenliturgie wie im Kirchenjahr ist das Thema präsent. Im Tages- wie im Jahreslauf, im Leben des Einzelnen wie der Gemeinschaft wird um den Frieden gebetet. Nur Weniges davon kann im Folgenden aufgegriffen werden. Vieles muss hier übergangen werden, so etwa das Kirchenjahr mit dem 1. Januar, der in der Katholischen Kirche als Weltfriedenstag begangen wird, oder dem Weihnachtsfest, das als Fest der Menschwerdung Gottes an den Ruf der Engel erinnert: »Ehre sei Gott in der Höhe und Friede auf Erden den Menschen seines Wohlgefallens« (Lk 2,14), auch die Verehrung Mariens unter anderem als Königin des Friedens (die 1917 unter Benedikt XV. als Anrufung in die Lauretanische Litanei eingefügt worden ist) oder anderer Heiliger, die mit Frieden in Verbindung gebracht werden, ebenso das Stundengebet, das zum Beispiel in der Komplet, dem Nachtgebet, um Frieden für den Einzelnen betet, und auch Motive des Friedens im Kirchenlied, Predigten vor Soldaten,[11] das weite Feld der Militärgesangbücher.[12] Herausgegriffen werden einige Texte und Handlungen, die in der katholischen Liturgie wiederkehren und deshalb besonderes Gewicht besitzen, wie der Friedensgruß und die Fürbitte um den Frieden. Daneben sollen Friedensgottesdienste zu Wort kommen, die auch politische Bedeutung haben. Außerdem werden Ausprägungen von Mahl und Eucharistie vorgestellt, die mit der Bitte um Frieden verbunden sind.

## Zeichen von Einheit und Versöhnung in der Kirche – Friedenskuss und Friedensgruß

Bereits im Neuen Testament ist der Kuss belegt, in der Antike übliche Bekundung von friedfertiger Haltung: »Grüßt einander mit dem heiligen Kuss!« (so in Röm 16,16, auch 1 Kor 16,20; 2 Kor 13,12; 1 Thess 5,26; 1 Petr 5,14). Der Kuss unter Getauften war ein Zeichen von Eintracht und Gemeinschaft, das ausgetauscht wurde, wohl bevor die Eucharistie begann.[13] Wer am eucharistischen Mahl teilnahm, sollte sich vorher versöhnt haben. Im Hintergrund steht die Aufforderung: »Wenn du deine Opfergabe zum Altar bringst und dir dabei einfällt, dass dein Bruder etwas gegen dich hat, so lass deine Gabe dort vor dem Altar liegen; geh und versöhne dich zuerst mit deinem Bruder, dann komm und opfere deine Gabe!« (Mt 5,23–24). Die Einbindung dieses Friedensritus hat sich im Lauf der Jahrhunderte geändert. Man findet ihn nach dem Fürbittgebet, der Gabenbereitung oder dem Vaterunser. Erst unter Papst Gregor dem Großen erhielt er in der römischen Messe seinen Platz unmittelbar vor der Brotbrechung und dient seither als Vorbereitung auf die Kommunion. Andere Kirchen, so die meisten Ostkirchen, vollziehen ihn bereits vor dem Hochgebet: Die ganze Eucharistie steht unter dem Aufruf der Versöhnung der Feiernden miteinander. Der Friedenskuss ging vom Altar aus und wurde an die Gläubigen weitergegeben. Was ursprünglich Gemeinderitus war, wurde schließlich auf die Kommunikanten und dann auf den Klerus beschränkt (Abb. 3). Der Kuss wurde seit dem 13. Jahrhundert auch über Paxtafeln weitergegeben (vgl. Kat.-Nr. 20).[14] Aus dem Kuss, der unter dem Klerus üblich blieb, wurde eine stilisierte Handreichung. Das aus dem 11. Jahrhundert stammende Gebet, das den Ritus einleitet, erbittet Frieden und Einheit für die Kirche.[15] Es wird bis heute in der katholischen Messfeier gesprochen und verpflichtet über den engeren Raum der Kirche hinaus. Das Gefeierte soll im Alltag gelebt werden und seine Wirkung entfalten. Die Liturgie belässt es nicht beim Wort, sondern drückt sich durch diese Zeichenhandlung aus. Die Körpersprache verstärkt das, was sich mit dem Friedensgruß verbindet, und unterstützt die Verinnerlichung.

## Das Fürbittgebet um den Frieden in der Welt

Das in der Alten Kirche bereits selbstverständliche, biblisch untersetzte Fürbittgebet trat auch für den Nächsten ein und kann schon deshalb als Gebet für Frieden unter den Menschen im weiteren Sinne verstanden werden. In den orientalischen Liturgien wurde direkt um den Frieden der Welt gebetet. Aus den römischen Büchern für die Messfeier verschwanden die Fürbitten im 6. Jahrhundert, sie lebten aber als volkssprach-

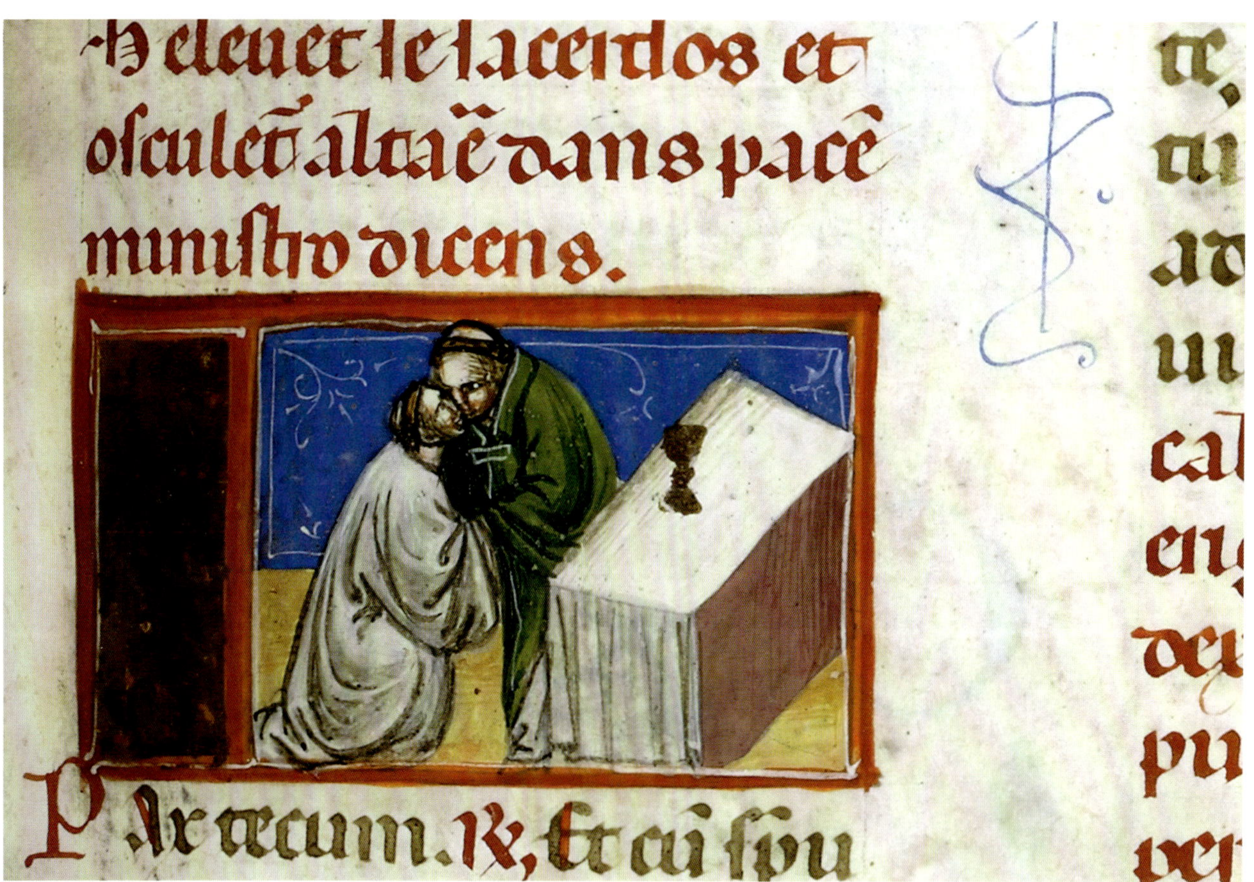

Abb. 3
**Miniatur mit dem Friedenskuss in der Messe aus einem Missale,**
Italien (wohl Teramo oder Bologna) zweite Hälfte 14. Jahrhundert, New York, The Morgan Library and Museum, MS G. 16, fol. 129r

liche Elemente weiter.[16] Darin begegnete nun immer wieder die Bitte um den Frieden, und zwar für Stadt und Land, für Kirche und Christen, aber auch inhaltlich ganz offen gehalten. Nach Regino von Prüm betete man um 906 »pro pace«, mit Nikolaus von Olmütz um 1417 »vmb ein stetyn vrede«, mit Petrus Canisius 1560 »wend ab gnadigster Vatter […] gegenwertige vnnd zukunfftige gefarligkayten, schodliche emporung vnnd krigsrustung«. Die Osnabrücker Agende von 1651, deren Bearbeiter die Gräuel des Dreißigjährigen Krieges noch vor Augen hatten, bat darum, dass Gott den Landesfürsten »in fried vnd einigkeit« erhalten möge, und ließ dann folgen: »Lasset vns auch weiter bitten für abwendung aller wollverdienten straffen«, worunter auch »krieg« genannt wird.[17] Es ist wenig verwunderlich, dass diese Bitte durch die Jahrhunderte immer wieder auftaucht, denn die Angst vor dem Krieg war präsent, die Schrecken des Krieges für viele reale Erfahrung. Die Bitte um Frieden blieb nicht auf die Kirche beschränkt, sondern galt im Sinne stellvertretenden Gebets für alle.

## Agape als Liebesmahl unter Christen

»Agape« bedeute »Liebe«, hat Tertullian im »Apologeticum« (39,16) erläutert. Damit ist eine Form des Mahls angesprochen, die sich im 3. Jahrhundert von der Eucharistie trennte (Abb. 4). Sie wird unterschiedlich ausgesehen haben: Gebete über Brot und Wein, die Brechung des Brotes, das Reichen von Brot und

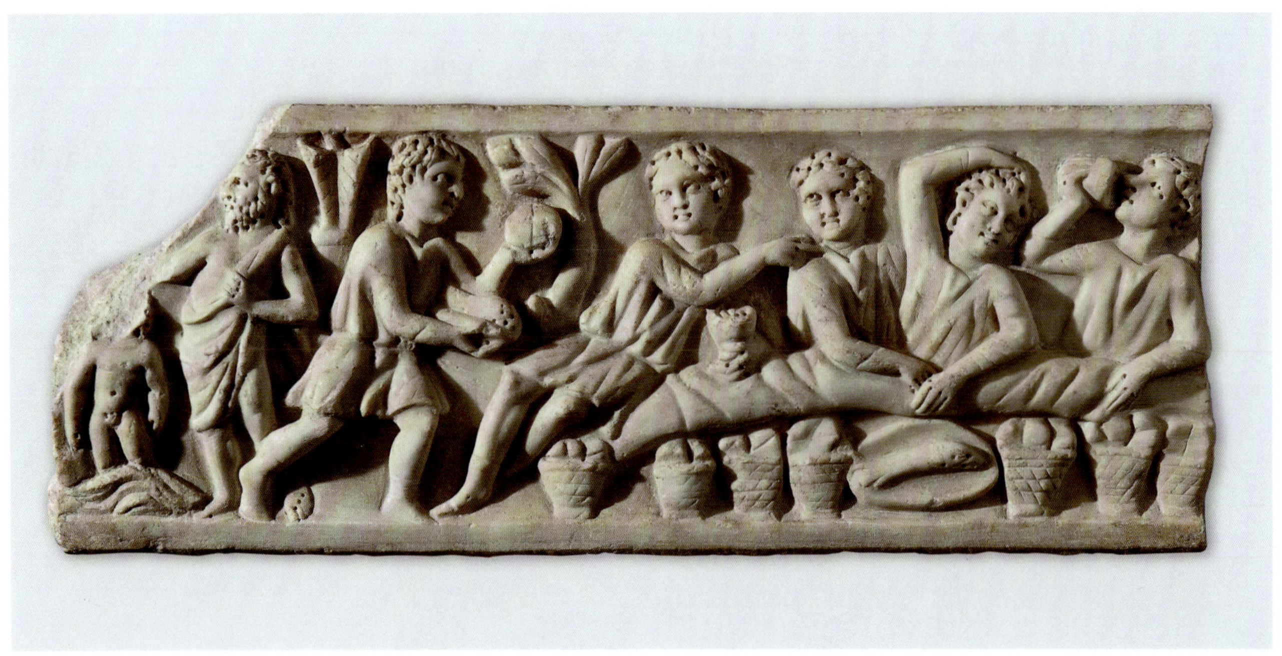

Abb. 4
**Relief eines Agapemahls und der Taufe Christi, Fragment eines Sarkophagdeckels**
Rom, Ende des 3. Jahrhunderts, Vatikanstadt, Musei Vaticani, Museo Pio Cristiano, Inv.-Nr. 31491 (Kat.-Nr. 18)

Wein gehörten dazu wie möglicherweise ein Lichtritus und Psalmgesang. Das lange Zeit gemeindliche Mahl wanderte mit den wachsenden christlichen Gemeinden mehr und mehr ins Private ab. Die Mahlpraxis stand für die Versöhnung und das Erbarmen Gottes und konnte deshalb mit Frieden in Verbindung gebracht werden. Sie erhielt dann zunehmend eine karitative Prägung, etwa im Sinne einer Armenspeisung. In idealisierter Form nahm unter anderem die Brüdergemeine unter Nikolaus Ludwig von Zinzendorf die Agape als gemeinschaftliche Zusammenkunft und Liebesmahl wieder auf.
In Form gemeinschaftlicher Mahlzeiten mit religiösem Charakter (anlässlich der Feier von Sakramenten oder großen Festen im Kirchenjahr) werden auch heute wieder sogenannte »Agapen« abgehalten. Sie teilen aber mit den Formen der Frühzeit zumeist nur den Namen.[18]

Im Fürstbistum Münster gab es im Spätmittelalter und in der Frühen Neuzeit wie an anderen Orten auch die Agapefeier im Rahmen der Fußwaschung (*Mandatum*) am Gründonnerstag. In Münster nahmen bedürftige Männer, die das Jahr über im Zwölfmännerhaus lebten, an der Liturgie des Tages und insbesondere an der Fußwaschung teil. Anschließend wurde für sie ein Essen gegeben, sie erhielten Geld und Geschenke. Das Mahl war Teil der Sorge für diese Bedürftigen, diente ihrem Unterhalt und im weiteren Sinne dem sozialen Frieden.[19]

## Friedensgebete als politische Liturgien

Auf große mediale Beachtung sind die Friedensgebete gestoßen, die 1986 durch Papst Johannes Paul II. in Assisi initiiert worden sind.
Am 25. Januar 1986 hatte der Papst in Rom in St. Paul vor den Mauern diesen Gebetsgottesdienst angekündigt. Es sollte im Mit- und Nebeneinander der Weltreligionen für den Frieden in der Welt gebetet werden. Die Initiative war nicht neu, denn schon zuvor hatten Päpste

sich für den Weltfrieden eingesetzt. So hatte Papst Paul VI. 1965 vor den Vereinten Nationen eine entsprechende Rede gehalten. Auf ihn geht in der katholischen Kirche der Weltfriedenstag am 1. Januar zurück. Auch von Johannes Paul II. gibt es entsprechende programmatische Äußerungen. Neu war, dass man in Assisi Vertreter der verschiedenen Weltreligionen zum Gebet zusammenbrachte.[20] Jeder betete in Gegenwart der anderen in seiner Weise für den Frieden. Weitere solcher Gebetstreffen haben 1993, 2002 und 2011 stattgefunden.

1989 wurde wesentlich durch die Friedensgebete in der DDR der Untergang des politischen Systems eingeleitet. Eine besondere Rolle spielte dabei die Nikolaikirche in Leipzig, in der eine Liturgie mit politischer Dimension stattfand, die auch Nichtchristen integrierte (Abb. 5). Woche um Woche versammelte sich eine nach kleinen Anfängen immer größer werdende Menschenmenge zu Schriftlesung, Predigt und Gesang, Information und Fürbittgebet. Stand am Anfang ein kleines Gruppentreffen im Kontext offener Jugendarbeit, der Begleitung von Bausoldaten und liturgischer Erneuerung, so waren es am Ende Friedensgebete, die in Massendemonstrationen mündeten. Diese Gebete haben dazu beigetragen, dass die DDR-Gesellschaft tiefgreifend verändert wurde, dass dies aber friedlich geschah, obwohl seitens des Staates die gewalttätige Konfrontation vorbereitet war.[21]

In diesen Zusammenhang gehört auch das politische Nachtgebet, auf das man sich in Leipzig berufen hat. Es handelt sich um eine zeitgebundene Form einer Liturgie, die als Gebet für Gerechtigkeit und Frieden verstanden wurde. Sie ist mit dem Namen von Dorothee Sölle verbunden und fand von 1968 bis 1973 in der Kölner Antoniterkirche statt. Zusammen mit ihren Mitstreitern verfolgte Sölle das Ziel einer sozial wie politisch engagierten Liturgie, die nicht in Formelhaftigkeit verkümmern, sondern sich der Verantwortung für die Welt stellen sollte. Information und Diskussion standen neben Meditation und Gebet. Das Nachtgebet setzte sich bewusst von tradierten Gottesdienstformen ab und zielte explizit auf politisches Handeln, denn verantwortliches Handeln könne man nicht auf Gott abschieben. Allerdings sollten Gebet und Aktion zusammengehalten werden, um Grenzen eigener Macht bewusst zu halten.[22]

## Die Messe in Kriegszeiten und für den Frieden

Auf der Ebene des römischen Missale lässt sich beobachten, dass die Aussagen der Liturgie zum Frieden sich innerhalb des letzten Jahrhunderts verändert haben. Erfahrungen zweier Weltkriege, aber auch die theologischen Neuerungen des Zweiten Vatikanischen Konzils bilden hierbei den Hintergrund. Die »Missa tempore belli« im Missale Romanum von 1570, die bis zum Konzil verwendet werden konnte, beschreibt Gott in einem Gebet als denjenigen, der den Krieg vernichtet und die Gegner bezwingt. Es wird um die Befreiung vom Elend des Krieges gebetet, aber es ist auch von Heilung durch göttliche Strafen die Rede. Die Hoffnung auf Frieden durchzieht zwar diese Liturgie, doch der Krieg wird nicht klar abgelehnt. Die »Missa pro pace« desselben Missale bittet um den Frieden, den nur Gott geben kann, um Sicherheit für die Länder der Christenheit vor allem Feind und Schutz vor allen feindlichen Waffen. Die Texte im »Missale Romanum« von 1970 beziehungsweise im »Messbuch« von 1975 fallen anders aus. Das deutschsprachige Messformular »Um Frieden und Gerechtigkeit« bittet um die Gabe der Bereitschaft, sich für Frieden und Gerechtigkeit einzusetzen. Gott wird im entsprechenden Gebet als »gütiger Gott« angesprochen, dessen Sohn »jene seliggepriesen und deine [Gottes] Kinder genannt [hat], die für den Frieden wirken«.

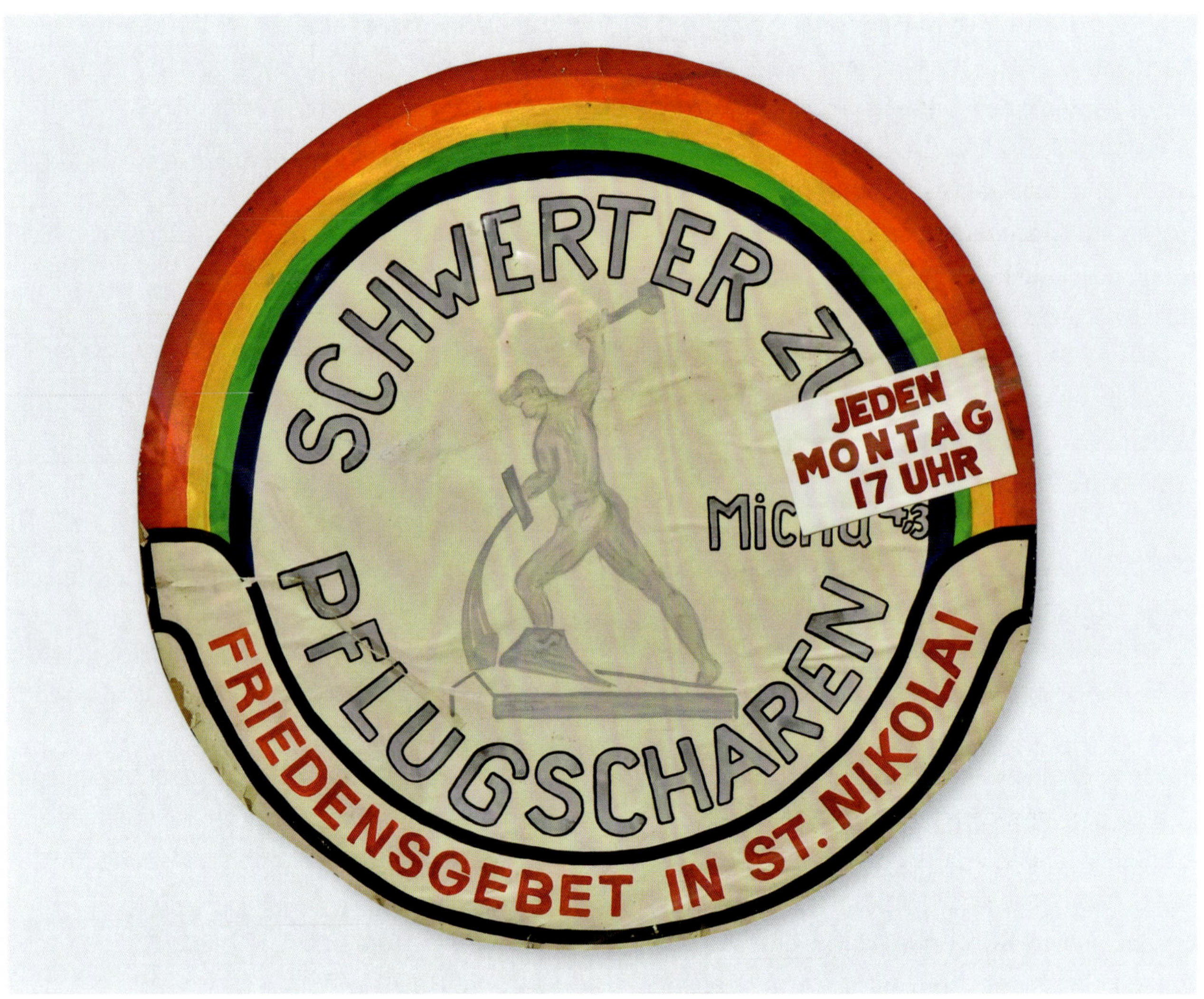


Abb. 5
**Plakat »Schwerter zu Pflugscharen – Friedensgebet in St. Nikolai«**
Leipzig 1982, André Steidtmann (Kat.-Nr. 59)

Es wird nicht mehr exklusiv für Christen gebetet, sondern für *die* Menschen, die »in Frieden zu *einer* Familie« zusammengeschlossen werden sollen. Hier herrscht eine klare Friedensrhetorik, Brot und Wein sind Zeichen für Frieden und Einheit. Alles Gebet zielt auf die Stärkung für den Dienst am Frieden. Im Messformular »Bei Krieg und Bürgerkrieg« steht die Abwendung des Krieges im Vordergrund. Der Krieg muss durch das Gesetz göttlicher Liebe und Gerechtigkeit überwunden werden. Gott wird als »Urheber und Freund des Friedens« angesprochen. Die Hoffnung auf Frieden durchzieht beide Liturgien. Wie auch immer mit diesen Messformularen Liturgie gefeiert wird, ihr Anliegen ist, dass von Gott her und durch die Umkehr wie Mitwirkung des Menschen die Spirale der Gewalt durchbrochen und Frieden geschaffen wird.[23]

Zur Eucharistiefeier um Frieden gehört heute auch das Hochgebet für den Frieden. Das unter Papst Paul VI. entstandene Hochgebet zum Thema »Versöhnung« trägt den Untertitel »Der Bund des Friedens«, den Anlass bot das Heilige Jahr 1975. Dieses Eucharistiegebet spricht von anbrechender Versöhnung inmitten einer zerrissenen Welt. Wenn sich Gegner versöhnen und Hass überwunden wird, ist dies das Werk des Geistes Gottes. Christus ist der Weg, auf dem Gottes Frieden zu den Menschen kommt. Das

Gebet stellt die Eucharistiefeier hier und jetzt in Beziehung »zum Gastmahl der ewigen Versöhnung in der neuen Welt deines [Gottes] immerwährenden Friedens«.[24] Das, was in der Eucharistie gefeiert wird, weist bereits hin auf das endzeitliche Friedensreich Gottes. Es gibt daran Anteil, denn Gott selbst ist es, der zum eucharistischen Mahl wie zum Mahl der ewigen Versöhnung einlädt. Die Liturgie bleibt nicht auf der Ebene des Appells, sondern eröffnet als symbolisch-performatives Geschehen bereits die Partizipation an diesem ewigen Mahl.[25]

## Liturgisches Gebet um den Frieden als Verpflichtung der Kirche

Das friedensstiftende Potenzial der Liturgien ist nicht zu übersehen. Es geht nicht allein um die explizite oder implizite Verurteilung von Gewalt, indem immer wieder für den Frieden gebetet wird. Vielmehr kann die Liturgie durch die Feier der Auferstehung Jesu Christi, der Gewalt und Tod bezwungen hat, eine geistig-geistliche Haltung des Willens zum Frieden fördern. Für den christlichen Glauben wird der wahre Frieden von Gott geschenkt, der in Jesus bereits angebrochen ist. Deshalb wenden sich Christen immer wieder an Gott und bitten ihn um diesen seinen Frieden.

Durch Riten wie den Friedensgruß, das immer neue Gebet um den Frieden, aber auch durch Predigten kann Liturgie prägen, insbesondere dann, wenn die Kirche insgesamt das Engagement für den Frieden zu ihrem Programm macht. Liturgie als ein komplexes symbolisches Geschehen soll diejenigen leiten, die diese Liturgie mitfeiern. Dabei wirkt das Ritual der Liturgie, in dem der Frieden – sozialer Frieden, Bewahrung vor Krieg, Erhaltung der Schöpfung, Rettung aus Not – thematisiert wird. Bestimmte Sprach- und Handlungssequenzen, die Wiederholung standardisierter Formen, Metaphern und Symbole entfalten eine eigene Kraft der Kommunikation, können Wirklichkeit verändern und fordern zum Eintreten für den Frieden auf. Sie sprechen durch ihre Performance den ganzen Menschen an. Das gibt der Liturgie eine andere Wirkung als dem rein Diskursiven. Sie verpflichtet auf das, was gefeiert wird. Gerade die Liturgie mit der Bitte um den Frieden ist eine Aufgabe, der sich die christliche Kirche immer wieder neu stellen muss. Zugleich ist das Engagement für eine Kultur des Friedens ohne Ausgrenzung Verpflichtung für eine christliche Kirche, die der Glaubensbotschaft des Evangeliums treu bleiben will.

1 Kehlmann 2017, S. 7.
2 Vgl. Langer 2003.
3 Vgl. Wenninger 1991, S. 323–332.
4 Vgl. Holzem 2009c.
5 Stoltenberg 2014.
6 Vgl. Angenendt 2014b.
7 Vgl. Heinz 2010, S. 146.
8 Vgl. Bärsch 2014, S. 66–69.
9 Vgl. Bärsch 2014, S. 69.
10 Vgl. Kranemann 2004, S. 21–24.
11 Vgl. Kranemann 2006.
12 Vgl. Wittenberg 2009.
13 Vgl. Wilckens 2003, S. 137.
14 Vgl. Richter 2003.
15 Vgl. insgesamt Jungmann 1962, II, S. 399–413; Angenendt 2014a, S. 54–55; 397–398.
16 Vgl. Heinz 1980, S. 7–25.
17 Die Zitate aus Müller-Geib 1992, S. 99, 195, 339, 392.
18 Vgl. zum biblischen Befund Theobald 2014, S. 266–268; Klinghardt 1996; Fuchs 1997.
19 Vgl. Lengeling 1997, S. 351–352.
20 Vgl. Sandler 2003; Friedensgebete 1987.
21 Vgl. Tiefensee 1999; Ratzmann 2004; Geyer 2007.
22 Dazu Weyer 2016; vgl. auch Meyer-Blanck 2016.
23 Detaillierter und mit Quellenbelegen Kranemann 2004, S. 17.
24 Die Zitate nach: Feier der Gemeindemesse 1995, S. 151–157, hier S. 157.
25 Vgl. Stuflesser 2013, S. 128–129.

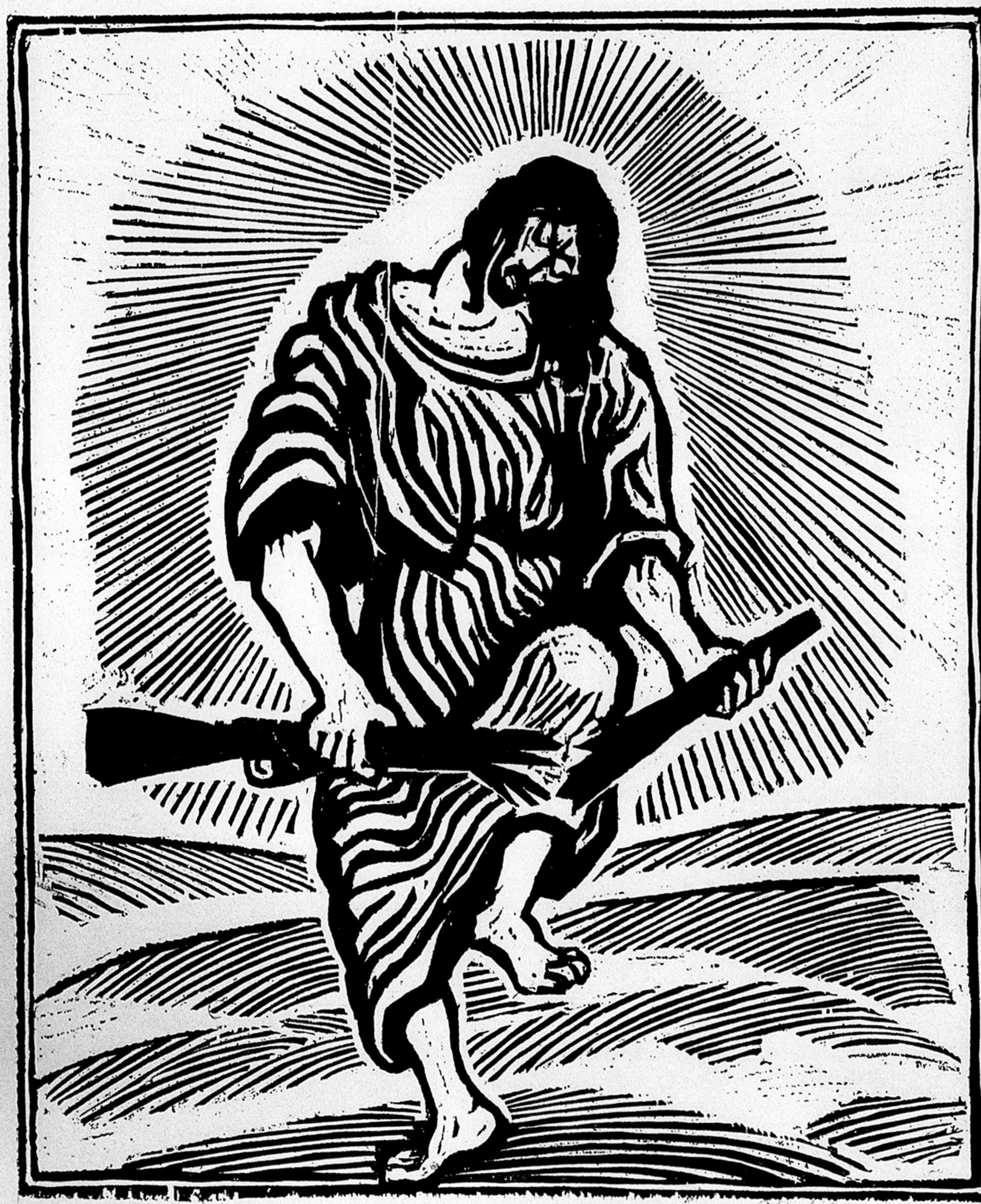

# Teil der Lösung oder Teil des Problems?

Zu den Grenzen und Möglichkeiten von »Religious Peacebuilding«

THOMAS BREMER

Im 20. Jahrhundert schien es völlig klar, dass Religion kein Grund für einen Krieg mehr sein könne (Abb. 1). Die beiden Weltkriege waren durch Souveränitätsansprüche der Staaten sowie durch Ideen von nationaler oder rassischer Überlegenheit hervorgerufen worden. Die Kriege danach wurden als Stellvertreterkriege der beiden großen Ideologien verstanden, welche die Machtblöcke in der nördlichen Hemisphäre prägten; deren direktes Agieren gegeneinander wird als »Kalter Krieg« bezeichnet. Selbst die Auseinandersetzungen in Nordirland, in denen die wichtigsten Protagonisten als »Katholiken« und »Protestanten« bezeichnet wurden, galten nicht als religiös motiviert; zudem handelte es sich hier um einen innerstaatlichen Konflikt.

◄ Abb. 1
**Otto Pankok, Christus zerbricht das Gewehr**
1950, Privatsammlung Gerhard Schneider in Olpe und Solingen (Kat.-Nr. 52)

Diese Religionsvergessenheit in der Analyse internationaler Beziehungen entsprach dem soziologischen Befund, dass Religion in der Moderne eine immer geringere gesellschaftliche Bedeutung haben würde. Auch für das offensichtliche Beispiel einer sehr modernen und zugleich sehr stark religiösen Gesellschaft, nämlich die der Vereinigten Staaten von Amerika, fand man eine hinreichende Erklärung: die des religiösen Marktes, da es in den USA niemals eine Staatskirche mit ähnlichen Privilegien wie für die Kirchen in den meisten Ländern Europas gegeben hatte. Religion schien also unwichtig zu sein, wollte man die Kriege und Konflikte auf der Erde verstehen.

## Neue Konstellationen

Diese Sichtweise hat sich verändert, und es gibt vor allem zwei Gründe dafür. Der erste wurde schon angedeutet: Der Charakter von Kriegen änderte sich massiv.[1] Das Szenario, in dem souveräne Staaten, die über eine Interessenfrage in einen Konflikt geraten sind, einander den Krieg erklären, gegeneinander kämpfen und dann – in der Regel nach wichtigen militärischen Erfolgen der einen Seite – in Verhandlungen eine Lösung für die Zukunft erarbeiten, gibt es praktisch nicht mehr. Die meisten Kriege sind heutzutage innerstaatliche Auseinandersetzungen, oder aber es handelt sich um »asymmetrische« Kriege. Bei innerstaatlichen Auseinandersetzungen geht es in der Regel um die Gewährung von Rechten oder den Zugang zu Ressourcen für eine (zumeist nationale) Gruppe. Der nordirische Konflikt ist ein Beispiel dafür.[2] Traditionell wurde das Prinzip der Souveränität der Staaten dafür beansprucht, jede Einmischung in »innere Angelegenheiten« abzulehnen, sodass andere Staaten oder die internationale Gemeinschaft kaum Möglichkeiten sahen, auch gegen die offensichtliche Benachteiligung einer Gruppe in einem Staat vorzugehen. Diese Position ändert sich jedoch gerade; der Kosovo-Krieg von 1999 ist wohl das erste Beispiel, in dem massive Menschenrechtsverletzungen nach innen zu einer Intervention von außen geführt haben. Inzwischen ist mit der »Responsibility to Protect« durch die Vereinten Nationen (UN) auch eine konzeptionelle Grundlage für solche Einsätze geschaffen worden; darauf wird noch einzugehen sein.[3] Mit asymmetrischen Konflikten sind solche gemeint, in denen Staaten gegen nichtstaatliche Organisationen militärisch vorgehen; die Intervention in Somalia 1992 gegen lokale Warlords oder die verschiedenen Einsätze der Vereinigten Staaten gegen Al Kaida sind Beispiele für einen solchen Konflikt. Mit derartigen innerstaatlichen und asymmetrischen Konflikten sind aber andere Motivationen in den Vordergrund gerückt, die kaum mit Souveränität und territorialen Ansprüchen gegenüber anderen Staaten zu tun haben.

Der zweite Grund für die veränderte Rolle von Religion ist eine veränderte Wahrnehmung religiöser Überzeugungen, und zwar vor allem – aber nicht nur – die des Islam im Westen und die des Westens in islamisch geprägten Gesellschaften. Das hängt sehr stark mit terroristischen Attacken zusammen, für die der Islam als Begründung gedient hat. Die verschiedenen Angriffe auf das World Trade Center in New York, vor allem dessen Zerstörung am 11. September 2001 sind wohl die bekanntesten Beispiele dafür, dass gewaltsame Aktionen religiös begründet wurden. Auf sie folgten militärische Aktionen der Vereinigten Staaten in den vergangenen Jahren. Durch die Begründung, es sei ein Kampf von Muslimen gegen den Westen bzw. ein Kampf des Westens gegen den Islam, entstand rasch das Narrativ, dass es sich um einen interreligiösen Konflikt handle. Daher wurden neue und auch alte Phänomene in diesem Rahmen interpretiert – die nach Europa gekommenen Flüchtlinge wurden häufig als »Muslime« gekennzeichnet, die Frage nach der Integration wurde mit der nach ihrem religiösen Hintergrund verknüpft, und selbst die bis vor wenigen Jahren übliche Bezeichnung »Türken« für nach Deutschland gekommene Arbeitsmigranten wurde durch »Muslime« ersetzt. Es geht jetzt, wenn von Integration die Rede ist, nicht mehr um die Türken in Kreuzberg und Neukölln, sondern in einer folgenreichen Umetikettierung um die dort lebenden Muslime.

Es ist also deutlich, dass Religion in der Zeit nach dem Kalten Krieg und der Blockkonfrontation in der öffentlichen Wahrnehmung eine neue Bedeutung für die Entstehung von Konflikten erhalten hat. Die Skepsis gegenüber dem Islam hat in vielen westlichen Gesellschaften in einer Form der Selbstreflexion auch zu einer ambivalenten Haltung gegenüber dem Christentum geführt. Einerseits wurde es als der vertraute und bekannte Gegenentwurf zu der als »fremd« und »orientalisch« verstandenen Religion gesehen. Andererseits wurde, gerade in den Umständen zurückgehender Religiosität, ein gewisser Generalverdacht gegenüber jeder Religion zum Ausdruck gebracht, und Religion wurde nicht so sehr als ein konfliktmildernder, sondern als ein konfliktverschärfender oder gar konfliktgenerierender Faktor gesehen. Insbesondere die Debatten um die Präsenz von Religion im öffentlichen Raum zeigen das deutlich. Hierzu gehören Gerichtsurteile und Gesetzesvorhaben etwa zum Kreuz in Schulräumen, zum Kopftuchtragen von Lehrerinnen und anderen Repräsentantinnen des Staates, zur religiös motivierten Beschneidung von Jungen oder zum Moscheebau. Hierzu gehört auch die Abwägung von Meinungsfreiheit und der Verletzung religiöser Gefühle im sogenannten Karikaturenstreit. Doch steht ebenso nach wie vor die Frage im Raum, inwieweit Religionen nicht nur spalten und Konflikte befeuern, sondern auch als versöhnende und friedensstiftende Kraft wirken können.

## Die Nation als treibende Kraft

Seit dem 19. Jahrhundert hat die Kategorie »Nation« mehr und mehr an Bedeutung gewonnen. Das nationale Bewusstsein hat sich in unterschiedlichen Staaten auf verschiedene Weise ausgedrückt und hatte verschiedene Ziele: Ging es in Frankreich darum, die Errungenschaften der Revolution zu verteidigen, so zielten die Bemühungen in Deutschland auf die Schaffung eines gemeinsamen Staates. Vor allem im Habsburgerreich und in Ost- und Südosteuropa war der Nationsgedanke ein Mittel der Mobilisierung gegen die als Unterdrückung empfundene imperiale Herrschaft. Während die deutschen Nationalisten einen Einheitsstaat mit (früh-) demokratischen Elementen anstrebten, ging es den Nationalisten in Mittel- und Osteuropa um die Herauslösung ihrer Nation aus dem Vielvölkerstaat und um die Schaffung eines eigenen Nationalstaates.

In vielen Fällen spielte hier auch die religiöse Zugehörigkeit eine wichtige Rolle. Das gilt vor allem dann, wenn sie sich von der im Imperium vorherrschenden unterschied. Die seit dem 17. Jahrhundert in Südungarn (Vojvodina) lebenden Serben waren orthodox, sodass die Mobilisierung des religiösen Unterschiedes zu den katholischen Ungarn und Österreichern ein wichtiges Instrument werden konnte, um die angestrebte nationale Unabhängigkeit zu erreichen. In diesem und in ähnlichen Fällen, von denen es eine ganze Reihe gibt, lässt sich jedoch nicht davon sprechen, dass die Religion ein ursprünglicher (primärer) Konfliktfaktor gewesen sei. Sie wurde aber zu einem sekundären, insoweit der religiöse Unterschied als weiteres Unterscheidungsmerkmal zur vorherrschenden Gruppe dienen konnte. Die Nachrangigkeit der Religion lässt sich daran erkennen, dass nach der Erlangung neuer staatlicher und politischer Verhältnisse die religiöse Zugehörigkeit nicht mehr von großer Wichtigkeit war.

Der nationale Gedanke bestimmte – in verschiedenen Formen – die Kriege des 19. und des 20. Jahrhunderts. Die berühmte Aussage des deutschen Kaisers Wilhelm II. zu Beginn des Ersten Weltkriegs, »Ich kenne keine Parteien mehr, ich kenne nur noch Deutsche«, lässt sich nur unter dieser Voraussetzung verstehen; kein vormoderner Herrscher wäre auf die Idee gekommen, sich nicht mit seinesgleichen, also den Fürsten anderer Staaten, in einer Gruppe zu sehen, sondern mit seinen Untertanen, gleich welchen Standes. Und tatsächlich zeigen etwa der deutsch-französische Krieg von 1870/71 und der Erste Weltkrieg die Bedeutung der Nation. Übersteigert in eine Rassenideologie ist sie im nationalsozialistischen Deutschland auch für den Zweiten Weltkrieg als bestimmend festzustellen. Selbst die ideologisch begründeten Auseinandersetzungen während des Kalten Krieges lassen sich nicht ohne den Nationsgedanken verstehen, ganz zu schweigen von den jugosla-

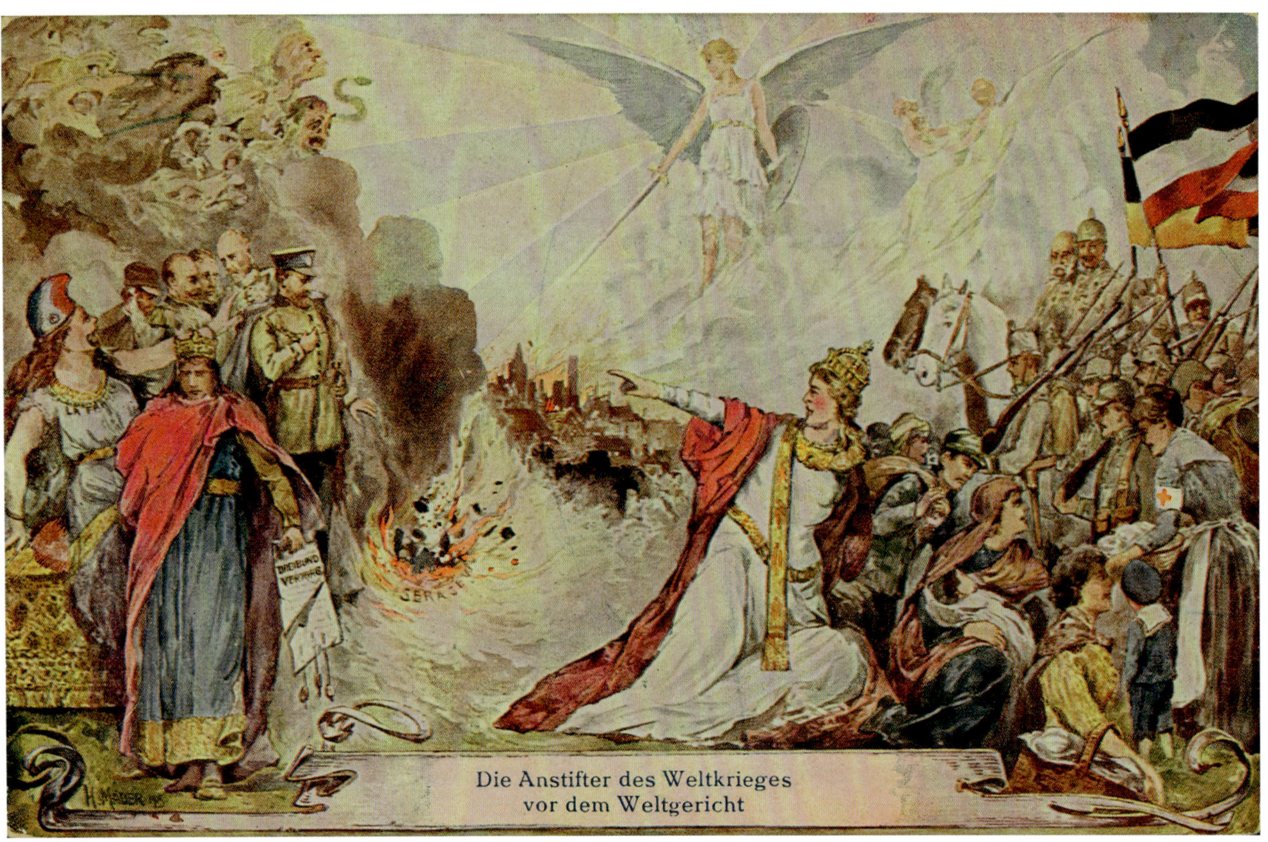


Abb. 2
**Die Anstifter des Kriegs vor dem Weltgericht, Bildpostkarte nach H. Mader**
um 1916, Historische Bildpostkarten – Universität Osnabrück – Sammlung Sabine Giesbrecht
(Kat.-Nr. 37)

wischen Zerfallskriegen oder den jüngsten Auseinandersetzungen in der Ukraine. In all diesen Fällen kommt die Religion, wenn überhaupt, nur als verstärkender Faktor hinzu, den die kriegsführenden Parteien einzusetzen versuchen. Dann wird eine religiöse Zugehörigkeit dazu genutzt, die Homogenität der eigenen Gruppe zu konstruieren oder zu verstärken.

Interessant sind vor allem solche Fälle, in denen Konfliktparteien der gleichen Religionsgemeinschaft angehören. In der Regel trägt dann auch die Gemeinsamkeit der religiösen Überzeugungen nicht dazu bei, konfliktmindernd zu wirken. Besonders deutlich lässt sich das am Ersten Weltkrieg sehen, als deutsche und französische katholische Intellektuelle versuchten, Papst Benedikt XV. dazu zu bewegen, sich für jeweils ihre Seite auszusprechen. Der Papst, der ja verschiedene Friedensbemühungen unternommen hat, blieb jedoch neutral. Auf beiden Seiten waren es Katholiken, die den Papst bemühten und deren besten Köpfe sich in umfangreichen Publikationen anstrengten, zu zeigen, dass das Recht auf ihrer Seite sei (Abb. 2).[4] Für sie war also die nationale Zugehörigkeit wichtiger als die gemeinsame Zugehörigkeit zur katholischen Kirche. Auch die schwierigen Erfahrungen der Katholiken im Deutschen Reich nach 1871, die Diskriminierungen im Zusammenhang mit dem Kulturkampf und auch noch in der Zeit nach dessen Beilegung, hatten die Loyalität zum Reich und die Ressentiments gegen den französischen »Erbfeind« nicht erschüttert.

Viel näher an unserer Gegenwart ist der Krieg zwischen Russland und Georgien im Sommer 2008. Auch hier waren die Konfliktparteien

Staaten, die der gleichen religiösen Tradition angehörten, nämlich der Orthodoxie. Auslösendes Moment war der Konflikt um abtrünnige georgische Gebiete, Südossetien und Abchasien, die unabhängig sein bzw. sich der Russländischen Föderation anschließen wollten und die dabei von Moskau unterstützt wurden. Im Ergebnis verlor Georgien die Kontrolle über diese Gebiete. Mit diesem Konflikt wurde der Mythos begraben, dass orthodoxe Staaten untereinander keinen Krieg führten, der in manchen Kreisen im Sinne eines kulturellen Unterschiedes ausgelegt wurde: Danach sind es westliche Staaten, die säkular seien und in denen materielle und politische Interessen über spirituelle Werte überwögen, wohingegen in orthodox geprägten Staaten das dort starke christliche Ethos aggressive Handlungen gegen andere Staaten verhindere.[5]

Es zeigt sich also, dass in der Moderne – vereinfacht gesagt – die Nation eine bedeutende Rolle für die Gestaltung der internationalen Beziehungen angenommen hat, und dass Religion diese Rolle kaum noch hat. Das hatte sich bereits früher angekündigt, als sich etwa das katholische Frankreich im Dreißigjährigen Krieg zur Wahrung der eigenen Interessen gegen das Reich mit protestantischen Mächten verbündete – ein starkes Argument dafür, auch diesen Krieg nicht als religiösen zu sehen.

Diese Entwicklung des Rückgangs von Religion als Faktor in den politischen Beziehungen führte jedoch logischerweise dazu, dass dann auch die Rolle von Religion in Friedens- und Versöhnungsprozessen neu bedacht werden musste. Wenn Religion keine große Bedeutung für die Entstehung von Kriegen und Konflikten hat, dann ist sie auch nicht der wichtigste Faktor, um diese zu beenden.

## Wahrheit, Frieden und Versöhnung

Im Christentum hat seit dem Aufkommen der ökumenischen Bewegung im späten 19. und vor allem im 20. Jahrhundert – und durchaus im Zusammenhang mit ihr – die Idee immer größere Bedeutung erlangt, dass ein militärischer und politischer Frieden ohne einen Versöhnungsprozess zwischen den beteiligten Parteien nicht nachhaltig sein könne. Als Voraussetzung für den Frieden zwischen den Nationen wurde der zwischen den Konfessionen gesehen. So entstanden zu Beginn des 20. Jahrhunderts, unmittelbar vor Ausbruch des Ersten Weltkriegs, christliche Friedensinitiativen, von denen sich die Katholische Kirche zunächst fernhielt – wie erwähnt, versuchte Papst Benedikt XV. mit eigenen Friedensinitiativen den Gang der Geschichte zu beeinflussen.

Vor allem zwischen den Weltkriegen gab es mehrere Versuche von katholischen Laien und Priestern, sich für den Frieden einzusetzen (Abb. 3).[6] In denjenigen Kirchen aber, die sich in der ökumenischen Bewegung engagierten, wurde deutlich, wie wichtig für die Lösung der politischen Gegensätze die Überwindung der kirchlichen Differenzen ist. Das zeigte sich insbesondere im Zusammenhang mit dem Nationalsozialismus. Dietrich Bonhoeffer, der vor der Machtergreifung Hitlers Jugendsekretär im »Weltbund für Freundschaftsarbeit der Kirchen« wurde, hatte sehr früh seine ökumenischen Bemühungen mit einer strikten Antikriegshaltung verbunden. Sein berühmtes Referat »Die Kirche und die Völkerwelt«, das er im August 1934 in Dänemark bei einem Jugendtreffen des Weltbundes hielt, legt davon Zeugnis ab (Kat.-Nr. 55). Bonhoeffer hatte auch verstanden, dass die Einbindung der »Bekennenden Kirche« in die internationalen ökumenischen Gremien notwendig war, um ihr größeres Gewicht im Inland und, wie er hoffte, eine gewisse Immunität zu verleihen. Doch beseitigten der

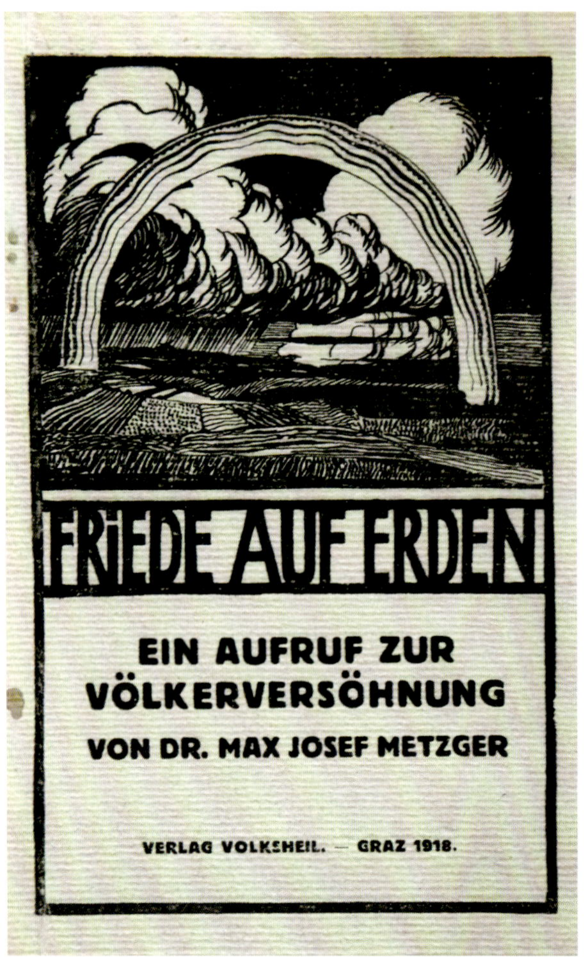


Abb. 3
**Umschlag der Broschüre »Friede auf Erden. Ein Aufruf zur Völkerversöhnung« von Max Josef Metzger**
Graz 1918 (Kat.-Nr. 54)

Wille zum Krieg in der deutschen Führung und das rücksichtslose Vorgehen gegen alle Systemgegner jeden Widerstand.

Nach dem Zweiten Weltkrieg wurde rasch deutlich, und zwar in beiden großen Kirchen in Deutschland, dass allein das Schweigen der Waffen noch keine hinreichende Voraussetzung für ein stabiles friedliches Miteinander ist. Auf der katholischen Seite sind vor allem die Anfänge der Friedensbewegung »Pax Christi« zu nennen, als sich französische Katholiken um deutsche Kriegsgefangene kümmerten und sich um eine Wiederannäherung bemühten.[7] In den evangelischen Kirchen machte sich jetzt die Erfahrung der ökumenischen Bewegung sichtbar, vor allem, als schon 1945 Partner aus der Ökumene Deutschland besuchten und deutsche evangelische Kirchenleiter – die nicht geringe Bedenken hatten – zur Formulierung und Annahme der »Stuttgarter Schulderklärung« bewegen konnten.[8] Damit war deutlich gemacht, dass für einen Versöhnungsprozess eine Auseinandersetzung mit der eigenen Geschichte, mit der historischen Wahrheit, vonnöten war. Rasch hat man gesehen, dass die »historische Wahrheit« kaum je eindeutig und von allen Seiten gleichermaßen anerkannt zu formulieren war. Aber allein das Bemühen um eine Suche danach und die Übernahme von Verantwortung für eigene Schuld waren von enormer Bedeutung. Die Worte: »Durch uns ist unendliches Leid über viele Völker und Länder gebracht worden«[9] aus der Stuttgarter Erklärung waren die Voraussetzung dafür, dass die deutschen (evangelischen) Kirchen wieder zu gleichberechtigten Partnern in der Ökumene werden konnten.

Die Jahrzehnte nach dem Zweiten Weltkrieg waren auch in der ökumenischen Bewegung sehr stark durch den Kalten Krieg geprägt. Der ideologische, politische und militärische Gegensatz zwischen dem kommunistischen Osten unter Führung der UdSSR und dem demokratisch-marktwirtschaftlichen Westen unter US-amerikanischer Führerschaft prägte auch die Beziehungen zwischen den Kirchen. Die Kirchen aus dem Ostblock, vor allem die Russische Orthodoxe Kirche, versuchten bei ökumenischen Treffen und Begegnungen stets Erklärungen zu verabschieden, in denen die sowjetische Politik unterstützt und die des Westens attackiert wurde. So rückte das Friedensthema in einer anderen Perspektive auf die ökumenische Agenda, allerdings ohne den notwendigen Blick auf die Geschichte und die jeweils eigene Rolle in ihr. Die Erklärungen aus jener Zeit haben daher einen gewissen politischen Akzent, obwohl sie nicht ohne Weiteres, wie das heute zuweilen geschieht, als theologisch wertlose Propaganda verurteilt werden können.[10]

Mit dem Ende der Kolonialzeit zu Beginn der 1960er Jahre ergriff der Gegensatz auch die neu entstandenen Staaten des Südens und ihre Kirchen. Für sie rückte der Begriff von der »Gerechtigkeit« im Sinne einer gerechten Verteilung der Ressourcen in den Vordergrund, während die Friedensfrage im Sinne der angestrebten Entspannung zwischen Ost und West an Bedeutung verlor. Doch war für sie häufig das sowjetische Modell attraktiver, weil es eine gleichmäßige Verteilung der Güter propagierte. Außerdem unterstützte die UdSSR (und in gewissem Maße auch die orthodoxe Kirche) den Kampf gegen den Rassismus, der vor allem in den 1970er Jahren große Bedeutung erlangte, zumal in einigen afrikanischen Staaten (Südafrika, Rhodesien) die weiße Minderheitsbevölkerung die schwarze Mehrheit unterdrückte. Die USA mit ihrer schwierigen Geschichte gegenüber den Afroamerikanern diente in dieser Situation nicht als attraktives Modell. Auch die internationale ökumenische Bewegung unterstützte die Bemühungen gegen den Rassismus.[11]

Als die kommunistischen Regimes in Mittel- und Osteuropa fielen, endete damit auch die Unterstützung von analogen Systemen in der Dritten Welt. In Südafrika gelang ein gewaltloser Übergang der politischen Macht von der weißen auf die schwarze Bevölkerung. Der gesellschaftliche Umgang mit der belasteten Apartheid-Vergangenheit wurde vor allem vom ersten Staatspräsidenten Nelson Mandela und dem anglikanischen Erzbischof Desmond Tutu gestaltet. 1996 wurde die »Truth and Reconciliation Commission« (TRC) eingesetzt.[12] Ihr Prinzip war es, den Tätern Amnestie zu gewähren, wenn sie ihre Taten in vollem Umfang gestanden und damit den Angehörigen der Opfer ermöglichten, die Wahrheit über das Schicksal ihrer Verwandten und Freunde zu erfahren. Vor der Kommission wurden auch die Angehörigen gehört, die somit ein gesellschaftlich und staatlich anerkanntes Forum hatten, um ihr Leid zum Ausdruck zu bringen. Die TRC wirkte nur kurze Zeit (insgesamt knapp drei Jahre), doch ist es ihr gelungen, erheblich zur Stabilisierung der südafrikanischen Gesellschaft beizutragen, ungeachtet aller Kritikpunkte, die man ihr – mit Recht – vorhalten kann. Aber sie ist ein erfolgreiches Beispiel dafür, dass nach staatlichem Unrecht die Opfer eine Stimme bekommen haben, dass ein gewisses Maß an Gerechtigkeit hergestellt wurde und dass den Tätern eine Perspektive eröffnet wurde, ihren Beitrag zum Versöhnungsprozess zu leisten.

Die TRC stand im Kontext zahlreicher ähnlicher Kommissionen, viele davon in Lateinamerika, die aber bei weitem nicht alle so erfolgreich waren.[13] Dafür gibt es verschiedene Gründe. Zumeist war es die mangelnde Bereitschaft der jeweils im Amt befindlichen Regierung, die Kommission und ihre Arbeit zu unterstützen. Zuweilen waren auch die beteiligten Parteien nicht bereit, sich einem solchen Prozess zu stellen. Am deutlichsten lässt sich das am Beispiel des früheren Jugoslawien sehen, wo es mehrere Versuche gab, ähnliche Kommissionen einzusetzen, die allerdings alle fehlschlugen.[14] Auch versuchten dort Kirchen und Religionsgemeinschaften, eine Aufarbeitung der gegensätzlichen Sichtweisen in Angriff zu nehmen. Diese verschiedenen Kommissionen haben zahlreiche Publikationen hervorgebracht, sind aber im Ergebnis ebenfalls gescheitert.[15] Auch der Versuch einer juristischen Aufarbeitung, dem sich bis Ende 2017 das Tribunal in Den Haag gewidmet hat, lässt sich nicht als erfolgreicher Versöhnungsprozess bezeichnen. Allerdings ist es dem Gericht immerhin gelungen, einen Beitrag zur Gerechtigkeit zu leisten. Auch darf nicht gering geachtet werden, dass durch seine Arbeit Materialien für künftige Forschung zur Geschichte und zu den Hintergründen des Krieges zur Verfügung stehen.

## Der »Gerechte Friede«

Die Lehre vom Gerechten Krieg hat über viele Jahrhunderte die ethische und theologische Beurteilung von Kriegen geprägt.[16] In der Antike ansatzweise entwickelt, wurde sie in der Hochscholastik ausformuliert und von den spanischen Kanonisten verfeinert. Erst mit dem 20. Jahrhundert, als nach dem Ersten Weltkrieg die Vorstellung vom Recht souveräner Staaten, im Sinne ihrer Interessen Krieg führen zu können, durch die Friedenspflicht ersetzt wurde, verlor die *bellum-iustum*-Doktrin ihre Bedeutung. Sie war nicht als Rechtfertigungslehre entwickelt worden (wie es die Terminologie vom »Gerechten Krieg« nahelegt), sondern als Instrument, um ethisch erlaubte Kriege einschränken zu können – nur unter bestimmten, relativ engen Bedingungen war es gestattet, einen Krieg zu führen. Die tatsächliche Wirkung dieser Lehre blieb allerdings auf die moralische Beurteilung begrenzt; im Endeffekt setzten sich doch die politischen und staatlichen Interessen durch.

In der Zeit nach dem Kalten Krieg war der Friede durch andere Herausforderungen gefährdet. Zum einen waren das Kriege, in denen als bedroht wahrgenommene Identitäten verteidigt werden sollen – das betrifft etwa die zahlreichen Sezessionskriege, die es in den letzten Jahrzehnten gegeben hat, oder alle Kriege, die mit Religion begründet werden. Zum anderen sind, wie schon angedeutet, Kriege asymmetrisch geworden. Mit diesen Veränderungen entstand die Notwendigkeit, auch die ethischen Implikationen von kriegerischen Auseinandersetzungen neu zu denken.

Auf internationaler politischer Ebene ist hier vor allem das Modell der »Responsibility to Protect«, zu Deutsch: Schutzverantwortung, entstanden.[17] Es soll zu einem Instrument werden, mit dem innerstaatliche Konflikte, insbesondere solche, in denen eine Regierung eine Minderheit bedrängt, internationalisiert werden können. Man geht davon aus, dass eine Regierung die Verantwortung hat, ihre Bevölkerung vor schwerwiegenden Verbrechen wie Völkermord oder ethnischen Säuberungen zu schützen. Kommt sie dieser Verantwortung nicht nach, dann gibt es ein Recht der internationalen Gemeinschaft, zugunsten dieser bedrohten Minderheit zu intervenieren und dabei alle – also auch militärische – Mittel einzusetzen, die notwendig sind, um dieses Ziel zu erreichen. Es ist deutlich, dass damit eine neue Denkweise in den internationalen Beziehungen Platz gewinnt.

Auch die katholische Kirche hat auf diese Situation reagiert. Die Deutsche Bischofskonferenz hat 2000 ein Hirtenwort mit dem bezeichnenden Titel »Gerechter Friede« veröffentlicht. Damit ging sie auf die veränderte Lage ein und machte deutlich, dass nicht mehr der »Gerechte« Krieg das bestimmende Denkmodell sein soll, sondern der Frieden. Der kann aber nur dann nachhaltig sein, wenn er auf Gerechtigkeit basiert – ein Verständnis, das mit der Sichtweise von Versöhnung korrespondiert, die oben referiert worden ist. Nur in einer Gesellschaft und nur in internationalen Beziehungen, in denen die subjektive Wahrnehmung, ungerecht behandelt zu werden, auf keiner Seite eine dominante Rolle spielt, kann es zu stabilen innergesellschaftlichen bzw. zwischenstaatlichen Beziehungen kommen.

Was ist die Rolle von Religion in solchen Prozessen? Hier sind zwei Aspekte wichtig: Der eine ist der Beitrag zu einer kritischen Betrachtung der eigenen Geschichte. Zu oft wurde und wird die Vergangenheit der eigenen Gemeinschaft als Geschichte von erlittenem Unrecht gesehen. Damit soll nicht geleugnet werden, dass vielfach und auf allen Seiten Unrecht tatsächlich erlitten wurde. Doch wenn darüber das an anderen begangene Unrecht vernachlässigt wird, weil das eine Leiden gegen das andere aufgewogen

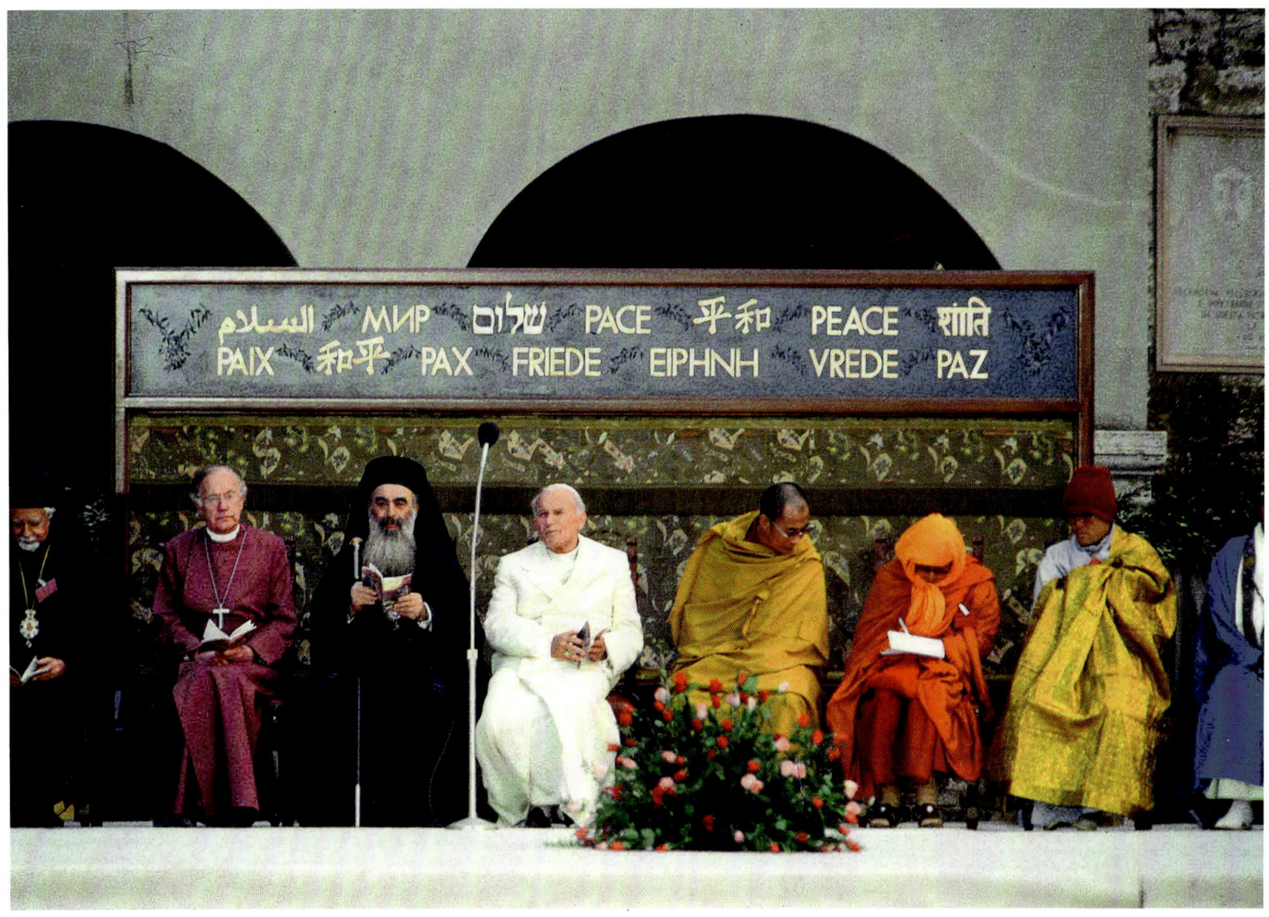


Abb. 4
**Pressefoto vom Weltgebetstreffen in Assisi am 27. Oktober 1986**
(Archivio Fscire, Bologna)

wird, dann ist eine empathische Beziehung zu anderen kaum möglich – und Versöhnungsprozesse sind erheblich erschwert, wenn nicht gar unmöglich. Leider lassen sich in der Geschichte der Kirchen und Religionsgemeinschaften zahlreiche Beispiele für ein solches Verhalten finden. Der zweite Aspekt ist die Möglichkeit, ja die Pflicht von Religionsgemeinschaften, bei der Bearbeitung und Lösung von Konflikten auf Gerechtigkeit zu beharren. Kurzfristige »Lösungen«, die lediglich auf eine Beendigung der gewaltsamen Auseinandersetzungen abzielen, sind zwar für die Betroffenen zunächst gut und retten Leben. Doch können sie nie Ersatz für eine nachhaltige Bearbeitung von Konflikten sein, durch die angestrebt wird, dass die dem Konflikt zugrundeliegenden Spannungen einer gewaltfreien Lösung zugefügt werden. Die politischen Umstände bewirken, dass das kaum geschieht: Außen- und Sicherheitspolitik ist für die meisten Wähler in den demokratischen Staaten nicht interessant, und die Perspektive der nächsten Wahl spielt für viele Parlamentarier eine ebenso wichtige Rolle wie die Angst, den Tod von eigenen Soldaten rechtfertigen zu müssen. Deswegen spielt bei der Regulierung internationaler, potenziell konfliktträchtiger Beziehungen auch für Demokratien das Thema »Sicherheit« eine viel größere Rolle als die Frage nach »Gerechtigkeit«. Das ist jedoch einer Lösung nicht zuträglich; vielmehr müssen politische Bemühungen da ansetzen, wo die Probleme sind: bei Fragen der Identität, der Wahrnehmung der Vergangenheit, des Umgangs mit erlittenem und zugefügtem Leid. Darauf hinzuweisen und solche Prozesse auch in der eigenen Gemeinschaft in Angriff zu nehmen, ist vermutlich der bedeutendste Beitrag, den Kirchen und Religionsgemeinschaften in dieser Hinsicht leisten können. Dabei sind Religionsgemeinschaften gut geeignete Akteure für Friedensprozesse mit längerer Laufzeit, da sie meist gut in den lokalen Gesellschaften verankert sind, sodass ihre Vertreter bei entsprechender Ausbildung und Motivation einen Beitrag zur Arbeit an Versöhnung, zu Mediation und bei der rechtzeitigen Warnung vor neuen Konflikten leisten können.[18]

## Ein kurzer Ausblick

Das Friedenshandeln von Kirchen steht heute vor großen Herausforderungen. Die deutschen Bischöfe haben in bemerkenswerter Weise darauf hingewiesen, dass zu einem erfolgreichen und authentischen Wirken der Kirche nach außen auch eine andere Konfliktkultur nach innen gehört.[19] Wenn Religionsgemeinschaften überzeugend den Anspruch erheben wollen, konstruktiv an der Bearbeitung von Konflikten mitzuwirken, dann müssen sie nicht nur eine neue Art des Umgehens untereinander entwickeln, sondern auch in ihrem Inneren Konflikte anders auszutragen lernen. Nur so können sie auch nach außen überzeugen und zu glaubwürdigen Vermittlern werden (Abb. 4). Sie müssen sich aber auch dessen bewusst sein, dass die Reichweite ihres Handelns beschränkt ist. Die Zahl der bewaffneten Konflikte in der Welt hat zwar nach dem Ende des Kalten Krieges deutlich abgenommen – doch das hat wenig mit kirchlichen Einflüssen zu tun. Das ist aber nicht notwendig ein Grund zum Pessimismus; da die Kriege eben nicht (mehr) durch die Religionsgemeinschaften und religiöse Überzeugungen ausgelöst werden, ist deren Möglichkeit zur Eindämmung bewaffneter Konflikte eher gering. Umso wichtiger sind daher die Bereiche, in denen das Wirken von Religionsgemeinschaften erfolgversprechend ist. Ermutigende Beispiele von kleinen Schritten, in denen kirchliche Initiativen zur Versöhnung beitragen, weisen darauf hin, wo ein wichtiges Feld kirchlichen Handelns liegt.

Die Frage, ob Religion zum Problem oder zur Lösung gehört, lässt sich also nicht eindeutig beantworten, weil die Parameter von kriegerischen Konflikten und von der Rolle der Religion in ihnen anders ist – anders als früher, anders als oft angenommen, aber auch jeweils anders. Kirchliche Friedens- und Versöhnungsbemühungen müssen das berücksichtigen; tun sie das, haben sie eine echte Chance, wirksam zum Aufbau des Friedens beizutragen.

1 Für einen ersten Überblick: Herberg-Roth 2003, Etzersdorfer 2007.

2 Vgl. Otto 2005, Büchele 2009, Sebastian 2009.

3 Einführend Verlage 2009, Etzersdorfer/Janik 2016.

4 Hier sind folgende Publikation zu nennen: Alfred Baudrillart, La Guerre Allemande et le Catholicisme, Paris 1915; sowie die Reaktionen aus Deutschland: Der deutsche Krieg und der Katholizismus. Deutsche Abwehr franz. Angriffe. Hrsg. v. deutschen Katholiken, Berlin 1915 (darin: J. A. Rosenberg, Denkschrift deutscher Katholiken gegen das französische Buch: »La Guerre allemande et le Catholicisme«); Georg Pfeilschifter (Hg.), Deutsche Kultur, Katholizismus und Weltkrieg. Eine Abwehr des Buches »La guerre allemande et le catholicisme«, Freiburg 1915. Zum Ganzen vgl. auch Arnold 2014.

5 Diese Vorstellung wird unter dem Begriff »Russische Welt« (»russkij mir«) vertreten. Vgl. hierzu Bremer 2015, Bremer 2016.

6 Hier ist vor allem der 1919 gegründete »Friedensbund deutscher Katholiken« zu nennen, dazu Initiativen wie etwa die für die Una-Sancta-Bewegung und das Christkönigs-Institut von Max Josef Metzger.

7 Zu den Anfängen die wichtige Studie Oboth 2017.

8 Greschat 1985. Vgl. auch die ausführliche und instruktive Einleitung des Herausgebers, S. 9–42.

9 Greschat 1985, S. 45.

10 Overmeyer 2005, Hurskainen 2013.

11 Hierzu jetzt Kunter/Schilling 2014.

12 Der Abschlussbericht ist zugänglich auf www.justice.gov.za/trc/report. Auszüge auf Deutsch: Wahrheits- und Versöhnungskommission Südafrika, Das Schweigen gebrochen. Geschichte – Anhörungen – Perspektiven, Frankfurt/Wien 2000. Sehr eindrucksvoll sind die Reflexionen von Erzbischof Desmond Tutu: Tutu 1999.

13 Bronkhorst 2006, Sikkink/Booth Walling 2007, Hayner 2011, Tomuschat 2011. Im Paradigma der »Transitional Justice« wurde vor allem das Verhältnis von Wahrheitskommissionen (die ja häufig mit Amnestie einhergehen) zur Gerichtsbarkeit diskutiert (vgl. Varney 2007).

14 Dragovis-Soso 2016. Eine deutsche Version des Aufsatzes erscheint in Heft 2/2018 der Zeitschrift »Ost-West. Europäische Perspektiven«.

15 Eine kurze Zusammenfassung der wichtigsten Initiativen bei Bremer 2003, S. 117–119.

16 Immer noch grundlegend: Steinweg 1980.

17 Mit der Schutzverantwortung ist zunächst die Verantwortung einer Regierung gemeint, die eigene Bevölkerung vor schwerwiegenden Verbrechen gegen die Menschlichkeit zu schützen. Erst wenn sie dieser ihrer Verantwortung nicht nachkommt, kann die internationale Gemeinschaft den Beschluss fassen, den Schutz der Bevölkerung in diesem Staat mit allen erforderlichen Mitteln, also auch mit militärischen, sicherzustellen.

18 Vgl. Appleby 2000, S. 281–307.

19 Vgl. Gerechter Friede Nr. 167.

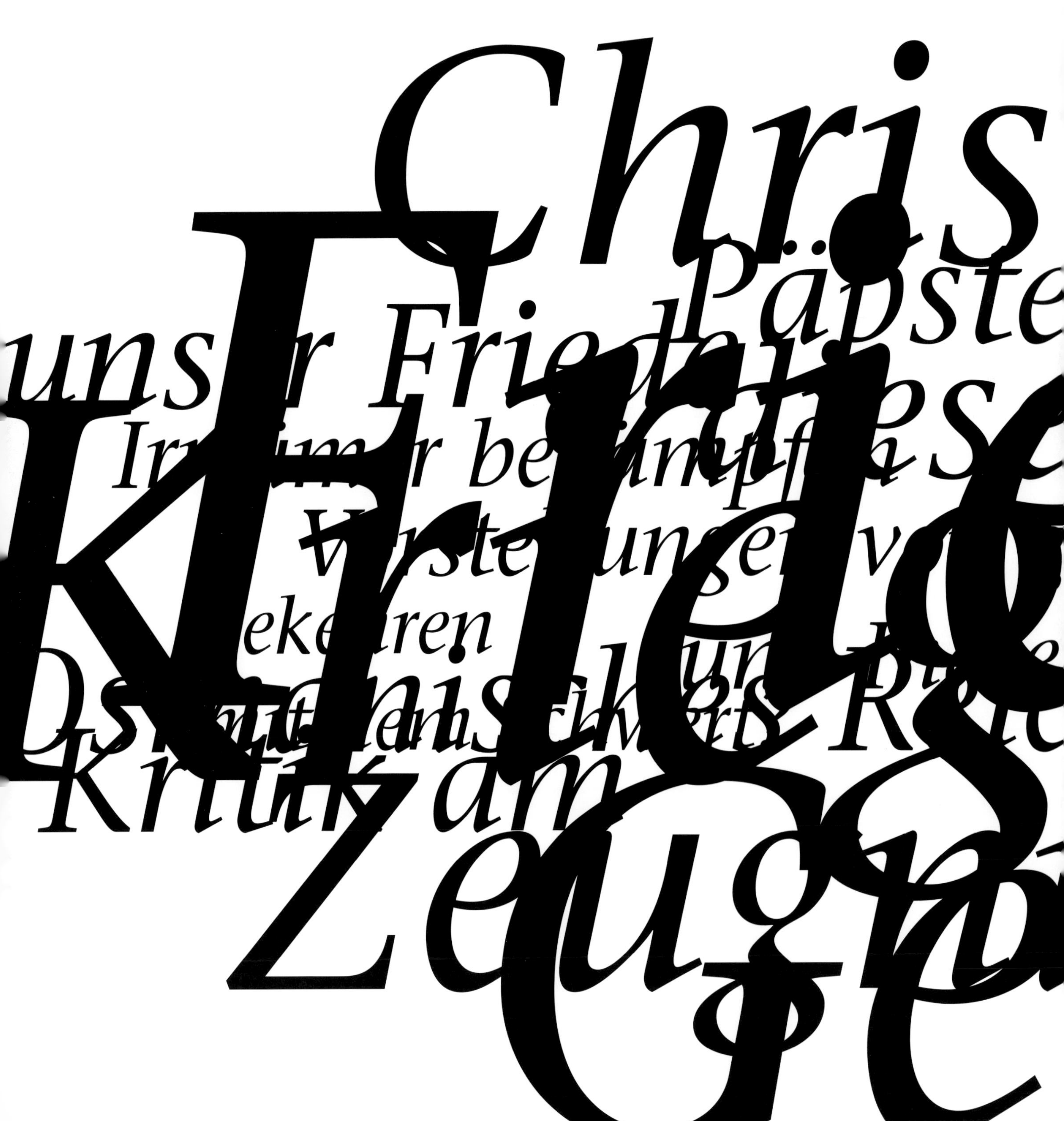

# Katalog

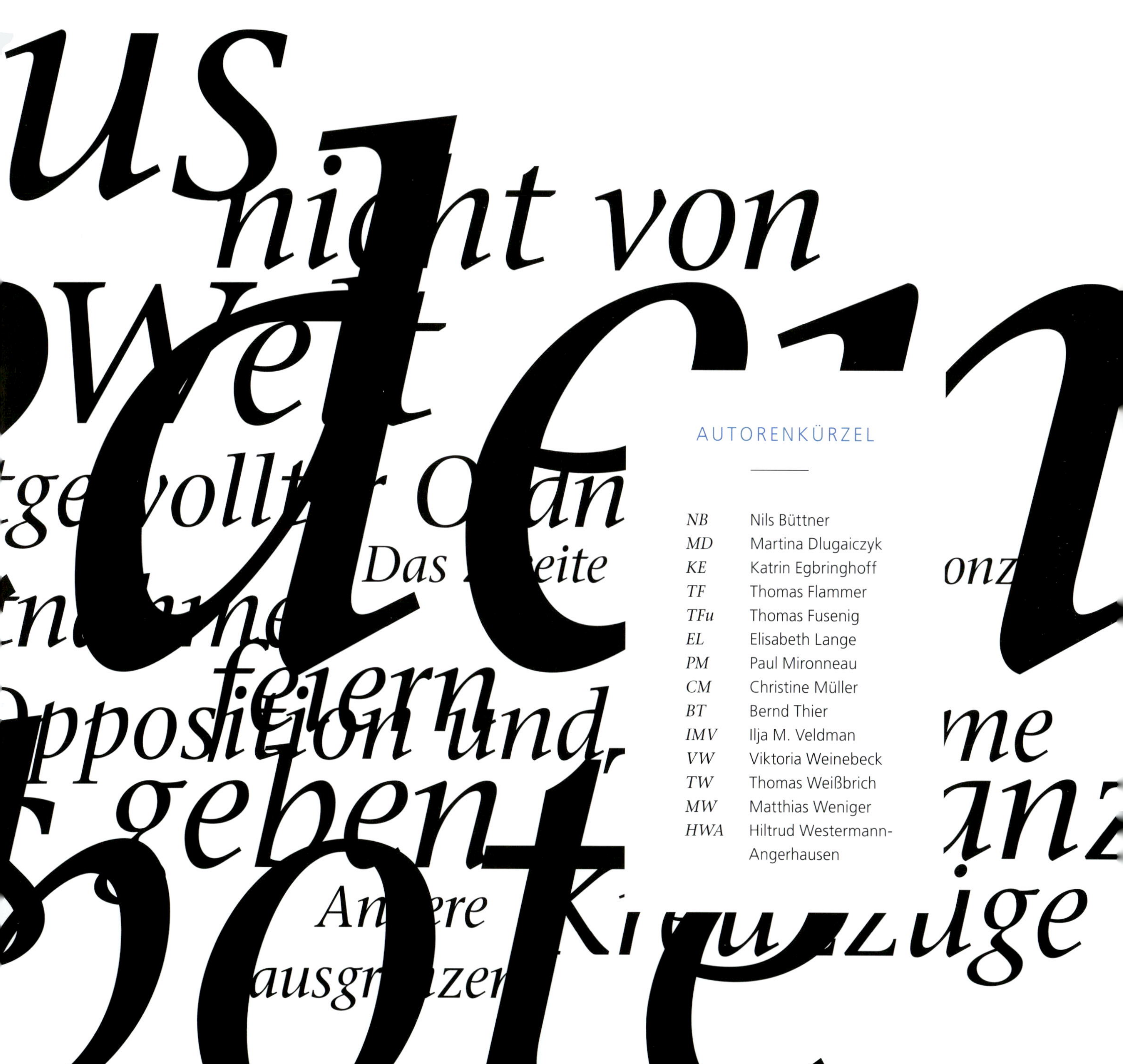

AUTORENKÜRZEL

| | |
|---|---|
| *NB* | Nils Büttner |
| *MD* | Martina Dlugaiczyk |
| *KE* | Katrin Egbringhoff |
| *TF* | Thomas Flammer |
| *TFu* | Thomas Fusenig |
| *EL* | Elisabeth Lange |
| *PM* | Paul Mironneau |
| *CM* | Christine Müller |
| *BT* | Bernd Thier |
| *IMV* | Ilja M. Veldman |
| *VW* | Viktoria Weinebeck |
| *TW* | Thomas Weißbrich |
| *MW* | Matthias Weniger |
| *HWA* | Hiltrud Westermann-Angerhausen |

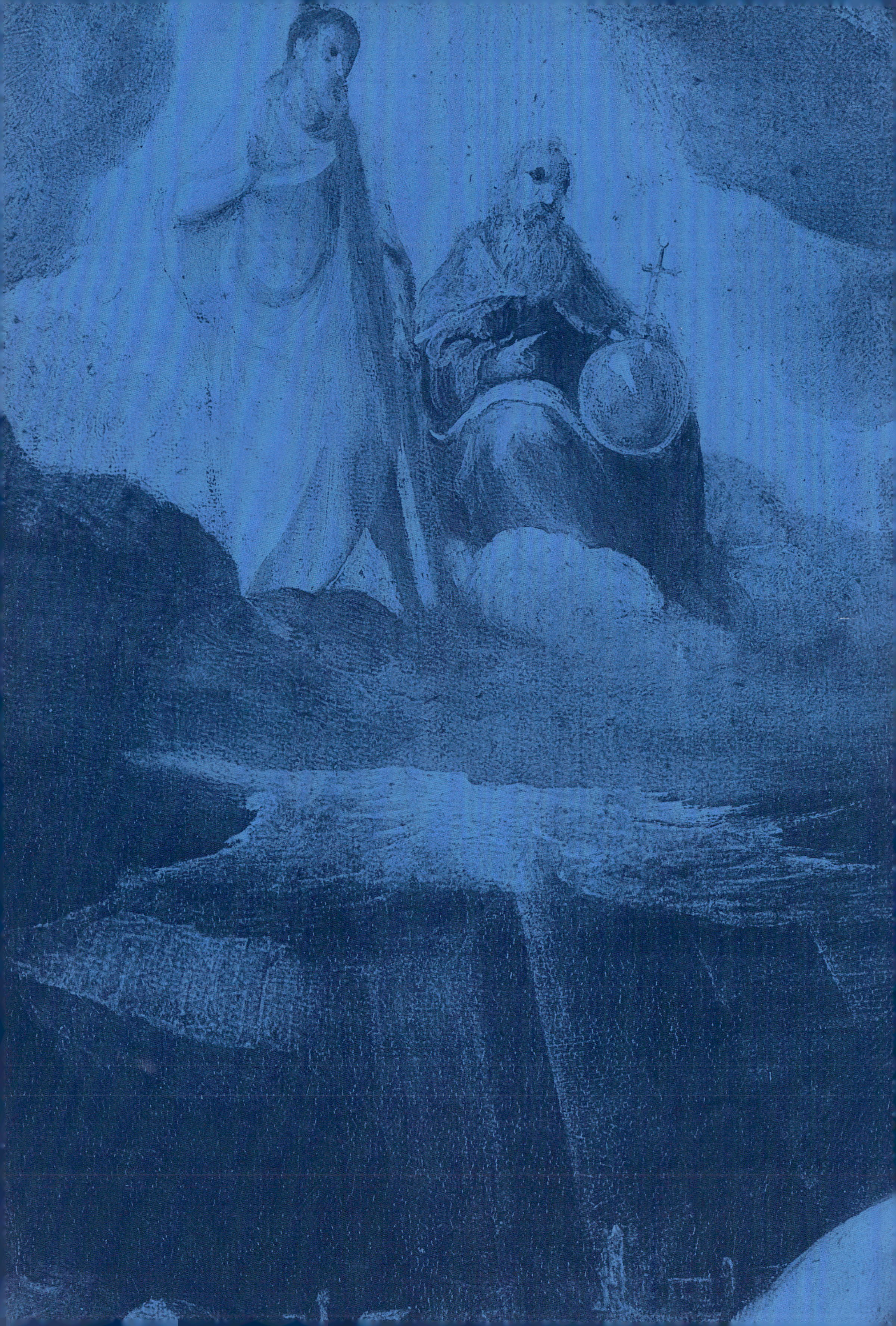

# *Wie im Himmel …*

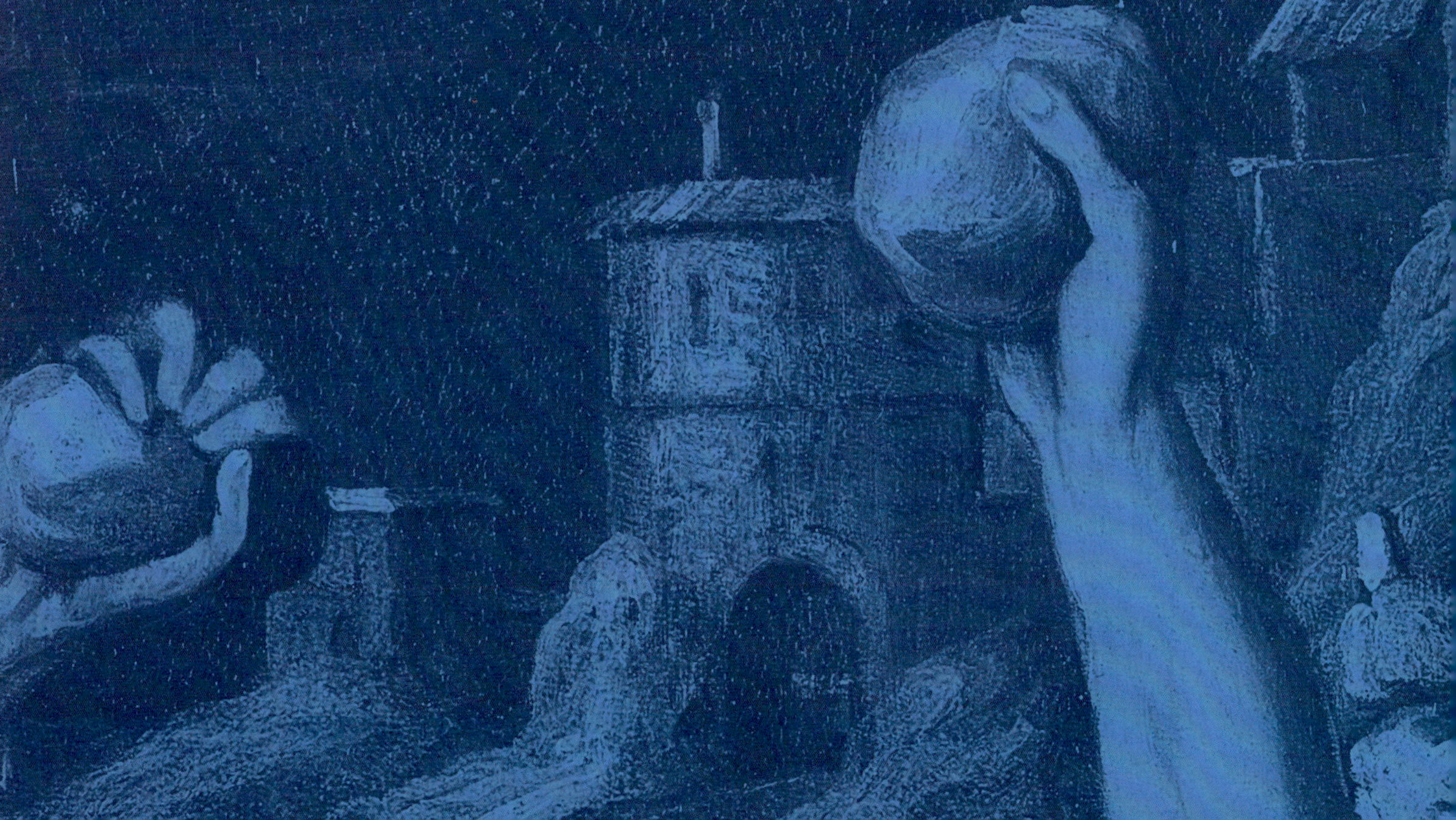

# *Biblische Erzählungen und Gebote zum Frieden*

Friede ist in der christlichen Überlieferung ein vielschichtiger Begriff. Der hebräische Begriff »schalom« meint sowohl Gesundheit, Wohlwollen, einen Zustand der Harmonie zwischen Menschen, ein vollkommenes »Heilsein« im Dasein. Vor allem aber ist Friede im christlichen Verständnis eine Gabe Gottes, die den Menschen geschenkt wird. Frevelhaftes Verhalten wird jedoch bestraft. Zwei bekannte Friedenssymbole – die Taube und der Regenbogen – entstammen der biblischen Geschichte über Noah. Entsetzt über die Bosheit der Menschheit, beschließt Gott, sie auszulöschen. Nur Noah und dessen Familie lässt er auf einer Arche überleben. Als eine von Noah ausgeschickte Taube mit einem grünen Zweig zur Arche zurückkehrt, weiß er, die Flut ist vorbei. Gott verspricht, die Menschen und Tiere nie wieder auszulöschen. Als Zeichen des Bundes mit allen Lebewesen setzt Gott einen Bogen in die Wolken (Gen 6–8). Heute ist der Regenbogen als universelles Friedenssymbol nicht wegzudenken. Dies gilt unabhängig von Kulturkreis oder Glauben, und so bediente sich auch der Künstler Otto Piene (1928–2014) dieses global verständlichen Friedenszeichens.

Das Alte Testament berichtet von einem weiteren Bund Gottes mit den Menschen: der Übergabe der Gesetzestafeln an das Volk Israels. Am Berg Sinai offenbarte Gott seinem Volk seinen Bund, »er verpflichtete euch, ihn zu halten: die Zehn Worte. Er schrieb sie auf zwei Steintafeln« (Dtn 4,13). Die Anordnung der 13 Ge- und Verbote auf zwei Tafeln sowie die Zusammenfassung zu zehn Geboten wird in jüdischen und christlichen Überlieferungen unterschiedlich vorgenommen. Der Dekalog stellt einen Wertekanon dar, der die Grundlage für ein friedliches Zusammenleben bildet. Neben dem Gebot, nur einen Gott zu kennen und Vater und Mutter zu ehren, werden Mord, Ehebruch, Diebstahl, Lüge und Habgier verboten.

Während im Alten Testament das Gesetz von Gott an Mose übergeben wird, ist es im Neuen Testament Jesu, der die Gesetze ergänzt und auslegt. In der Bergpredigt (Mt 5–7) erweitert Jesus die Gebote und stellt ihnen noch Seligpreisungen voran. Darunter auch jene der Friedensstifter: »Selig, die Frieden stiften; denn sie werden Söhne Gottes genannt werden« (Mt 5,9). *VW*

Literatur: Angenendt 2009a; Köckert 2013; Lachner 2003

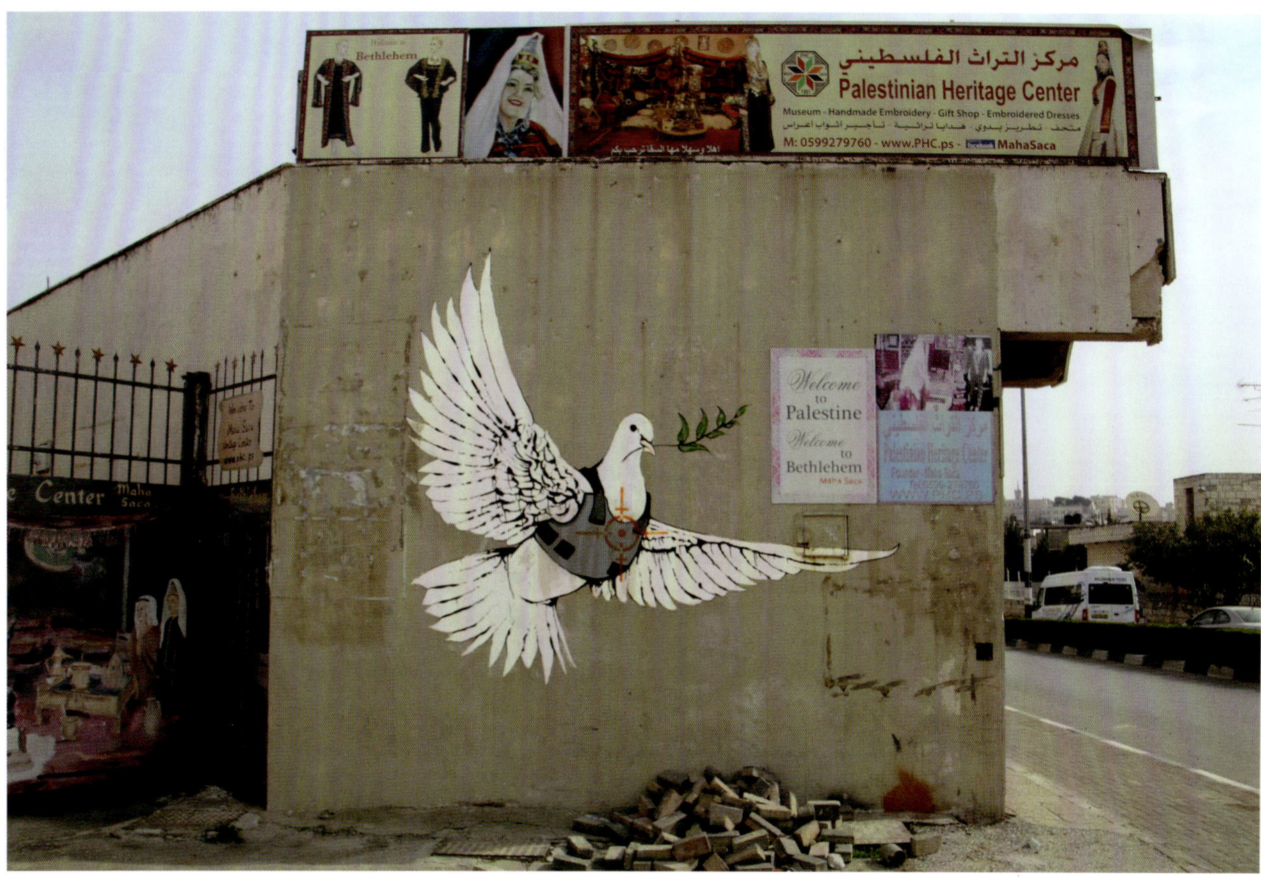


1

**1**

## o. T. (Taube in schusssicherer Weste)

Banksy (zugeschrieben); Bethlehem 2007

Literatur: Banksy 2006, S. 136–145; Bieber 2007; Blanché 2010Croitoru 2007; TTT – Titel, Thesen, Temperamente, ausgestrahlt am 16. Juli 2017

Der britische Künstler Banksy sprühte im Jahr 2007 auf einer Reise durch Israel eine Taube in schusssicherer Weste an eine Hauswand neben dem »Palestinian Heritage Center«. Dieses Werk gehört zu einer Serie, die Banksy in Bethlehem unter dem Titel »Santa's Ghetto Bethlehem 2007« mit anderen Künstlern umsetzte. In diesen, mit Hilfe von Schablonen angebrachten sogenannten Stencil-Arbeiten thematisiert er die politische Situation in Palästina. Einige, zum Teil schon früher entstandene Arbeiten befinden sich direkt auf den israelischen Sperranlagen im Westjordanland – etwa ein Mädchen mit Luftballons, das über die Mauer zu fliegen scheint oder Durchblicke auf paradiesische Landschaften, die sich scheinbar hinter der Mauer befinden.

Banksy zeigt mit diesen Arbeiten die offenen und verborgenen Konflikte der Region und nutzt – nicht zuletzt, weil auch religiöse Beweggründe den Konflikt schüren – die Friedenstaube in einem dieser Werke. Das Symbol der Friedenstaube geht auf die Noah-Geschichte im Alten Testament zurück, in der die Taube einen Ölzweig brachte als Zeichen, dass die Flut zurückgegangen war (Kat.-Nr. 4). Banksys Taube weist mit dem Ölzweig im Schnabel unmittelbar auf diese biblische Erzählung hin. Das Attribut fehlt oftmals, wenn die Taube als ein weltliches

Friedenssymbol genutzt wird (Kat.-Nr. 3). Die schusssichere Weste und das Fadenkreuz symbolisieren die stete Gefahr der erneuten Eskalation des schwelenden Konflikts. Banksy verwendet also das allgemein verständliche Friedenssymbol mit dem Hinweis auf seinen christlichen Ursprung und spielt damit auf die religiösen Aspekte des aktuellen Konfliktes an.

2017 sind nur noch drei der Arbeiten Banksys in Bethlehem zu finden. Darunter auch die Taube mit schusssicherer Weste. In einem Fernseh-Interview spricht Maha Saca, die Inhaberin des Palestinian Heritage Centers, darüber, dass ihr schon viel Geld für die Arbeit geboten worden sei. Die Begeisterung für das Werk wird allerdings nicht immer geteilt. So wird in »Wall and Piece«, einem Katalog, für den Banksy selbst verantwortlich zu sein scheint, ein Mann zitiert, der zuerst die Schönheit der Arbeiten lobt, dann aber sagt: »We don't want it to be beautiful, we hate this wall, go home.« (»Wir möchten nicht, dass es schön aussieht, wir hassen diese Mauer, geh' nach Hause«; Banksy 2006, S. 142.)

Die Identität des anonymen Streetart-Künstlers Banksy ist vermeintlich wiederholt »aufgedeckt« worden. Der großen medialen Aufmerksamkeit für solche Spekulationen stehen recht wenige Veröffentlichungen gegenüber, die näher auf seine Bild- und Symbolsprache eingehen. Selten werden Bezüge zur Religion behandelt: Madonnenfiguren oder auch Christus am Kreuz mit Einkaufstaschen zeugen von einer kritischen Auseinandersetzung mit diesem Thema.

2017 eröffnete Banksy ein Hotel in Bethlehem, das er finanzierte und mit seinen Kunstwerken ausstattete. Im Erdgeschoss befindet sich eine historische Ausstellung über den Nahostkonflikt; palästinensische Künstlerinnen und Künstler stellen dort aus und Friedensinitiativen werden vorgestellt. Es scheint, dass dem Künstler etwas an einem dauerhaften Engagement liegt. Er kündigte an, der Taube die Weste abzunehmen, sobald Frieden in Palästina eingekehrt sei. *KE*

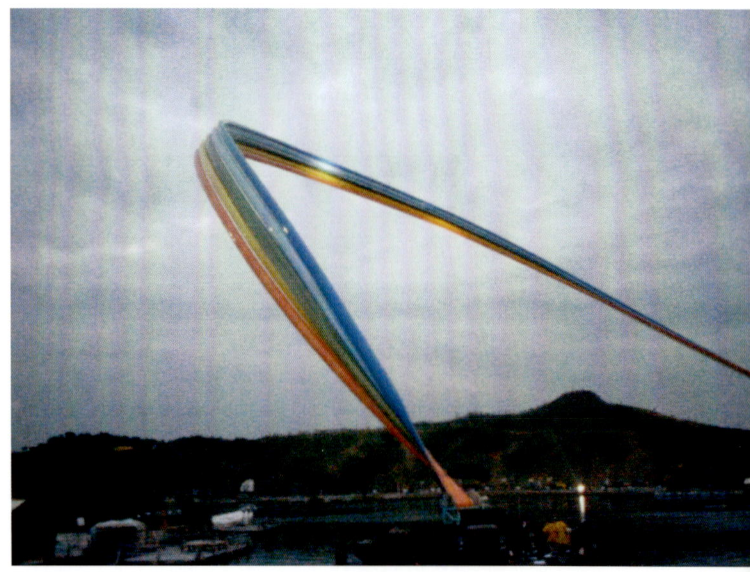

2

**2**

## Der Regenbogen von Otto Piene

Murri Selle, 1972; Filmausschnitt ab Min. 16:35
(Original 17:24 Minuten, Farbe, Ton)
München, Schamoni Film & Medien GmbH

Literatur: Piene 1961; AK Düsseldorf 1996

»Wir haben es bisher dem Krieg überlassen, ein naives Lichtballett für den Nachthimmel zu ersinnen, wie wir es ihm überlassen haben, den Himmel mit farbigen Zeichen und künstlichen und provozierten Feuersbrünsten zu illuminieren« (Piene 1961, o. S.). Als 16-Jähriger kommt Otto Piene zur Wehrmacht und erlebt später die britische Kriegsgefangenschaft. Diese Erfahrungen sollten für sein künstlerisches Schaffen prägend werden. Als Flakhelfer stellte für ihn das Licht am Himmel eine immense Bedrohung dar: ein brennender Himmel, aus dem Bomben, Granaten, Flugzeuge kamen. Auch am Boden spielte das Licht in Kriegszeiten eine große Rolle, musste es doch bei jedem Angriff gelöscht werden. Man wartete im dunklen Keller die Angriffe ab.

Licht und diesen ehemals bedrohlichen Himmel nutzte Piene, als er im Jahr 1957 mit Heinz Mack in Düsseldorf die Künstlergruppe

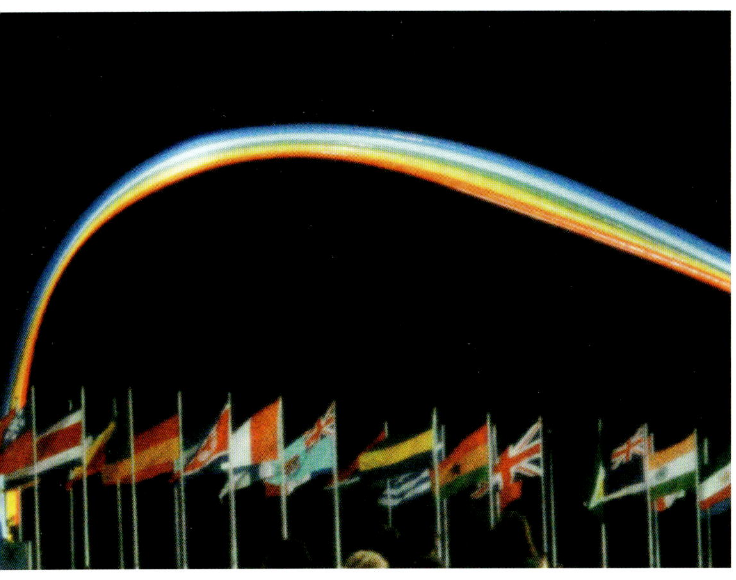

ZERO gründete. »Zero« bildete für den Künstler somit auch einen ganz persönlichen Neuanfang nach dem Krieg – mit dem Wunsch, den Menschen das Licht und die Hoffnung zurückzubringen: »Ja, ich träume von einer besseren Welt« (Piene 1961, o. S.). Geprägt durch seine Kriegserlebnisse nutzte Piene das Licht nun, um etwas Positives zu schaffen. Bewusst außerhalb von musealen Strukturen – als Sky-Events im öffentlichen Raum – bespielte er den Himmel mit Licht und mit aufblasbaren Skulpturen und wandelte ihn in eine Projektionsfläche der Freiheit. Er arbeitete dabei unter anderem mit dem Massachusetts Institute of Technology in Cambridge zusammen.

Für die XX. Olympischen Sommerspiele in München 1972 – den ersten auf deutschem Boden seit dem Zweiten Weltkrieg, die als »Fest des Friedens« in die Geschichte eingehen sollten – war Piene mit der künstlerischen Gestaltung der Eröffnungs- und Schlussfeiern beauftragt. Zur Abschlussfeier hatte er eine große Installation aus Polyethylen vorgesehen. Ein 700 Meter langer beleuchteter Regenbogen sollte über den Olympiasee gespannt werden und als Friedenszeichen in die Welt gehen. Eine dramatische Wendung bekam dieses Vorhaben, als bei den Spielen ein Attentat auf die israelische Mannschaft verübt wurde. Palästinensische Terroristen drangen am Morgen des 5. September in das Wohnquartier der Israelis im Olympischen Dorf ein, ermordeten zwei Teilnehmer und nahmen Geiseln, um palästinensische Gefangene aus israelischer Haft sowie die zwei in Stuttgart-Stammheim einsitzenden Mitglieder der RAF Andreas Baader und Ulrike Meinhof freizupressen. Beim gescheiterten Befreiungsversuch am darauffolgenden Tag starben alle neun Geiseln, ein Polizist sowie fünf Terroristen. Nach nur kurzer Unterbrechung wurden die Olympischen Spiele fortgesetzt, die Veranstalter überlegten aber, die Abschlussfeierlichkeiten und auch die Performance Otto Pienes abzusagen. Letztlich entschied man sich dafür, die Feier stattfinden zu lassen, und so entfaltete sich am Nachthimmel des 11. September 1972, nur wenige Tage nach der Bluttat, ein beleuchteter Regenbogen über dem Olympiasee.

Die vertonten Filmaufnahmen von Murri Selle (1936–2017) enden mit dem Bibelzitat: »Und Gott sprach: Dies ist das Zeichen des Bundes, den ich stifte zwischen mir und euch und allen Lebewesen, die bei euch sind, auf ewige Zeit. Meinen Bogen stelle ich in die Wolken; er soll ein Bundeszeichen sein zwischen mir und der Erde« (vgl. Gen 9,12–14).

Nach den schrecklichen Ereignissen während der Spiele war der Regenbogen ein Hoffnungsschimmer und ein Zeichen der Versöhnung: »In diesem Himmel ist das Paradies auf Erden« (Piene 1961, o. S.). *EL*

3a

### Buttons von Friedensinitiativen

Berlin, Stiftung Deutsches Historisches Museum:
Abzeichen »Das Wettrüsten beenden«, Inv.-Nr. A 90/1268;
Abzeichen »Christen für den Frieden durch Abrüstung«,
Inv.-Nr. A 2008/42; Abzeichen »Ökumenische
Versammlung Bayern«, Inv.-Nr. A 2008/50

3b

### Buttons der münsterischen Friedensbewegung aus den 1980er Jahren

Zwei Buttons der Friedensinitiativen Münster,
späte 1980er Jahre, Dm. 2,4 und 3,7 cm
Drei Buttons der 3. bis 5. Münsteraner Friedenswochen
1981 bis 1983, hg. von den Friedensinitiativen Münster,
Dm. 3,7 und 5,5 cm
Sechs Buttons der Ostermärsche Münsterland
1982 bis 1985, hg. u. a. von den Friedensinitiativen
Münster, Dm. 3,7 und 5,5 cm
Papier, Schutzfolie über eiserner Vorderplatte,
auf der Rückseite jeweils mit einer Nadelkonstruktion
zum Anstecken; Privatbesitz

Literatur: www.frieden-muenster.de

Sichtbarer Ausdruck des Friedenswunsches in den frühen 1980er Jahren sind kleine Anstecknadeln einer jungen, sehr aktiven Bewegung, die sich mit Aktionen unterschiedlicher Art für einen weltweiten Frieden einsetzte. Die Sammlung von elf Buttons aus dem Umfeld der Friedensinitiativen in Münster (FIM) wurde bereits Ende der 1980er Jahre von einem Sammler zusammengetragen. Gemeinsames Kennzeichen dieser Abzeichen ist die Kombination von allgemein bekannten und akzeptierten Friedenssymbolen mit kurzen Botschaften, Parolen oder Schlagworten, die innerhalb der Friedensinitiativen eine große Bedeutung hatten. Zentrales Motiv der Friedensbuttons, die bald einen Kultstatus erlangten, ist daher vielfach die aktive, sich erhebende, auffliegende Taube, die in den 1980er Jahren das Symbol gegen den Krieg darstellte. Als allseits bekanntes Zeichen drückte sie den Wunsch und gleichzeitig die Forderung nach Frieden aus und war das Signal für ein pazifistisches oder antimilitaristisches Selbstverständnis derjenigen, die solche Abzeichen trugen.

Einige der Abzeichen der FIM zeigen eine weiße Taube auf blauem Grund. Einmal ist sie mit dem Text »Münsteraner für Abrüstung«, das andere Mal mit dem aus sieben Strichen stark stilisierten gotischen Rathaus der Stadt Münster kombiniert. Dieses markante Stadtlogo geht auf den Entwurf des münsterischen Grafikers Günter Schmidt (1945–2001) aus dem Jahr 1973 zurück. Der finnische Grafiker Mika Launis (geb. 1949) gestaltete die hier verwendete Darstellung der Friedenstaube anhand eines 1974 gefertigten Fotos einer Taube des finnischen Zauberers Pekka Kärkkainen für eine Plakatkampagne des Finnischen Friedenskomitees (Finnish Peace Committee). Die charakteristische Lücke in den Schwanzfedern ergab sich im Augenblick der Aufnahme durch einen Zusammenstoß der Taube mit einem Scheinwerfer. Diese Darstellung wurde zwischen 1980 und 1984 das Zeichen vieler Demonstrationen und ist bis heute weltweit bekannt.

Dass die Taube als Friedenszeichen hier ohne den bereits seit der Antike üblichen Ölzweig erscheint, hängt mit einer Umdeutung des Motivs im 19. Jahrhundert zusammen. Die Taube war nicht mehr nur ein Symbol für den Heiligen Geist oder friedensbringende Botschafterin nach der alttestamentarischen Sintflut, sondern vereint beide Elemente und wird somit allgemein ein Sinnbild für ein friedliches Wesen, die Unschuld und für ein friedliches Zusammenleben. Sie bringt gewissermaßen den Frieden des Herzens. Diese Entwicklung trieb die vielfache Beschäftigung Pablo Picassos mit dem Motiv voran, der den Flug der Taube als freiheitliches Friedenssymbol etablierte (Kaulbach 1997).

Die Friedensinitiativen in Münster entstanden, nach Vorbildern aus den Niederlanden, als reine Bürgerinitiativen bereits 1977 im Zusammenhang mit den Vorbereitungen zum damaligen Antikriegstag. Ihre Mitarbeiter waren Mitglieder

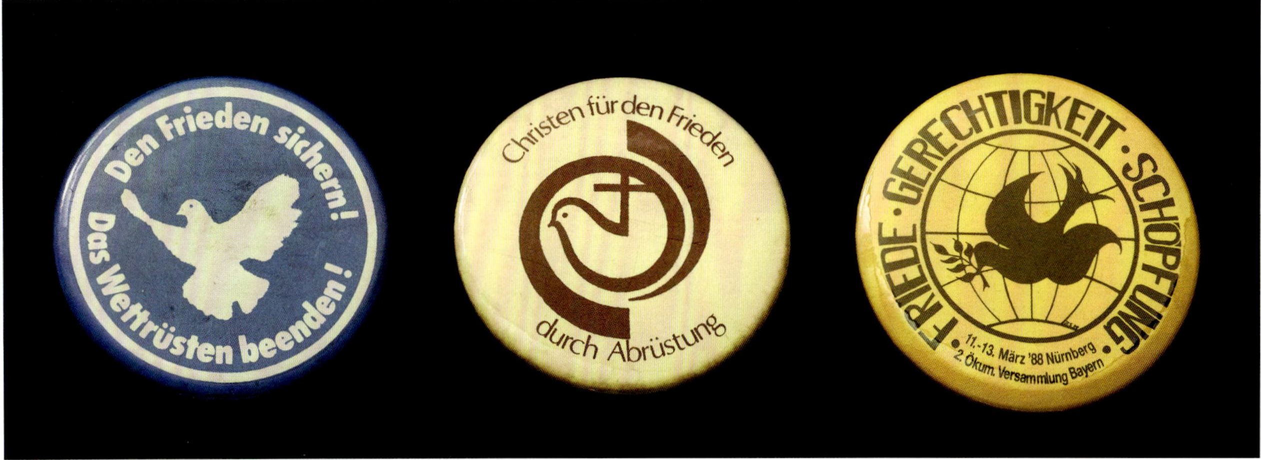


3 a

in verschiedenen Arbeitsgruppen und Arbeitskreisen zur aktiven Friedensarbeit, deren Ziel die Beendigung des Wettrüstens in Westeuropa und den USA sowie die Erhaltung des Friedens war. Zeitweise waren über 100 Gruppen, Initiativen, Parteien und Gewerkschaften aktiv eingebunden. Zu einer massiven bundesweiten Protestbewegung, die außerdem von beiden Kirchen, Teilen der Arbeiterbewegung und auch von feministischen Gruppen getragen wurde, kam es Ende 1979 nach dem sogenannten NATO-Doppelbeschluss (Heidemeyer 2011).

Die FIM organisierten bereits seit 1979 jährlich im Mai Friedenswochen in Münster, von denen sich mehrere Teilnehmerbuttons erhalten haben. Diese zeigen ebenfalls die Friedenstaube vor dem Rathaus. Organisiert wurden Friedensmärkte mit Informationsständen, friedenspolitische Seminare, Vorträge, Konzerte, Theateraufführungen, Filmvorführungen und zahlreiche Protestaktionen. Die propagierten Leitsätze lauteten damals: »Keine Stationierung von neuen Atomraketen in der Bundesrepublik Deutschland«, »Beenden des Wettrüstens in der Welt«, »Für ein atomwaffenfreies Europa« oder »Gemeinsam den Frieden vorbereiten«.

Es wurde auch wieder für Ostermärsche mobilisiert, die in den 1950er Jahren in England von Atomwaffengegnern durchgeführt worden waren und die in den 1960er Jahren als eine von vielen Demonstrationsformen unter dem Motto »Kampf dem Atomtod« auch in Deutschland sehr populär gewesen waren. Der erste münsterländische Ostermarsch fand 1982 unter dem alten Schlagwort statt. Gemeinsam marschierte man über verschiedene Strecken, unter anderem von Rheine oder Münster über Dülmen, wo sich ein Lager für Atomraketen befand, nach Dortmund. Dort kam es zu einem Zusammentreffen mit den Teilnehmern des Ostermarsches Ruhr. Bundesweit nahmen in jenen Jahren bis zu 400 000 Bürger an den Märschen teil. Die Ostermärsche durch das Münsterland wurden unter anderem organisiert von der Deutschen Friedensgesellschaft – Vereinigte Kriegsdienstverweigerer (DFG-VK), der Deutschen Friedens-Union (DFU) und den FIM in Münster. Die Märsche von 1982 bis 1985 standen auch unter den Schlagworten »Keine neuen Atomraketen« (1983), »Gegen Atomraketen und Sozialabbau« (1984) und »Für Frieden und Arbeit« (1985), was sich auf den Buttons wiederspiegelt. Diese zeigen alle in verschiedenen Ausprägungen das weit verbreitete runde CND-Friedenssymbol der Campaign for Nuclear Disarmament. Es wurde bereits 1958 für die britischen Ostermärsche in den Räumen der Zeitschrift »Peace News« von dem englischen Grafiker Gerald Herbert Holtom (1914–1985) aus den Buchstaben N und D (Nuclear Disarmament) des sogenannten Winker-

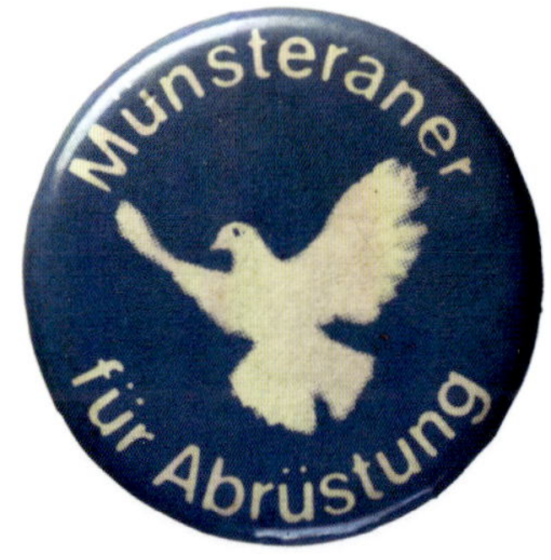


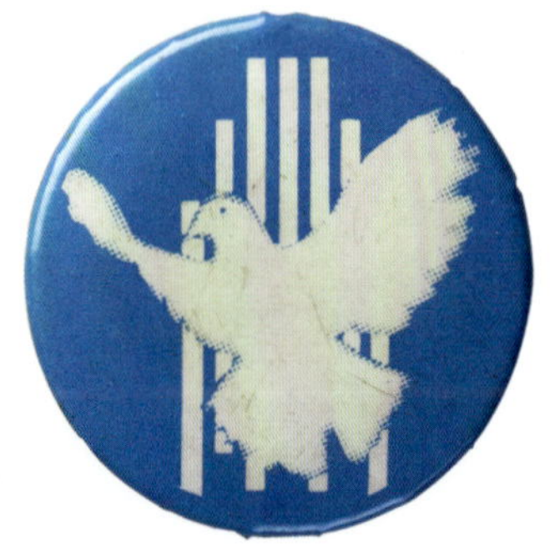

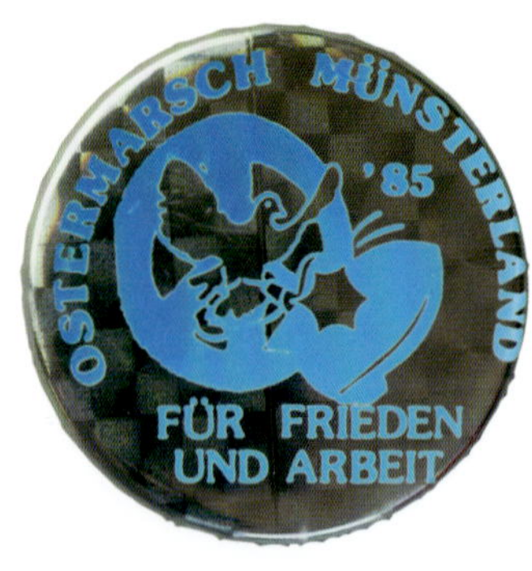


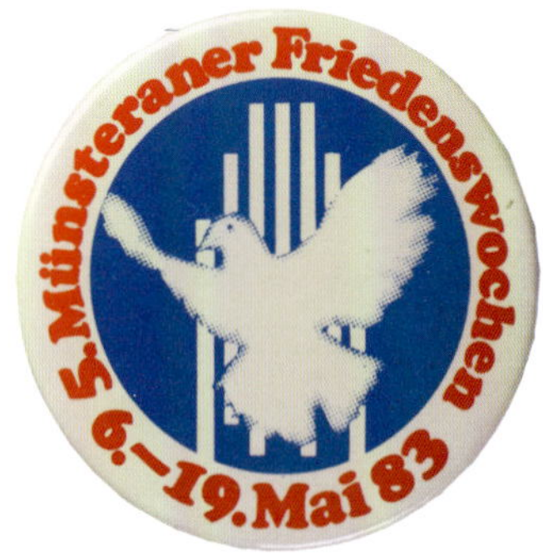


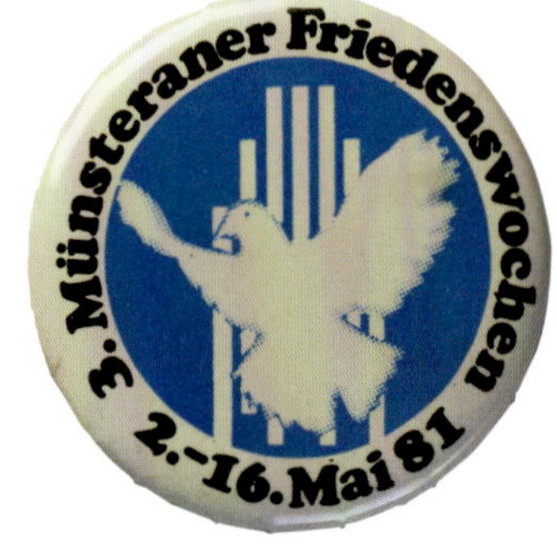


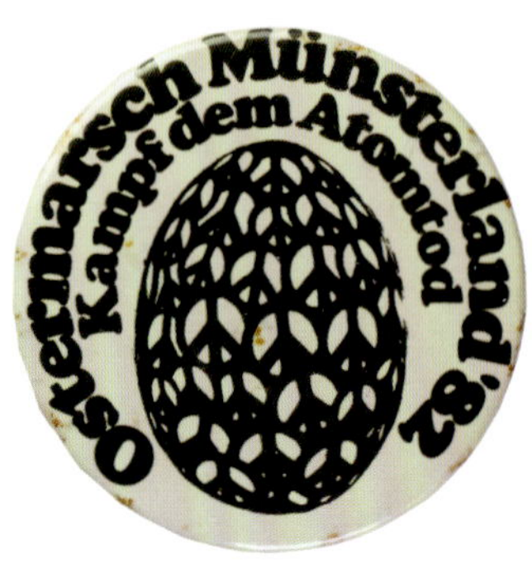


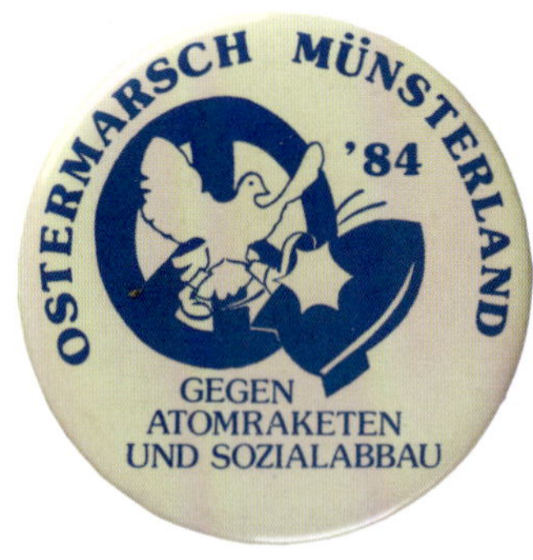


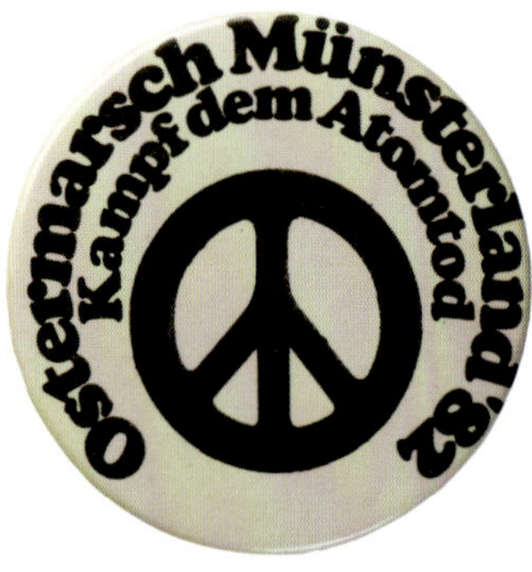


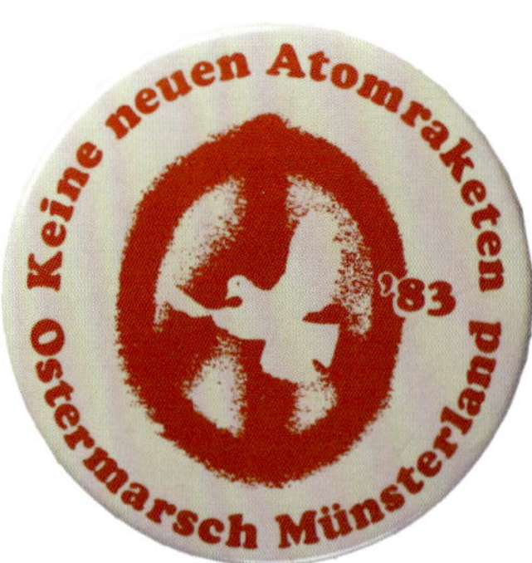


3b

alphabetes entwickelt. Seit 1983 ist es auf den Ostermarschbuttons mit der Friedenstaube kombiniert, allerdings 1984 und 1985 mit einer Taube, die Stiefel trägt und gegen eine stilisierte Atomrakete tritt. Die Friedensbotin wird aktiv handelnd gegen die Bedrohung durch den Krieg dargestellt.

Ende 1983 hatte die damalige Friedensbewegung ihren Zenit überschritten. Bei der Bundestagswahl wurde die Partei der Grünen, die auch aus der Friedensbewegung heraus entstanden war, in den Bundestag gewählt, der später die Nachrüstung mit Pershing II Raketen und Cruise Missiles genehmigte. Die Ostermärsche hatten in der Folgezeit immer weniger Teilnehmer. Als unter Michael Gorbatschow Ende 1989 erstmals internationale Abrüstungsverhandlungen begannen, in Deutschland die Mauer zur DDR »fiel« und es zur deutschen Wiedervereinigung kam, verloren auch die Friedensinitiativen als Massenbewegung an Bedeutung. Die 13. Münsteraner Friedenswochen im Mai 1991 waren die letzten, die von der FIM organisiert wurden. *BT*

4

## 17. Augsburger Friedensgemälde »Noahs Dankopfer«

Bartholomäus Kilian (Entwurf), 1668;
Kupferstich, 24,2 × 31 cm (Platte)
Münster, Sammlung des Bistums Münster

Literatur: Albrecht 1983; Augsburg 2005; Brecht 2000; Jesse 1981; Mühleisen 2000

Auf einem Felsvorsprung ruht Noahs Arche nach der Sintflut, die Gott geschickt hatte, um die Erde von allen Sündigen zu befreien (vgl. Gen 6 – 9). Noah und seine Familie danken mit einem Tieropfer Gott für ihre Rettung. Betend und demütig schauen sie gen Himmel, wo ein Dreieck die Anwesenheit Gottes symbolisiert. Als Zeichen seiner Versöhnung schickt Gott den Regenbogen, der die gesamte Szenerie umfasst. Unter dem Regenbogen fliegt die Taube mit dem Ölzweig im Schnabel als Zeichen einer neuen friedlichen Zeit.

Wie die Taube so soll auch das Augsburger Friedensgemälde eine Botschaft des Friedens überbringen. Als religionspädagogisch wertvolle Gabe wurde von 1651 bis 1789 jährlich eine dieser Grafiken an evangelische Schulkinder verschenkt. Die Gemeinden »Zu den Barfüßern« und »St. Anna« nahmen sich dieser Aufgabe im Zuge des Augsburger Friedensfestes an, das als Erinnerung an das Ende des Dreißigjährigen Krieges gefeiert wurde. Für die Protestanten in Augsburg bedeutete der Westfälische Frieden den Beginn eines friedlichen Zusammenlebens der Konfessionen, den die Katholiken nur schwer anerkennen konnten. Der Erklärtext zum Bild mahnt an die Vergangenheit sowie daran, die göttliche Friedensbotschaft nicht zu vergessen. *CM*

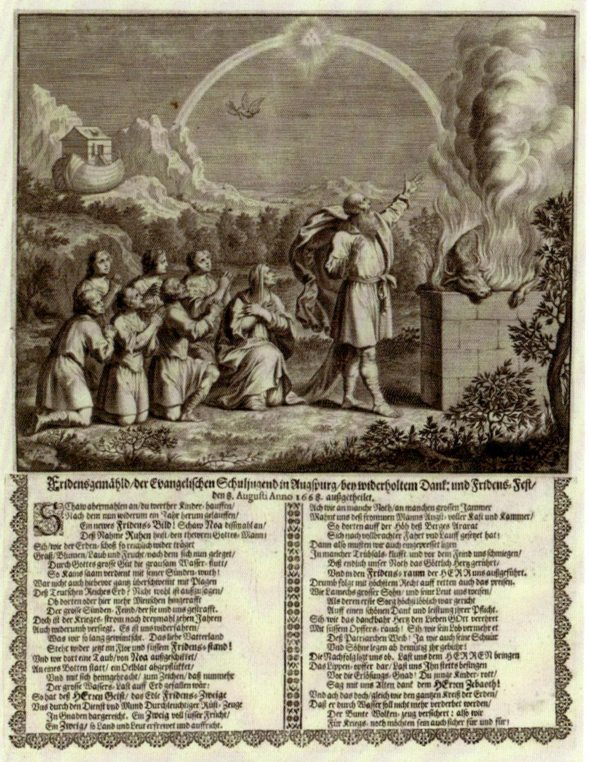


4

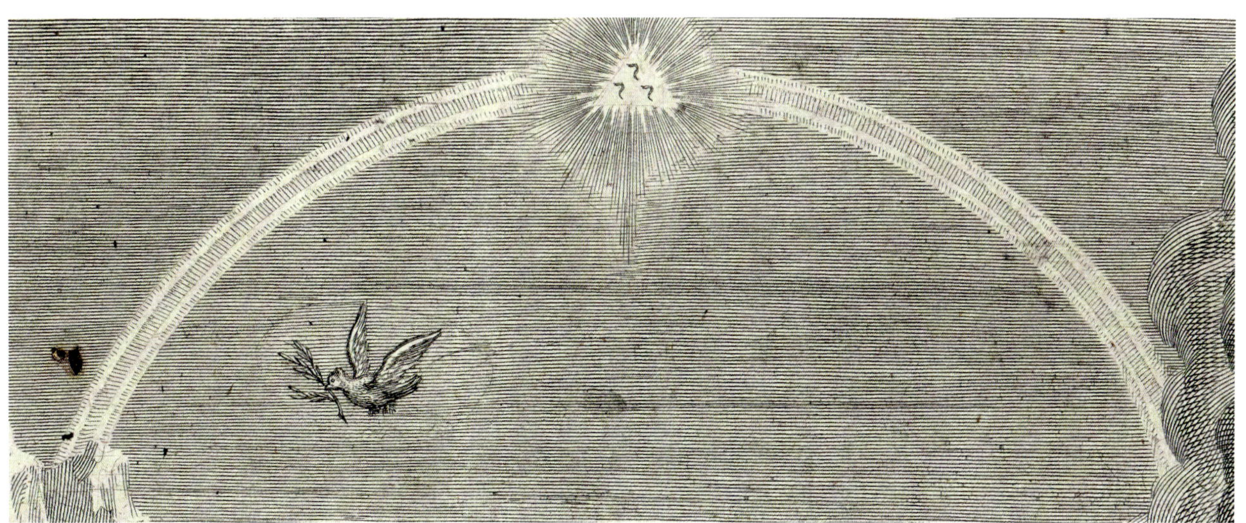

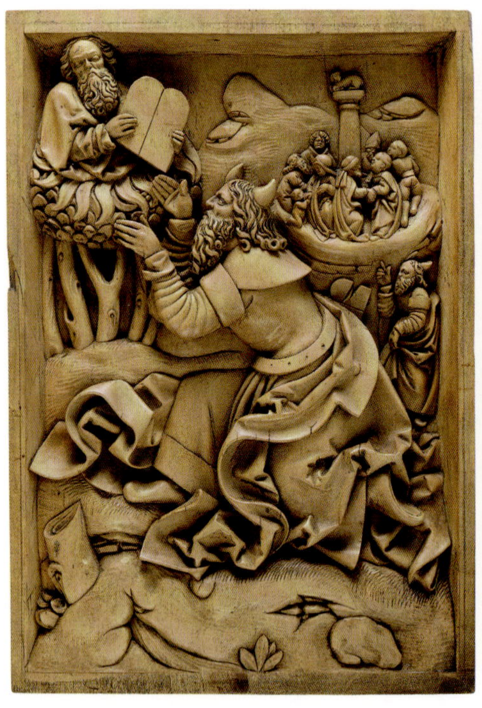
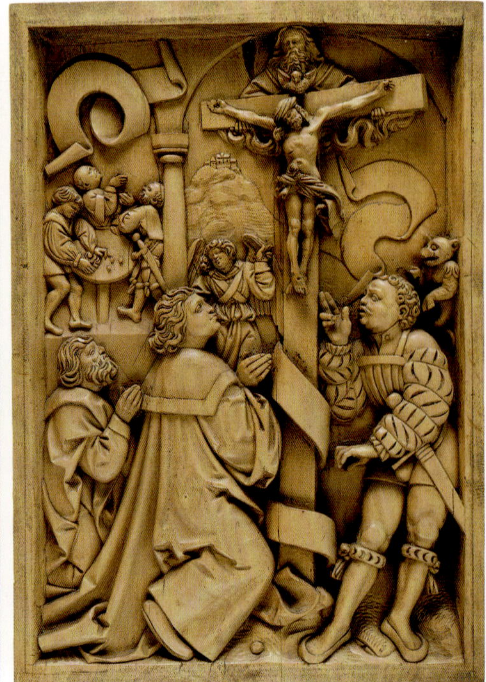
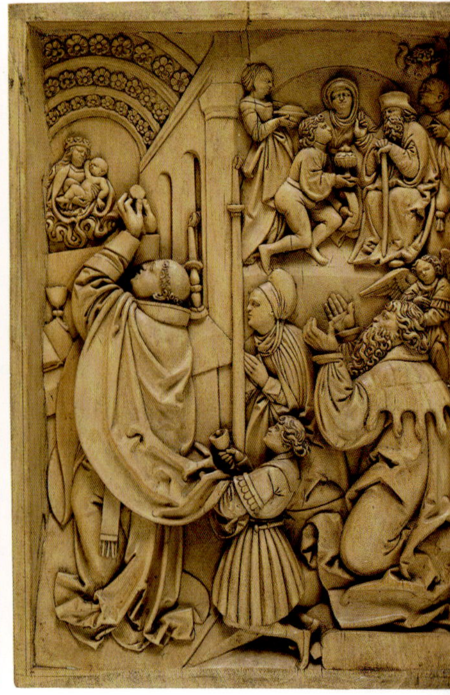

5

5

## Die Zehn Gebote

Veit Stoß d. Ä. (Werkstatt oder unmittelbarer Umkreis), 1524; Obstbaumholz, je Relief 25,2×17,7 cm
München, Bayerisches Nationalmuseum, Inv.-Nr. MA 1898–MA 1903

Literatur: Müller 1959, S. 194–195

In sechs Feldern repräsentieren erzählende Darstellungen die Zehn Gebote – in vier Reliefs sind jeweils zwei Gebote zusammengefasst. Auf der ersten Tafel nimmt Moses als Verbildlichung des Ersten Gebots die Gesetzestafeln selbst entgegen, während im Hintergrund die Israeliten das Goldene Kalb umtanzen. Für die anderen Gebote stehen Szenen aus der Entstehungszeit der Reliefs: für das Gebot der Ehrung des Gottesnamens Gläubige, die unter einem von Gottvater gehaltenen Kruzifix beten, während der Krieger rechts falsch schwört und andere sich dem Spiel hingeben. Und für das Sonntagsgebot eine Messfeier, während die Episode im Hintergrund die Ehrung der Eltern vorführt, wieder mit negativem Gegenbeispiel. Die folgenden Reliefs zeigen mit Mord, Diebstahl, einer Verführung – für den Ehebruch – und einem Gerichtsverfahren mit falschem Zeugen die Dinge, vor denen das Fünfte bis Achte Gebot warnen. Auf dem letzten Relief geht es um das Neunte und Zehnte Gebot, nicht die Frau und die Güter eines anderen zu begehren. Nur sehr selten sind die Zehn Gebote in dieser Art ins Bild gesetzt worden, und noch ungewöhnlicher ist die gewählte äußere Form.

Die Bildfelder sind in die jeweils aus einem Brett geschnittenen Tafeln eingetieft, sodass ringsum ein schlichter, profilloser Rahmen ausgebildet ist. Darüber hinaus fehlt aber jeder Hinweis auf eine einst geplante Montage. Die Sechszahl ist für die Zehn Gebote keine ideale Formel, aber auch für eine Aufteilung auf Altarflügel oder die Bestückung einer Predella nicht wirklich naheliegend. Bevor die Reliefs 1810 nach Bayern kamen, befanden sie sich in der Kunstkammer auf Schloss Ambras bei Innsbruck, und man muss fragen, ob sie nicht von vornherein für einen kunstsinnigen Sammler geschaf-

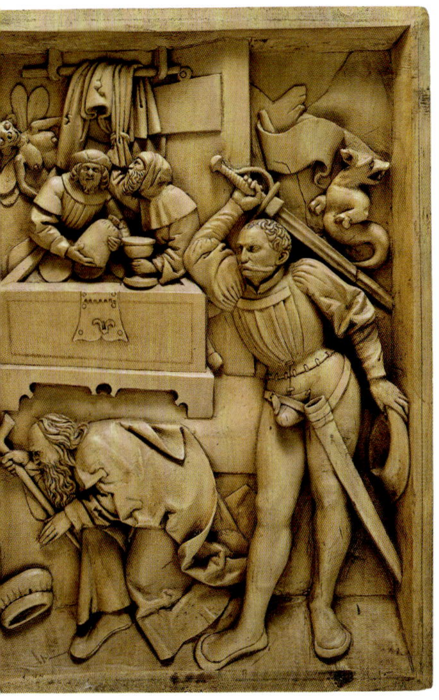

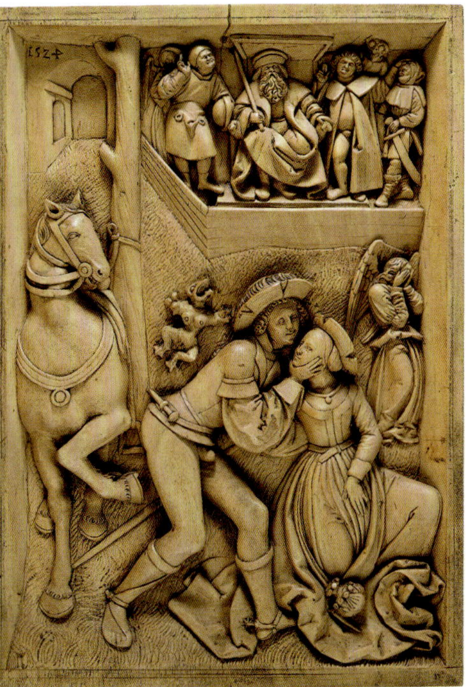

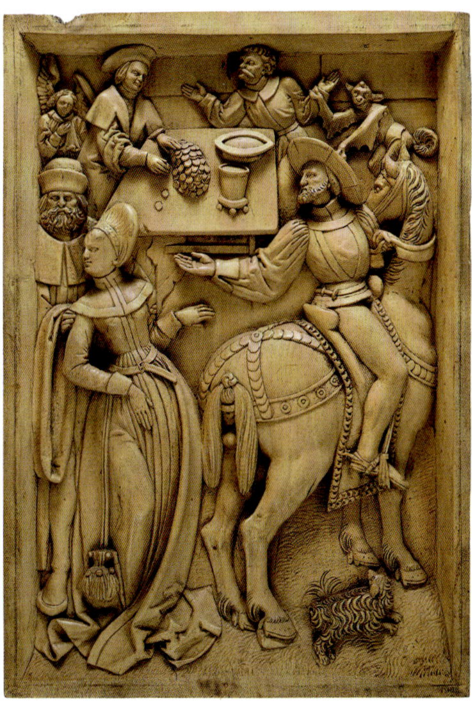

fen wurden, um von diesem einzeln gehandhabt zu werden. Dass sie zunächst tatsächlich nicht gerahmt wurden, belegt die zeitgenössische Tintenaufschrift »Evang. nach sanct (sant?) Johannes« und einige Skizzen in derselben Technik auf der Unter- sowie Rückseite der Tafel mit dem Dritten und Vierten Gebot. Wer sie warum angebracht hat, bleibt etwas rätselhaft – ihrem Charakter nach legen die Skizzen aber nahe, dass sie noch in der Werkstatt des Schnitzers oder in einer anderen Künstlerwerkstatt aufgetragen wurden. Auf einem anderen Relief ist das Datum 1524 eingeschnitten, relativ versteckt in einer Ecke, als ob es Teil der dort dargestellten Architektur wäre.

Anders als die ungewöhnliche Konzeption und das Datum 1524 nahelegen, geben die Reliefs kaum Hinweise auf reformatorisches Gedankengut. Ganz abgesehen von Luthers Ablehnung einer Gesetzesgläubigkeit scheint die Konzeption der Einzelszenen konventionell. Engel und Teufel machen unzweifelhaft deutlich, ob eine Szene als gut oder böse zu interpretieren ist, und der Priester beim Messopfer kniet nicht vor dem Schmerzensmann, sondern vor einem Bild oder eher sogar einer Erscheinung der Maria.

Theodor Müller beschrieb den Schnitzer 1959 als einen »Kleinmeister, der sich bei Veit Stoß alles Lernbare angeeignet hat« (Müller 1959, S. 194–195), und seitdem sind die Reliefs nur sehr wenig beachtet worden. Es fragt sich aber, ob dieses Urteil ihnen gerecht wird. Das Datum fällt in das Folgejahr der Vollendung des Bamberger Retabels, kein Werk nach 1523 ist für den gleichwohl erst 1533 verstorbenen Veit Stoß gesichert. Zugleich gibt es in Stoß' Schaffen kaum kleinformatige Reliefs, die sich den Gebote-Tafeln gegenüberstellen ließen. Wenn die überlängten Figuren der Tafeln prall in zu engen Kleidern stecken, so sind dies Tendenzen, die sich im Bamberger Retabel bereits abzeichnen. Bei allem nicht zu verleugnenden Hang zur Vereinfachung und Reduktion sowie trotz mancher Ungeschicklichkeit im Detail ist daher zu fragen, ob nicht zumindest eine Entstehung innerhalb der Werkstatt in Betracht zu ziehen ist. *MW*

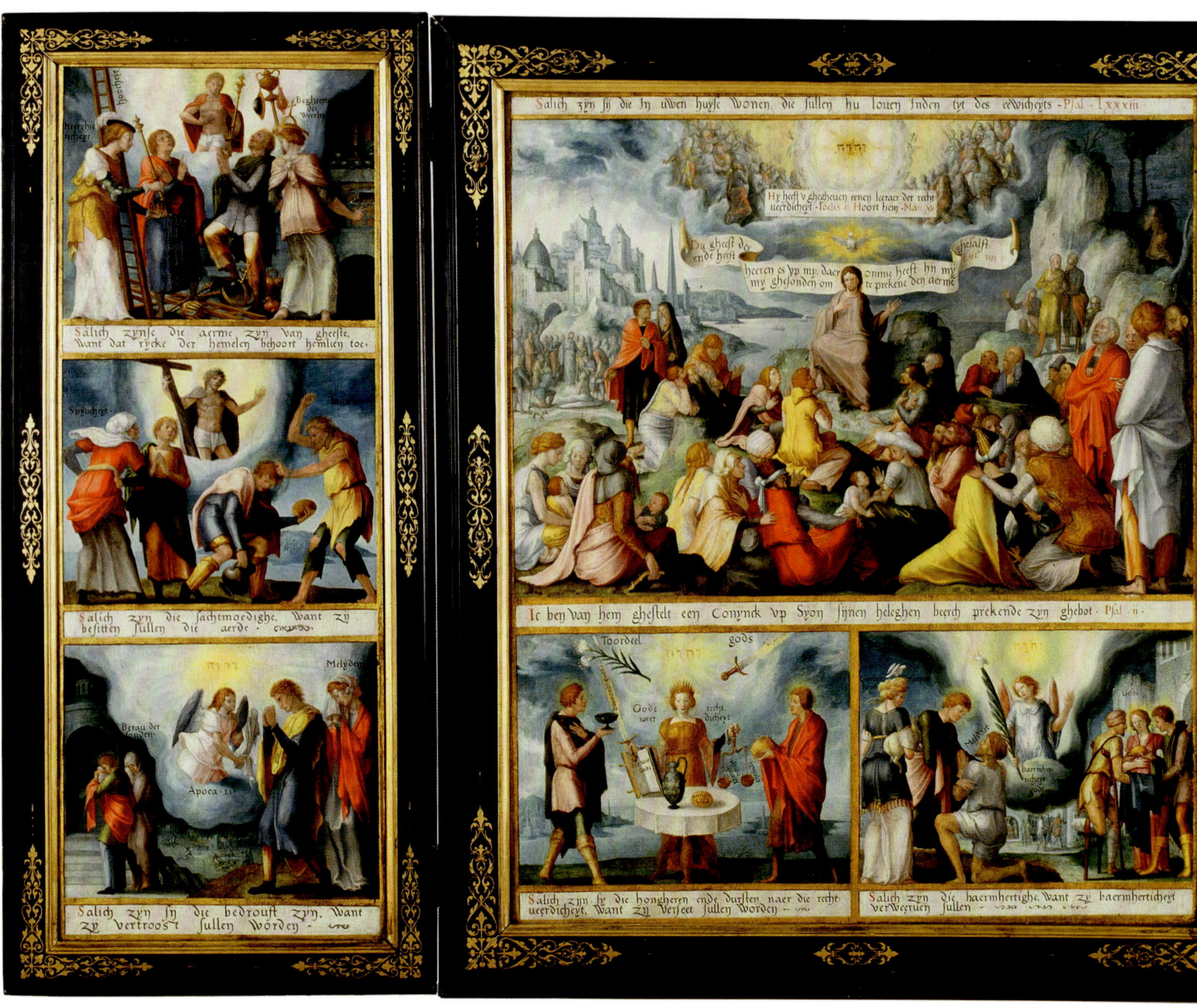


6

**Klappaltar mit der Bergpredigt und den acht Seligpreisungen**

Lieven de Witte, um 1550–1553; Öl auf Holz, Mitteltafel 120 × 104 cm, Flügel je 127 × 48 cm
Gent, Museum voor Schone Kunsten, Inv.-Nr. S-100

Literatur: Maeterlinck 1906; Valentiner 1930, S. 124; Gent 1938, S. 147; Duverger 1961–1966; AK Gent 1975, S. 201–202; Martyn 2013–2014; Veldman 2018 (mit Nachweisen und weiterer Literatur)

Auf der Mitteltafel ist die Bergpredigt dargestellt (Mt 5–7). Inmitten seiner Jünger und anderer Zuhörer verkündigt Jesus auf einem Berg sitzend die Kernaussagen seiner Lehre. Die Taube des Heiligen Geistes inspiriert ihn dabei. Unterhalb der Szene steht ein niederländisches Zitat aus Psalm 2,6 (»Ich selber habe meinen König eingesetzt auf Zion, meinem heiligen Berg«). Links im Hintergrund ist eine von Jesus' ersten Heilungen zu sehen, rechts die Versuchung in der Wüste (Mt 4). Im Himmel verehren Heilige das Tetragramm (die vier hebräischen Buchstaben, die »der HERR« bedeuten). Hinter Jesus ist auf einem Spruchband zu lesen: »Der Geist des Herrn ruht auf mir; denn der Herr hat mich

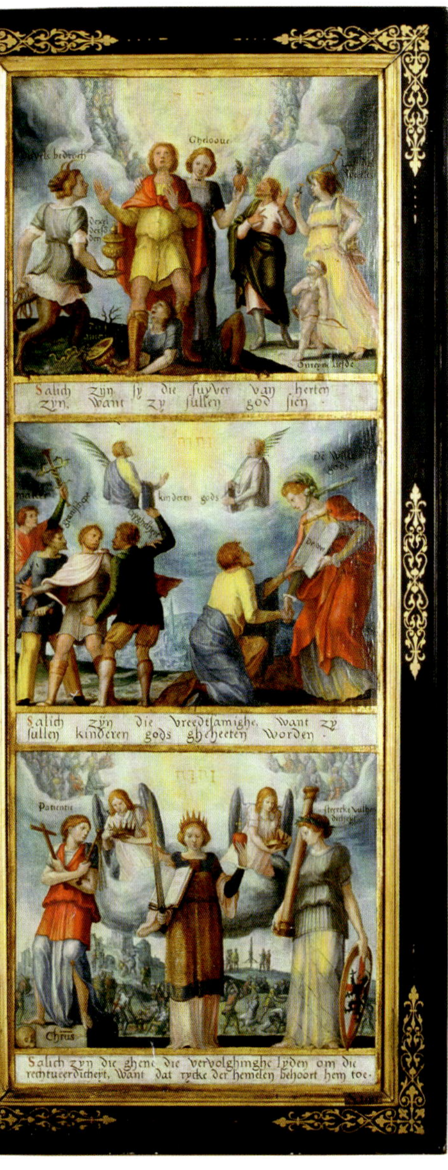


6

gesalbt. Er hat mich gesandt, damit ich den Armen eine gute Nachricht bringe« (Lk 4,18); darüber je ein Zitat aus Joël 2,23 und Mt 15.

Jesus beginnt seine Predigt mit acht Seligpreisungen (Mt 5,3–11) – ein Lobgesang auf die reinen Seelen, die nicht an weltlichen Dingen hängen und Nächstenliebe üben. Diese Seligpreisungen werden in acht viereckigen Szenen von links nach rechts auf den Flügeln und im Mittelbild dargestellt. Dies geschieht mittels betender Figuren und Personifikationen abstrakter Begriffe mit ihren Attributen, die durch niederländische Inschriften erläutert werden. Unter jeder Darstellung ist der entsprechende Spruch gemalt.

Oben auf dem linken Flügel wird der erste Spruch »Selig, die arm sind vor Gott; denn ihnen gehört das Himmelreich« durch negative Personifikationen dargestellt, zum einen die Ruhmsucht, eine Frau mit Krone, Zepter und Leiter (als Symbol des sozialen Aufstiegs) und zum andern die Begierde nach weltlichem Besitz, eine Frau mit einer Schatzkiste und einer reich bestückten Kredenz. Zwei betende Männer zertreten jedoch die Symbole von Ehrgeiz und Konsum. In der Szene darunter wird der Spruch »Selig, die keine Gewalt anwenden; denn sie werden das Land erben« durch das Gegenteil der Sanftmut dargestellt: Kränkung / Hohn spuckt einem Unschuldigen ins Gesicht, derweil das Unrecht in Gestalt eines Bettlers auf einen tugendhaften Mann einschlägt, der ihm Essen und Trinken anbietet. Die Seligpreisung darunter, »Selig die Trauernden; denn sie werden getröstet werden«, wird durch einen Mann wiedergegeben, der vor geöffneten Gräbern beim Jüngsten Gericht durch den Engel aus der Offenbarung (Offb 21,4) getröstet wird, weil Gott »alle Tränen von ihren Augen abwischen wird« und der »Tod wird nicht mehr sein«. Hinter ihm die weinende Figur des Mitleids. Links steht ein weinendes Paar, das die Reue über Sünden darstellt. Links unten auf der Mitteltafel ist der vierte Spruch »Selig, die hungern und dürsten nach der Gerechtigkeit; denn sie werden satt werden« dargestellt: Gezeigt ist die Personifikation von »Gottes Urteil« mit dem Gesetz Gottes und einem flammenden Schwert und einer Waage als Symbole der Gerechtigkeit. Die Figur »Gottes Urteil« steht vor einem Tisch, auf dem zwei Personen durch die göttliche Gnade geschenktes Brot und Wein zu sich nehmen. In der rechten Szene auf der Mitteltafel mit dem Spruch »Selig die Barmherzigen; denn sie werden Erbarmen finden« stehen im Zentrum »Gottes Barmherzigkeit« als ein Engel mit einem Olivenzweig, links die Sanftmut (eine Frau mit Lamm) nahe einer Person, die einem Missetäter vergibt; rechts wird Nächstenliebe symbolisiert durch ein Ehepaar, das einem Invaliden Speise und Kleidung reicht.

Auf der Innenseite des Seitenflügels wird der Zyklus oben mit der sechsten Seligpreisung »Selig, die ein reines Herz haben; denn sie werden Gott schauen« fortgesetzt: Ein betender Mann, durch den Glauben gestützt, zertritt die unreine Sünde und weist den Betrug des Teufels ab. Rechts von ihm wendet sich eine andere fromme Seele von weltlicher Begierde und unreiner Liebe ab. In der siebten Szene, »Selig, die Frieden stiften; denn sie werden Söhne Gottes genannt werden«, kniet rechts eine fromme Seele vor der Personifikation von »Gottes Wille«, die ihr die Gesetzestafeln Moses zeigt. Ein Friedensstifter mit dem Symbol des Friedens – Hermesstab oder Caduceus (mit zwei Schlangen) – eilt einem anderen Friedensstifter zu Hilfe, der sich zwischen Zorn und Kriegslust gestellt hat. Er hat einen leichten Lichtschein um den Kopf, wie auch andere Wohltäter auf dem Triptychon. Die letzte Szene stellt den Vers »Selig, die um der Gerechtigkeit willen verfolgt werden; denn ihnen gehört das Himmelreich« dar. Vor blutigen Hinrichtungen im Hintergrund werden die Martyrien des Laurentius, des Stephanus, des Petrus sowie des Paulus gezeigt.

Auf den Außenseiten der Flügel ist links der Prophet Bileam mit seiner Eselin abgebildet, rechts Balak, der König der Moabiter, der Bileam vergebens dazu zu bringen suchte, das Volk Israels zu verfluchen, als es gerade davor stand, durch sein Land zu ziehen. Zweifellos wird damit zum Ausdruck gebracht, dass Gottes Wille stärker ist als die Macht der weltlichen Herrscher. Die Wappenschilde mit ihren Mottos konnte Hulin de Loo dem Juristen und Genter Ratsherren Antoon van Hille und seiner Ehefrau Martine van Zevecote zuweisen. Hinweise darauf, dass dieser Jurist in der Tat der Auftraggeber des Tryptichons gewesen ist, ergeben sich aus den Bezügen zu Rechtsprechung und Justiz und dem Erscheinen von echter Gerechtigkeit und Barmherzigkeit auf der Mitteltafel (Martyn 2013–2014). Darüber hinaus begegnet uns das Motiv des Zeltes aus van Hilles Wappen wiederholt in den vielen Heereszelten in der Landschaft hinter Bileam und Balak. Das Zelt scheint auch das Zitat aus Num 24,5 (Bileams Segnung) zu erklären, das über den beiden Seitenflügeln angebracht ist.

Obwohl das Triptychon nicht signiert ist, kann es dem Genter Maler Lieven de Witte (1503–1578) zugeschrieben werden, der bekannt ist durch seine beinahe 200 Holzschnitte in dem Büchlein »Iesu Christi vita« (Antwerpen 1537) (Veldman/van Schaik 1989). Die Haltung und Kleidung der langen Figuren auf dem Triptychon sind auffallend verwandt mit de Wittes Illustrationen der »Corte instruccye ende onderwijs« (Gent 1545). Dass auf der Mitteltafel keine typische Andachtsdarstellung zu sehen ist, weist darauf hin, dass das Werk nicht für eine liturgische Funktion, sondern für didaktische Zwecke bestimmt war. Es sollte den Betrachtern den Unterschied zwischen Gut und Böse erläutern und eine Anleitung geben, um über das eigene alltägliche Verhalten zu reflektieren.

Die einzigartige Ikonografie der Triptychons wird auch dem Auftraggeber zu verdanken sein. Die Seligpreisungen sind im Mittelalter meist als einfache Frauengestalten, aber niemals mittels erzieherischer Szenen dargestellt worden. Auch ist die Bergpredigt ein seltener Gegenstand der Malerei gewesen. 1481/82 schuf Cosimo Roselli ein Fresko mit der Bergpredigt auf der Wand der Sixtinischen Kapelle in Rom – gegenüber einer Darstellung von Moses mit den Gesetzestafeln. Auf diese Weise wurde das neue christliche Ideal der Nächstenliebe und Friedfertigkeit dem Alten Gesetz gegenübergestellt, was auch aus dem Genter Triptychon spricht.

Das Triptychon stammt aus der Klosterkirche der Beschuhten Karmeliten in Gent (Duverger 1961–1966, S. 194). Vielleicht stand es ursprünglich in van Hilles Wohnhaus, denn die Ausstattung des Klosters wurde im Bildersturm von 1566 zerstört. Wahrscheinlich kam das Triptychon bald nach der Calvinistischen Periode bei der Wiedereinrichtung der Klosterkirche 1583 an den Ort, wo van Hille 1570 begraben worden war. *IMV*

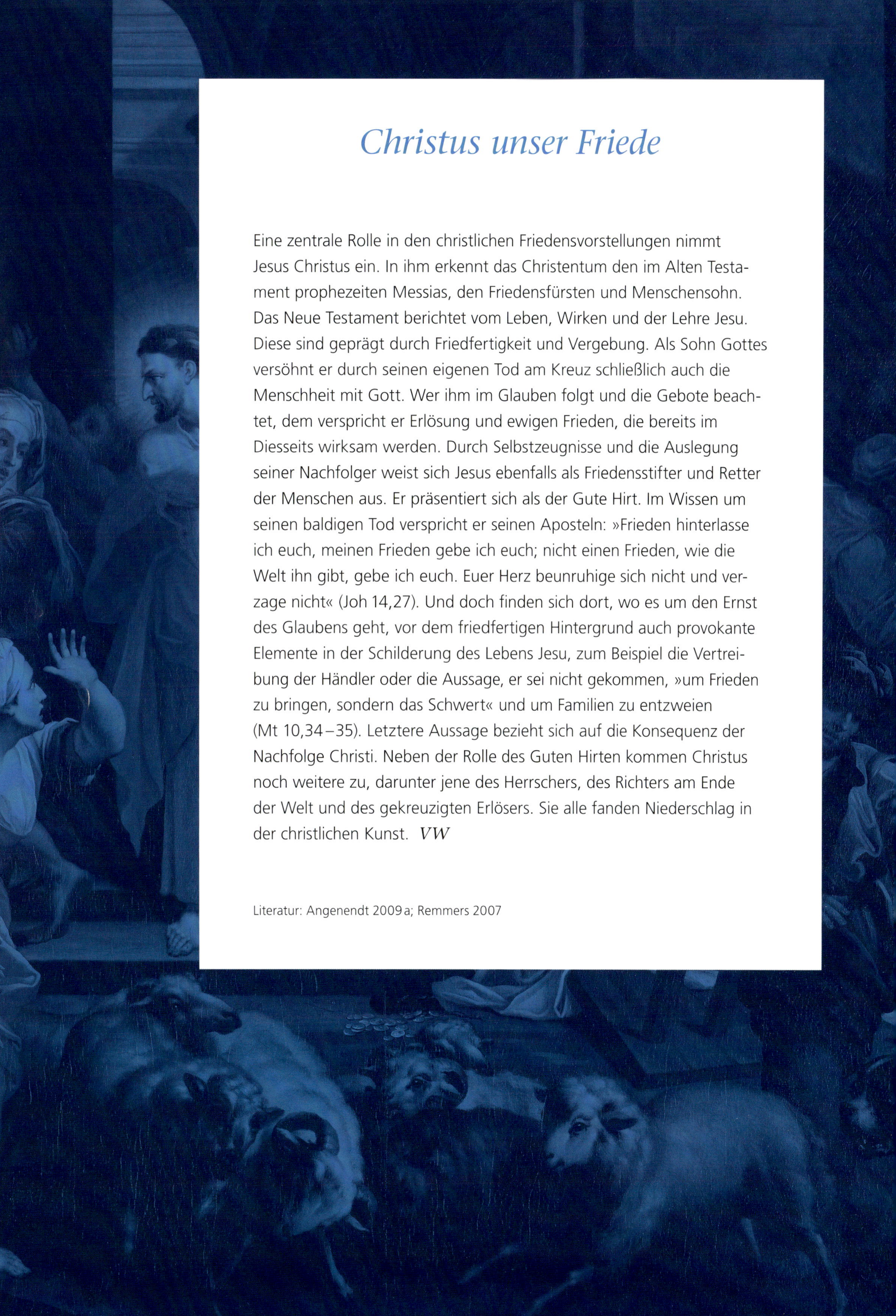

# *Christus unser Friede*

Eine zentrale Rolle in den christlichen Friedensvorstellungen nimmt Jesus Christus ein. In ihm erkennt das Christentum den im Alten Testament prophezeiten Messias, den Friedensfürsten und Menschensohn. Das Neue Testament berichtet vom Leben, Wirken und der Lehre Jesu. Diese sind geprägt durch Friedfertigkeit und Vergebung. Als Sohn Gottes versöhnt er durch seinen eigenen Tod am Kreuz schließlich auch die Menschheit mit Gott. Wer ihm im Glauben folgt und die Gebote beachtet, dem verspricht er Erlösung und ewigen Frieden, die bereits im Diesseits wirksam werden. Durch Selbstzeugnisse und die Auslegung seiner Nachfolger weist sich Jesus ebenfalls als Friedensstifter und Retter der Menschen aus. Er präsentiert sich als der Gute Hirt. Im Wissen um seinen baldigen Tod verspricht er seinen Aposteln: »Frieden hinterlasse ich euch, meinen Frieden gebe ich euch; nicht einen Frieden, wie die Welt ihn gibt, gebe ich euch. Euer Herz beunruhige sich nicht und verzage nicht« (Joh 14,27). Und doch finden sich dort, wo es um den Ernst des Glaubens geht, vor dem friedfertigen Hintergrund auch provokante Elemente in der Schilderung des Lebens Jesu, zum Beispiel die Vertreibung der Händler oder die Aussage, er sei nicht gekommen, »um Frieden zu bringen, sondern das Schwert« und um Familien zu entzweien (Mt 10,34–35). Letztere Aussage bezieht sich auf die Konsequenz der Nachfolge Christi. Neben der Rolle des Guten Hirten kommen Christus noch weitere zu, darunter jene des Herrschers, des Richters am Ende der Welt und des gekreuzigten Erlösers. Sie alle fanden Niederschlag in der christlichen Kunst. *VW*

Literatur: Angenendt 2009 a; Remmers 2007

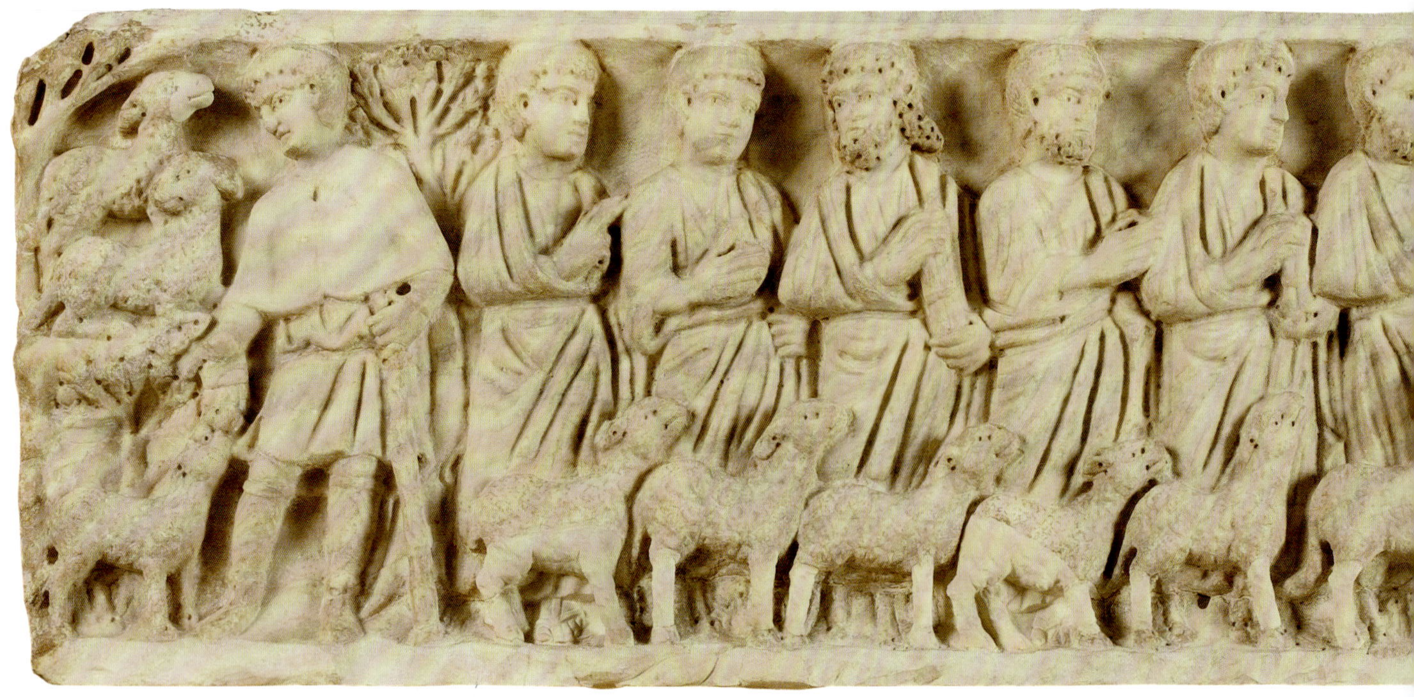

7

7

**Sarkophagfront mit Gutem Hirten und Apostelkollegium**

Römische Werkstatt, etwa 375–400;
weißer Marmor, 46 × 202 × 9 cm
Vatikanstadt, Musei Vaticani, Città del Vaticano,
Inv.-Nr. 31534

Literatur: AK Paderborn 2013, Kat.-Nr. 41, S. 55–57 (Umberto Utro); Hadley 2015; Koch 2000; Provoost 2004; Quasten 1946

Als Verkörperung des christlichen Friedensideals nimmt die Darstellung von Jesus Christus eine herausgehobene Stellung ein. Christus übernimmt im Neuen Testament die Rolle des Guten Hirten, welche im Alten Testament Jahwe zukam. So überliefert der Evangelist Johannes die Aussage Jesu: »Ich bin der gute Hirt. Der gute Hirt gibt sein Leben hin für die Schafe« (Joh 10,11). Seinen Schafen verspricht er ewiges Leben. Das ewige Leben ist für Christen mit der Vorstellung von dem friedlichen Ort des Himmlischen Jerusalems verbunden (Kat.-Nr. 16).

Die Darstellung des Guten Hirten entstammt der antiken Bilder- und Gedankenwelt. Sie findet ihr Vorbild in der griechischen Kultfigur des Widderträgers, des Kriophoros, sowie in der Vorstellung vom Psychopompos, eines Begleiters der verstorbenen Seelen. Darstellungen mit Hirten und Schafen bzw. Rindern waren in der Antike beliebt. Diese sogenannten bukolischen Szenen standen für Glück und Idylle.

Die Figur des Hirten bzw. des Schafträgers war zur Zeit des frühen Christentums bereits zu einem allgemein verbreiteten Bild des Seelenretters, eines Hoffnungsträgers geworden. Das Christentum übernahm das positiv besetzte Motiv und deutete es für seine Zwecke. Gerade in der Frühzeit ist daher die Unterscheidung zwischen spezifisch »christlichen« Hirten und »paganen« Hirten kaum möglich. In den ersten zwei Jahrhunderten ist selbst bei durch Beiwerk als klar christlich identifizierten Darstellungen der Gute Hirt nicht mit der Person Christi gleichzusetzen. Er steht vielmehr noch als allgemeines Sinnbild.

Auf der Sarkophagfront aus den Vatikanischen Museen ist der Hirte jedoch als Christus charakterisiert, da er von seinem Apostelkollegium umgeben wird. Angeführt von Petrus und Paulus, stehen auf beiden Seiten jeweils sechs Apostel mit Schafen zu ihren Füßen. An den Außenseiten

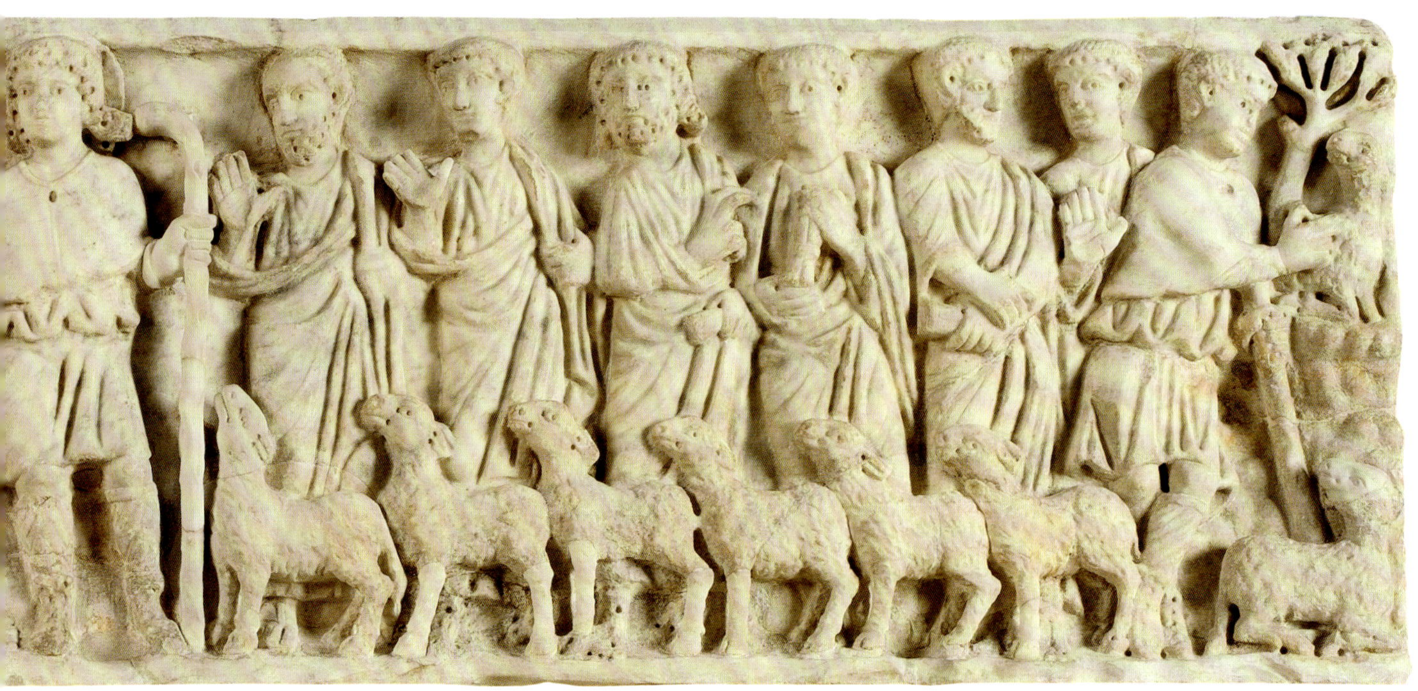

kümmern sich weitere Hirten um Schafe. Für diese Darstellung scheinen zwei christliche Motive miteinander verschmolzen zu sein: Christus als Lehrer im Kreise der Apostel sowie der christliche Gute Hirte, dem sich die Lämmer zuwenden. Das Motiv des Lämmerfrieses ist selten und vermutlich nur in der theodosianischen Zeit (379–455) verwendet worden. Damit entstand der Sarkophag etwa ein Jahrhundert nach dem Aufkommen spezifisch christlicher Sarkophage, zu einem Zeitpunkt, als die Sarkophagproduktion in Rom bereits ihren Zenit überschritten hatte. *VW*

8

## Lampe mit Schafträger und alttestamentlichen Szenen

Werkstatt des Florentius (Inschrift auf Unterseite), Rom, frühes 3. Jahrhundert; roter Ton, 5,4×10,4×15,1 cm
Berlin, Staatliche Museen zu Berlin – Preußischer Kulturbesitz, Skulpturensammlung und Museum für Byzantinische Kunst, Inv.-Nr. 2354

Literatur: AK Paderborn 2013, Kat.-Nr. 39, S. 52–53 (Jutta Dresken-Weiland); Hadley 2015; Finney 1994 (zur Lampe bes. S. 126–131)

Die Öllampe weist sich auf ihrer Unterseite als Produkt der Töpferei des Florentius aus. Diese Töpferei zählt zu dem Dutzend bekannter römischer Töpfereien aus dem ausgehenden 2. Jahrhundert. Auf ihrer Bildfläche (dem sogenannten Spiegel) zeigt sie als zentrales Motiv einen Hirten, der ein Schaf auf seinen Schultern trägt und weitere sieben Schafe zu seinen Füßen versammelt hat. Die christliche Deutung des Schafträgers ergibt sich durch die weiteren Elemente der Darstellung. So sind neben dem zentralen Motiv biblische Szenen dargestellt. Zur Rechten ist Jona im Maul eines großen Wals zu

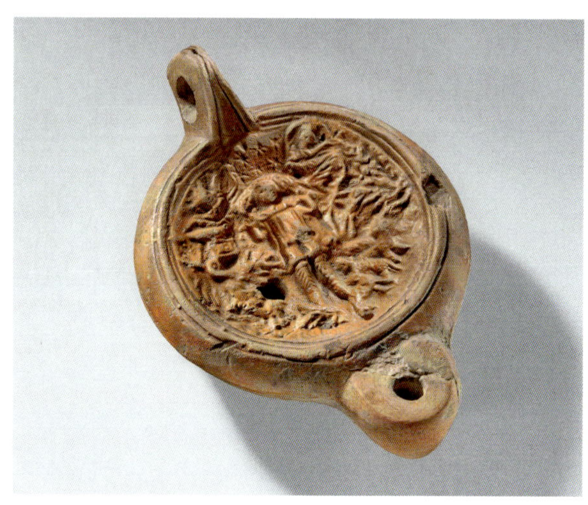

8

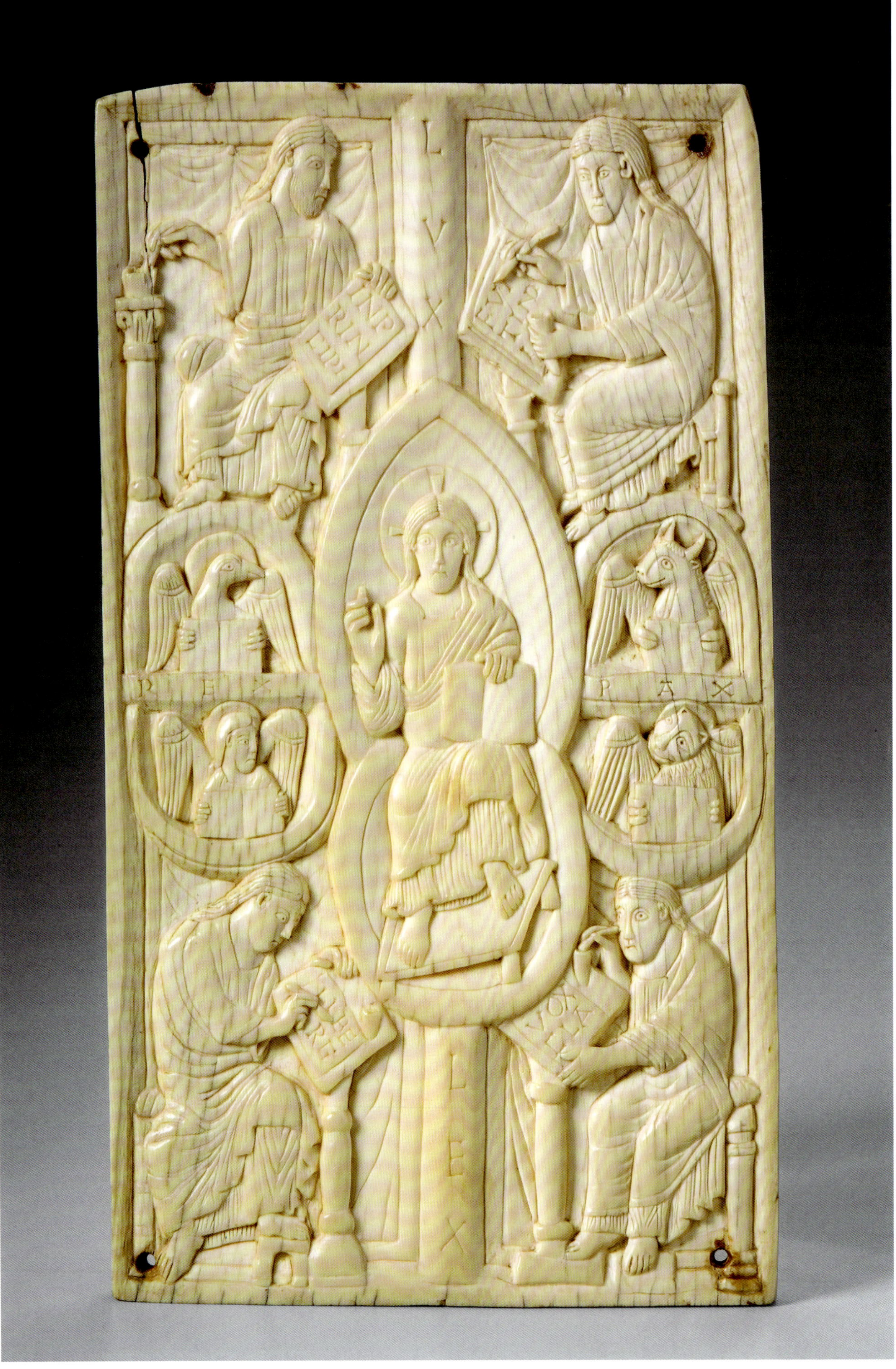


9

sehen, zur Linken ruht der ausgespiene Jona unter einer Kürbispflanze. Oberhalb der Szene von Jona und dem Wal repräsentiert ein Vogel auf einem rechteckigen Kasten die Arche Noah. Im Frühchristentum wurde die Arche oft als einfacher Kasten und ohne Menschen dargestellt. Der Vogel ist daher als Taube zu deuten. Über der Szene des ruhenden Jonas ist ebenfalls ein Vogel zu entdecken. Er kann durch die sieben Sterne über der Hirtenfigur als Hinweis auf das als Tauben gedeutete Sternbild des Siebengestirns (Plejaden) gedeutet werden. Die Sterne werden gerahmt von den Büsten des Sonnen- und Mondgottes (Helios und Selene). Die Plejaden zusammen mit den Personifikationen von Sonne und Mond verweisen auf den Kosmos, während die Jona-Darstellungen und die Arche Noah auf den Aspekt der Hoffnung und Rettung hindeuten. *VW*

9

## Majestas Domini

Köln, 960–980; Elfenbein, 21×11,7×0,8 cm
Darmstadt, Hessisches Landesmuseum,
Inv.-Nr. Kg 54:209

Literatur: AK Köln 2011, Kat.-Nr. 1, S. 246–247 (Iris Metje); Favreau 2003; Jülich 2007, Nr. 14, S. 88–90

Die ursprüngliche Verwendung der Elfenbeintafel lässt sich aus den Bohrlöchern in ihren vier Ecken und vor allem aus der Darstellung der Majestas Domini (»Herrlichkeit des Herrn«) herleiten. Bei der Majestas Domini wird Christus thronend, von einer Lichtglorie umgeben und zumeist zusammen mit den vier Evangelisten bzw. ihren Symbolen dargestellt. Das Motiv findet sich häufig auf Einbänden oder Anfangsseiten von Evangeliaren. Ein Evangeliar ist eine Handschrift, die die Schriften der vier Evangelisten Markus, Lukas, Matthäus und Johannes umfasst. Diese vier sind auf der Darmstädter Tafel beim Verfassen ihrer Texte sowie mit ihren Symbolen, den vier apokalyptischen Wesen (Löwe, Stier, Mensch und Adler nach Ez 1,4–10), um die zentrale Darstellung Christi angeordnet. In den aufgeschlagenen Büchern der Evangelisten sind Sätze vom Textbeginn ihres jeweiligen Evangeliums zu lesen.

Christus selbst thront in der Mitte vor dem Scheitelpunkt des Kreuzes, das die Tafel in vier hochrechteckige Felder teilt. Auf den vier Kreuzarmen sind Wörter angebracht. Zu Christi Rechten und flankiert von den Evangelistensymbolen des Adlers und Menschen »REX«, zu Christi Linken und flankiert von Stier und Löwe »PAX«. Auf dem senkrechten Kreuzbalken unterhalb Christi ist »LEX« und oberhalb »LUX« zu lesen.

Lux, Pax, Lex, Rex – Licht, Friede, Gesetz und König. Mit der Nennung dieser vier Attribute wird Christus als Friedensfürst ausgezeichnet. So berichtet Jesaja 9,1 bzw. 9,5–6: »Das Volk, das im Dunkel lebt, sieht ein helles Licht; über denen, die im Land der Finsternis wohnen, strahlt ein Licht auf« bzw. »Denn uns ist ein Kind geboren, ein Sohn ist uns geschenkt. Die Herrschaft liegt auf seiner Schulter; man nennt ihn: Wunderbarer Ratgeber, Starker Gott, Vater in Ewigkeit, Fürst des Friedens. Seine Herrschaft ist groß und der Friede hat kein Ende. Auf dem Thron Davids herrscht er über sein Reich; er festigt und stützt es durch Recht und Gerechtigkeit, jetzt und für alle Zeiten. Der leidenschaftliche Eifer des Herrn der Heere wird das vollbringen.« Die Jesajastelle wird auch im Introitus zur 2. Weihnachtsmesse aufgegriffen.

Anregungen für die Gestaltung der Tafel mag der unbekannte Künstler aus franko-sächsischen Werken, aber wohl vor allem aus Werken der Kölner Hofschule Karls des Kahlen gezogen haben. Hier sei vor allem der Codex Aureus aus St. Emmeram (München, Bayerische Staatsbibliothek, Sign. Clm 14000) genannt. Das Spiel mit den Einsilbern Rex, Lex, Lux, Pax scheint seinen Ursprung bei den Autoren und Dichter der karolingischen Renaissance zu haben. Sie finden sich in Gedichten und Grabinschriften jener Zeit.

Die Verwendung in Kombination mit einer Majestas Domini ist bereits in dem Evangeliar von Prüm (um 850 in Tours, heute in Berlin, Staatsbibliothek, Ms. Theol. Lat. Fol. 733) gegeben. Der thronende Christus auf fol. 12 v ist hier durch einen Kreuznimbus ausgezeichnet, dessen drei sichtbare Kreuzarme mit den Worten rex, lex, lux beschriftet sind. Rund 100 Jahre später ist nun auch die vierte Eigenschaft, der Friede durch Christus, präsent. *VW*

10

## Das Christuskind als »Salvator Mundi« (Retter der Welt) in einer Ornamentkartusche mit Blumengirlande

Jan van Kessel d. Ä. (Blumen und Insekten), Erasmus Quellinus d. J. (zugeschrieben) (Kartusche und Figur), um 1670; Öl auf Holz, 39,6 × 27,7 cm; signiert unten links »Jvan Kessel«, Tafelmacherzeichen auf der Rückseite: FDB (François de Bout)
SØR Rusche Sammlung Oelde/Berlin

Literatur: AK Rotterdam 2008, S. 113, Nr. 115; Raupp 2004, Kat.-Nr. 30, S. 150–153 (Hans Jörg Czech) (mit Vergleichsabbildung eines Kupferstiches von Hieronymus Wierix)

Eine steinerne Kartusche wird von einer Blumengirlande mit Insekten umkränzt. In der Mitte ist das Christuskind zu sehen, das als siegreicher Herrscher einen Kreuzstab mit Fahne hält, das »Siegzeichen des Kreuzes« *(vexillum crucis)*. Das Kind steht mit Segensgestus auf einem Globus, um den sich die Schlange windet, das Symbol für die Versuchung. Das Bild, das Christus als Triumphator zeigt (Knipping 1939/40, Bd. 1, S. 77), der den Gläubigen Frieden bringt, entspricht dem biblischen Wort: »Denn er (Christus) ist unser Friede« (Eph 2,14). Dabei trifft sich die Darstellung aus dem Zeitalter der konfessionellen Kämpfe durchaus mit dem Verständnis der biblischen Zeugnisse, nach denen im Mittelpunkt der Botschaft Jesu Gottes Herrschaft und Reich stand (Lachner 2003, S. 71).

10

Das kleinformatige Gemälde diente der privaten Andacht und war Ausgangspunkt des häuslichen Gebets, das im konfessionellen Zeitalter von allen Seiten gefordert und gefördert wurde (Härting 2010/11). Das Reliefbild des Christusknaben ähnelt einem Kupferstich von Raphael Sadeler, der in einem Gebetbuch von Mattia Ceschi de Sancta-Cruce verwendet wurde (Ceschi 1617, S. 117).

Das bunte Kolorit, die Form der Kartusche, die locker gesteckten Blüten zusammen mit der Fülle von Getier zeigen eine große Nähe zu anderen Werken Jan van Kessels um etwa 1670. Van Kessel ging wahrscheinlich bei seinem Onkel Jan Brueghel d. J. in die Lehre. Seit etwa 1650 erweiterte er seine Themen um Landschaften mit den vier Elementen und um allegorische oder mythologische Szenen, auf denen häufig Tiere und Insekten dargestellt sind. Einen bildlichen Spaß erlaubte sich der Maler, indem er eine leuchtende Raupe der grauen Relief-Schlange entgegenkriechen lässt. *TFu*

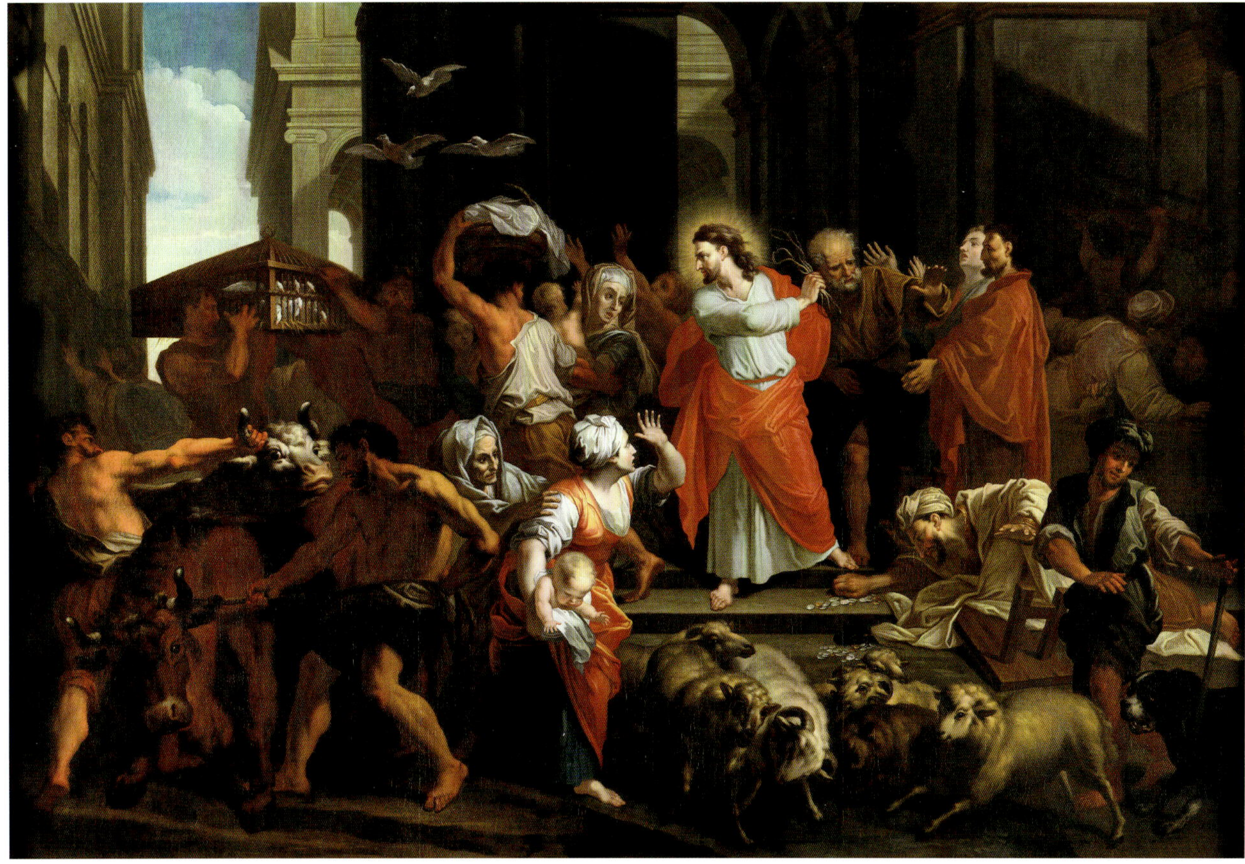

11

**11**

## Vertreibung der Händler aus dem Tempel

Gerhard Koppers, 1746; Öl auf Leinwand, 143×209 cm
Münster, Domkapitel des St.-Paulus-Domes

Literatur: AK Münster 1993, Nr. C 8.14, S. 709–710 (Rainer Brandl); Hesse-Frielinghaus 1948; Söding 1992; Stowasser 2007

Die von Gerhard Koppers gemalte Darstellung der Vertreibung der Händler scheint im Widerspruch zur Friedfertigkeit Christi zu stehen. Alle vier Evangelisten berichten über den Vorfall. Markus schildert es wie folgt: »Dann kamen sie nach Jerusalem. Jesus ging in den Tempel und begann, die Händler und Käufer aus dem Tempel hinauszutreiben; er stieß die Tische der Geldwechsler und die Stände der Taubenhändler um [...]. Er belehrte sie und sagte: Heißt es nicht in der Schrift: Mein Haus soll ein Haus des Gebetes für alle Völker sein? Ihr aber habt daraus eine Räuberhöhle gemacht« (Mk 11,15–16).

Im Jahr 70 n. Chr. wurde der Jerusalemer Tempel zerstört. Bis dahin besaß er einen Tempelmarkt, in dem die Pilger Geld wechseln und die benötigten Opfertiere erwerben konnten. Das Vorgehen Jesu gegen die Händler kann als Kritik an dem »ökonomischen Missbrauch des Tempelkultes« gesehen werden (Stowasser 2007, S. 43). Er nimmt Partei für die Armen und richtet seine Wut gegen die Profitgier der Tempelaristokratie.

Koppers schuf das Gemälde für ein Mitglied des münsterischen Domkapitels, Johann Wilhelms Freiherr von Twickel (gest. 1757). Er ist durch sein Wappen und seine Initialen am Rahmen als Auftraggeber ausgewiesen. Der Maler griff für das Gemälde auf eine Vorlage des französischen Künstlers Jean Jouvenet (1644–1717) zurück. Nachdem das Gemälde einst im Langhaus hing, wird es nun im Kapitelsaal des Domes aufbewahrt. *VW*

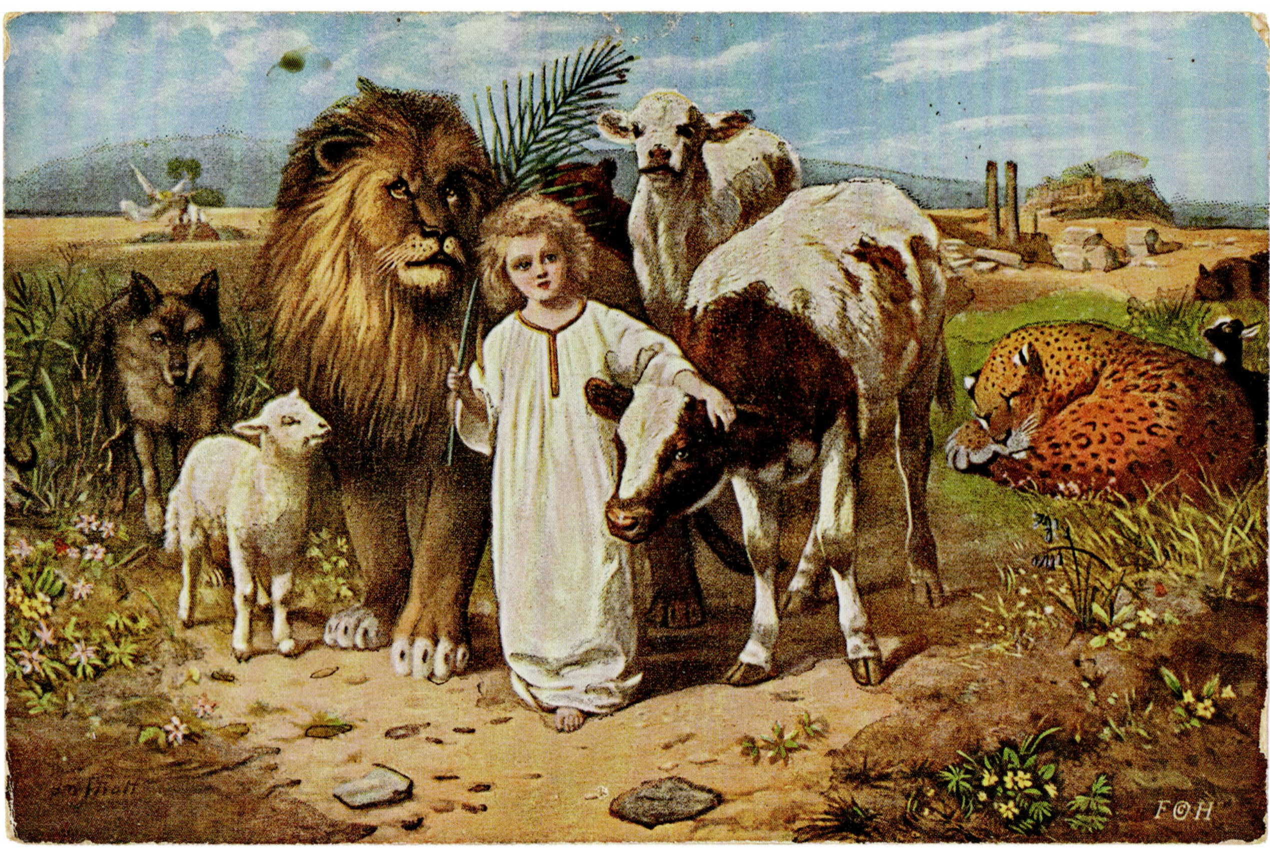


12 a

**12 a**

## Peace: a little child shall lead them

Bildpostkarte nach William Strutt, München, 1896, Hanfstaengls Künstlerkarte Nr. 166; Papier, 8,9 × 13,9 cm
Sammlung des Bistums Münster

**12 b**

## Noah-Taube

Buchillustration zur Ausstellung; Barbara Nascimbeni, 2017; Papier, 28 × 28 cm

Literatur: zum Tierfrieden: Knörzer/Baumgartner 2006, S. 31; Lutterbach 2001; Wisskirchen 2009; zu Strutt: Fromm 2013, S. 62; Buchheit 2013; Forward o. J.; Egbringhoff/Flammer/Lange 2018

Die Bildpostkarte mit einer Darstellung des Tierfriedens reproduziert das Gemälde »Peace: a little child shall lead them« (»Frieden: Ein kleines Kind soll sie führen«, 1896) des britischen Historienmalers William Strutt (1825 – 1915), das sich in der Kathedrale von Brecon in Wales befindet. Dargestellt ist ein Frieden, wie er von Jesaja in der Bibel beschrieben wird: »Dann wohnt der Wolf beim Lamm, der Panther liegt beim Böcklein. Kalb und Löwe weiden zusammen, ein kleiner Knabe kann sie hüten. Kuh und Bärin freunden sich an, ihre Jungen liegen beieinander. Der Löwe frisst Stroh wie das Rind. Der Säugling spielt vor dem Schlupfloch der Natter, das Kind streckt seine Hand in die Höhle der Schlange. Man tut nichts Böses mehr und begeht kein Verbrechen auf meinem ganzen heiligen Berg; denn das Land ist erfüllt von der Erkenntnis des Herrn, so wie das Meer mit Wasser gefüllt ist« (Jes 11, 6 – 10). Alle Tiere – Wolf, Lamm, Löwe, Bär, Kühe, Leopard und Ziegenbock – sind gezähmt

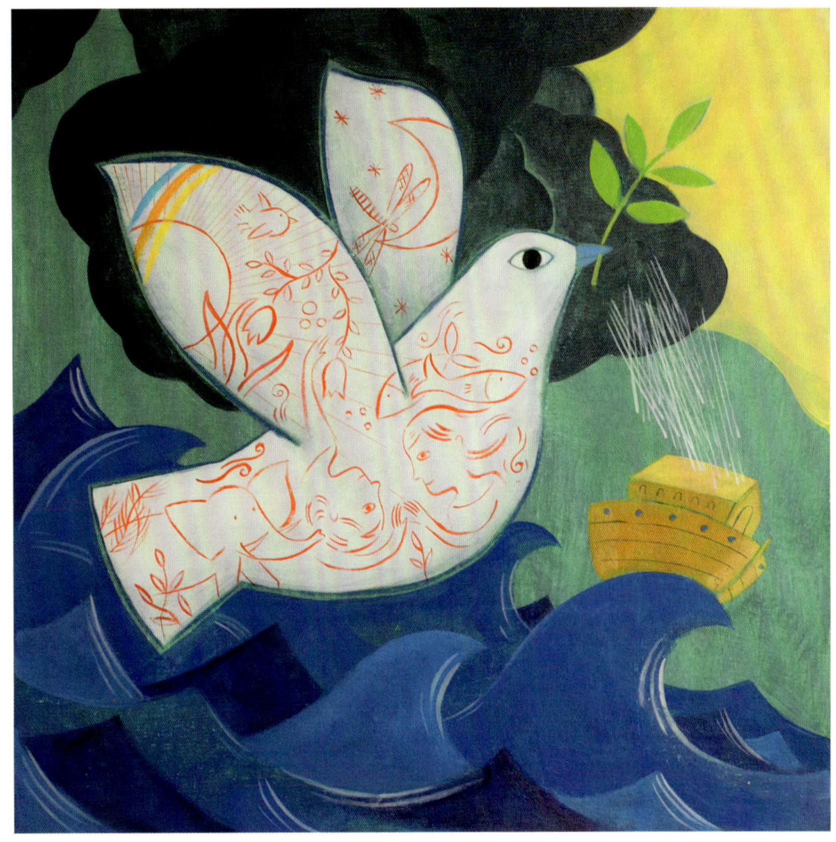

12 b

durch das barfüßige, engelsgleiche Kind. Es hält in seiner Linken einen Palmzweig. Das Kind ist Christus, der Messias, der die Tiere in eine neue, friedliche Welt führt. Es ist die Vision, dass in der Endzeit ein allumfassender Friede herrscht. Eingebettet ist die Szenerie in eine eher karge Ruinenlandschaft, unmittelbar um die Tiere herum findet sich aber viel Grün. Den Gedanken des Tierfriedens griffen auf der Schwelle zum 20. Jahrhundert viele Künstler auf. So spiegeln die Paradiesdarstellungen Chagalls, Marcs oder Mackes ebenfalls den Traum einer friedlichen Welt wider – dort allerdings ohne die Person des Heil bringenden Messias.

Das naiv anmutende Motiv William Strutts wurde Anfang des 20. Jahrhunderts auf (Post-) Karten reproduziert und war seinerzeit – die Welt stand kurz vor dem Ersten Weltkrieg – von enormer Popularität; Strutt hat es den Beinamen »Maler des Friedens« eingebracht, der sich auch auf seinem Grabstein befindet.

In der Ausstellung dient die Postkarte »Peace« als Ausgangspunkt einer Erzählebene für junge Besucherinnen und Besucher und für Familien. Der Kinderbuchautor Rainer Oberthür entwickelt eine Geschichte, in der ein kleiner Vogel die Figuren Löwe und Lamm – die in »Peace« friedvoll zusammenleben – nach der Idee des christlichen Friedens befragt. Die Protagonisten durchwandern gemeinsam die Ausstellung, sie erkunden Wege und Irrwege des christlichen Friedensgedankens, der sie am Ende zu einer Erkenntnis führt. Das anlässlich der Ausstellung erscheinende Kinderbuch wird illustriert von Barbara Nascimbeni, die einen emotionalen Zugang zu dem komplexen Thema ermöglicht und zur Selbstbefragung einlädt. Mehrere Originalillustrationen sind in der Ausstellung zu finden. *EL*

13

## Das glückliche Weltalter

Christian Bernhard Rode, 1778; Radierung, 31,9×47,8 cm
Staatsgalerie Stuttgart, Graphische Sammlung,
Inv.-Nr. An 4228

Literatur: AK Kiel 1986, S. 20 (Christina Langsch, Dietrich Manzey), S. 24–25 (Christina Langsch), AK Stuttgart 2011, Kat.-Nr. 26 (Hans Martin Kaulbach)

Insgesamt ist der Tierfrieden in der Kunst Europas recht selten. Darstellungen nach Jesaja 11, 6–10 sind in einer Reihe spätantiker Mosaike und im Dom zu Speyer zu finden. Bekannt sind die Gemälde zum »Königreich des Friedens« des amerikanischen Künstlers Edward Hicks aus dem frühen 19. Jahrhundert. Eine am biblischen Text orientierte Darstellung des Tierfriedens ist eine Radierung von Bernhard Rode (1725–1797) aus dem Jahr 1778. Rode stand in seiner Vorstellung von Religion ganz in der Tradition der Aufklärung, die Religion als ein Erzeugnis der menschlichen Vernunft ansah. Kennzeichnend für diese Auffassung war es, die »Existenz Gottes aus der Ordnung der geschaffenen Welt und der sie steuernden Naturgesetze abzuleiten«. Gott wurde nicht mehr vorrangig als Weltenrichter, sondern als gütiger Schöpfer verstanden (AK Kiel 1986, S. 20). Die Radierung zeigt neben dem Tierfrieden das Motiv »Schwerter zu Pflugscharen« und war eine Allegorie auf zeitgenössische Friedensschlüsse. Es ist wahrscheinlich, dass Rode selbst keine weiteren Darstellungen des Tierfriedens kannte. *KE*

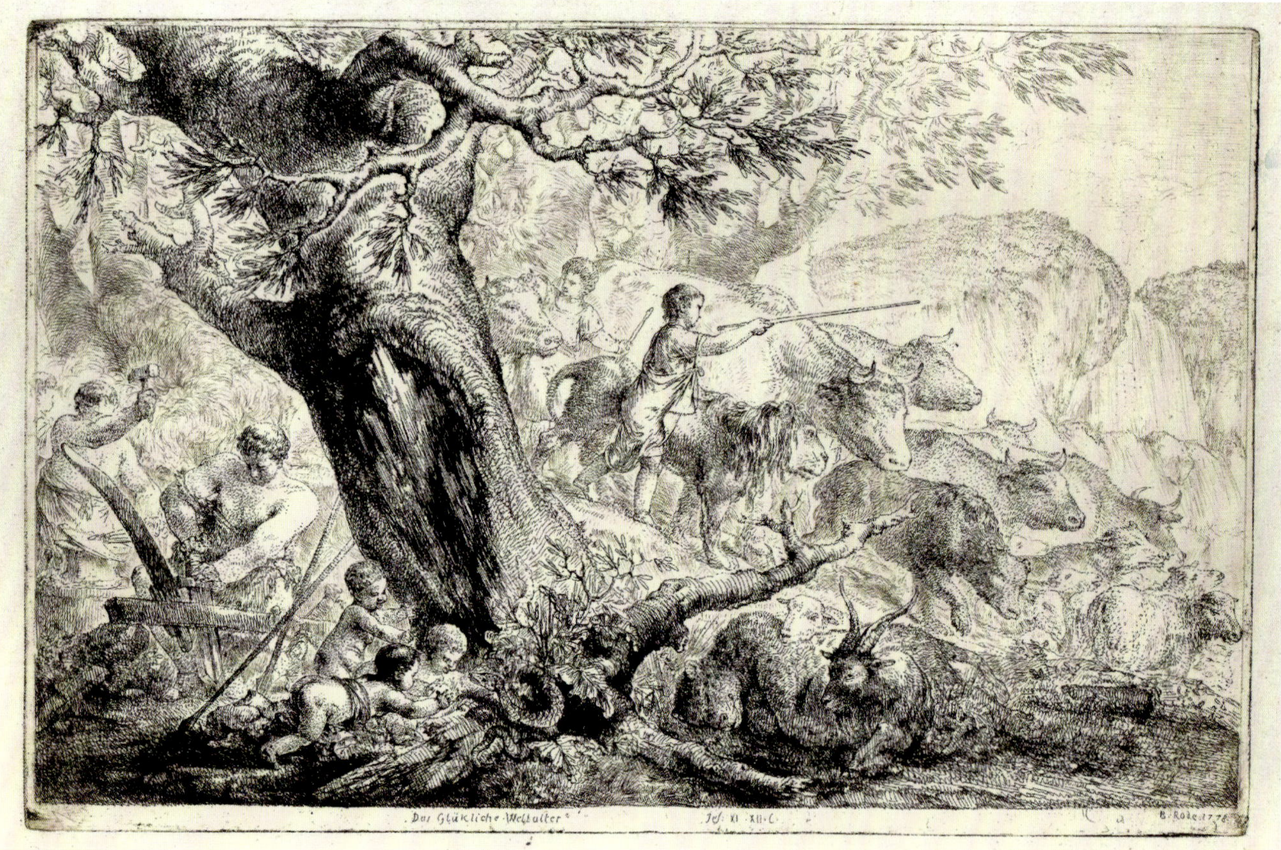


13

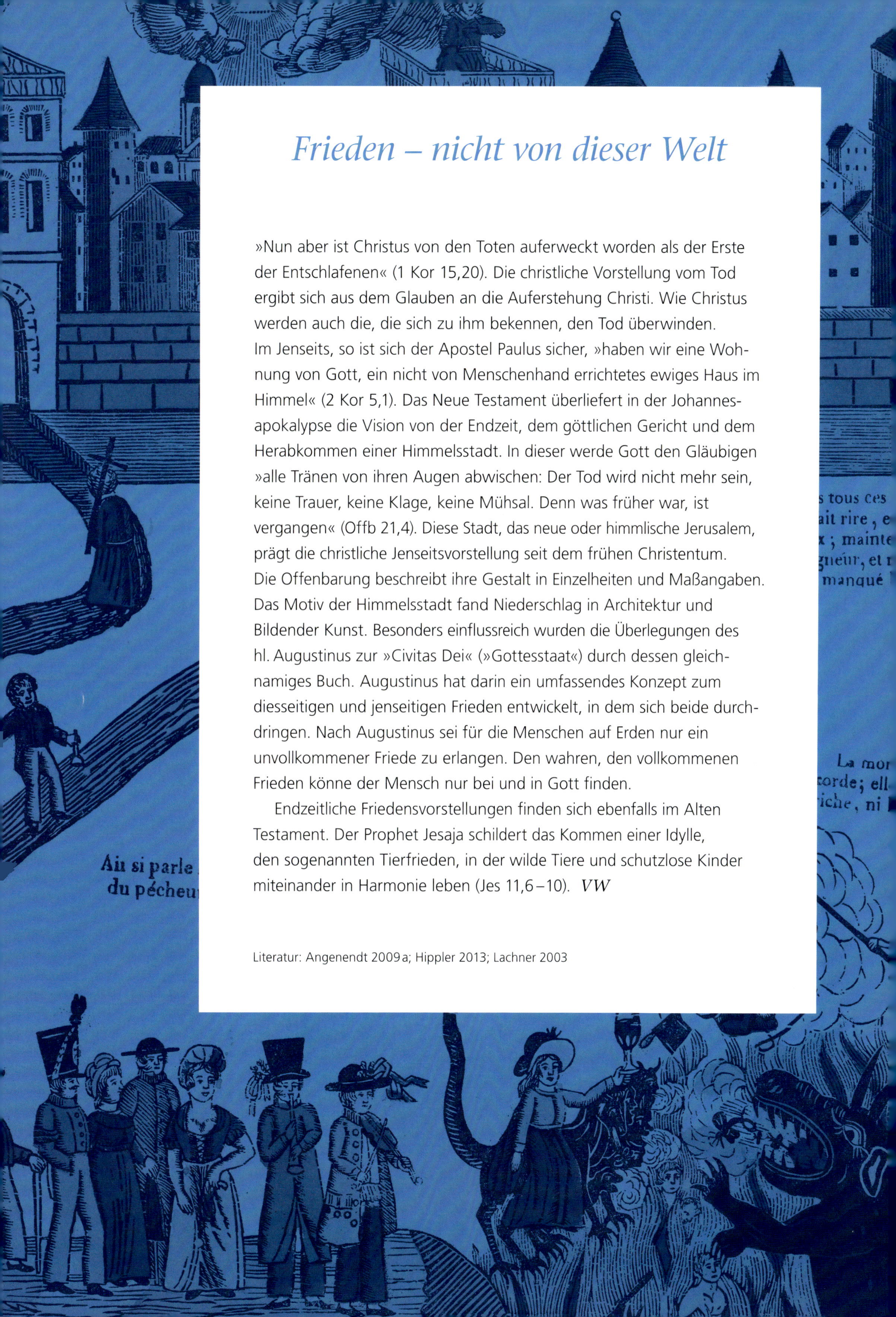

# *Frieden – nicht von dieser Welt*

»Nun aber ist Christus von den Toten auferweckt worden als der Erste der Entschlafenen« (1 Kor 15,20). Die christliche Vorstellung vom Tod ergibt sich aus dem Glauben an die Auferstehung Christi. Wie Christus werden auch die, die sich zu ihm bekennen, den Tod überwinden. Im Jenseits, so ist sich der Apostel Paulus sicher, »haben wir eine Wohnung von Gott, ein nicht von Menschenhand errichtetes ewiges Haus im Himmel« (2 Kor 5,1). Das Neue Testament überliefert in der Johannesapokalypse die Vision von der Endzeit, dem göttlichen Gericht und dem Herabkommen einer Himmelsstadt. In dieser werde Gott den Gläubigen »alle Tränen von ihren Augen abwischen: Der Tod wird nicht mehr sein, keine Trauer, keine Klage, keine Mühsal. Denn was früher war, ist vergangen« (Offb 21,4). Diese Stadt, das neue oder himmlische Jerusalem, prägt die christliche Jenseitsvorstellung seit dem frühen Christentum. Die Offenbarung beschreibt ihre Gestalt in Einzelheiten und Maßangaben. Das Motiv der Himmelsstadt fand Niederschlag in Architektur und Bildender Kunst. Besonders einflussreich wurden die Überlegungen des hl. Augustinus zur »Civitas Dei« (»Gottesstaat«) durch dessen gleichnamiges Buch. Augustinus hat darin ein umfassendes Konzept zum diesseitigen und jenseitigen Frieden entwickelt, in dem sich beide durchdringen. Nach Augustinus sei für die Menschen auf Erden nur ein unvollkommener Friede zu erlangen. Den wahren, den vollkommenen Frieden könne der Mensch nur bei und in Gott finden.

Endzeitliche Friedensvorstellungen finden sich ebenfalls im Alten Testament. Der Prophet Jesaja schildert das Kommen einer Idylle, den sogenannten Tierfrieden, in der wilde Tiere und schutzlose Kinder miteinander in Harmonie leben (Jes 11,6–10). *VW*

Literatur: Angenendt 2009a; Hippler 2013; Lachner 2003

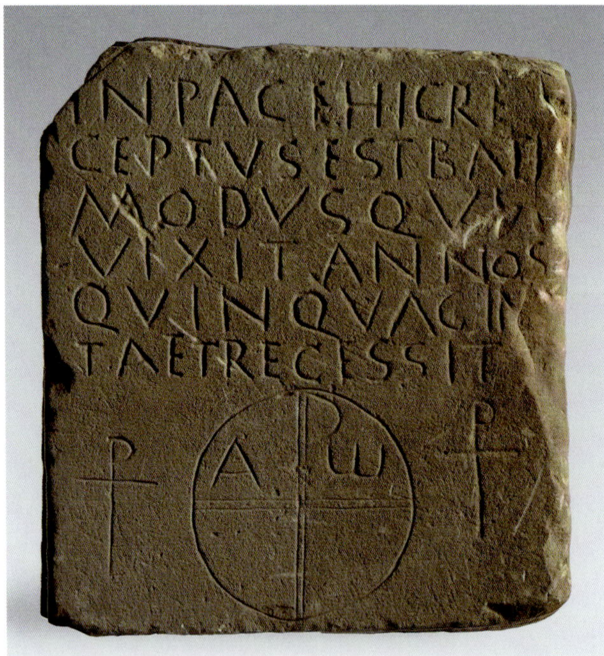


14

**14**

## Batimodus-Stein

Niederrhein, Anfang 5. Jahrhundert;
Sandstein, 67 × 62 × 16,5 cm
LVR-Archäologischer Park Xanten, Inv.-Nr. XBa 238

Literatur: Otten/Ristow 2008; Runde 2003;
Tiefenbach 1986

RIP (»Requiescat in Pace«/»Ruhe in Frieden«) ist eine bis in unsere Zeit geläufige Formel beim Tod eines Menschen. Sie findet sich bereits im Frühchristentum und zeugt von der Bedeutung von Vorstellungen des jenseitigen Friedens für das Christentum. Der Tod stellt nur eine Zäsur, nicht jedoch das Ende dar. Die Christen glauben, dass sie nach dem Tod am Jüngsten Tag in ein friedliches Reich aufgenommen werden. So wurde auch Batimodus, als er vor etwa 1 600 Jahren im Gebiet des heutigen Xanten starb, der Wunsch nach Frieden auf seinem Grabstein mitgegeben: »In Frieden ist hier aufgenommen Batimodus, der fünfzig Jahre gelebt hat und von hinnen gegangen ist« (IN PACE HIC RE/CEPTVS EST BATI/MODVS QVI/VIXIT ANNOS/QVINQVAGIN/TA ET RECESSIT). Unter der Inschrift sind drei Christogramme angebracht, deren mittleres durch eine Kreisrahmung hervorgehoben wird. Über den Kreuzbalken sind A und ω angebracht, sie verweisen auf die Aussage Christi in der Offenbarung, »Ich bin das Alpha und das Omega, der Erste und der Letzte, der Anfang und das Ende« (Offb 22,13).

Die Grabplatte wurde 1953 bei Ausgrabungen unter dem Xantener Dom entdeckt, wo sie für ein Frauengrab des 6. Jahrhunderts wiederverwendet worden war. Sie ist nicht eindeutig zu datieren. Jedoch sprechen Schriftform und die Verwendung der christlichen Motive für eine Entstehung um die Wende vom 4. zum 5. Jahrhundert. In jener Zeit bestand auf dem Gebiet des heutigen Xanten eine römische Siedlung, der Rest einer Veteranenkolonie. Zwar ist für Xanten keine etablierte christliche Siedlung in spätrömischer Zeit nachweisbar, doch belegt der Batimodus-Stein das Vorhandensein einzelner Christen. *VW*

**15**

## La Nouvelle Jerusalem

Épinal, 19. Jahrhundert; kolorierter Holzschnitt, 45,5 × 65 cm
Münster, Sammlung des Bistums Münster

Literatur: Hopkin 2003; Massing 1997

Der kolorierte Holzschnitt aus der Stadt Épinal stellt auf einem Bilderbogen das »Neue Jerusalem« als Verheißung für die rechtgläubigen Christen dar. Den falschen Weg eingeschlagen haben die Teilnehmer der langen Prozession im unteren Bildfeld. In den Kleidern des 19. Jahrhunderts treten die Prozessionsteilnehmer durch eine große Pforte. Diese, so erklärt die Bildunterschrift, stehe für jeden jederzeit offen. Tausende seien bereits durch sie geschritten, Kleine und Große, Arme und Reiche. So umfasst die Prozession Kinder und Erwachsene, eine Bäuerin

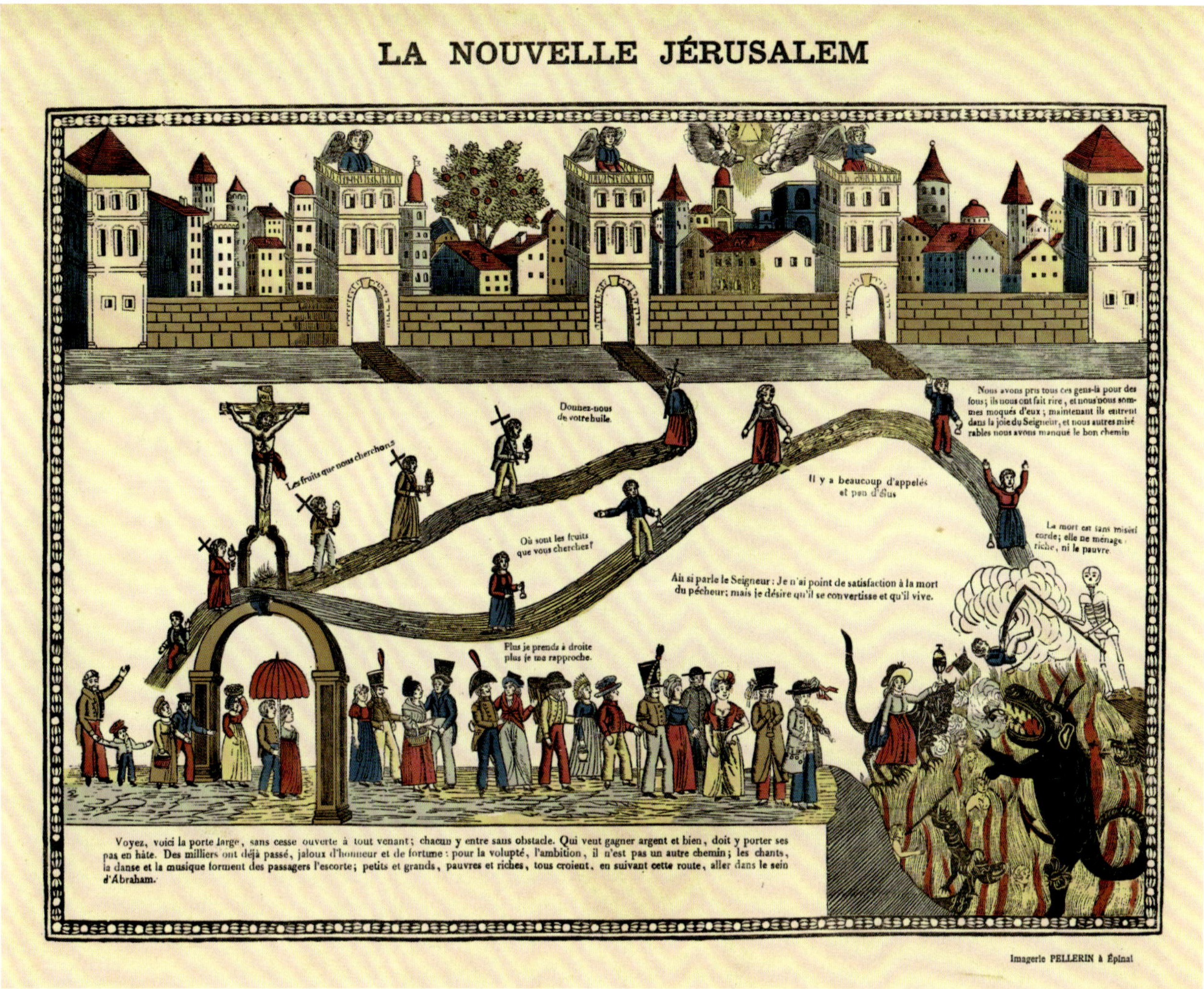

15

genauso wie einen Offizier und Musiker.
Am Ende der Prozession wartet die Hölle mit einem teuflischen Untier. Die Hölle, so der Beitext, habe kein Erbarmen und unterscheide nicht zwischen Arm und Reich. Über der Prozession schreiten vier Menschen auf einem geschwungenen Pfad. Sie halten umgekippte, leere Öllampen in ihrer Hand, die auf das biblische Gleichnis von den klugen und den törichten Jungfrauen verweisen (Mt 25,1–13). Das Ende ihres Pfades führt auch sie in die Hölle. Nur wenige haben den Pfad gewählt, der durch die enge Pforte unterhalb des gekreuzigten Christus aufwärts zu einer Himmelsstadt führt (nach Mt 7,13–14). Die Wanderer auf diesem Pfad haben ein Kreuz geschultert und halten leuchtende Öllampen in der Hand. Für ihre klugen Entscheidungen schreiten diese Christen den Pfad empor zum Himmlischen Jerusalem, das hier als ummauerte Stadt mit Engeln auf den Wehrtürmen dargestellt ist.

Die Familie Pellerin hatte im ausgehenden 18. Jahrhundert in der Stadt Épinal in den Vogesen die erste Druckerei gegründet, in der einfache Holzschnitte mit moralischen Bildmotiven in hoher Auflage hergestellt wurden und die bis heute besteht. *VW*

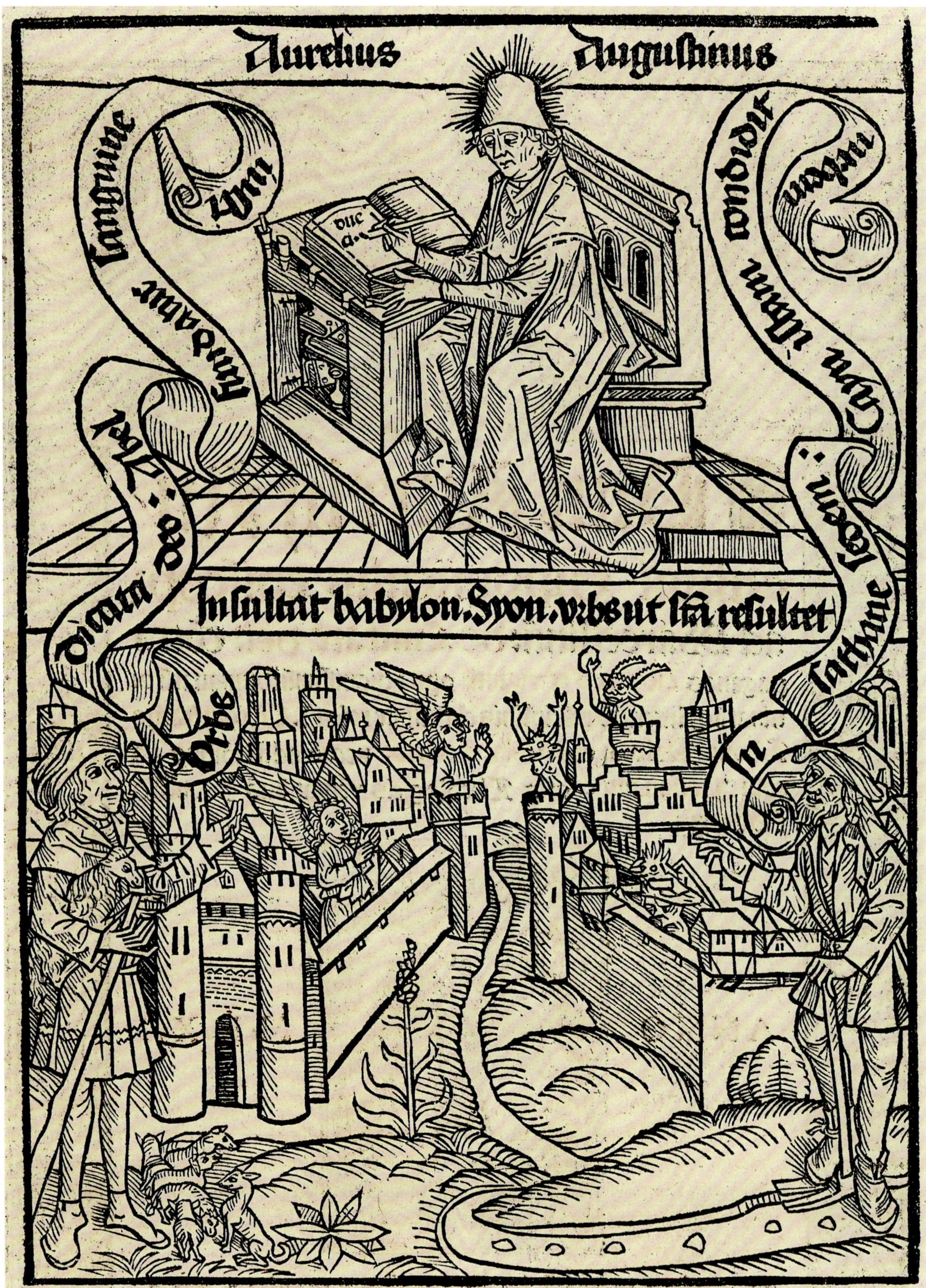
Aurelius
Augustinus
Insultat babylon. Syon. vrbs ut sca resultet

16

## De Civitate Dei

Augustinus, Basel 1515
Münster, Diözesanbibliothek,
Signatur OFM C 61

Literatur: Budzik 1988

Das Wesen des irdischen und himmlischen Friedens und das Durchdringen des irdischen und himmlischen Staates erörtert der Kirchenvater Augustinus in seinem 22 Bücher umfassenden Werk »Über den Gottesstaat« (»De Civitate Dei«). Augustinus verfasste die Schrift wenige Jahre nach der Eroberung Roms durch die Westgoten im Jahr 410. Sie war als Reaktion auf die Kritiker des Christentums gedacht, welche die Schuld für dieses Unheil in der neuen Religion sahen. Augustinus weist den Vorwurf zurück, der christliche Gott habe die Seinen nicht geschützt. Mit dem Leid wolle der allgegenwärtige christliche Gott prüfen und strafen. Vor allem aber habe er »einen ewigen Lohn für fromm erduldete zeitliche Übel in Bereitschaft« (Buch 1,29). Der ewige Lohn, der »Frieden im ewigen Leben oder [...] ewiges Leben im Frieden« (Buch 19,11) sei »das höchste Gut« der Gottesstadt (lat. civitas: Stadt, Staatswesen) und somit den Bewohnern des himmlischen Gottesstaats vorbehalten. Im irdischen Leben hingegen sei wahrer und dauerhafter Frieden nicht zu finden.

In den vier letzten Büchern entwirft Augustinus das Bild von zwei Gemeinschaften, der »civitas dei« und der »civitas terrena«, die im irdischen Leben untrennbar vermischt sind. Erst am Ende der Heilsgeschichte werden sie endgültig geschieden werden. Solange pilgern die beiden Gemeinschaften vermischt auf ihrem Weg, wobei das höchste Ziel der »civitas dei« der ewige Frieden ist, der durch den rechten Gebrauch der irdischen Güter erworben wird, die im Begriff der »pax terrena« zusammengefasst werden.

In seinem einflussreichen Buch und in vielen anderen Schriften überwindet Augustinus die als Selbstverständlichkeit geltende römische Auffassung, die im bekannten Spruch des Vegetius formuliert ist, »si vis pacem, para bellum« (Willst du Frieden, so bereite den Krieg vor). Augustinus lässt sich keine Gelegenheit entgehen, den menschenunwürdigen Krieg anzuprangern. In diesem Zusammenhang ist auch seine außerhalb der »Civitas dei« entwickelte Theorie des Gerechten Krieges von Bedeutung. Augustinus stützt sich dabei, wie sein erster kirchlicher Lehrer Ambrosius, auf Cicero. Das auslösende Moment für diese Stellungnahmen waren allerdings apologetische Motive gegen manichäische und heidnische Polemik.

Es gibt bei Augustinus Stellen, die ihn als Pazifisten erscheinen lassen, andere, in denen er als Apologet des Krieges erscheint. Die genauere Betrachtung ergibt, dass er in seinem umfangreichen Schrifttum zwei Gedankengänge verfolgt: Zum einen gilt ihm das Primat der Friedensidee (»pace pacem non bello«, »Frieden durch Frieden, nicht durch Krieg«). Zum anderen macht er eine Konzession an die Auffassung, dass Krieg unter Umständen als Mittel zum Frieden angesehen werden muss. Er war überzeugt, dass sich die Kirche nicht leisten könne, eindeutig pazifistische Stellung zu beziehen. Das stünde im Konflikt mit der biblischen Überlieferung und mit wohl begründeten politischen Notwendigkeiten. Daher ist es ihm wichtig, nach der »intentio recta« (der gerechten Absicht) zu fragen, die hinter der Entscheidung für Krieg steht. Augustinus bietet einen reichen Schatz an Überlegungen und Beobachtungen zur Friedensthematik, die durch seine Stellung als Kirchenvater das ganze Mittelalter hindurch Einfluss ausgeübt haben.

Thomas von Aquin etwa systematisierte viele der Überlegungen in seiner »Summa theologica« (Kat.-Nr. 34). Der Holzschnitt am Anfang des Buches, der aus älteren Ausgaben von Johann Amerbach entnommen wurde, zeigt oben den schreibenden Augustinus. Unten steht

Abel vor der Stadt Gottes, auf dessen Schriftrolle steht: »Urbs dicata deo: Abel fundatur sanguine iusti« (Die Gott geweihte Stadt, gegründet mit dem Blut des gerechten Abel). Ihm gegenüber steht Kain: »In sathanae sedem: Cayn istam condidit urbem« (Am Sitz des Satans: Kain hat diese Stadt begründet). Von den Zinnen der Städte liefern sich Engel und Teufel ein Redegefecht (»Insultat babylon. Syon urbs ut sancta resultet«). *VW/TFu*

**17**

## Weihrauchfass des Gozbertus

Köln, um 1100; Bronze, gegossen,
H. 21,6 cm, Dm. 14,2 cm
Trier, Hohe Domkirche Trier, Domschatz,
Inv.-Nr. 34

Literatur: Westermann-Angerhausen 2014,
S. 214–223, Abb. S. 504–505, II q 1a bis II q 1i;
Gousset 1980–1981

Der Duft und der feine weiße Rauch des kostbaren Harzes vom Weihrauchbaum, das auf glühenden Kohlen verdampft, definiert seit den frühen Hochkulturen sakrale Bereiche, Räume und Handlungen. Für ihre religiösen Gebräuche und Riten haben die Menschen seit frühester Zeit Räucherwerk benutzt, und es ist bis heute wesentlicher Bestandteil vieler Gottesdienste. In der frühen jüdischen Geschichte wird der Weihrauchgebrauch im Bezirk des Tempels und zuvor schon direkt vor dem Bundeszelt der Israeliten beim Zug durch die Wüste genau beschrieben. In den Büchern Exodus und Levitikus finden sich verbindliche Rezepte für die Zusammenstellung des Weihrauchs ebenso wie für den Bau des Räucheraltars, der in unmittelbarer Nähe des Allerheiligsten stand und wahrscheinlich auch den Geruch des weiter entfernten Altares für die Tieropfer neutralisierte. Zu allen Zeiten galt, dass Sakralbereiche, also nicht zuletzt durch Duft definierte rituelle Räume, auch – zumindest für die Dauer der Gottesdienste – ein Ort des Friedens sein sollten.

Im frühen Christentum war Weihrauch verpönt, weil in der römischen Staatsreligion das Rauchopfer an die Götter und den Herrscher gesetzliche Bürgerpflicht war. Die Verweigerung solcher – von den Christen als Götzendienst angesehenen – Rauchopfer wurde als Staatsvergehen und Hochverrat geahndet, ein Anlass für die Christenverfolgungen des 2. bis 3. Jahrhunderts. Nachdem in der Zeit nach der konstantinischen Wende Bischöfe hohe Staatsbeamte wurden, galt auch für sie das Vorrecht ähnlich hoch gestellter Personen: Kerzen und Weihrauch wurden ihnen bei feierlichen Auftritten und Einzügen vorangetragen. Nun gab es Weihrauch in christlichen Kirchen, und vor allem seit der Karolingerzeit griff man bei Verständnis und Deutung von Räucherung und Rauchfässern auf alttestamentliche Vorbilder zurück. Die ursprünglich offenen Räucherschalen entwickelten sich seit dem frühen Mittelalter zu Geräten, die relativ feuersicher bei Prozessionen nicht nur feierlich herumgetragen, sondern auch über zu segnenden Gegenständen, so auch über den Opfergaben von Wein und Brot auf dem Altar, ausgiebig geschwenkt werden konnten.

Das schönste, mitsamt Kettenhalter bewahrte Rauchfass der Romanik hat die Gestalt eines kreuzförmigen Zentralbaus. Unten am Becken wird der Aufbau der Mauern und Apsiden von vier Atlanten getragen, die zwischen Blütenornamenten auftauchen. Am Deckel wird die Aufstockung mit Giebeln, Dächern und Türmen durch ein Rankenband unterbrochen. Das ganze Gebäude wird durch diese »paradiesische Vegetation« zu einem überirdischen Bild der Himmelsstadt gedeutet. Es ist nicht nur reich beschriftet, sondern auch mit Figuren besetzt. Auf den Gebäudeecken erscheinen unten Prophetenbüsten des Alten Testamentes – Moses, Jesaja, Jeremias und Aaron, der Hohepriester, mit einem Rauchfass. Auf den Dächern finden sich

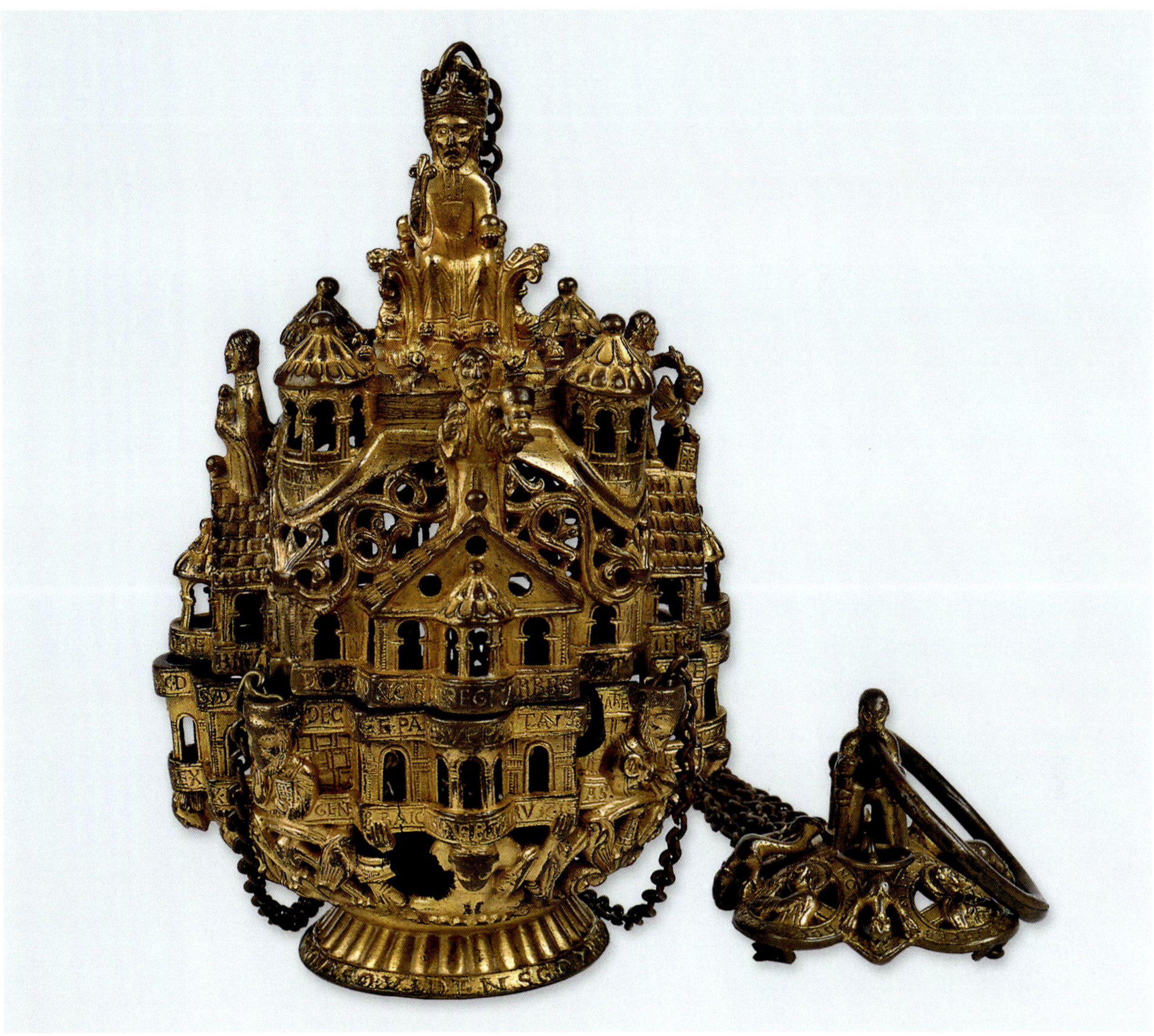

17

winzige Szenen der jüdischen Geschichte, die in der christlichen Symbolik als Vorbilder für das Messopfer gedeutet werden: Melchisedech mit Brot und Wein, Abraham, der den eigenen Sohn Isaak opfern soll, Isaak zwischen seinen Söhnen Jakob und Esau und Abel mit einem Opferlamm. Genau über Melchisedech sitzt auf einem Löwenthron der König Salomon. Weit über ihm thront auf dem Kettenhalter Christus selbst, umgeben von vier Apostelbüsten in Medaillons. Durch die unterhalb des Kettenhalters befestigten vier Trageketten sind die Apostel funktional und sinnbildlich mit den vier Propheten des Alten Testaments am Becken verbunden. Fünf Schriftbänder in Versform halten mitsamt den Ketten das ganze Sinngefüge horizontal und vertikal zusammen: An den Inschriftenbändern von Becken und Deckel werden die Propheten und Vorväter als Vorläufer Christi gelobt und der thronende Salomon als sein vorweggenommenes Abbild von Gerechtigkeit und Frieden auf Erden. Auf dem Kettenhalter bezeichnen die Schriftbänder der Apostelmedaillons jene Gefährten Christi, die ihn in Visionen und Schriften besonders als Messias und Friedensbringer gepriesen und erlebt haben. Ganz unten am Fuß des Rauchfasses bittet Gozbertus, der Stifter, jeden, der das Rauchfass sieht (und wahrscheinlich auch seinen Duft wahrnimmt), für ihn das ewige Leben zu erbitten. Das ganze, gleichsam visionäre Gebäude erhebt sich über dieser Bitte als idealisierte Himmelsstadt. *HWA*

# *Frieden feiern*

In der christlichen Liturgie spielt der Frieden eine große Rolle. Der bei uns seit der Neuzeit verwendete Begriff »Liturgie« entstammt der altgriechischen Sprache und bedeutet zunächst wörtlich übersetzt so viel wie »Volkswerk« oder »der zum Wohle des Volkes geleistete Dienst«. Aus christlicher Perspektive geht es in der Liturgie um »das Handeln Gottes am Menschen, woraus gleichsam als Konsequenz die Verehrung Gottes, die kultische Dimension der Liturgie, erwächst« (Gerhards/Kranemann 2008, S. 18), um einen Dialog zwischen Gott und den Menschen. Zur Liturgie gehören unter anderem die Feier der Sakramente (Taufe, Firmung, Eucharistie, Buße, Krankensalbung, Weihe, Ehe) und Sakramentalien wie Segnungen oder die Stundengebete. In den liturgischen Handlungen soll insbesondere Christus und sein Fortwirken in der Gemeinschaft der Gläubigen vergegenwärtigt werden (»Denn wo zwei oder drei in meinem Namen versammelt sind, da bin ich mitten unter ihnen«, Mt 18, 20). Die Teilnahme an der Liturgie und ihre Feier sind dabei nicht nur auf sich bezogen, sondern beinhalten gleichzeitig eine Verpflichtung des Christen seiner Umwelt und seinen Mitmenschen gegenüber; sie erfordert die aktive Bereitschaft zur Vergebung und zur Aussöhnung, sie ist erinnernd, vergegenwärtigend und auf die Zukunft hin orientiert.

Im urchristlichen Verständnis von Liturgie spielt daher der Friedensgedanke eine große Rolle. Als zeichenhafte Handlungen im liturgischen Bereich wären beispielhaft das gemeinsame Mahlhalten, der Friedenskuss, das Reichen der Hände und nicht zuletzt der liturgische Entlass- und Entsendungsruf »gehet hin in Frieden« zu nennen. Die Liturgie gehört neben dem helfenden Dienen (Diakonia) und der Glaubensverkündigung (Martyria) zu den Grundfunktionen der Kirche und ist aus katholischer Sicht der »Gipfel, dem das Tun der Kirche zustrebt, und zugleich […] Quelle, aus der all ihre Kraft strömt« (Rahner/Vorgrimler 1984, S. 51–90). *TF*

Literatur: Adam 1988; Gerhards/Kranemann 2008; Lengling 1981

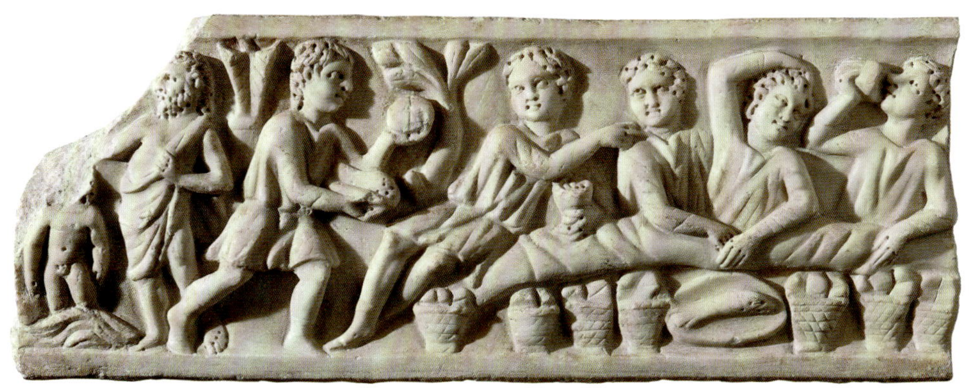

18

**18**

## Fragment eines Sarkophagdeckels mit Agapemahl und der Taufe Christi

Ende des 3. Jahrhunderts; Marmor, 27,5×72,5×5,7 cm
Vatikanstadt, Musei Vaticani, Città del Vaticano, Inv.-Nr. 31491

Literatur: AK Paderborn 2015, Nr. 12, S. 386–387 (Alessandro Vella); Dresken-Weiland 2010; Koch 2010; Deichmann 1967, Nr. 150, S. 96–97; Richter 1993

Das gemeinsame Mahl ist seit den Anfängen des Christentums Bestandteil des religiösen Alltags gewesen. Es knüpfte damit an die Tradition jüdischer und antiker Mahlfeiern an. Ausgehend von dem Brüdermahl der Apostel entwickelte sich mit dem Agapemahl, dem Liebesmahl, ein Sättigungsmahl. Agape bezeichnet die uneigennützige Liebe – die Liebe von und durch Gott und Christus sowie von den Christen ihren Mitmenschen gegenüber. Dass das Agapemahl jedoch nicht überall so uneigennützig verlief, davon legt der Apostel Paulus Zeugnis in seinem Brief an die Gemeinde in Korinth ab: »Was ihr bei euren Zusammenkünften tut, ist keine Feier des Herrenmahls mehr; denn jeder verzehrt sogleich seine eigenen Speisen, und dann hungert der eine, während der andere schon betrunken ist. Könnt ihr denn nicht zu Hause essen und trinken? Oder verachtet ihr die Kirche Gottes? Wollt ihr jene demütigen, die nichts haben? Was soll ich dazu sagen? Soll ich euch etwa loben? In diesem Fall kann ich euch nicht loben« (1 Kor 11,20–22).

Ob die Mahlszene auf dem Sarkophagdeckel aus den Vatikanischen Museen ebenfalls eine Agapefeier darstellt, lässt sich nicht klar belegen. Mahldarstellungen waren bereits in der paganen Grabkunst verbreitet und finden sich auch auf Sarkophagen. Dieser Sarkophag weist sich jedoch durch eine beschädigte Darstellung der Taufe Christi als christlich aus. Am linken Deckelrand ist Christus als Knabe dargestellt, der von Johannes dem Täufer getauft wird. Eine Sonnenuhr trennt die Szene von der Bankettszene. Bei dieser sind vier junge Männer an einem sigmaförmigen Tisch (nach der Form des griechischen Buchstabens) bei Speis und Trank zu sehen. Ein Diener tritt heran, bereit, weitere Speisen zu reichen.

Eine einfache Deutung für die Mahlszenen in der Sarkophagkunst ist nicht möglich. Es ist bekannt, dass das Frühchristentum bestehende Motive der Spätantike übernahm und bei weitgehender Beibehaltung des Formenkanons christlich uminterpretierte (etwa das Motiv des Guten Hirten, vgl. Kat.-Nr. 7). Die Mahlszenen auf nicht-christlichen Sarkophagen können sowohl eine paradiesische Jenseitsvorstellung symbolisieren wie auch auf das Totenmahl zu Ehren des Verstorbenen verweisen. Beide Deutungen könnten ebenfalls hinter der Übernahme der Mahldarstellungen auf christlichen Sarkophagen stehen. Auch die Sonnenuhr könnte als eine Art »Memento Mori« (»Bedenke, dass Du sterben wirst«) auf die verstreichende bzw. die ewige Zeit verweisen. *VW*

**19 a**

## Patene mit dem Abendmahl der Apostel aus dem Riha-Fundkomplex

Konstantinopel oder Syrien, zwischen 565 und 578;
Silber, getrieben, vergoldet, Niello, 35 × 35 × 3,18 cm;
Fundort: nahe Riha, Syrien; Griechische Inschrift: »Für den Frieden [bzw. die Ruhe] der Seele Sergias, der Tochter des Johannes, und des Theodosios, und für die Erlösung von Megalos und Nonnous und ihrer Kinder«
Byzantine Collection, Dumbarton Oaks, Washington, DC,
Inv.-Nr. BZ 1924.5

**19 b**

## Kelch aus dem Riha-Fundkomplex

Konstantinopel oder Syrien, zwischen 527 und 565;
Silber, getrieben, vergoldet, Niello, 17,4 × 17,4 × 17,8 cm
Byzantine Collection, Dumbarton Oaks, Washington, DC,
Inv.-Nr. BZ 1955.18

Literatur: AK Baltimore 1986, Patene: Nr. 35, S. 165 – 170, Kelch: Nr. 30; Bühl 2008, S. 78 – 81; AK Los Angeles 2006, Kat.-Nr. 36 – 38; Schrader 1979

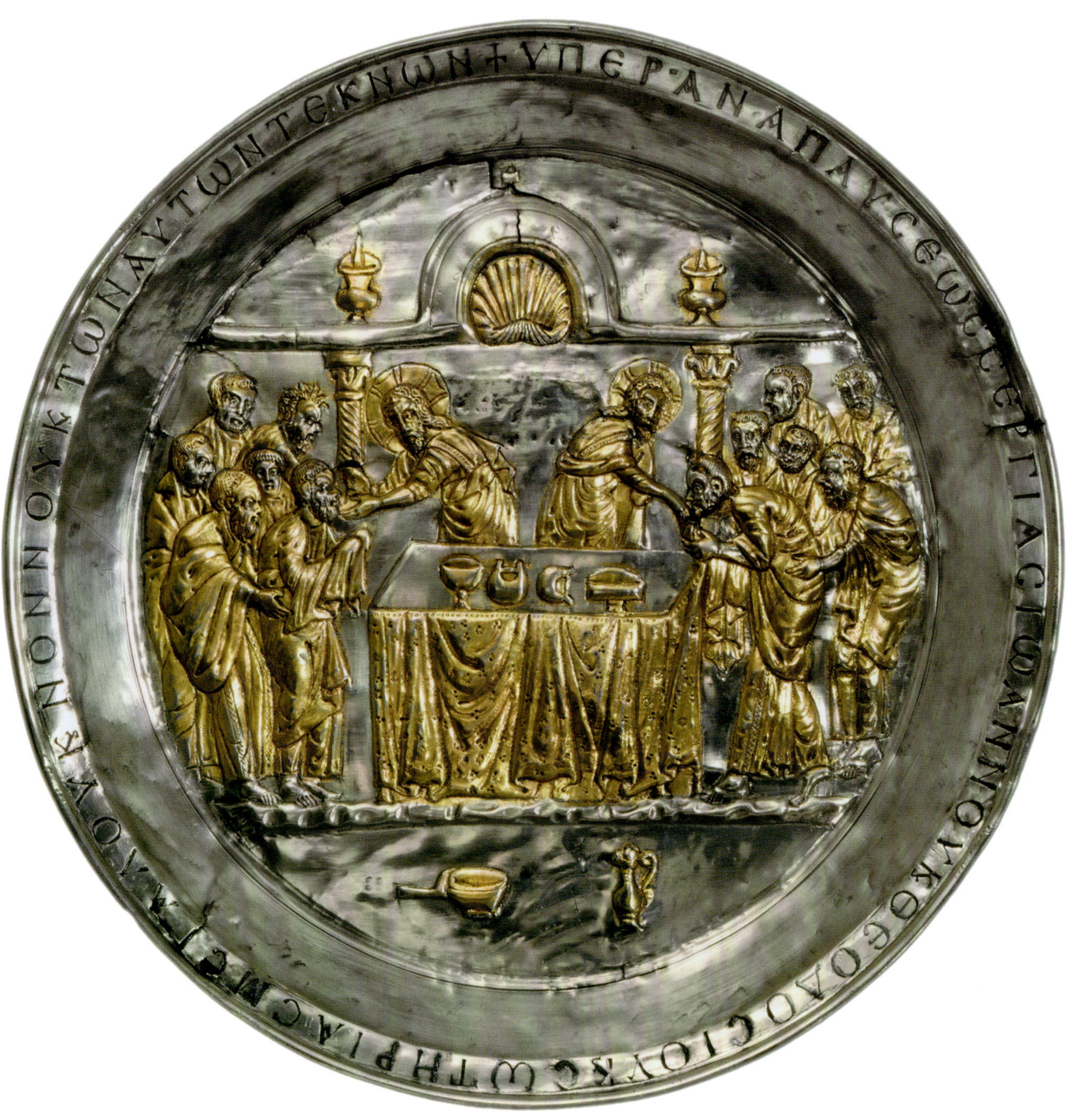

19 a

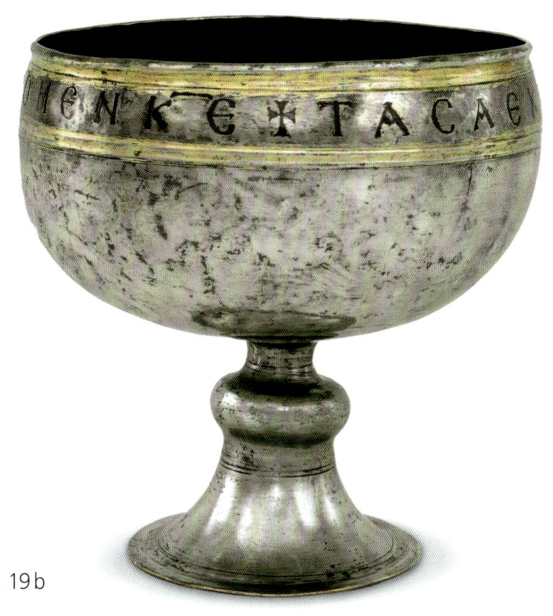

19b

Auf der Patene ist dargestellt, wie die Apostel das Sakrament entsprechend des orthodoxen Ritus in beiderlei Gestalt erhalten. Hinter dem mit einem Tuch bedeckten Altar steht zweimal Christus mit einem Kreuznimbus. Nach links teilt er Wein, nach rechts Brot aus. Er nimmt die Rolle der ursprünglich zwei Diakone ein (später von Priester und Diakon), die das Sakrament spendeten. Auf dem Altar sind die Geräte für die Eucharistie zu sehen. Hinter dem Altar steht eine Architektur auf zwei gedrehten Säulen mit einer Muschelschale im Bogen und zwei urnenförmigen Lampen (Ziborium). Die Darstellung ähnelt einer Patene aus dem sogenannten Stuma-Schatz im Archäologischen Museum in Istanbul, die wie dieses Objekt einen Kontrollstempel des Kaisers Justin II. trägt, sodass sie vermutlich im nahen zeitlichen Abstand entstanden. Die Darstellungen stehen mit einer Miniatur des Abendmahls der Apostel im Rossano-Evangelium aus dem 6. Jahrhundert in Verbindung, sodass anzunehmen ist, dass sie auf einen gemeinsamen Prototyp zurückgehen.

Der breite Kelch ruht auf einem Trompetenfuß mit Knauf (Nodus), eine typische Form von Kelchen aus dem 6. Jahrhundert. Ein Kelch von dieser Form ist zusammen mit einer Patene auf dem Altar in der Darstellung der Patene zu erkennen. Die Größe des Kelchs erinnert noch daran, dass die ganze Gemeinde das Abendmahl in beiderlei Gestalt erhielt. Die umlaufende Inschrift in Niello besagt: »Dein eigenes, dein eigenes opfern wir dir O Herr.« Diese Worte fanden sich auch auf dem Altar der Hagia Sophia in Konstantinopel.

Neben einem ebenfalls in Dumbarton Oaks erhaltenen Fächer gehören zu diesem Fundkomplex noch zwei Krüge in der Abegg-Stiftung in Riggisberg. Die Gegenstände des Riha-Fundes wurden 1909 erstmals erwähnt. Im Jahr zuvor waren mehrere Teile des sogenannten Stuma-Schatzes nach Istanbul gelangt. Verkäufer der Objekte war Georg Marcopoli, der aus einer Kunsthändlerfamilie aus Aleppo stammte. Er behauptete, dass der Schatz im Westen der Stadt Aleppo zwischen Idlib und Riha gefunden wurde (AK Baltimore 1986, S. 20–35).

Die silberne, teils vergoldete Patene und der Kelch aus dem Riha-Fundkomplex zählen zu den prächtigsten erhaltenen frühbyzantinischen Silberobjekten. Im Vater Unser, das bereits im Altertum vor der Feier der Eucharistie gebetet wurde, bitten Christen um Vergebung ihrer Sünden und versprechen, ihren Schuldnern zu vergeben. Sie werden so an das Gebot der Nächsten- und Feindesliebe erinnert und »sahen sich in der Feier der Liturgie bereits hineingenommen in den eschatologischen Frieden der göttlichen Heilsgabe« (Bärsch 2014, S. 61; vgl. Kat.-Nr. 6). »Mit Haß gegen einen Bruder im Herzen zum gemeinsamen Opfertisch zu gehen galt ihnen als eine der größten Sünden« (Browe 2003, S. 193). Die Größe der Gefäße weist noch auf den Ursprung der Eucharistie-Feier im antiken gemeinsamen Mahl der Gemeinde hin (vgl. Kat.-Nr. 18). *TFu*

20

## Kusstafel aus dem Stift St. Patrokli

Soest oder Köln, letztes Viertel des 15. Jahrhunderts;
Messing, teilweise vergoldet, gegossen, graviert, Perlmutt,
Edelsteine, Email, 19,8×14,6×4,7 cm
Soest, Kath. Propsteigemeinde St. Patrokli

Literatur: AK Münster 2012, Kat.-Nr. 77, S. 211 (Petra Marx); Angenendt 2013; Conrad 2008; Niemeyer 1972; Petkov 2003; Richter 2003

Der »heilige Kuss« spielt im Christentum eine wichtige Rolle für das Friedens- und Gemeinschaftsverständnis. Bereits der Apostel Paulus fordert die ersten christlichen Gemeinden auf: »Grüßt alle Brüder mit dem heiligen Kuss!« (so z. B. in 1 Thes. 5,26). In der Feier der heiligen Messe wird der Kuss ebenfalls weitergegeben. Der Kuss steht dabei als Zeichen des Friedens mit und durch Gott sowie als Zeichen der Versöhnung Gottes mit den Menschen durch den Opfertod Jesu Christi. Er ist aber auch Ausdruck des Friedens und der vor Messbeginn notwendigen Versöhnung unter den Gottesdienstteilnehmern. Der Zelebrant küsst zunächst den Altar oder die Hostie. Beide stehen sinnbildlich für Christus. Im Anschluss folgt der Kuss des Evangeliums. Der somit durch Christus empfangene Friedenskuss wurde vom Zelebranten an den Diakon oder Messdiener und dann an die Gemeinde weitergegeben. Geschah dies bis ins Mittelalter hinein durch einen Kuss auf den Mund oder eine Umarmung, übernahmen seit dem 13. Jahrhundert Kusstafeln die Weitergabe an die Laien. Diese Kusstafeln tragen daher auch den Namen Paxtafel (pax = lat. Frieden) oder Pacificale. Eine frühe Erwähnung einer marmornen Kusstafel findet sich im Doppelkloster des Robert von Arbrissel (gest. 1116; Angenendt 2013, S. 397). Größere Verbreitung finden die Kusstafeln Anfang des 13. Jahrhunderts. In der Liturgie im deutschsprachigen Raum lassen sie sich jedoch erst ab dem 15. Jahrhundert nachweisen.

Heute findet die Weitergabe des christlichen Friedens in der Messfeier ihren Ausdruck im Friedensgruß. Dieser wird vor der Kommunion zumeist mit einem Händeschütteln und dem Spruch »Friede sei mit Dir« unter den Gottesdienstmitgliedern ausgetauscht. Die Mahlgemeinschaft versöhnt sich somit in jeder Messe aufs Neue und versichert sich des Friedens mit und durch Gott sowie untereinander als Christen.

Die Kusstafel aus dem Patroklistift in Soest weist sich durch die Inschrift auf ihrem Sockel als Stiftung des Dekan Johannes Husemann aus (»BEATO MARTIRI PATROCOLO IOHAN(NE)S HVSEMAN DECANVS OBTVLIT« (»Dem seligen Märtyrer Patroklus stiftete [mich] Dekan Johannes Husemann«). Dessen Lebensdaten sind nicht genau bekannt. Er wurde um 1430 in Dortmund geboren und verstarb um 1496/97. Husemann war Doktor des Kirchenrechts, päpstlicher Protonator, erzbischöflicher kölnischer Rat sowie auch Dekan des Mariengradenstiftes in Köln und Dekan des St. Patroklistiftes in Soest. Der hl. Patroklus zählte zu seinen Patronen und findet sich in seinem Wappen, das möglicherweise einst in der Inschrift auf der Paxtafel eingelassen war. Die Tafel zeigt mit dem Gebet Jesu am Berg Gethsemane am Vorabend seiner Verhaftung ein für Paxtafeln recht ungewöhnliches Motiv. *VW*

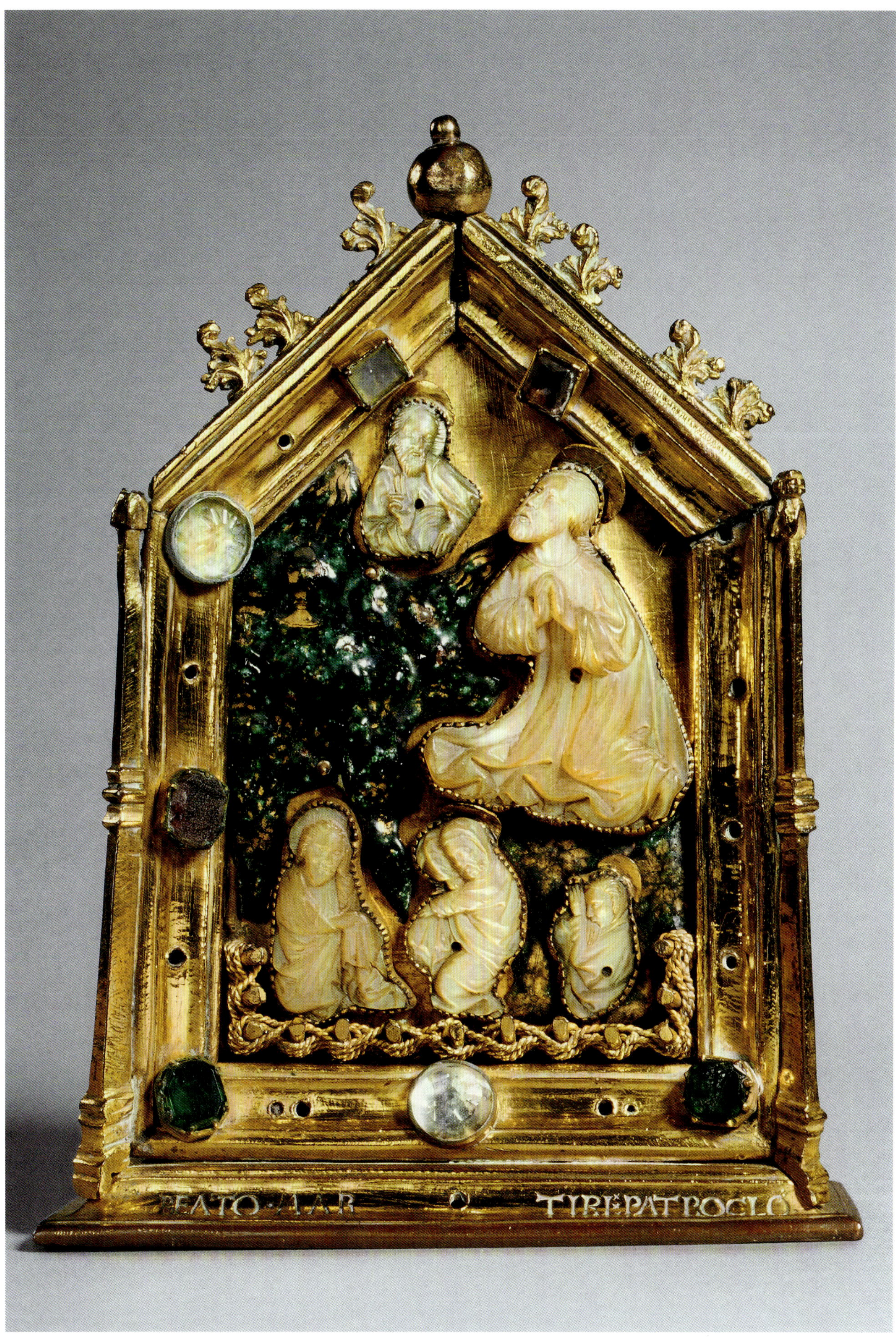
BEATO·MAR
TIRE·PATROCLO

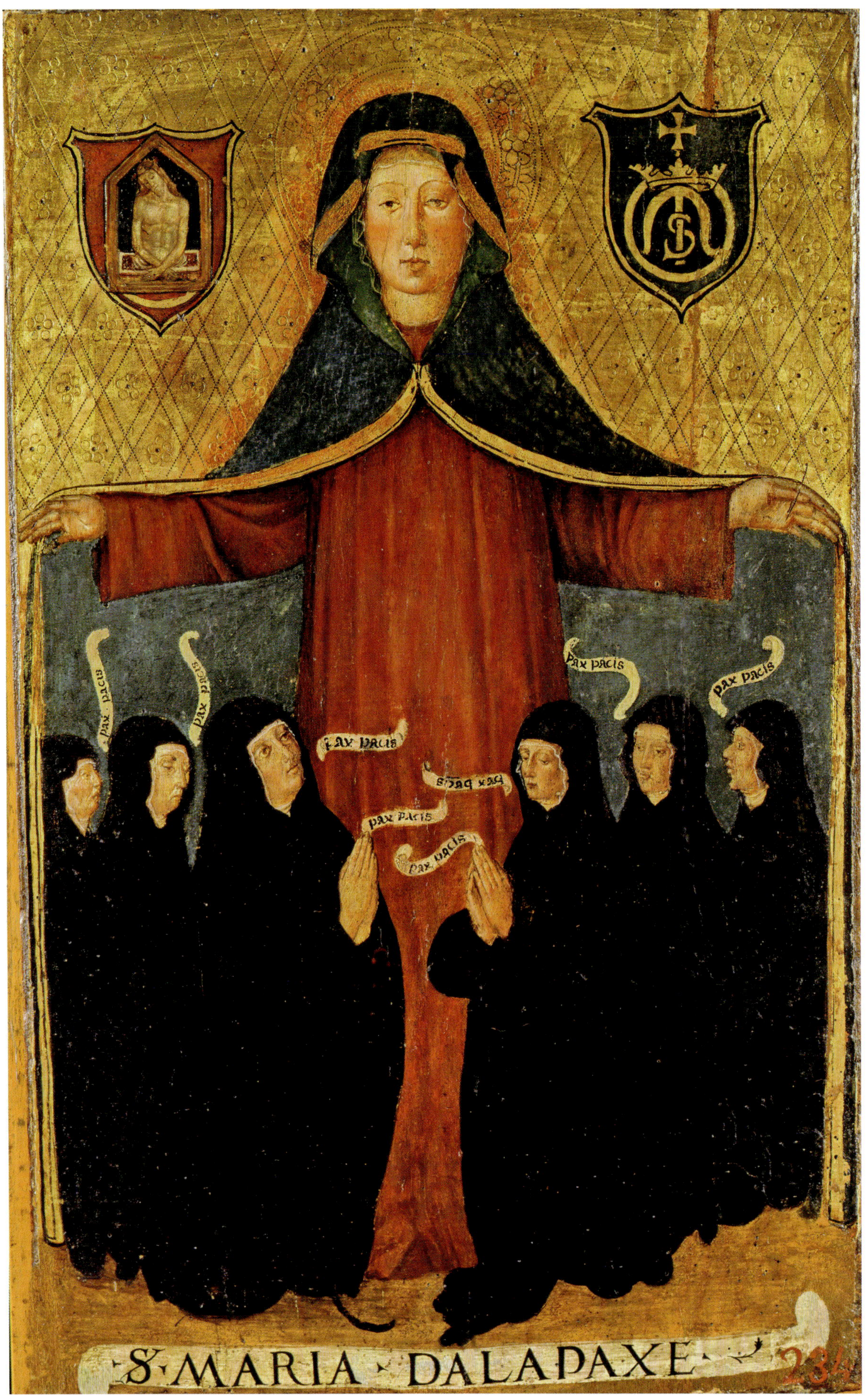
pax pacis
pax pacis
pax pacis
pax pacis
pax pacis
pax pacis
pax pacis
pax pacis
S·MARIA·DALAPAXE

21

21

## Madonna della Pace (Madonna des Friedens)

Norditalien (Lombardei), um 1480;
Öl auf Holz, 66,5 × 34 cm
Pinacoteca Nazionale di Bologna, Inv.-Nr. 323

Literatur: Bologna 2004, Kat.-Nr. 120, S. 293–294 (Elena Rossoni)

Beten hilft nach christlicher Überzeugung, weil Frieden ein Geschenk Gottes ist. Eindrücklich zeigt dies ein Gemälde, auf dem Maria, die Mutter Gottes, ihren blauen Mantel ausbreitet, unter dem sich Ordensfrauen zum Gebet versammeln. Alle beten um Frieden (lat. »pax pacis«, »Frieden des Friedens«). Darstellungen der Schutzmantelmadonna gibt es seit dem frühen 14. Jahrhundert (Castaldi 2015). Aus dem 14. und 15. Jahrhundert ist in der italienischen Malerei eine Reihe von Darstellungen erhalten, die das Gebet um Frieden und seine versöhnende Wirkung zeigen (Drewer 1993, S. 15).

Die Tafel wurde bis zum Ende des 18. Jahrhunderts im Monastero di S. Omobono in der Via Santo Stefano in Bologna aufbewahrt. Dort befand sie sich in einer kleinen Kapelle, die von den Servitenschwestern (Ordo Servorum Mariae) genutzt wurde, einem Bettelorden, der sich vor allem der Armenfürsorge und der Marienverehrung widmete. Die Kongregation des Ordens nannte sich Santa Maria della Pace (Hl. Maria des Friedens), wie es im lombardischen Dialekt auf der Tafel steht (»S[anta] Maria dala Paxe«). Das rechte Wappen ist das Wappen der Klostergemeinschaft, die ursprünglich aus Piacenza stammte, wo das Bild möglicherweise entstand. Einige der Gesichter der Nonnen lassen durch ihre Individualität vermuten, dass es sich um Porträts handelt. *TFu*

22

## Tweets #prayforpeace von Papst Franziskus

2013–2014

Literatur: Forbes 2013; Kurier 2013; Kathpress 2013

»Dear friends, I am pleased to get in touch with you through Twitter. Thank you for your generous response. I bless all of you from my heart« (CNN 2012, Radio Vaticano 2017). Mit diesem Tweet startete die Twitter-Kampagne des damaligen Papstes Benedikt XVI. (2005–2013). Nach dem Rücktritt seines Vorgängers führte Papst Franziskus die Ansprache der Menschen über soziale Medien fort. Nach sechs Monaten hatte er bereits über acht Millionen Follower und twitterte auf Latein, Deutsch, Polnisch, Spanisch, Französisch, Portugiesisch, Italienisch und Arabisch.

Dies zeigt, welch große Rolle die Ansprache der Menschen über digitale Medien spielen kann. Papst Franziskus scheint sich dessen bewusst zu sein. So berichtet Msgr. Dario Edoardo Viganò, der Präfekt des Kommunikationsbüros im Vatikan, dass Franziskus fast jeden Tweet selbst prüfe. Er verstehe soziale Medien als die heutigen »Straßen der Welt«, und aus diesem Grund sei es ihm wichtig, sich um diese Kommunikationsform zu kümmern. So erreiche man die Menschen, um ihre Herzen zu wärmen, sei es auch nur mittels ein paar Sätzen (Radio Vaticana 2017).

Im September 2013 richtete sich Papst Franziskus unter dem Hashtag #prayforpeace an seine Twitter-Gemeinde. Anlass war der Aufruf, für Frieden in Syrien und in der Welt zu beten.

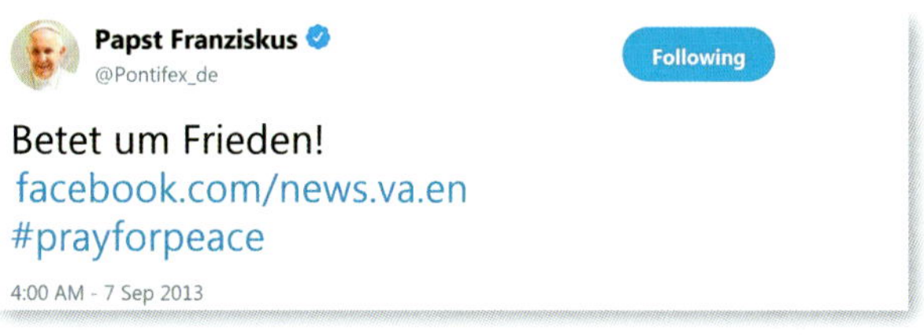


22

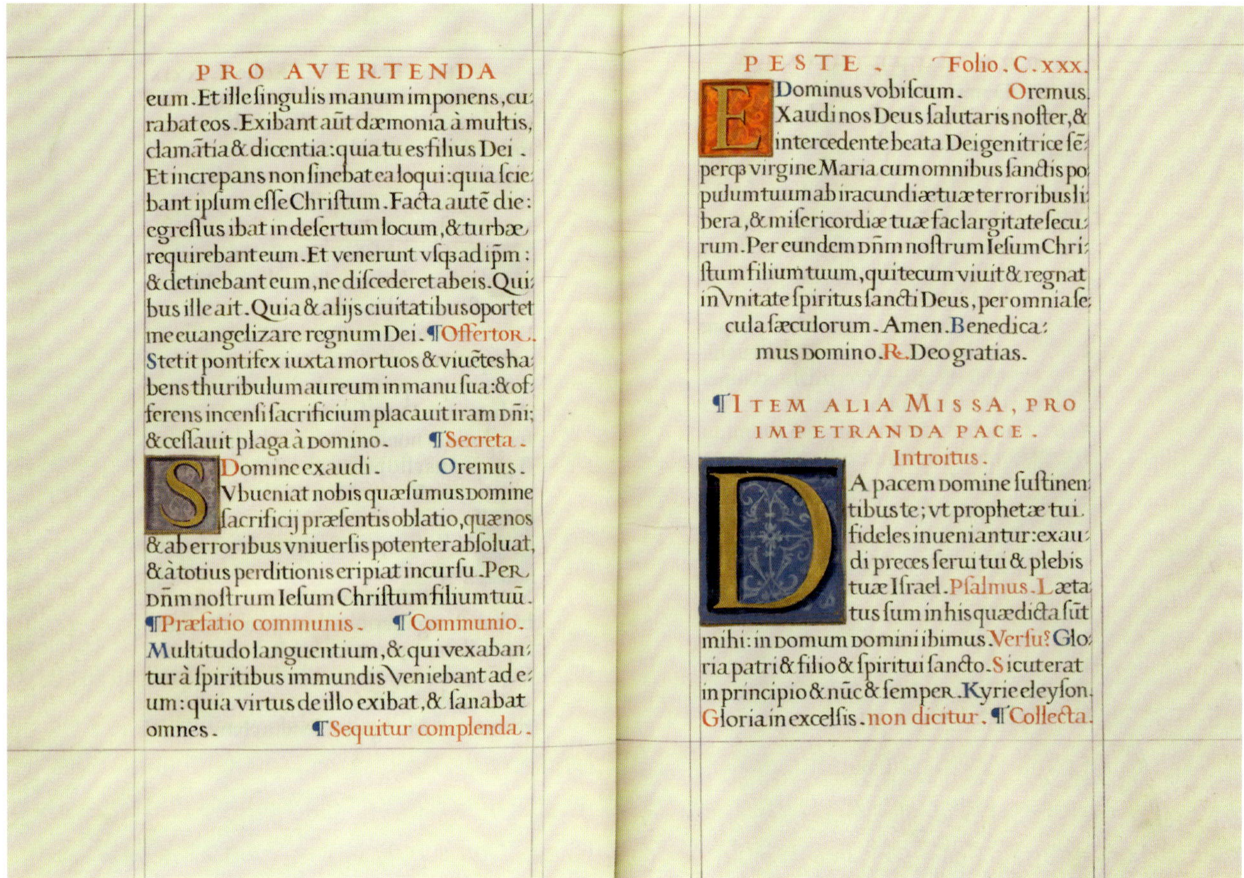
PRO AVERTENDA
eum. Et ille ſingulis manum imponens, cu-
rabat eos. Exibant aũt dæmonia à multis,
clamãtia & dicentia: quia tu es filius Dei.
Et increpans non ſinebat ea loqui: quia ſcie-
bant ipſum eſſe Chriſtum. Facta autẽ die:
egreſſus ibat in deſertum locum, & turbæ
requirebant eum. Et venerunt vſq; ad ipm̃:
& detinebant eum, ne diſcederet ab eis. Qui-
bus ille ait. Quia & alijs ciuitatibus oportet
me euangelizare regnum Dei. ¶ Offertor.
Stetit pontifex iuxta mortuos & viuẽtes ha-
bens thuribulum aureum in manu ſua: & of-
ferens incenſi ſacrificium placauit iram Dñi;
& ceſſauit plaga à Domino. ¶ Secreta.
Dominec exaudi. Oremus.
Sbueniat nobis quæſumus Domine
ſacrificij præſentis oblatio, quæ nos
& ab erroribus vniuerſis potenter abſoluat,
& à totius perditionis eripiat incurſu. Per
Dñm noſtrum Ieſum Chriſtum filium tuũ.
¶ Præfatio communis. ¶ Communio.
Multitudo languentium, & qui vexaban-
tur à ſpiritibus immundis veniebant ad e-
um: quia virtus de illo exibat, & ſanabat
omnes. ¶ Sequitur complenda.

PESTE. Folio. C. xxx.
Dominus vobiſcum. Oremus.
Exaudi nos Deus ſalutaris noſter, &
intercedente beata Dei genitrice ſẽ-
perq; virgine Maria cum omnibus ſanctis po-
pulum tuum ab iracundiæ tuæ terroribus li-
bera, & miſericordiæ tuæ fac largitate ſecu-
rum. Per eundem Dñm noſtrum Ieſum Chriſtum filium tuum, qui tecum viuit & regnat
in vnitate ſpiritus ſancti Deus, per omnia ſe-
cula ſæculorum. Amen. Benedica-
mus Domino. ℟. Deo gratias.

¶ ITEM ALIA MISSA, PRO
IMPETRANDA PACE.
Introitus.
DA pacem Domine ſuſtinen-
tibus te; vt prophetæ tui
fideles inueniantur: exaudi preces ſerui tui & plebis
tuæ Iſrael. Pſalmus. Læta-
tus ſum in his quæ dicta ſũt
mihi: in domum Domini ibimus. Verſu. Gloria patri & filio & ſpiritui ſancto. Sicut erat
in principio & nũc & ſemper. Kyrie eleyſon.
Gloria in excelſis. non dicitur. ¶ Collecta.

23

Binnen einer Stunde wurde diese Aufforderung mehrere tausend Male geteilt. Anlass mag der am 5. September 2013 begonnene G20-Gipfel gewesen sein, auf dem die Situation in Syrien zentrales Thema war. Ganz im Sinne von Johannes Paul II. (1978–2005) scheint Franziskus überzeugt zu sein, dass die Wahrung des Friedens in der Welt nicht allein durch Politik erreicht werden kann (vgl. Kat.-Nr. 95). *KE*

**23**

## Missale

Robert Quercentinus (Schrift), unbekannter Illuminator, Lüttich, 1557–1560; Pergament, Holzdeckel mit Samt bezogen, mit Silberschließen und Silberbeschlägen, 33 × 22,7 cm, Münster, LWL-Museum für Kunst und Kultur, Inv.-Nr. B Ms 522

Literatur: Baumeister 1979; Vanaise 1966

Messbücher enthalten die notwendigen Anweisungen und Texte für den Priester, um die Messe zu feiern. Neben Angaben zu verschiedenen geläufigen Messen und zu jahreszeitlich wechselnden Anlässen, etwa zu Heiligenfesten, gibt es besondere Formen, etwa zur Weihe von Priestern, zu Trauergottesdiensten oder um Katastrophen und Krankheiten abzuwenden (»pro avertenda peste«). Solch ein besonderer Anlass ist auch die Messe in Kriegszeiten (»Missa tempore belli«) bzw. für den Aufbruch des Königs in den Krieg (»ordo quando rex cum exercitu ad prelium egreditur«), um Kriegsglück zu verbürgen, aber auch die Messe für das Erbitten des Friedens.

Der Anfang der Messe, um Frieden zu erflehen (»pro impetranda pace«), macht den Bezug auf Gott, der Frieden schenkt, deutlich: »Da pacem, Domine, sustinentibus te; ut prophetae tui fideles inveniantur: exaudi preces servi tui, et plebis tuae Israel« (»Gib Frieden, Herr, denen, die auf dich hoffen, damit deine Propheten als treu er-

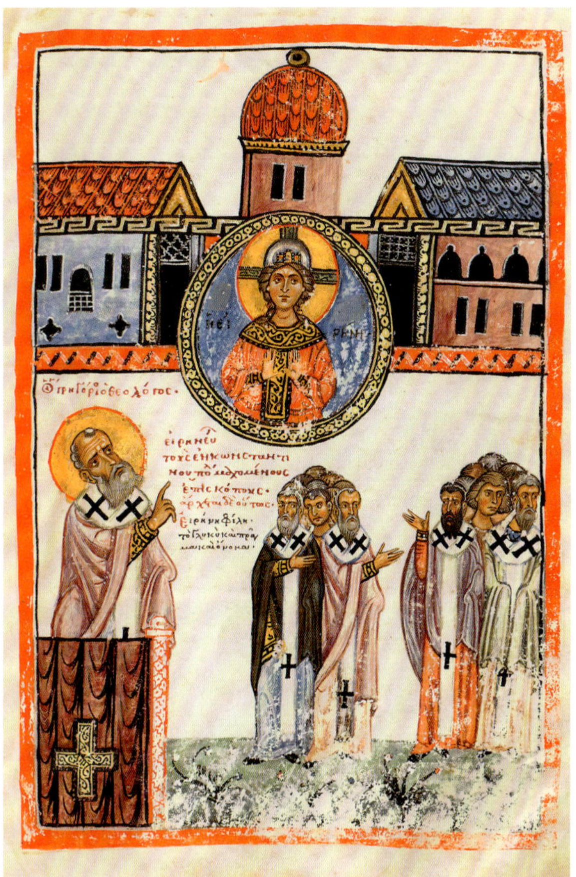

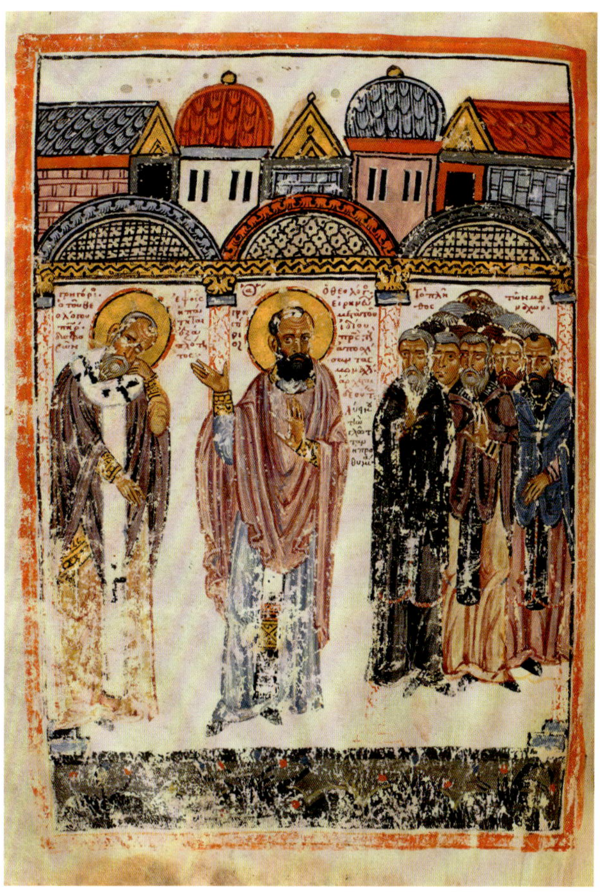

24

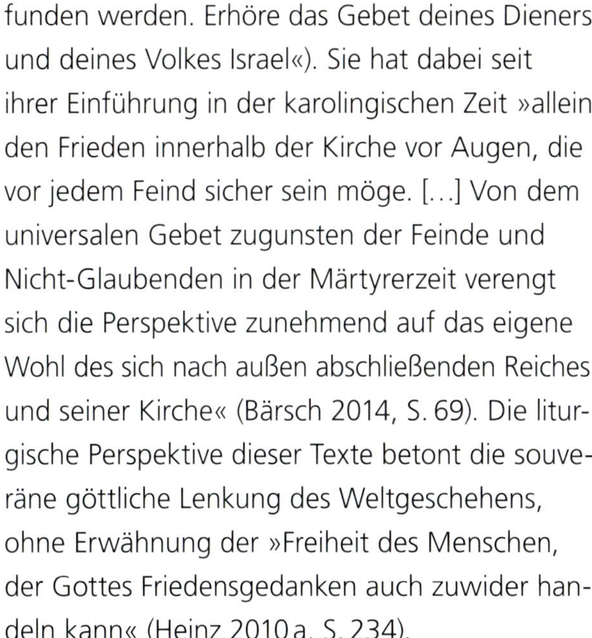

funden werden. Erhöre das Gebet deines Dieners und deines Volkes Israel«). Sie hat dabei seit ihrer Einführung in der karolingischen Zeit »allein den Frieden innerhalb der Kirche vor Augen, die vor jedem Feind sicher sein möge. [...] Von dem universalen Gebet zugunsten der Feinde und Nicht-Glaubenden in der Märtyrerzeit verengt sich die Perspektive zunehmend auf das eigene Wohl des sich nach außen abschließenden Reiches und seiner Kirche« (Bärsch 2014, S. 69). Die liturgische Perspektive dieser Texte betont die souveräne göttliche Lenkung des Weltgeschehens, ohne Erwähnung der »Freiheit des Menschen, der Gottes Friedensgedanken auch zuwider handeln kann« (Heinz 2010 a, S. 234).

Die vorliegende Handschrift ist ein Auswahlmissale für die höchsten Feste des Kirchenjahres. Neben den Formularen für elf Kirchenfeste im Kirchenjahr finden sich jene für Heiligenfeste, Allerseelen, Kirchweihe, Altarweihe, Votiv- und Seelenmessen. Die Datierung ergibt sich aus der Miniatur des Pfingstbilds. Dort finden sich die Wappen des Lütticher Bischofs Georg von Österreich, dessen Amtszeit von 1544 bis 1557 reichte, und das Wappen seines Nachfolgers Robert von Berghen, der von 1557 bis 1563 amtierte. Das Missale wurde von Robertus Quercentius aus Cambrai, einem versierten Kalligrafen, geschrieben. Die Identifikation des Miniators, der einige Szenen im Missale illustriert und ein T als Monogramm eingefügt hat, ist bisher nicht sicher gelungen. *TFu*

24

## Scholien des Elias von Kreta zu den Predigten Gregor von Nazianz

Byzanz, 12./13. Jahrhundert (Handschrift), 14. Jahrhundert (16 Miniaturen); Pergament und Papier, 38 × 27 cm
Öffentliche Bibliothek der Universität Basel, Sign. AN I 8

Literatur: Dinkler 1992; Escher 1917, Nr. 8, S. 22–23; Walter 1972

Die Handschrift stellt das vermutlich einzig erhaltene illustrierte Exemplar der Scholien von Elias, dem Metropoliten von Kreta dar. Scholien sind erläuternde und einordnende Kommentare, die Autoren (Scholastiker wie Elias) antiken und mittelalterlichen Texten beifügten. Die hier vorliegenden Scholien zu den Predigten des Gregor von Nazianz (gest. 390) wurden im 12. oder 13. Jahrhundert in Byzanz niedergeschrieben. Den Weg nach Basel fand die Handschrift im 15. Jahrhundert durch den berühmten Dominikaner Johannes von Ragusa. Er war von den Vätern des Baseler Konzils nach Konstantinopel geschickt worden, um sich dort für die Einheit mit der griechischen Kirche einzusetzen. Dabei erstand er zahlreiche Handschriften, die er seinem Basler Konvent vererbte.

Zwei der noch erhaltenden Miniaturen veranschaulichen den christlichen Versöhnungsauftrag und die Verpflichtung für den Frieden besonders eindrücklich: Auf fol. Gv ist Gregor von Nazianz als Mittler zwischen seinem Vater und schismatischen Mönchen zu sehen. Auf fol. Jr hingegen sieht man ihn bei einer seiner insgesamt drei Predigten über den Frieden. Vor zwei diskutierenden Klerikergruppen steht er predigend auf einer Kanzel. Er deutet nach oben auf ein Medaillon. In diesem ist eine als Eirene bezeichnete Figur in kaiserlichen Gewändern gezeigt. Durch ihren Kreuznimbus gibt sie sich als Christus zu erkennen. Gregor verweist die Streiter auf die Friedenskraft in und durch Christus. Die Christus-Frieden-Darstellung verbindet auf der Miniatur zwei Mauerteile, eine Anspielung auf Eph 2,14: »Denn er ist unser Friede. Er vereinigte die beiden Teile und riss durch sein Sterben die trennende Wand der Feindschaft nieder.« *VW*

**25**

## Verzeiht Gott jedem – alles?

Plakat zur Installation »Him« von Maurizio Cattelan, Künstlerteam Jae Pas (Jan Andreas Enste, Andre Pascal Stücher), 2001/03; Fotoreproduktion/Papier, 42,1×29,6 cm
Bonn, Stiftung Haus der Geschichte der Bundesrepublik Deutschland, Inv.-Nr. 2004/01/0273

Literatur: Goekenart 2017; AK Berlin 2010a; AK Warschau 2012; Manacorda 2006; Centre for Contemporary Art 2012; Barzilay Freund 2013; allgemein: Faber 2006

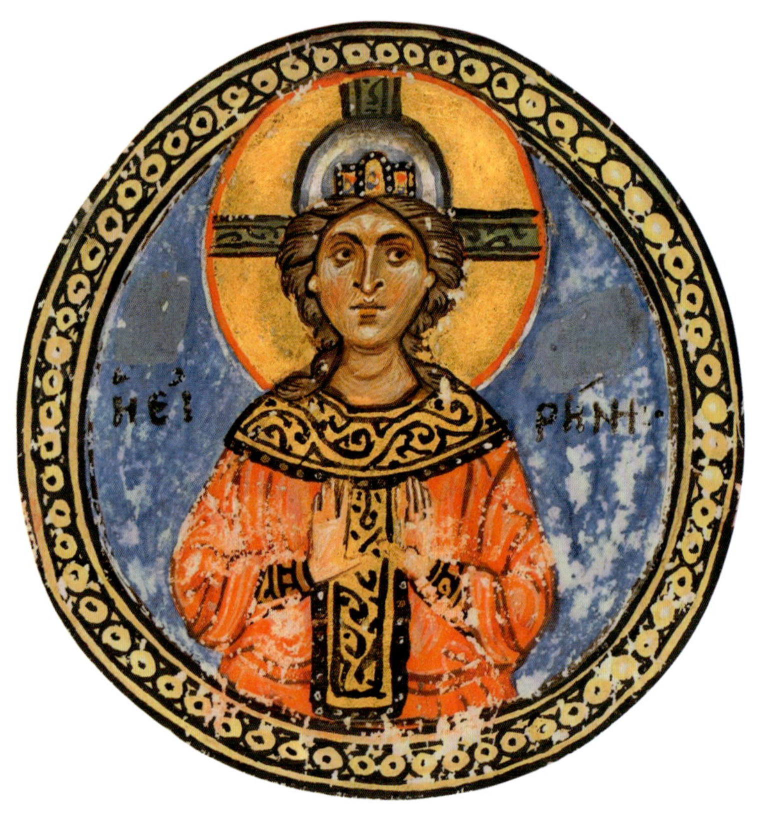

Das Münsteraner Künstlerduo Jae Pas gestaltete Anfang der 2000er Jahre ein Plakat, welches eine zentrale Gewissensfrage für Christen aufgreift. Dazu nutzten sie eine Arbeit von Maurizio Cattelan, der im Jahr 2001 eine etwa ein Meter hohe, kniend betende Hitler-Figur aus Wachs, menschlichen Haaren, einem Anzug und Polyesterharz herstellte. Auf dem Plakat ist die Frage nach göttlichem Verzeihen zu lesen: »Verzeiht Gott jedem – alles?« Dabei schließt sich sofort die Frage nach dem persönlichen Verzeihen jedes Menschen an. Kann man jedem alles verzeihen, wenn dieser ehrlich bereut?

Im christlichen Glauben kann Vergebung nur durch Gott und mit ihm erreicht werden. Eine Voraussetzung dafür ist die eigene Reue und der Wille zur tätigen Umkehr, das heißt dem Eingeständnis der eigenen Schuld mit dem Wunsch, die Tat ungeschehen zu machen (vgl. Ps 65, 4; Mk 2,1–12 par. und Eph 4,32; Mt 6,12).

Seit ihrer Entstehung war die in drei Exemplaren angefertigte Plastik »Him« schon an einigen Orten zu sehen – und der Artist Proof wurde sogar bei Christie's unter großer öffentlicher Aufmerksamkeit versteigert. Die wohl umstrittenste Ausstellung fand im Jahr 2012 in Warschau statt. Dort zeigte man »Him« in einem Durchgang im Warschauer Ghetto, zu sehen nur mittels eines kleinen Gucklochs.
Im Grußwort zum Katalog fasst Michael Schudrich, der Oberrabbiner von Polen, zusammen, warum man auch ein solches Kunstwerk »aushalten« müsse: »While art can bring out the beauty in the world, art can also force us to face the evil of the world« (»Während Kunst die Schönheit der Welt zum Ausdruck bringen kann, zwingt sie uns auch dem Bösen der Welt gegenüberzutreten«, AK Warschau 2012, o. S.).

Auf die Kritik, er wolle mit seiner betenden Hitler-Figur nur provozieren, antwortete Cattelan: »Yes, it was provocative, and yes, I knew that it would freak some people out; but I don't think in such black and white terms. I like to think that what I'm doing is a little more multidimensional than that.« (»Ja, es war provokativ, und ja, ich wusste, dass einige Menschen ausflippen würden; aber ich denke nicht in diesen Schwarz-Weiß-Kategorien. Ich denke gerne, dass das, was ich mache, etwas multidimensionaler ist«; Barzilay Freund 2013).

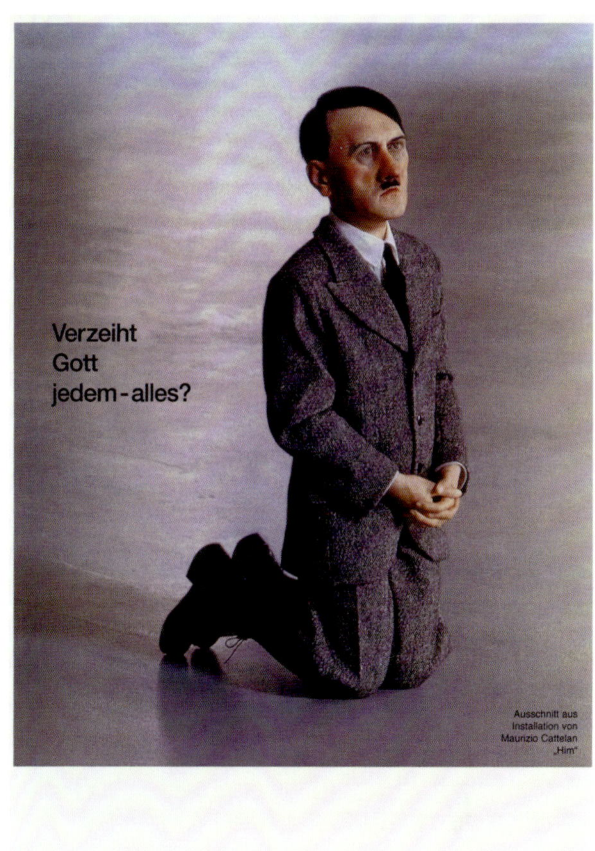


25

Cattelans Darstellung von Hitler wirft uns so sehr auf uns selbst zurück, dass der Vorwurf bloßer Provokation nicht haltbar zu sein scheint. Das Werk verbindet die Erinnerung an einschneidende historische Ereignisse mit einer intensiven Selbstbefragung: Wie würde ich entscheiden? Kann man einem Menschen wie Hitler verzeihen? *KE*

26

## Messkoffer von Abbé Franz Stock

1940er Jahre, 90 × 54 × 35 cm (geöffnet)
Arnsberg-Neheim, Franz-Stock-Komitee
für Deutschland e. V.

Literatur: AK Arnsberg 2012; Paderborn 1999;
Guérend 2017; Lanz 2006;
Lécuru 2003; Loonbeek 2015

Franz Stock (*1904 Neheim) lernte durch die katholische Jugendbewegung Quickborn ab 1919 die Idee der Völkerverständigung kennen, was durch deutsch-französische Austausche gefördert wurde. 1934 übernahm er nach einem Theologiestudium in Paderborn und Paris das Amt des katholischen Pfarrers der deutschsprachigen Gemeinde in Paris. Durch die Kriegsereignisse trat er 1941 das Nebenamt eines Seelsorgers der Pariser Wehrmachtsgefängnisse Fresnes, La Santé und Cherche-Midi an.

Frieden, das bedeutete ihm Teilhaben: Der Betreuung der vom Naziregime inhaftierten Häftlinge und der Begleitung zu ihrer Hinrichtung auf den Mont Valérien gab sich Stock gänzlich hin. In seinem Tagebuch vermerkte Stock 863 Erschießungen. Einem Freund vertraute er später an, bei mehr als 2 000 Hinrichtungen als Seelsorger tätig gewesen zu sein.

Frieden, das bedeutete ihm Zuhören: Stock war die einzige Verbindung der Inhaftierten zur Außenwelt. Bei seinen Gängen ins Gefängnis begleitete ihn sein Messkoffer. Durch seinen Majorsrang konnte er einer Durchsuchung des Koffers und seiner Gewänder widersprechen. Somit war es ihm möglich, Briefe, Nachrichten und Gegenstände in und aus den Zellen zu schmuggeln. Für die Menschen im Gefängnis war Stock ein seelischer Beistand, der nicht zwischen Konfessionen und Glaubensvorstellungen unterschied und etwas Menschlichkeit in die Gefängnisse brachte. Somit bekam er den Namen »Archange en enfer« – »Erzengel in der Hölle«. Wiederholt verließ Stock die Stadt, wenn zu befürchten war, dass die Nazis über seinen Informationenaustausch Verdacht schöpften.

Die seelische und körperliche Anstrengung schlug sich auf Stocks Gesundheit nieder, jedoch blieb er auch 1944 nach der Vertreibung des NS-Regimes aus der Stadt. Nun kümmerte er sich um die deutschen Kriegsverletzten im Hospitale La Pitié-Salpétrière. Als die Résistance das Gebäude in Vergeltungsabsicht stürmte, erkannte der französische Anführer in Stock seinen ehemaligen Gefängnisseelsorger. In Erinnerung an die Hilfe Stocks wurde das Hospital unter den Schutz der Résistance gestellt (Loonbek 2015).

Kurz darauf kam Stock in amerikanische Kriegsgefangenschaft, wo ihn im Frühjahr 1945 die ungewöhnliche Bitte der Priester Le Meur und Rodhain erreichte: Er solle ein Priesterseminar im Lager deutscher Kriegsgefangener errichten. Stock nahm die Aufgabe eines Regens an und leitete ab April 1945 ein Theologie-Seminar, welches bis 1947 als »Stacheldrahtseminar« bei Chartres bestand. Trotz schwerer Lebensbedingungen, kaum Privatsphäre und strenger Disziplinaranforderungen erfuhren die unter Kriegsgefangenschaft stehenden Deutschen hier erstmals wieder eine friedvolle Gemeinschaft. Unterstützung bekamen die Seminaristen aus Chartres und dessen Umland sowie aus Ordensgemeinschaften und von Hilfsorganisationen. Auch der Apostolische Nuntius Roncalli (der spätere Papst Johannes XXIII.) besuchte das Seminar mehrfach. Er charakterisierte die dortige Arbeit als Zeichen zur Versöhnung und Verständigung zwischen Deutschland und Frankreich. Insgesamt durchliefen 949 Gefangene bis zur Auflösung 1947 das Seminar. Als ihre Rückführung nach Deutschland abgeschlossen war, zog Franz Stock wieder nach Paris.

Sein Tod am 24. Februar 1948 kam unerwartet und musste durch seinen Status als Gefangener geheim gehalten werden. Lediglich zwölf Personen, darunter Nuntius Roncalli, der die Einsegnung vornahm, gaben ihm das letzte Geleit.

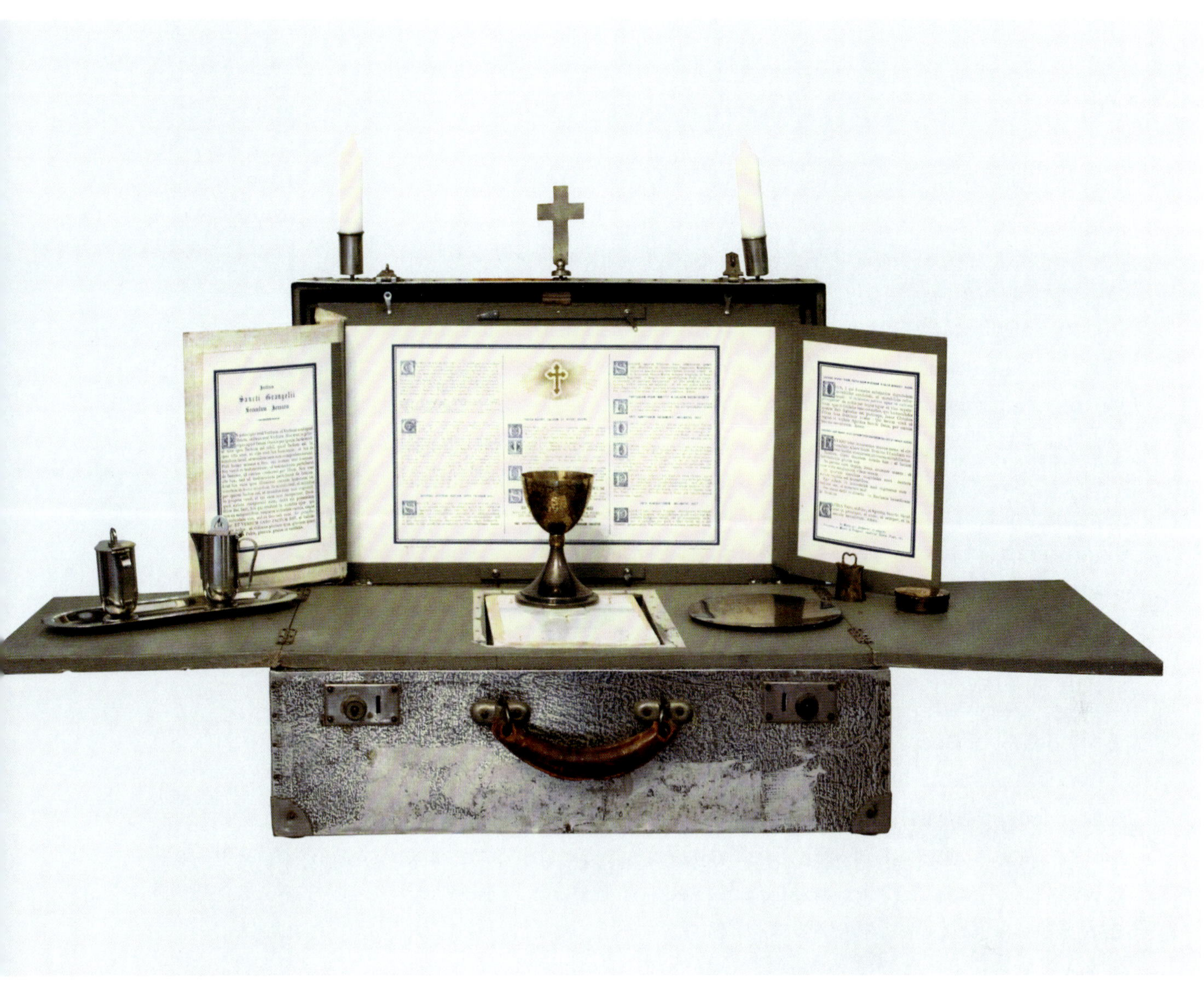

26

Bereits ein Jahr später wurde Stocks Leichnam aus dem Massenfeldgrab in Thiasis in ein Privatgrab umgebettet und schließlich 1963 in die Kirche Saint-Jean Baptiste in Chartres überführt.

Sein Gedenken blieb vor allem in Frankreich bestehen, wo er von führenden Politikern und Geistlichen immer wieder erwähnt wird. Derzeitig wird das Stacheldrahtseminar zur »Europäischen Begegnungsstätte Franz Stock« ausgebaut. Aber auch in Deutschland ist man sich seiner bedeutenden Persönlichkeit bewusst: Am 14. 11. 2009 wurde ein Seligsprechungsprozess in der Neheimer Pfarrkirche St. Johannes Baptist durch den Paderborner Erzbischof Hans-Josef Becker aufgenommen.

Franz Stock lässt sich nicht als Widerstandskämpfer bezeichnen, doch hat er mutig ein Zeichen der Menschlichkeit gesetzt, in einer Zeit, in der diese verloren schien. *CM*

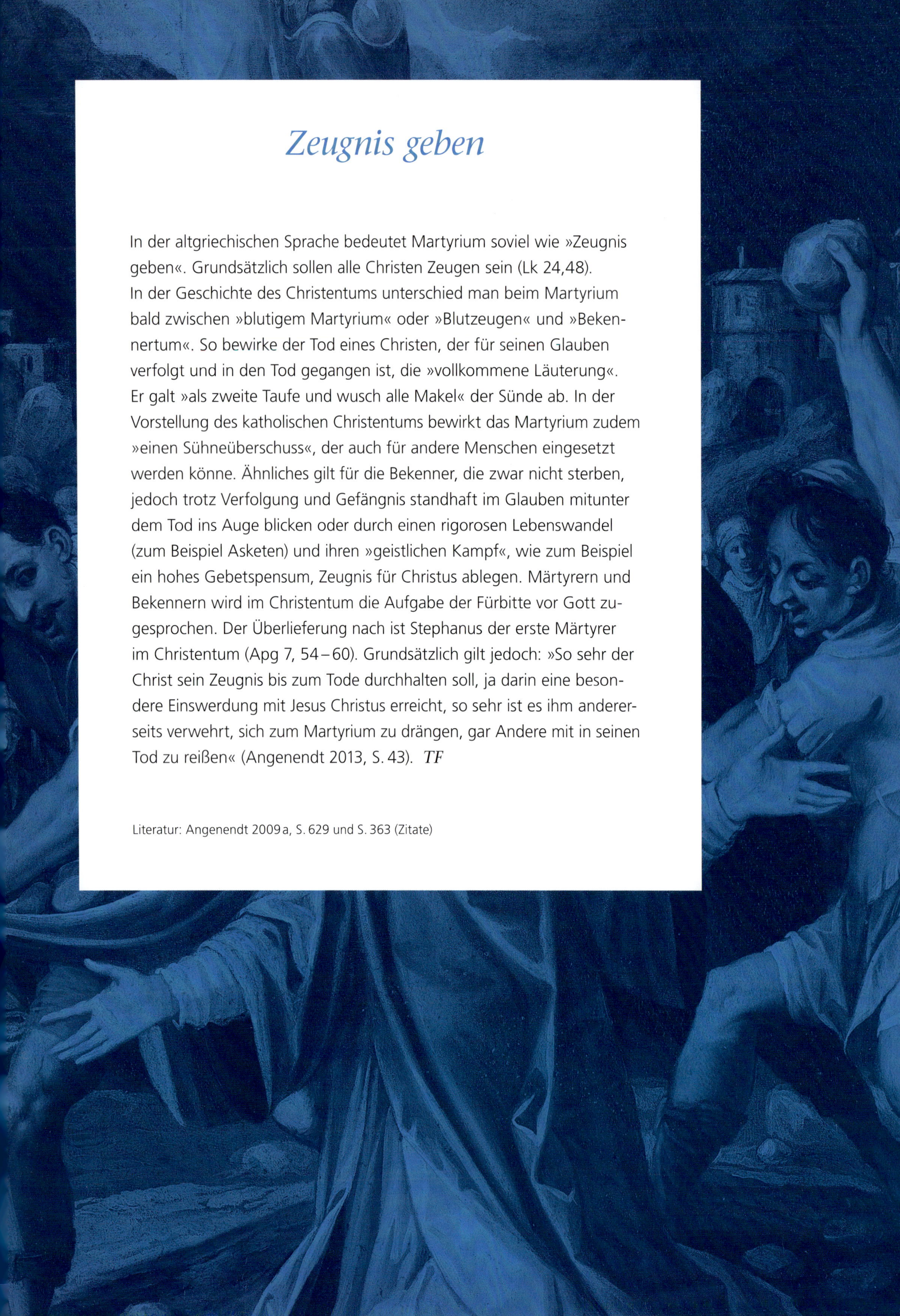

# *Zeugnis geben*

In der altgriechischen Sprache bedeutet Martyrium soviel wie »Zeugnis geben«. Grundsätzlich sollen alle Christen Zeugen sein (Lk 24,48). In der Geschichte des Christentums unterschied man beim Martyrium bald zwischen »blutigem Martyrium« oder »Blutzeugen« und »Bekennertum«. So bewirke der Tod eines Christen, der für seinen Glauben verfolgt und in den Tod gegangen ist, die »vollkommene Läuterung«. Er galt »als zweite Taufe und wusch alle Makel« der Sünde ab. In der Vorstellung des katholischen Christentums bewirkt das Martyrium zudem »einen Sühneüberschuss«, der auch für andere Menschen eingesetzt werden könne. Ähnliches gilt für die Bekenner, die zwar nicht sterben, jedoch trotz Verfolgung und Gefängnis standhaft im Glauben mitunter dem Tod ins Auge blicken oder durch einen rigorosen Lebenswandel (zum Beispiel Asketen) und ihren »geistlichen Kampf«, wie zum Beispiel ein hohes Gebetspensum, Zeugnis für Christus ablegen. Märtyrern und Bekennern wird im Christentum die Aufgabe der Fürbitte vor Gott zugesprochen. Der Überlieferung nach ist Stephanus der erste Märtyrer im Christentum (Apg 7, 54–60). Grundsätzlich gilt jedoch: »So sehr der Christ sein Zeugnis bis zum Tode durchhalten soll, ja darin eine besondere Einswerdung mit Jesus Christus erreicht, so sehr ist es ihm andererseits verwehrt, sich zum Martyrium zu drängen, gar Andere mit in seinen Tod zu reißen« (Angenendt 2013, S. 43). *TF*

Literatur: Angenendt 2009 a, S. 629 und S. 363 (Zitate)

27

## Brief von Dietrich Bonhoeffer

19. Dezember 1944
Papier, 29,8 × 21 cm, Boston, Houghton Library at Houghton Library, Harvard University, Gift of Maria von Wedemeyer, 1966 (Ms Ger 161)

Literatur: Hahn 2016; Kratzer 2015; Thust 2006

Der evangelische Theologe Dietrich Bonhoeffer gehört zu den bekanntesten Persönlichkeiten des Widerstands im nationalsozialistischen Deutschland. Am 4. Februar 1906 in Breslau geboren, wuchs Bonhoeffer ab 1912 in gutbürgerlichen Verhältnissen in Berlin auf. Nach dem Studium der evangelischen Theologie in Tübingen und Rom promovierte er 1927 in Berlin, wo er sich auch mit 24 Jahren habilitierte. Er bezog bereits kurz nach der nationalsozialistischen Machtübernahme 1933 Stellung gegen die Rassenideologie, gehörte zu den Wegbereitern der Bekennenden Kirche und leitete deren (illegales) Predigerseminar.

Ab 1940 unterlag er dem Rede- und nach 1941 dem Schreibverbot des Regimes; gleichzeitig war er von 1938 bis zu seiner Inhaftierung im Militärgefängnis Tegel am 5. April 1943 als einer der wenigen evangelischen Theologen konspirativ in der militärisch-politischen Widerstandsgruppe um Wilhelm Canaris und Hans Oster aktiv. Nach dem gescheiterten Hitler-Attentat vom 20. Juli 1944 verschlechterte sich die Situation für Bonhoeffer zunehmend, es tauchte einschlägig belastendes Material gegen ihn auf und er wurde wegen »Hochverrat« angeklagt. Vom 8. Oktober 1944 an war er in der Gestapozentrale Prinz-Albrecht-Straße 8 in Berlin inhaftiert, bis am 7. Februar 1945 zunächst die Überführung in das Konzentrationslager Buchenwald und schließlich Anfang April 1945 in das Konzentrationslager Flossenbürg (Oberpfalz) folgte. Dort fand am 9. April 1945 seine Hinrichtung durch Erhängen statt.

27

Aus der Haftzeit Bonhoeffers sind zahlreiche Briefe erhalten, die er unter anderem mit Hilfe des ihm wohlgesonnenen Wachpersonals aus dem Gefängnis schmuggeln konnte. Das am 19. Dezember 1944 im Kellergefängnis des Berliner Reichssicherheitshauptamts, Prinz-Albrecht-Straße 8, niedergeschriebene und sieben Strophen umfassende Gedicht war von ihm als »Weihnachtsgruß« für seine Verlobte Maria von Wedemeyer, seine Eltern und Geschwister gedacht. Der Brief spiegelt dabei durch die Bitte um »Unterhosen«, die »nicht rutschen« sowohl die Trostlosigkeit und Banalität des Gefängnisalltags wider, wie er zugleich einen Einblick in das tiefe Gottvertrauen Bonhoeffers gibt, der sich auf seinem letzten Lebensabschnitt »von guten Mächten treu und still umgeben« und im Frieden weiß.

Das Gedicht ist das letzte erhaltene theologische Zeugnis Dietrich Bonhoeffers. Seit 1959 wurde es mehrfach vertont, wobei die Fassung von Siegfried Fietz aus dem Jahr 1972 heute wohl zu den beliebtesten Kirchenliedern im deutschen Sprachraum zu zählen ist. *TF*

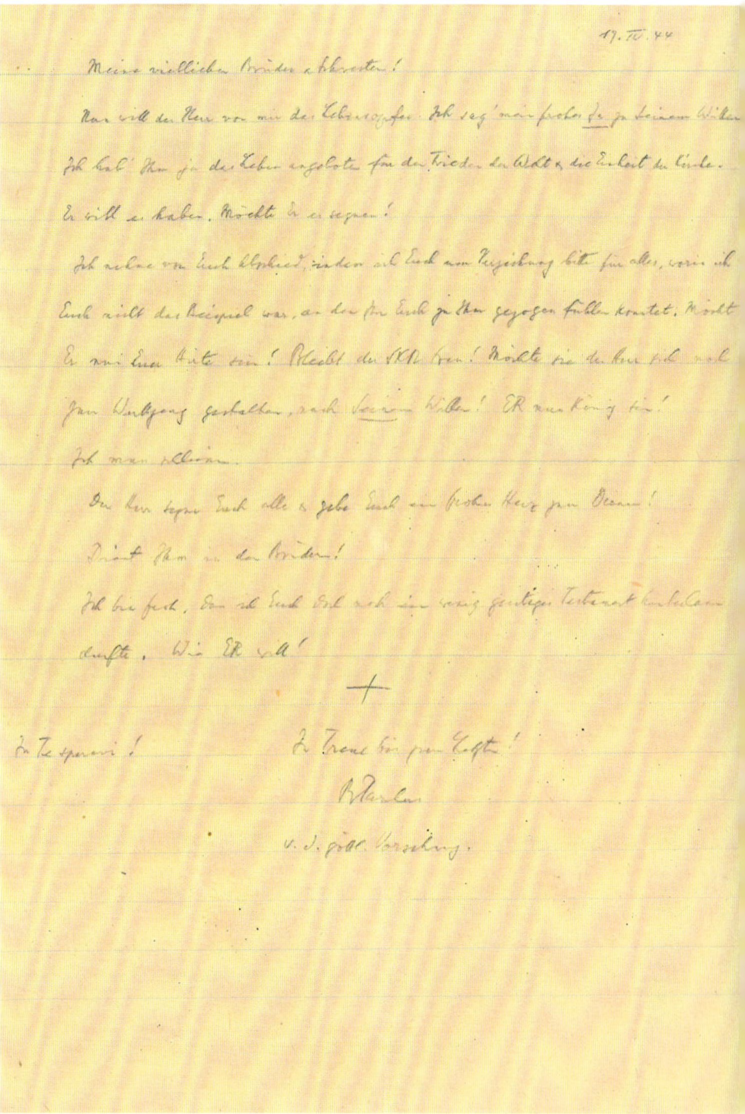

**28**

## Abschiedsbrief von Max Josef Metzger

»Meine viellieben Brüder und Schwestern […]«,
17. April 1944
Koblenz/Berlin, Bundesarchiv, R 3018 (alt NJ)/13512

Literatur: Drobisch 1970; Heß 2016;
Metzger 1964; Putz 1998

Nach Verurteilung vor dem Volksgerichtshof in Berlin starb Max Josef Metzger am 17. April 1944 durch Enthauptung. Nur wenige Stunden vor Vollstreckung des Todesurteils schrieb er einen Abschiedsbrief an seine Gemeinde, aus dem seine Hingebung an Gott und sein friedliches Erdulden der Strafe hervorgeht: »Nun will der Herr von mir das Lebensopfer. Ich sag' mein frohes Ja zu seinem Willen.«

28

1887 im protestantisch geprägten Schopfheim im Schwarzwald geboren, wurde Metzger – förmlich in der Diaspora – katholisch erzogen und erlebte die konfessionellen Spannungen seiner Zeit. Aus diesen Erfahrungen heraus bemühte er sich nach seinem Theologiestudium um die Ökumene. Er gründete 1938 die Una-Sancta-Bruderschaft in Meitingen, in der Katholiken und Protestanten gemeinsam um die kirchliche Einheit der Christenheit beteten. Ähnlich wie Dietrich Bonhoeffer sah Metzger ohne eine Aussöhnung innerhalb der christlichen Kirche keinen Weg zum Frieden in der Welt.

Seine Friedensarbeit begann schon früher. Bereits zur Zeit seiner Priesterweihe 1911 engagierte sich Metzger zunächst in der Behandlung von Alkoholsucht, die in seinen Augen zu einer Verstärkung von Aggressionen führte und somit einem friedlichen Miteinander im Wege stand. Nach den Schrecken, die er als Feldgeistlicher im Ersten Weltkrieg erlebte, setzte er sich für Frieden ein. So gründete er 1917 in Graz den Weltfriedensbund vom Weißen Kreuz, der als die erste katholische Friedensorganisation anzusehen ist. Im selben Jahr verfasste Metzger ein Friedensprogramm, das er Papst Benedikt XV. übersandte.

In den darauffolgenden Jahren war er an den Gründungen weiterer Friedensorganisationen beteiligt. Der Weltfriedensbund vom Weißen Kreuz ging letztlich im Christkönigs-Institut (Societas Christi Regis) auf und wurde 1928 nach Meitingen bei Augsburg verlegt, wo dieses sich bis heute befindet. Metzger nahm innerhalb der Gemeinschaft den Ordensnamen Bruder Paulus an. Der Name des Christkönigs-Instituts spiegelt die Leitidee eines Königtums Christi, wie es sich im ersten Brief Paulus an die Korinther findet: »Denn er muss herrschen« (1 Kor 15,25). Die Anlehnung an das Friedensreich Christi verdeutlicht die Bedeutung der Vorbildfunktion Jesu Christi, des Friedensfürsten, für Metzgers Friedensidee. Ziel der Arbeit von Max Josef Metzger und der verschiedenen Organisationen waren somit die interkonfessionelle Aussöhnung sowie in der Nachfolge des Friedenskönigs Christus, durch ein gerechtes Miteinander und Nächstenliebe Frieden zu schaffen.

Dem nationalsozialistischen Regime stand Metzger von Beginn an kritisch gegenüber, seit 1934 geriet er immer wieder in Konflikte, war 1934 und 1939 jeweils für einige Tage in Augsburg inhaftiert, unter anderem, da man eine Verbindung zum versuchten Attentat auf Hitler im Münchner Hofbräukeller vermutete. In der Hoffnung, in der Großstadt besseren Schutz vor der Gestapo zu finden, zog Metzger 1940 nach Berlin. Dort verfasste er ein Memorandum, das Ideen für eine Neubildung der Regierung in Deutschland enthielt – für die Zeit nach Hitler. Darin hatte er seine Vorstellung einer demokratischen Politik auf Grundlage seines Friedensverständnisses aufgeführt. Diese Denkschrift wollte er dem Erzbischof von Uppsala, Erling Eidem, überbringen. Mit ihm stand Metzger über die Una-Santca-Bewegung und über Widerstandskreise in Kontakt. Metzger wählte Dagmar Imgart, eine vermeintliche Helferin der Una-Sancta-Bewegung, als Botin aus, um das Memorandum nach Schweden zu senden. Sie erwies sich allerdings als eine Agentin der Gestapo und ließ Metzger auffliegen. Er wurde am 29. Juni 1943 verhaftet und im Oktober 1943 vor dem Volksgerichtshof durch Roland Freisler zu Tode verurteilt. Die Gnadengesuche durch Papst und Erzbischof blieben ungehört. Sieben Tage vor seinem Tod, am 10. April 1944 – Ostermontag, schrieb er das Auferstehungslied »Christ der Herr ist auferstanden«. Es findet sich in seinem persönlichen Gesangbuch, welches er bis zu seinem Tod bei sich führte. Aus dem Lied geht die Ruhe hervor, mit der Metzger seiner Hinrichtung entgegensah – in der Gewissheit, bald bei seinem Herrn zu sein.

»Ich habe mein Leben Gott angeboten für den Frieden der Welt und die Einheit der Kirche« – diese Worte richtete Max Josef Metzger unmittelbar nach seiner Verurteilung an die anwesenden Mitglieder seiner Gemeinschaft. *EL*

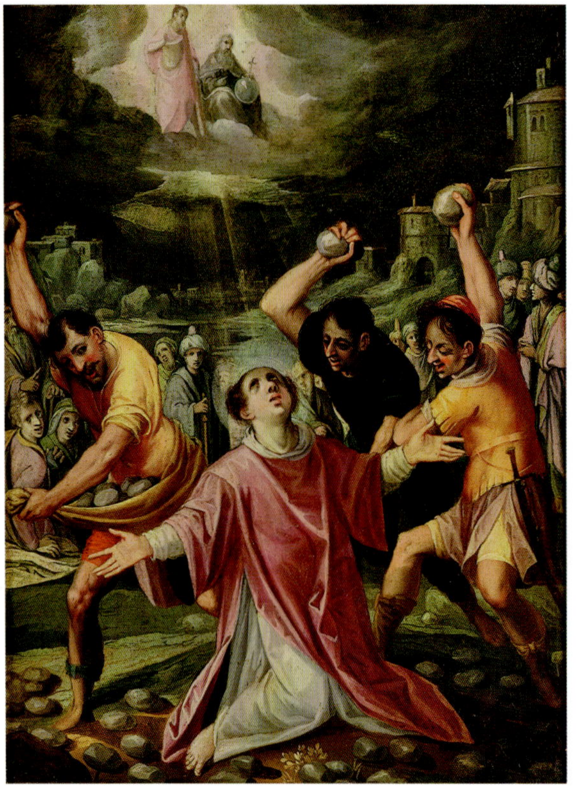

29

**29**

## Steinigung des hl. Stephanus

Johannes Rottenhammer d. J. (zugeschrieben), vor 1668;
Öl auf Kupfer, 45,5 × 34 cm
Museen der Stadt Bamberg, Historisches Museum,
Inv.-Nr. 296

Literatur: Baumeister 2012; Hötzinger 2011;
Sitzmann 1957, S. 461–462; Tück 2015

Der hl. Stephanus gilt als der erste Christ, der in Nachfolge Jesu Christi seines Glaubens wegen getötet wurde. Auf dem Johannes Rottenhammer d. J. zugeschriebenen Gemälde ist der Heilige entsprechend der biblischen Überlieferung der Apostelgeschichte (Apg 6,1–8,3) dargestellt.

Nach dem Tod Christi wirkten die Apostel in seinem Auftrag weiter. Bald erwählten sie sich sieben Diakone, die sie in der stetig wachsenden Jerusalemer Gemeinde unterstützten. Stephanus als einer der sieben geriet durch einen Konflikt mit der jüdischen Gemeinde vor den Hohen Rat. In seiner Verteidigungsrede beschuldigte er seine Gegner, sich dem Heiligen Geist zu widersetzen und den Gerechten – gemeint ist hier Jesus Christus – ermordet zu haben. Noch bevor ein Urteil gefällt wurde, führte ihn eine aufgebrachte Menge vor die Stadt, um ihn dort zu steinigen. Stephanus blickte in den Himmel und sah dort »den Himmel offen und den Menschensohn zur Rechten Gottes stehen« (Apg 7,56). Auf die Knie gesunken, bat er den Herrn um Vergebung für seine Feinde. Er steht damit in der Nachfolge Christi, der am Kreuz Gott um Nachsicht mit seinen Henkern bat (Lk 23,34), so wie er schon in der Bergpredigt forderte: »Ich aber sage euch: Liebt eure Feinde und betet für die, die euch verfolgen, damit ihr Söhne eures Vaters im Himmel werdet« (Mt 5,44–45).

Seine Zeitgenossen bezeichneten Stephanus noch nicht als Märtyrer. Doch seine Verehrung setzte bald ein. Ins 2. Jahrhundert fällt die Erwähnung des Stephanus bei Irenäus von Lyon, der den Märtyrerbegriff dabei in Grundzügen definiert: Stephanus sei »zuerst von allen Menschen den Leidensspuren des Herrn gefolgt [...], in dem er wegen des Bekenntnisses Christi zuerst getötet wurde« (Gegen die Häresien, 3. Buch, 12,10, zit. nach Hötzinger 2011).

Über Johannes Rottenhammer d. J. (gest. 1668), Sohn des bedeutenden Hans Rottenhammer d. Ä. (1564–1625) ist nur wenig bekannt. Die Zuschreibung des Werkes an ihn erfolgte 1957 durch Karl Sitzmann. *VW*

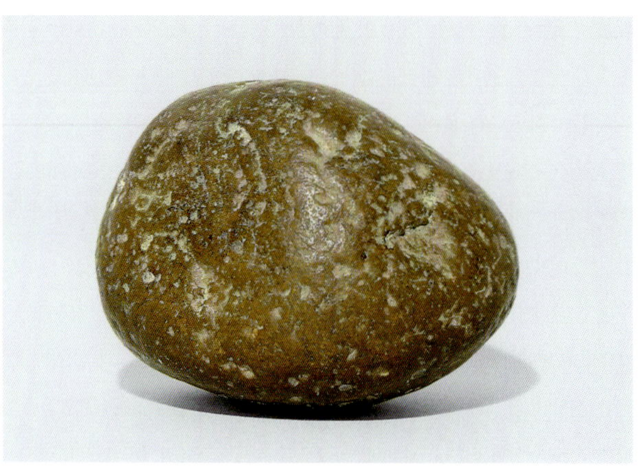

30

30

## Stein des heiligen Stephanus

Frühes 13. Jahrhundert; Stein, ungefasst, 6,1 × 4,7 cm
Kulturstiftung Sachsen-Anhalt, Domschatz Halberstadt,
Inv.-Nr. DS062a

Literatur: Meller/Mundt/Schmuhl 2008, Nr. 21, S. 94–95 (Christian Hecht); Janke 2006

Im Domschatz zu Halberstadt werden seit dem Mittelalter zwei Steine als Reliquien (lat. »Überbleibsel«) des hl. Stephanus aufbewahrt. Im Gegensatz zu den körperlichen Überresten (sogenannten Reliquien 1. Ordnung) und den unmittelbaren Hinterlassenschaften (sogenannten Reliquien 2. Ordnung) gelten sie als sogenannte Berührungsreliquien und damit als Reliquien 3. Ordnung des ersten christlichen Märtyrers. Die Steine sollen bei der Steinigung des Stephanus vor den Mauern Jerusalems verwendet worden sein. Mit der Auffindung des Stephanusgrabs im 5. Jahrhundert fanden seine Reliquien großen Absatz. Bereits die erste Kathedrale in Halberstadt stand – neben dem Schutz des Salvators Jesus Christus – auch unter jenem des hl. Stephanus (Stephanuspatrozinium). Für das 10. Jahrhundert und wenig später für die Zeit des 4. Kreuzzuges (1202–1204) sind Transporte von Reliquien des hl. Stephanus nach Halberstadt nachzuweisen. Wann und wie jedoch die beiden Steine in den Domschatz kamen, ist nicht eindeutig belegt. Möglicherweise kamen sie bereits im 10. Jahrhundert hierher, als Bischof Hildeward einige Tropfen vom Blut des Schutzheiligen vom Bischof in Metz erbat. In einem Messbuch des 14. Jahrhunderts findet sich ein »Gebet an das Blut des Protomärtyrers Stephanus«, die »Oratio ad sanguinem sancti stephani protomartyris«. In diesem Gebet werden sowohl das Blut als auch die blutbenetzten Steine des Dompatrons erwähnt (»per sacros lapides tuo pictos«, »durch die heiligen Steine, die mit deinem Blut benetzt sind«), was einen Hinweis auf die Wertschätzung der Steine gibt. *VW*

31

## Allegorie auf den christlichen Streiter – Der Kampf des Tugendhelden gegen die Laster

Adriaen van Nieulandt, 1655; Öl auf Leinwand,
96,5 × 79,3 cm; unten rechts signiert und datiert:
»Adriaen van Nieulant/ Fecit. 1655«
SØR Rusche Sammlung Oelde/Berlin

Literatur: AK Rotterdam 2008, S. 117, Nr. 123; Raupp 2010, S. 304–308 (Magdalena Eickelkamp)

Die Metapher vom »geistlichen Kampf« der Christen gegen Sünde und Tod findet sich im Neuen Testament und entwickelte in der christlichen Literatur eine lange Tradition. Am Ende des Epheserbriefes wird zum Kampf gegen das Böse aufgerufen. Der Brief verwendet das Bild von der »Rüstung Gottes« (Eph 6,10) und behandelt ihre einzelnen Teile: »Seid also standhaft: Gürtet euch mit Wahrheit, zieht als Panzer die Gerechtigkeit an und als Schuhe die Bereitschaft, für das Evangelium vom Frieden zu kämpfen« (Eph 6,14–15). Eine ähnliche, in umgekehrter Richtung verlaufende Denkfigur verwendet der Kirchenvater Origines, wenn er die Kämpfe des Alten Testaments als innere Kämpfe der Seele deutet: »Der Kampfplatz ist im Inneren eines jeden Menschen«; »Außer dir selbst sollst du außen kein Schlachtfeld suchen. In dir ist der Kampf, den anführen, im Inneren ist das morsche Gebäude, das du abreißen musst« (zit. nach Elßner/Heither 2006, S. 12–13). Zwar wurden die Schlachtenschilderungen der Bibel und ihre kämpferische Metaphorik häufig in Rechtfertigungen des kriegerischen Einsatzes ins Feld geführt (vgl. LCI, Bd. 3, Sp. 267–268). In der Bildenden Kunst des 16. und 17. Jahrhunderts wurden die Metaphern unmittelbar ins Bild gesetzt (Bleyerfeld 2006, Ost 2007).

Im Zentrum des 1655 entstandenen Gemäldes des in Amsterdam tätigen Malers Adriaen van Nieulandt, einem Nachbarn Rembrandts, steht ein antikisch gekleideter Kämpfer. Er hält ein an

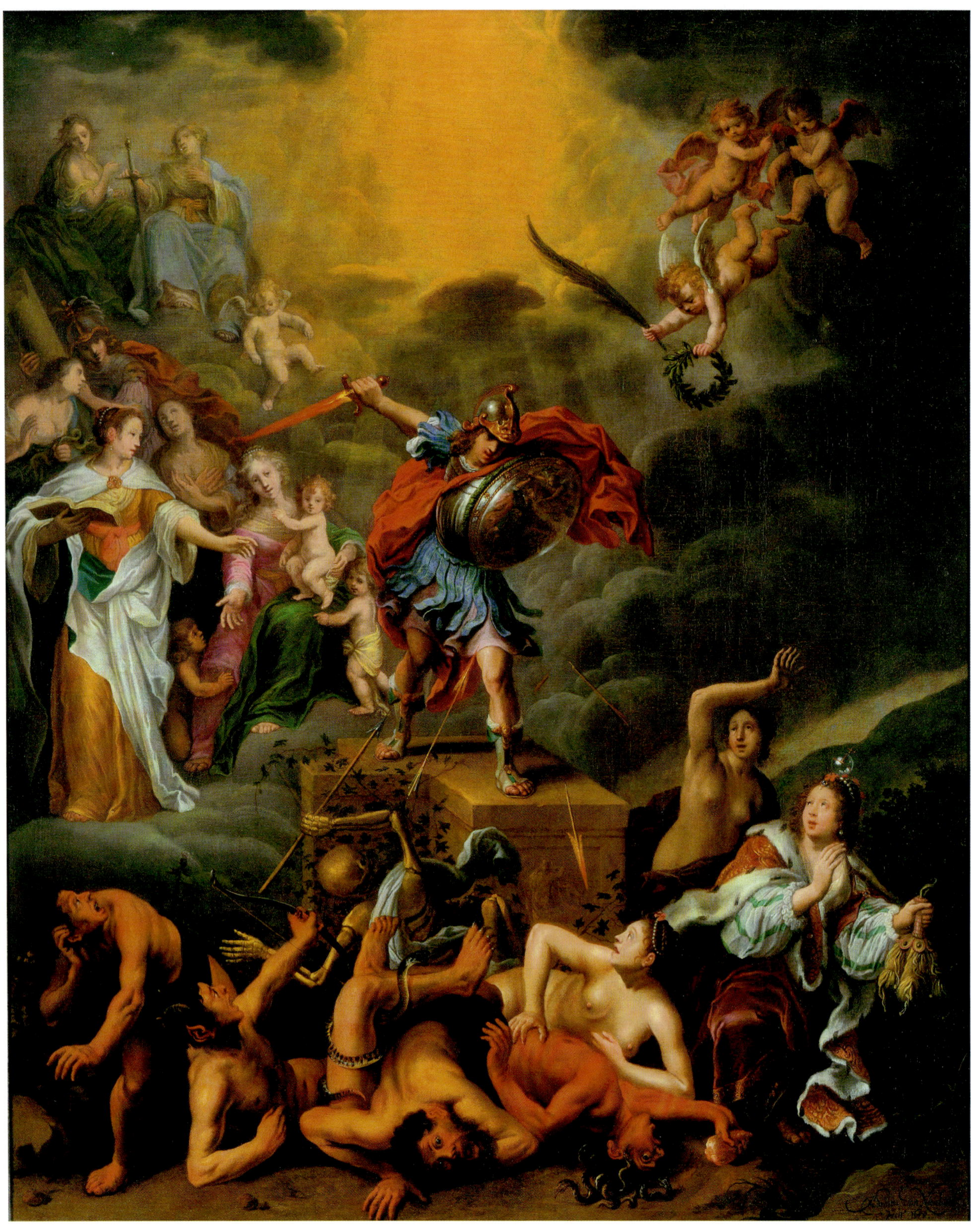

31

den Erzengel Michael erinnerndes Flammenschwert (Exner 1993) und ein Schild, auf dem das Opfer Abrahams – als Beispiel des Gehorsams gegenüber Gott – gemalt ist (Wang 1975, S. 67). Die Figur steht auf einem Postament, das an eine Mauerecke erinnert, eine Umsetzung der Metapher von Christus als Eckstein (Eph 2,20). Vor ihm liegen die Figuren von Lastern (Eitelkeit, Neid und anderen) und Tod. Die auf den Kämpfer geschleuderten Pfeile zerbrechen an seinem

Schild oder prallen zu den Angreifern zurück. Hinter dem Kämpfer schweben auf einer Wolke die Kardinaltugenden (Stärke, Klugheit, Nächstenliebe u. a.), weiter oben ist die Gerechtigkeit mit dem Schwert zu erkennen. Von rechts schweben Engelchen mit Lorbeerkranz und Siegespalme als Zeichen des Sieges herab (vgl. Wohlfeil 1991, S. 215). Der Segen Gottes zeigt sich in dem überirdischen Schein, der die Szene erleuchtet. Adriaen van Nieulandt (1587–1658), der noch bei einem in der spätmanieristischen Prager Schule ausgebildeten Maler in die Lehre gegangen war, knüpft in der Komposition an einen Kupferstich aus dem Jahr 1614 nach David Vinckeboons an (Knipping 1939–1940, Bd. 1, S. 124).

Darstellungen vom »geistlichen Kampf« waren offenbar im 16. und 17. Jahrhundert beliebt. So existiert nicht nur eine Kopie dieses Kupferstichs von einem süddeutschen Meister, die Verbreitung des Motivs zeigt sich etwa in der Existenz mehrerer gemalter Versionen nach einem Kupferstich zum gleichen Thema von Marten des Vos. Noch in der politischen Karikatur des 19. Jahrhunderts sind Erinnerungen an den »christlichen Streiter« lebendig. Im »Wahren Jacob« des Jahres 1884 (Nr. 6) wird für einen »ultramontanen« Reichstagsabgeordneten eine Uniform vorgeschlagen, die wie eine Mischung von Rüstungen des Erzengels Michael und des »Miles christianus« erscheint. *TFu*

## 32

## Gebetbuch »Himmlisches Jerusalem«

Friedrich Mibes, Sulzbach, 1766; Leder, Papier, Frontispiz und 19 Kupfertafeln, 18,4 × 12 × 4,4 cm
Münster, Sammlung des Bistums Münster

Die sinnbildliche Verwendung von Begriffen aus der Kriegsführung für christliche Ideen und Vorstellungen findet sich auch in dem Gebetbuch Friedrich Mibes' (1658–1722). Der Zisterzienserpater verfasste im böhmischen Kloster Ossegg

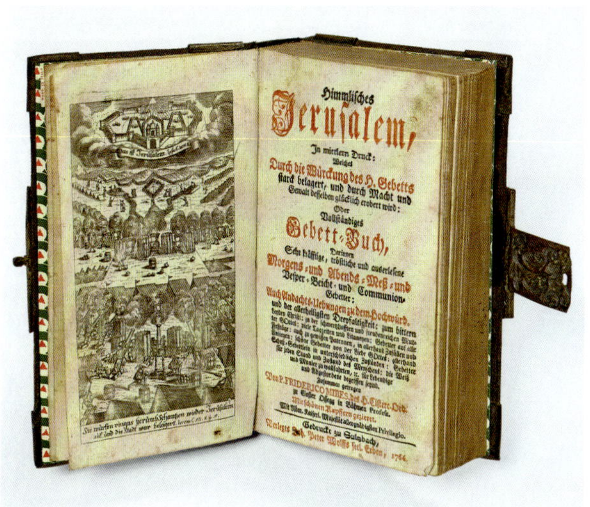


32

(heute Tschechische Republik) das Buch mit dem Titel »Himmlische Jerusalem, welches Durch die Würckung des h. Gebetts stark belagert, und durch Macht und Gewalt desselben glücklich erobert wird: Oder: Vollständiges Gebett-Buch, darinnen sehr kräfftige, tröstliche und auserlesene Morgens- und Abends-Meß- und Vesper-Beicht- und Communion-Gebetter […]«. Es erschien erstmals in seinem Todesjahr 1722 in Prag und wurde bis ins 19. Jahrhundert mehrfach aufgelegt. Die belagerte und ersehnte jenseitige Himmelsstadt findet sich dem Titelblatt gegenüber als Frontispiz in einem Kupferstich dargestellt. In einem Wolkenkranz ist sie als ummauerte Stadt dargestellt. Ein Zitat aus Josua 15,1 weist sie als Jerusalem aus. Die Szene wird durch eine weitere Bibelstelle erläutert: »Sie würfen rings herumb Schanzen wieder Jerusalem auf und die Stadt war belagert« (Ier 52, 4–5). Die himmlische Stadt wird von zwei Reihen aus mit Kanonen beschossen. Soldaten, Pulverfässer und weiteres Kriegszubehör ergänzen die Szene. Die aus den Kanonenrohren aufsteigenden Pulverwolken sind mit cap. 1 bis cap. 22 nummeriert. Sie verweisen auf die von Mibes zusammengestellten Gebete, die zur Eroberung der Himmelsstadt notwendig sind. Das Gebet wird hier gleichermaßen zur geistlichen Waffe (vgl. Kat.-Nr. 21). *VW*

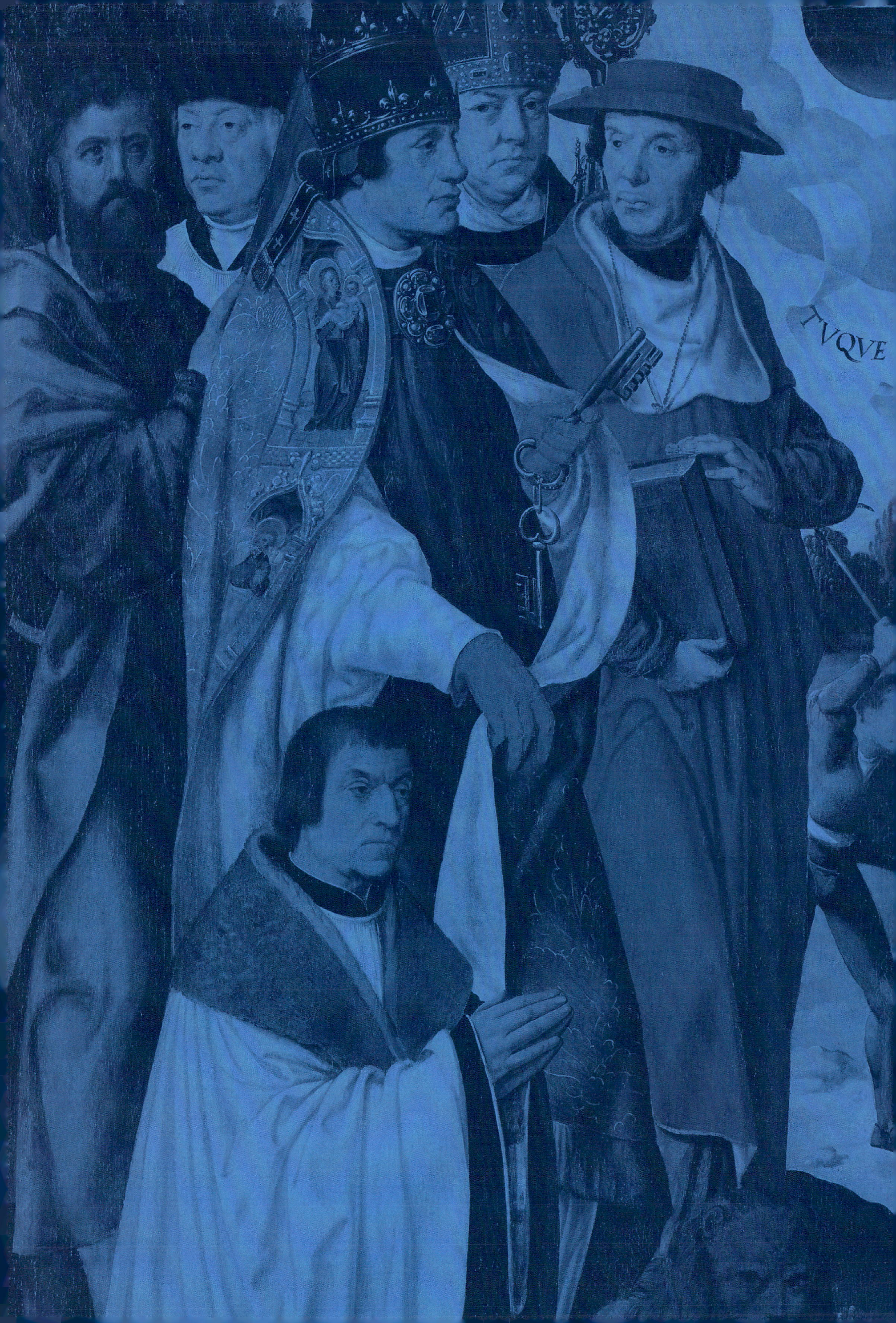
TVQVE

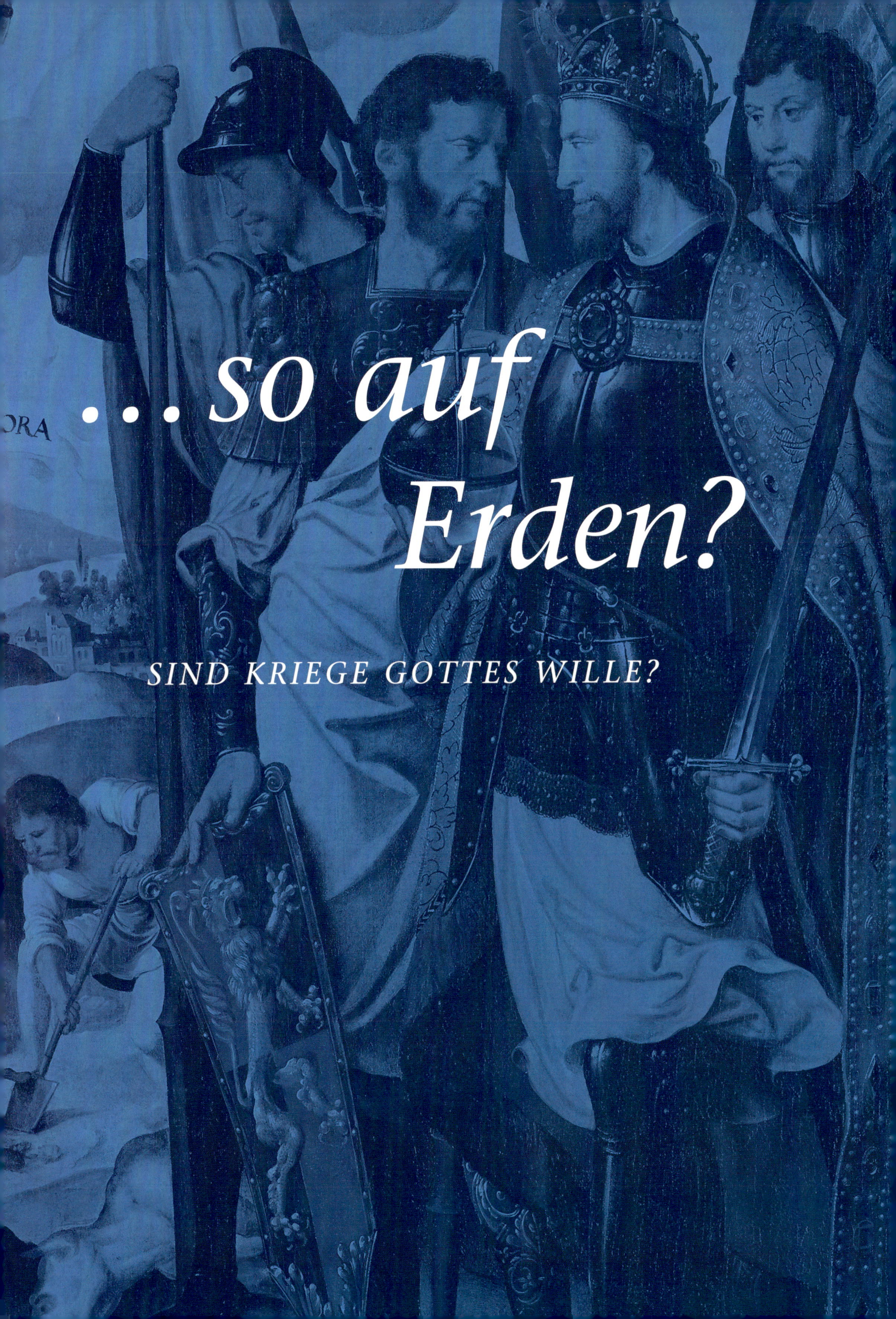

# … so auf Erden?

## SIND KRIEGE GOTTES WILLE?

# *Vorstellungen von gottgewollter Ordnung und Indienstnahme*

Im Römerbrief (13,1) heißt es: »Jeder leiste den Trägern der staatlichen Gewalt den schuldigen Gehorsam. Denn es gibt keine staatliche Gewalt, die nicht von Gott stammt; jede ist von Gott eingesetzt.« Die kritische Haltung früher Christen dem Soldatentum gegenüber änderte sich im 4. Jahrhundert, als das Christentum nicht mehr verfolgt und schließlich zur Staatsreligion wurde. Die antike Auffassung, ein Krieg könnte gerecht sein, wenn er von einer legitimen Herrschaft mit dem Ziel des Friedens geführt werde, fand Eingang in die christliche Literatur, Christen durften nun in das Heer eintreten; der Kaiser galt als Garant des Friedens nach Innen und Außen.

Die Vorstellung von göttlichen Siegeshelfern war in der Antike verbreitet. Nachdem 312 Kaiser Konstantin I. (reg. 306–337) seinen Sieg an der Milvischen Brücke über Maxentius auf die Hilfe des christlichen Gottes zurückführte (»In diesem Zeichen wirst du siegen«), übernahm er das christliche Zeichen für die kaiserliche Feldstandarte. Das Christogramm wurde dann langsam in das Repertoire kaiserlicher Münzprägungen aufgenommen.

Die Vorstellung von drei Ständen, die von Gott mit jeweils eigenen Aufgaben, Rechten und Pflichten eingesetzt wurden, bildete sich im frühen Mittelalter heraus und war um das Jahr 1000 weit verbreitet. Demnach gibt es zum einen Bauern, die für die Ernährung der Gesellschaft arbeiten, daneben Geistliche, die für das Seelenheil der Gesellschaft sorgen, sodann Fürsten und andere Adlige, die zum Schutz der anderen kämpfen. Auch die Kirche verwendete »Siegeszeichen«, wenn etwa der Papst im Mittelalter Fahnen im Zusammenhang mit Kriegszügen übersandte. So verlieh Papst Leo IX. 1053 erstmals eine Petrusfahne *(vexillum sancti Petri)* im Kampf gegen die Normannen, und Papst Gregor VII. übersandte mehrfach Petrusfahnen, um militärische Vorhaben durch »ein siegbringendes Unterpfand der göttlichen Hilfe« zu unterstützen.
*TFu*

Literatur: Adam 1988; Gerhard/Kranemann 2008; Lengling 1981

33

## Die drei Stände der Christenheit

Bartholomäus Bruyn d. Ä.,
um 1535; Öl auf Eichenholz, 137×98,5 cm;
Spruchbänder (zwei von Engeln gehalten):
»TU SUPPLEX ORA« (»du bete demütig«)/
»TU PROTEGE« (»du beschütze«)/
»TUQUE LABORA« (»und du arbeite«)
Bonn, LVR-LandesMuseum, Inv.-Nr. 22.477

Literatur: Bonn 1982, S. 113–115 (Ingeborg Krueger); Wohlfeil 1988; AK Köln 2011, Kat.-Nr. 221, S. 467–468; Auffahrt 2002, Kap. 4; Schreiner 2015

Christus sitzt auf dem Gemälde auf einem Regenbogen, der an dieser Stelle auf die Vision vom Jüngsten Gericht (vgl. Off 4,3) bezogen ist, und seine Füße ruhen auf einer gläsernen Weltkugel. Seine Gesten zeigen, dass er die Stände unter sich einsetzt und behütet. Unter den Geistlichen sind Papst, Bischof und Kardinal leicht an ihren Kopfbedeckungen zu erkennen. Dahinter sieht man einen Kleriker im Chorhemd und am Bildrand den hl. Hieronymus, dessen Löwe neben dem knienden Stifter liegt. Der Stifter trägt ein Chorhemd und einen Mantel mit breitem Pelzbesatz. Auf der rechten Seite steht ein Kaiser mit Bügelkrone, Weltkugel und Schwert. Seine Gesichtszüge ähneln Kaiser Karl V. Der hl. Gereon im Hintergrund hält eine blaue Kreuzesfahne, und der hl. Georg blickt auf den erschlagenen Drachen zu seinen Füßen. Vermutlich hält Judas Makkabäus das blau-rote Schild mit goldenem Löwen und die Fahnenlanze mit einem abgetrennten gekrönten Haupt. Die Makkabäer als jüdische Märtyrer und Kriegshelden dienten als Identifikationsfiguren für die Kreuzfahrer und wurden im liturgischen und historischen Gedächtnis besonders gewürdigt. In Deutschland gab es als Ort eines ausgesprochenen Makkabäer-Kultes nur das Makkabäer-Kloster zu Köln. Dass die Fürsten und Krieger legitime Gewalt ausüben, macht nicht nur ein gezogenes Schwert, sondern auch der aufgespießte Kopf deutlich.

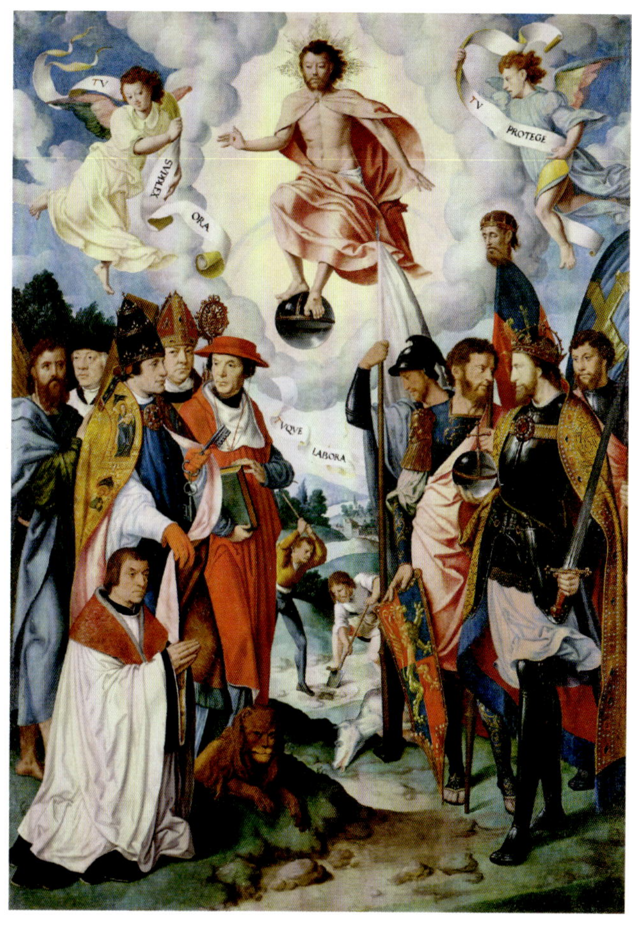


33

Zwar hat die Vorstellung von den drei Ständen kaum je den Realitäten der Gesellschaft entsprochen, und als der in Köln tätige Maler Barthel Bruyn d. Ä. (1493–1555) das Bild zwischen etwa 1530 und 1540 schuf, war sie längst überholt – das war gerade in einer Handelsstadt wie Köln mit reichen Kaufleuten und einer differenzierten Bürgerschaft unübersehbar. Dennoch hat den Merkvers auf den Spruchbändern, der erstmals im 14. Jahrhundert nachzuweisen ist, noch Martin Luther in seinen Tischreden zustimmend kommentiert. Bruyn nutze für sein Gemälde eine Illustration aus einer bekannten astrologisch-prophetischen Schrift als Vorlage. Die »Pronosticatio« des Johannes Lichtenberger erschien erstmals 1488 und bis 1587 in über 40 Auflagen auch in Köln. Ob der Stifter im Vordergrund als Kölner Kanonikus Lambert Bracke identifiziert werden kann und welche anderen Porträts im Bild enthalten sind, ist nicht abschließend geklärt. *TFu*

34

**Summa Theologiae. Secunda secundae at meritis facile primus nusq[uam] citra montes hactenus impressus**

Thomas von Aquin, Paris 1512
Münster, Diözesanbibliothek, OFM B 0212

Literatur: Beestenmöller 1990

In seiner großangelegten, unvollendet gebliebenen »Summa theologica« (»Theologische Summe«), in der sich der Scholastiker Thomas von Aquin (1225–1274) das Ziel gesetzt hatte, alle theologischen Probleme zu erörtern, findet sich im Abschnitt des 2. Teils vom 2. Teil (Secunda Secundae) in Frage 40 (quaestio 40) die vertiefte Erwägung »über den Krieg« (»de bello«). Darin behandelt er vier Themen: Ob Krieg erlaubt sei, ob Kleriker Krieg führen dürfen, ob man im Kriege Hinterhalte legen dürfe, und ob es erlaubt sei, an Feiertagen Krieg zu führen. Auch wenn heute die aus dem universitären Alltag des Mittelalters entwickelten Formen der Argumentation umständlich erscheinen, so formulierte Thomas von Aquin doch Rahmenbedingungen für kriegerisches Handeln, die weit über seine Zeit hinaus herangezogen wurden.

Thomas von Aquin stand in einer Traditionslinie mit Augustinus (Kat.-Nr. 16; Budzik 1988), der in seinen Erörterungen des weltlichen Friedens und Unfriedens antike Grundsätze (vor allem aus Schriften Ciceros) herangezogen hatte. Hinzu kommen kirchenrechtliche Bestimmungen der Gottesfriedensbewegung seit dem 10. Jahrhundert. Thomas von Aquin begründet eine Lehre vom Gerechten (bzw. gerechtfertigten) Krieg. Diese besagt, dass Kriege nur von einer legitimen, mit richterlicher Gewalt ausgestatteten Obrigkeit geführt werden dürften, nur aus einem gerechten Grund (causa iusta), nur mit der rechten Absicht (recta intentio) und dass sie kein größeres Unheil anrichten dürften als das zu sühnende Unrecht. So sei der Krieg als »ultima ratio« (»letztes Mittel«) im Sinne einer Strafe für begangenes Unrecht zu rechtfertigen. Neben diesen Grundzügen argumentiert er auch für zum Teil spezifische Vorschriften, etwa das Verbot einer Lüge aus Gründen des Hinterhaltes oder für den Gewaltverzicht aufgrund von Verzeihen. Als Teil der päpstlichen Letztkompetenz in allen Fragen des friedlichen Zusammenlebens fordert er, dass es dem Papst zukommt, unter den christlichen Fürsten Frieden zu schließen (»ad papam pertinet pacem facere inter principes christianos«). Aber auch gegenüber Ungläubigen sei strafende Gewalt erst bei andauernder Feindseligkeit erlaubt, denn auch sie würden von der Gottes- und Nächstenliebe umfasst. Einer der besten Kenner der Lehre vom Gerechten Krieg des Thomas von Aquin formulierte nachdenklich: »Das eigentlich Problematische an der mittelalterlichen Lehre liegt vielmehr an der Intoleranz hinsichtlich dessen, von dem sie glaubte, daß es jedem Menschen guten Willens einsichtig sein müsse. Sich selbst absolut zu setzen scheint gerade die Gefahr jedes Ansatzes, der sich für vernunftbegründet hält« (Beestenmöller 1990, S. 170, Anm. 631). *TFu*

Questio .xl. De bello.

34

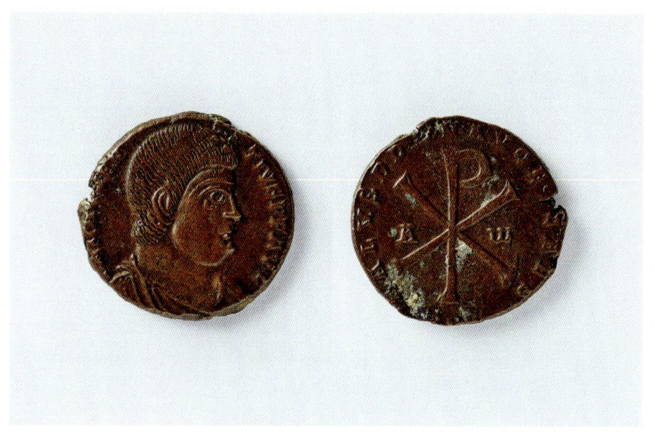

35

35

## Münze des Kaiser Magnentius, 353

Bronze, Gewicht 9 g; Dm. 25 mm;
Vorderseite: […] TIVS P F AVG, drapierte Panzerbüste des Magnentius in der Brustansicht nach rechts;
Rückseite: SALVS D D N N AVG ET CAES (Salus Dominorum nostrorum Augusti et Caesari) […], Christogramm, links ein Alpha und rechts ein Omega
Münster, Privatbesitz

Literatur: AK Paderborn 2013, Bd. 2 (Katalog), Kat.-Nr. 55d, S. 74–75 (Karsten Dahmen) (zu einem Exemplar im Münzkabinett der Staatlichen Museen zu Berlin); Keller 1968, S. 60–62

Römische Kaisermünzen waren wichtige Mittel der politischen Propaganda und eignen sich gut, um Vorstellungen der antiken Herrschaft zu verstehen. Dies gilt auch für unsichere Zeiten wie die kurze Herrschaft von Magnentius (350–353). Die Vorderseite der meisten seiner Münzen zeigt den Usurpator mit einem vertrauensvoll fülligen Gesicht mit schmalem Mund und ausgeprägtem Kinn. Die frühen Münzprägungen seiner Herrschaft stellen auf der Rückseite das Thema der römischen »Freiheit« *(libertas)* in den Vordergrund. Magnentius war wohl Heide. Dennoch versuchte er, als seine militärische Lage im Kampf gegen seinen Widersacher Constantius 352/353 immer bedrohter schien, die Christen auf seine Seite zu bringen. Dabei verwendete er das christliche Siegzeichen der konstantinischen Dynastie als alleiniges Rückseitenmotiv seiner Münzen, diese zeigen das Hilfe versprechende Zeichen des Christogramms. Das Monogramm aus den griechischen Buchstaben Chi (X) und Rho (P) steht für Christus (XPIΣTOΣ.). Magnentius zeigt noch den ersten und letzten Buchstaben des griechischen Alphabets, Alpha (A) und Omega (Ω), um sein Vertrauen in seinen Sieg zu betonen (Offb 22,13). Alpha und Omega waren in den Münzprägungen zuerst von Constans hinzugefügt worden, möglicherweise als Hinweis auf Unterstützung der orthodoxen Christen (im Gegensatz zu den Arianern). Auch andere Usurpatoren versuchten sich christlicher Symbolik zu bedienen, um für Unterstützung zu werben (Eck 2008, S. 86).

In seinem Buch über die Münzprägungen des Magnentius formulierte Wendelin Keller: »Als Zeugnisse der inneren Geschichte Roms sind die Münzen auch Zeugnisse der Kirchengeschichte. […] Staat und Religion sind in der Antike eng verbunden. Der Staat weiß sich von göttlichen Mächten begründet, beauftragt und beschützt. Die Kirche glaubt, daß von ihrem Gottesdienst das Schicksal des Staates abhänge. So wird das, was der Staat über seine Sendung denkt, ein Stück Kirchengeschichte, was die Kirche über die rechte Gottesverehrung lehrt, ein Stück staatlicher Geschichte« (Keller 1968, S. 6). *TFu*

36

## Standartentuch der Kavallerie des Banners der freiwilligen Sachsen

1814; 69×71,5 cm
Dresden, Militärhistorisches Museum der Bundeswehr, XBAA0029 (Leihgabe aus Privatbesitz)

Die Fahne zeigt das Kreuz auf der Vorderseite (Avers) und trägt auf der Rückseite (Revers) das Motto »FÜR RECHT UND VATERLAND«. Im Chemnitzer Anzeiger vom 12. Februar 1814 rief Georg Ludwig Freiherr von Welck (1773–1851), Offizier des Freikorps »Banner der freiwilligen Sachsen« und Vorfahre der heutigen Besitzer

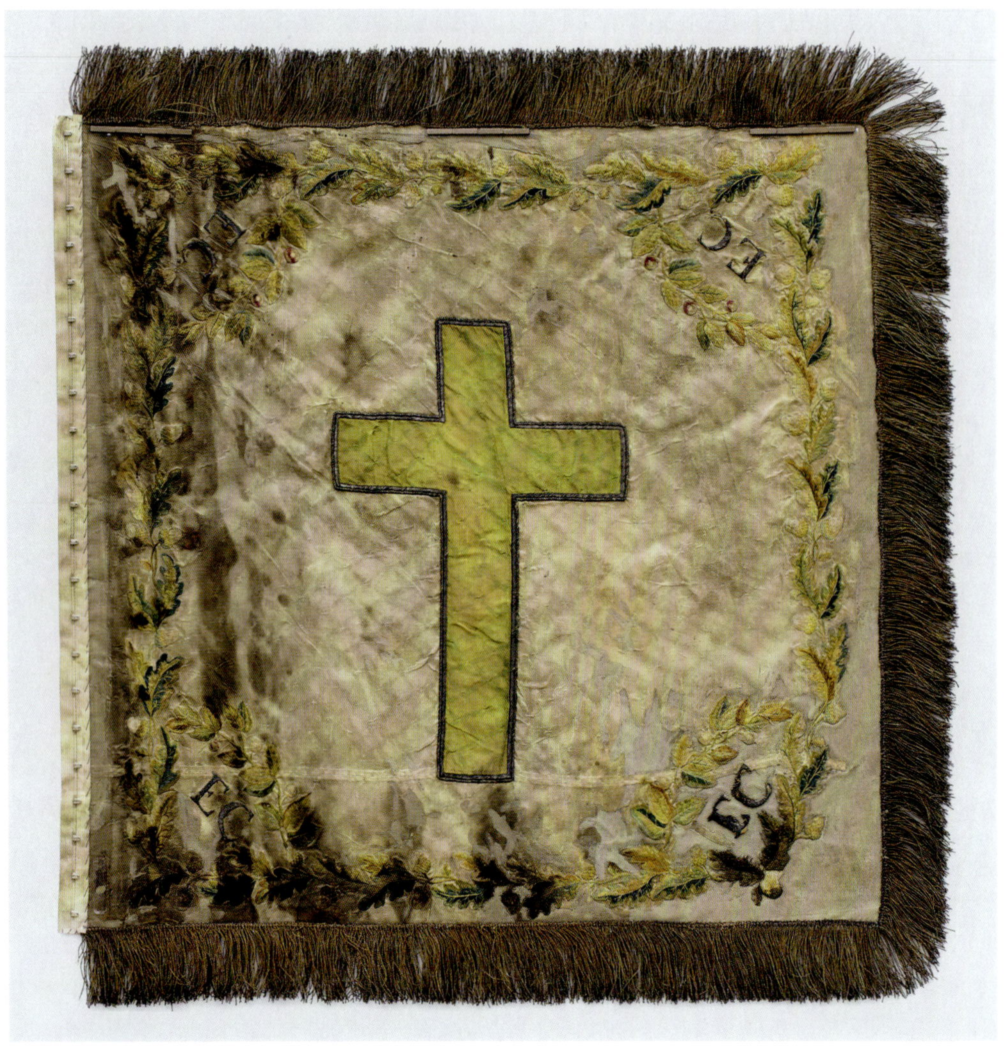

36

des Standartentuchs (Hübsch 2000), die »patriotischen Frauen« des Erzgebirgischen Kreises auf, eine Standarte für die Reitertruppe im Banner der freiwilligen Sachen zu fertigen. Das Banner war ein von 1813 bis 1815 bestehendes Freikorps, das nach der Völkerschlacht von Leipzig im Oktober 1813 in Sachsen neben einer Landwehr gegründet wurde, um gegen Napoleon zu kämpfen. Die Einheit kam nur selten zum Einsatz, etwa bei der Blockade von Mainz 1814. In der Beilage zur Allgemeinen Zeitung aus München vom 26. April 1814 (Nr. 45, S. 171) wird aus Sachsen über das Banner berichtet, »man kann nicht schönere Pferde und bessere Reuter sehen. Die Standarte, ein goldenes Kreuz statt der Spize [!], und die Stickerei zeigt den Rautenkranz, und die Inschrift: zum heiligen Krieg«.

Dies ist der »heilige Krieg«, zu dem auch der Dichter Theodor Körner in seinem Gedicht »Aufruf« (1813) aufforderte: »Es ist kein Krieg, von dem die Kronen wissen. / Es ist ein Kreuzzug, s'ist ein heiliger Krieg.« (Thamer 2013–2014, S. 34) Der Theologe Friedrich Schleiermacher hatte im März 1813 zum »heiligen Krieg« gegen Frankreich aufgerufen (Kraus 2014, S. 48). Nicht unerheblich wird in der Wahrnehmung der Zeitgenossen dabei gewesen sein, dass Napoleon – als vermeintlicher Vollstrecker der Französischen Revolution – als Gegner des Christentums und Vertreter einer säkularen Ordnung wahrgenommen wurde. Dabei »gab es in der Neuzeit wohl keinen anderen Machthaber, der nachdrücklicher die Gebete der Kirche für seine kriegerischen Unternehmen begehrt hätte und dem sie bereitwilliger gewährt worden wären als Napoleon« (Heinz 2010 a, S. 226).

Das aufgestickte Kreuz auf der Standarte betont den heiligen Charakter des Kampfes. Dabei erhielten militärische Fahnen spätestens seit dem 18. Jahrhundert eine überhöhte Bedeutung als besonders schutzwürdige Gegenstände. Dass Fahnen in den Kämpfen gegen die napoleonischen Truppen mit Kreuzen bestickt wurden, machte Eindruck auf die Zeitgenossen. In den Deutschen Blättern vom 21. Februar 1814 (Nr. 86) findet sich anlässlich der Aushändigung einer Fahne von »Sachsens Töchtern an den Banner der freiwilligen Sachsen« ein bemerkenswerter Kommentar: »Es ließe sich wohl ein eigner Stammbaum von allen Panieren und Fahnen verfertigen, welche mit dem Kreuz bezeichnet, die, welche sich um dieses Zeichen versammelten, zu einem heiligen Krieg aufriefen. Von jener Kreuzfahne oder dem Labarum Kaiser Constantins des Großen an, und von der fränkischen Oriflamme bis auf die neuesten Fahnen unserer Freiwilligen für Freiheit und Vaterland, welch eine unermeßliche Abstufung! Nur einer Gottgeweihten Johanna von Orleans mochte es wohlanstehen, die geweihte und mit dem Kreuz geheiligte Reichsfahne selbst zu schwingen« – den Töchtern Sachsens bliebe hingegen das Sticken der Fahnen für die männlichen Krieger (S. 505). Der Autor, der es mit den historischen Einzelheiten nicht genau nimmt, hält dabei »alle Fahnen auch ohne Weihformel schon durch die Sache geweiht« (S. 506). Die Stickarbeit sei »eine zarte Gabe auf dem Altar des Vaterlandes«. In dem beigegebenen Gedicht heißt es dann: »Für beß're Sache ward noch nie gefochten! / [...] / Und Gottes Blick, der stets auf Sachsen schaute, / Beschütze seine Söhne, seine Raute, / Und segne euch für Sturm und Schlacht!« (S. 508). Hier zeigt sich die alte Vorstellung von der siegbringenden Wirkung des christlichen Symbols und die neue Vorstellung von der vermeintlichen Heiligkeit der Nation (Schreiner 2004, S. 14–28). *TFu*

**37 a**

## Die Anstifter des Kriegs vor dem Weltgericht

Bildpostkarte nach H. Mader; Saarbrücken, etwa 1916, Postkarten-Kunstverlag Bruno Goerz-Breuerle, Nr. 110; Papier, 11,38 × 17,31 cm
Historische Bildpostkarten – Universität Osnabrück – Sammlung Professor Dr. Sabine Giesbrecht, Inv.-Nr. 13_3–009

**37 b**

## Im Schützengraben / Siehe ich bin bei euch alle Tage

Postkarte, Stuttgart, etwa 1915, Wahler & Schwarz, Inh. L. Messing, Kunstanstalt Stuttgart; 9 × 14 cm
Berlin, Stiftung Deutsches Historisches Museum, Inv.-Nr. 1988/1197.183

Literatur: Alzheimer 2009, S. 14 (Heidrun Alzheimer), S. 126 (Heidrun Alzheimer), S. 223, S. 226–227 (Stephanie Böß)

Die Haltung der katholischen Kirche im Kaiserreich zum Ausbruch und Verlauf des Ersten Weltkriegs, die Friedensinitiativen des Papstes und die Indienstnahme religiöser Bezüge in der Kriegspropaganda spiegeln sich auch in Gebrauchsgrafik wider. Besonders sprechend sind hier die Bildpostkarten. Zwar waren sie offenbar kein »offizielles« Propagandamittel, auch die Amtskirchen duldeten die oft christlichen Motive nur, aber die Postkartenverlage orientierten sich an ihren Verkaufszahlen und somit an den Wünschen der Nutzer, und so geben uns die Motive der Postkarten Hinweise auf die Meinungen, Ansichten und Wünsche der Menschen, die sie verschickten.

Wie die anderen teilnehmenden Kriegsparteien sah sich das Deutsche Kaiserreich als unschuldig am Ausbruch des Krieges und wähnte Gottes Segen auf der eigenen Seite. »Die Anstifter des Krieges« zeigen, wie selten ein anderes Bildpostkartenmotiv, die Struktur der politischen, gesellschaftlichen und religiösen Argumentation bei Ausbruch des Krieges. Die im Zentrum schwebende Figur des Erzengels Michael – aus heils-

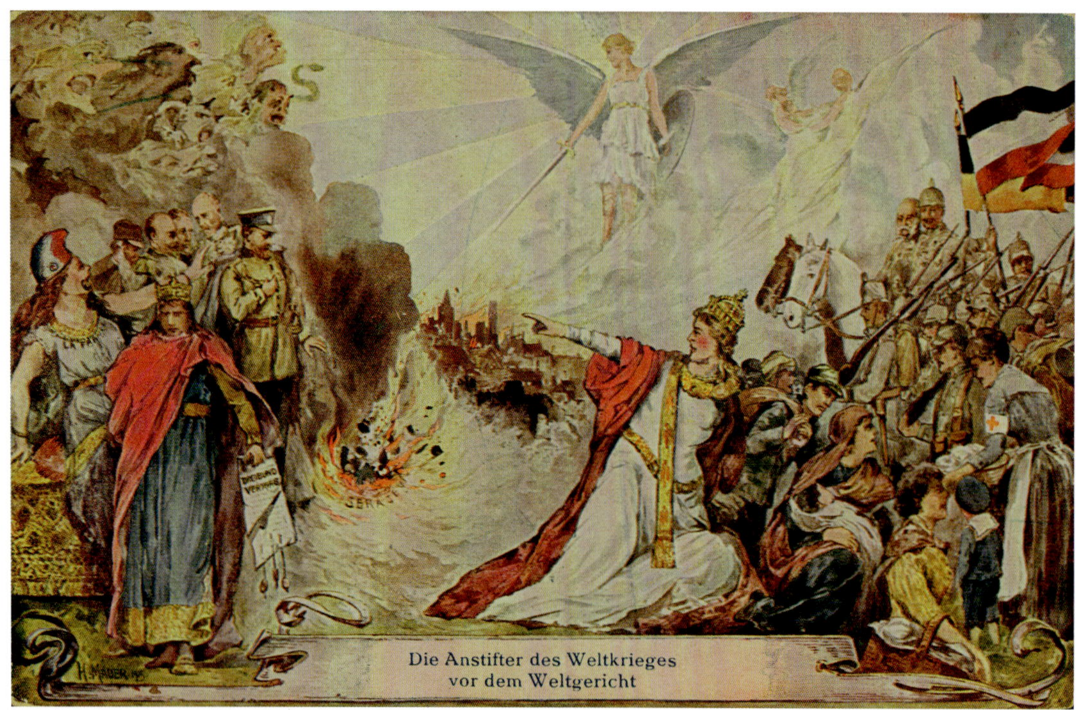


37 a

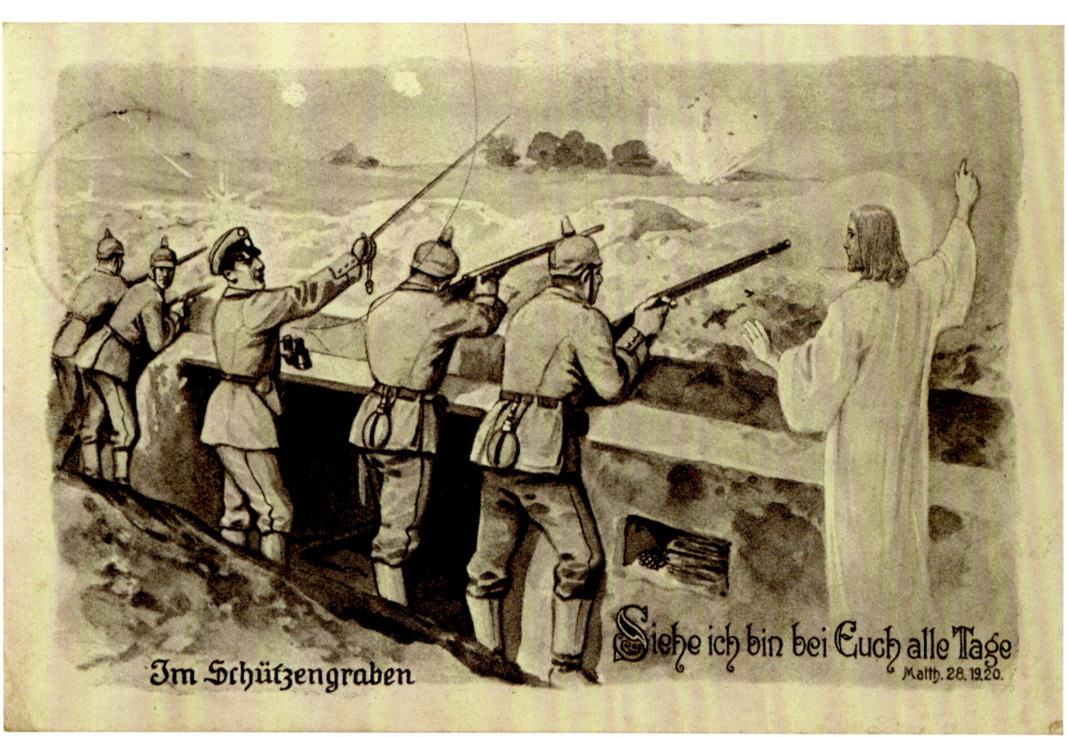


37 b

geschichtlicher Sicht der Bezwinger Satans –, weist sozusagen im göttlichen Auftrag mit dem Schwert auf die vermeintlich Schuldigen. Auf der Rückseite der Karte ist vermerkt: »Vorne links steht Italien mit dem zerrissenen Dreibundvertrag, dahinter Frankreich, der Ministerpräsident Pasitsch von Serbien, der König von England, König Albert von Belgien und Grossfürst Nikolajewitsch, weiter vorne der Zar von Russland, unter ihm die brennende Bombe von Sarajewo, die den Weltkrieg entzündete. Über diesen in Wolken stehen Lüge, Hass, Rachsucht und

Verleumdung, denselben gegenüber Erzengel Michael, der Schützer der Zentralmächte. Im Vordergrunde die anklagende Germania, die Anstifter des Krieges zur Rechenschaft fordernd, hinter ihr die Flüchtlinge aus den Grenzbezirken. Im Hintergrund rechts Kaiser Wilhelm und Kaiser Franz Josef von jauchzenden Kriegern umringt.« Hier zeigen sich der damalige Zeitgeist und die Umdeutung religiöser Symbole zur Rechtfertigung politischer Ereignisse.

Eine andere Postkarte mit einer verharmlosenden, alltäglichen Szene von Soldaten im Schützengraben zeigt, wie selbstverständlich man sich auf deutscher Seite des Segens Jesu Christi sicher zu sein glaubte: Jesus, in weißem Gewand und mit Heiligenschein, weist wie ein Offizier auf die feindliche Frontlinie. Um gewissermaßen Gottes Vollmacht zu unterstreichen und emotionalen Rückhalt und Legitimation zu vermitteln, wird Matthäus zitiert: »Siehe ich bin bei euch alle Tage« (Mt 28,19–20). *KE*

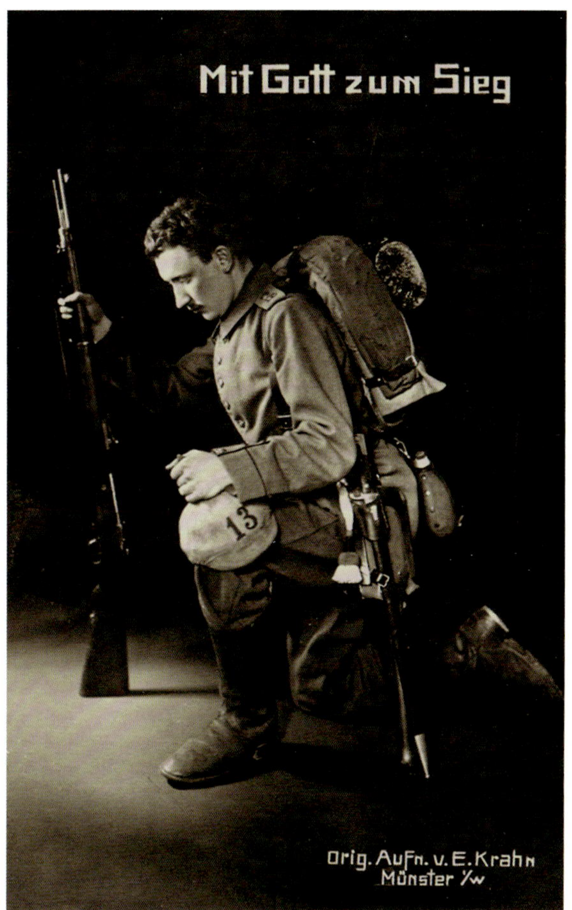


38

**38**

## »Mit Gott zum Sieg«

Bildkarte nach Ernst Krahn (Fotograf); Münster, 1914;
Papier, 14 × 8,9 cm
Stadtarchiv Münster, Fotosammlung Nr. 2528

Literatur: Galen 1995; Groos/Von Rudloff 1927;
Klüting 1982; Damberg 1998

Die Postkarte zeigt eine gestellte Szene mit einem unbekannten Soldaten des 1813 errichteten und in Münster stationierten Königlich Preußischen Infanterieregiments Herwarth von Bittenfeld (1. Westfälisches) Nr. 13. Der Soldat kniet in Marschausrüstung im Gebet versunken bzw. um Gottes Segen bittend mit gesenktem Haupt und der Waffe in der Hand. Die Karte ist gleichsam eine symbolische Darstellung der damaligen nationalen Kriegsbegeisterung, die auch von den Kirchen mitgetragen wurde. Man argumentierte im Duktus des »Gerechten Krieges«: »Da muß sich, geliebte Diözesanen, der Geist einer großen und ausdauernden Liebe bewähren, [...] Vor allem aber wollen wir uns in dieser ernsten Zeit um den Altar des Herrn sammeln und auf demselben [...] unsere Gebete niederlegen für den Sieg unserer Waffen, für den Schutz unserer Krieger, für die baldige Herstellung eines dauerhaften Friedens, für unser Vaterland und sein geliebtes Herrscherhaus«, so Bischof Poggenburg von Münster in einem Hirtenbrief zum Kriegsausbruch (Damberg 1998, S. 196–197).

Das im katholischen Münster sehr renommierte Infanterieregiment Nr. 13 war im Ersten Weltkrieg durchgängig in Frankreich eingesetzt, unter anderem in Verdun. Bis zum Ende des Krieges waren mehr als 4 200 Angehörige des Regiments gefallen. Anfang Dezember 1918 kehrte das dezimierte Regiment unter dem Jubel der Bevölkerung nach Münster zurück, bevor es am 30. September 1919 aufgelöst wurde. *TF*

39a

**Koppelschloss für Mannschaften und Unteroffiziere der königlich preußischen Armee**

Preußen, 1847–1918; Messing, Neusilber,
H. 5 cm, B. 6,35 cm, T. 1,8 cm
Berlin, Stiftung Deutsches Historisches Museum,
Inv.-Nr. U 90/09

39b

**Koppelschloss für Mannschaften und Unteroffiziere der Reichswehr**

Deutschland, 1925–1935; Eisen,
H. 5 cm, B. 6,3 cm, T. 1,5 cm
Berlin, Stiftung Deutsches Historisches Museum,
Inv.-Nr. U 80/24

39c

**Koppelschloss für Mannschaften und Unteroffiziere der Wehrmacht**

Deutschland, 1936–1945; Eisen,
H. 5,2 cm, B. 6,3 cm, T. 1,6 cm
Berlin, Stiftung Deutsches Historisches Museum,
Inv.-Nr. U 2003/6

Literatur: Stein 1986, S. 220–221

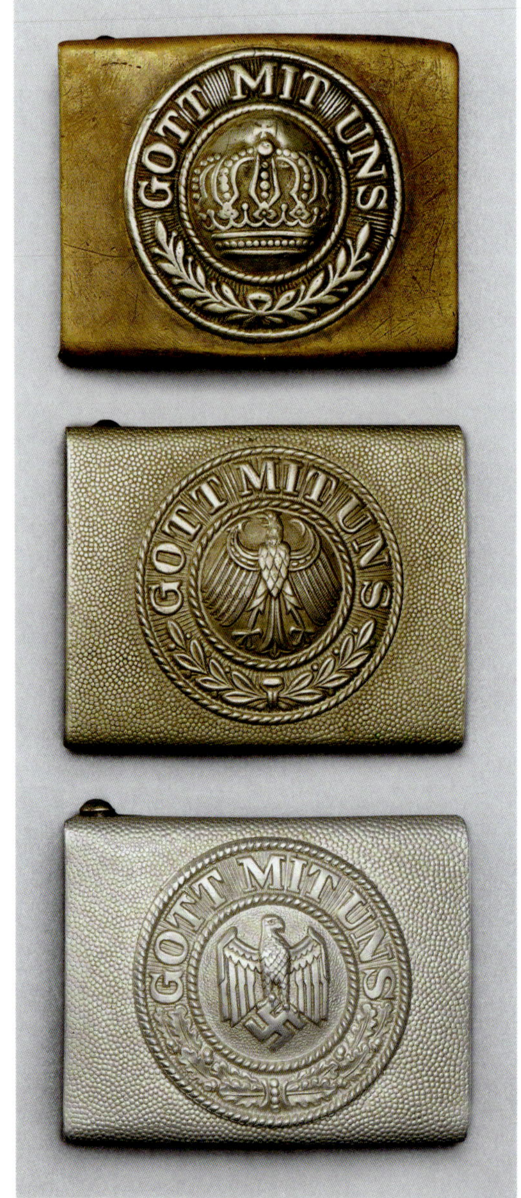


39a–c

Mit dem Motto »Gott mit uns« auf dem Koppelschloss zogen mehrere Generationen deutscher Soldaten in den Krieg, angefangen 1864 mit dem Deutsch-Dänischen Krieg bis zum Ende des Zweiten Weltkriegs 1945. Mit diesem Spruch kämpften sie aus verschiedenen Gründen und für unterschiedliche Ziele, für die Hohenzollern-Monarchie und das Kaiserreich und schließlich für das nationalsozialistische Regime.

Am 7. Oktober 1847 hatte der preußische König Friedrich Wilhelm IV. per Kabinettsorder ein Koppel für Mannschaften und Unteroffiziere seiner Armee eingeführt, einen Leibriemen, an dem unter anderem Waffen befestigt werden. Auf dessen Schloss befand sich eine geprägte Königskrone, über ihr die besagte Umschrift, unter ihr ein Lorbeerkranz. Das Motto stammt aus der Bibel, es findet sich im Alten Testament im Buch Judit (Jdt 13,11), wo Judit dem Volk Israel den von ihr abgeschlagenen Kopf des gegnerischen Feldherrn Holofernes als Beweis des göttlichen Beistands und als Siegeszeichen präsentiert (vgl. Kat.-Nr. 41). Als Schlachtruf wurde der Spruch bereits im Mittelalter von christlichen Rittern genutzt (vgl. Kat.-Nr. 86). Die in Preußen regierenden protestantischen Hohenzollern verbanden ihn frühzeitig mit ihrer Herrschaft. Seit 1701 war er die Devise ihres Königtums, später fügten sie ihn dem großen Staatswappen hinzu.

Die Gestaltung des preußischen Koppelschlosses war in der Kombination aus Staatlichem, Militärischem und Religiösem also naheliegend, aber keineswegs zwangsläufig: Die Koppelschlösser der drei anderen deutschen Königreiche führten andere Umschriften, das sächsische lautete »Providentiae memor« (»Der Vorsehung eingedenk«), das württembergische »Furchtlos und treu« und das bayerische »In Treue fest«.

Die nach dem Ende der Monarchie 1918 neu gegründete Reichswehr übernahm 1925 das preußische Koppelschloss. Es behielt die Umschrift bei, doch wich die Krone dem republikanischen Adler. Nach dem Ende der Weimarer Republik gab die 1935 gegründete Wehrmacht den Fängen des Adlers das nationalsozialistische Hakenkreuz hinzu und ersetzte den Lorbeerkranz durch einen Eichenlaubkranz. Die Soldaten der Waffen-SS trugen ein Koppelschloss mit dem Motto »Meine Ehre heißt Treue«. Nach dem Zweiten Weltkrieg verschwand der religiöse Bezug vollkommen: Das Staatswappen der DDR mit Ährenkranz, Hammer und Zirkel zierte das Koppel der Nationalen Volksarmee, das der Bundeswehr trägt seit 1962 den Bundesadler und die Umschrift »Einigkeit – Recht – Freiheit«. Aus persönlichen Motiven trugen manche Soldaten, unabhängig vom Ruf nach göttlicher Unterstützung auf ihrem Koppelschloss, im Feld individuelle Glaubenszeichen wie Kruzifixe, Heiligenbilder, Glücksbringer oder Schutzamulette. *TW*

**40**

### Fahne mit dem »Coeur sacré de Jesus, espoir et salut de la france« (»Hl. Herzen Jesu, Hoffnung und Heil Frankreichs«)

1914–1918; Textil, 20 × 16 cm
Rouen, Jean Frémont; Archives départementales de Seine-Maritime, Inv.-Nr. FRADO76_0277

Literatur: www.europeana1914–1918.eu/en/contributions/15955 (für die Fahne von Francis Fremont)

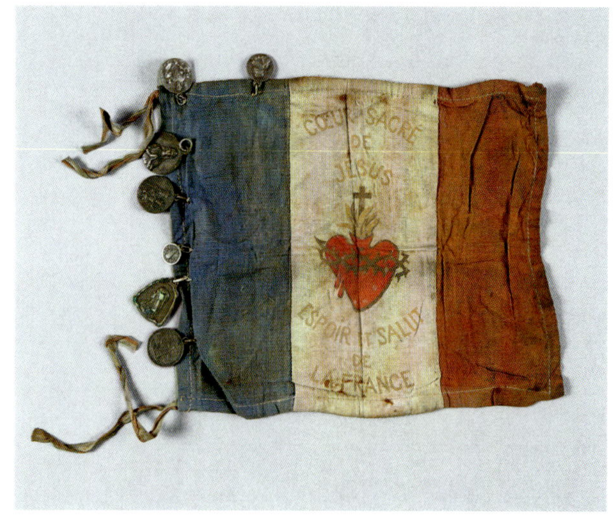


40

Dem französischen Soldaten Francis Frémond (1895–1945), im späteren Leben ein Bankangestellter, wurde am 13. Oktober 1916 in die linke Lunge geschossen. Er trug als gläubiger Katholik während der Kämpfe eine kleine französische Nationalflagge am Körper, die mit vielen frommen Medaillen versehen war. Eine der Medaillen sei es gewesen, welche die Flugbahn der Kugel von seinem Herzen ablenkte.

Die Aufschrift auf der kleinen französischen Nationalflagge, an die seine Medaillen angeheftet sind, geht allerdings erst auf eine Vision zurück, die Claire Ferchaud am 28. November 1916 im Dorf Loublande im Département Deux-Sèvres hatte. Christus habe ihr befohlen, Gott in Frankreich wieder zu seinem Recht zu verhelfen: »Der Krieg ist eine Strafe des Himmels. Gott hat seinen Platz in Frankreich verloren. [...] Geh zum Regierungspräsidenten Frankreichs und sage ihm, er soll sich mit den Königen der verbündeten Nationen zur Herz-Jesu-Basilika auf dem Montmartre begeben [...]. Sie sollen offiziell befehlen, das Herz Jesu auf sämtliche Fahnen aller Regimenter zu malen. Jeder Soldat soll unter dem Schutz dieses Heilszeichens stehen« (Cabanes/Duménil 2013, S. 230; vgl. Jonas 2005, Schlager 2010, S. 290–295). Es haben sich auch andere Exemplare der Fahne erhalten, die als Talismane getragen wurden.

Die Fahne ist Ausdruck der nationalreligiösen Interpretation des Kriegsgeschehens, die auf deutscher und französischer Seite vergleichbare Ausprägung gefunden hat (Besier 2015, S. 70), sodass die christlichen Kirchen aufgrund ihrer Beteiligung am Konflikt trotz des Friedensappells des um Neutralität bemühten Papstes (Kat.-Nr. 63) nicht erfolgreich als Vermittler für den Frieden wirken konnten. *TFu*

**41**

## Jeanne d'Arc

Kopie nach Simon Vouet, Mitte des 17. Jahrhunderts;
Öl auf Leinwand, 118 × 98 cm
Rouen, musée des Beaux-Arts, Inv. 1834.4

Literatur: Rouen 2000, Kat.-Nr. 200, S. 220–221

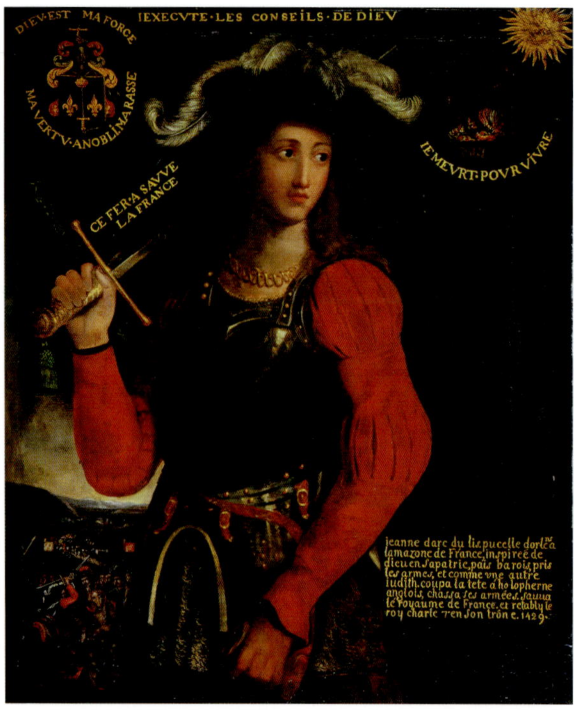


41

Jeanne d'Arc, die Jungfrau von Orléans (1412–1431), steht in Rüstung und mit geschultertem Schwert vor einem Baldachin. In der Ferne erkennt man Schlachtengetümmel. Im Hundertjährigen Krieg verhalf Jeanne d'Arc bei Orléans dem Heer des Thronerben zu einem Sieg über die englischen Truppen und die Burgunder und geleitete Karl VII. von Frankreich zu seiner Krönung nach Reims. Die Inschriften auf dem Gemälde betonen die göttliche Herkunft des Auftrags, gegen den englischen König zu kämpfen. Im oberen Drittel des Bildes steht: »IEXECVTE . LES CONSEILS . DE DIEV« (»Ich führe die Ratschläge Gottes aus«), über dem Wappen: »DIEV . EST MA FORCE« (»Gott ist meine Stärke«). Dabei wird die Verletzung traditioneller Geschlechterrollen durch die Darstellung mit Rüstung unterstrichen: »MA VERTV . ANOBLI . MA RASSE« (»Meine Tugend adelt mein Geschlecht«) (vgl. Latzel 2011, Krumeich 2011). Über dem Schwert steht: »CE FER . A SAVVE LA FRANCE« (»Dieses Eisen hat Frankreich gerettet«), rechts unter dem Phoenix: »IE MEURT . POUR VIVRE« (»Ich sterbe, um zu leben«). Die Inschrift unten rechts erläutert die historische Rolle der Dargestellten und bezeichnet sie als neue Judit, die den englischen Holofernes enthauptet habe (»ieanne darc du lis . pucelle d'orleans / lamazone de france, inspirée de / dieu en sa patrie, païs barois, pris / les armes, et comme une autre / iudith coupa la tete à holopherne anglois, chassa ses armées. sauva / le royaume de France. et retably le / roy charle 7. en son trône. 1429«).

Das Bild kopiert eine Figur, die Simon Vouet für die Galerie zur französischen Geschichte im Palais von Kardinal Richelieu gemalt hat. Der Maler stützte sich offenbar auf den Kupferstich im Buch von Marc de Vulson de la Colombière »Les hommes illustres et grands capitaines françois qui sont peints dans la Galerie du Palais Royale«, das 1650 in Paris erschien. De Vulson (gest. 1659), ein bekannter Wappenkundler, überschrieb die der Abbildung hinzugesetzte Biografie mit »Das Leben und die wunderbaren Taten der Jeanne d'Arc« und behandelte eingangs die Überlegenheit Gottes über Thron und weltliche Macht. Keines der vielen Beispiele für diese Wahrheit aus der Geschichte käme der Errettung Frankreichs in der Zeit von König Karl VII. gleich. Nachdem Gott seine Zuchtruten ins Feuer geworfen habe, habe er als Instrument für seine Hilfe eine junge und einfache Hirtin ausersehen (»une jeune et simple Bergere«). Bei De Vulson findet sich auch der Vergleich mit Judit (»abbatit comme une seconde Judith, la teste de l'Holopherne Anglois«). Er schildert unter anderem, dass der König an sie das Schwert übersandt habe, das dem Grab eines Ritters hinter dem Altar in der Pilgerkirche Sainte-Catherine-de-Fierbois entnommen wurde. Dies habe der Kriegerin eine Vision offenbart. Später war dieses Schwert im Schatz von Saint Denis zu sehen. Unter ständiger Bezugnahme auf ihren Status als Jungfrau *(pucelle)* schildert De Vulson sie als gottgesandte Amazone, eine Denkfigur, die in der Zeit der Fronde in Frankreich (1648–1653) einige Kriegerinnen inspirierte (Denzel 2001). *TFu*

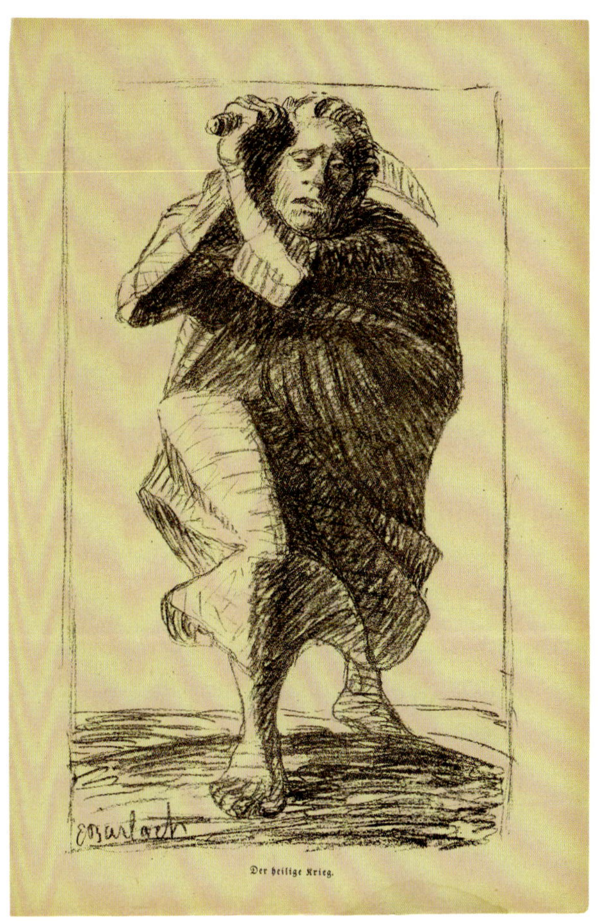


42

## 42

### Der Heilige Krieg

Ernst Barlach, Lithografie, 47,9 × 31,8 cm;
in: Kriegszeit – Künstlerflugblätter, Nr. 17, 16.12.1914
Privatsammlung Gerhard Schneider in Olpe und Solingen

Literatur: Schubert 2013, S. 184–192; AK Bremen 2014, S. 33–46 (Volker Probst); AK Bonn 2015; Ernst Barlach Stiftung 2017; Cork 1994; Stuttgart 2013, S. 78–93

»Sollte es möglich sein, daß ein Weltkrieg geführt wird und man ihn über einem zentnerschweren Tongebild vergißt? Der Berserker [später »Der Rächer«] ist mir der christallisirte Krieg, der Sturm über Alles Hindernis« (Güstrower Tagebuch, 5. 9. 1914; Ernst Barlach Stiftung 2017). Der Eintrag in Barlachs Tagebuch bezieht sich auf eine Holzskulptur, die der Künstler im gleichen Jahr wie die Lithografie »Der Heilige Krieg« ausführte. Die Figur verwandelt die frontale Ansicht des auf den Betrachter zustürmenden und mit einem Schwert bewaffneten Mannes in die dritte Dimension.

Anlass für das Blatt, das in der kurzlebigen Zeitschrift »Kriegszeit« unter Herausgeberschaft von Paul Cassirer veröffentlicht wurde, war vermutlich die Kriegserklärung Englands. Beide Werke gehören zu den sogenannten Berserkern. Unter diesem Titel schuf Barlach bereits 1910 eine Plastik. Ähnliche Werke folgten unter Titeln wie »Der Drescher von Masuren«. Fast 20 Jahre nach Entstehung des »Rächers« relativierte Barlach seine Motivation mit den Worten, dass damals die »verschiedensten Stimmungen durcheinanderwogten« (AK Bremen 2014, S. 36). Allerdings erscheint aus heutiger Sicht und im Vergleich mit anderen Zeitgenossen Barlachs Indienststellung seiner Kunst für den Krieg vergleichbar mit ähnlichen Intentionen etwa der italienischen Futuristen zu sein.

Tatsächlich ist der Wandel Barlachs von einer begeisterten Befürwortung des Krieges zu einer pazifistischen Haltung nicht linear und entwickelt sich erst spät im Verlauf des Krieges. Diesen sah er einerseits als einen Gerechten Krieg an, als einen Kreuzzug. Andererseits beschrieb er auch die Schattenseiten, wie Hunger und Armut. 1916 wurde er als Rekrut in das Infanterie-Regiment 185 nach Sonderborg, Dänemark, eingezogen. Auf Petition der Künstler Max Slevogt und Max Liebermann und aufgrund eines Rheumaleidens wurde er nach knapp drei Monaten wieder entlassen. Sein Güstrower Tagebuch ist ein bedeutendes Zeugnis der Gedankenwelt eines Künstlers über die Kriegsjahre. Diese Aufzeichnungen und Barlachs Arbeit für die Zeitschrift »Kriegszeit« und später den »Bildermann« zeigen seinen Wandel zu einer kritischen Sicht auf den Weltkrieg.

Kriegsflugblätter hatten zu Beginn des Krieges eine enorme Konjunktur. Aber wie viele Künstler wandelten auch deren Herausgeber wie Paul Cassirer ihre Haltung. In der Nachfolge der »Kriegszeit« erschien der »Bildermann«, auf dem »Dona Nobis Pacem« (Kat.-Nr. 53) als Titelblatt gedruckt wurde. Hier zeigt sich Barlachs Sehnsucht nach Frieden. *KE*

43

## Pontifikale

Manuskript (1371–1378); 34,5×26 cm,
219 Blätter (Abbildung fol. 148 r)
Paris, Bibliothèque nationale de France,
Département des Manuscrits, Ms. Latin 9479

Literatur: Leroquais 1937, Bd. 1, S. CXLIII, Bd. 2, S. 154–157, Nr. 141, pl. LVI–LXVII; AK Paris 1982, S. 353–354, Nr. 309

Die Segnung von Waffen im Rahmen der Verleihung des Schwertes an einen neuen Ritter (Schwertleite) findet sich im liturgischen Zusammenhang ab dem 10. Jahrhundert, als sich der Ritterstand herausbildete (vgl. Franz 1909, Bd. 2, S. 292; Kat.-Nr. 86). Das vorliegende Zeremonial, das die Formulare für bischöfliche Feiern enthält, ist mit einer Reihe anschaulicher Illustrationen versehen. Ab Blatt 148 r der Handschrift werden nach den Formeln für die Segnung von »Fürsten und Pfalzgrafen« die Benediktionen für einen neuen Ritter behandelt. Die Illustration der Formel zeigt eine Waffensegnung, bei der das Schwert auf dem Altar liegt (»de benedictione novi militis«; Verschreiber »novis«). Der in der wohl in Toulouse gefertigten Handschrift beschriebene Ritus der Waffensegnung entspricht dem im mittelalterlichen Pontifikale des Guillaume Durand (Durandus), in dem verschiedene Varianten für Benediktionen enthalten sind (Flori 1986, S. 384–386; vgl. Bärsch 2014, S. 72).

In der Segnung des Schwertes und bei der Übergabe an den Ritter werden der Verwendung des Schwertes deutliche Grenzen gezogen. Bei Durandus spricht der Bischof beim Besprengen des auf dem Altar liegenden Schwertes mit Weihwasser das Gebet: »Erhöre o Herr unsere Gebete und würdige mit der Majestät deiner Rechten dieses Schwert zu segnen, mit dem sich dein Schüler zu umgürten begehrt, damit es Verteidigung der Kirche, der Witwen, Waisen und aller Gott Dienenden sei, gegen die Wut der Heiden und andere Hinterhältige sei es Furcht und Schrecken, vorausgesetzt es wird von ihm in rechter Verfolgung und gerechter Verteidigung eingesetzt«. Danach übergibt der Bischof das Schwert an den Ritter mit der Aufforderung, es nur zu seiner Verteidigung, zur Verteidigung der Kirche und der Bedürftigen und gegen die Feinde christlichen Glaubens einzusetzen. Er wünscht ihm abschließend, dass damit kein Unschuldiger verletzt würde. Der Bischof gibt dem Ritter anschließend den Friedenskuss *(osculum pacis)* und sagt: »Dieser Ritter sei friedlich, stark, treu und Gott ergeben« (»Esto miles pacificus, strenuus, fidelis, et Deo devotus«; Blatt 150 v). Diese Orationen sind also weitgehend zurückhaltend. »Sie knüpfen an die Segensbitte die Bedingung, dass der Träger die Waffe nur defensiv, zur Verteidigung der rechten Ordnung gebraucht und erbeten ihm für diesen Fall Gottes Schutz. Zwar zieht das zusätzlich angebotene Segensgebet eine Parallele zum siegreichen Kampf des David gegen Goliath und

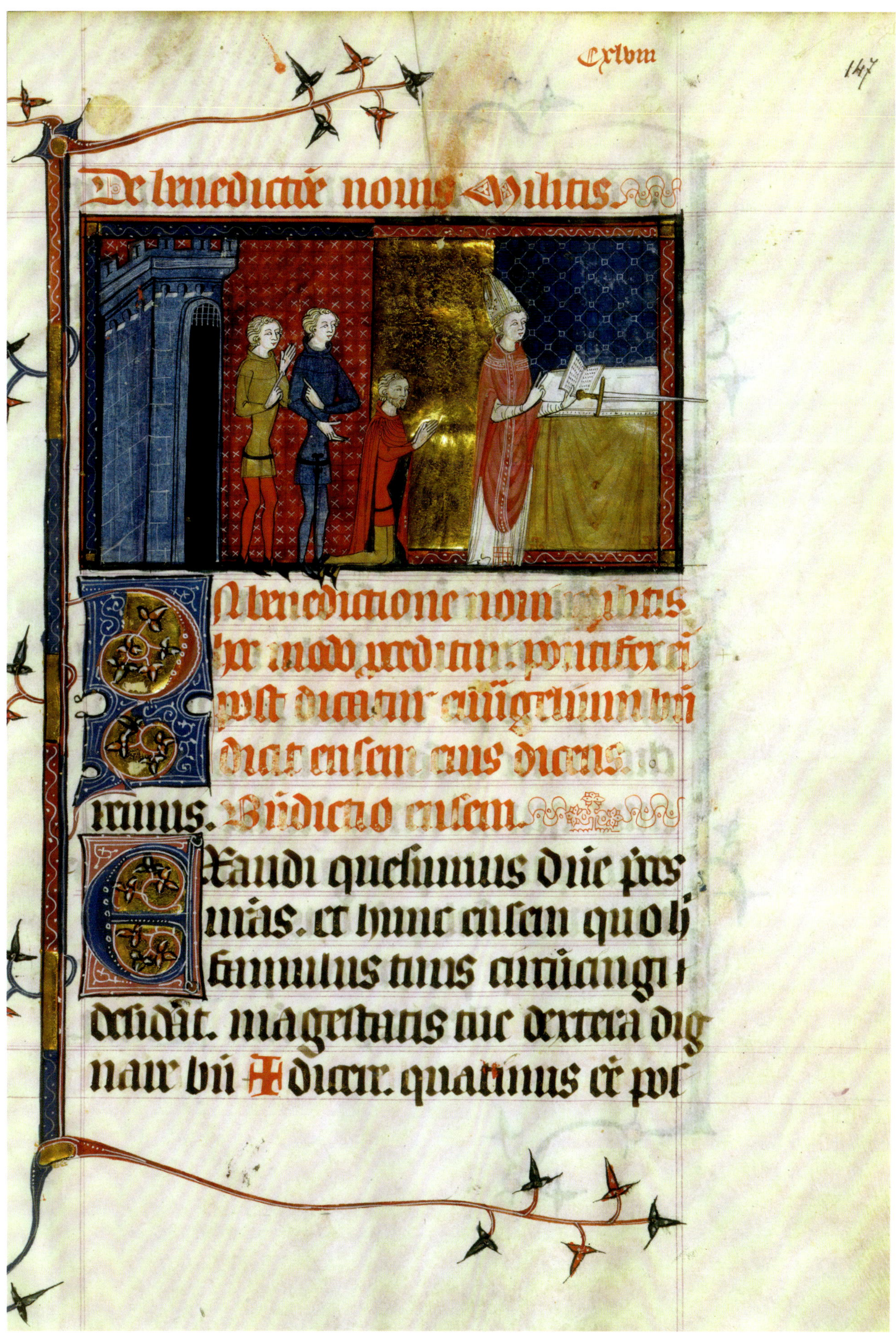

zum Triumph des Judas Makkabäus über die feindlichen Völker, aber auch diese Oration geht von einem rein defensiven Gebrauch der Waffen aus« (Bärsch 2014, S. 73).

Waffensegnungen scheinen spätestens am Anfang des 20. Jahrhunderts aus dem Gebrauch gekommen zu sein und sind seit dem Zweiten Vatikanischen Konzil endgültig obsolet (Heinz 2010 a, S. 223–224). *TFu*

44

## Himmlisch Palm-Gärtlein: zur beständigen Andacht und geistlichen Übungen

Wilhelm Nakatenus; Köln 1710 (890 Seiten)
Münster, Diözesanbibliothek, G 0299

Literatur: Küppers 1981, S. 192; Bärsch 2014

Riten für das liturgische Gebet gegen (!) die Feinde entwickelten sich in der Zeit der Völkerwanderungen und im frühen Rittertum. In der Epoche der Kreuzzüge hingegen kam es zu keinen neuen Entwicklungen. Allerdings wurden seitdem besondere Votivmessen gefeiert, in denen »die in den frühmittelalterlichen Sakramentaren überlieferten Kriegsmessen mit ihren eindeutig auf Vernichtung der Feinde gerichteten Bitten [sich anboten], um in der Heimat den äußeren Kampf gegen die Ungläubigen im Heiligen Land mitzutragen. Sie wurden häufig ergänzt durch weitere Messformulare, bei denen die Gebete immer wieder neu zu Votivmessen gegen die Slawen, Ungarn, Hussiten und Türken zusammengestellt worden waren. Aus diesem Material stammen auch spezielle Messen zur Befreiung Jerusalems oder für das Heilige Land. Schließlich nutzte man den auch in sonstigen Notfällen beliebten Brauch des Clamor. Dabei schaltete man in den Messen nach dem Kanon und dem Vaterunser Bittgebete [...] ein, in der Annahme, dass sie in unmittelbarer Nähe zu den heiligsten Gebeten besondere Erhörungskraft besäßen« (Bärsch 2014, S. 75–76). Den Nachhall des Clamors (lat. Schrei) für das Heilige Land findet man noch in volksprachlichen Gebetbüchern des 17. Jahrhunderts, wie dem beliebten und vielfach gedruckten Gebetbuch, das der Jesuit Wilhelm Nakatenus (1617–1682) zusammengestellt hat. Dieses enthält auch ein Gebet, dessen Ursprünge sich weit in die Geschichte zurückverfolgen lassen. Das »Gebett des christlichen Volks in Kriegs-Empörung [...] wider die Türcken/Ketzer/ec.« entspricht mit seinem Zitat aus Psalm 79 (78) weitgehend den »Preces dicendae in litaniis tempore belli« des Rituale Romanum von 1614 (Bärsch 2014, S. 76):
»O Gott/die Heyden seynd eingefallen in dein Erbtheil/sie haben deinen heiligen Tempel verunreiniget: und haben Jerusalem zu einem

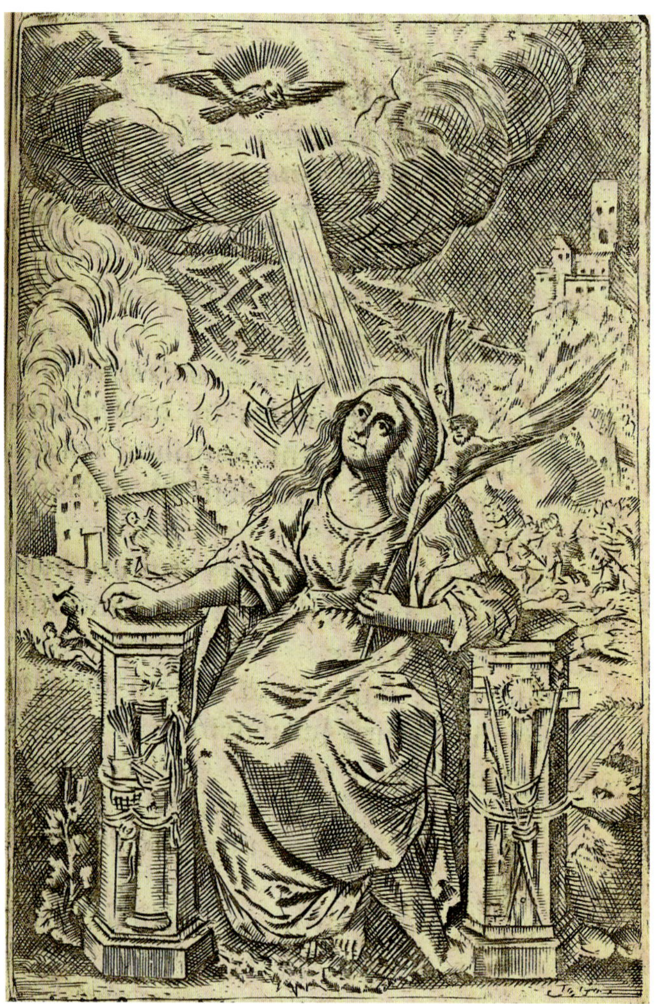

44

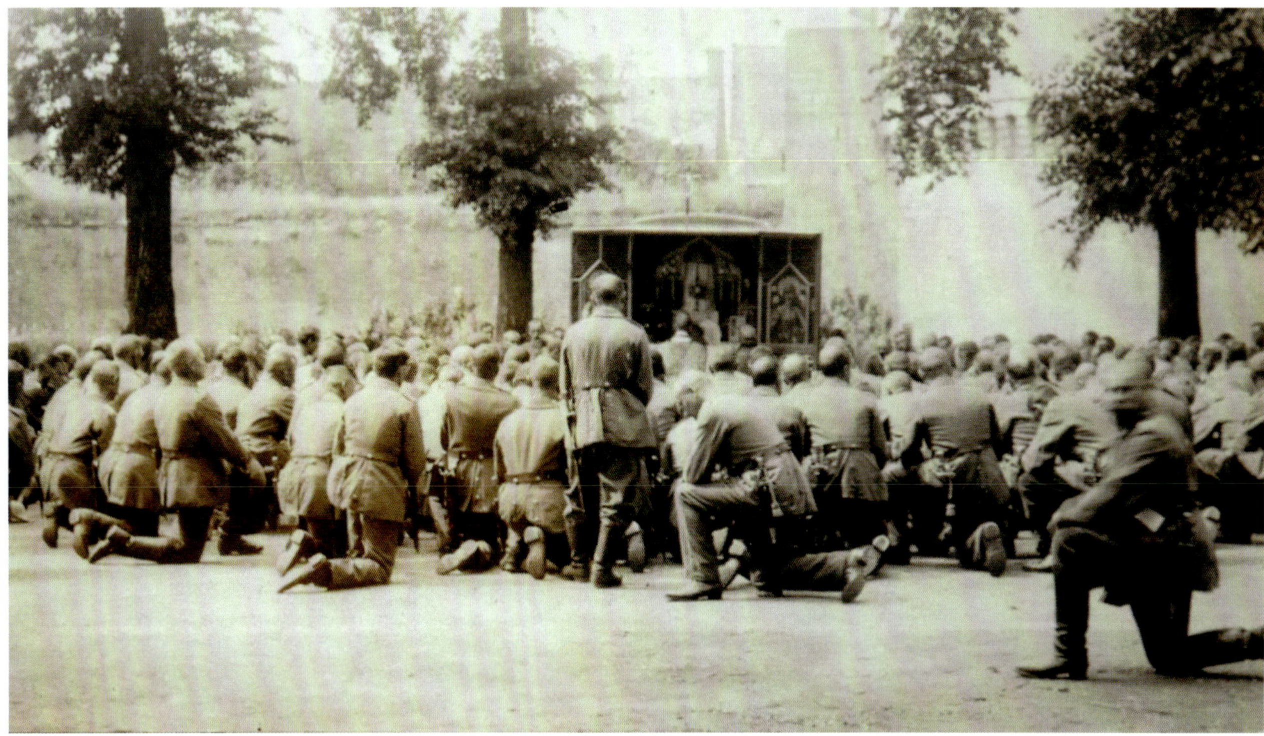

45

Wacht-Häußlein im Baumgarten gemacht.//Sie haben die todten Leichnam deiner Diener den Vögelen deß Himmels zur Speiß gegeben: und das Fleisch deiner Heiligen den Thieren auff der Erden.//Sie haben ihr Blut wie Wasser vergossen/rings umb Jerusalem her: und war niemand der sie begraben hätte.// […] Wie lang/O Herr/ willst du so gar zürnen? Wie lang soll dein Eyffer wie Fewr brennen?//Schütte auß deinen Zorn über die Heyden/so dich nicht kennen/und über die Königreich, die deinen Nahmen nicht anrufen.« *TFu*

**45**

### Foto einer Eucharistiefeier des Feldgeistlichen Max Josef Metzger

Um 1914/15

Meitingen, Christkönigs-Institut

Literatur: Drobisch 1970; Heß 2016; Metzger 1964; Putz 1998

Als sich Max Josef Metzger am 3. August 1918 freiwillig zum Kriegsdienst als Feldgeistlicher meldete, hatte der Erste Weltkrieg erst wenige Tage zuvor begonnen. Was bewog den jungen katholischen Priester dazu, freiwillig daran teilzunehmen? »Der Krieg ist ein gerechter für uns, wir sind überfallen und müssen daher uns des Lebens wehren. […] So wurde auch ich in den allgemeinen Taumel gezogen, die unglaubliche Begeisterung, mit der dieser Krieg gegen die ganze Welt begann und durchgeführt wurde.« (Tagebuchaufzeichnung Metzgers; Heß 2016, S. 110). Als studierter Theologe kannte er die Lehren über den Gerechten Krieg und rechtfertigte mit diesen seine Teilnahme. Aus den Aufzeichnungen Metzgers wird außerdem die soziale Dynamik und die Euphorie deutlich, mit der viele in den Ersten Weltkrieg zogen.

Eingesetzt wurde Max Josef Metzger als Feldgeistlicher in der 7. Preußischen Kavallerie-Division am Hartmannsweilerkopf an der französischen Grenze – einem der am stärksten umkämpften Gebiete des Ersten Weltkriegs. Schätzungsweise 30 000 französische und deutsche Soldaten fielen

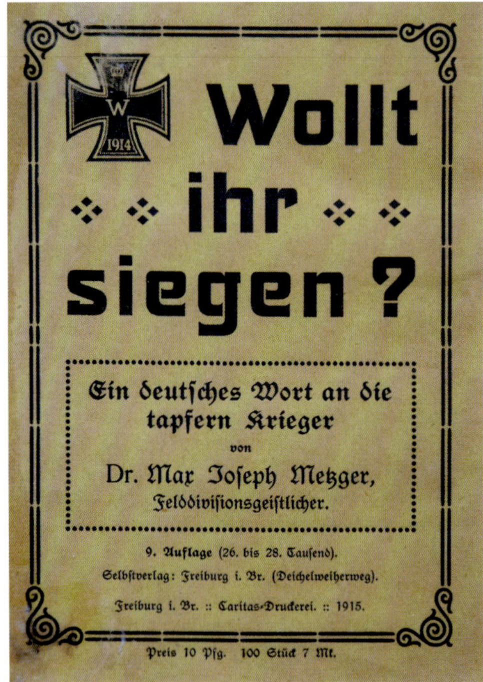
W
1914
Wollt
ihr
siegen?

Ein deutsches Wort an die tapfern Krieger
von
Dr. Max Joseph Metzger,
Felddivisionsgeistlicher.

9. Auflage (26. bis 28. Tausend).
Selbstverlag: Freiburg i. Br. (Deichelweiherweg).
Freiburg i. Br. :: Caritas-Druckerei. :: 1915.
Preis 10 Pfg. 100 Stück 7 Mk.

46

in den Schützengräben dieser Bergkuppe in den Vogesen im Elsass. Metzgers Messfeiern spendeten den Soldaten Trost und Hoffnung, zumal man Gott auf der eigenen Seite wähnte und sich Kraft im Kampf durch den Glauben versprach.

Für seine Verdienste erhielt Metzger mehrere Auszeichnungen. Noch 1943, als er als überzeugter Pazifist des Volksverrats angeklagt war, tat er dies in einer Erklärung vor dem Volksgerichtshof kund: »Ich erhielt für tapferes Verhalten vor dem Feind das EK II., den Friedrichsorden I. und den Zähringer Löwenorden II. mit Schwertern sowie die Rote-Kreuz-Medaille« (Heß 2016, S. 111).

Krankheitsbedingt beendete Metzger zum 1. November 1915 seinen Dienst als Divisionspfarrer an der Front und ging mit Genehmigung des Freiburger Ordinariats nach Graz, um dort im Rahmen der Abstinenzbewegung tätig zu werden – ein Vorgriff auf seine nach dem Krieg folgenden pazifistischen Tätigkeiten. Seine Erlebnisse während des Ersten Weltkriegs ließen Metzger seine Einstellung zum Krieg überdenken, und er entwickelte sich noch zu Kriegszeiten zum überzeugten Pazifisten. *EL*

46

## Wollt ihr siegen? Ein deutsches Wort an die tapferen Krieger

Druck der Predigt von Max Josef Metzger;
Freiburg im Breisgau 1915
Meitingen, Christkönigs-Institut

Literatur: Barbers 2016; Drobisch 1970; Heß 2016; Putz 1998

Bereits vor Kriegsbeginn hatte sich Divisionspfarrer Max Josef Metzger mit pazifistischen Ideen beschäftigt. Seit 1908 war er Mitglied der Deutschen Friedensgesellschaft, auch war er im katholischen Jugendbund Quickborn aktiv. In der Predigt »Wollt ihr siegen?«, die Metzger 1914 im Felde am Hartmannsweilerkopf vor seinen Soldaten hielt, ist allerdings von seinem Friedensengagement nichts zu spüren – im Gegenteil. Die Worte, die er in seiner Ansprache in den ersten Kriegsmonaten wählte, klingen beinahe wie eine Propagandarede: »Siegen, ja das wollen und möchten auch die Franzosen und Engländer und Russen. Und die Serben und die Wilden aller Art, die auf Seiten unserer Feinde kämpfen, ebenso [...]. Zum Siegen gehört weit mehr, gehört bei jedem einzelnen ein: ›Ich will‹, so unbeugsam und hart und eisern [...]. Ein Wille, der jedes Opfer freudig bringt, das dem Vaterlande dient [...]. Der Wille ist die Macht, die auch den Weltkrieg 1914/15 entscheidet.«

Die Begeisterung für den vermeintlich Gerechten Krieg war auf die Kirchen übergegangen, man sah den Krieg als gottgewollte Verteidigung der Nation an – nicht nur in Deutschland, sondern bei allen Kriegsparteien; jeder war sich Gottes Beistand sicher. Militärgeistliche stärkten den Kampfgeist der Soldaten an der Front mit dem Rückbezug auf Gott. So heißt es in Metzgers Predigt weiter: »Wir wollen siegen. Und sagt ihr es, Kameraden, mit dieser heiligen Entschlossenheit, mit dem größten Opfermut, dessen ihr fähig seid, ist allgemein der größere, stärkere Wille auf euerer Seite, weiß Gott, dann werdet

ihr unbesieglich sein. [...] Bis es die ehernen Glocken von allen Kirchtürmen unseres Vaterlandes hinausjubeln dürfen in die Lande: ›Sieg, Sieg‹, o da ist's vielleicht noch ein weites Stück, Kameraden [...]. Aber wir werden durchhalten, durchhalten bis zum letzten, wir wollen siegen, koste es, was es wolle. [...] Wollt ihr einen großen, heiligen Sieg unseres Volkes über sich selbst?«
Er endet mit einem Appell an die Soldaten, dem Alkohol abzuschwören. Bereits 1911, zur Zeit seiner Priesterweihe, engagierte sich Metzger in der Behandlung von Alkoholsucht. Sie schränke den Kampfeswillen ein und stünde dadurch dem Sieg im Wege. »Ja, – wir wollen siegen, siegen, siegen. Und darum: fort mit dem Alkohol!«

Die Predigt Metzgers wurde nach seiner Rückkehr von der Front 1915 im Selbstverlag in Freiburg im Breisgau in der Caritas-Druckerei vervielfältigt und zeigt die Unterstützung der Kriegspropaganda im Ersten Weltkrieg von Seiten der Kirche. *EL*

**47**

## Abschrift eines evangelischen Andachts- bzw. Gebetbuchs

Samuel Tarnowsky, datiert 1725;
Papier, Ledereinband
Dresden, Militärhistorisches Museum der Bundeswehr, Inv.-Nr. BBAO7166

Seit dem 17. Jahrhundert gibt es innerhalb der protestantischen Erbauungsliteratur Bücher »für Christliche Soldaten und für die so mit Kriegsnoth von Gott heimgesucht werden«, wie der Untertitel eines 1626 erschienenen »Manuale Militantium« (»Handbuch der Kämpfenden«; Steiger 2014, S. 176) lautet. Die Dresdner Handschrift stammt aus der Zeit des Absolutismus, als stehende Heere mit ständigen Militärseelsorgern versehen wurden. Gesang- und Gebetbücher für das Militär wurden in dieser Zeit durch die zunehmende Lesefähigkeit von Soldaten sinnvoll

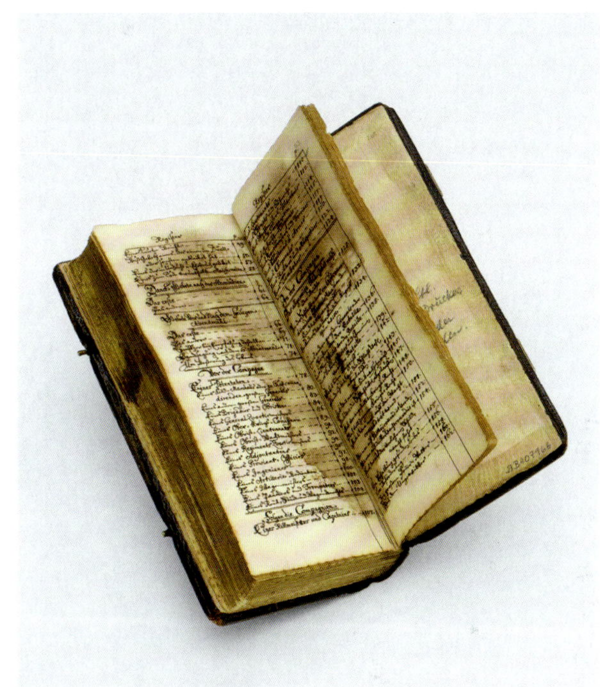

47

und waren daher zunächst unter protestantischen Soldaten verbreitet. Der Schreiber des vorliegenden Buches war ein Söldner, der vor seinem Dienst im sächsischen Dragoner-Regiment von Birkholz in schwedischem Dienst gestanden hatte. Das Buch enthält Gebete für alle Dienstgrade und militärische Gegebenheiten, etwa »Um Beförderung« oder »Um Erhaltung gesunden Leibes«.

Tarnowsky schrieb ein verbreitetes lutherisches Gebet- und Liedbuch für Soldaten ab, Gottfried Cleemanns »Der Andächtige Soldat, oder Gebetbuch vor alle Officire und gemeinen Soldaten«, das 1705 bereits in der dritten Auflage erschien. Die erste Auflage dürfte um 1685 erschienen sein (Wittenberg 2009, S. 22). Cleemanns Buch hatte in der Druckausgabe ein längliches Format, sodass man es bequem in die Tasche stecken konnte. Es hatte auch einen Liederanhang, eine der frühesten Zusammenstellungen von Liedern zum Gebrauch bei militärischen Andachten.

Im konfessionellen Vergleich wurde im protestantischen Gottesdienst mehr als im katholischen gesungen. Die Gebete und Lieder enthielten für Soldaten Ermahnung, Trost und Halt. Durch das gemeinschaftliche Beten und Singen in den (mindestens) morgendlichen und abendlichen Appellen und in Feldgottesdiensten, die besonders vor dem Kampf als unumgänglich angesehen wurden, wurde der Zusammenhalt der Soldaten gestärkt, die religiösen Inhalte der Lieder verinnerlicht und um Gottes Beistand gebetet. *TFu*

48

**LebensrhYthmen**

Evangelisches Gesang- und Gebetbuch,
im Auftrag des evangelischen Militärbischofs
hrsg. vom Kirchenamt
für die Bundeswehr, Berlin 2013
Paderborn, Privatbesitz

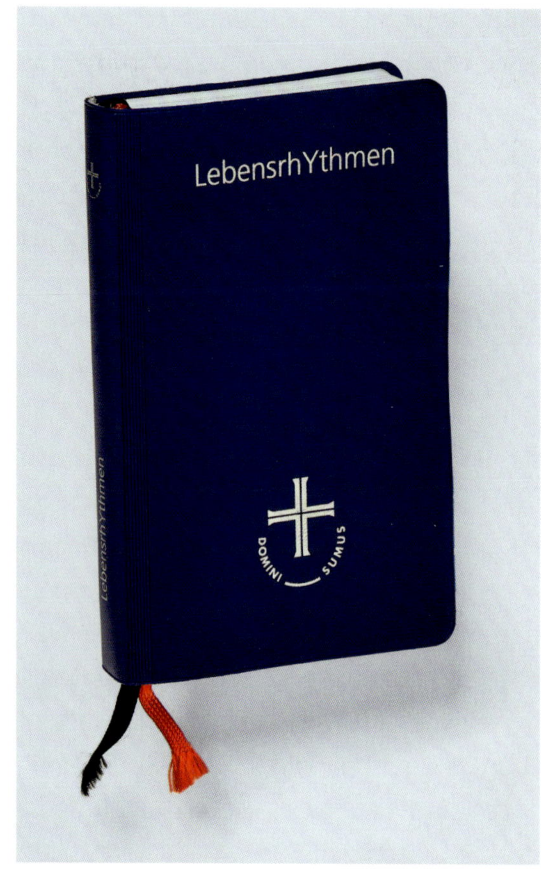


48

Die deutschen Gesang- und Gebetbücher für Soldaten besitzen eine lange Tradition, die bis in die Zeit der Einrichtung stehender Heere im 17. Jahrhundert zurück reicht (vgl. Kat.-Nr. 47). Zwar war die Militärseelsorge Teil der kirchlichen Diakonie, jedoch sorgte der Staat jeweils für die Organisation und trug die Kosten, sodass es zur Verstrickung und Indienststellung religiöser Erbauung für die Stärkung der Kampf- und Leidensbereitschaft von Soldaten kam. Wie Andachts-, Gesang- und Gebetbücher zur Festigung nationalistischer Haltungen im 19. und 20. Jahrhundert beitrugen, ist wiederholt aufgezeigt worden. So wurde in das Gesangbuch für die Kriegsmarine 1940 unter der Überschrift »Worte deutscher Männer – Unsere Haltung« eine Sammlung von Texten aufgenommen, an deren Beginn ein Wort Hitlers stand (Wittenberg 1973/74, S. 112). Dabei ginge es aber zu weit, wie Karl Barth 1946 eine direkte Verbindungslinie von der Theologie und Ethik des 16. Jahrhunderts zu Friedrich dem Großen, Bismarck, Wilhelm II. zu Hindenburg und Hitler zu ziehen (Steiger 2014, S. 194–197).

In den Jahrzehnten nach Gründung der Militärseelsorge der Bundeswehr 1956 verstand diese sich als Unterstützung der Vorstellungen der inneren Führung unter den Stichworten »Gewissensgeleitetes Individuum – verantwortlicher Gehorsam – konflikt- und friedensfähige Mitmenschlichkeit« (Dörfler-Dierken 2008, S. 7). Heute betrachtet sich die vielfach ohne feste konfessionelle Grenzen praktizierende Militärseelsorge als Begleitung, Ermutigung und Orientierung durch das Verkünden christlicher Werte, woran sich die Auswahl der Texte und Lieder in den jüngeren Ausgaben von Gesang- und Gebetbüchern messen lassen muss. Zugleich ist die Militärseelsorge ein Kristallisationspunkt für die Auseinandersetzung über die Frage, wie sich die Kirchen gegenüber der militärischen Gewalt verhalten, die sich seit der Konstantinischen Wende nachhaltig stellt (vgl. Kat.-Nr. 35). Die Organisation der Seelsorge von Soldatinnen und Soldaten wird dabei zu einem symbolisch aufgeladenen Thema, um das zum Teil erbittert gestritten wird. *TFu*

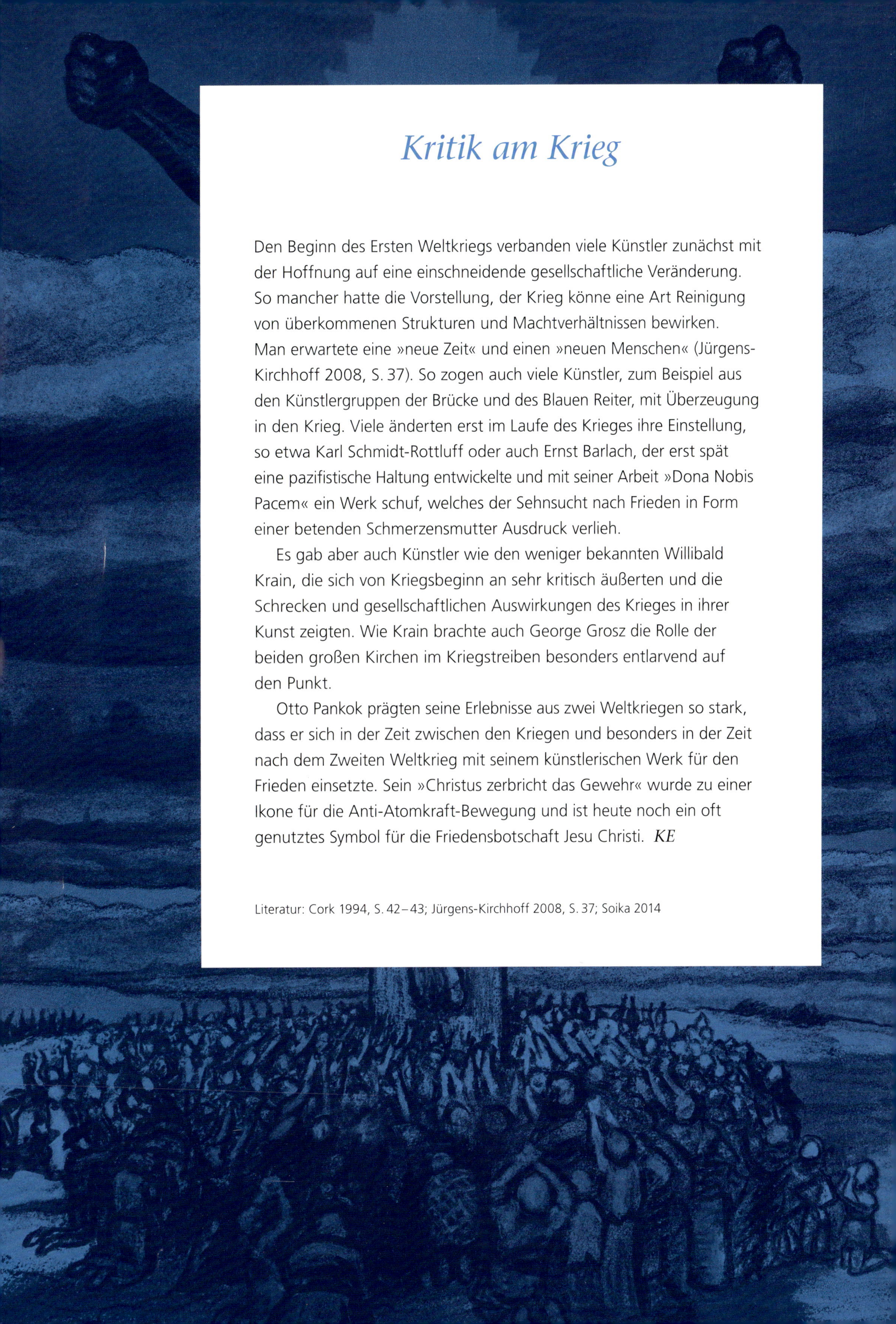

# *Kritik am Krieg*

Den Beginn des Ersten Weltkriegs verbanden viele Künstler zunächst mit der Hoffnung auf eine einschneidende gesellschaftliche Veränderung. So mancher hatte die Vorstellung, der Krieg könne eine Art Reinigung von überkommenen Strukturen und Machtverhältnissen bewirken. Man erwartete eine »neue Zeit« und einen »neuen Menschen« (Jürgens-Kirchhoff 2008, S. 37). So zogen auch viele Künstler, zum Beispiel aus den Künstlergruppen der Brücke und des Blauen Reiter, mit Überzeugung in den Krieg. Viele änderten erst im Laufe des Krieges ihre Einstellung, so etwa Karl Schmidt-Rottluff oder auch Ernst Barlach, der erst spät eine pazifistische Haltung entwickelte und mit seiner Arbeit »Dona Nobis Pacem« ein Werk schuf, welches der Sehnsucht nach Frieden in Form einer betenden Schmerzensmutter Ausdruck verlieh.

Es gab aber auch Künstler wie den weniger bekannten Willibald Krain, die sich von Kriegsbeginn an sehr kritisch äußerten und die Schrecken und gesellschaftlichen Auswirkungen des Krieges in ihrer Kunst zeigten. Wie Krain brachte auch George Grosz die Rolle der beiden großen Kirchen im Kriegstreiben besonders entlarvend auf den Punkt.

Otto Pankok prägten seine Erlebnisse aus zwei Weltkriegen so stark, dass er sich in der Zeit zwischen den Kriegen und besonders in der Zeit nach dem Zweiten Weltkrieg mit seinem künstlerischen Werk für den Frieden einsetzte. Sein »Christus zerbricht das Gewehr« wurde zu einer Ikone für die Anti-Atomkraft-Bewegung und ist heute noch ein oft genutztes Symbol für die Friedensbotschaft Jesu Christi. *KE*

Literatur: Cork 1994, S. 42–43; Jürgens-Kirchhoff 2008, S. 37; Soika 2014

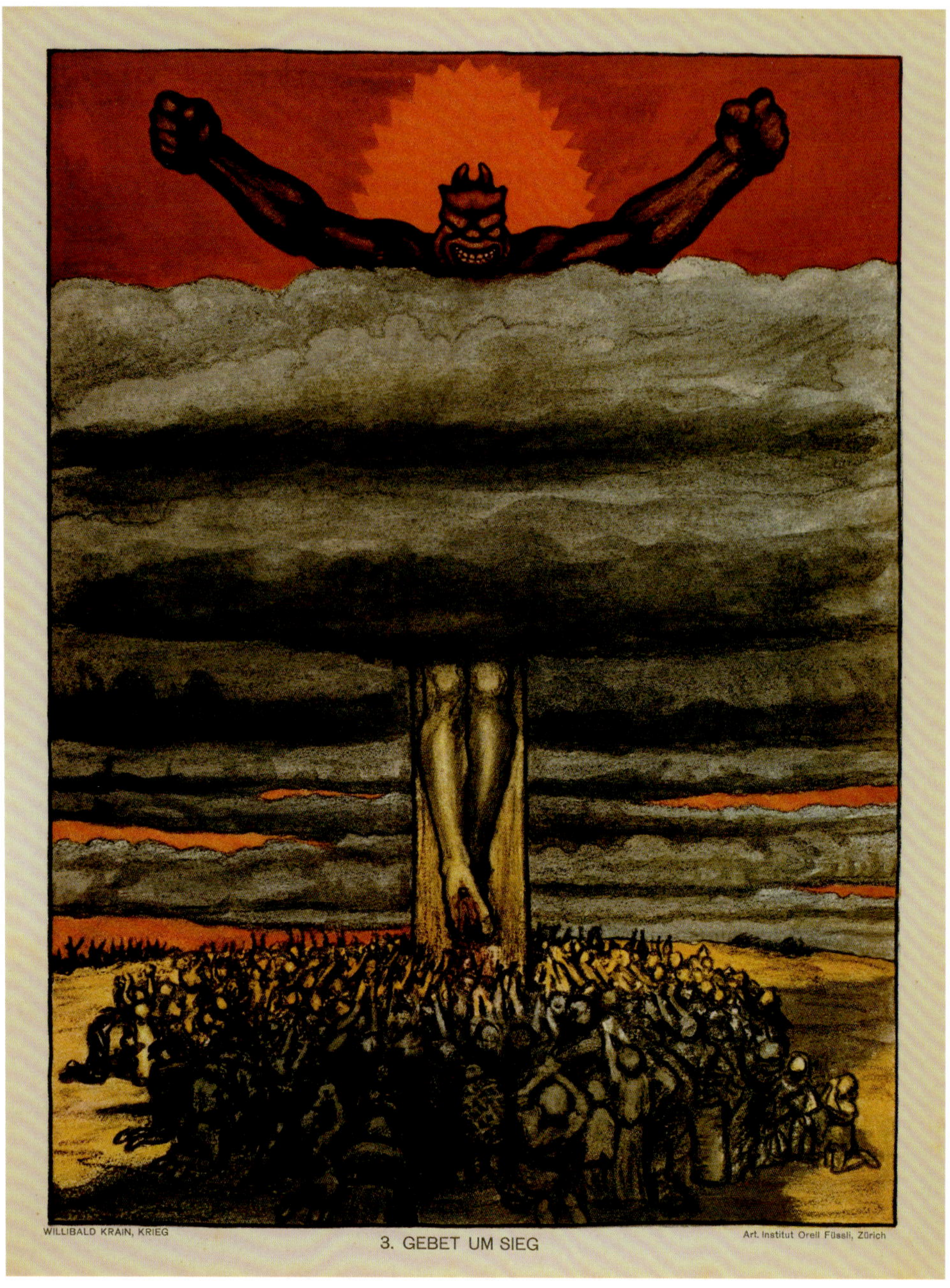


49

**49**

## Gebet um Sieg

(Blatt 3 aus dem Mappenwerk »Krieg« mit 8 Lithografien), Willibald Krain, Zürich, 1916 publiziert, Art. Institut Orell Füssli; Lithografie, 30,8 × 22 cm
Privatsammlung Gerhard Schneider in Olpe und Solingen

Literatur: Schneider 2014, S. 13; Lemhoefer 1987, S. 3–19; Die Weltbühne, 21. 8. 1918, Nr. 35, S. 233 (Kurt Tucholsky); AK Köln 2015, S. 103; Küster 2008, S. 164; Krain 2007

1918 wurde in der Weltbühne ein Text über Willibald Krains Mappenwerk »Krieg« veröffentlicht. Peter Paner, ein Pseudonym von Kurt Tucholsky, betont darin Krains Bedeutung: »Ehre dem Künstler, der 1916 gegen den Blutstrom schwamm!« Schuf Willibald Krain zu Beginn des Krieges noch heitere bis nachdenkliche Motive, zeigte er 1916 schon die Grausamkeit des Krieges. Er wird zu einem sich offen bekennenden Pazifisten. Mit dem Mappenwerk »Krieg« erlangte er schlagartige Bekanntheit. Seine Mappe wurde daraufhin in allen kriegsführenden Ländern verboten. Schon die Veröffentlichung konnte nur in der neutralen Schweiz erfolgen. Dadurch erreichte er einen größeren Adressatenkreis, denn seine Mappe ist »Allen Völkern gewidmet«, wie es im Untertitel heißt. Krain thematisiert die Mechanismen des Krieges im Allgemeinen. Da fliegen Fledermäuse als Gerüchte durch triste Häuserreihen, und ein Löwe in einer Art Blutwolke symbolisiert den Blutrausch. Für Krain war der Krieg ein Tier, ein »unersättlicher Mörder«.

Das Blatt 3 mit dem Titel »Gebet um Sieg«, zeigt deutlich Krains Kritik an den Kirchen. Vermeintlich Jesus Christus verehrend, knien Menschen am Fuß eines Kreuzes. Verdeckt von dunklen Wolken bemerkt niemand, dass eigentlich eine dämonische Figur angebetet wird. Krain kritisiert einerseits die allgemeine Überzeugung, auch mit Legitimation der Kirchen einen Gerechten Krieg zu führen. Andererseits klagt er die Menschen an, die weiterhin das Kriegstreiben, wenn auch nur betend, unterstützen. Hier finden sich direkte Bezüge zu George Grosz' Mappenwerk »Die Räuber« (Kat.-Nr. 50). *KE*

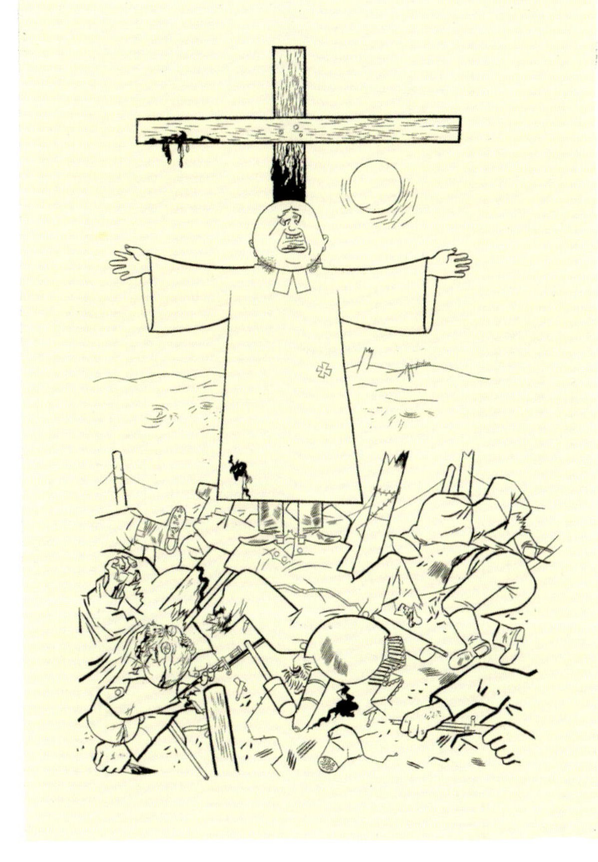

50

## 50

### »Da donnern sie Sanftmut und Duldung aus ihren Wolken und bringen dem Gott der Liebe Menschenopfer«

(Blatt 7 aus dem Mappenwerk »Die Räuber« mit 9 Fotolithografien), George Grosz; 57,9 × 39,3 cm, Rahmenmaß: 82 × 64 cm
Berlin, Malik-Verlag, 1922 (1923)
Stiftung Christliche Kunst Wittenberg

Literatur: AK Stade 2013, S. 94–95; AK Stuttgart 2013, S. 139–149; Schubert 2013, S. 179

George Grosz hatte zunächst die Hoffnung, der Weltkrieg könne eine positive Veränderung der Gesellschaft bewirken und diese von der Monarchie befreien. Diese Einstellung wandelte sich im Laufe des Krieges dramatisch. Hatte er sich 1914 noch freiwillig zum Dienst gemeldet, kam er schnell zur Erkenntnis, dass Krieg »Läuse, Stumpfsinn, Krankheit und Verkrüppelung« bedeutete (Schubert 2013, S. 179). In den folgenden Jahren zeigte Grosz in seinen Werken gesellschaftliche Missstände auf. Auch die Rolle der Kirchen im Ersten Weltkrieg schilderte er dabei auf entlarvende Weise. Das Blatt aus dem Mappenwerk »Die Räuber«, das sich mit Zitaten auf Schillers Theaterstück bezieht, bringt das Verhalten der Kirchen in den kriegsführenden Ländern auf den Punkt. Ein predigender Geistlicher in Stiefeln mit Sporen steht vor einem Kreuz auf einem Berg aus Leichen. Das Blatt zeigt Grosz' kritische Haltung gegenüber dem Krieg und wirft den Kirchen vor, sich in den Dienst der Regierungen gestellt und das »unchristliche« Kriegstreiben und die allgemeine Kriegsbegeisterung befeuert zu haben. *KE*

51

## Kristus

(Blatt 2 aus dem Mappenwerk »Kristus-Folge« mit 9 Holzschnitten), Karl Schmidt-Rottluff; Holzschnitt, 66×51 cm; Leipzig, Kurt-Wolff-Verlag, 1918
Stiftung Christliche Kunst Wittenberg

Literatur: AK Berlin 2001, AK Berlin 2014, S. 184–188; Apke 2008; Soika 2014; Schubert 2013

Bereits kurz nach dem Erscheinen der sogenannten Kristus-Mappe erregte das zweite Blatt große Aufmerksamkeit. Der Holzschnitt wurde als ein Weckruf für eine neue Zeit verstanden (Soika 2014, S. 15, S. 153–171; Schubert 2013). Karl Schmidt-Rottluff, der diese Serie wohl während seines Kriegsdienstes in Russland schuf, zeigt darauf einen versehrten Christus mit der Jahreszahl 1918 auf der Stirn, umgeben von einem Strahlenkranz. Eine Kreuzform aus Nase und Stirn bildet zusammen mit der fragenden Inschrift »Ist euch nicht Kristus erschienen« einen direkten Aufruf an das Gewissen der Betrachter: Christus ist für euch am Kreuz gestorben – wie könnt ihr als Christen diesen Krieg verantworten? Die Formensprache erinnert stilistisch an afrikanische Skulpturen, die in dieser Phase des Expressionismus vor allem von den Brücke-Künstlern adaptiert wurden.

Schmidt-Rottluff wurde im Mai 1915 eingezogen und in Russland stationiert. Er beschreibt seine Situation in einem Brief an Lyonel Feininger vom 24. Januar 1916: »Mir geht es soweit gut [...]. Ich habe wiederholt versucht mal zu arbeiten. Da merke ich aber erst, wie's so mit meinen Nerven steht. Es war mir unmöglich mich zu konzentrieren und einen Zusammenhang in den Skizzen zu halten.« Zu diesem Zeitpunkt befindet sich seine Einheit noch im Stellungskrieg (Schubert 2013, S. 490).

In den Jahren 1916/17 schuf Schmidt-Rottluff erste Holzschnitte mit religiöser Thematik, die sich zum Beispiel mit Verrat (Judas), Leiden (Maria) oder mit dem Leben Christi auseinandersetzen (AK Berlin 2001, Soika 2014). Während seiner von September 1916 bis 1918 dauernden Arbeit in der Presseabteilung im Gouvernement Kowno begann er, sich auch mit Bildhauerei zu beschäftigen und schuf etwa 40 stark vereinfachte, kantige Holzskulpturen, von denen heute nur die Hälfte überliefert ist. In diesen stilistischen Zusammenhang kann auch der Kristus-Holzschnitt eingeordnet werden (Schubert 2013).

Die Haltung Schmidt-Rottluffs zum Krieg kann wie die der anderen Brücke-Künstler als ambivalent beschrieben werden. Er fasst ihn einerseits als eine Art Kulturkampf um die geistige Vorherrschaft in Europa auf – und schreibt andererseits 1914 in einem Brief von der »Schwere der Zeit«, die sich in aller Deutlichkeit erst nach dem Krieg zeigen werde. Deutschland müsse dann von vorn anfangen (Soika 2014, S. 15). Der Künstler äußerte sich in einem Brief an Wilhelm Niemeyer vom Anfang des Jahres 1915 auch antisemitisch und bezeichnet England als Auslöser des Krieges. Er ist der Meinung, »Gott verlässt keinen Deutschen« (Soika 2014, S. 155).

Während des langen Aufenthaltes in Russland beschreibt Schmidt-Rottluff die Gemeinsamkeiten zwischen russischen und deutschen Soldaten, entdeckt seine Liebe zu der Landschaft und schreibt von der Sehnsucht nach Frieden. Eine grundlegende Veränderung seiner Einstellung erfolgte aber erst im Laufe des Jahres 1917 (Soika, 2014).

Die Einordnung seiner Arbeiten mit religiösen Themen aus dieser Zeit – Schmidt-Rottluff selbst war nicht gläubig – ist ein viel diskutiertes Thema. Oft werden sie direkt mit seinem Wandel zum Pazifismus in Beziehung gesetzt (z. B. bei Sydow 1919/20; Wiese 1989). Diese Entwicklung in der Haltung des Künstlers lässt sich in seinem Briefwechsel mit Niemeyer detailliert nachvollziehen, soll hier aber nur mit einem Zitat vom 28. Juni 1917 auf den Punkt gebracht werden: »Jeder Gedanke, der heute nicht Frieden heißt, ist Verbrechen« (Soika 2014, S. 166). *KE*

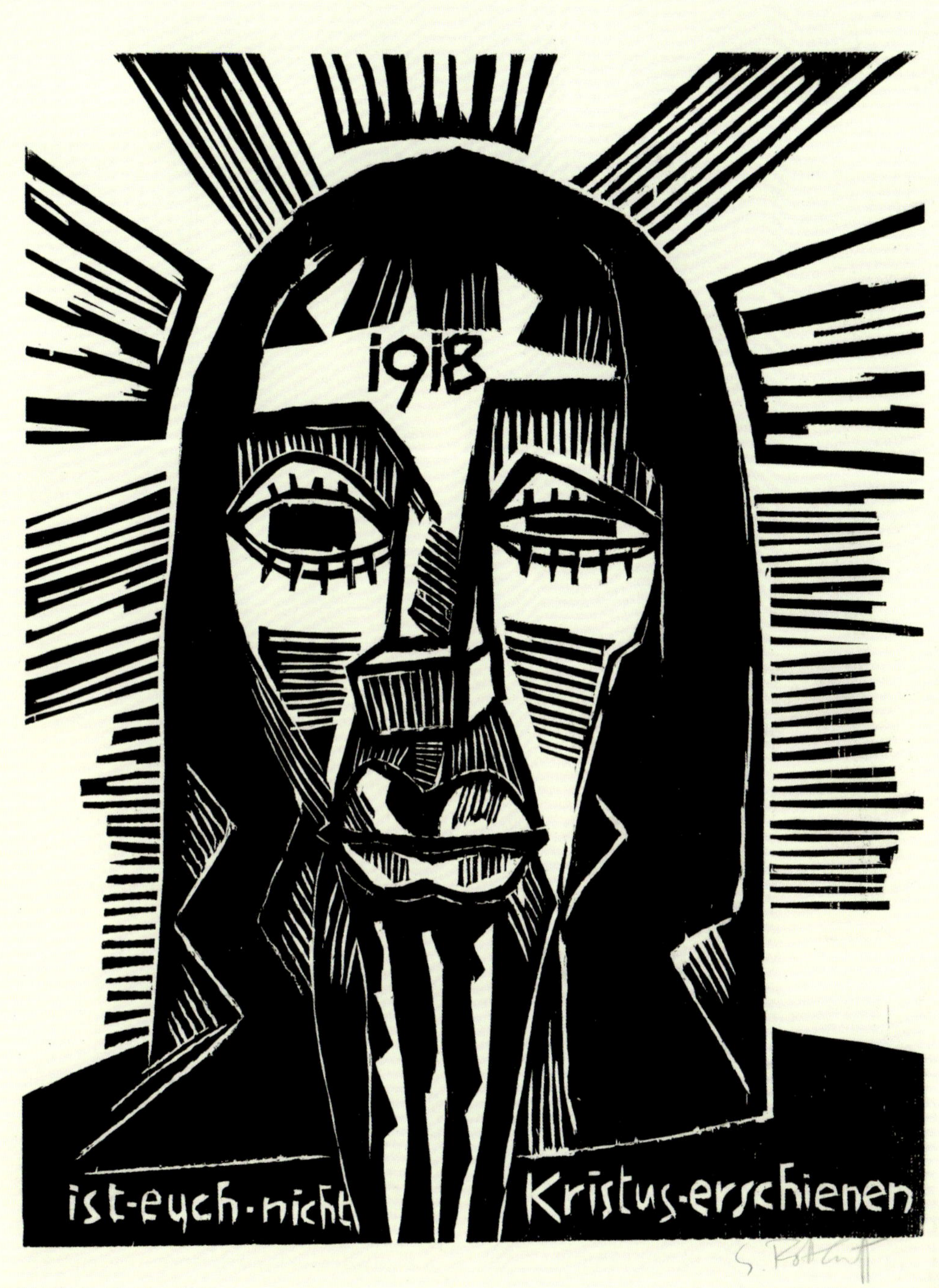
1918
ist-euch-nicht
Kristus-erschienen

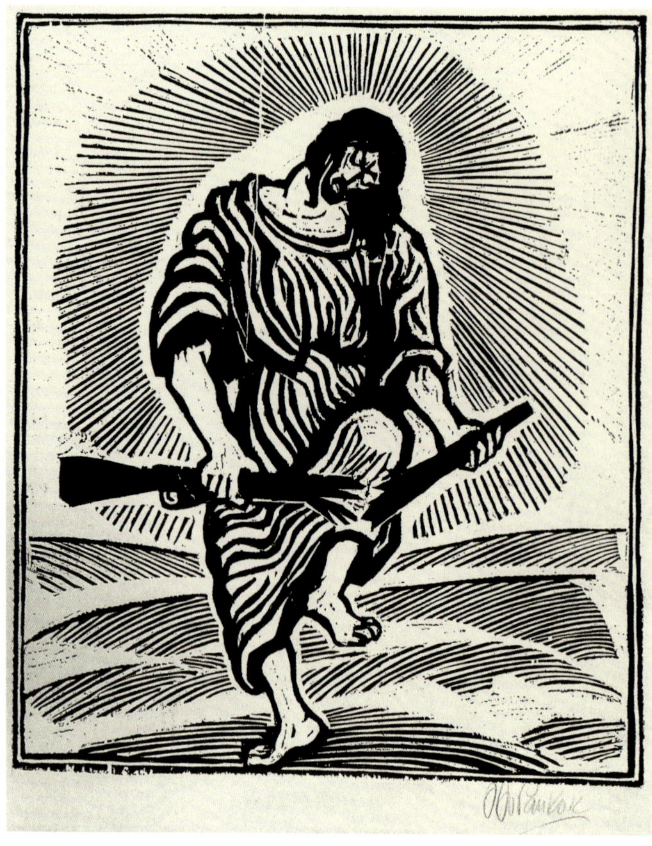

52

**52**

## Christus zerbricht das Gewehr

Otto Pankok, 1950; Holzschnitt auf Papier, 59×47 cm
Privatsammlung Gerhard Schneider Olpe und Solingen,
Zentrum für verfolgte Künste GmbH
im Kunstmuseum Solingen

Literatur: Pankok 2008, S. 22–28; Overbeck/Müller 1995; Heckmanns 1993; Zimmermann 1993

Die beiden Weltkriege prägten Otto Pankok (1893–1966) zutiefst. Während der Zeit des Nationalsozialismus blieb Pankok, dem ein Malverbot auferlegt worden war, in Deutschland. Er wirkte durch heimlich angefertigte und verbreitete Kunstwerke dem Naziregime entgegen. Zusammen mit befreundeten Künstlern aus dem Kreis »Junges Rheinland« fertigte er Holzschnitte, die als Flugblätter gegen Hitler aufrütteln sollten. Pankok bediente sich schon zu Beginn der nationalsozialistischen Herrschaft der biblischen Bildsprache, etwa in seinem Zyklus »Passion« (1933/34), der 1935 unter anderem in Münster gezeigt wurde und für Aufruhr sorgte. »Die Bilder wurden und werden von den Betrachtern direkt verstanden, obwohl sie nur mit wenigen Elementen unverhüllt erkennbar auf die aktuelle Situation bezogen waren« (Pankok 2008, S. 25).

Auch nach Ende des Zweiten Weltkriegs engagierte sich Otto Pankok weiter gegen Gewalt, Krieg und Rassismus. Er arbeitete unter dem Eindruck des Leids der Menschen und des politischen Zusammenbruchs und behielt dabei die Hoffnung auf eine Zeit des Friedens. Als die Regierungen nach dem Zweiten Weltkrieg wieder aufrüsteten, schuf er einen Holzschnitt, der zum Symbol der internationalen Friedensbewegung werden sollte: »Christus zerbricht das Gewehr« (1950). Christus, der Friedensbringer, zerbricht eigenhändig ein Gewehr – klarer könnte die pazifistische Botschaft nicht sein. Der Verkauf des Holzschnittes unterstützte Veranstaltungen der sich formierenden Friedensbewegung, für die sich der Künstler persönlich stark machte.

Pankok ließ verschiedenen Persönlichkeiten, die er für eine Stellungnahme gegen die atomare Wiederaufrüstung im Kalten Krieg von Bedeutung hielt, einen Druck zukommen. Einen der ersten sandte er an Papst Pius XII.; dessen Sekretär antwortete in einem Schreiben vom 30. Juni 1951 und erteilte Pankok darin den apostolischen Segen für sein Werk. Einen weiteren Druck erhielt der evangelische Pfarrer Martin Niemöller, der während des Zweiten Weltkriegs im Widerstand gewesen war (vgl. Kat.-Nr. 56) und sich nun aktiv in der Friedensarbeit engagierte.

»Die Idee des Friedens ist der Kunst von Otto Pankok seit ihren Anfängen einbeschlossen« (Heckmanns 1993, S. 63). Dass er sich dabei wiederholt christlichen Motiven zuwendet, lässt sich – wie in dem Passionszyklus von 1933/34 – als »ein Bekenntnis zum Menschensohn mitten in der Verzweiflung über die Söhne der Menschen« (Zimmermann 1993, S. 24) bezeichnen. Dies trifft für seinen Holzschnitt »Christus zerbricht das Gewehr« gleichermaßen zu. Durch seine Publikation im Rahmen der Friedens- und Anti-Atom-Bewegung erlangte er weltweite Berühmtheit. *EL*

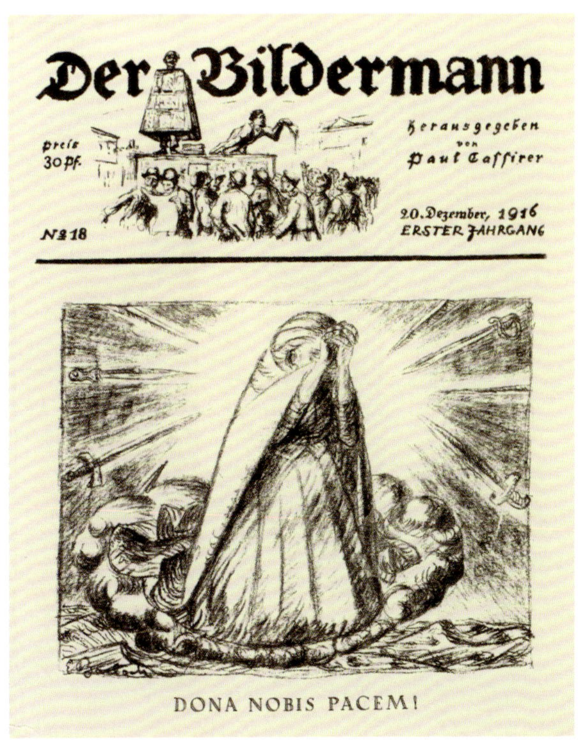


53

53

**Dona Nobis Pacem**

Aus: Der Bildermann, Nr. 18,
20.12.1916, Ernst Barlach;
Lithografie, 50×41 cm (Rahmenmaß)
Privatsammlung Gerhard Schneider in Olpe und Solingen

Literatur: Cork 1994 S. 145–146; Probst 2014, S. 33–46; AK Stuttgart 2013, S. 78–93; Geyer 2007 (zu Barlachs biblischen Themen)

Die Ausgabe des »Bildermanns« vor der Kriegsweihnacht 1916 zeigt als Titelblatt ein religiöses Bildthema mit Appellcharakter. Eine kniende weibliche Gestalt auf einer Wolke, umgeben von einem Lichtkranz und bedroht durch Schwerter, bittet um Frieden. Die Bildunterschrift in Latein ist dem Gebet des »Agnus dei« (Lamm Gottes) aus der katholischen Messe entlehnt und bedeutet: »Gib uns Frieden«. Die Frau folgt der christlichen Ikonografie der Mater Dolorosa, der Schmerzensmutter. Sie steht stellvertretend für die Leiden der Menschen durch den Krieg.

Barlach scheint sagen zu wollen, dass nur noch Fürbitte um göttliches Eingreifen den Krieg beenden könne. Insgesamt hat er acht Arbeiten für den »Bildermann« geliefert, die allesamt mit den Themen von christlichen Tugenden wie Mitleid und Nächstenliebe zu tun haben und zunehmend kriegskritisch werden. Dabei war Ernst Barlach kein Christ im konventionellen Sinne. Vielmehr zeigte er sich gegenüber christlichen Dogmen kritisch und stand der ostasiatischen Philosophie nahe. Er sagte über sich und seine Suche nach Gott, er wolle als »Gottsucher gottlos« bleiben und sei »viel Christ, viel Heide, viel Buddhist, viel viel sonst« (AK Stade 2013, S. 659).

Der Kanon »Dona Nobis Pacem« wurde in der damaligen DDR während der friedlichen Revolution in den Jahren 1989/90 immer wieder in Kirchen und auf Demonstrationen gesungen (Geyer 2007). *KE*

"Ich wandte mich und sah an alles Unrecht, das geschah

# *Opposition und Freiräume*

Der Glaube an eine gottgewollte Hierarchie erschwerte es Christen oftmals, sich der Obrigkeit zu widersetzen (vgl. Thementext zu Vorstellungen von gottgewollter Ordnung und Indienstnahme). Doch nicht alle Christen waren obrigkeitshörig. Jeder Christ ist neben der Obrigkeit stets dem Gehorsam gegenüber Gott verpflichtet und seinem christlichen Gewissen. In Predigten, Reden und Flugblättern äußerten auch einige Christen im Dritten Reich ihre Kritik am Nationalsozialismus und an der Herrschaft Hitlers. Sie versuchten, an die Verantwortung des Gewissens eines jeden vor Gott zu appellieren. Die Frage nach dem Obrigkeitsverständnis der Christen trieb dabei die Oppositionellen um. Wann hat ein Machthaber seinen Anspruch verwirkt, eine legitime Obrigkeit zu sein? Ist der Tyrannenmord christlich gerechtfertigt? Trotz des Anspruchs auf Gewaltverzicht sahen einige Christen im Dritten Reich die Anwendung von Gewalt als letzte Möglichkeit, um die nationalsozialistische Herrschaft zu beenden. Heinrich Bedford-Strohm, Ratsvorsitzender der Evangelischen Kirche in Deutschland, spricht aus, wie aktuell der Gewissenskonflikt bis heute ist: »Wer militärisch handelt, macht sich schuldig. Aber auch, wer nichts Wirksames gegen den Terror tut, lädt Schuld auf sich« (Bedford-Strohm 2015, S. 4).

In der DDR formierte sich Anfang der 1980er Jahre gewaltloser Widerstand aus den Kirchen heraus. Kirchen galten als Räume, in denen eine freie Meinungsäußerung noch möglich war. Unter Beteiligung vieler Christen wurde durch diese Mobilisierung im »Freiraum« der Kirche stetiger Druck auf das Regime ausgeübt. Möglicherweise spielte am 9. November 1989 bei den diensthabenden Polizisten an den Grenzübergängen in Ostberlin auch das Gewissen eine Rolle, nicht zur Waffe zu greifen, sondern die Menschen in Freiheit ziehen zu lassen. *EL*

Literatur: Bedford-Strohm 2015; Fischer-Fabian 1987 a; Reuter 2009

Wir schweigen nicht, wir sind Euer böses Gewissen, die Weisse Rose lässt Euch keine Ruhe!

Bitte vervielfältigen und weitersenden!

54

### Friede auf Erden. Ein Aufruf zur Völkerversöhnung

Max Josef Metzger, Verlag Volksheil, Graz 1918
Meitingen, Christkönigs-Institut

Literatur: Drobisch 1970; Heß 2016; Putz 1998; Metzger 1964

Während er zu Beginn des Ersten Weltkriegs den Kampfeswillen der Soldaten an der Front stärkte und die Kriegsgegner als »Wilde« beschimpfte (vgl. Kat.-Nr. 46), setzte bei Pfarrer Max Josef Metzger noch während des Zweiten Weltkrieges ein Umdenken ein. Tief getroffen von dem Leid, das er erlebt hatte, hinterfragte er die vermeintliche Gerechtigkeit des Krieges. Ihm wurde bewusst, dass die Kriegsgegner ebenfalls Christen waren, Glaubensbrüder. Er glaubte, dass es zum Krieg gekommen sei, weil Christen die Gebote ihrer Religion nicht mehr achteten, und setzte sich in der Folgezeit vehement für das Recht auf Kriegsdienstverweigerung ein. Neben seinem Engagement in verschiedenen Friedensbündnissen veröffentlichte Metzger 1918 in Graz seine Schrift »Friede auf Erden«. Darin ruft er Christen zu einer Rückkehr zu den Geboten Christi auf: »Ohne Christus, ohne tiefstes Christentum ist Krieg. Aber Christus, das unverfälschte Christentum verbürgt den Frieden« (Heß 2016, S. 119).

Er betont, dass der Krieg nicht Gottes Wille sei – und korrigiert damit, was er selbst seinen Soldaten an der Front gepredigt hatte. Des Weiteren ist in der Veröffentlichung ein Friedensprogramm in zwölf Punkten abgedruckt, das Metzger 1917 an Papst Benedikt XV. gesandt hatte und das von dessen Kardinalstaatssekretär Pietro Gasparri zustimmend beantwortet worden war. Das Titelblatt ziert eine Landschaft mit einem Regenbogen – ein symbolisches Zeichen für einen Aufruf zur Völkerversöhnung (vgl. Thementext Biblische Erzählungen und Gebote zum Frieden sowie Kat.-Nr. 2). *EL*

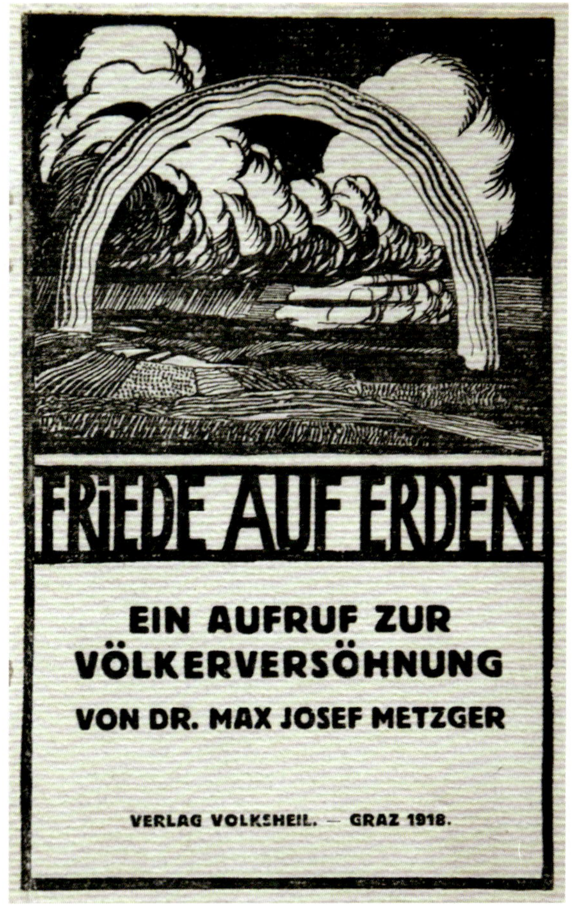


54

55

### Manuskript der Rede »Kirche und Völkerwelt«

Dietrich Bonhoeffer, 28. August 1934, Fanø, Dänemark
Staatsbibliothek zu Berlin – Preußischer Kulturbesitz, Handschriftenabteilung, Nachlass 299, A 40, 5 (1)

Literatur: Becker o. J.; Tietz 2013; Bedford-Strohm 2015; Reuter 2009

Unmittelbar nach Einführung des Arierparagrafen im September 1933 durch die nationalsozialistische Regierung gründete Dietrich Bonhoeffer den Pfarrernotbund, der sich für evangelische Pfarrer einsetzte, die ihres Amtes enthoben worden waren. Zudem kritisierte er die regimetreuen Deutschen Christen öffentlich. Kurz bevor er nach London ging, wo er Pfarrer einer kleinen deutschen Gemeinde wurde, nahm er im August 1934 im dänischen Fanø an einer Tagung des Weltbundes

Kirche und Völkerwelt[1]

(Rede Dietrich Bonhoeffers auf der ökumen. Tagung in Fanø 20. August 1934)

"Ach daß ich hören sollte, was der Herr redet, daß er Frieden zusagte seinem Volk und seinen Heiligen" (Ps. 85,9). Zwischen den Klippen des Nationalismus und des Internationalismus ruft die ökumen. Christenheit nach ihrem Herrn und nach seiner Weisung. Nationalismus und Internationalismus sind Fragen der politischen Notwendigkeiten und Möglichkeiten. Aber die Oekumene fragt nicht nach diesen sondern nach den Geboten Gottes und ruft diese Gebote Gottes ohne Rücksicht mitten hinein in die Welt. Als Glied der Oekumene hat der Weltbund für Freundschaftsarbeit der Kirchen Gottes Ruf zum Frieden vernommen und richtet diesen Befehl an die Völkerwelt aus. Unsere theologische Aufgabe besteht darum hier allein darin, dieses Gebot als bindendes Gebot zu vernehmen und nicht als offene Frage zu diskutieren. "Friede auf Erden", das ist kein Problem, sondern ein mit der Erscheinung Christi selbst gegebenes Gebot. Zum Gebot gibt es ein doppeltes Verhalten: den unbedingten, blinden Gehorsam der Tat oder die scheinheilige Frage der Schlange: sollte Gott gesagt haben? Diese Frage ist der Todfeind des Gehorsams, ist darum der Todfeind jeden echten Friedens. Sollte Gott nicht die menschliche Natur besser gekannt haben und wissen, daß Kriege in dieser Welt kommen müssen wie Naturgesetze? Sollte Gott nicht gemeint haben, wir sollten wohl von Frieden reden, aber so wörtlich sei das nicht in die Tat umzusetzen? Sollte Gott nicht doch gesagt haben, wir sollten wohl für den Frieden arbeiten, aber zur Sicherung sollten wir doch Tanks und Giftgase bereitstellen? Und dann das scheinbar ernsteste: Sollte Gott gesagt haben, Du sollst dein Volk nicht schützen? SollteGott gesagt haben, Du sollst deinen Nächsten dem Feind preisgeben? Nein, das alles hat Gott nicht gesagt, sondern gesagt hat er, daß Friede sein soll unter den Menschen, daß wir ihm vor allen weiteren Fragen gehorchen sollen, das hat er gemeint. Wer Gottes Gebot in Frage zieht, bevor er gehorcht, der hat ihn schon verleugnet.

Friede soll sein, weil Christus in der Welt ist, d.h. Friede soll sein, weil es eine Kirche Christi gibt, um deretwillen allein die ganze Welt noch lebt. Und diese Kirche Christi lebt zugleich in allen Völkern und doch jenseits aller Grenzen völkischer, politischer, sozialer, rassischer Art, und die Brüder dieser Kirche sind durch das Gebot des einen Herrn Christus, auf das sie hören, unzertrennlicher verbunden als alle Bande der Geschichte, des Blutes, der Klassen und der Sprachen Menschen binden können. Alle diese Bindungen innerweltlicher Art sind wohl gültige, nicht gleichgültige, aber vor Christus auch

1) Unterwegs 1954/3, S 129 brachte nicht diesen Originaltext, sondern eine Rückübersetzung der englischen Version!

55

und des Ökumenisches Rates für Praktisches Christentum teil. Bei der Morgenandacht hielt er seinen als Friedensrede bekannt gewordenen Vortrag »Kirche und Völkerwelt«, in der er »christlichen Pazifismus« predigte. Denn Christen »können nicht die Waffen gegeneinander richten, weil sie wissen, daß sie damit die Waffen auf Christus selbst richteten. Es gibt für sie in aller Angst und Bedrängnis des Gewissens keine Ausflucht vor dem Gebot Christi, daß Friede sein soll.«

Doch »Wie wird Friede?« – Bonhoeffer sieht »nur das Eine große ökumenische Konzil der Heiligen Kirche Christi« in der Lage, »daß die Welt zähneknirschend das Wort vom Frieden vernehmen muß«. Bonhoeffer traute nur einer vereinten christlichen Kirche zu, Gehör zu erhalten, um einen Krieg noch abzuwenden, und rief die Zuhörer auf, »ein mutiges Wort, ein christliches Wort« zu erheben, um sich nicht mitschuldig zu machen. Seine prophetischen Warnungen und Bemühungen um Frieden blieben wirkungslos, der Krieg brach 1939 aus. *EL*

-2-

nicht endgültige Bindungen. Darum ist den Gliedern der Oekumene, sofern sie an Christus bleiben, sein Wort und Gebot des Friedens heiliger, unverbrüchlicher als die heiligsten Worte und Werke der natürlichen Welt es zu sein vermögen; denn sie wissen: Wer nicht Väter und Mutter hassen kann um seinetwillen, der ist sein nicht wert, der lügt, wenn er sich Christ nennt. Diese Brüder durch Christus gehorchen seinem Wort und zweifeln und fragen nicht, sondern halten sein Gebot des Friedens und schämen sich nicht, der Welt zum Trotz sogar vom ewigen Frieden zu reden. Sie können nicht die Waffen gegeneinander richten, weil sie wissen, daß sie damit die Waffen auf Christus selbst richteten. Es gibt für sie in aller Angst und Bedrängnis des Gewissens keine Ausflucht vor dem Gebot Christi, daß Friede sein soll.

Wie wird Friede? Durch ein System von politischen Verträgen? Durch Investierung internationalen Kapitals in den verschiedenen Ländern ? d.h. durch die Großbanken, durch das Geld? Oder gar durch eine allseitige friedliche Aufrüstung zum Zweck der Sicherstellung des Friedens? Nein, durch dieses alles aus dem einen Grunde nicht, weil hier überall F r i e d e und S i c h e r h e i t verwechselt wird. Es gibt keinen Weg zum Frieden auf dem Weg der Sicherheit. Denn Friede muß gewagt werden, ist das eine große Wagnis, und läßt sich nie und nimmer sichern. Friede ist das Gegenteil von Sicherung. Sicherheiten fordern heißt Mißtrauen haben, und dieses Mißtrauen gebiert wiederum Krieg. Sicherheiten suchen heißt sich selber schützen wollen. Friede heißt sich gänzlich ausliefern dem Gebot Gottes, keine Sicherung wollen, sondern in Glaube und Gehorsam dem allmächtigen Gott die Geschichte der Völker in die Hand legen und nicht selbstsüchtig über sie verfügen wollen. Kämpfe werden nicht mit Waffen gewonnen, sondern mit Gott. Sie werden auch dort noch gewonnen, wo der Weg ans Kreuz führt. Wer von uns darf denn sagen, daß er wüßte, was es für die Welt bedeuten könnte, wenn ein Volk - statt mit der Waffe in der Hand- betend und wehrlos und darum gerade bewaffnet mit der allein guten Wehr und Waffen den Angreifer empfinge? (Gideon:.. des Volkes ist zuviel, das mit dir ist...Gott vollzieht hier selbst die Abrüstung!)

Noch einmal darum:Wie wird Friede? Wer ruft zum Frieden, daß die Welt es hört, zu hören gezwungen ist? daß alle Völker darüber froh werden müssen ? Der einzelne Christ kann das nicht- er kann wohl, wo alle schweigen, die Stimme erheben und Zeugnis ablegen, aber die Mächte der Welt können wortlos über ihn hinwegschreiten. Die einzelne Kirche kann auch wohl zeugen und leiden - ach, wenn sie es nur täte - aber auch sie wird erdrückt von der Gewalt des Hasses. Nur das eine g r o ß e o e k u m e n i s c h e K o n z i l der H e i l i g e n K i r c h e C h r i s t i aus aller Welt kann es so sagen, daß die Welt zähneknirschend das Wort vom Frieden vernehmen muß und daß die Völker froh

55

**56**

## Sogenannte Meditationsbibel mit handschriftlichen Anmerkungen Dietrich Bonhoeffers

Staatsbibliothek zu Berlin – Preußischer Kulturbesitz, Handschriftenabteilung, Nachlass 299, A6

Literatur: Reuter 2009; Becker o. J.; Tietz 2013; Bedford-Strohm 2015; Bonhoeffer 1992

Dietrich Bonhoeffer hatte sich seit der Machtübernahme der Nationalsozialisten regimekritisch geäußert und nach Einführung des Arierparagrafen 1933 unter anderem zusammen mit Pfarrer Martin Niemöller (1892–1984) den evangelischen Pfarrernotbund gegründet. Bereits in seinem Aufsatz »Die Kirche vor der Judenfrage« vom 15. April 1933 stellte er die Frage nach der Legitimation des staatlichen Handelns und rief die Kirche zur Stellungnahme und Verantwortung auf. Auch die Bekennende Kirche, der Bonhoeffer angehörte

56

und in der es unterschiedliche politische Strömungen gab, positionierte sich nicht klar.

Bonhoeffers Schwager, Gerhard Leibholz, war jüdischer Herkunft – die Familie Bonhoeffers somit auch persönlich betroffen. Als am 9. November 1938 in der Reichspogromnacht die Synagogen brannten, unterstrich Bonhoeffer in seiner Bibel in Psalm 74 die Worte: »Sie verbrennen alle Häuser Gottes im Lande.« Daneben schrieb er mit Bleistift »9. 11. 1938«. Die weiterführenden Zeilen (Psalm 74,9) »Unsere Zeichen sehen wir nicht und kein Prophet predigt mehr, und keiner ist bei uns, der weiß wie lange« sind seitlich mit Strich und Ausrufezeichen markiert. Spätestens hier scheint für Bonhoeffer klar gewesen zu sein, dass er selbst tätig werden muss. Durch seinen Schwager Hans von Dohnanyi gelangte Bonhoeffer in den Kreis von militärischen Widerständlern um Wilhelm Canaris und Hans Oster. Er unterstützte die Gruppe, die an Attentatsplänen gegen Hitler mitarbeitete, durch seine guten Kontakte im In- und Ausland. Dabei setzte er sich theologisch mit der Frage nach dem Obrigkeitsverständnis von Christen und dem Tyrannenmord auseinander: »Das erste Recht des natürlichen Lebens besteht in der Bewahrung des leiblichen Lebens vor willkürlicher Tötung. […] Willkürlich ist selbstverständlich nicht die Tötung des Verbrechers, der fremdes Leben antastete« (Bonhoeffer zit. in Reuter 2009, S. 33–34).

In seinem Aufsatz zur Judenfrage von 1933 benannte er als Möglichkeit des Einschreitens in letzter Instanz, »dem Rad selbst in die Speichen zu fallen« (zitiert in Becker o. J., S. 6). In der Verantwortung vor seinem Gewissen als Christ sah sich Bonhoeffer in der Pflicht, sich dem Regime in Deutschland aktiv entgegenzustellen. Er bezahlte dies mit seinem Leben. Die Bibel, in die Bonhoeffer seine Anmerkungen schrieb, war die seines im Ersten Weltkrieg gefallenen Bruders Walter. Bonhoeffer hatte sie zu seiner Konfirmation überreicht bekommen und sein Leben lang benutzt. *EL*

57

## Flugblatt IV. der Weißen Rose

1942

Koblenz/Berlin, Bundesarchiv R 3018 (alt NJ)/1704

Literatur: Beuys 2010; Fischer-Fabian 1987; Jens 1984; Scholl 1993; Schüler 2000; Sturms 2013

Die Münchner Studentengruppe der Weißen Rose – bestehend unter anderem aus Willi Graf, Kurt Huber, Alexander Schmorell, Christoph Probst sowie Sophie und Hans Scholl – konnte es nicht mit ihrem Gewissen vereinbaren, dem Unrecht im Dritten Reich tatenlos zuzusehen. Zwischen Juni 1942 und April 1943 verbreiteten die Studenten sechs Flugblätter, die dazu aufriefen, sich gegen die Obrigkeit aufzulehnen.

Ein Anstoß, eigene Flugblätter zu verbreiten, waren Abschriften von Predigten des Münsteraner Bischofs Clemens August Graf von Galen, die sich eines Tages im Briefkasten der Familie Scholl fanden. Die Bedeutung von Flugblättern war nicht unerheblich, sie wurden mitunter – wie etwa das letzte der Flugblätter der Weißen Rose – auch von Alliierten aus Flugzeugen abgeworfen, um die deutsche Bevölkerung zu informieren und wachzurütteln. Im Flugblatt IV. der Weißen Rose von 1942 wird explizit an das Gewissen der Menschen als Christ appelliert: »Gibt es, so frage ich Dich, der Du ein Christ bist, gibt es in diesem Ringen um die Erhaltung Deiner höchsten Güter ein Zögern, […] in der Hoffnung, dass ein anderer die Waffe erhebt, um Dich zu verteidigen? […] Wir schweigen nicht, wir sind euer böses Gewissen […]!«

Die friedliche Gegenwehr »mit geistigen Waffen« (Fischer-Fabian 1987, S. 348) entspricht dem christlichen Ideal des friedlichen Handelns. Aber kann man bei der Weißen Rose von einem religiös motivierten Widerstand sprechen? Die wohl bekanntesten Mitglieder der Weißen Rose, die Geschwister Sophie und Hans Scholl, genossen immerhin eine stark christlich geprägte Erziehung. Ihre Mutter war eine evangelische Christin, die als Diakonissin tätig war, bis sie zugunsten der Ehe und Mutterschaft aus der Diakonissengemeinschaft austrat. Die Geschwister Scholl kamen in Kontakt mit Schriften des Kirchenvaters Augustinus und wuchsen im Streben nach Anstand und Gerechtigkeit auf, diese Werte verteidigten sie mutig bis zuletzt.

Auch weitere Mitglieder der Widerstandsgruppe waren neben persönlichen Erfahrungen durch Einsätze im Krieg auf ihren Lebenswegen vom Glauben geprägt – konfessions- und religionsübergreifend. Daher verwundert es nicht, dass im Flugblatt IV. Novalis mit den Worten zitiert wird: »Nur die Religion kann Europa wieder aufwecken und das Völkerrecht sichern und die Christenheit mit neuer Herrlichkeit sichtbar auf Erden in ihr friedenstiftendes Amt installieren.« Auch in weiteren Flugblättern taucht der Bezug zum Christentum auf. Die Weiße Rose erhoffte sich nach dem Abtreten Hitlers, in dem sie den Antichristen sah, einen Neuanfang durch das Eingestehen der kollektiven Schuld der Deutschen; Hitler und seine Anhänger müssten konsequent zur Verantwortung gezogen werden.

Im Flugblatt IV. heißt es auch, dass »die nationalsozialistische Macht militärisch gebrochen werden muss«. Anwendung von Gewalt zur Wiederherstellung des Friedens – Ähnliches wurde 1945, nach den Geschehnissen des Zweiten Weltkriegs, in der Charta der Vereinten Nationen festgelegt. Die Frage, ob und wann Gewalt legitim ist, wird bis heute kontrovers diskutiert. *EL*

4

Flugblätter der Weissen Rose

IV

Es ist eine alte Weisheit, die man Kindern immer wieder aufs neue predigt, dass wer nicht hören will, fühlen muss. Ein kluges Kind wird sich aber die Finger nur einmal am heissen Ofen verbrennen.

In den vergangenen Wochen hatte Hitler sowohl in Afrika, als auch in Russland Erfolge zu verzeichnen. Die Folge davon war, dass der Optimismus auf der einen, die Bestürzung und der Pessimismus auf der anderen Seite des Volkes mit einer der deutschen Trägheit unvergleichlichen Schnelligkeit anstieg. Allenthalben hörte man unter den Gegnern Hitlers, also unter dem besseren Teil des Volkes, Klagerufe, Worte der Enttäuschung und der Entmutigung, die nicht selten in dem Ausruf endigten: "Sollte nun Hitler doch..?"

Indessen ist der deutsche Angriff auf Aegypten zum Stillstand gekommen, Rommel muss in einer gefährlich exponierten Lage verharren - aber noch geht der Vormarsch im Osten weiter. Dieser scheinbare Erfolg ist unter den grauenhaftesten Opfern erkauft worden, sodass er schon nicht mehr als vorteilhaft bezeichnet werden kann. Wir warnen daher vor j e d e m Optimismus.

Wer hat die Toten gezählt, Hitler oder Göbbels - wohl keiner von beiden. Täglich fallen in Russland Tausende. Es ist die Zeit der Ernte, und der Schnitter fährt mit vollem Zug in die reife Saat. Die Trauer kehrt ein in die Hütten der Heimat, und niemand ist da, der die Tränen der Mütter trocknet. Hitler aber belügt die, deren teuerstes Gut er geraubt und in den sinnlosen Tod getrieben hat.

Jedes Wort, das aus Hitlers Munde kommt, ist Lüge: Wenn er Frieden sagt, meint er den Krieg, und wenn er in frevelhaftester Weise den Namen des Allmächtigen nennt, meint er die Macht des Bösen, den gefallenen Engel, den Satan. Sein Mund ist der stinkende Rachen der Hölle und seine Macht ist im Grunde verworfen. Wohl muss man mit rationalen Mitteln den Kampf wider den nationalsozialistischen Terrorstaat führen; wer aber heute noch an der realen Existenz der dämonischen Mächte zweifelt, hat den metaphysischen Hintergrund dieses Krieges bei weitem nicht begriffen. Hinter dem Konkreten, hinter dem sinnlich wahrnehmbaren, hinter allen sachlichen logischen Ueberlegungen, steht das Irrationale, d.i. der Kampf wider den Dämon, wider den Boten des Antichrists. Ueberall und zu allen Zeiten haben die Dämonen im Dunkeln gelauert auf die Stunde, da der Mensch schwach wird, da er seine ihm von Gott auf Freiheit gegründete Stellung im ordo eigenmächtig verlässt, da er dem Druck des Bösen nachgibt, sich von den Mächten höherer Ordnung loslöst und so, nachdem er den ersten Schritt freiwillig getan, zum zweiten und dritten und immer mehr getrieben wird mit rasend steigender Geschwindigkeit - überall und zu allen Zeiten der höchsten Not sind Menschen aufgestanden, Propheten, Heilige, die ihre Freiheit gewahrt hatten, die auf den Einzigen Gott hinwiesen und mit seiner Hilfe das Volk zur Umkehr mahnten. Wohl ist der Mensch frei, aber er ist wehrlos wider das Böse ohne den wahren Gott, er ist wie ein Schiff ohne Ruder, dem Sturme preisgegeben, wie ein Säugling ohne Mutter, wie eine Wolke, die sich auflöst.

Gibt es, so frage ich Dich, der Du ein Christ bist, gibt es in diesem Ringen um die Erhaltung Deiner höchsten Güter ein Zögern, ein Spiel mit Intrigen, ein Hinausschieben der Entscheidung in der Hoffnung, dass ein anderer die Waffen erhebt, um Dich zu verteidigen? Hat Dir nicht Gott selbst die Kraft und den Mut gegeben zu kämpfen? Wir m ü s s e n das Böse dort angreifen, wo es am mächtigsten ist, und es ist am mächtigsten in der Macht Hitlers.

"Ich wandte mich und sah an alles Unrecht, das geschah unter der Sonne; und siehe, da waren Tränen derer, so Unrecht litten und hatten keinen Tröster; und die ihnen Unrecht taten, waren zu mächtig, dass sie keinen Tröster haben konnten.

Da lobte ich die Toten, die schon gestorben waren, mehr denn die Lebendigen, die noch das Leben hatten...." (Sprüche)

Novalis: "Wahrhafte Anarchie ist das Zeugungselement der Religion. Aus der Vernichtung alles Positiven hebt sie ihr glorreiches Haupt als neue Weltstifterin empor.... Wenn Europa wieder erwachen wollte, wenn ein Staat der Staaten, eine politische Wissenschaftslehre uns bevorstände! Sollte etwa die Hierarchie.....das Prinzip des Staatenvereins sein?.....Es wird solange Blut über Europa strömen, bis die Nationen ihren fürchterlichen Wahnsinn gewahr werden, der sie im Kreis herumtreibt, und von heiliger Musik getroffen und besänftigt, zu ehemaligen Altären in bunter Vermischung treten, Werke des Friedens vornehmen und ein grosses Friedensfest auf den rauchenden Walstätten mit heissen Tränen gefeiert wird. Nur die Religion kann Europa wieder aufwecken und das Völkerrecht sichern und die Christenheit mit neuer Herrlichkeit sichtbar auf Erden in ihr friedenstiftendes Amt installieren."

Wir weisen eindrücklich darauf hin, dass die Weisse Rose nicht im Solde einer ausländischen Macht steht. Obgleich wir wissen, dass die nationalsozialistische Macht militärisch gebrochen werden muss, suchen wir eine Erneuerung des schwerverwundeten deutschen Geistes von Innen her zu erreichen. Dieser Wiedergeburt muss aber die klare Erkenntnis aller Schuld, die das deutsche Volk auf sich geladen hat, und ein rücksichtsloser Kampf gegen Hitler und seine allzuvielen Helfershelfer , Parteimitglieder, Quislinge usw.,vorausgehen. Mit aller Brutalität muss die Kluft zwischen dem besseren Teil des Volkes und allem, was mit dem Nationalsozialismus zusammenhängt, aufgerissen werden. Für Hitler und seine Anhänger gibt es auf dieser Erde keine Strafe, die ihren Taten gerecht wäre. Aber aus Liebe zu kommenden Generationen muss nach Beendigung des Krieges ein Exempel statuiert werden, daß niemand auch nur die geringste Lust je verspüren sollte, Aehnliches aufs neue zu versuchen. Vergesst auch nicht die kleinen Schurken dieses Systems, merkt Euch die Namen, aufdass keiner entkomme! Es soll ihnen nicht gelingen, in letzter Minute noch nach all diesen Scheusslichkeiten die Fahne zu wechseln und so zu tun, als ob nichts gewesen wäre!

Zu Ihrer Beruhigung möchten wir noch hinzufügen, dass die Adressen der Leser der Weissen Rosenirgendwo schriftlich niedergelegt sind. Die Adressen sind willkürlich Adressbüchern entnommen.

Wir schweigen nicht, wir sind Euer böses Gewissen, die Weisse Rose lässt Euch keine Ruhe!

Bitte vervielfältigen und weitersenden!

## 58a

## Brief von Bischof Clemens August von Galen an Bischof Wilhelm Berning (Osnabrück)

26. Mai 1941
Osnabrück, Diözesanarchiv, BA OS 04–62–31
Akte: Vorwerk, Franz

## 58b

## Flugblatt der III. Predigt von Bischof Clemens August von Galen

Gehalten am 3. August 1941;
Papier, Maschinenschrift/Matrize
Münster, Bistumsarchiv, Sammlung Bischof Clemens August von Galen, A 170 (S. 1–6)

Literatur: Löffler 1996, S. 874–883; Wolf/Flammer/Schüler 2007; Wolf 2006

Der Zwiespalt zwischen christlichem Obrigkeitsverständnis und dem Gehorsam vor Gott zeigt sich eindrücklich in der Gestalt des Münsteraner Bischofs Clemens August von Galen. Von Galen war geprägt durch sein adliges und in der katholischen Frömmigkeit verwurzeltes Elternhaus auf Burg Dinklage im Oldenburger Münsterland. Seit 1929 Pfarrer an der Lambertikirche, wurde er 1933 zum Bischof von Münster gewählt. Von Galen vertrat ein traditionelles christliches Obrigkeitsverständnis und sah sich der neuen Regierung von 1933 zu Gehorsam verpflichtet. Von 1934 an kritisierte er jedoch immer stärker die Vereinnahmung der Öffentlichkeit durch das nationalsozialistische Gedankengut. Bei einer Predigt zur Xantener Wallfahrt 1936 erklärte er öffentlich, der menschlichen Obrigkeit habe man nur zu gehorchen, wenn diese im Einklang mit dem Willen Gottes stünde (Wolf 2006, S. 95). Das Jahr 1941 brachte für Galen die Entscheidung, seinem Gewissen zu folgen und nicht länger auf einen öffentlichen Protest des deutschen Episkopats zu warten. An seinen Osnabrücker Bischofskollegen Wilhelm Berning schrieb er im Mai 1941 seine bisherige Rückhaltung betrachtend:

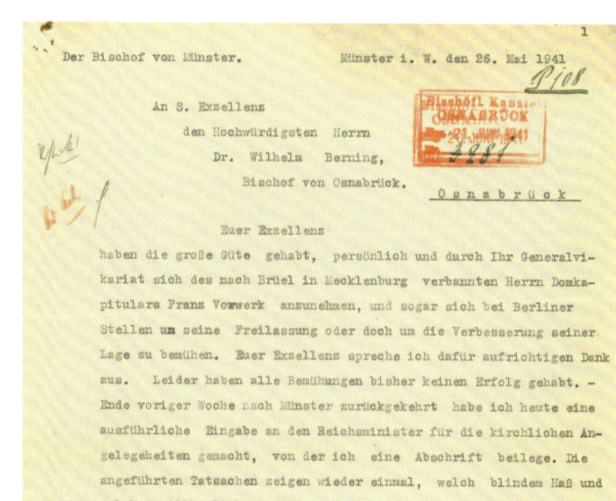

1

Der Bischof von Münster. Münster i. W. den 26. Mai 1941

An S. Exzellenz
den Hochwürdigsten Herrn
Dr. Wilhelm Berning,
Bischof von Osnabrück.

Osnabrück

Euer Exzellenz
haben die große Güte gehabt, persönlich und durch Ihr Generalvikariat sich des nach Brüel in Mecklenburg verbannten Herrn Domkapitulars Franz Vorwerk anzunehmen, und sogar sich bei Berliner Stellen um seine Freilassung oder doch um die Verbesserung seiner Lage zu bemühen. Euer Exzellenz spreche ich dafür aufrichtigen Dank aus. Leider haben alle Bemühungen bisher keinen Erfolg gehabt. – Ende voriger Woche nach Münster zurückgekehrt habe ich heute eine ausführliche Eingabe an den Reichsminister für die kirchlichen Angelegenheiten gemacht, von der ich eine Abschrift beilege. Die angeführten Tatsachen zeigen wieder einmal, welch blindem Haß und welchem willkürlichen Mißbrauch der Macht wir gegenüber stehen. "Domine, ad adjuvandum nos festina!"

Zugleich möchte ich mir erlauben, Euer Exzellenz, als dem zeitigen Leiter unseres Konveniats, einige Gedanken vorzutragen.

Es scheint mir nachgerade höchste Zeit zu sein, daß wir einmal in einer gemeinsamen Besprechung uns darüber klar und einig werden, ob wir die Fortführung des uns aufgezwungenen Abwehrkampfes in der bisherigen, fast ganz passiven Weise noch verantworten können. Die Kriegszeit legt uns zwar Zurückhaltung nahe. Aber wenn die Gegenseite diese unsere Zurückhaltung anscheinend nur als Schwäche oder Feigheit deutet, und gerade die Kriegszeit benutzt, um mit der Freiheit und den Rechten der Kirche in brutalem Vorgehen aufzuräumen, ist doch die Frage zu prüfen, ob nicht gerade die Liebe zur gesunden Entwicklung unseres Volkslebens

4

ehrenkränkend, vielleicht auch töricht und verkehrt, wenn ich durch eine "Flucht in die Oeffentlichkeit" mich vordrängen und möglicherweise sogar noch brutalere Maßnahmen gegen die Kirche provozieren würde. Aber ich kann mein Gewissen mit solchen Argumenten "ex auctoritate" bald nicht mehr zur Ruhe bringen. Ich denke oft an den hl. Thomas Morus und sein Verhalten gegen das Argument "ex auctoritate". Mir fallen immer wieder ein die "canes muti, non valentes latrare", von denen Isaias spricht, indem er beifügt: "Ipsi pastores ignoraverunt intelligentiam." War das nur im Alten Bunde möglich?

Euer Exzellenz bitte ich inständig, beim nächsten Konveniat der westdeutschen Bischöfe eine gründliche Aussprache über die Fragen herbeizuführen und zuzulassen: "Sind die bisherigen Maßnahmen der letzten Zeit gegen die Freiheit der Kirche noch nicht eine Ueberschreitung dessen, was wir "ad majora mala vitanda" ohne öffentlichen Protest oder mindestens passiven Widerstand hinnehmen können? An welchem Punkt werden wir einmütig und geschlossen, zum mindesten durch Nichtbefolgung der Anordnung, selbst für die Freiheit der Kirche eintreten, und den Einsatz unserer Priester verlangen und stützen?" – Ich würde es z. B. begrüßen, wenn wir zu der Uebereinkunft kommen würden: Wir westdeutschen Bischöfe werden zwar die Gläubigen zum 12. Juni 1941 vom Besuch der hl. Messe dispensieren und die Fronleichnamsprozession auf Sonntag d. 15. Juni verlegen; ein jeder von uns wird aber in seiner Kathedralkirche am Donnerstag d. 12. Juni den Gottesdienst nach der für Sonntage üblichen Ordnung halten lassen und persönlich eine der sonntäglichen Spätmessen lesen.

Da die Frage der Feier des Fronleichnamsfestes so früh geregelt werden muß, daß die entsprechende Publikation in den einzelnen Pfarrkirchen am Sonntag den 8. Juni erfolgen kann, erlaube ich mir, die Anregung zu geben, Euer Exzellenz wollen das für den 9. Juni in Aussicht genommene Konveniat schon für einen möglichst frühen Termin in der vorausgehenden Pfingstwoche einberufen. Ich persönlich werde vom Nachmittag des Pfingstdienstag an mich zur Teilnahme an demselben frei zu halten suchen.

Mit den ehrfurchtsvollsten Wünschen zum hl. Pfingstfest, verbleibe ich Euer Exzellenz ergebenster
+ Clemens August

58a

Mitteilungen am Sonntag, den 3.8.1941, in der Lambertikirche zu Münster.

Jch muss leider mitteilen, dass die Gestapo auch in dieser Woche ihren Vernichtungskampf gegen die kath.Orden fortgesetzt hat. Am Mittwoch, dem 30.7., hat die Gestapo das Provinzialhaus der Schwestern ULF in Mühlhausen, Kreis Kempen, das früher zum Bistum Münster gehörte, besetzt und für aufgehoben erklärt. Die Schwestern, von denen viele aus unserem Bistum stammen, wurden zum grössten Teil ausgewiesen und mussten noch am gleichen Tag den Kreis verlassen. Nach glaubwürdigen Nachrichten ist am Donnerstag, den 31.7., das Kloster der Missionare von Hiltrup in Hamm ebenfalls von der Gestapo besetzt und beschlagnahmt worden. Die dort weilenden Patres sind ausgewiesen.
Jch habe bereits am 13.7. hier in der Lambertikirche nach der Vertreibung der Jesuiten und Missionsklarissen aus Münster öffentlich festgestellt: "Keiner der Bewohner der Klöster ist eines Vergehens oder Verbrechens beschuldigt, vor Gericht angeklagt oder gar verurteilt." Wie ich höre, werden jetzt in Münster Gerüchte verbreitet, dass diese Ordensleute, insbesondere die Jesuiten, doch wegen gesetzwidriger Verfehlungen, ja sogar wegen Landesverrat angeklagt und sogar überführt seien. - Jch erkläre: Das ist gemeine Verleumdung deutscher Volksgenossen, unserer Brüder und Schwestern, die wir uns nicht gefallen lassen. Gegen einen Burschen, der vor Zeugen es wagte, derartiges zu behaupten, habe ich bereits Strafanzeige bei dem Herrn Oberstaatsanwalt erstattet. Jch spreche die Erwartung aus, dass der Mann schleunigst zur Verantwortung gezogen wird und dass unsere Gerichte noch den Mut haben, Verleumder, die es wagen, unbescholtenen deutschen Volksgenossen, nachdem ihnen schon ihr Eigentum genommen ist, auch noch die Ehre zu rauben, zur Verantwortung zu ziehen und zu bestrafen. - Jch fordere alle meine Zuhörer auf, ja alle anständigen Mitbürger von heute ab, falls in ihrer Gegenwart solche Anschuldigungen gegen die aus Münster ausgewiesenen Ordensleute ausgesprochen werd n, sofort den Namen und die Wohnung des Anklägers und der etwa anwesenden Zeugen festzustellen. Jch hoffe, es gibt hier noch Männer, die den Mut haben, zur gerichtlichen Klarstellung solcher die Volksgemeinschaft vergiftenden Beschuldigungen durch offenes Eintreten mit ihrer Person, ihrem Namen, nötigenfalls mit ihrem Eide mitzuwirken. Diese bitte ich, falls vor ihnen solche Beschuldigungen gegen unsere Ordensleute ausgesprochen werden, alsbald bei ihrem Pfarrer oder auch beim bischöflichen Generalvikariat das zu melden und zu Protokoll zu geben. - Jch bin es der Ehre unserer Ordensleute, der Ehre unserer hl. kath. Kirche, auch der Ehre unseres deutschen Volkes und unserer Stadt Münster schuldig, dass ich durch die Strafanzeige bei der Staatsanwaltschaft für gerichtliche Klarheit des Tatbestandes und für die Bestrafung gemeiner Verleumder unserer Ordensleute sorge.

(Es folgt die Verlesung des Evangeliums vom 9. Sonntag nach Pfingsten und dann die Predigt des Bischofs von Münster, die bis gegen 12 Uhr dauerte.)

Meine lieben Diözesanen! Eine erschütternde Begebenheit ist es, die das heutige Sonntagsevangelium berichtet. Jesus weint! Der Sohn Gottes weint! Wer weint, der leidet Schmerzen, Schmerzen am Leib und an der Seele. Wer Jesus litt damals noch nicht dem Leibe nach und doch weinte er. Wie gross muss der Seelenschmerz, das Herzensweh dieses tapfersten der Männer sein, dass er weint. Warum weint er? Er weinte über Jerusalem, über die heilige, ihm so teure Gottesstadt, die Hauptstadt seines Volkes. Er weinte über ihre Bewohner, seine Volksgenossen, was allein die von seiner Allwissenheit vorausgesehenen, von seiner göttlichen Gerechtigkeit vorausbestimmten Strafgerichte abwenden könnte: "Wenn du es doch erkenntest, was dir zum Frieden dient!" Warum erkennen es die Bewohner von Jerusalem nicht? Nicht lange vorher hat Jesus es ausgesprochen: "Jerusalem, Jerusalem, wie oft wollte ich deine Kinder versammeln, wie eine Henne ihre Küchlein sammelt unter ihre Flügel, aber du hast es nicht gewollt!" Jch, dein König, dein Gott, ich wollte, aber du wolltest nicht! Wie geborgen, wie behütet, wie beschützt ist das Küchlein unter dem Flügel der Henne; sie wärmt, sie nährt, sie verteidigt es. So wollte ich dich schützen, behüten gegen

58 b

»Ich habe mein Gewisse immer wieder damit zur Ruhe gebracht, daß ich mir sagte: Wenn der Cardinal Bertram und so viele andere Bischöfe, die an Alter, Erfahrung und Tugend mir überlegen sind, bei all dem ruhig bleiben und sich mit […] Protesten des Vorsitzenden der Fuldaer Bischofskonferenz begnügen, dann wäre es anmaßend und für die anderen hochwürdigsten Herren ehrenkränkend, vielleicht auch töricht und verkehrt, wenn ich durch ›eine Flucht in die Oeffentlichkeit‹ mich vordrängen und sogar noch brutalere Maßnahmen gegen die Kirche provozieren würde. Aber ich kann mein Gewissen mit solchen Argumenten ›ex auctoritate‹ bald nicht mehr zur Ruhe bringen.« Dem Brief folgten im Sommer seine drei berühmten Predigten, die durch Mit- und Abschriften weite Verbreitung fanden und die auch die Geschwister Scholl erreichten. In seiner dritten Predigt, gehalten am 3. August 1941 in der Lambertikirche zu Münster, klagt von Galen das Euthanasieprogramm, die Tötung des »unwerten Lebens« an. Unter Verweis auf die Zehn Gebote demaskiert er das Regime als unchristlich und inhuman. Von Galen fordert von seiner Gemeinde: »Daß wir es erkennen, noch heute, was uns zum Frieden dient, was allein uns retten und vor dem göttlichen Strafgericht uns bewahren kann […]; daß wir allein die Gebote zur Richtschnur unseres Lebens machen, und ernst machen mit dem Wort: Lieber sterben als sündigen!« *VW*

59

## Plakat »Schwerter zu Pflugscharen – Friedensgebet in St. Nikolai«

André Steidtmann, Leipzig, 1982;
Papiercollage auf Pappe, 89 × 90 cm
Evangelisch-Lutherische Kirchgemeinde St. Nikolai Leipzig

Literatur: Wensierski 2017; Geyer 2007; Büscher/Wensierski 1982

Als André Steidtmann – damals jugendliches Mitglied der Jungen Gemeinde Leipzig-Probstheida – das Plakat schuf, ahnte er noch nicht, welch eine Bedeutung es einmal erlangen sollte. Seit November 1982 fanden in der Leipziger Nikolaikirche jeden Montag um 17 Uhr Friedensgebete statt, die sich aus einer zehntägigen Friedensdekade, mitorganisiert durch den dortigen Pfarrer Christian Führer, heraus entwickelten. Die Veranstaltung entstand beinahe zufällig, als in den Gemeinderäumen der Jungen Gemeinde Probstheida, einem Stadtteil Leipzigs, der Gruppenraum doppelt belegt war und es ungeplant zu einem generationsübergreifenden Austausch kam, aus dem der Wunsch hervorging, regelmäßige Friedensgebete zu initiieren. Dort wollte man informieren, diskutieren und Haltung gegenüber dem DDR-Staat zeigen, der zunehmend militanter geworden war.

Um bei den Friedensgebeten möglichst viele Menschen zu erreichen, wählte man einen zentra-

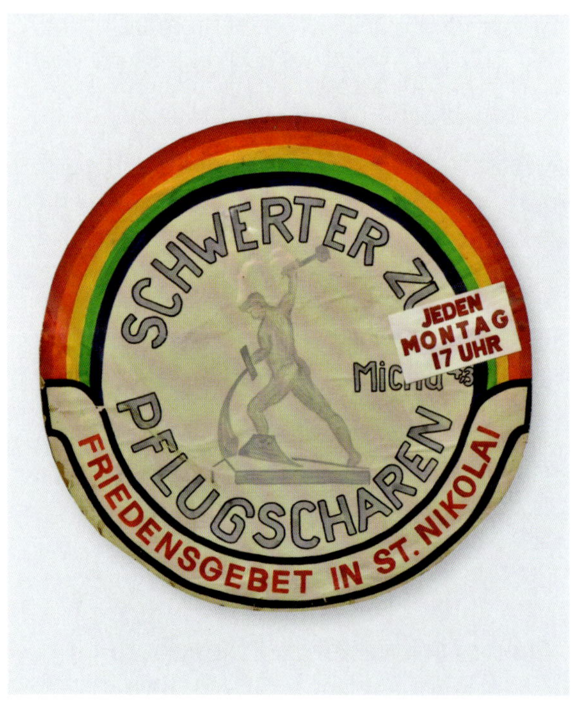


59

len Ort in der Stadt aus und konnte in der Pfarrgemeinde St. Nikolai Fürsprecher finden. André Steidtmann gestaltete das Plakat, das in der Kirche aufgestellt wurde und seitdem zu den (auch heute noch stattfindenden) Friedensgebeten einlädt. Er wählte für die Umsetzung das aus der Bibel stammende Friedensmotiv »Schwerter zu Pflugscharen« und griff als weiteres Gestaltungselement den Regenbogen auf, der als universelles Friedenszeichen auch symbolischen Charakter hat (vgl. Thementext Biblische Erzählungen und Gebote zum Frieden sowie Kat.-Nr. 2).

Die liturgische Gestalt dieser Friedensgebete, die als »Werktagsgottesdienste« in St. Nikolai abgehalten wurden, bestand aus einem Eingangsgebet und Informationen zu aktuellen Geschehnissen, es wurden Fürbitten gehalten sowie leichtverständliche Buch- oder Bibeltexte gelesen, die von Musik, eingeblendeten Lichtbildern oder Meditationen begleitet wurden. Man zeigte sich somit offen auch für Besucher ohne kirchliche Sozialisation, wodurch man ein breites Publikum erreichte. Dies war für die Wirkung der Friedensgebete – gerade in einem derart säkularisierten Staat wie der DDR – von großer Bedeutung. Die Friedensgebete hatten also den Anspruch und die Form eines Gottesdienstes, strahlten aber allein durch die öffentliche Form auch in den politischen Raum hinein und gaben oftmals Impulse zum politischen Handeln. Kamen zu den ersten Friedensgebeten nur wenige Teilnehmer, waren es 1988 bereits um die 700 Personen. »In dieser Zeit entwickelte sich aus der intimen Andacht und aus dem ›Gruppentreff‹ ein Forum, in dem die gesellschaftlichen Probleme öffentlich gemacht wurden« (Geyer 2007, S. 112). Immer mehr Oppositionelle und Ausreisewillige schlossen sich jeden Montag den Gebeten an – die Kirche diente zunehmend als nichtstaatliche Plattform für die Verbreitung politischer Ziele, was mitunter auch in Kirchenkreisen zu Kontroversen führte. Die steigenden Teilnehmerzahlen – im September 1989 waren es an die 8 000 – machten den starken Unmut der Bevölkerung über die Politik der DDR deutlich. Das SED-Regime sah nicht untätig zu, sondern übte auf die Kirche massiven Druck aus, um die Friedensgebete abzusetzen und Oppositionelle ruhigzustellen. Die Staatsorgane konnten aber nur noch bedingt intervenieren. Die Friedensgebete hatten sich mittlerweile durch die anschließenden Demonstrationen auch nach außen verlagert, der Nikolaikirchhof war zum Versammlungsort der protestierenden Öffentlichkeit geworden. Am 2. Oktober 1989 kamen etwa 20 000 Menschen und eine Woche später, am 9. Oktober 1989, trafen an die 70 000 Menschen zum friedlichen Montagsgebet und anschließender Demonstration zusammen. Aus dem Schutzraum der Kirche ging ein Impuls hervor, der den Mut der Menschen mobilisierte, ihren Protest mitten in die Gesellschaft hineinzutragen, und der über die Berichte von »westlichen« Medien auch in die Welt hinaus strahlte. Der Druck der Öffentlichkeit trug entscheidend zum Mauerfall im November 1989 bei, und die Leipziger Friedensgebete hatten einen großen Anteil an der friedlichen Revolution in der DDR. Ausgangspunkt: ein schlichtes Plakat auf Pappe. *EL*

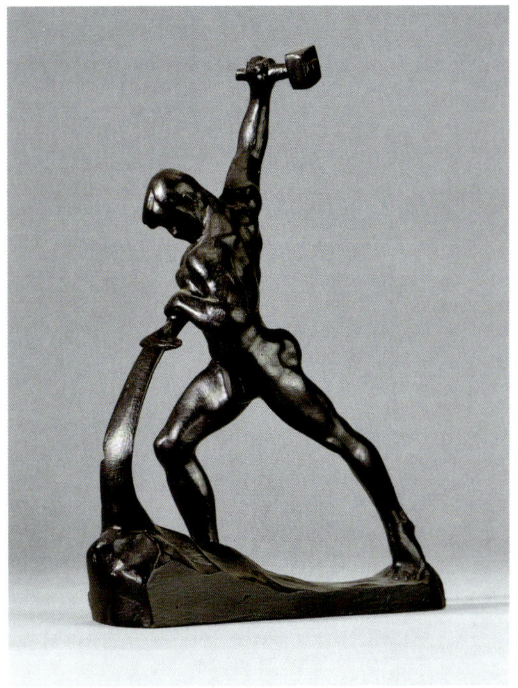

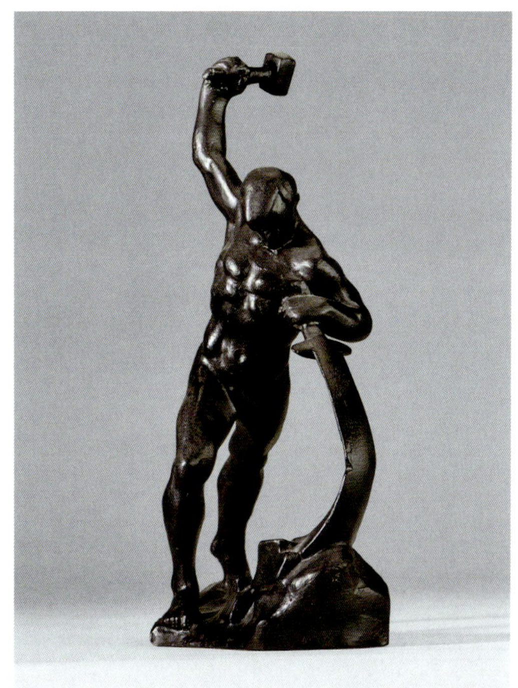

60

60

## Kleinplastik »Schwerter zu Pflugscharen«

Nach dem Original von Jewgeni W. Wutschetitsch, 1980er Jahre; Naturkautschuk, 25 × 18 × 8 cm
Bonn, Stiftung Haus der Geschichte der Bundesrepublik Deutschland, Inv.-Nr. H 1999/07/0004

Literatur: Büscher/Wensierski 1982; AK Leipzig 2008; Eckert/Lobmeier 2007

»Dann schmieden sie Pflugscharen aus ihren Schwertern und Winzermesser aus ihren Lanzen« (Micha 4,3) – dieses aus der Bibel stammende Zitat war für die christliche Friedensbewegung in der DDR von großer Bedeutung. Zunächst war das Motiv im Kalten Krieg von der UdSSR ausgewählt worden, um die Absicht einer friedlichen Koexistenz mit dem Klassenfeind zu bekunden. Der sowjetische Künstler Jewgeni Wutschetitsch entwarf eine Großplastik, die 1959 der UNO geschenkt und vor deren Hauptgebäude in New York aufgestellt worden war. Die Plastik zeigt den Akt des Umschmiedens eines Schwertes zur Pflugschar im Stil des sozialistischen Realismus. Die politische Praxis in der DDR stand zu dieser Friedenspropaganda allerdings im Widerspruch: Neben der zunehmenden militärischen Aufrüstung und der frühkindlichen Wehrerziehung war 1978 der Wehrunterricht als Pflichtfach an Schulen eingeführt worden. Eine Verweigerung der Teilnahme daran oder des späteren Militärdienstes bei der NVA hatte (wenn auch nicht offiziell) Konsequenzen für den weiteren beruflichen Werdegang.

Als Zeichen der Opposition entstand im Friedenskreis um den Berliner Pfarrer Rainer Eppelmann die Kleinplastik »Schwerter zu Pflugscharen« nach dem Original von Jewgeni Wutschetitsch. Den für die Plastik benötigten Kautschuk führte Georg Girardet, damals Kulturreferent in der Ständigen Vertretung der Bundesrepublik in der DDR, für Eppelmann aus West-Berlin ein. Das Motiv nach Wutschetitschs Plastik verwendete man zudem seit 1980 als Logo bei der von Landesjugendpfarrern initiierten Friedensdekade in der DDR – und bis heute bei der ökumenischen Friedensdekade. *EL*

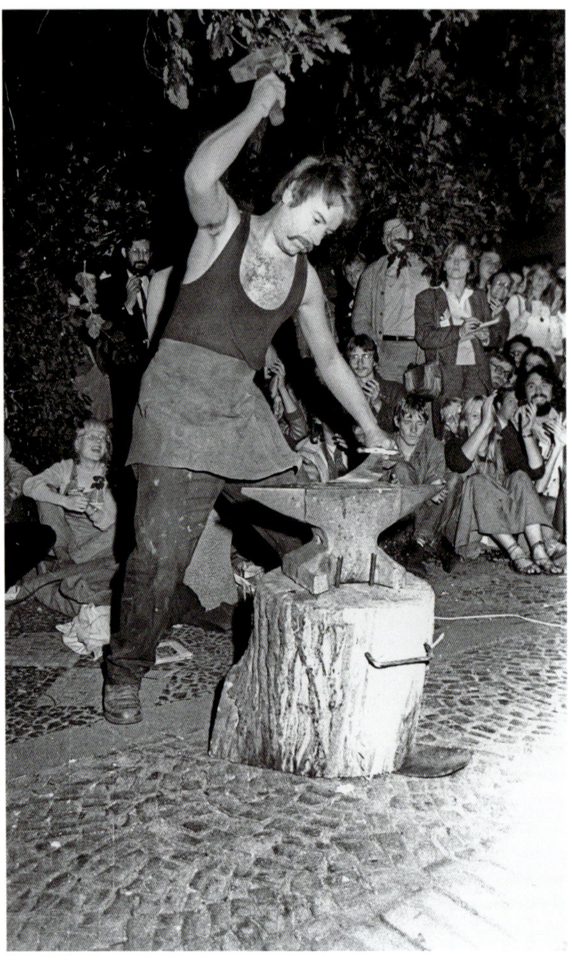

61

**61**

## Umschmiedeaktion »Schwerter zu Pflugscharen« in Wittenberg, Lutherhof

24. September 1983;
Filmausschnitt: Peter Wensierski, 2:13 min., Farbe, Ton

Literatur: Schorlemmer 2003; Schorlemmer 2009; Büscher/Wensierski 1982; Büscher/Wensierski 1984; Eckert/Lobmeier 2007

»Dort ist, das Schwert – wenn das Symbol des Schwertes, das zu Pflugscharen werden soll, kaum noch gezeigt wird, nicht gezeigt werden darf: Wir wollen zeigen, wie man es macht«, predigte Pfarrer Friedrich Schorlemmer am Abend des 24. September 1983 im Lutherhof in Wittenberg (Schorlemmer 2003, S. 56).

Seit der vom sächsischen Jugendpfarrer Harald Bretschneider ausgerufenen ersten Friedensdekade Anfang der 1980er Jahre war das Symbol »Schwerter zu Pflugscharen« *das* Erkennungszeichen der Friedensbewegung in der DDR. Es drückte den Wunsch nach einer friedlichen Lösung in Zeiten von Aufrüstung und globalen Konflikten bildlich aus, stand aber vor allem für Kritik an der Politik der DDR, die mit diesem Zeichen nach außen eine Propaganda des Friedens gegenüber dem Westen verbreitete, im Inneren aber Aufrüstung und Wehrerziehung vorantrieb (vgl. Kat.-Nr. 60). Dies rief schnell den Unmut der Regierung hervor, sie untersagte 1982 die öffentliche Nutzung des Motivs. Da man für Textildruck keine Genehmigung benötigte, ließ der Landesjugendpfarrer Harald Bretschneider das »Logo« kurzerhand als Aufnäher auf Vlies drucken. So umging man die Zensur bei der Herstellung von Aufklebern oder sonstigen Druckerzeugnissen. Insbesondere junge Leute trugen nun diese Vlies-Aufnäher mit dem biblischen Zitat und dem Motiv auf ihren Jacken und taten damit ihre Kritik am Staat kund. Die Aufnäher wurden bei Kontrollen eigens von der Polizei herausgeschnitten – nunmehr standen die Leerstellen in den Jacken für Protest.

Im Rahmen des evangelischen Kirchentags in Wittenberg 1983 hatte Pfarrer Schorlemmer eine Aktion initiiert, bei der vor den Augen tausender Menschen (die genauen Angaben schwanken) der Kunstschmied Stefan Nau in glühenden Kohlen ein Schwert zu einer Pflugschar umschmiedete. Dieser Vorgang, der von den Besuchern laut bejubelt und unterstützt wurde, war eingebunden in eine Schmiedeliturgie von Predigten, Gesängen sowie Gebeten der Jungen Gemeinde.

»Ein jeder braucht sein Brot, sein' Wein und Frieden ohne Furcht soll sein. Pflugscharen schmelzt aus Raketen und Kanonen, dass wir in Frieden beisammen wohnen« (Schorlemmer 2003, S. 55), lautet es in einem Lied innerhalb der Schmiedeliturgie.

Als Gast des Kirchentags war bei dieser Aktion auch der damalige Bundespräsident Richard von Weizsäcker im Publikum. Ob es an seiner Anwesenheit lag, dass die Staatsorgane nicht in die Schmiedeliturgie eingriffen? Der Westdeutsche Journalist Peter Wensierski, der als DDR-Korrespondent an der Aktion teilnahm, filmte die Schmiedeliturgie heimlich – die Aufnahmen wurden einige Wochen später im Westfernsehen gezeigt und gaben dem friedlichen Protest in der DDR eine breite Öffentlichkeit. *EL*

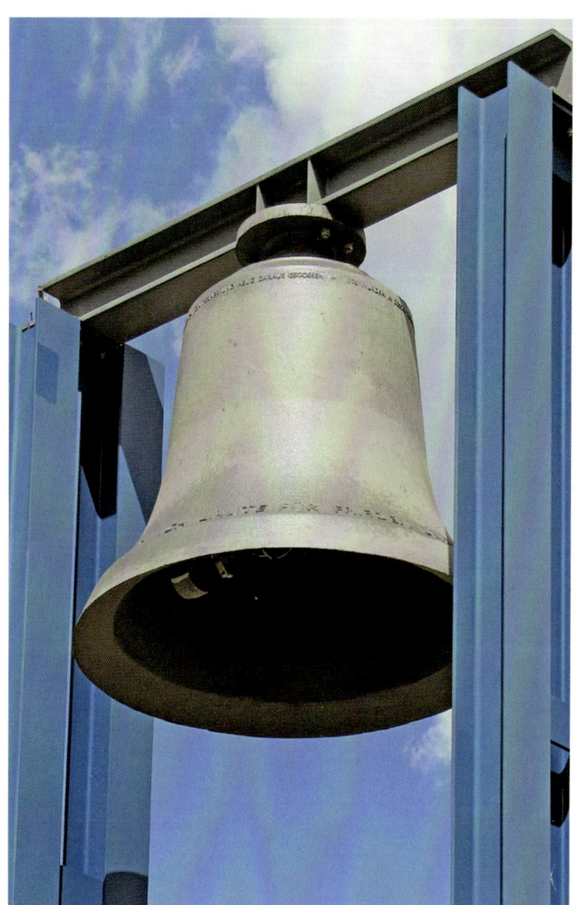

62

62

## Friedens- und Freiheitsglocke Dessau

Entwurf: Glockengießermeister Rudolf Perner (Passau/Karlsruhe); Guss: ASUG Dessau, 2000; Waffenstahl, 4,5 t, Höhe 2,11 m, Durchmesser 2 m, Ton tiefes C-moll
Kuratorium Friedensglocke Dessau e. V.

Literatur: Festschrift 2008; www.mz-web.de/23540612

»Ich läute für Frieden und Freiheit + Ohne Freiheit kein Frieden + Ohne Frieden keine Freiheit + Keine Gewalt«. So lauten die Inschriften der Dessauer Friedensglocke, die auf die Wende in der Deutschen Demokratischen Republik im Herbst 1989 hinweisen. Ausgehend von friedlichen Demonstrationen unter dem Motto »Keine Gewalt« gegen die allgemeine Situation in der DDR wurde Anfang Dezember 1989 das in der Dessauer Magnetbandfabrik gelagerte Waffenarsenal der elf Dessauer Hundertschaften der »Kampfgruppen der Arbeiterklasse« sichergestellt.

Nachdem Ende Januar 1990 ein Panzer der NVA das Konvolut von 1 250 Sturmgewehren der Marke »Kalaschnikow«, 174 leichten Maschinengewehren, 87 Panzerbüchsen und 171 Pistolen überrollte und unbrauchbar machte, wurde der Waffenstahl in Dessau eingeschmolzen, gelagert und beinahe vergessen. Erst im Jahr 2000 konnte durch Spendensammlung des Kuratoriums »Friedensglocke Dessau e. V.« die Friedensglocke nach den Entwürfen des Glockengießermeisters Rudolf Perner realisiert werden. Seit dem 9. November 2002 hängt die Friedensglocke an einem einfachen Glockenstuhl aus Stahl auf dem Platz der Deutschen Einheit in der Innenstadt Dessaus und ruft in prägnanter Weise den fragilen historischen Moment vom Ende des SED-Regimes und der trotz aller Spannungen friedlichen Wende ins Bewusstsein. *TF*

# *Päpste in den zwei Weltkriegen*

Die Lehre vom Gerechten Krieg – dass Kriege nur von einer berechtigten Obrigkeit geführt werden dürfen, für einen gerechten Grund und kein größeres Unheil entstehen dürfe, als durch das zu sühnende Unrecht – wirkte noch im 20. Jahrhundert auf die Haltung der Päpste zu gewalttätigen Konflikten. Unumstritten war zwar, dass Krieg ein Übel sei, doch sei er als letztes Mittel (ultima ratio) erlaubt, wenn eine legitime Autorität, ein gerechter Grund und eine gerechte Absicht gegeben sind. Erst das mehrfache und öffentliche Bemühen von Papst Benedikt XV. um einen Friedensplan im Ersten Weltkrieg hatte eine neue Dimension – und war daher innerhalb der Kurie nicht unumstritten.

Eugenio Pacelli, der spätere Papst Pius XII., war zu dieser Zeit der Nuntius in Deutschland. Er war an den letztlich vergeblichen Bemühungen, einen Frieden zu vermitteln, beteiligt. Von der Lehre des Gerechten Krieges löste sich Pacelli nicht und blieb den pazifistischen Bemühungen der Zeit nach dem Ersten Weltkrieg gegenüber kritisch. Dabei spielte auch die Verteidigung gegen den Kommunismus eine Rolle. Ein halbes Jahr nachdem Pacelli zum Papst gewählt worden war brach der Zweite Weltkrieg aus. Als Pius XII. verurteilte er den Überfall des Deutschen Reichs auf Polen mit deutlichen Worten. Sein Anspruch, als »padre commune« über den Parteien zu stehen, hinderte ihn in den folgenden Jahren nicht daran, eindringlich zum Frieden aufzurufen. Jedoch bemühte er sich gegenüber den Unrechtsregimen in den europäischen Ländern um Unparteilichkeit. Er erläuterte dazu, dass er nicht von »Neutralität« spräche: »Neutralität könnte im Sinne einer passiven Gleichgültigkeit verstanden werden, die dem Oberhaupt der Kirche einem solchen Geschehen gegenüber nicht anstünde.« Die Erfahrung des Scheiterns bei der Friedensinitiative Benedikts XV. 1917 war vermutlich eine der wesentlichen Ursachen für das Verhalten Pius' XII. im Zweiten Weltkrieg. Pius XII. nahm die Haltung ein, der Heilige Stuhl habe sich bei internationalen Konflikten strikt unparteilich zu verhalten, so dass er die unmittelbare Auseinandersetzung mit den Nationalsozialisten weitgehend den deutschen Bischöfen überließ und auch zum Holocaust kaum deutliche Worte fand.
*TFu*

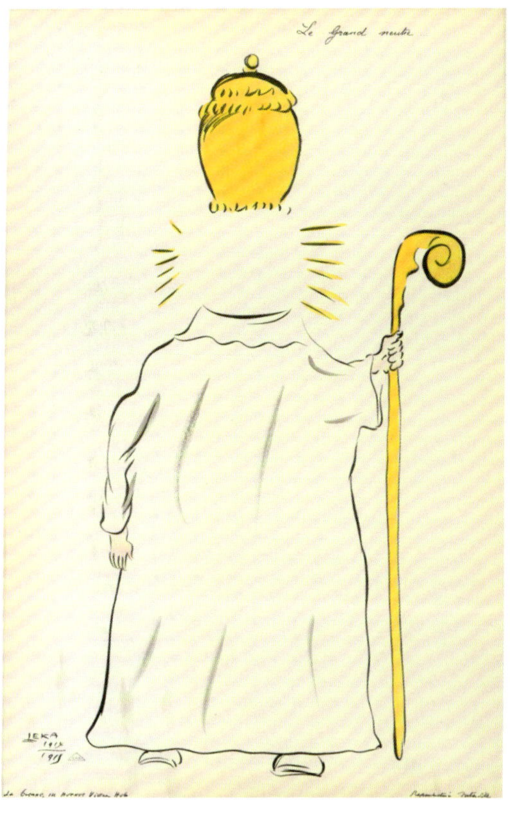


63

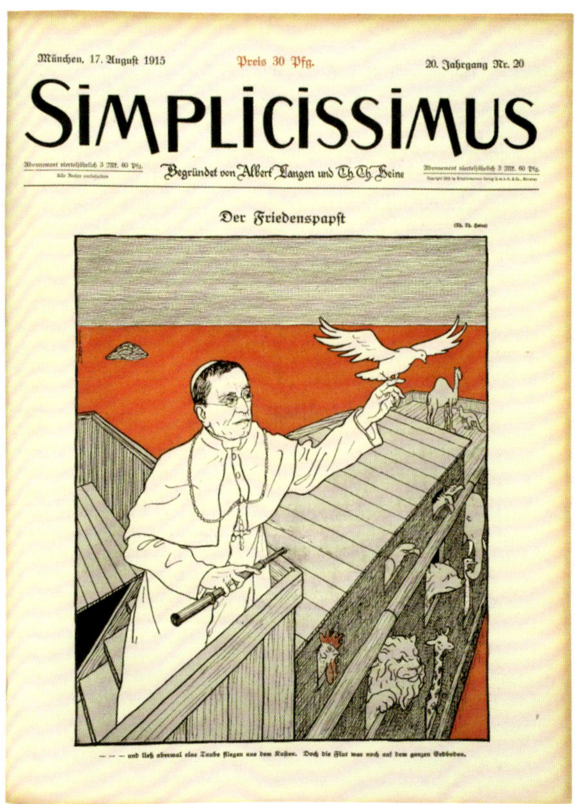


64

**63**

### »Le Grand Neutre«

Harry Leka (Pseudonym), 1914/15;
Aquarell und Chinatusche auf Papier, 50 × 32 cm
Nanterre, Bibliothèque de Documentation internationale Contemporaine (BDIC), Inv.-Nr. OR 2306

Literatur: Cabanes/Duménil 2013, S. 307

Der namentlich nicht bekannte Künstler war in den Jahren des Ersten Weltkriegs in Frankreich aktiv (AK Villeneuve-d'Ascq/Lille/Belfort 2014, S. 29). In seiner Karikatur gelingt es ihm schlagend, das diplomatische Ziel Benedikts XV. zu verbildlichen, im Ersten Weltkrieg unbedingte Neutralität zu bewahren, um als Mediator der Konfliktparteien zur Verfügung zu stehen (vgl. den Aufsatz von Arning/Wolf). Dafür wurde er von allen Seiten angefeindet, sodass zu vermuten ist, dass die Karikatur aus französischer Sicht als Vorwurf gemeint war. Allerdings wurde auch von französischen Katholiken der Krieg nationalreligiös gerechtfertigt (Kat.-Nr. 40). *TFu*

**64**

### Der Friedenspapst

Titelblatt des Simplicissimus, Nr. 20, 17. 8. 1915,
Thomas Theodor Heine; 37,5 × 29,25 cm
Münster, LWL-Museum für Kunst und Kultur, Inv.-Nr. B A 1923 LM

Literatur: Benedikt XV. 1915 a; Hiles 1996

Im Ersten Weltkrieg bemühte sich Papst Benedikt XV. intensiv um die Beendigung desselben und die Versöhnung der sich bekriegenden Staaten. Am ersten Jahrestag des Kriegsausbruchs, dem 28. Juli 1915, unterstrich er mit dem apostolischen Schreiben »Allorché fummo chiamati« seinen Friedenswunsch: »Möge dieser unser Friedensruf das Waffengeklirr übertönen, und die nun im Kriege sich befindenden Völker und ihre Leiter erreichen, damit sowohl die einen wie die anderen den milden und aufrichtig gemeinten Ratschlägen Folge leisten möge« (Papst Benedikt XV. 1915 a).

Wenige Wochen später zierte Benedikt XV. in der Rolle Noahs das Titelblatt der satirischen Wochenzeitschrift »Simplicissimus«. Wie einst Noah (vgl. Kat.-Nr. 4) lässt er eine Taube fliegen, in der Hoffnung, diese möge mit einem Zweig vom rettenden Land zurückkehren und damit den Rückgang der Flut verkünden. Die Unterschrift verrät es: »Doch die Flut war noch auf dem ganzen Erdboden«. So muss der Papst weiter auf der Arche verharren. Die ihm anvertrauten Tiere geben sich als Symboltiere Frankreichs (Hahn), Deutschlands (Adler), Österreich-Ungarns (doppelköpfige Adler), des britischen Empires (Löwe) sowie Russlands (Bär) aus.

Thomas Theodor Heine (1867–1948) zählt zu den bedeutendsten Karikaturisten der ersten Hälfte des 20. Jahrhunderts. Für die populäre Wochenzeitschrift Simplicissimus fertigte er als Hauptzeichner von 1896 bis 1933 zahlreiche Illustrationen. *VW*

**65**

## »In der Schlacht bei Saarburg« mit Kriegsgebet von Papst Benedikt XV.

Bildkarte, Verlag W. Springer Söhne, Straßburg, 1914/15; Karton, 14,5 × 9,5 cm
Münster Privatbesitz

Vom 19. bis zum 22. August 1914 kam es südlich von Sarrebourg im Elsass zu einer der ersten verlustreichen Schlachten des Ersten Weltkriegs. Dabei wurde ein 1875 aufgestelltes gusseisernes Feldkreuz so beschädigt, dass nur der Korpus der Christus-Figur stehenblieb. Zahlreiche Bild- und Postkarten verwendeten diese Figur, um entsprechend der deutschen Kriegspropaganda zu suggerieren, die Verteidigung gegen den französischen Angriff auf Elsaß und Lothringen stünde unter einem besonderen religiösen Segen (Lang 2009, S. 202). Die von den Franzosen in Kauf genommene Zerstörung der Statue zeige

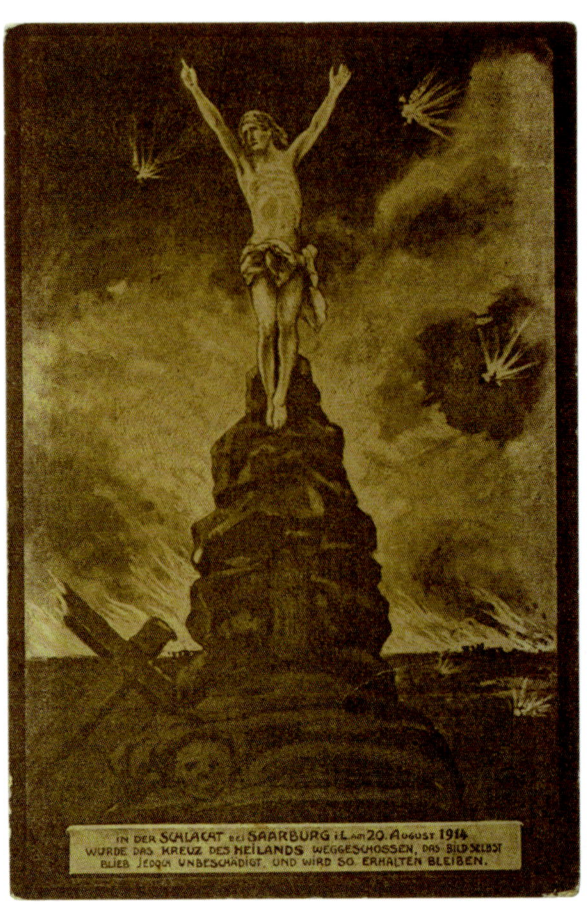


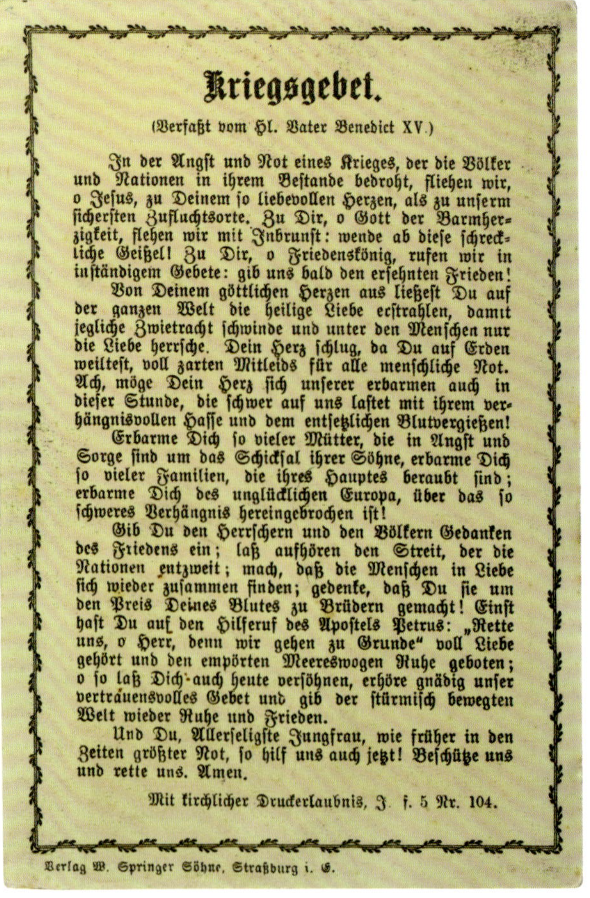

**Kriegsgebet.**

(Verfaßt vom Hl. Vater Benedict XV.)

In der Angst und Not eines Krieges, der die Völker und Nationen in ihrem Bestande bedroht, fliehen wir, o Jesus, zu Deinem so liebevollen Herzen, als zu unserm sichersten Zufluchtsorte. Zu Dir, o Gott der Barmherzigkeit, flehen wir mit Inbrunst: wende ab diese schreckliche Geißel! Zu Dir, o Friedenskönig, rufen wir in inständigem Gebete: gib uns bald den ersehnten Frieden!

Von Deinem göttlichen Herzen aus ließest Du auf der ganzen Welt die heilige Liebe erstrahlen, damit jegliche Zwietracht schwinde und unter den Menschen nur die Liebe herrsche. Dein Herz schlug, da Du auf Erden weiltest, voll zarten Mitleids für alle menschliche Not. Ach, möge Dein Herz sich unserer erbarmen auch in dieser Stunde, die schwer auf uns lastet mit ihrem verhängnisvollen Hasse und dem entsetzlichen Blutvergießen!

Erbarme Dich so vieler Mütter, die in Angst und Sorge sind um das Schicksal ihrer Söhne, erbarme Dich so vieler Familien, die ihres Hauptes beraubt sind; erbarme Dich des unglücklichen Europa, über das so schweres Verhängnis hereingebrochen ist!

Gib Du den Herrschern und den Völkern Gedanken des Friedens ein; laß aufhören den Streit, der die Nationen entzweit; mach, daß die Menschen in Liebe sich wieder zusammen finden; gedenke, daß Du sie um den Preis Deines Blutes zu Brüdern gemacht! Einst hast Du auf den Hilferuf des Apostels Petrus: „Rette uns, o Herr, denn wir gehen zu Grunde" voll Liebe gehört und den empörten Meereswogen Ruhe geboten; o so laß Dich auch heute versöhnen, erhöre gnädig unser vertrauensvolles Gebet und gib der stürmisch bewegten Welt wieder Ruhe und Frieden.

Und Du, Allerseligste Jungfrau, wie früher in den Zeiten größter Not, so hilf uns auch jetzt! Beschütze uns und rette uns. Amen.

Mit kirchlicher Druckerlaubnis, J. f. 5 Nr. 104.

Verlag W. Springer Söhne, Straßburg i. E.

65

die Niedertracht des Feindes. Vor dem Hintergrund dieser Propaganda erscheint der Abdruck eines Friedensgebets von Papst Benedikt XV. auf der Rückseite der in einem deutschen Verlag erschienenen Bildpostkarte als Versuch der Vereinnahmung. Der Text des Gebetes lautet: »In der Angst und Not eines Krieges, der die Völker und Nationen in ihrem Bestande bedroht, fliehen wir, o Jesus, zu Deinem so liebevollen Herzen, als zu unserem sichersten Zufluchtsorte. Zu Dir, o Gott der Barmherzigkeit, flehen wir mit Inbrunst: Wende ab diese schreckliche Geißel! Zu Dir, o Friedenskönig, rufen wir in inständigem Gebete: Gib uns bald den ersehnten Frieden!«

Dass selbst der unzweideutige Aufruf zu einem Verständigungsfrieden nicht davor geschützt war, einseitig gedeutet zu werden, zeigt die Aufnahme des päpstlichen Friedensgebets in das Büchlein »Kriegsgebete für alle Tage der Woche«, das von einem Feldpater in München 1915 herausgegeben worden war (S. 2–3). Hier folgt ihm das »Gebet des Deutschen Kaisers beim Ausmarsch der Chinakrieger 1900«, in dem nicht für Frieden, sondern für den Sieg gebetet wird: »An dein Herz legen wir die Tausende der Waffenbrüder, die du selbst gerufen hast in den Kampf! [...] Führe du unsere Mannschaften zu kräftigem Siege!« Zeitgenössische Künstler wandten sich gegen solch eine Vereinnahmung religiöser Bilder und Gefühle (Kat.-Nr. 49). Die Vereinnahmung der Fotografien des Feldkreuzes hörte aber auch nach dem Ende des Ersten Weltkriegs nicht auf (Dewitz/Hoffmann 1981, S. 65; Mergenthaler 2018, S. 205). *TFu*

**66**

## Titelblatt des Time Magazine

16. August 1943; Grafik: Andrei Hudiakoff; 27,5×21 cm
Münster, Sammlung des Bistums Münster

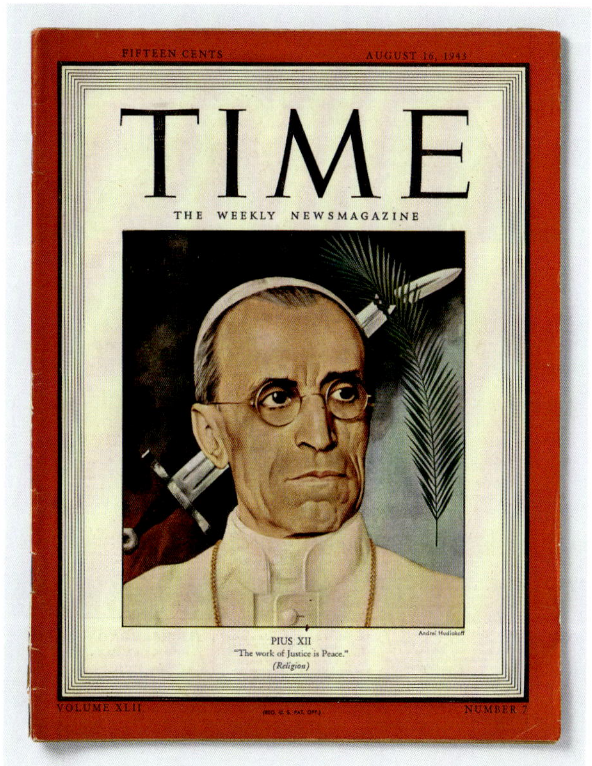


66

Die Ausgabe des Time Magazine vom 16. August 1943 (Bd. XLII, Nr. 7) ist mit einem Titelmotiv versehen, das der amerikanische Maler, Grafiker und Kostümdesigner Andrei Hudiakoff (1896–1985) entwarf. Das entschlossen und tatkräftig wirkende Bildnis von Papst Pius XII. ist vor einem symbolischen Hintergrund gezeigt. Ein Schwert wird von einem Palmzweig zerbrochen. Das Symbol des Schwertes in der Bedeutung von Kampf, Gewalt und Krieg bedarf keines Kommentars (vgl. Kat.-Nr. 43; Kat.-Nr. 76). Der Palmzweig ist dagegen durch sein stetiges Grün eher ungenau als Zeichen des Sieges, des Märtyrertums oder des Friedens geläufig (Wohlfeil 1991, S. 215). Letzteres ist wohl gemeint. Im Heft findet sich ein Artikel, der argumentiert, dass man bei den in Europa bevorstehenden Friedensverhandlungen den Papst hinzuziehen sollte. Zwar ist es zu solchen Friedensverhandlungen bei der machtpolitischen Teilung Europas in Blöcke aufgrund des Ost-West-Konflikts nicht gekommen, die Überlegungen zeigen aber, welch hohes Ansehen der Papst in der westlichen Öffentlichkeit während des Krieges genoss.

Ob sich der Künstler bewusst war, dass er eine Symbolik verwendete, die sich ganz ähnlich auf einer 1648 in Basel geprägten Medaille findet, die den Westfälischen Frieden feiert? Auf der Vorderseite der Medaille steht eine mit Lorbeerkranz gekrönte Personifikation des Friedens (Aufschrift: »AVREA PAX VIGEAT DET DEVS ARMA CADANT«; »Gott gebe, dass goldener Friede blühe und die Waffen fallen«). In der rechten Hand hält sie einen Palmzweig, in der linken ein in Stücke zerfallendes Schwert (British Museum, London). Näher liegt die Symbolsprache der »World War II Victory Medal«, einer Bronzemedaille, die 1946 alle amerikanischen Soldaten erhielten. Diese zeigt eine weibliche Personifikation der Freiheit, die sich zu einem Sonnenaufgang umblickt. Die Figur hält Griff und Klinge eines zerbrochenen Schwertes in den Händen. Auf der Rückseite befindet sich die Inschrift »FREEDOM FROM FEAR AND WANT and FREEDOM OF SPEECH AND RELIGION«, getrennt durch einen Palmenzweig. *TFu*

**67**

## Medaille

Aurelio Mistruzzi, 1943; Bronze, Dm. 4,4 cm, signiert,
Umschrift Rückseite: PIVS XII P. M. LANIATUS BELLO GENTES IMMACUTO DEIPARAE CORDI SACRAT
(Papst Pius XII. weiht die vom Krieg zerrissenen Völker dem unbefleckten Herzen der Gottesmutter);
Umschrift Vorderseite: PIVS XII. PONTIFEX MAXIMUS AN V.
(Pius XII. Pontifex Maximus, im Jahr V.)
Münster, Sammlung des Bistums Münster

Literatur: Modesti 2009, Nr. 411

Es handelt sich um die offizielle Jahresmedaille von Papst Pius XII. (1939–1958) zu seinem fünften Amtsjahr. Solche Medaillen, die auch in Gold oder Silber ausgefertigt wurden, dienten unter anderem als diplomatische Geschenke. Auf der Vorderseite ist das Porträt des Papstes zu sehen, auf dessen Gewand das Wort »Pax« (Frieden) zu lesen ist. Auf der Rückseite ist der kniende Papst vor einer Gebetsbank zu sehen, die sein Wappen zeigt. Ein Dornenbusch deutet auf die Sorgen der Menschen hin. Vor ihm schwebt Maria in Gestalt der Mutter Gottes von Fatima vor dem Hintergrund der Weltkugel mit Blick auf den europäischen Kontinent. Die Mutter Gottes von Fatima war im Jubiläumsjahr ihrer Erscheinung 1917 in Portugal besonders gefeiert worden. Pius XII. hatte 1942 ein marianisches Jahr ausgerufen. Die lateinische Umschrift erläutert, dass der Papst die schwer geschundenen Völker der Welt der Gottesmutter weiht, um Frieden zu schaffen (vgl. zum Nutzen von Gebeten Kat.-Nr. 21). Diese Weihe war auch in deutschen Bistümern besonders bekannt gemacht worden (Scheer 2006, S. 124–126).

Die Medaille lässt sich in Verbindung setzen zur Jahresmedaille 1916 von Benedikt XV., der die fünf Kontinente einer in einer Wolke schwebenden Maria mit Olivenzweig empfiehlt (Modesti 2009, Nr. 384). Er hatte den Bischöfen seit 1915 erlaubt, der Lauretanischen Litanei

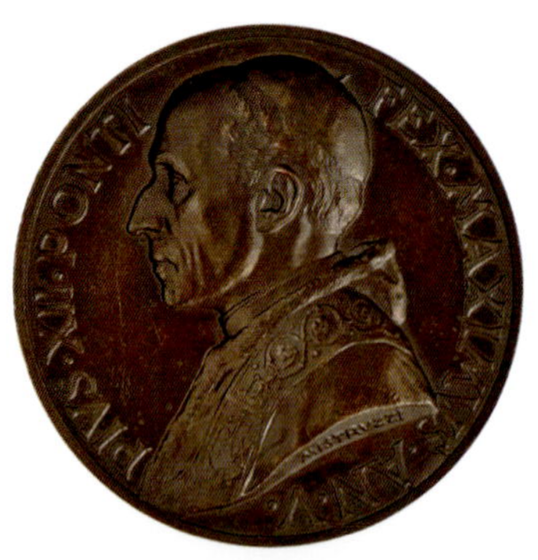

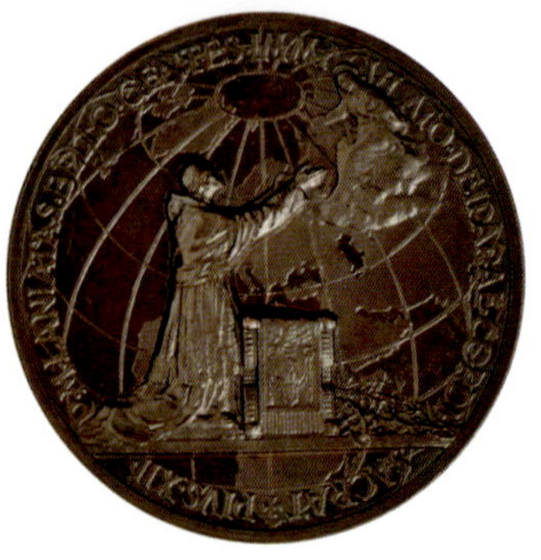

67

JACOBSON *(stärker als vorher, entschlossen):*
Pater, sprechen Sie für uns, helfen Sie!
Sagen Sie dem Papst, er *muß* jetzt *handeln.*
RICCARDO: Ich käme nie mehr bis zum Papst.
*(plötzlich)*
Wie denkt Ihr Euch das denn: nach Rom?
Ich soll nach *Rom* zurück?
Das wird mir jetzt erst klar, Gerstein.
GERSTEIN *(fieberhaft):*

GERSTEIN: Riccardo — der Kommandant erwartet Sie
zur Entlassung, alles ist eingeleitet . . .
RICCARDO *(zeigt auf Jacobson):* Und er? Und — alle anderen?
JACOBSON: *Sie* haben eine Aufgabe, da draußen Pater.
RICCARDO: Sie *wissen,* Gerstein, ich erreiche nichts.
Warum führen Sie mich in Versuchung.
Sie sehen doch, ich bin — ihr kaum mehr gewachsen.
Ich kam mit einem Auftrag, der *muß* mich halten.
Zwar weiß ich nicht mehr, ob der noch gilt,
ich weiß es nicht. Doch wenn er nicht gilt,
gilt auch mein Leben nichts . . . Laßt mich.
GERSTEIN: Sie *müssen* mit mir gehen, Riccardo.
Sie wissen doch: Sie werden sonst wie alle — dort
nach kurzer Zeit vergast.
RICCARDO: *Wir* werden erschossen —: die Vergünstigung
für unsere Arbeit im Krematorium — und die Erlösung.
Gerstein, so sehr ich Ihnen danke und dem Nuntius.
Sie *müssen* mich verstehen.
Ich darf das nicht. Ich sühne.
Nehmen Sie *ihn* mit.
JACOBSON: Pater, was wollen Sie denn sühnen!
RICCARDO *(kurz):* Das Schweigen des Papstes. Lebt wohl —
Ich gehe zurück. Sagen Sie meinem Vater,
mein Leben habe sich erfüllt —
die Wahrheit wissen Sie.
*(Er wendet sich ab.)*
JACOBSON *(jetzt mitfühlend, aber ohne Verständnis für Riccardos Stellvertretung):* Pater, Sie haben längst gebüßt, Sie kommen ja schon aus dem Feuer.
Sie bringen Gerstein in Gefahr,
wenn Sie nicht mitgehen — er hat ja
den Auftrag nur fingiert.
GERSTEIN: Jacobson! das hätten Sie nicht sagen sollen.
JACOBSON: Damit er endlich geht — es eilt doch!
GERSTEIN: Ja, ich habe Eichmann angelogen. Sie müssen mich
beim Nuntius rückversichern, wenn Sie frei sind.
RICCARDO *(ist zusammengezuckt):*
So — ich habe mir das fast gedacht.
Aber ob man dort noch nach mir fragt oder nicht,
darauf kommt es nicht an —
Jacobson, ich muß meinen Weg gehen
Gehen Sie Ihren —
Man soll sich nicht entziehn.
Handeln Sie . . . gehen Sie für mich.
JACOBSON: Das Mädchen da — Gerstein, befreien Sie das Mädchen!
Eine Frau darf das annehmen, ich nicht.
GERSTEIN: Wir kämen nicht mal bis ans Lagertor.
RICCARDO: Jacobson, Sie täuschen sich: ich bleibe nicht für Sie.
Es geht doch nicht um meine —
nicht um Ihre *Person.*
Ich vertrete hier die Kirche.
Ich *darf* nicht gehen, wenn ich auch wollte.
Weiß Gott, ich wollte.
Mir sind sie nicht verpflichtet, Jacobson.
Wenn *Sie* nicht gehen, dann geht keiner.
Gerstein haben Sie zu danken, nicht mir.
GERSTEIN: *Ich* kann dazu nichts sagen — Ihr steht
mir beide gleich nahe.

vorübergehend die Anrufung »Königin des Friedens, bete für uns« (»Regina pacis ora pro nobis«) hinzuzufügen und dies 1917 verstetigt.

Die Medaille von Papst Pius XII. aus dem Jahr 1943 zeigt das Bild des Papstes, das er an die Öffentlichkeit vermitteln wollte. Sie ist ein wichtiges Zeugnis für dessen Selbstverständnis als Beter um Frieden, der sich auf religiöse und karitative Belange beschränkt. Bereits die Medaille zum Jahr 1940 hatte den Frieden dargestellt: eine thronenden Gestalt mit Kreuz und Waage, die die Aufschriften »Caritas« (Nächstenliebe) und »Iustitia« (Gerechtigkeit) trägt und vor der ein Olivenzweig als Zeichen des Friedens lag. Die Umschrift gibt den Wahlspruch des Papstes wieder: »Opus Iustitiae Pax« (»Das Werk der Gerechtigkeit ist der Frieden«) (Modesti 2009, Nr. 408). Die Medaille zum Jahr 1942 zeigt eine allegorische Darstellung einer Radioansprache mit dem Aufruf zum Frieden (Modesti 2009, Nr. 410). *TFu*

**68**

## Kladde mit »Stellvertreter«-Manuskript und Korrekturfahnen zum »Stellvertreter«

Rolf Hochhuth, Deutschland, Italien, 1958–1963
Archiv Rolf Hochhuth, Schweizerisches Literaturarchiv (SLA), Bern, Inv.-Nr. A-01-a-01-b/2 und Inv.-Nr. A-01-a-04-a

Literatur: AK Bonn/Leipzig 2007, ohne Nr., S. 69–75 (Heinz Ludwig Arnold); Hochhuth 1969; Puknus 2011; Quermann 2010

Fünf Jahre nach dem Tod von Papst Pius XII. (1939–1958) erschien mit »Der Stellvertreter« ein Drama, welches das öffentliche päpstliche Schweigen während der Judenverfolgung im Zweiten Weltkrieg anklagte – und einen großen Literatur- und Theaterskandal in der jungen Bundesrepublik auslöste. Die Regierung sah sich im Verlauf der Debatte sogar gezwungen, durch den damaligen Bundesaußenminister Gerhard Schröder (CDU) eine öffentliche Stellungnahme abzugeben und ihre Wertschätzung für den verstorbenen Papst auszudrücken.

Das Stück handelt von dem jungen italienischen Jesuitenpater Riccardo, der durch die Begegnung mit dem SS-Mann Kurt Gerstein zum Widerstand bewegt wird. Als er sich mit dem Schweigen des Papstes angesichts der Judenverfolgung konfrontiert sieht, beschließt er an dessen Stelle – als Stellvertreter der katholischen Kirche – die Juden ins Konzentrationslager zu begleiten.

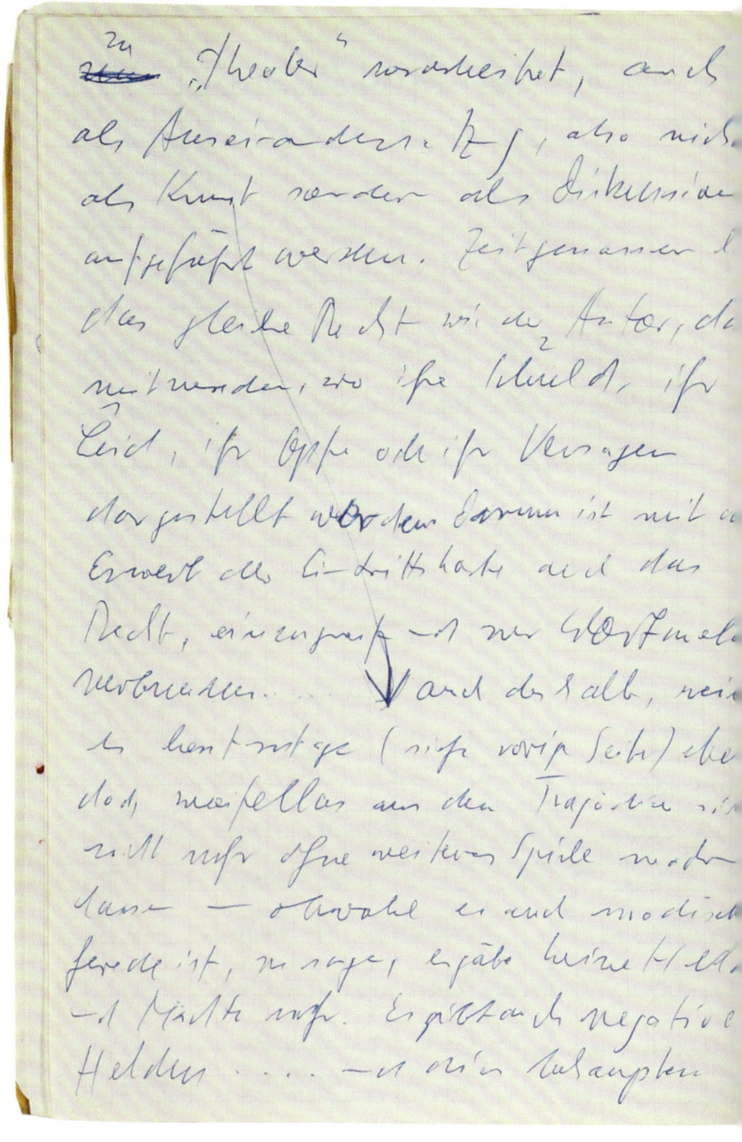

Rolf Hochhuth hatte – angeregt durch den 1955 veröffentlichten Augenzeugenbericht des realen Kurt Gerstein (1905–1945) sowie eines Briefes des Diplomaten Ernst von Weizsäcker aus den Jahren 1943 bis 1958 mit den Arbeiten an seinem »christlichen Trauerspiel« begonnen. Drei Jahre später ließ es der Verlag Rütten & Loening setzen, löste den Vertrag jedoch ob der Brisanz des Stückes noch vor der Drucklegung auf. Erst der Rowohlt Verlag veröffentlichte das Werk 1963 zur Premiere des Bühnenstücks in Berlin.

Das in Bern verwahrte Inventar von Rolf Hochhuth zeugt von den jahrelangen Recherchen und Arbeiten an dem Werk. Es ging Hochhuth nicht darum, den Papst unhinterfragt anzuklagen. Er setzte sich intensiv mit ihm und seinen möglichen Beweggründen auseinander. Davon zeugt etwa ein Vermerk zum letzten Akt, den er einem Manuskript des Stellvertreters beifügte: »Pius XII. befand sich in einem großen Dilemma – sein Pakt mit Hitler in der Hoffnung auf Vernichtung der Sowjetunion verhinderte ihn an einen Protest. Das muß sehr deutlich, vielleicht in einem ganzen Akt zum Ausdruck kommen.«

Dass das Schweigen des Papstes für Hochhuth zentrales Element der Handlung ist, lässt sich auch in den Korrekturfahnen des Werkes ablesen. Einige sind stark bearbeitet. Einzelne Verse wurden ausgeschnitten, Stellen durchgestrichen oder verschoben bzw. ergänzt. In der Szene, in welcher Gerstein sich für die Rettung Riccardos aus dem Konzentrationslager einsetzt, findet sich noch der explizite und rot umrahmte Verweis auf »Das Schweigen des Papstes«. Für die spätere Publikation hat der Autor sich jedoch gegen diesen Verweis entschieden. *VW*

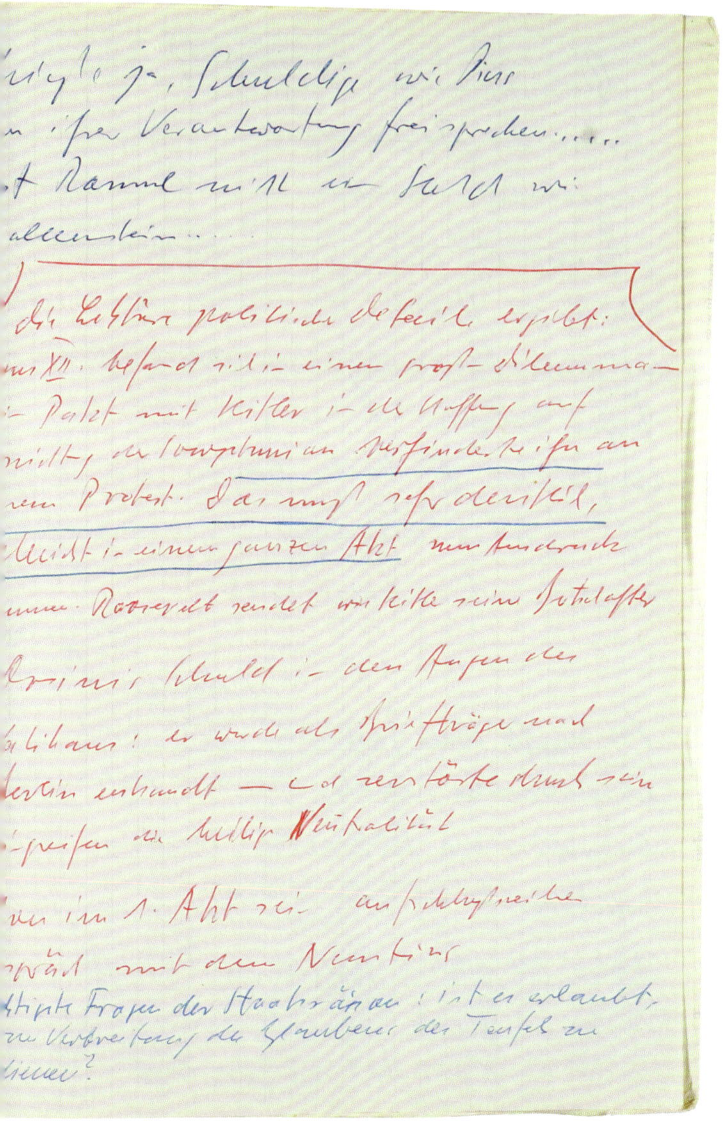

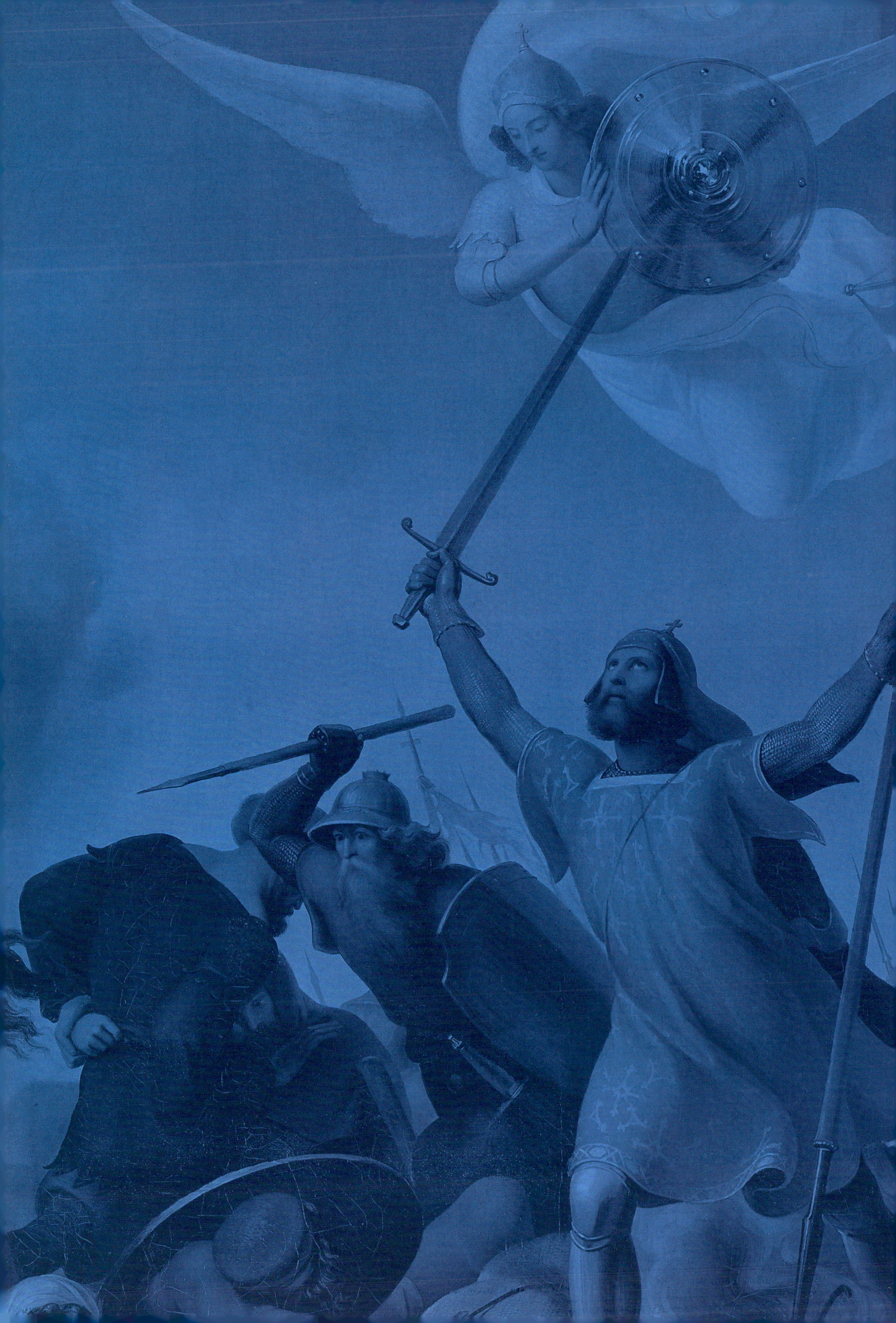

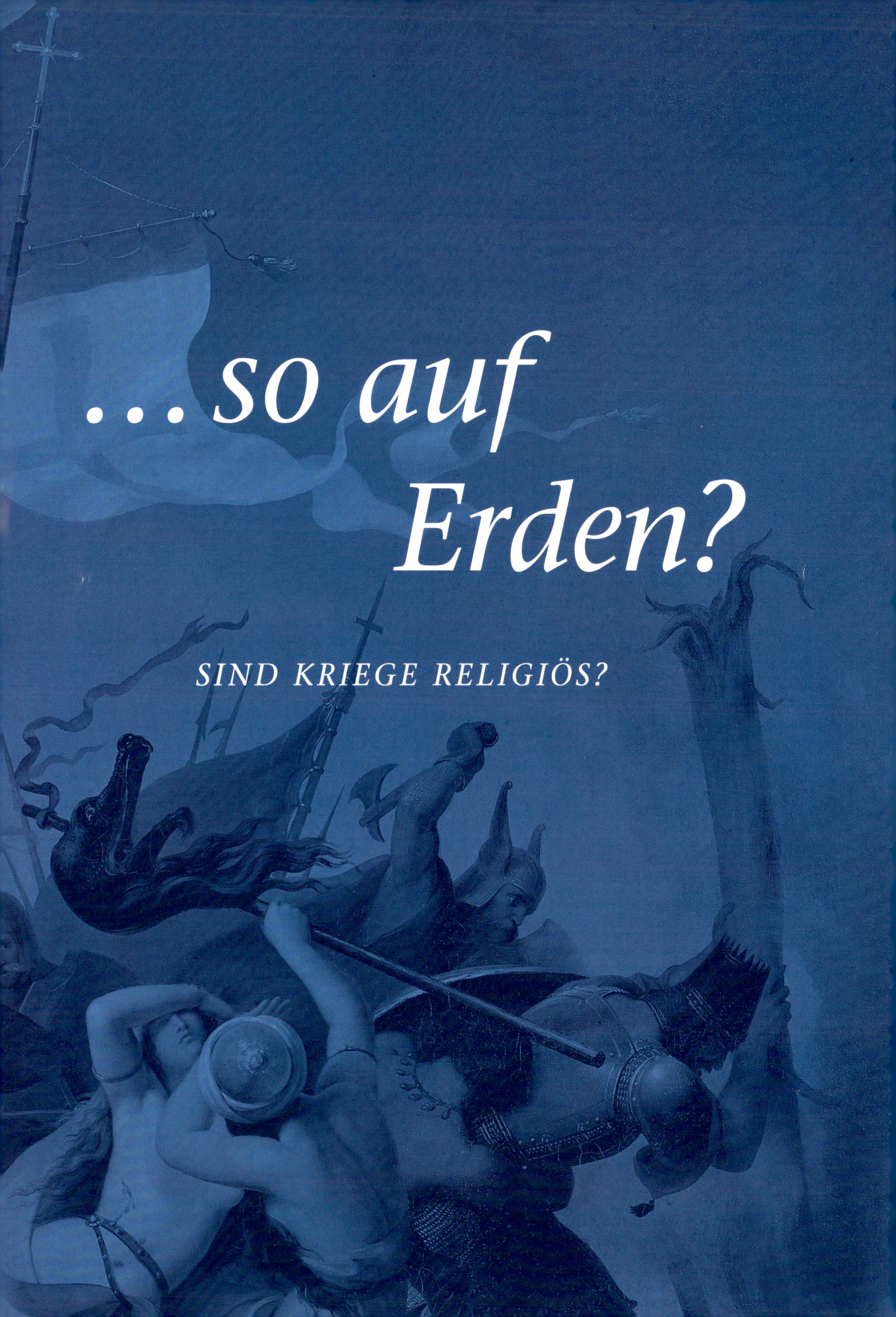

# … so auf Erden?

## SIND KRIEGE RELIGIÖS?

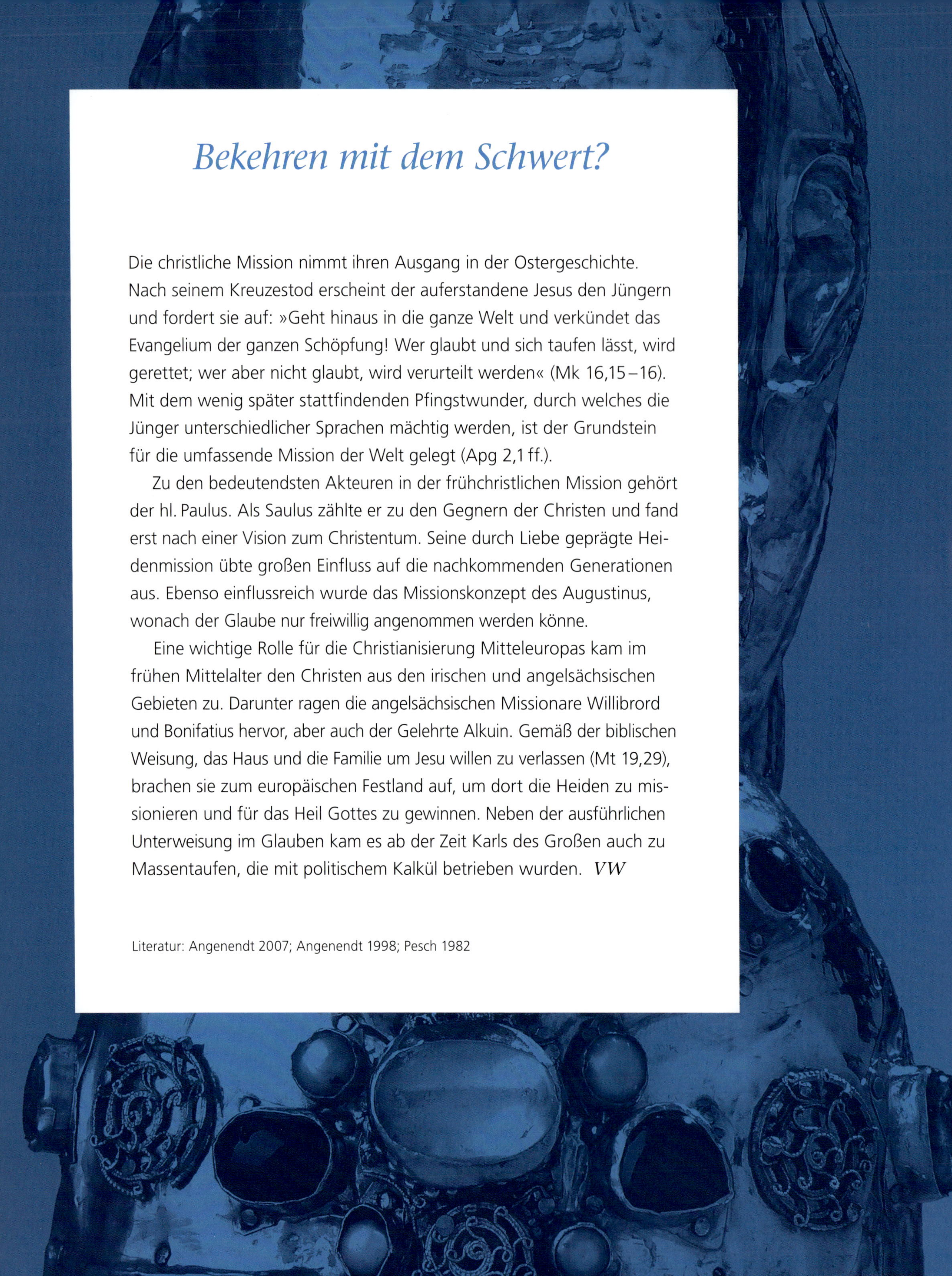

# *Bekehren mit dem Schwert?*

Die christliche Mission nimmt ihren Ausgang in der Ostergeschichte. Nach seinem Kreuzestod erscheint der auferstandene Jesus den Jüngern und fordert sie auf: »Geht hinaus in die ganze Welt und verkündet das Evangelium der ganzen Schöpfung! Wer glaubt und sich taufen lässt, wird gerettet; wer aber nicht glaubt, wird verurteilt werden« (Mk 16,15–16). Mit dem wenig später stattfindenden Pfingstwunder, durch welches die Jünger unterschiedlicher Sprachen mächtig werden, ist der Grundstein für die umfassende Mission der Welt gelegt (Apg 2,1 ff.).

Zu den bedeutendsten Akteuren in der frühchristlichen Mission gehört der hl. Paulus. Als Saulus zählte er zu den Gegnern der Christen und fand erst nach einer Vision zum Christentum. Seine durch Liebe geprägte Heidenmission übte großen Einfluss auf die nachkommenden Generationen aus. Ebenso einflussreich wurde das Missionskonzept des Augustinus, wonach der Glaube nur freiwillig angenommen werden könne.

Eine wichtige Rolle für die Christianisierung Mitteleuropas kam im frühen Mittelalter den Christen aus den irischen und angelsächsischen Gebieten zu. Darunter ragen die angelsächsischen Missionare Willibrord und Bonifatius hervor, aber auch der Gelehrte Alkuin. Gemäß der biblischen Weisung, das Haus und die Familie um Jesu willen zu verlassen (Mt 19,29), brachen sie zum europäischen Festland auf, um dort die Heiden zu missionieren und für das Heil Gottes zu gewinnen. Neben der ausführlichen Unterweisung im Glauben kam es ab der Zeit Karls des Großen auch zu Massentaufen, die mit politischem Kalkül betrieben wurden. *VW*

Literatur: Angenendt 2007; Angenendt 1998; Pesch 1982

**69**

## Brief an Karl den Großen zum Sieg über die Awaren

Alkuin, 11. Jahrhundert (Original: nach 796);
Pergament, 26,5 × 17 cm
Paris, Bibliothèque nationale de France,
Ms. Lat. 2183, fol. 44 – 45v

Literatur: Angenendt 2007; Angenendt 1998; Becher 2013; Dümmler 1895/1978, S. 159 – 162; Hägermann 2006; Jullien/Perelmann 1999, Epistula 110, S. 236 – 237; Weinfurter 2013

Tod oder Taufe – so lautete zugespitzt die Situation für die heidnischen Sachsen unter Karl dem Großen (747/748 – 814). Seit den 770er Jahren versuchte der Herrscher, den aufständischen Volksstamm zu unterwerfen und in sein Reich einzugliedern. Unerlässlich für die Integration der Sachsen in das christliche Reich erschien dabei die Annahme des Christentums. Das hatte auch politisch-strategische Gründe: die religiöse Einheit im christlichen Reich. Aber Karl der Große verstand sich zudem als christlicher Herrscher mit einem apostolischen Auftrag, als König und Priester, »rex et sacerdos«. Er sah sich in der Pflicht, die Sachsen zum wahren Gott zu führen. Vorherrschend war jedoch zunächst ihre Unterwerfung, die sich im Glaubenswechsel verdeutlichte. Die innere Bekehrung hingegen benötigte vertiefte Unterrichtung durch christliche Gelehrte. Die mangelnde Unterweisung wurde von einigen Zeitgenossen Karls kritisiert, darunter auch dem gelehrten Angelsachen Alkuin – hatte doch der hl. Augustinus bereits für das frühe Christentum die erzwungene Bekehrung abgelehnt.

Als Karl der Große gegen die Awaren siegte, führte Alkuin in einem Brief an den König seine Empfehlung für die der Taufe vorausgehende Unterweisung der Awaren im christlichen Glauben aus. Alkuin verweist dabei auf Augustinus und den Matthäuskommentar des seligen Hieronymus. So habe man zuerst die Völker zu unterrichten und dann zu taufen. »Denn es soll nicht sein, dass der Körper das Sakrament der Taufe annimmt, wenn nicht zuvor der Geist den wahren Glauben aufgenommen hat« (»Non enim potest fieri, ut corpus baptismi accipiat sacramentum, nisi ante anima fidei susceperit veritatem«). An der gewaltsamen Eroberung schien sich der Gelehrte hingegen nicht zu stoßen. *VW*

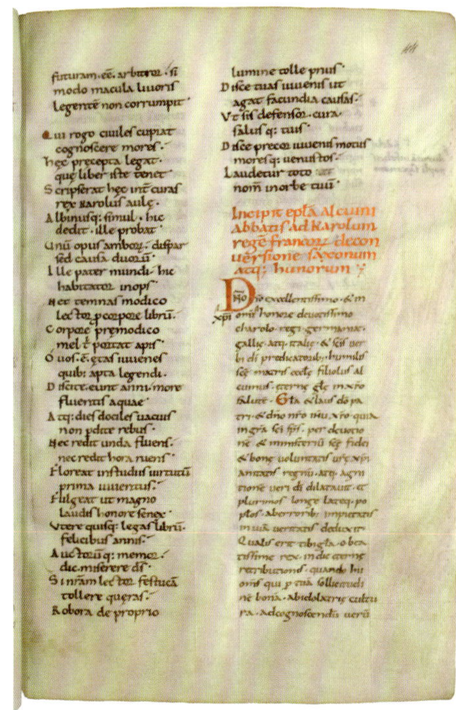

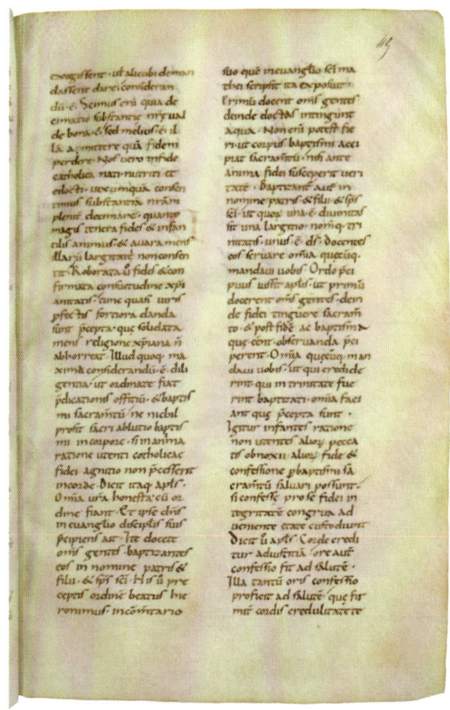

69

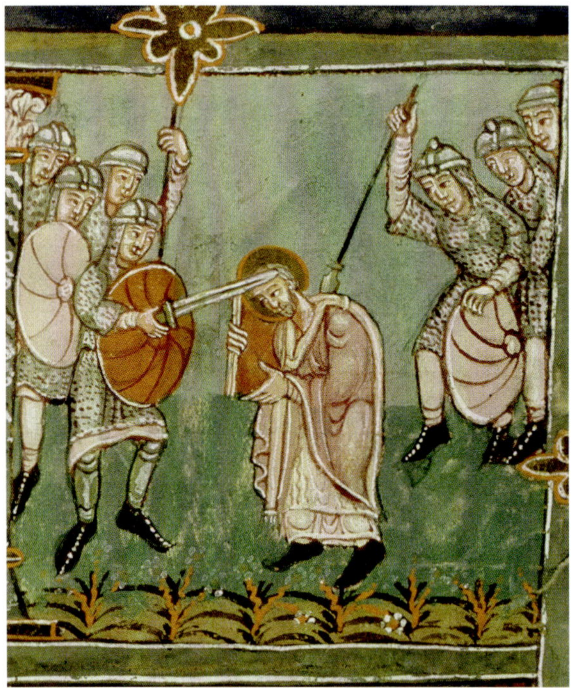

70

**70**

## Codex Ragyndrudis (Faksimile)

Original: Luxeuil/Mainz, 720er Jahre;
Fulda, Privatbesitz

Literatur: AK Mannheim 2017, Nr. B.1.2.1., S. 176–177 (Viola Skiba); Godlove 2017; Lutterbach 2004; Von Padberg 1996

Die christliche Mission im heutigen Norddeutschland war ein gefährliches Unterfangen. Bereits vor der Regierung Karls des Großen und seiner militärisch unterstützten Sachsenmission versuchten Missionare die heidnischen Sachsen und Friesen für den christlichen Glauben zu gewinnen. Aufgrund seines besonderen Einsatzes auf heute deutschem Gebiet gilt Winfried/Bonifatius als »Apostel der Deutschen«. Der hl. Bonifatius, ein gebürtiger Angelsachse, begab sich noch im Alter von 80 Jahren für eine Firmreise nach Friesland. Dort fiel er der Überlieferung zufolge am 5. Juni 754 dem Überfall von heidnischen Räubern zum Opfer. Die »Vita altera Bonifatii« aus dem 9. Jahrhundert berichtet, der Heilige habe die Heilige Schrift schützend über sein Haupt gehalten und mit ihr einen der Waffenhiebe der Räuber abwehren können, wie eine Miniatur in der Göttinger Handschrift zeigt (vgl. Abb. 70).

Im Domschatz Fulda wird mit dem Codex Ragyndrudis seit dem 9. Jahrhundert ein Codex aufbewahrt, der in seinem Ledereinband eine deutliche Hieb-Kerbe aufweist. Doch umfasst das Werk nicht die Heilige Schrift, sondern hauptsächlich antiarianische Texte. Die biografische Überlieferung und der beschädigte Codex verschmolzen jedoch über die Jahrhunderte zu der Vorstellung, mit dem Codex Ragyndrudis die Schrift zu besitzen, mit der sich der Heilige im Moment seines Todes gewehrt habe. *VW*

**71**

## Kopfreliquiar des hl. Paulus

Nordwestdeutschland, um 1040; Goldblech, getrieben;
Besatz: Filigran, Steine, Perlen; Eichenholzkern,
22,4 × 12,2 × 7,2 cm
Münster, Domkammer der Kathedralkirche St. Paulus,
Inv.-Nr. E.2

Literatur: Angenendt 1998; Angenendt 2005; AK Münster 2012, Nr. 21, S. 138–140 (Holger Kempkens/Annika Pröbe); Buhlmann 2002; Godlove 2017; Jászai 1999; von Padberg 2009

Über die beiden bedeutenden Angelsachen Alkuin und Bonifatius lassen sich Verbindungen nach Münster und zu dessen erstem Bischof Liudger herleiten. Liudger wurde um 742 bei Utrecht in eine adlige christliche Familie geboren. Nach einer ersten Ausbildung an der Utrechter Domschule wechselte er 767 an die Domschule in York, wo er Schüler Alkuins wurde. Nachdem Liudger im Auftrag Karls des Großen und in der Nachfolge des Bonifatius im Friesland missioniert hatte, führte ihn die Christenmission ins Münsterland. Hier gründete er 793 ein Stift. Liudger konnte dabei vermutlich auf eine erste Missions-

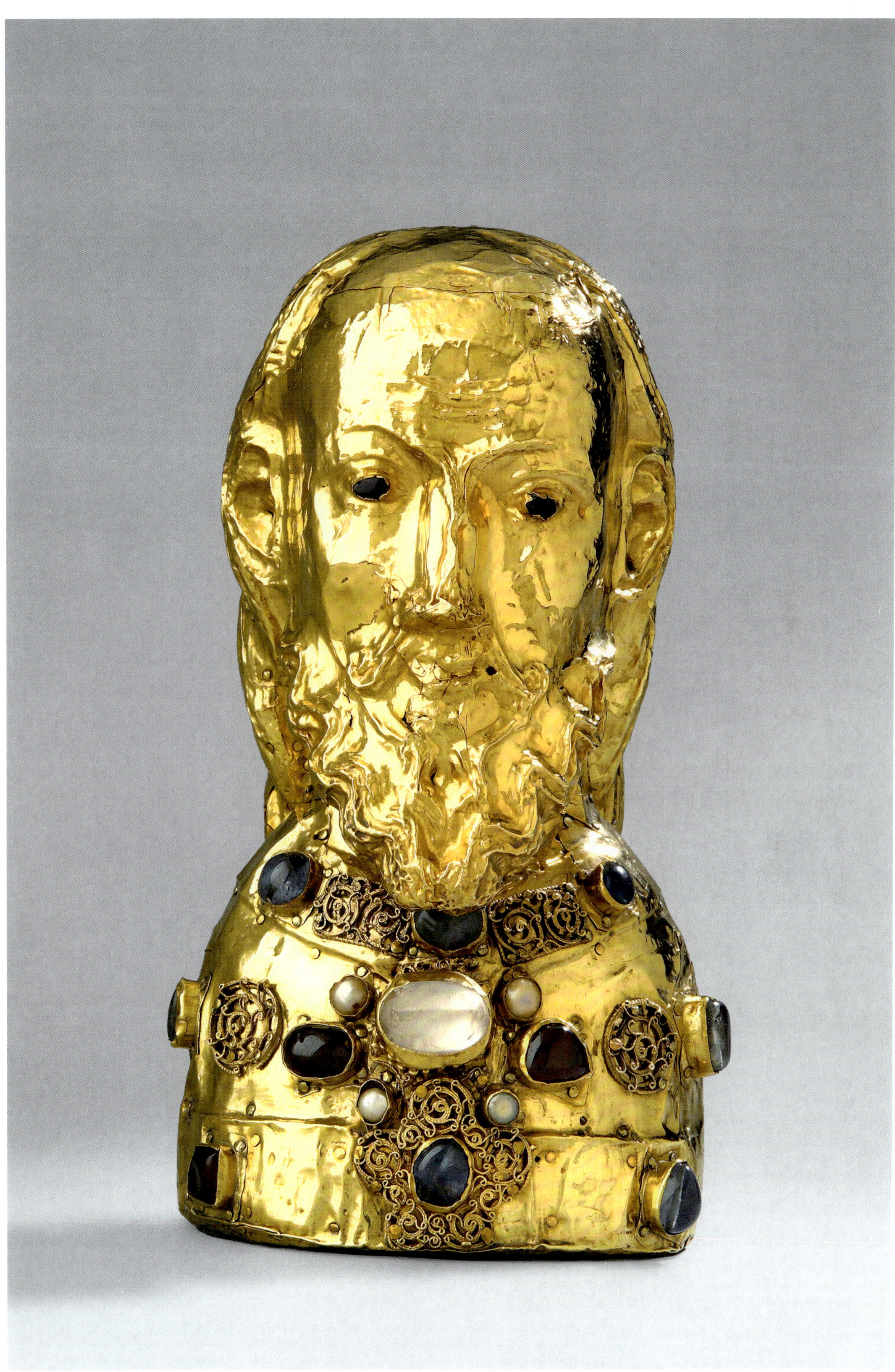

arbeit von Abt Beonrads von Echternach aufbauen. Zwölf Jahre später, im Jahr 805, wurde Liudger zum ersten Bischof des neuen Bistums geweiht. 809 in Billerbeck verstorben, wurde er in Essen-Werden beigesetzt.

Bereits Bonifatius hatte sich mit dem hl. Paulus und dessen Missionskonzept identifiziert. Liudger, der durch seine Ausbildung an der Yorker Domschule bei Alkuin ebenfalls stark durch das angelsächsische Missionskonzept geprägt worden war, schien die Verehrung des Apostelfürsten zu übernehmen. Er stellte vermutlich bereits seine erste Missionskirche in Münster unter das Patrozinium (die Schutzherrschaft) des hl. Paulus. Schon 819 findet sich die Angabe, das Missionsbistum sei eine »porroechia sancti Pauli« (eine Gemeinde des hl. Paulus). Gemäß der kirchlichen Tradition wurden vom jeweiligen Patron Reliquien aufbewahrt. Sollte das Paulus-Patrozinium tatsächlich im 9. Jahrhundert bestanden haben, wäre dies ein Hinweis auf eine sehr frühe Übertragung (Translation) von Paulus-Reliquien nach Münster.

Das goldene Büstenreliquiar des hl. Paulus aus dem frühen 11. Jahrhundert belegt die frühe Verehrung des Heiligen im Bistum Münster. Es stellt gleichzeitig das älteste erhaltene Werk des Domschatzes wie auch das älteste erhaltene Büstenreliquiar des Apostels überhaupt dar. Das Reliquiar besitzt einen mit Goldblech umgebenen Holzkern. Zwei nachträglich eingesetzte Saphire bilden die Augen, Edelsteine und Schneckenfiligran aus dem 13. Jahrhundert schmücken sein Gewand. Paulus ist hier nach frühchristlicher Bildtradition mit Bart und einer Stirnglatze dargestellt.

Die Büste besitzt eine Aushöhlung, in der Paulus-Reliquien, vermutlich Schädelfragmente, aufbewahrt wurden. Heute sind die Reliquien lose in grüne Seide eingewickelt. Wann diese nach Münster kamen, ob sie vielleicht zu Liudgers Zeit vorhanden waren, ist ungewiss. Für das 10. und 11. Jahrhundert belegen die Quellen kaiserliche Schenkungen von Paulus-Reliquien an den Dom (Domkammer Inv.-Nr. E 34 und E 28). *VW*

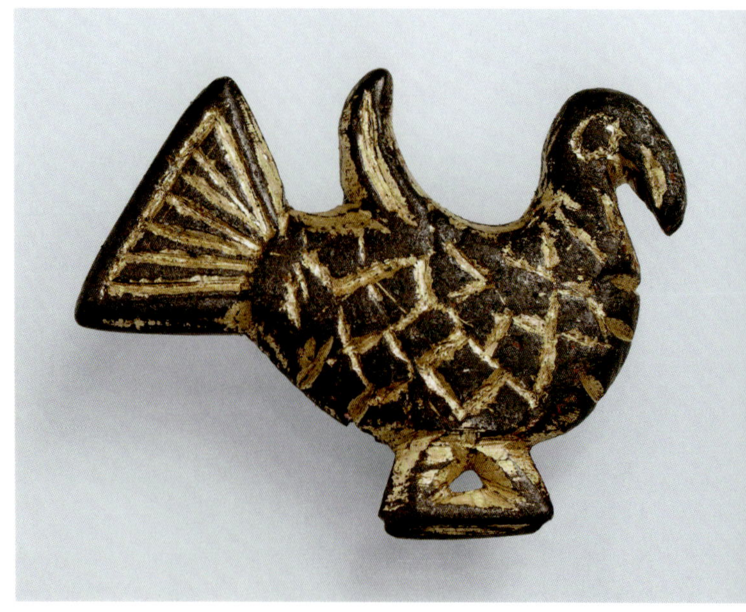

72 a

**72**

## Zwei Taubenfibeln

a) Frühes 9. Jahrhundert, Bronze, gegossen, mit Vergoldungsresten, auf der Rückseite Reste einer eisernen Nadelkonstruktion, H. 3 cm, B. 3,6 cm; Fundort: Frühmittelalterliche Siedlung Borken-Südwest (Kr. Steinfurt)
LWL-Museum für Archäologie Herne, Inv.-Nr. MKZ 4106, 9 (F4201)

b) Um 800, Buntmetall, gegossen, auf der Rückseite Nadelhalterung und Nadelrast, H. 1,8 cm, B. 3,1 cm, Fundort: Gräberfeld Wünnenberg-Fürstenberg (Kr. Paderborn), Grab 16
Paderborn, Museum in der Kaiserpfalz – LWL Archäologie für Westfalen, Inv.-Nr. Wün 16,1

Literatur: Melzer 1991, S. 30, 58; Paderborn 2013, Bd. 2, Nr. 377 c, S. 436 (Sven Spiong) und Nr. 378, S. 436–437 (Elisabeth Dickmann); Dresden 2014, Nr. 243, S. 206 (Elisabeth Dickmann).

Die beiden Taubenfibeln wurden bei Ausgrabungen in Westfalen gefunden. Das Exemplar aus Borken mit einer angedeuteten sichelförmigen Flügelspitze auf dem Rücken stammt aus einer frühmittelalterlichen Siedlung. Die Fibel aus Wünnenberg-Fürstenberg mit einer stilisierten Rosette auf dem Rücken wurde als Beigabe in einem christlichen Frauengrab auf einem Gräber-

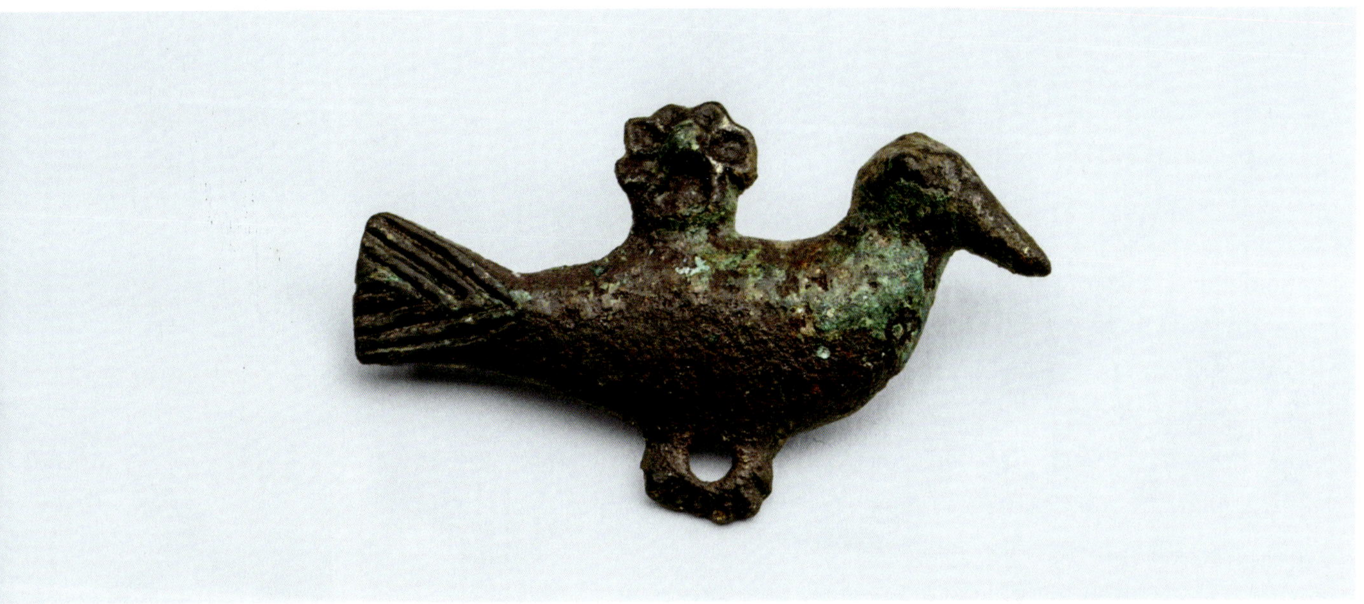

72 b

feld entdeckt, auf dem zuvor bereits die »heidnischen« Vorfahren bestattet worden waren.

Als typische Gewandschließen der damaligen Frauentracht hielten Fibeln vermutlich im Schulter- oder Brustbereich ein umgelegtes Tuch oder einen Mantel zusammen. Sie waren in ihrer besonderen Gestaltung nicht nur funktional notwendige Bestandteile der Kleidung, sondern auch Schmuck und Bedeutungsträger. Die sichtbar getragene Darstellung des christlichen Symbols der Taube war gleichzeitig auch ein Bekenntnis zum neuen christlichen Glauben im frisch missionierten, ehemals »heidnischen« Sachsenland.

Die Taube versinnbildlichte hierbei den Heiligen Geist und kann somit als Zeichen oder Nachweis der zuvor vollzogenen Taufe verstanden werden. Diese wurde im Frühmittelalter formal eigentlich nach längerer religiöser Unterweisung im Zusammenhang mit der Mission zunächst ausschließlich an Erwachsenen in der Oster- und Pfingstnacht durch die Bischöfe in den neu errichteten Domen der jüngst gegründeten Bistumssitze – etwa in Münster, Paderborn, Minden oder Osnabrück – vollzogen.

In der Anfangsphase der Sachsenmission unter dem fränkischen König und späteren Kaiser Karl dem Großen (747/748–814) gab es aber vielfach auch Zwangstaufen, die sicherlich dazu führten, dass die bereits getauften Sachsen ihren neuen Glauben sichtbar für alle zur Schau stellten, indem sie Fibeln mit christlichen Symbolen trugen. So sind aus dem späten 8. bis 10. Jahrhundert zahlreiche weitere Fibeltypen in Kreuzform, mit der Abbildung des Kreuzes, mit ein oder zwei stark stilisierten Heiligen oder auch mit der Darstellung des Lamm Gottes (»agnus dei«) erhalten.

Die beiden Gewandschließen gehören zu einer kleinen Gruppe von lediglich sechs Taubenfibeln, die bisher in Norddeutschland gefunden wurden und die alle in das frühe 9. Jahrhundert datiert werden können (Blaich 2013, S. 85–88). Bei den Fibeln aus Osnabrück (Schnackenburg 1995) und Werlaburgdorf erscheint auf dem Rücken der Taube statt einer Palmette ein Kreuz als Zeichen des Sieges der Seele über den Tod bzw. als Siegeszeichen der neuen (christlichen) über die alte (pagane) Religion. Die Taube kann somit nicht nur als Symbol des Heiligen Geistes und als sichtbarer Nachweis der Taufe, sondern vielleicht auch als angenommenes Friedenszeichen zwischen Franken und Sachsen verstanden werden. *BT*

# *Andere ausgrenzen*

Die ersten Christen waren Juden. Sie glaubten, mit Jesus Christus sei der im Alten Testament angekündigte Messias auf die Erde gekommen. Diese »Judenchristen« hielten an vielen jüdischen Ritualen und Vorschriften fest, setzten aber neue Akzente. Bis 100 n. Chr. entfernten sich die Urchristen in ihrer religiösen Praxis und ihren Glaubensinhalten immer mehr von den Juden. Die Christen galten den Juden als »Abweichler« und die Juden den Christen als »verstockt« und »blind«, da sie den Gottessohn nicht erkannt hatten, doch galten sie den christlichen Gelehrten auch als wichtige Zeugen der Heilsgeschichte. Polemiken und Versuche, den Kontakt untereinander zu beschränken, gab es genauso wie Übertritte auf beiden Seiten. Beide Religionen teilen sich mit dem Alten Testament einen wichtigen Kanon biblischer Überlieferungen.

Es kam vor allem ab dem 11. Jahrhundert zur Ausgrenzung und wiederholter Verfolgung der jüdischen Bevölkerung, so etwa beim Ersten Kreuzzug 1096 oder in den Pestpogromen um 1350. Mit der aufkommenden Individualisierung in der Kunst fanden bald die Juden diskriminierende Stereotype Eingang in den christlichen Motivkanon. Hakennase und grotesk verzerrte Gesichter brandmarkten Juden als »heilsferne Gottesmörder«. Ihre vorgebliche Blindheit veranschaulichte allegorische Darstellungen des Christen- und Judentums als sehende und blinde Frauenfiguren (Ecclesia und Synagoga). Zahlreiche Beispiele zur Abwertung des Judentums durch das Christentum lassen sich in der mittelalterlichen Kunst aufzeigen. Neben künstlerischen Ausgrenzungen fand die Diskriminierung auch Ausdruck in der Vorgabe, sich durch Zeichen als Jude zu erkennen zu geben, in der rechtlichen Schlechterstellung gegenüber Christen oder darin, kein Wohnrecht in Städten zu bekommen.

Im Messbuch Pius V. findet sich 1570 unter den Karfreitagsfürbitten auch jene für die »treulosen Juden«, damit Gott »wegnehme den Schleier von ihren Herzen, auf daß auch sie erkennen unseren Herrn Jesus Christus« (Wolf 2004 a, S. 612). Erst das Zweite Vatikanische Konzil und dessen Dekret »Nostra Aetate« brachte eine schrittweise Neuausrichtung der Fürbitte, deren seit 1970 gültige Version die Treue der Juden zum Bund Gottes betont. *VW*

Literatur: Aschhoff 1993; Faü 2005; Lipton 2016; Wolf 2004 a; Wolf 2004 b

73

## Münzschatzfund vom Stadtweinhaus aus Münster

Diverse Herkunftsorte, vor 1350; Silber, teilweise vergoldet, nielliert, emailliert, graviert; Stein-, Korallen- und Perlbesatz, Aufnähschmuck, Glassteine, Edelsteine, Süßwasserperlen
Münster, LWL-Museum für Kunst und Kultur, Inv.-Nr. V-1109 bis V-1143 LM und Münzen

Literatur: AK Münster 2012, Kat.-Nr. 130 a, S. 279–280 (Klara Katharina Petzel); Aschoff 2006 a; Aschoff 1979

Auch in Münster wurden im Sommer 1350 »de Jaden gedodet«. Mit etwas Verspätung zum restlichen Reich traf Westfalen die Welle der schlimmsten Judenpogrome der europäischen Geschichte bis zum Nationalsozialismus. Die Pest hatte kurz zuvor Mitteleuropa erreicht. Im Zuge der allgemeinen Verunsicherung ob der Seuche kam es zu Maßnahmen und Gewalt gegen »die Anderen«. In Westfalen hatten sich nach vereinzelter Niederlassung im 13. Jahrhundert

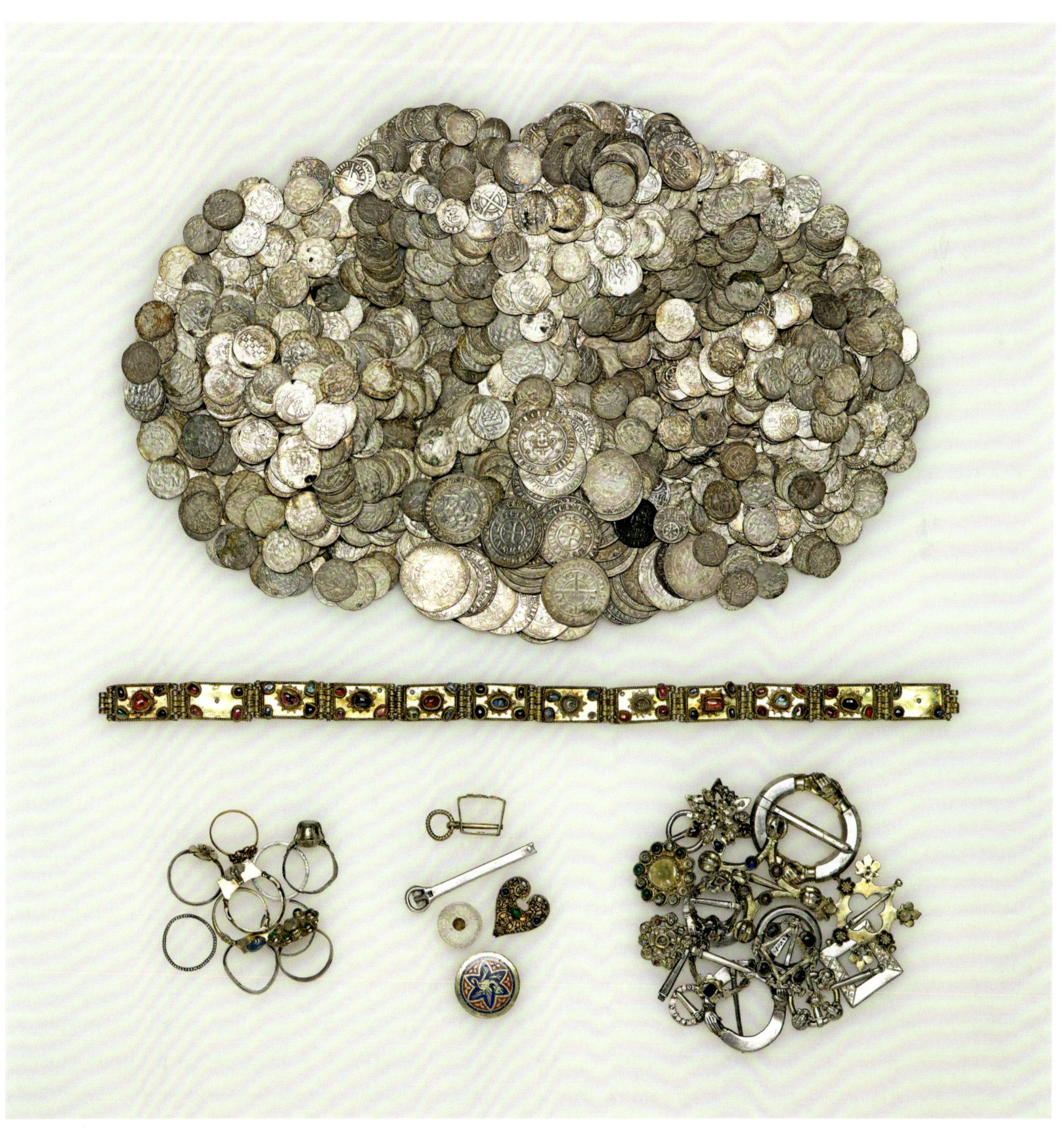

73

gerade in den letzten Jahrzehnten vor der Verfolgung größere jüdische Gemeinden entwickelt. Waren die Juden den Christen im Alltag auch nicht gleichgestellt, so wurden sie doch geduldet und waren vor allem als Geldgeber und Pfandleiher toleriert. In Münster ließen sich um 1260 die ersten Juden nieder. 1350 verfügte deren aufblühende Gemeinde über eine Synagoge, einen Friedhof, eine Mikwe, eine Scharne und einen Gerichtsort. Die Gebäude waren dabei zentral in der Stadtmitte verortet, unweit vom Markt auf dem Gebiet zwischen Rathaus, Stadtweinhaus und heutigem Stadthaus 1.
Mit den Pogromen 1350 entluden sich – neben der Angst vor der den Juden unterstellten Brunnenvergiftung – auch der Neid und Hass auf die aufblühende jüdische Gemeinschaft.

1951 wurde in den Kellergewölben des Stadtweinhauses dieser Schatzfund entdeckt. Durch die enthaltenen Münzen lässt er sich auf die Zeit um 1350 datieren. Die Zuschreibung an einen jüdischen Händler oder Pfandleiher, der den Schatz vor seinen Verfolgern verstecken wollte, liegt daher nahe. Er sollte ihn nicht mehr heben können. Die jüdische Gemeinschaft wurde 1350 in Münster ausgelöscht. *VW*

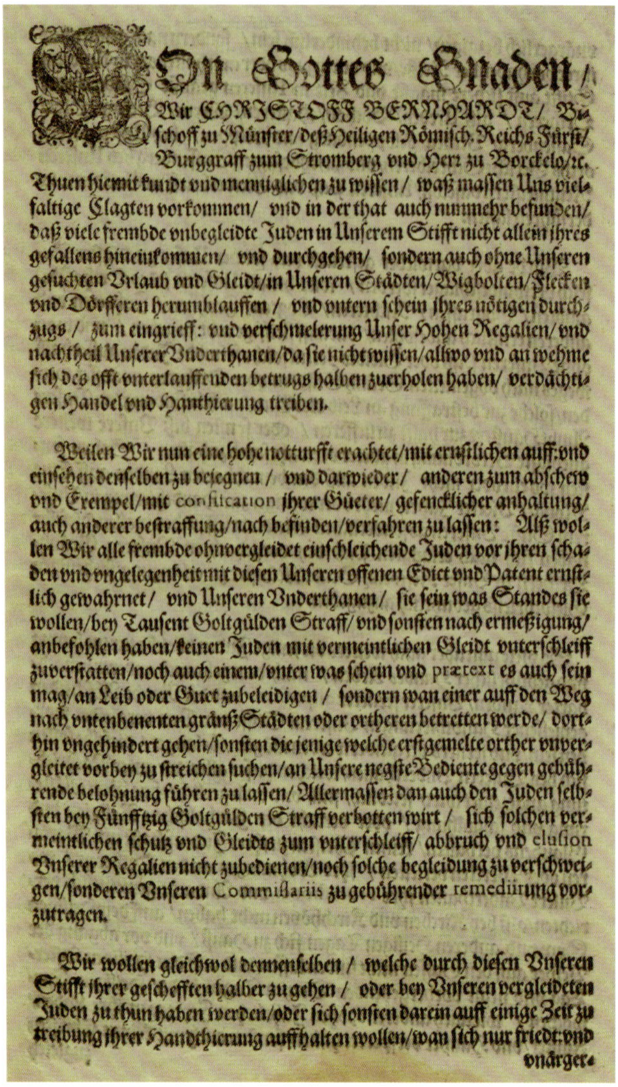

74

**74**

## Judenverordnung der Stadt Münster

Fürstbischof Christoph Bernhard von Galen;
Münster, 1662; Papier
Stadtarchiv Münster, Ratsarchiv A VI Nr. 8, fol. 49–52

Literatur: Aschoff 2006a; Aschoff 2006b;
Aschoff 1979; Aschoff 1975

1350 hatten die Münsteraner die jüdische Gemeinde im Zuge des Pestpogroms ausgelöscht. Erst zwei Jahrhunderte später sollten – wenn auch nur für eine kurze Zeit im Anschluss an die Täuferzeit – Juden in der Bischofsstadt leben. Von 1562 bis 1810 war ihnen der dauerhafte Aufenthalt innerhalb der Stadtmauern Münsters verboten. Neben Frankfurt am Main und Worms gab es im Heiligen Römischen Reich nur in Wien und Prag größere jüdische Gemeinden. Vor allem als Geldgeber, Händler, aber auch Ärzte zählten Juden dennoch weiterhin zur mittelalterlichen und frühneuzeitlichen Gesellschaft. Ihr Aufenthalt in den Städten wurde durch vielfach diskriminierende Verordnungen und Gesetze geregelt.

In Münster erließ 1662 Fürstbischof Christoph Bernhard von Galen (1650–1678) eine Judenverordnung. Fast zehn Jahre hatte die Arbeit an dem Erlass gedauert, an dem auch Juden mitgearbeitet hatten. Neben Bestimmungen zum befristeten Aufenthalt in der Bischofsstadt wurde den Juden darin unter anderem verboten,

»Christen zu ihrer Judenschaft mit Worten oder Werken (zu) verleiten«, sie durften also nicht missionieren. Ferner gab es Vorgaben zum Wohnort. Dieser sollte nicht bei Kirchen, Friedhöfen oder in Gebieten liegen, durch die christliche Prozessionen zogen. Auch war ihnen befohlen, »auf den heiligen Sonn- und anderen heiligen Tagen sich zu Hause und vor Abgang der Vesper auf den Gassen nicht finden [zu] lassen«. Die Ab- und Ausgrenzung der Juden wurde in Münster auf Grundlage der Galenschen Verordnung bis ins 19. Jahrhundert betrieben. *VW*

75

## Maria als Himmelskönigin

Um 1250; Steinrelief, 60×180 cm
Münster, St.-Paulus-Dom, Paradies (in situ)

Literatur: Aschoff 2003; Pieper/Müller 1993; Zupancic 1998

In der Vorhalle des St.-Paulus-Doms, im sogenannten Paradies, ist über dem Portal zum Dominnenraum im Türsturz die Darstellung einer thronenden Madonna angebracht. Zu ihrer Rechten treten die Heiligen Drei Könige heran, um das Jesuskind anzubeten. Zur Linken findet sich die Darbringung im Tempel. Betrachtet man die Marienfigur näher, so fällt auf, dass ihre beiden Füße zwei kleine Gestalten niedertreten. Beide halten Inschriftenbänder. Eine der Figuren weist sich durch die spezifische Hutform als Jude aus. In seinem Gegenüber dürfte das Heidentum dargestellt sein. Das Christentum – verkörpert durch Maria und das Jesuskind – unterwirft somit das Juden- und Heidentum, das Neue Testament erhebt sich über das Alte Testament.

Die Aussage des Türsturzes ergibt sich erst im Zusammenhang der drei Szenen. Die heidnischen drei Könige ehren den Gottessohn, der jüdische Prophet Simeon aus der Tempelszene erkennt in dem Knaben den Messias. Gläubige Heiden und

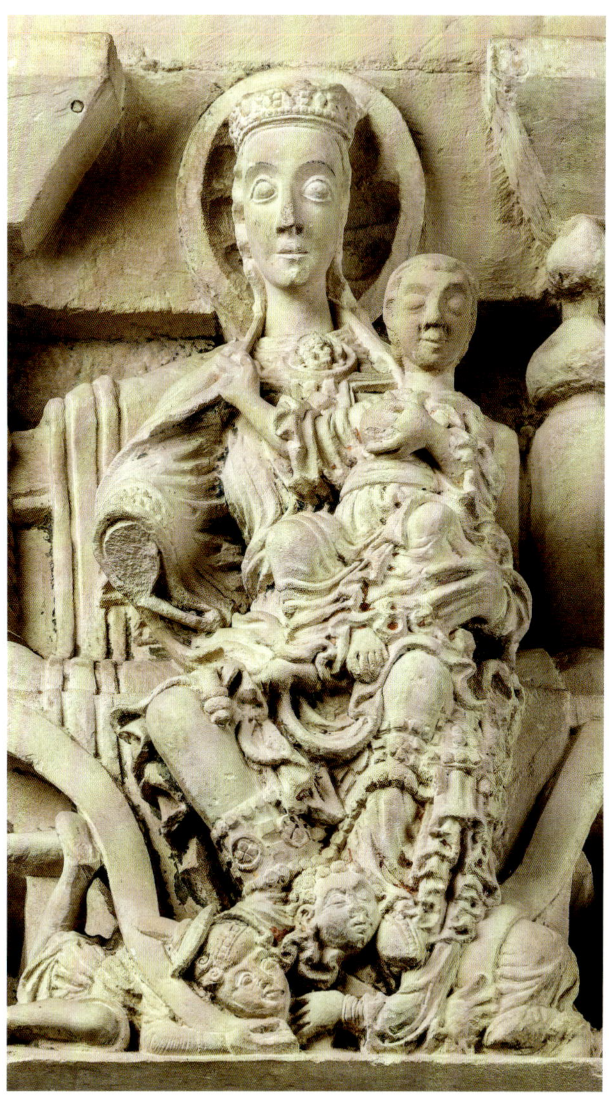

75

Juden erkennen demnach den Gottessohn, die niedergetretenen Figuren stehen für die nicht bekehrten Juden und Heiden.

Das Relief entstand zu einer Zeit, als keine Juden in Münster sesshaft waren. Es wurde jedoch erst später, nach den Zerstörungen der Wiedertäufer im 16. Jahrhundert, in den Türsturz eingebracht. Der ursprüngliche Anbringungsort ist nicht bekannt. Möglicherweise stammt es vom mittelalterlichen Lettner, der zu jener Zeit durch einen neuen, von Johann Brabender gestalteten, ersetzt wurde (Pieper/Müller 1993, S. 28). *VW*

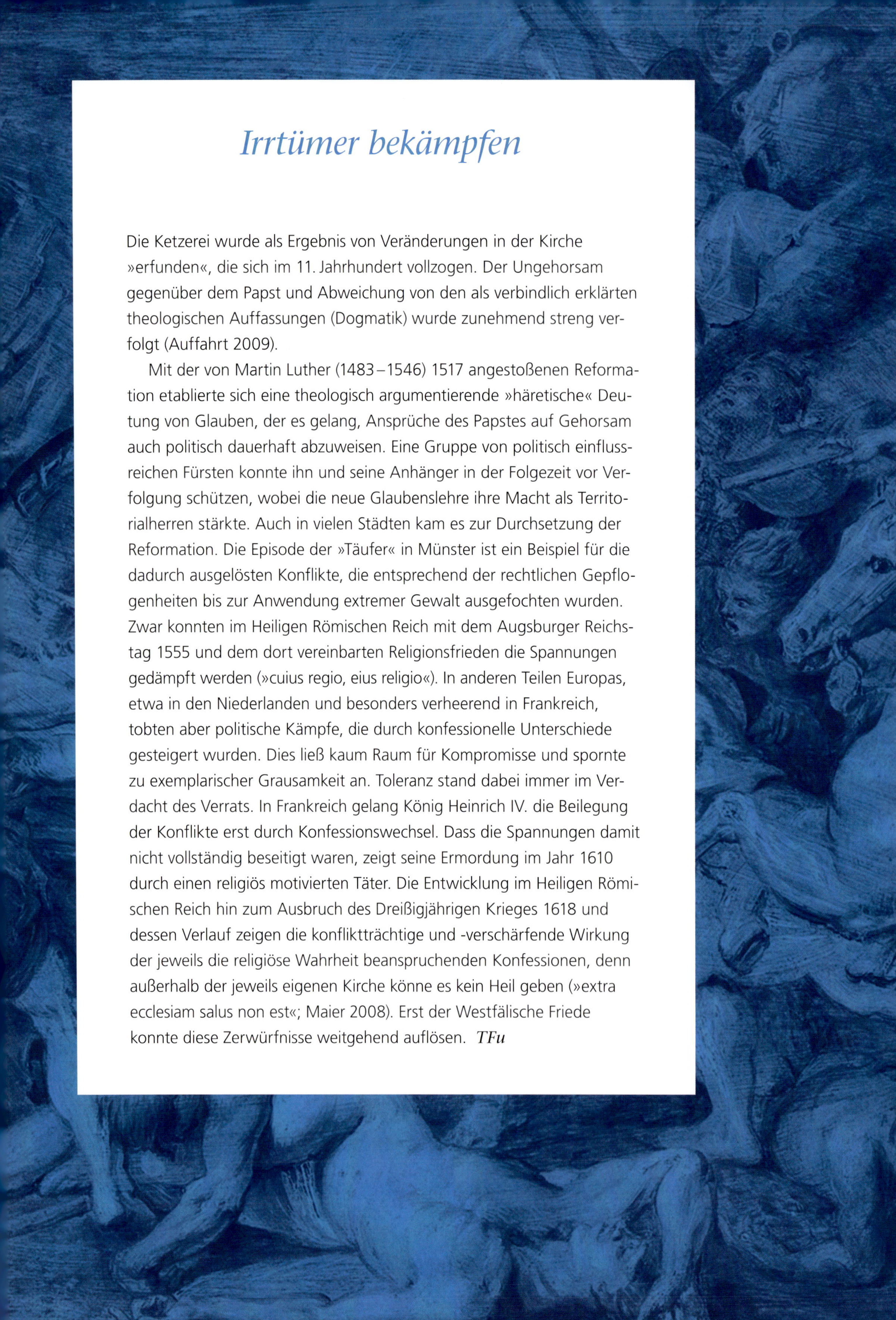

# *Irrtümer bekämpfen*

Die Ketzerei wurde als Ergebnis von Veränderungen in der Kirche »erfunden«, die sich im 11. Jahrhundert vollzogen. Der Ungehorsam gegenüber dem Papst und Abweichung von den als verbindlich erklärten theologischen Auffassungen (Dogmatik) wurde zunehmend streng verfolgt (Auffahrt 2009).

Mit der von Martin Luther (1483–1546) 1517 angestoßenen Reformation etablierte sich eine theologisch argumentierende »häretische« Deutung von Glauben, der es gelang, Ansprüche des Papstes auf Gehorsam auch politisch dauerhaft abzuweisen. Eine Gruppe von politisch einflussreichen Fürsten konnte ihn und seine Anhänger in der Folgezeit vor Verfolgung schützen, wobei die neue Glaubenslehre ihre Macht als Territorialherren stärkte. Auch in vielen Städten kam es zur Durchsetzung der Reformation. Die Episode der »Täufer« in Münster ist ein Beispiel für die dadurch ausgelösten Konflikte, die entsprechend der rechtlichen Gepflogenheiten bis zur Anwendung extremer Gewalt ausgefochten wurden. Zwar konnten im Heiligen Römischen Reich mit dem Augsburger Reichstag 1555 und dem dort vereinbarten Religionsfrieden die Spannungen gedämpft werden (»cuius regio, eius religio«). In anderen Teilen Europas, etwa in den Niederlanden und besonders verheerend in Frankreich, tobten aber politische Kämpfe, die durch konfessionelle Unterschiede gesteigert wurden. Dies ließ kaum Raum für Kompromisse und spornte zu exemplarischer Grausamkeit an. Toleranz stand dabei immer im Verdacht des Verrats. In Frankreich gelang König Heinrich IV. die Beilegung der Konflikte erst durch Konfessionswechsel. Dass die Spannungen damit nicht vollständig beseitigt waren, zeigt seine Ermordung im Jahr 1610 durch einen religiös motivierten Täter. Die Entwicklung im Heiligen Römischen Reich hin zum Ausbruch des Dreißigjährigen Krieges 1618 und dessen Verlauf zeigen die konfliktträchtige und -verschärfende Wirkung der jeweils die religiöse Wahrheit beanspruchenden Konfessionen, denn außerhalb der jeweils eigenen Kirche könne es kein Heil geben (»extra ecclesiam salus non est«; Maier 2008). Erst der Westfälische Friede konnte diese Zerwürfnisse weitgehend auflösen. *TFu*

76

## Jan van Leiden

Heinrich Aldegrever, 1536; Kupferstich, erster Zustand, Bl. 30,6 × 22,7 cm (im Plattenrand und unten stark beschnitten), datiert 1536
Stadtmuseum Münster, Stiftung LVM-Versicherung, GR-0239-1

Literatur: AK Münster 2000–2001, Bd. 1, Kat.-Nr. 104, S. 234–235 (Bernd Thier) und Kat.-Nr. 61, S. 164–165 (Edda Baußmann)

Der Kupferstich zeigt Jan van Leiden als König der Täufer von Münster im Alter von 26 Jahren. Seine linke Hand stützt sich auf eine Bibel, in der Armbeuge ruht ein Zepter und die rechte Hand hält eine Schriftrolle mit einer Buchstabiertafel. Dies spielt auf das selbsterteilte Privileg des Königs an, den in der Stadt neugeborenen Kindern niederdeutsche Vornamen – in alphabetischer Reihenfolge – zu geben. Da die Täufer die Kindertaufe verweigerten und die Erwachsenentaufe praktizierten, entfiel die übliche Namensgebung durch Paten und Priester, sie musste auf andere Art geregelt werden. Außerdem sollten keine Namen von Heiligen mehr verwendet werden.

Die über dem Porträt erscheinende Inschrift erwähnt, dass dieses Bildnis authentisch ist, die in Latein, Griechisch und Niederdeutsch abgefasste untere Inschriftentafel lautet übersetzt: »Dies war mein Antlitz, dies mein Schmuck, während ich das Zepter als König der Wiedertäufer führte, aber freilich nur für eine kurze Zeit. Heinrich Aldegrever aus Soest schuf es im Jahre 1536. Gottes Macht ist meine Kraft.«

Den linken oberen Bereich des Blattes ziert das Wappen des Königs, eine von zwei Schwertern durchstochene durchscheinende Glassphäre in der Form des Reichsapfels unter einer Königskrone vor einer Schriftrolle, auf der ebenfalls das ABC erscheint. Durch verschiedene Quellen ist bekannt, dass es sich bei den Schwertern um das *gladius spiritus* (Schwert des Geistes) und das *gladius vindicte* (Schwert der Rache) handelt.

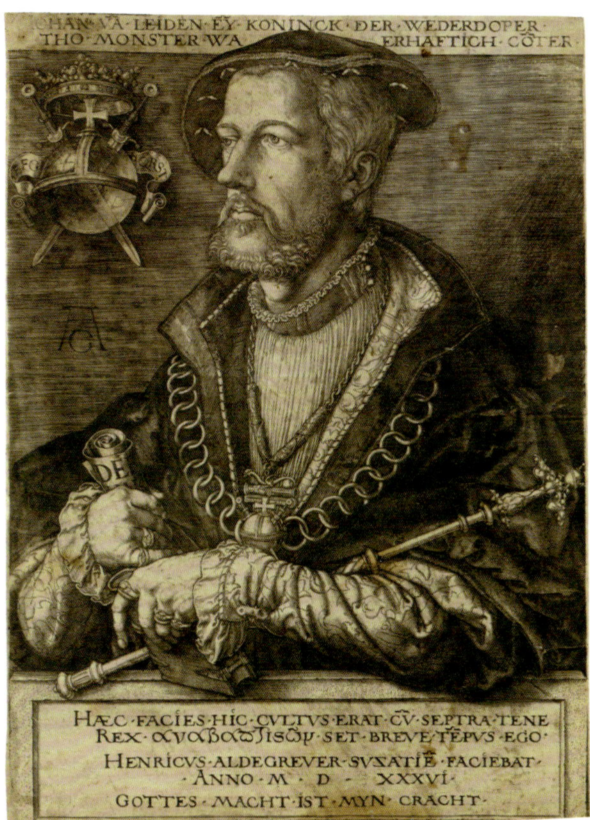


76

Der Reichsapfel symbolisiert eigentlich den Anspruch des Kaisers auf die Herrschaft über die Welt. Die beiden Schwerter verweisen auf die im Mittelalter weit verbreitete Zwei-Schwerter-Lehre, bei der Papst und Kaiser symbolisch das geistliche und weltliche Schwert, das sie von Gott erhalten hatten, getrennt voneinander führen sollten. Ausgehend von Gregor VII. beanspruchten die Päpste die Führung beider Schwerter, denn das weltliche Schwert sei den Kaisern von ihnen nur übertragen worden.

Die Vereinigung beider Schwerter im Reichsapfel verdeutlicht somit den alleinigen und allumfassenden Anspruch des Königs der Täufer als Prophet und neuer David auf die geistliche und die weltliche Macht im Reich. Das Schwert der Rache weist hierbei auf die Bestrafung der Gottlosen und Sünder hin, das Schwert des Geistes auf sein hohes Prophetenamt. Dies zeigt optisch wirkkräftig die Verschärfung der nun auch militärisch ausgefochtenen religiösen

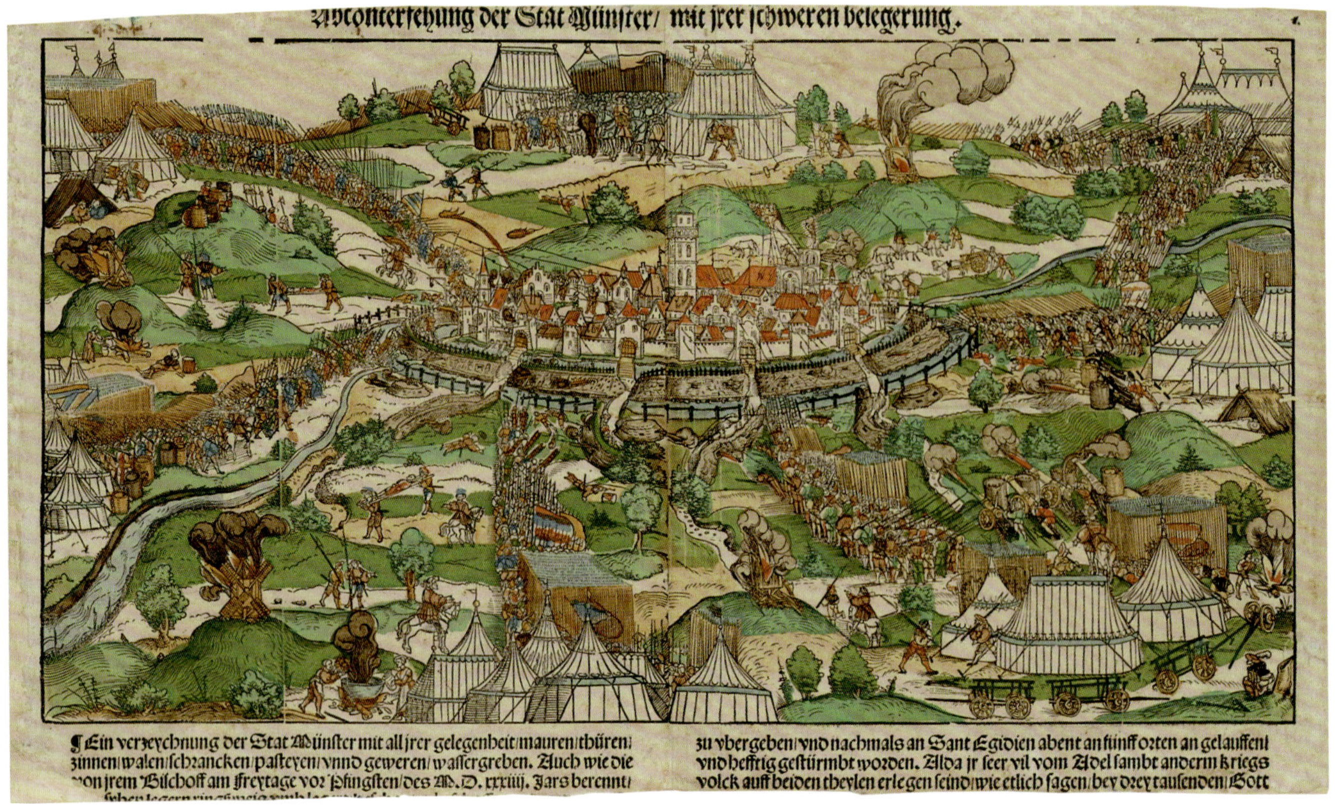


77

Konflikte innerhalb des Christentums im Zeitalter der Reformation – allein durch religiöse Motivation und die fundamentalistische Neuinterpretation des Taufsakraments. Die Nachfolger dieser 1535 vernichtend niedergerungenen, gewaltbereiten apokalyptischen münsterischen Täufer, die Mennoniten, Hutterer und Amische, verfolgen im Gegensatz dazu bis heute ein pazifistisches Weltbild.

Das von Heinrich Aldegrever nach dem Tod des Königs als Symbol der Vanitas geschaffene Porträt prägte jahrhundertelang durch zahlreiche Nachstiche die Kenntnis vom Aussehen des Jan van Leiden. Ein besonders schönes und frühes spiegelbildliches Beispiel aus den Jahren um 1600/1620 stammt von dem Niederländer Jan Muller (1571–1628). *BT*

77

## Ansicht der Belagerung von Münster

Erhard Schön, 1534/35; Holzschnitt, koloriert, 34,5 × 59,5 cm
Münster, LWL-Museum für Kunst und Kultur Münster, Inv.-Nr. K 35-52 LM

Literatur: AK Münster 2000–2001, Bd. 1, Kat.-Nr. 43, S. 138–139; Kirchhoff 1962

Die im Konflikt mit der städtischen Obrigkeit und mit dem bischöflichen Stadtherrn schrittweise radikalisierte protestantische Splittergruppe der Täufer hoffte auf die Niederkunft des »Neuen Jerusalem« in Münster (Lutterbach 2008). Die Verbannung Andersgläubiger zog die Belagerung der Stadt durch den Fürstbischof und seine Verbündeten zwischen Februar 1534 und Juni 1535 nach sich. Die prophezeite Niederkunft Christi als Friedensfürst blieb innerhalb der Stadtmauern aus, und das Ende des Täufertums trat in Münster durch den gegnerischen Angriff ein.

Die Darstellung der Belagerung in Vogelperspektive entstand vermutlich anhand schriftlicher Dokumente, da Ungenauigkeiten in der geografischen Ausführung des Stadtbilds sowie eine falsche Anordnung der Kirchen darauf schließen lassen, dass der Künstler die Stadt nicht genau kannte. Der Ansturm von allen Seiten verdeutlicht die Unterstützung des katholischen Bischofs als Stadtherren, der ein mit den rechtlichen Gepflogenheiten der Zeit übereinstimmendes Blutgericht über die Anhänger des Täufertums hielt. In den folgenden Jahren bauten seine Nachfolger Münster zu einem Bollwerk gegen die protestantische Niederlande aus.

Die historische Episode in der Stadtgeschichte Münsters ist ein besonders prägnantes Beispiel für die Konflikte, die durch die konfessionellen Veränderungen in den meisten Städten des Heiligen Römischen Reiches im Laufe des 16. Jahrhunderts ausgelöst wurden (Freitag 2016). Die große Aufmerksamkeit für die besonders zugespitzten Ereignisse in Münster zeigt sich auch darin, dass der Holzschnitt in Nürnberg hergestellt wurde. *CM*

78

## Heinrich IV. stützt sich auf die Religion, um Frankreich den Frieden zu geben

Frankreich, zwischen 1594 und 1599;
Öl auf Holz, 33 × 25,5 cm
Pau, musée national et domaine du château,
Inv.-Nr. P. 80.10.1

Literatur: AK Pau 1985, Nr. 4; AK Pau-Paris 1989–1990, Nr. 158; AK Nantes-Pau 1998, ohne Nr.; AK Augsburg 2005, Nr. III-15; AK Madrid 2009–2010, Nr. 12; AK Saint-Germain-en-Laye 2010–2011, ohne Nr.; AK Paris 2016, Kat.-Nr. p. 52–53; Perot 1988; Béguin 1992

Die Komposition dieses eleganten kleinen Täfelchens wird von Historikern zu Recht als eine der lebendigsten Darstellungen für das von königlicher Hand umgesetzte Friedensprojekt angesehen. Sie verbindet internationale Anleihen (Allegorien, die durch einen Geschmack für flämische Vorbilder und italienische Quellen gekennzeichnet sind, mit einem recht französischen König in Tracht eines römischen Kaisers) mit der Prägnanz eines Porträts in Aktion. Die tiefe Wahrheit eines bewährten Fürsten, sein abgemagertes, aber dennoch waches Gesicht führen direkt zu dem 1587 in La Rochelle entstandenen Porträt von François (II.) Bunel (zwischen 1595 und 1599), dem Maler und Kammerdiener des damaligen Königs von Navarra. Der Prinz, der als römischer Feldherr auftritt, trägt einen Umhang in tiefem Purpurrot, der mit goldenen Lilien bestickt ist. Er ist der »Rois Très Chretien«, der allerchristlichste König, der am 25. Juli 1593 in der Kathedrale von Saint-Denis wieder katholisch wurde, am 27. Februar 1594 in Chartres gekrönt wurde und sich am 17. September 1595 in Rom mit Papst Clemens VIII. versöhnte.

In der Allegorie lenkt alles die Aufmerksamkeit auf die Personifikation der Religion, die offensichtlich ein zweites Porträt enthält, das der offiziellen Geliebten des Königs, Gabrielle d'Estrées. Zu den Attributen, von denen das aufgeschlagene Buch ursprünglicher Bestandteil ist, wurden offenbar das Kruzifix und der Kelch, den eine Hostie bekrönt, hinzugefügt.

In dem etwa zeitgleich entstandenen Kupferstich »Die Tugenden und die Laster« von Hendrik Goltzius hält die Kardinaltugend Fides, der Glaube, mit gleichem Eifer das heilige Buch und das Kruzifix, während in der Ferne der Engel sich darauf vorbereitet, das Opfer Isaaks zu unterbinden. Die Putten mit den Waffen des Königs setzten auch hier den Grausamkeiten des Krieges ein Ende und bewahren das Bild eines kühnen Fürsten, der nun von den Werken des Mars befreit wurde. Es bleibt die von zwei Händen gebildete Geste: die des Königs und die der Personifikation Frankreichs, die einen Olivenzweig hält. Sie bezeichnet einen Frieden, der schließlich von einer erschöpften Nation ergriffen wurde, am Vorabend der Unterzeichnung der Edikte der religiösen Koexistenz in den Jahren 1598/99. *PM*

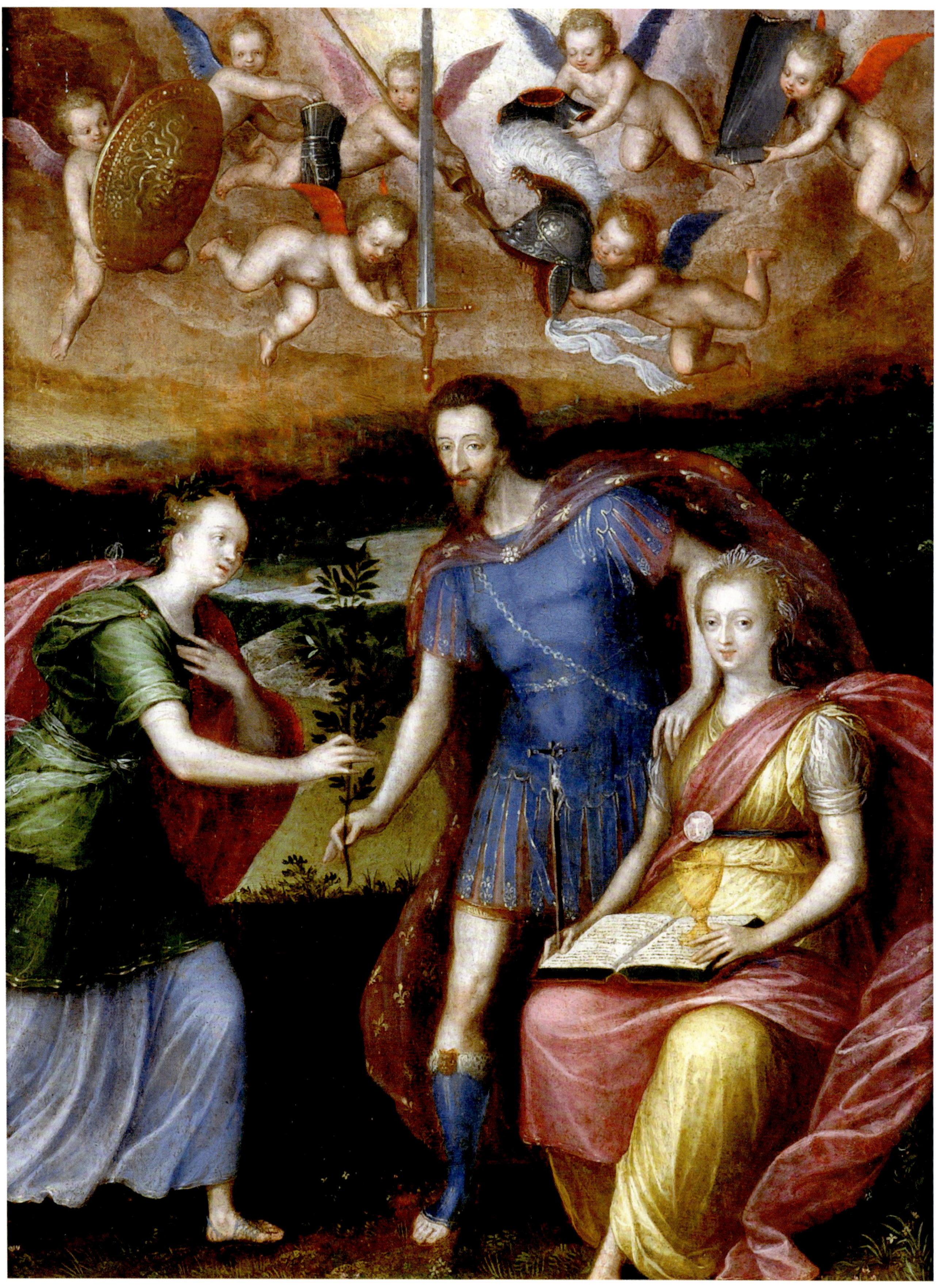

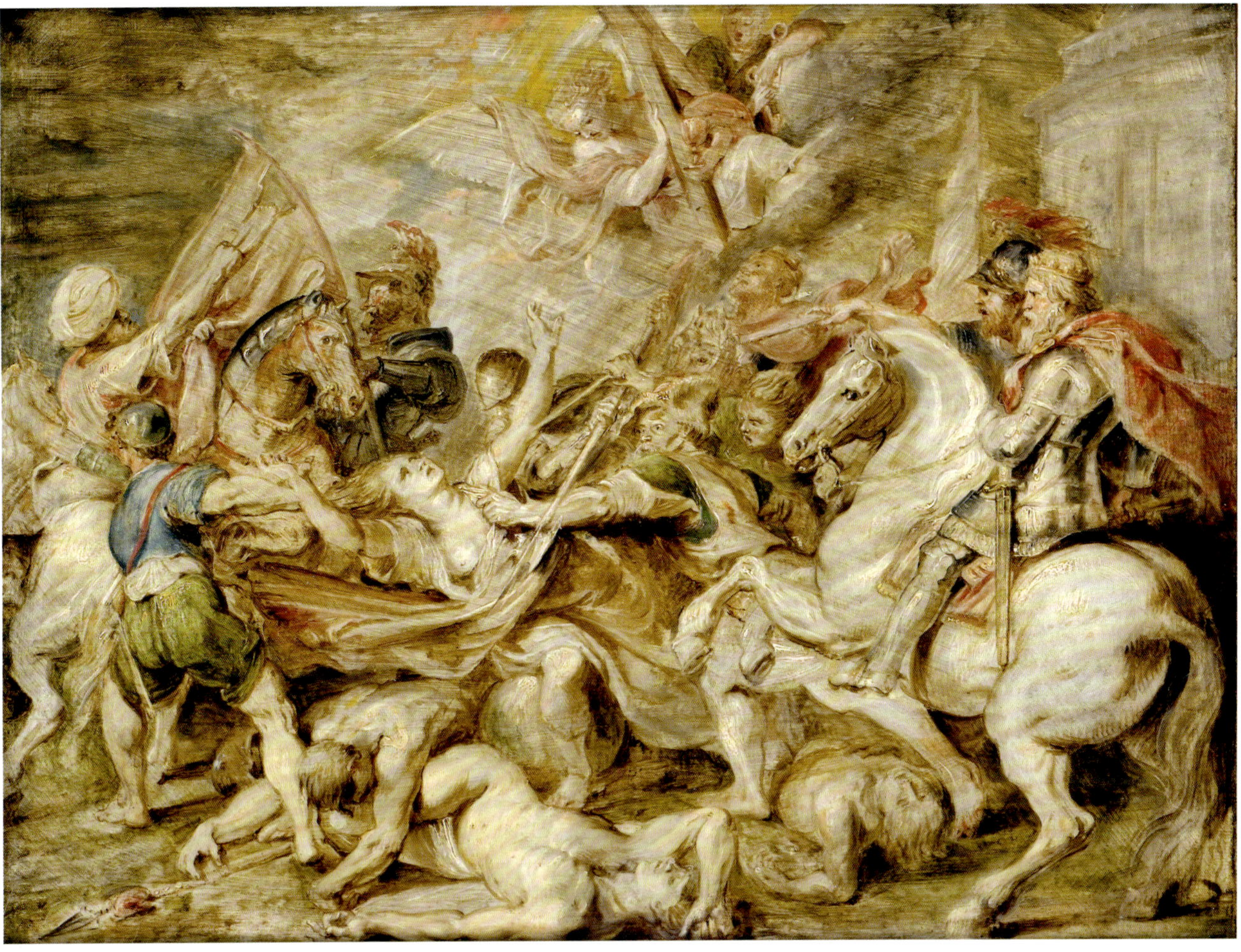

79

79

## Allegorie der katholischen Austria, die verfolgt wird

Peter Paul Rubens, vermutlich 1620/21,
Öl auf Holz, 51×66,5 cm
Musée Fabre, Montpellier Méditerranée Métropole

Literatur: Held 1980, S. 532–533, Nr. 394; Olivier Zeder, in: AK Montpellier 1998, S. 164–167, Nr. 45; Marie-Anne Dupuy-Vachey, in: AK Paris 1999–2000, S. 443; Ulrich Heinen, in: AK Braunschweig 2004, S. 155–157, Nr. 16; Büttner 2018, Nr. 25.

Das etwa 1620/21 entstandene Bild hat der Forschung Rätsel aufgegeben. Wie so oft bei Rubens' Ölskizzen lässt sich die Herkunft nur ins 19. Jahrhundert zurückverfolgen. Damals befand sich das Bild im Besitz von Dominique Vivant Denon (1747–1825), aus dessen Nachlass es 1826 in Paris versteigert wurde. Die virtuose Skizze ist aus einer lockeren Pinselzeichnung entwickelt, die über der typischen mit breiten Strichen aufgetragenen Imprimitur liegt, die an vielen Stellen sichtbar bleibt und die Erscheinung des Bildes mitbestimmt. Einzelne farbige Akzente betonen die für die Bildhandlung wichtigen Figuren.

Im Zentrum des Kampfgetümmels ist eine Frau auf einer Kugel gezeigt, die zum Opfer brutaler Übergriffe wird. Hilfe heischend hebt sie die Arme, sich einem Engel entgegenreckend, der mit einem Kreuz aus den Wolken herniederfährt. Andere Engel tragen einen Kelch und zwei Schlüssel herbei, Sinnbilder des Glaubens und des Papsttums. Um die gepeinigte Frau herum liegen die nackten Leichen erschlagener Kämpfer, über denen sich rechts der Schimmel eines gerüsteten Königs aufbäumt. Er wird von einem weiteren Reiter begleitet, der mit seinem Feldherrnstab auf das gequälte Opfer deutet.

Sie sind die Befehlshaber der gewalttätigen Horden, zu denen auch die Reiter am linken Bildrand gehören. Dort ist ein Streit um eine Standarte entbrannt, die ein Mann mit Turban herunterzureißen sucht. Seine Kleidung wie auch die Gewänder der anderen Übeltäter deutet an, dass es sich bei ihnen um Feinde des Christentums handelt, von denen einige jedoch die himmlischen Zeichen erkennen.

Das aus den Wolken herbeigetragene Kreuz macht unmissverständlich deutlich, dass es sich um eine christliche Szene handelt. Der Turban und die asiatisch anmutenden Kleider der unter dem Befehl der beiden Gerüsteten stehenden Kämpfer lassen an einen Religionskrieg denken. Es war Julius Held, der angeregt von Innozenz Grafe 1980 vorschlug, die Szene auf konkrete historische Ereignisse aus Rubens' Lebzeiten zu beziehen und als Allegorie zu deuten. Noch während die katholische Welt wegen der Erhebung der böhmischen Stände den Atem anhielt, die 1618 mit dem Prager Fenstersturz den Dreißigjährigen Krieg ausgelöst hatte, war der aus Transsilvanien stammende protestantische Prinz Gabriel Bethlen de Iktár (um 1580–1629) am 25. August 1620 mit Zustimmung der Türken zum König von Ungarn gewählt worden. Nun marschierte er mit protestantischen Truppen gegen Wien. Für die Habsburger war das eine Schreckensnachricht, denn Bethlen Gabor hatte das Reich seit August 1619 attackiert und fast die gesamte heutige Slowakei und weite Teile Ungarns erobert und sich bei Pressburg mit den von Heinrich Matthias von Thurn (1580–1640) angeführten Truppen der mährischen und böhmischen Stände verbündet. Auf dieses historische Geschehen lassen sich alle Details des Bildes beziehen.

Die Skizze lässt sich stilistisch in die Jahre zwischen 1620 und 1622 datieren. Dazu fügt sich auch die Bestimmung des Themas, das eine Entstehung zwischen dem Beginn von Bethlens Feldzug im Herbst 1619 und seinem offiziellen Verzicht auf die Königswürde am 31. Dezember 1621 nahelegt. Zu welchem konkreten Zweck die Ölskizze entstand, ist nicht dokumentiert. Wahrscheinlich entstand sie in Montpellier in Vorbereitung eines Gemäldes. Wer der Adressat eines solchen Gemäldes hätte sein können, muss offen bleiben. Dass eine endgültige Ausführung des Bildes unterblieb, mag aber der Tatsache geschuldet sein, dass es die Feinde des Reiches deutlicher in Szene setzte, als dessen Helden. Für die Visualisierung einer allein dem göttlichen Eingreifen und den Symbolen des Glaubens geschuldeten Errettung des Reiches gab es in der kriegerischen Entstehungszeit des Bildes vermutlich an den katholisch gesinnten Höfen wenig Bedarf. Vermutlich unterblieb die Ausführung, weil die militärische Bedrohung durch Bethlen Gabor und Heinrich Matthias von Thurn nach der siegreichen Schlacht am Weißen Berg und den Erfolgen der habsburgischen Truppen nicht mehr gegeben war. *NB*

**80**

## Der Friede mahnt die Konfessionen zur Toleranz

Nördliche Niederlande, 1. Hälfte des 17. Jahrhunderts;
Öl auf Leinwand, 131,5 × 162,5 cm
Utrecht, Museum Catharijneconvent
(Leihgabe Rijksmuseum Amsterdam, Inv.-Nr. A4152),
Inv.-Nr. RMCCs48

Literatur: Bergsma 1998; Dirkse/Zijp 1986, S. 174–175; Harms 1980, S. 112–113; Möseneder 2013, S. 32–36; van Eck/Priem 2013, S. 15–20, 65; Vollhardt/Multhammer/Bach 2015, S. 3; Zijp 1981; AK Münster 1998, S. 21–22, 282; Museum Catharijneconvent 2017

Bei dem Gemälde handelt es sich um eine gemalte Erörterung religiöser Toleranz, dem – ähnlich einem Comic-Strip – Texttafeln beigefügt sind, die gleichermaßen gelehrt wie sprachwitzig die Hauptdarsteller und den Hintergrund der Szenen erläutern. So stellt die Tischgesellschaft Calvin, den Papst, Luther und Menno Simons dar (den

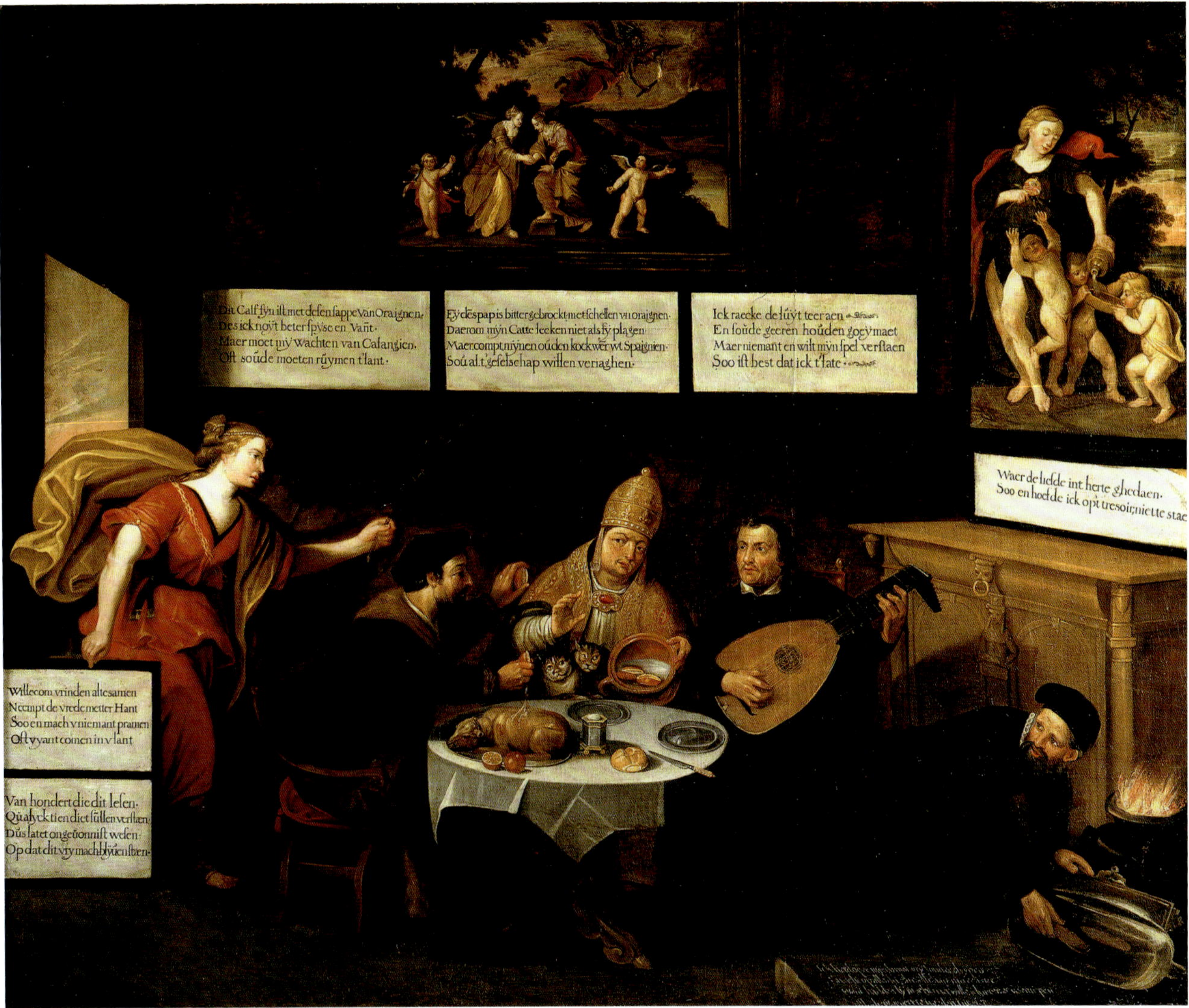


80

»Gründer« der Mennoniten), die sich vermeintlich befriedet zu einem gemeinsamen Mahl vor dem Herdofen versammelt haben. Das ist klug gewählt, gilt doch die Küche respektive der Tisch als Gemeinschafts- und Verhandlungsort par excellence. Ferner gehören Darstellungen des Mahls zum frühesten Bildgut der christlichen Kunst (vgl. Kat.-Nr. 18). Doch Gestik und Mimik der Glaubensvertreter verraten ein konfliktgeladenes Beziehungsgeflecht. Während Calvin eine Orange über dem Kalbsbraten – niederländisch »Calf fijn is« (Kalb-fein-ist, meint: Calvinist) – auspresst, um auf seine Verbundenheit zum Haus Oranien, die niederländischen Statthalter, hinzuweisen, reicht er dem Papst die Orangenschalen. Dieser lehnt die Offerte brüsk ab, zumal sie seinen Brei – niederländisch pap, in Anspielung auf paap/Papst – bereits so bitter gemacht haben, dass selbst die Katzen (Katholiken) ihn verschmähen. Luther stimmt derweilen die »luyt teer aen«, womit die Lutheraner und die Harmonie symbolisierende Laute gemeint sind. Diese Mehrdeutigkeit ist auch der am Ofen hockenden und ihr Brot ins Wasser tunkenden Figur eigen, die die Gruppe der Täufer bzw. Mennoniten repräsentiert.

Von links schreitet die Personifikation des Friedens heran und mahnt die Vertreter der katholischen und protestantischen Konfessionen zum friedvollen Miteinander, zu Toleranz. Damit ist keineswegs allein die Duldsamkeit gegenüber anderen Ansichten gemeint, also die pragmatische Hinnahme des Gegebenen, sondern die

Auseinandersetzung mit einer solchen Haltung. So lässt der Frieden über die »Sprechblase« verlauten, dass das Plädoyer für Toleranz – da es nur von wenigen verstanden wird – immer wieder aufs Neue erläutert werde müsse. Etwa durch ein auf Narration angelegtes, wie hier vorliegendes Gemälde, welches zudem über Bilder im Bild mit Darstellungen der Caritas oder Pax und Justitia die Grundbedingungen der Toleranz zunehmend verdichtet: Nächstenliebe, Vertreibung von Neid und Missgunst, Gastlichkeit, Offenheit und Wille zur Eintracht trotz Meinungsdifferenzen, denn: »Eendracht maakt macht« (»Eintracht macht stark«).

So firmiert das großformatigen Gemälde unter anderem auch unter dem sprechenden Titel »cucina opiniorum« – die Meinungsküche. Es handelt sich nämlich um die gemalte Variante eines in mehreren Auflagen erschienenen so bezeichneten Flugblattes. Während das durch den führenden niederländischen Vertreter der Toleranzidee Dirck Volckertsz Coornhert inspirierte Flugblatt vor der Folie der aufgepeitschten gesellschaftspolitischen und religiösen Umbrüche etwa um 1580 entstanden ist, wird das Gemälde um 1620 oder 1650 datiert. Insbesondere in dieser Zeit des in Mitteleuropa ausgetragenen Dreißigjährigen Krieges war die Ermahnung zur religiösen Toleranz von höchster Aktualität. *MD*

**81**

## Muttergottes mit dem Christuskind und Johannesknabe

Joachim von Sandrart, 1648; Öl auf Leinwand, 112,5×90 cm; Signiert auf der Basis des Tempels: »Joachimo Sandrart/1648«
Münster, LWL-Museum für Kunst und Kultur, Inv.-Nr. 591 LM (27-88)

Literatur: Klemm 1986, S. 169–170, Nr. 74, S. 63, Abb. 7; Lorenz 2000, S. 150–151; AK Münster 1998, S. 265–266, Nr. 762 (Angelica Francke); Schreiner 2000, S. 122–123, Abb. 8

Sandrart war ein in den Niederlanden und im Heiligen Römischen Reich erfolgreicher Maler. Er spielte eine Mittlerrolle für die Verbreitung der niederländischen Malerei. Als Bewunderer von Rubens gelang es ihm, auch stilistische Entwicklungen der Amsterdamer Malerei der 1640er Jahre im Umkreis von Rembrandt aufzunehmen. Er malte eine bekannte Darstellung zu einer Feierlichkeit in der Folge des Westfälischen Friedens, des Festes zum Abschluss des Interimsvertrags im Nürnberger Rathaus von 1649.

Um die konventionelle Gruppe eines Andachtsbildes mit Maria, dem Christuskind und dem Johannesknaben herum versammelt der Maler eine Reihe von Symbolen und bedeutungsvollen Figuren. Auf dem mit Engelsköpfen versehenen Thron, über dem ein Baldachin angebracht ist, steht eine Seligpreisung aus der Bergpredigt: »Selig, die Frieden stiften; denn sie werden Söhne Gottes genannt werden« (Mt 5,9) (vgl. Kat.-Nr. 6). Rechts hinter Maria steht ein hüfthoher Miniaturtempel, durch dessen Tür man auf einen Altar schaut. Er trägt die Aufschrift »Temp(lum) Pacis« (Friedenstempel). Ein geflügelter Putto schüttet ein Füllhorn mit Früchten aus, eine geläufige Zutat der Friedensfigur, um auf den Wohlstand im Gefolge des Friedens hinzuweisen. Unter anderem rollt eine Melone aus dem Füllhorn hinter dem Rücken des wohlgenährten Johannesknaben, der sich zum Christuskind emporreckt. Maria hält einen Olivenzweig in der Hand. Zwei Engel blicken anbetend aus dem Hintergrund auf die beiden Knaben.

Das Bild wird aufgrund der Datierung meist als Allegorie auf den 1648 abgeschlossenen Westfälischen Frieden gedeutet. Klaus Schreiner wies darauf hin, dass sich die symbolischen Bezüge zum Frieden auch religiös erklären lassen: »In ihrer Hand hält Maria einen Ölzweig, ein traditionelles Friedenssymbol, das zum Ausdruck bringen sollte, daß Maria durch die Geburt des Erlösers die Menschheit mit Gott versöhnt und auf diese Weise eine Zeit des Friedens begründet hat. Der Rundtempel links neben Maria […] ist

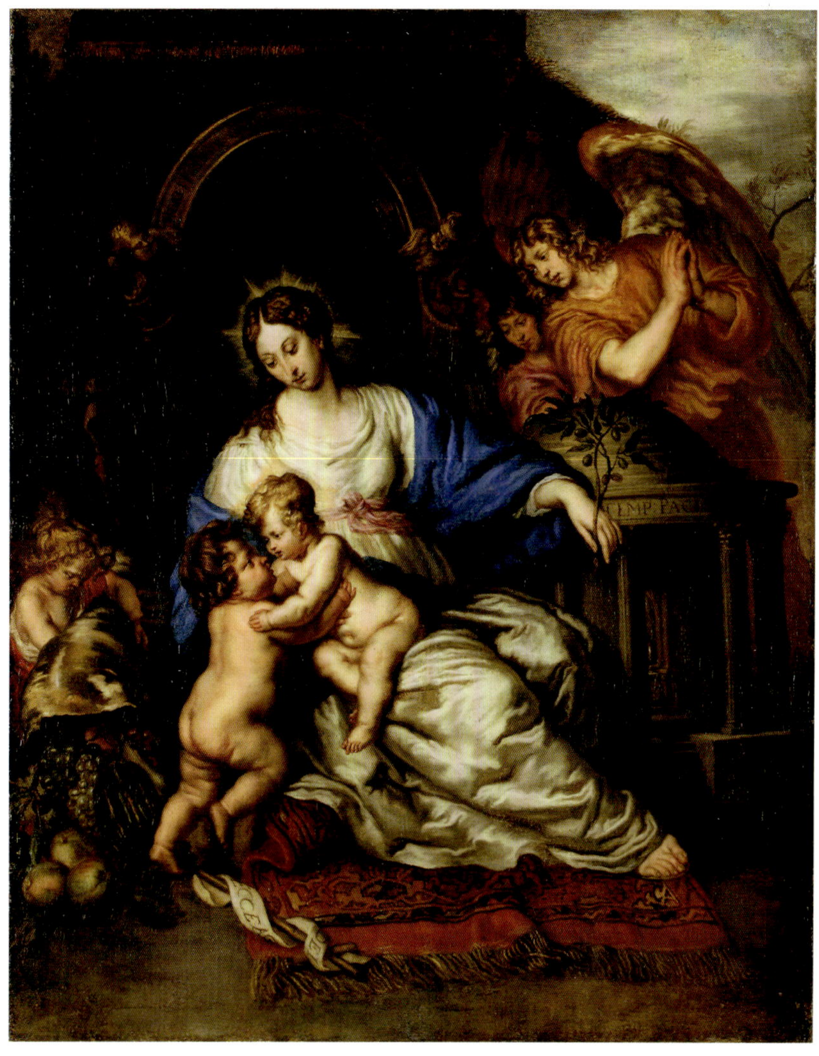

81

als Verbildlichung einer alten Marienmetapher zu verstehen. Mittelalterliche Marienhymnen rühmten die Gottesmutter als ›Tempel des Friedens‹« (Schreiner 2000, S. 122). Wie aber ist zu verstehen, dass gerade das Treffen des Johannesknaben mit dem Christuskind Anlass für diese besonders »friedliche« Darstellung wurde? Johannes der Täufer sagt in der Bibel bei der ersten Begegnung: »Seht, das Lamm Gottes, das die Sünde hinwegnimmt« (Joh 1,29). In der Tat liegt vor dem Johannesknaben ein Stab mit einem lateinischen Schriftband »Ecce Ag(nus) Dei«. Im liturgischen Gebet, das sich auf diese Metapher bezieht, dem »Agnus dei«, lautet die dritte Zeile: »Agnus Dei, qui tollis peccata mundi, dona nobis pacem.« (»[…] gib uns Frieden«).

Zugleich gilt Johannes mit Bezug auf die Auslegung von Psalm 84 (85), 11, seit den Kirchenvätern als Verkörperung der Gerechtigkeit und Christus als die des Friedens (Arnold 1996, S. 571; Augustyn 2003, S. 250). Auch wenn nahe liegt, das Gemälde auf den im Jahr der Entstehung abgeschlossenen Westfälischen Frieden zu beziehen, so liefert Sandrart eine rein religiöse Deutung des Ereignisses. Kompositorisch lehnt er sich an die Darstellung der »Felicitas« in einem Wandgemälde von Johannes Rottenhammer an, in dem die Personifikationen von Handel und Frieden gezeigt sind (Kupferstich von Lukas Kilian; Peltzer 1916, S. 341). Sandrarts Maria ist eine seitenverkehrte Version von Rottenhammers »Frieden«. *TFu*

# *Kreuzzüge*

Neben Kriegen zwischen christlichen Reichen gab es auch Kriege zwischen christlichen und nichtchristlichen Mächten. Der unterschiedliche Glaube verstärkte Konflikte. Unter dem Begriff »Kreuzzüge« vereint die Geschichtsschreibung in erster Linie die fünf von Päpsten ausgerufenen militärischen Unternehmungen vom 11. bis zum 13. Jahrhundert, die sich gegen Nichtchristen im Nahen Osten richteten und vorgeblich dem Schutz des Christentums galten. Dazu konnten die Rückeroberung von heiligen Stätte, aber auch Verteidigungskriege zählen. In einem weiter gefassten Verständnis konnten sich »Kreuzzüge« aber auch gegen Feinde des »wahren« christlichen Glaubens wie Häretiker und Schismatiker wenden und auf europäischen Gebieten geführt werden. Dies stieß aber auch auf Kritik einiger Zeitgenossen.

Die Kreuzfahrer kämpften für die Kirche und verstanden sich selbst in einem von Gott gewollten und vom Papst im Namen Christi verkündeten »heiligen« Krieg. »Deus lo vult« – »Gott will es« – sollen die Zuhörer Papst Urban II. zugerufen haben, als er sie 1095 für den Ersten Kreuzzug begeisterte. Den Teilnehmern, die sich durch ein Gelübde an die Durchführung des Kreuzzugs banden, wurde eine jenseitige Vergütung in Aussicht gestellt, ein Kreuzzugsablass. Die Kreuzfahrer verstanden ihre Teilnahme als Bußleistung, sie »kämpften also, um Sühne für ihre Sünden zu tun und um der Errettung ihrer Seele willen« (Riley-Smith 2005, S. 97).

Kennzeichnend war neben der Ausrufung durch den Papst, dem jenseitigen Lohn für die Teilnahme und dem Eid, dass sich die Kreuzfahrerheere aus Christen jeglicher sozialer Schichten aus allen europäischen Gebieten zusammensetzen konnten. Ritter, Mönche, Bauern und Adlige vereinten sich zu einem christlichen Heer bzw. bewaffneten Pilgerzug. Ihnen wurden für die Zeit des Kreuzzugs gewisse Privilegien zugestanden, die sie unter anderem dem kirchlichen Recht unterstellten oder ihren Besitz während ihrer Abwesenheit schützten. *VW*

Literatur: Kedar 1984; Hehl 1994; Riley-Smith 2005

82

## Die Rückkehr vom Kreuzzug

Gipsabguss 2002 (Original: Frankreich, Ende des 12. Jahrhunderts); 130 × 39 × 22 cm
Mainz, Bischöfliches Dom- und Diözesanmuseum, Inv.-Nr. V5881

Literatur: AK Mannheim 2017, Nr. B.3.6.3, S. 301–302 (Viola Skiba); Bysted 2015; Möhring 2014; Musée lorrian o. J.; Riley-Smith 2005; Völkl 2011

Die Predigt Papst Urbans II., in welcher er 1095 zum Ersten Kreuzzug aufrief, ist nicht im Wortlaut überliefert, den genauen Inhalt kennt die Forschung daher nicht. Zum »Kreuzzug« wird der Papst jedoch nicht aufgerufen haben. Der Begriff entstand erst im 13. Jahrhundert durch das den Kreuzfahrern angeheftete Stoffkreuz. Wer sich entschied, am Kreuzzug teilzunehmen, legte einen Eid ab und heftete sich ein Kreuzzeichen an die rechte Schulter. Dieses durfte er erst bei seiner Rückkehr ablegen. Er war nun ein *crucesignatus*, ein mit dem Kreuz Bezeichneter und gehörte zu den *crucem portantes*, Trägern des Kreuzes (AK Mannheim 2017, S. 301; Völkl 2011, S. 42).

Die Teilnehmer der ersten Kreuzzüge bezeichneten ihre Reise vielmehr als Pilgerfahrt, als Peregrinatio, und sahen sich selbst als – bewaffnete – Pilger. Die Tradition der Pilgerfahrten nach Jerusalem war seit der Spätantike etabliert. Durch diese konnten Christen einen Ablass auf die Sündenstrafen erlangen. Als Urban II. zum Kreuzzug aufrief, war seine Vorstellung vom Verdienst der Kreuzfahrer geprägt durch diese Pilgertradition. Er und seine Nachfolger stellten ihnen jenseitige Belohnung in Aussicht, die denen der Pilger vergleichbar war. Sofern sie nicht aus niederen Beweggründen an dem Zug teilnähmen, sondern für Christus und die Kirche kämpften, würden sie mit einem Nachlass ihrer Sündenstrafen bzw. mit der Vergebung ihrer Sünden belohnt. In der Abtei Belval in Portieux stand seit dem 12. Jahrhundert eine Skulptur eines sich innig umarmenden Paares. Der Mann ist in schlichter Kleidung mit einem (Pilger-)Stab und einem angehefteten Kreuzzeichen dargestellt. Nichts deutet auf einen bewaffneten Kreuzfahrer hin. Der Mann erscheint vielmehr als Pilger. Die Skulptur wurde als Darstellung verschiedener historischer Persönlichkeiten gedeutet. *VW*

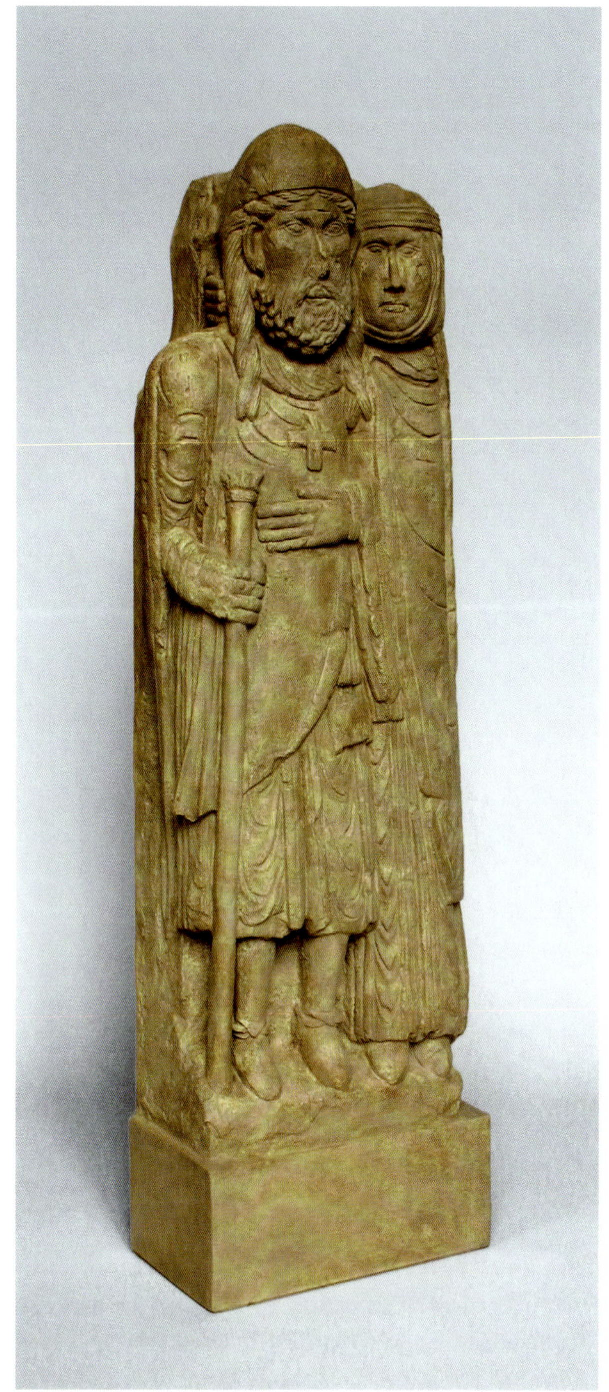

82

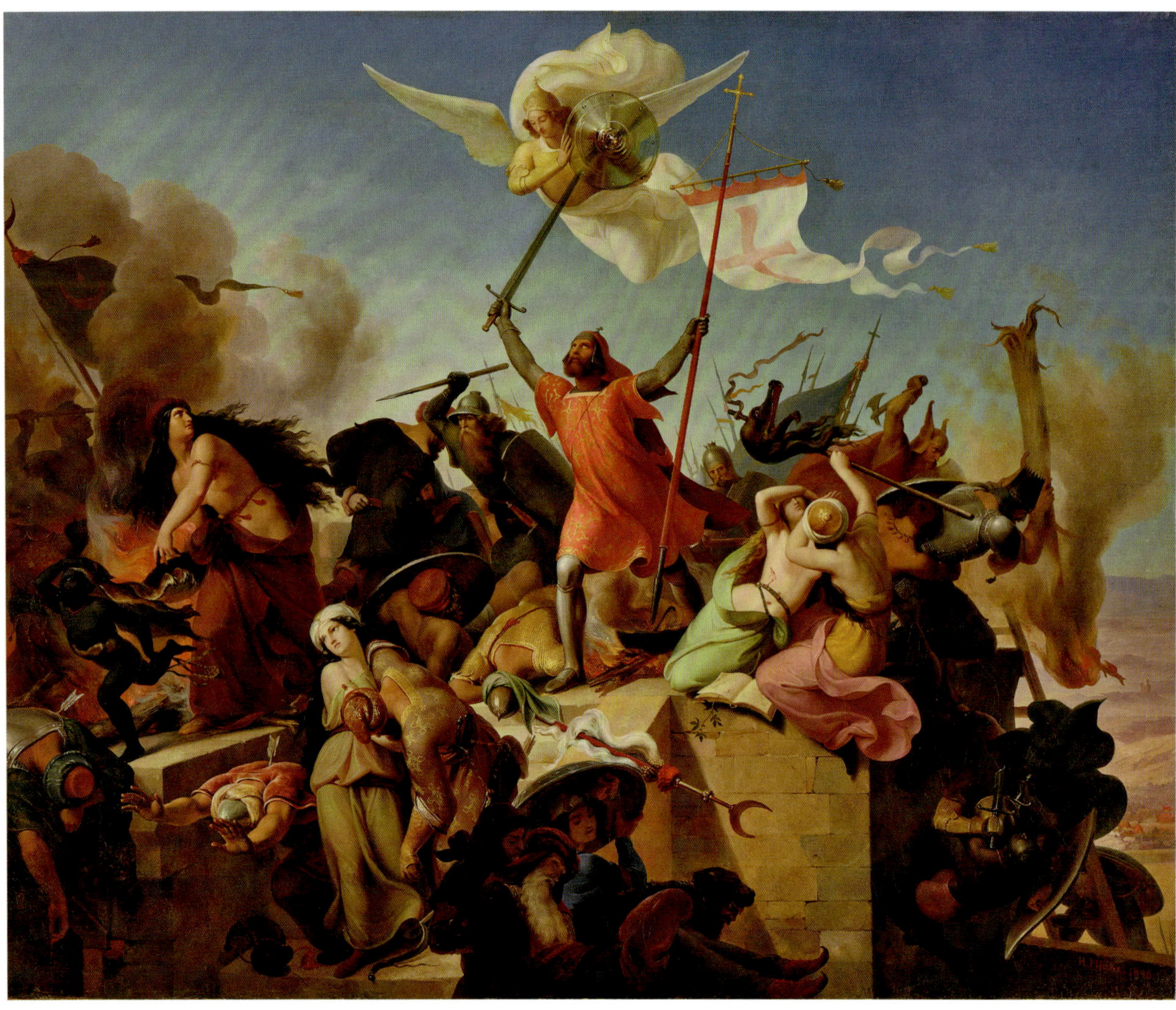

83

83

## Gottfried von Bouillon vertreibt die Heiden aus Jerusalem

Heinrich Anton Mücke, 1846; Öl auf Leinwand, 95 × 116 cm
Darmstadt, Hessisches Landesmuseum, Inv.-Nr. GK-1271

Literatur: Hartmann o. J.; Sutter 2012; Tittel 1999

Heinrich Anton Mücke (1806–1891) stellt auf seinem Gemälde die Eroberung der Stadt Jerusalem während des Ersten Kreuzzugs im Stil der religiösen Historienmalerei der Mitte des 19. Jahrhunderts dar. Der Triumph des christlichen Heeres über die Sarazenen wird deutlich hervorgehoben. Während die Standarte der Sarazenen in der linken Bildhälfte bereits im Rauch des Feuers unterzugehen droht und der Halbmondstab gestürzt über die Mauer ragt, leuchtet das Kreuzbanner am Kreuzstab hell über der tumultartigen Szene. Hochgehalten wird es von Gottfried von Bouillon, einem der Anführer des Ersten Kreuzzugs. Um ihn herum sind die Feinde niedergesunken und werden von Frauen gestützt. Die göttliche Hilfe bei der Erstürmung der Stadt, wie sie Bischof Daimbert überliefert (vgl. Kat.-Nr. 84), wird deutlich durch den über Gottfried schwebenden Erzengel Michael. Mücke hatte sich bei der Darstellung durch Torquato Tassos Renaissance-Dichtung »La Gerusalemme liberata« inspirieren lassen.

Der gebürtige Breslauer Heinrich Anton Mücke wechselte 1826 von der Berliner an die Düsseldorfer Kunstakademie. Ab den 1830er Jahren nehmen religiöse Motive in seinem Werk einen größeren Anteil ein. Dieses Gemälde wurde 1844 vom Kunstverein für die Rheinlande und Westfalen bei ihm in Auftrag gegeben. Beeinflusst wurde dessen Stil von der Historienmalerei der sogenannten Belgischen Bilder. Das 19. Jahrhundert hatte die Kreuzzüge als Thema und Motiv im Zusammenhang mit einem neuen, national motivierten Interesse am Mittelalter gewissermaßen wiederentdeckt. Vor dem aktuellen Zeitgeschehen sah man in den Kreuzzügen ein »Sinnbild für ein vereintes, gelebtes Christentum und die Opferbereitschaft für ein ›höheres‹ Ziel« (Sutter 2012, S. 255). *VW*

**84**

## Homiliar mit dem Brief des Bischofs Daimbert

Nordsyrien, Laodiceia, 12. Jahrhundert;
Pergament, 35 × 25 cm
Universitätsbibliothek Johann Christian Senckenberg
Frankfurt am Main, Handschriftenabteilung, Ms. Barth. 41,
fol. 248–249

Literatur: AK Halle/Oldenburg/Mannheim 2005, Nr. A.18, S. 306 (Stefan Weinfurter); Althoff 2013; Angenendt 2007; Hagenmeyer 1901, Nr. XVIII., S. 103–114 und S. 167–174; Haas 2012

»[…] die Unsrigen ritten bis zu den Knien der Pferde im Blut der Sarazenen« (»nostri equitabant in sanguine sarracenorum usque ad genua equorum«) – mit diesen Worten berichtet Bischof Daimbert von Pisa, der päpstliche Legat auf dem Ersten Kreuzzug, der westlichen Welt von der Eroberung Jerusalems am 14. Juli 1099 durch die Kreuzritter. Zu finden ist diese Stelle in einem Brief an den Papst und an die westlichen Christen, der in den Monaten unmittelbar nach der Eroberung verfasst wurde.

Der Brief berichtet über die Umstände und Etappen bis zur Eroberung der heiligen Stätten. Die religiöse Komponente ist dabei allgegenwärtig. So ist das Schicksal der Kreuzfahrer auf ihrem Weg gen Jerusalem bestimmt durch

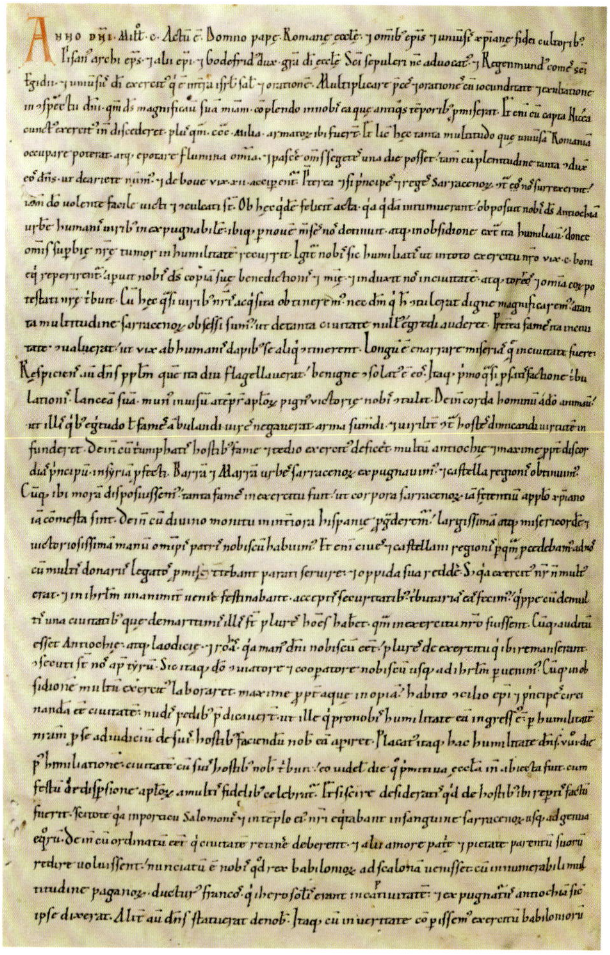

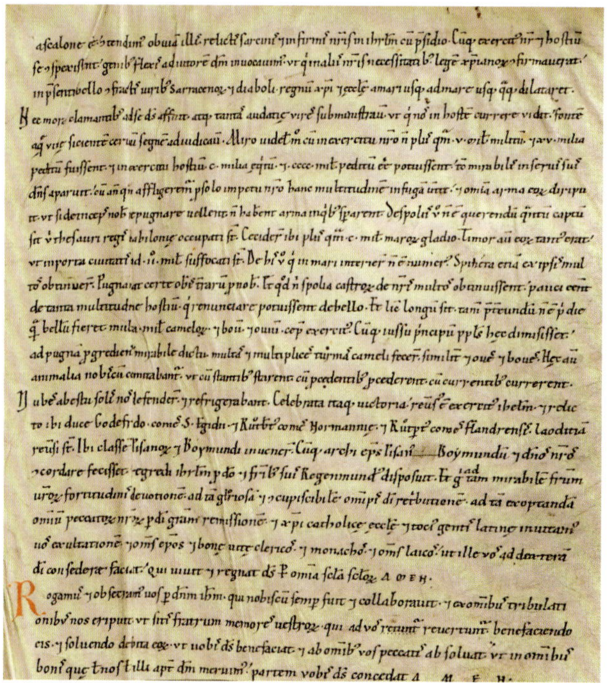

84

Gottes Willen. Bei Übermut und Undank habe Gott das Heer mit Hunger und Feinden bestraft, ihnen aber auch durch den Fund der heiligen Lanze Mut gespendet. Nachdem sie sich durch tagelange Gebete, Fasten und Prozessionen für die Eroberung auszeichneten, öffnete Gott selbst schließlich die Tore des belagerten Jerusalem. In der Stadt richteten die Eroberer, so der Verfasser, dann ein Blutbad an.

Die Bibel überliefert im Umgang mit Feinden auch eine eigene »Blutsprache« (Angenendt 2007, S. 436–437). Genannt sei hier für das Alte Testament, Psalm 68,22–24, nach welchem der Fuß im Blut der von Gott zerschmetterten Feinde baden werde, sowie für das Neue Testament die Offenbarung des Johannes (14,20), in welcher das Blut der Verdammten aus der Kelter strömt bis an die Zügel der Pferde, eintausendsechshundert Stadien weit. Zu beachten sind auch die Schilderungen der Makkabäerkämpfe des Alten Testaments. Dort findet sich bereits das Element der Befreiung und Reinigung heiliger Stätten von der Besudelung durch Feinde. Die Kreuzfahrer sahen sich demnach in dieser christlichen Tradition der gottgewollten Blutsühne.

Angesprochen wird in dem Brief nur der Papst allgemein und nicht mehr Papst Urban II. (gest. 29. Juli 1099). Auch sein am 13. August 1099 gewählter Nachfolger Paschalis II. ist nicht erwähnt. Der Brief entstand, nachdem die Kunde vom Tod Urbans und noch bevor die Nachricht von der Wahl seines Nachfolgers Paschalis die Kreuzfahrer erreichte. Daimbert selbst bezeichnet sich in dem Brief noch nicht als Patriarch von Jerusalem, ein Amt, das er ab Weihnachten 1099 innehatte. Der Brief entstand somit zwischen August und Weihnachten 1099. Von Laodecia aus agierte Daimbert, der nicht an der Eroberung Jerusalems teilgenommen hatte, als Kreuzzugslegat und als Befehlshaber eines Pisaner Flottenverbandes. Hier traf er mit dem Kreuzfahrer und Grafen von Toulouse, Raimund von St. Gilles, zusammen. In ihrer beider Namen wurde der Brief verfasst und gen Rom geschickt. *VW*

85

## Altarleuchter mit allegorischen Figuren der Kontinente

Meister von Stavelot, Lüttich, 3. Viertel des 12. Jahrhunderts; Bronze, teilweise vergoldet, tauschiert, H. (mit Dorn) 24 cm
Dommuseum Hildesheim, Inv.-Nr. DS 22 a

Literatur: AK Berlin 2010 b, Kat.-Nr. 31, S. 78 (Lothar Lambacher); Elbern/Reuther 1969, Nr. 22, S. 34; von Falke 1932

Einen interessanten Einblick in die Gedankenwelt der Kreuzfahrerzeit vermittelt ein Leuchter aus dem Hildesheimer Dommuseum. Er gehört zu einem Leuchterpaar, welches während der Amtszeit Bischofs Eduard Jakob Wedekin im dritten Viertel des 19. Jahrhunderts aus der Sammlung Culemann in Hannover in den Domschatz nach

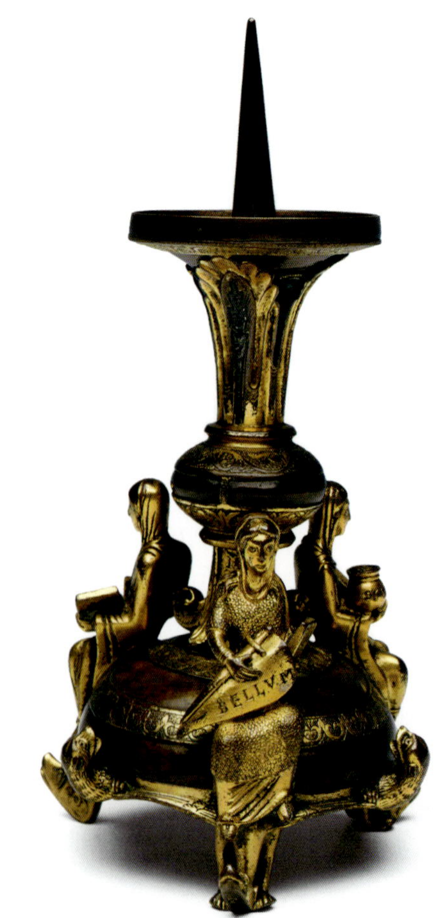

85

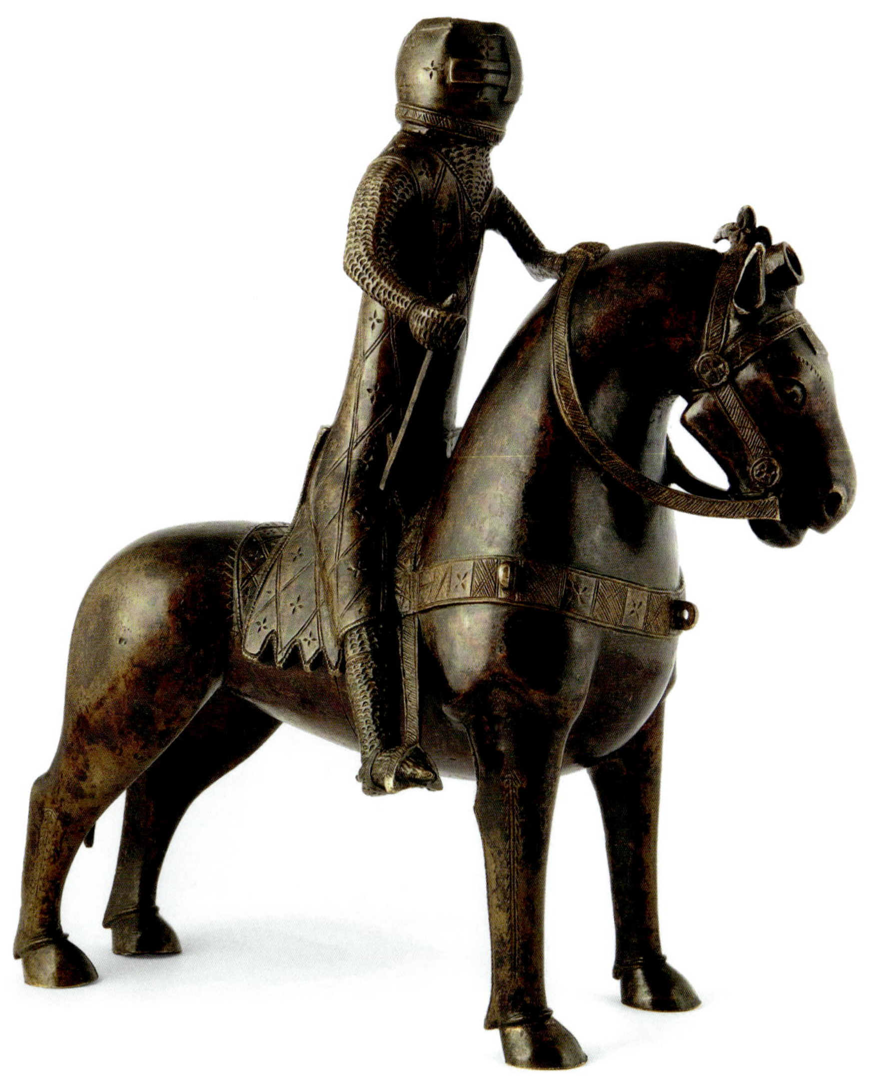

86

Hildesheim kam. Beide Leuchter sind formal gleich gestaltet. Sie stehen auf drei drachenartigen Wesen, die eine verzierte Kuppel tragen, aus der sich der Leuchterstamm erhebt. Jeweils über den Wesen sitzen Frauengestalten. Zwischen ihnen beugen sich drei Löwen von der Unterseite der Kuppel nach oben hervor. Die Frauen tragen lange Gewänder und Schleier und sind mit unterschiedlichen Beigaben ausgestattet. Inschriften erklären ihre Bedeutungen.

Die Figuren des ausgestellten Leuchters weisen sich als Verkörperungen der damals bekannten drei Kontinente Afrika, Asien und Europa aus. Afrika hält zwei Bücher, die zusammen mit der Inschrift SCI/EN/TI/A dem Kontinent die »Wissenschaft« als Merkmal zuordnet. Asien, angetan mit einem Füllhorn, nennt die DIVITIE, den »Reichtum« ihr Eigen. Europa hingegen zeichnet sich mit Kettenhemd, Schild und Schwert als BELLVM, als Kontinent des »Krieges« aus.

Auch auf dem anderen Leuchter stellen die Frauen Allegorien dar. Die Medizin, den Streit sowie Theorie und Praxis. Die Altarleuchter lassen sich durch stilistische Vergleiche mit dem Meister von Stavelot, einem Künstler des 12. Jahrhunderts im Rhein-Maas-Gebiet in Verbindung setzen. *VW*

86

## Aquamanile in Form eines Ritters

Niedersachsen oder Maasgebiet, um 1230–1240;
Bronze, gegossen und ziseliert, 34×30 cm
Bologna, Museo Civico Medievale, Inv.-Nr. 1511

Literatur: d'Apuzzo/Medica 2013

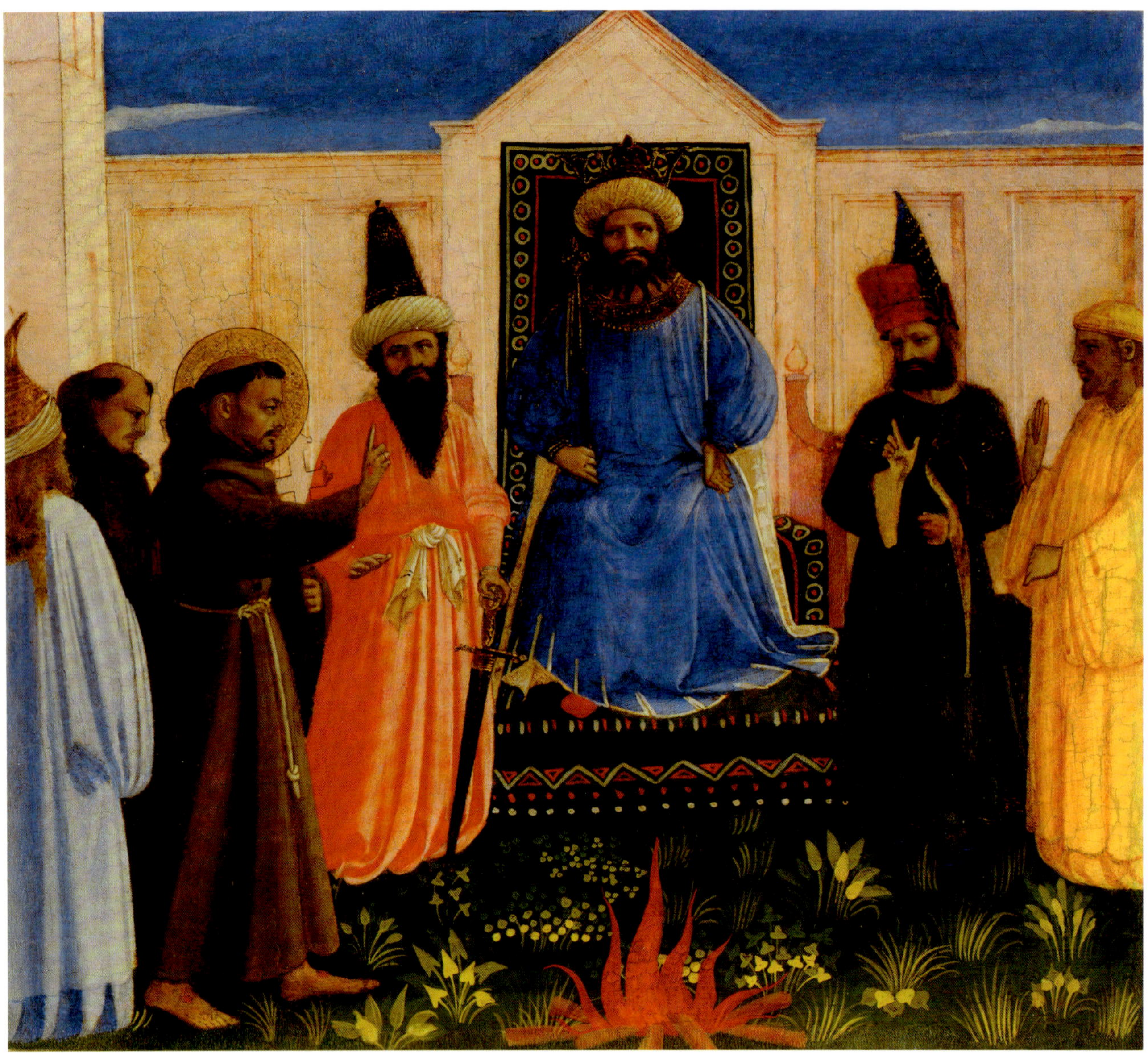

87

Die Bronzefigur ist eine der schönsten Darstellungen eines Ritters aus der Blütezeit des Rittertums. Sie gehört zu einer Gruppe von verwandten Reiter- bzw. Ritterbronzen im Metropolitan Museum in New York (acc. No. 64.101.1492), im Museo del Bargello in Florenz (Inv.-Nr. N 328 c) und im Musée des Beaux-Arts in Besançon, die um 1250 vermutlich in Niedersachsen entstanden. Es handelt sich um Wassergefäße, die für die rituelle Handwaschung zu sakralen oder profanen Zwecken dienten. Die Bezeichnung Aquamanile leitet sich aus den lateinischen Wörtern für Wasser *(aqua)* und Hand *(manus)* ab. Der Einguss auf dem Kopf war ursprünglich mit einem Deckel versehen. Zwischen den Ohren auf der Stirn des Pferdes sitzt ein Ausgussrohr. Als Griff diente offenbar der Körper des Ritters.

Der Stand adliger Vollkrieger begann sich bereits in der karolingischen Zeit herauszubilden. Für die Entwicklung spielte eine nicht unerhebliche Rolle, dass der *miles*, der Soldat/Ritter, im Zusammenhang mit der cluniazensischen Gottesfriedensbewegung und der sogenannten Gregorianischen Reform im Lauf des 11. Jahrhunderts von der Kirche bzw. vom Papsttum eine neue Rolle zugeschrieben erhielt. Die Gewaltanwendung im Gehorsam gegenüber der Kirche als einer von Gott eingesetzten weltlichen

Obrigkeit, die dem Kaiser übergeordnet sein sollte, wurde nun als gerechtfertigt und verdienstvoll gedeutet (Suchan 2002, S. 25).

Die gleiche Haltung findet sich in der päpstlichen Argumentation für die Reconquista in Spanien und für die Kreuzzüge in Nahen Osten oder gegen die Wenden an der Ostsee. In der Rede, die Papst Urban II. im November 1095 in Clermont-Ferrand den dort versammelten Adligen hielt, stellte er ihnen vor Augen, dass der kriegerische Zug ins Heilige Land eine von Gott selbst gestellte Aufgabe sei. Auch wenn der Wortlaut der Rede nicht überliefert ist, dürfte folgender Gedanke enthalten gewesen sein: »nunc fiant milites, qui dudum extiterunt raptores« (»Nun sollt ihr Kämpfer [für Christus] sein, die ihr bisher Räuber gewesen ward«; Althoff 1981). Die Soldaten antworteten mit dem Ruf: »Deus lo vult« (»Gott will es«). Dabei bediente sich Urban II. wie bereits Gregor VII. starker Bezüge auf die Bannideologie des Alten Testaments und auf Psalm 79, der die Verunreinigung des Tempels in Jerusalem beklagt (Althoff 2013, S. 129–133; vgl. den Aufsatz von Holzem S. 40–41). Die Ideologie des Rittertums entstand demnach »im Wesentlichen durch eine Übertragung von Forderungen, die seit der Karolingerzeit fester Bestandteil der Herrscherethik waren, auf die Gesamtheit der Waffentragenden« (Althoff 1981, S. 331). *TFu*

87

## Feuerprobe des Heiligen Franziskus vor dem Sultan

Fra Angelico da Fiesole, Florenz, 1429;
Tempera auf Pappelholz, 27,8 × 31,4 cm
Altenburg, Lindenau-Museum, Inv.-Nr. 91

Literatur: AK New York 2005, Kat.-Nr. 24A, S. 116–120 (Laurence Kanter); AK Paris 2009, S. 150 ff.; Hoose 2010; Tolan 2009

Seine eigene friedliche Mission suchte Franziskus von Assisi, der Gründer des nach ihm benannten Bettelordens, 1219 während des Fünften Kreuzzugs zu erfüllen. Im September 1219 verhandelten die Kreuzfahrer in Ägypten über ein Friedensangebot des Sultans Malik al-Kamil. Franziskus, selbst nur wenige Wochen zuvor bei dem bei Damietta lagernden Heer angekommen, machte sich vermutlich die mit dem Friedensangebot verbundene Waffenruhe zunutze, um sich in das Lager des Sultans zu begeben. Dort forderte er die Gelehrten des Sultans zu einer Diskussion über den wahren Glauben heraus – ein ungeheures Wagnis angesichts der auch im Westen bekannten Todesstrafe für fremde Missionstätigkeiten. Als Franziskus merkte, dass er mit Worten allein den Sultan nicht überzeugen kann, wollte er sich mit dessen Imamen einer Feuerprobe stellen. Als diese ablehnten, bot Franziskus an, allein ins Feuer zu treten. Käme er unverletzt heraus, wäre die Überlegenheit des Christentums bewiesen. Auch dieses Angebot wies der Sultan zurück. Schließlich musste Franziskus unverrichteter Dinge ins Kreuzfahrerlager zurückkehren.

Seine Biografen werteten das Ereignis als Erfolg. Auf seine Weise habe Franziskus die muslimischen Weisen herausgefordert, durch ihre Ablehnung der Feuerprobe sei die Überlegenheit des Christentums bewiesen. Ob seine sichere Rückkehr in dem Eindruck begründet lag, den der mutige Mann auf den Sultan gemacht hatte, oder eher in der Umsicht des Sultans, den Waffenstillstand nicht durch eine Hinrichtung zu gefährden, sei dahingestellt. Dass Franziskus das Martyrium wenn nicht suchte, so zumindest provozierte, lässt sich an seinen (vergeblichen) Reiseversuchen nach Syrien und Marokko 1212 und 1213 ablesen. Ein weiterer Teilnehmer des Kreuzzugs, der Bischof von Acre, Jacques de Vitry, verwies als erster 1220 auf das Treffen. Nach dem Tod Franziskus' im Jahr 1226 schmückten seine beiden Biografen Thomas von Celano (»Vita prima«, 1228) und Bonaventura (»Legenda maior«, 1263) die Begebenheit aus.

Die Tafel gehört zu einer fünfteiligen Predellentafel mit Szenen aus dem Leben des Heiligen. Sie wurde im Jahr 1429 von der Compagnia di San Francesco des Klosters Santa Croce in Florenz bei dem Dominikanermönch Fra Angelico in Auftrag gegeben. Zu den weiteren Szenen zählen die Stigmatisierung Franziskus' (Vatikanische Museen), das Treffen des hl. Franziskus und des hl. Dominikus, der Tod sowie die Erscheinung des hl. Franziskus (Berlin, SMPK, Gemäldegalerie). Die Darstellung der Feuerprobe bezieht sich dabei auf die »Legenda maior« Bonaventuras. *VW*

88

## Opera omnia

Bernhard von Clairvaux, hg. von F. Jean Picart; Antwerpen 1616; Münster, Diözesanbibliothek, HC 127

Literatur: Throop 1940; Radulfus 1977; Hiestand 1998

Kritik an den Kreuzzügen übte im 12. Jahrhundert nur eine kleine Minderheit unter den Zeitgenossen. 1152, gegen Ende seines Lebens, fordert Bernhard von Clairvaux in einem an Papst Eugen III. gerichteten Traktat, Prediger für die friedliche Bekehrung von »Heiden« zu entsenden (»De consideratione«, III. 1,3–4). Seine Forderung zur Heidenmission enthält zwar keine Ablehnung der Kreuzzüge, für die er früher nachdrücklich eingetreten war. Er bezieht sich allerdings mit dieser – folgenlos gebliebenen – Forderung auf eine Kritik an den Kreuzzügen, die bereits Alkuin an der gewaltsam vorangetriebenen Mission der Sachsen vorgebracht hatte (Kat.-Nr. 71).

Im späteren 12. und vor allem im 13. Jahrhundert kam es zu einer Ernüchterung gegenüber der Kreuzzugsidee. Dieser begegnete unter anderem Humbert von Romans (um 1200–1277): In dem Handbuch für Kreuzzugsprediger, das er in Vorbereitung des Konzils von Lyon 1274 verfasste, findet sich eine Liste von Kritikpunkten, um den Predigern die passenden Argumente gegen die Kreuzzugsskeptiker an die Hand zu geben. Nur bei wenigen Autoren und Predigern – wie Isaac de L'Etoile (1105/20–1178), Walter Map (etwa 1130/35–1209/10) und Radulphus Niger (etwa 1140–etwa 1199), zudem gelegentlich in der weltlichen Dichtung und Satire – findet sich eine an Werten wie Friedfertigkeit und Freiwilligkeit des Glaubens orientierte Ablehnung von Zwang und Gewalt als Mittel zur Verbreitung des christlichen Glaubens. Dabei ist bemerkenswert, dass einige Argumente der Kreuzzugskritiker ähnlich bereits in der Kritik gegen die Rechtfertigung von Gewalt durch Papst Gregor VII. und seine Anhänger vorkommen (Kedar 1984, S. 109; Althoff 2013). *TFu*

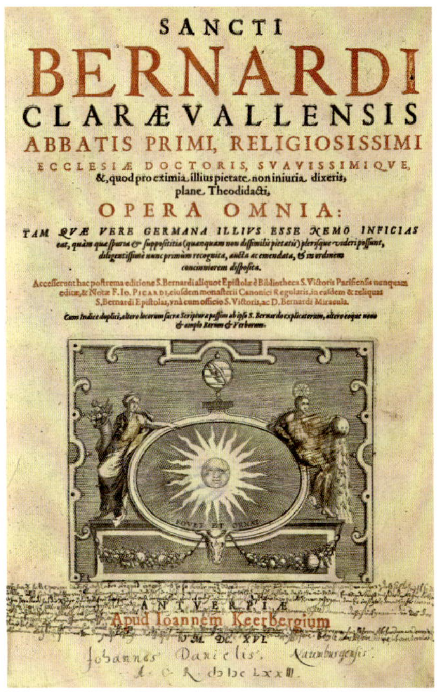

SANCTI
BERNARDI
CLARÆVALLENSIS
ABBATIS PRIMI, RELIGIOSISSIMI
ECCLESIÆ DOCTORIS, SVAVISSIMIQVE,
&, quod pro eximia illius pietate non iniuria dixeris, plane Theodidacti,
OPERA OMNIA:
TAM QVÆ VERE GERMANA ILLIVS ESSE NEMO INFICIAS
eat, quàm quæ spuria & supposititia (quanquam non dissimilis pietatis) plerisque videri possunt, diligentissimè nunc primùm recognita, aucta ac emendata, & in ordinem concinniorem disposita.
Accesserunt hac postrema editione S. Bernardi aliquot Epistolæ è Bibliotheca S. Victoris Parisiensis nunquam editæ, & Notæ F. Io. Picardi, eiusdem monasterii Canonici Regularis, in easdem & reliquas S. Bernardi Epistolas, vnà cum officio S. Victoris, ac D. Bernardi Miracula.
Cum Indice duplici, altero locorum sacræ Scripturæ passim ab ipso S. Bernardo explicatorum, altero eoque nouo & amplo Rerum & Verborum.
ANTVERPIÆ
Apud Ioannem Keerbergium
M. DC. XVI.

88

89

## U.S. President George W. Bush listens as Pope John Paul II. gestures towards him after they both made joint statements at the Vatican Friday, June 4, 2004

(Der Präsident der Vereinigten Staaten George W. Bush und Papst Johannes Paul II. am 4. Juni 2004); Fotograf: Charles Dharapak

Literatur: Völkl 2011

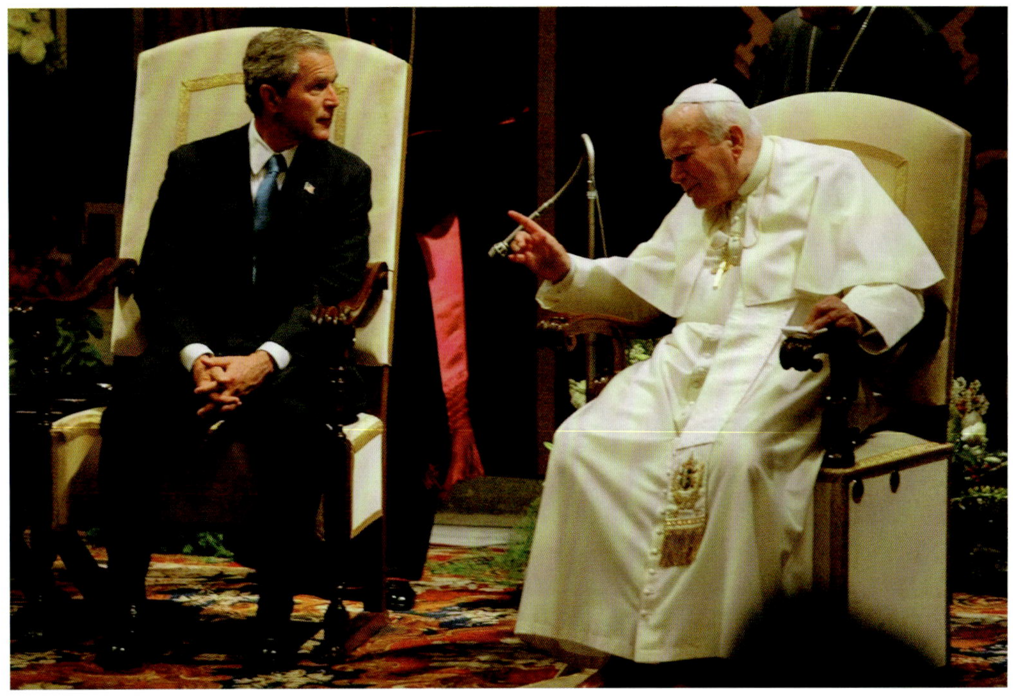

89

Johannes Paul II. war an vielen internationalen Friedensprozessen beteiligt. So äußerte er sich in den Jahren 2002 und 2003 mehrfach zu einem möglichen Eingreifen der USA im Irak. Vermutlich am meisten zitiert wurde dabei eine Stellungnahme während des diplomatischen Neujahrsempfangs des Papstes im Jahr 2003: »Nein zum Krieg. Krieg ist niemals ein unabwendbares Schicksal. Krieg bedeutet immer eine Niederlage der Menschheit.« Die Aussage fand großes Echo in den internationalen Medien und zeigt die allgemeine Bedeutung von Stellungnahmen des Papstes. Der Meinung des Oberhauptes der katholischen Kirche wird großes Gewicht beigemessen, obwohl der Papst lediglich die Rolle des Mahners und gegebenenfalls des neutralen Vermittlers einnehmen kann (vgl. den Artikel von Wolf/Arning, S. 57).

Vermutlich bezog sich Johannes Paul II. in seiner Rede von 2003 auf den Kreuzzugsvergleich, den der amerikanische Präsident George W. Bush in seiner Ansprache vor Journalisten vom 16. September 2001 mit Verweis auf die Bedrohung durch den internationalen Terrorismus zog: »This is a new kind of – a new kind of evil. [...] This crusade, this war on terrorism is going to take a while.« (»Das ist eine neue Art des – eine neue Art des Bösen. [...] Dieser Kreuzzug, dieser Krieg gegen den Terror wird einige Zeit in Anspruch nehmen«) (Bush 2001). Damit stand Präsident Bush in einer Tradition der politischen Wortwahl der amerikanischen Außenpolitik. So bezeichnete Dwight D. Eisenhower im Tagesbefehl zum D-Day den Kampf seiner Truppen ebenfalls als »Great Crusade« (Völkl 2011, S. 10).

Ein Jahr nach der päpstlichen Neujahrsansprache, am 4. Juni 2004, entstand ein Foto, das viele Menschen mit der oben zitierten Aussage des Papstes verbinden. Der erhobene Zeigefinger von Johannes Paul II. wirkt wie eine mahnende Geste gegenüber dem Präsidenten. Während des Treffens habe der Papst eine baldige Normalisierung unter Beteiligung der UNO im Irak gefordert. Ohne dabei konkret zu werden, habe er auch über »beklagenswerte Ereignisse« gesprochen, die »das zivile und religiöse Gewissen aller erschütterten«. Er spielte offenbar auf den Folterskandal im Gefängnis von Abu Ghraib an (WN 2004, 5.6.2004, S. 2). *KE*

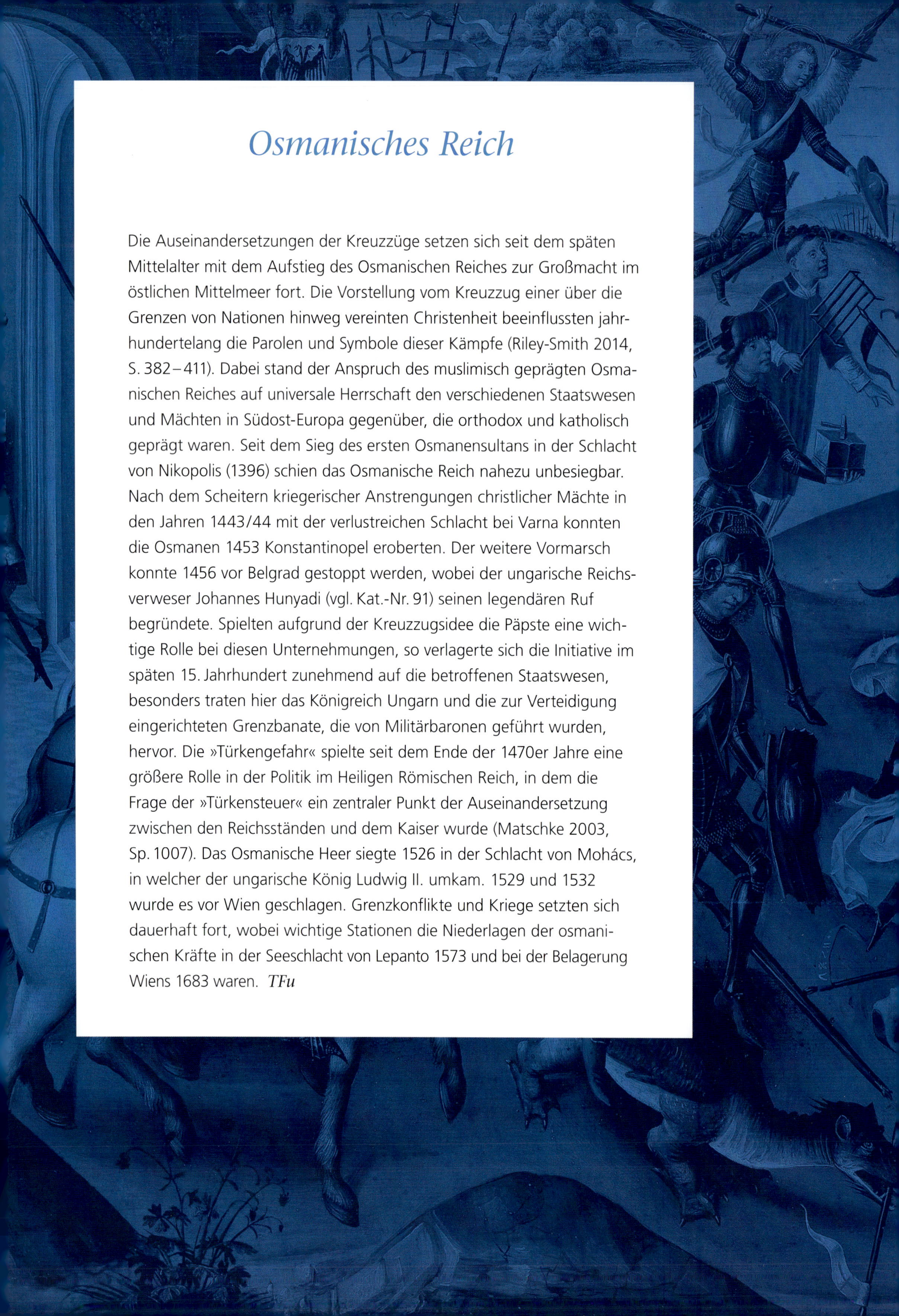

# *Osmanisches Reich*

Die Auseinandersetzungen der Kreuzzüge setzen sich seit dem späten Mittelalter mit dem Aufstieg des Osmanischen Reiches zur Großmacht im östlichen Mittelmeer fort. Die Vorstellung vom Kreuzzug einer über die Grenzen von Nationen hinweg vereinten Christenheit beeinflussten jahrhundertelang die Parolen und Symbole dieser Kämpfe (Riley-Smith 2014, S. 382–411). Dabei stand der Anspruch des muslimisch geprägten Osmanischen Reiches auf universale Herrschaft den verschiedenen Staatswesen und Mächten in Südost-Europa gegenüber, die orthodox und katholisch geprägt waren. Seit dem Sieg des ersten Osmanensultans in der Schlacht von Nikopolis (1396) schien das Osmanische Reich nahezu unbesiegbar. Nach dem Scheitern kriegerischer Anstrengungen christlicher Mächte in den Jahren 1443/44 mit der verlustreichen Schlacht bei Varna konnten die Osmanen 1453 Konstantinopel eroberten. Der weitere Vormarsch konnte 1456 vor Belgrad gestoppt werden, wobei der ungarische Reichsverweser Johannes Hunyadi (vgl. Kat.-Nr. 91) seinen legendären Ruf begründete. Spielten aufgrund der Kreuzzugsidee die Päpste eine wichtige Rolle bei diesen Unternehmungen, so verlagerte sich die Initiative im späten 15. Jahrhundert zunehmend auf die betroffenen Staatswesen, besonders traten hier das Königreich Ungarn und die zur Verteidigung eingerichteten Grenzbanate, die von Militärbaronen geführt wurden, hervor. Die »Türkengefahr« spielte seit dem Ende der 1470er Jahre eine größere Rolle in der Politik im Heiligen Römischen Reich, in dem die Frage der »Türkensteuer« ein zentraler Punkt der Auseinandersetzung zwischen den Reichsständen und dem Kaiser wurde (Matschke 2003, Sp. 1007). Das Osmanische Heer siegte 1526 in der Schlacht von Mohács, in welcher der ungarische König Ludwig II. umkam. 1529 und 1532 wurde es vor Wien geschlagen. Grenzkonflikte und Kriege setzten sich dauerhaft fort, wobei wichtige Stationen die Niederlagen der osmanischen Kräfte in der Seeschlacht von Lepanto 1573 und bei der Belagerung Wiens 1683 waren. *TFu*

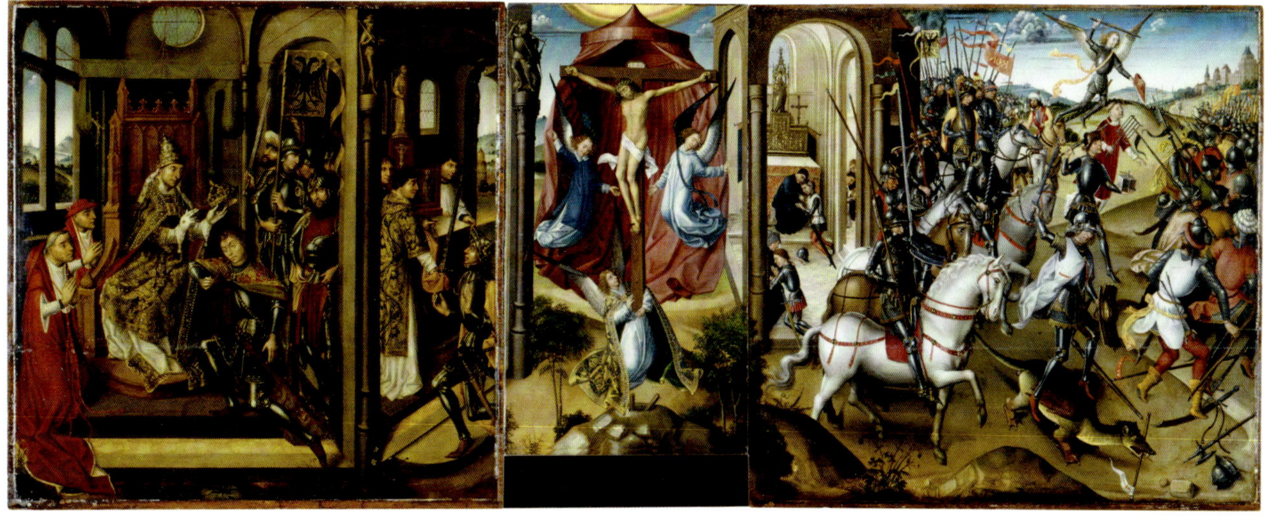

90

90

## Altargemälde mit der Legende des heiligen Kaisers Heinrich II. (Heinrichstafel)

Meister der Barbara-Legende, Brüssel, um 1495; 73,2 × 184 cm (gesamt)
Münster, LWL-Museum für Kunst und Kultur, Inv.-Nr. 1573 LG (Dauerleihgabe des Germanischen Nationalmuseums Nürnberg), Inv.-Nr. 1529 LM, Inv.-Nr. 239 WKV (Westfälischer Kunstverein)

Literatur: Langemeyer 1978; Schreiner 1985; Pieper 1990, S. 485–490; AK Magdeburg 2008, Kat.-Nr. I. 59 (Petra Marx); Münster 2014, S. 88–89 (Petra Marx)

Das Tafelbild veranschaulicht von links nach rechts Ereignisse aus dem Leben von Kaiser Heinrich II.: die Kaiserkrönung in Rom im Jahr 1014, die Übergabe des Schwertes des hl. Adrian im Chorherrenstift Walbeck bei Helmstedt, die legendäre Kreuzesvision vor dem Feldzug gegen den Polenherzog Bolesław Chrobry, die Beichte und Absolution der Ritter vor der Schlacht, der siegreiche Kampf gegen die polnischen Reichs- und Glaubensfeinde im Jahr 1004 (Schreiner 1985, S. 11). Das Bild ist das Werk eines anonymen Meisters, der – vermutlich aus Brügge kommend – zwischen 1470 und 1500 in Brüssel tätig war. Um 1495 dürfte die Heinrichstafel entstanden sein. Das aus querliegenden Brettern zusammengesetzte Bild wurde im vergangenen Jahrhundert in mehrere Teile zersägt. Drei Bildteile gelangten zu verschiedenen Zeiten nach Münster. Im Jahr 1903 wurde der rechte Teil mit der »Kampfszene« durch den Westfälischen Kunstverein im Münchener Kunsthandel erworben. Im Jahr 1977 wurde das Mittelstück mit der »Kreuzesvision« aus einer amerikanischen Privatsammlung angekauft. Der linke Teil mit der »Kaiserkrönung« ist eine Dauerleihgabe des Germanischen Nationalmuseums Nürnberg. Dabei gilt es zu ergänzen, dass zum Altar wohl ursprünglich die Darstellung der Heirat von Heinrich und Kunigunde gehörte (Friedländer 1967–1976, Bd. 4, Nr. 59). Das ebenfalls auf Holz gemalte Bild, das im Besitz der Familie von Fürstenberg in Herdringen war, stimmt in der Größe mit den übrigen Bildern überein und ergänzt die Erzählung des Heiligenlebens.

Das Altarbild illustriert in außergewöhnlicher Deutlichkeit das mittelalterliche Verständnis einer christlich legitimierten Herrschaft. Es steht mit den Bemühungen von Kaiser Maximilian II. um einen neuen Kreuzzug gegen das Osmanische Reich in Verbindung, zu dessen Vorbereitung er den von seinem Vater gegründeten St. Georgs-Ritterorden förderte (Schreiner 1985, S. 12–13 und 59). Die fliehenden Soldaten rechts sollen durch ihre Gewandung (Turban) und ihre Waffen (Krummschwert) als Türken ausgewiesen werden

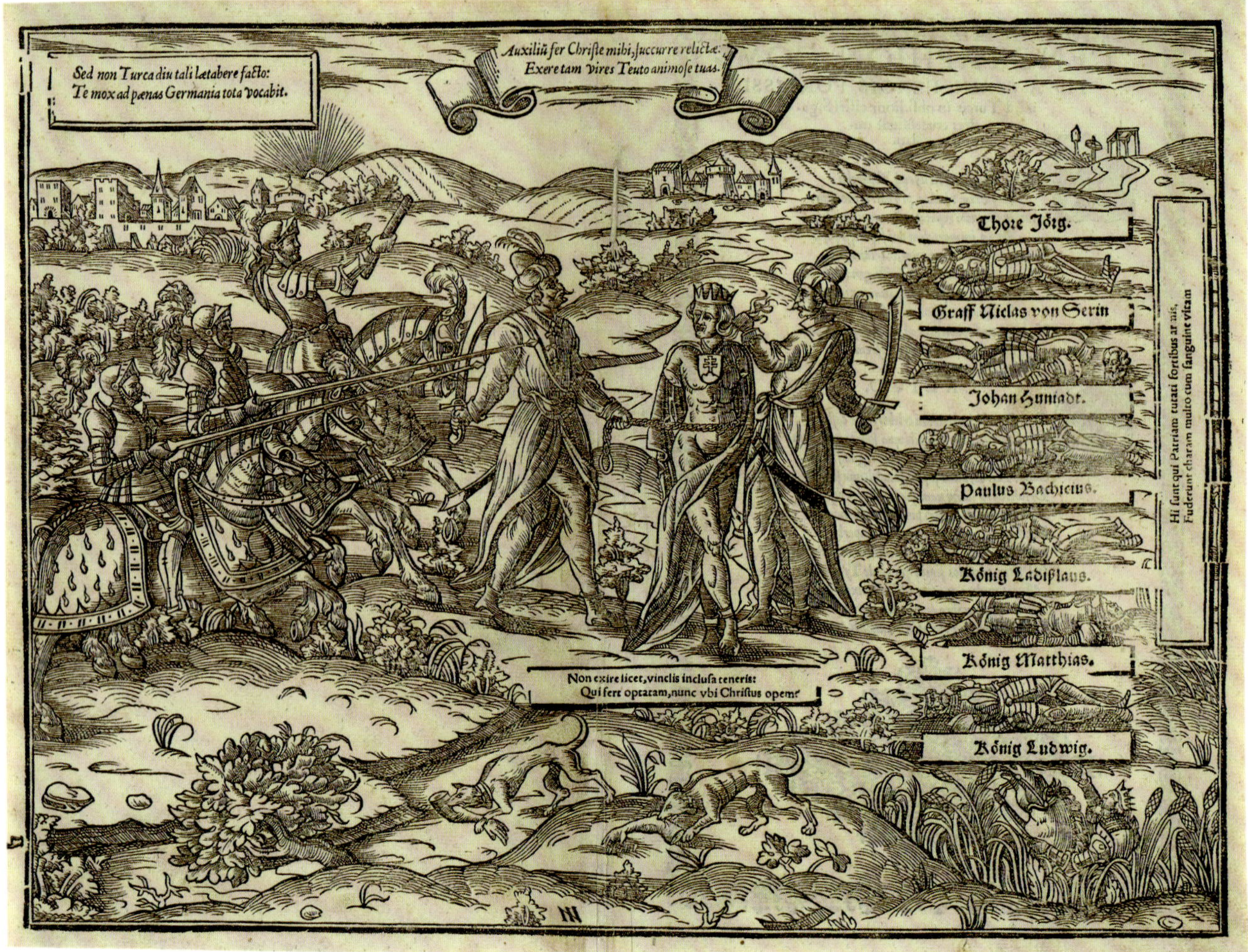


91

(Schreiner 1985, S. 51). Die Heinrichstafel veranschaulicht zwei grundlegende Ideale Maximilians: christliche Ritterschaft und Kreuzzug gegen die Türken. Der Kampf gegen das Osmanische Reich und die Eroberung des Heiligen Grabes waren für ihn sowohl Gegenstände ritterlicher Begeisterung als auch Leitthemen seiner praktischen Politik (Mertens 2016). Dabei ist ein Detail besonders vielsagend: Den kaiserlichen Truppen ziehen kämpfende Heilige voran. Diese Idee findet sich erst seit der karolingischen Zeit in Heiligenlegenden und dann in der ottonischen in Handschriftenillustrationen (Carrasco 1984, S. 346–348). Der Sieg wird in der bildlichen Darstellung ausschließlich durch die Heiligen errungen bzw. durch die Gnade Gottes verliehen. Die Heiligen fungieren als Schlachtenhelfer und nicht als Friedensstifter (Schreiner 2000, S. 55–74). *TFu*

**91**

## Allegorie mit der Personifikation des Königreichs Ungarn

Rückseite mit zwei lateinischen Gedichten bedruckt: »Cenotaphion Comitis A Serin«;
Johann Nel(l) (Monogrammist NI), um 1580;
Holzschnitt, 28,5 × 38,7 cm
München, Staatliche Graphische Sammlung, Inv.-Nr. 118396 D

Literatur: Nagler 1860–1879, Bd. 4, S. 756, Nr. 2430 (zum Holzschneider); Melsaeter 2012, S. 361–362, Abb. 10; AK Paderborn 2013, Bd. 2, S. 704, Kat.-Nr. 638 (Lukas Wolfinger); Várkonyi 2001, S. 67–69; Hollstein Nr. 4 (nicht bei Nagler)

Der Holzschnitt zeigt in der Mitte die gefesselte Personifikation des Königreichs Ungarn. Diese hat eine Krone auf dem Haupt und ist nur dürftig mit einem Tuch bedeckt. Ihr Wappen trägt sie an einer Kette um den Hals. Zwei osmanische Krieger reißen an ihrer Fessel und ihren Haaren und holen mit Säbeln zum Schlag aus (vgl. Kat.-Nr. 79). Leicht zu übersehen ist der Hund, der der Hungarica in den Oberschenkel beißt. Die abgeschlagenen Arme der Personifikation werden von zwei weiteren Hunden im Vordergrund weggetragen. Links liegen Könige und Fürsten, die in Ungarn im Kampf gegen das Osmanische Reich starben. Dabei liegt ein besonderes Augenmerk auf der Zeit nach der Schlacht von Mohács 1526. Unterhalb der Könige Władisław II. und Matthias Corvinus versinkt der in Mohács gefallene Ludwig II. im Sumpf. Über den Königen liegen Paul Bákics (gest. 1537), János Hunyadi und György Thúry (gest. 1571). Niklas Graf Zrínyi (Nikola Zrinski, lat. »a Serin«), der 1566 bei der Verteidigung von Szigetvár sein Leben verlor, ist auf der Rückseite des Blattes ein gedrucktes »Cenotaphion« (ein Gedenkstein) errichtet. Zwei lateinische Gedichte rühmen unter anderem, dass er in seinem Leben wie die Pest für die Türken war. Im Holzschnitt kommentieren die Szene lateinische Inschriften, die mit Anspielungen an Vergil durchsetzt sind. Während der Hintergrund rechts verwüstete Landschaft und verlassene Städte zeigt, reiten von links drei gerüstete Ritter heran, über denen die Sonne aufgeht.

Das Blatt wurde vielfach der zweiten Auflage von Martin Schrots und Adam Bergs »Wappenbuch des Heiligen Römischen Reichs und allgemainer Christenheit in Europa« eingeklebt, die 1580/81 in München erschien. So erklärt sich der rückseitig gedruckte Text. In dieser Ausgabe war das »Wappenbuch« Teil einer kaiserlichen Propaganda für den Kampf gegen das Osmanische Reich. Diese Kämpfe fanden in den Jahrzehnten nach der Schlacht von Mohács 1526 vor allem auf dem Gebiet des Königreichs Ungarn statt, auf das Ferdinand, Bruder von Kaiser Karl V. und sein späterer Nachfolger, Anspruch erhob. Kaiser Rudolf II. tritt offenbar mit dem »Wappenbuch« an die Stände der Christenheit mit der Bitte um Unterstützung heran. Bemerkenswert ist dabei, dass im letzten Teil des Wappenbuchs nicht nur die Entstehung und der Aufbau des türkischen Reiches sowie die türkische Kriegsausrüstungen erläutert werden, sondern auch das Wappen des Königreichs Johanns von Leiden in Münster dargestellt wird (vgl. Kat.-Nr. 76). Es dient damit auch als Warnung vor den konfessionellen Feinden innerhalb der Christenheit. *TFu*

92

## Triumphus Sanctissimi Rosarii (Triumph des heiligsten Rosenkranzes)

Köln, um 1634; Kupferstich, Typendruck und Holzschnitt-Bordüre, 29×17,1 cm
Kölnisches Stadtmuseum, Inv.-Nr. RM 1936/1031

Literatur: Schöller 1995, S. 106–107, Kat.-Nr. 91; Knapiński 2013, S. 347, Abb. 10

Der Text ruft die Kölner Rosenkranzbruderschaft dazu auf, der Seeschlacht von Lepanto 1571 zu gedenken. Die damals unter dem Namen der »Heiligen Liga« verbündeten Flotten des spanischen Königs, Genuas, Venedigs und des Papstes hatten gegen die Flotte des Osmanischen Reiches einen großen Sieg errungen. Das Schiff des spanischen Befehlshabers führte eine Standarte mit der Aufschrift »Sancta Maria succure miseris« (»Heilige Maria, komm den Bedrängten zu Hilfe«; Schreiner 2008, S. 164). Der Befehlshaber der päpstlichen Schiffe hatte aus der Hand des Papstes ein rotseidenes Banner erhalten, das den Gekreuzigten zeigte. Zudem war ihm die Devise »In hoc signo vinces« aufgestickt, die auf den Sieg des römischen Kaisers Konstantin an der Milvischen Brücke verwies (Schreiner 2008, S. 163). Da der Sieg am ersten Sonntag im Oktober erfolgte, dem Tag, an dem die römische

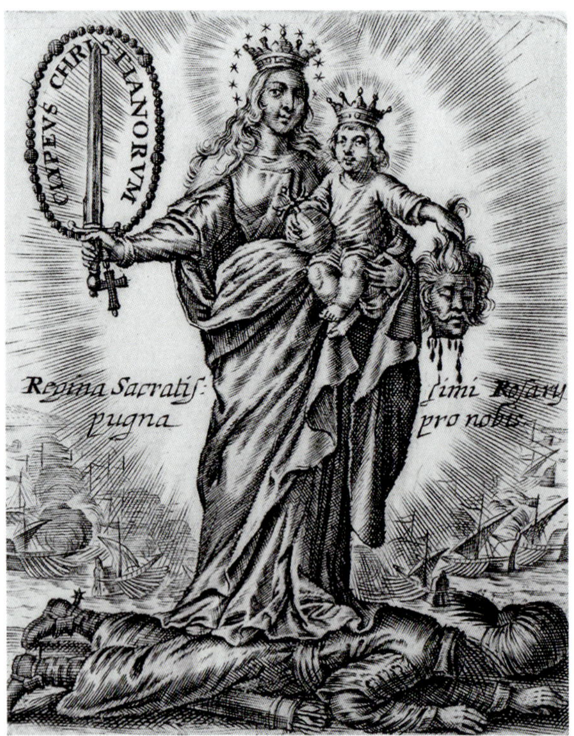


92

Rosenkranzbruderschaft ihre Bittgänge zu halten pflegte, deutete man ihn als Ausdruck für die Kraft des Gebetes, sodass Papst Pius V. (1566–1572) den Gedenktag »Unserer Lieben Frau vom Siege« stiftete (Schreiner 2008, S. 165). 1716 wurde das Fest nach einem Sieg der Truppen unter Prinz Eugen von Savoyen sogar in den Kalender der Weltkirche aufgenommen.

Der Kupferstich gibt der religiösen Inbrunst und der kollektiven Furcht Ausdruck. Das konventionelle Marienbild mit dem Christuskind auf dem Arm ist durch die Zugabe des von Maria gehaltenen Schwertes mit dem Rosenkranz ergänzt, indem der Rosenkranz als Waffe umgedeutet wird. Die Bezeichnung »Clypeus Christianorum« (Schild der Christen) findet sich regelmäßig in der Barockpredigt als metaphorische Bezeichnung der Gottesmutter, begründet in zahllosen Wundererzählungen (Schreiner 2000, S. 77–104). Die kämpferische Zuspitzung ist bereits durch die Veränderung der Gebetsbitte »ora pro nobis« zu »pugna pro nobis« angelegt. Statt »bete für uns« heißt es nunmehr »kämpfe für uns«: eine prägnante Formulierung der politischen Religiosität des 16. und 17. Jahrhunderts (Schreiner 2000, S. 105–117). Zur Verbildlichung des Sieges steht die Muttergottes auf einem enthaupteten Osmanen. Der Gedanke liegt nahe, dass die Enthauptung mit dem gezeigten Schwert geschah. Einmalig in der Geschichte der europäischen Mariendarstellungen ist wohl, dass das Christuskind den Kopf des Enthaupteten emporhält. Zu dieser Abstumpfung gegenüber dem Grauen passt, dass nach dem Sieg gegen die Osmanischen Truppen vor Wien auf der Leipziger Neujahrsmesse 1684 mit abgeschlagenen Häuptern gehandelt wurde (Hauß 2012, S. 87).

Das lässt an Abraham a Santa Clara (Johann Ulrich Megerle) zweifeln, der 1698 in Wien predigte, dass rechtgläubige Christen »umb keine Kriegs-Goettin/wohl aber umb eine Schutz-Frau der Christlichen Waffen« wüssten (Schreiner 2000, S. 77). Der niederländische Historiker Ludolf Smids vermerkte 1711 mit Blick auf den Kölner Kupferstich aus protestantischer und frühaufklärerischer Sicht mit Entsetzen, »dass man diese Mutter aller Barmherzigkeiten auch im Krieg gebraucht« (Schatkamer der Nederlandsse Oudheden; of Woordenboek behelsende Nederlands Steden en Dorpen, Kasteelen, Sloten en Heeren Huysen, Amsterdam 1711, S. 217). *TFu*

93

## Brustkreuz des Fürstbischofs Christoph Bernhard von Galen

Wilhelm de Harde (?), Wien, 1664;
Gold, Silber, Diamanten, Email, 8,2 × 6 cm
Münster, Domkammer der Kathedralkirche St. Paulus, Inv.-Nr. U. 127

Literatur: AK Münster 1993, Bd. II, Nr. C. 3.17, S. 650–651; Brandl 1990; Grote 2004; Grimmsmann 2016; Lahrkamp 1979; Schreiber 1954

Der Münsteraner Fürstbischof Christoph Bernhard von Galen (1650–1678) stand mit seinem Einsatz gegen den muslimischen »Erbfeind« ganz in der mittelalterlichen Tradition der Verteidigung des christlichen Glaubens. Münster lag zwar weit entfernt von den Kriegsschauplätzen der Osmanenkriege. Predigten, Ablässe und Messen gegen die Türken (»contra turcas«) sowie das Läuten der Kirchenglocken zum Gebet gegen den Türken und nicht zuletzt das Erscheinen von Überlebenden trugen aber dazu bei, die Osmanenkriege auch in der Bischofsstadt präsent zu halten. Allein für die Jahre 1561 bis 1600 sind 80 ehemalige türkische Gefangene in den Quellen der Bischofsstadt nachzuweisen. Auch im folgenden Jahrhundert blieb die militärische Bedrohung durch das Osmanische Reich akut. So unterstützte der Münsteraner Fürstbischof 1661 und 1663/64 das kaiserliche Heer mit rund 1 500 Mann. Als er 1664 gemeinsam mit Markgraf Friedrich von Baden-Durlach zum Direktor des Reichskriegsrates gewählt wurde, schrieb er dem Papst, er glaube, dass er die für seine Person damit verbundene Gefahr »aus Liebe zum heiligen Glauben« (Brandl 1990, S. 220) auf sich nehmen solle. An den entscheidenden Schlachten nahm er zwar nicht mehr teil, doch zeichnete er sich bei der Versorgung der Truppen aus. Als der Münsteraner Bischof 1664 aus Wien abreiste, schenkte ihm Kaiser Leopold I. das bis heute erhaltene Brustkreuz – ein beliebtes Geschenk am damaligen kaiserlichen Hof. Auf seinem Grabmal im St. Paulus-Dom wird sein Einsatz gegen die Türken erwähnt. So findet der Betrachter dort in der Grabinschrift den Hinweis, er sei in Ungarn gegen die Türken Kriegsdirektor des Reichsheers gewesen (»In Hungaria Adversus Turcas Exercituum Imperii Directorem egit«). *VW*

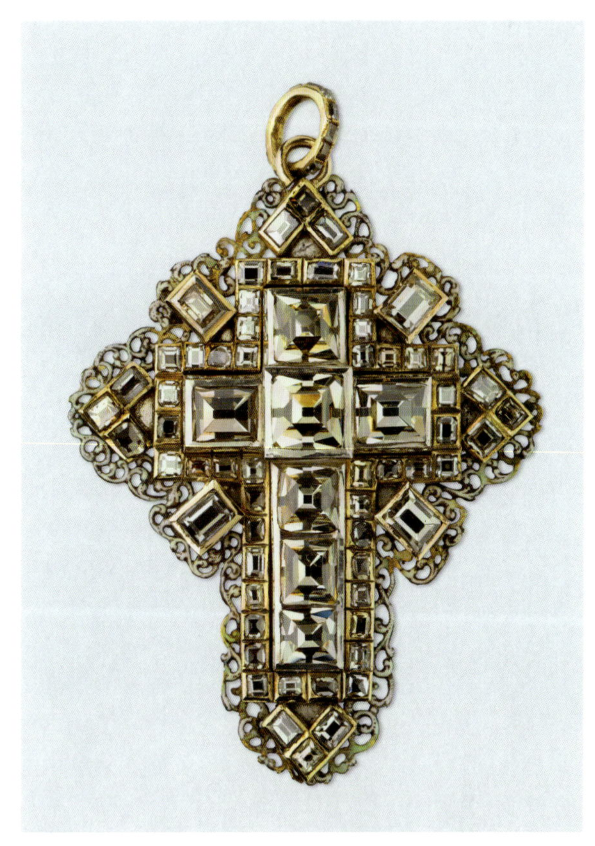

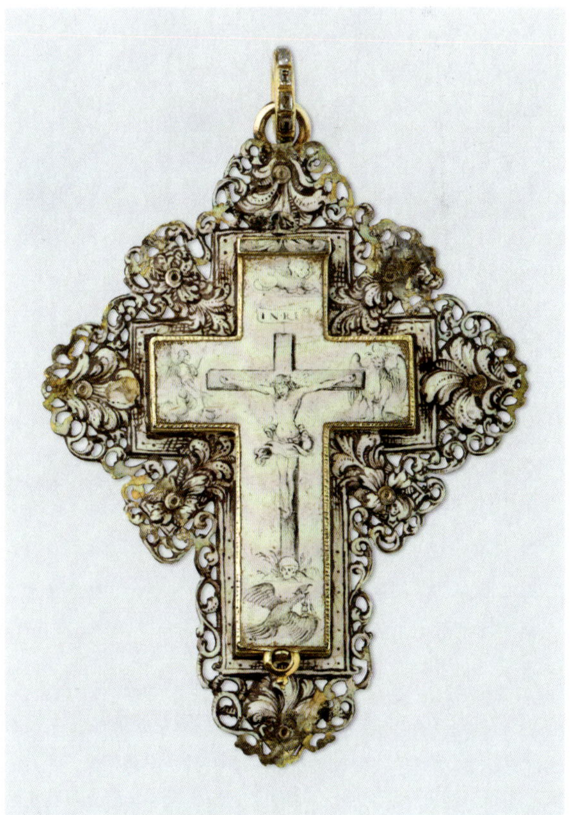

93

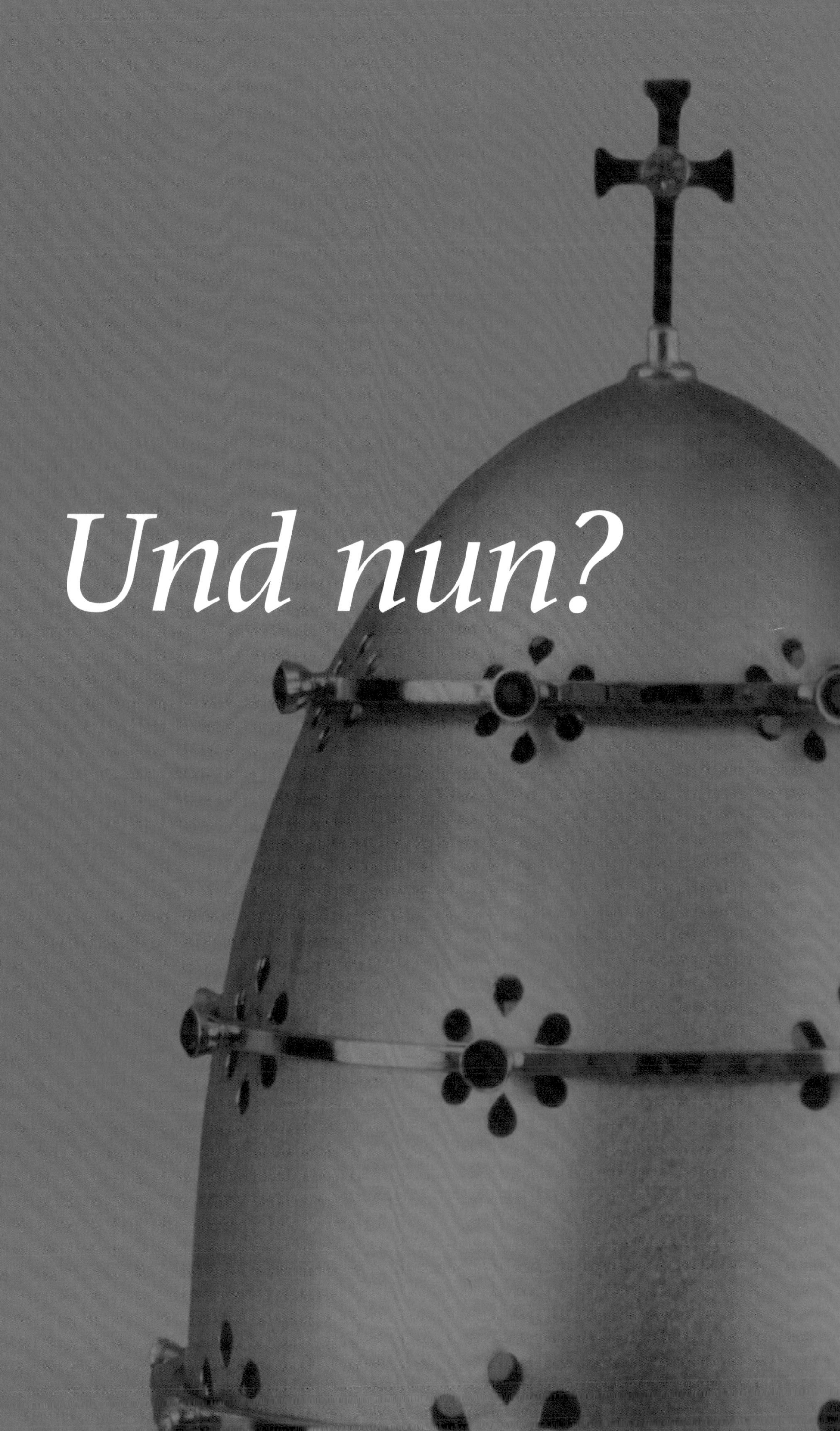

# *Und nun?*

# *Das Zweite Vatikanische Konzil*

Das Zweite Vatikanische Konzil fand vom 11. Oktober 1962 bis zum 8. Dezember 1965 in Rom statt. Mehr als 3000 Bischöfe, Theologen und Beobachter nahmen an ihm teil, sodass es in der Geschichte der kirchlichen Konzilien das erste mit wirklich weltweiter Beteiligung war. Als Papst Johannes XXIII. (reg. 1958–1963) das Konzil im Jahr 1959 ankündigte, war sein Ansinnen das »Aggiornamento«, die »Verheutigung« oder das »Heutigwerden« der Katholischen Kirche. Bis zum Abschluss des Konzils kamen die Teilnehmer in vier Sitzungsperioden zusammen und verabschiedeten insgesamt 16 richtungsweisende Dokumente.

Neben den Beschlüssen zur Liturgiereform (»Sacrosanctum Concilium«) mit der weitgehenden Verdrängung der lateinischen Liturgiesprache wie auch der Frage nach der Kollegialität der Bischöfe bemühten sich die Konzilsväter vor allem um neue Akzente in den Fragen der Ökumene, der Religionsfreiheit (»Dignitatis Humanae«) und dem Verhältnis der Katholischen Kirche zu anderen Religionen. In der Erklärung »Nostra aetate« wird dabei auch das Verhältnis zu Islam und Judentum als monotheistische Religionen hervorgehoben. Mit dem II. Vatikanum bemühte sich die Katholische Kirche um eine Öffnung zur Welt (vgl. »Gaudium et spes«) und betrat einen erneuerten Weg der Toleranz und des Dialogs mit den Nichtchristen. *TF*

Literatur: Bischof/Leimgruber 2004; Rahner/Vorgrimler 2008; Ruozzi/Galavotti 2015; Wassilowsky 2004

94

## Entwurf der Tiara von Papst Paul VI.

Pino Creperio, Mailand, 1963; Metall, vergoldet und versilbert, Glassteine, 42 × 20 cm
Vatikan, Sakristei von St. Peter, Inv.-Nr. TR 9

Literatur: AK Utrecht 2003; Richter 1976; Rohling 2015; Rohling 2009, S. 215; Sirch 1975

Die Tiara symbolisierte als Dreifachkrone seit dem hohen Mittelalter die weltlichen und kirchlichen Machtansprüche des Papsttums. Je nach Deutung verweisen die drei Reifen sowohl auf die im kirchlichen Bereich verorteten Hauptaufgaben des Papstes – Heiligen (Weiheamt), Lenken (Jurisdiktion) und Lehren (Lehramt) – als auch auf den generellen Machtanspruch und die reklamierte Oberhoheit des Papsttums über die christliche Welt. Während der Krönungsfeier wurde die Tiara dem jeweiligen Papst »als Vater der Fürsten und Könige […], Haupt der Welt und der Statthalter Jesu Christi« aufgesetzt (Richter 1976, S. 109). Nicht zuletzt stand die Dreifachkrone in der Vergangenheit auch als Symbol für die leidende, streitende und triumphierende Kirche. Da eine Tiara im Gegensatz zur Mitra keine liturgische Bedeutung hatte, wurde sie lediglich außerhalb der Kirche getragen, was den weltlichen Charakter und Machtanspruch unterstrich.

Papst Paul VI. (reg. 1963–1978) erhielt das Original dieser Tiara als Geschenk seines Heimatbistums Mailand und wurde mit ihr am 30. Juni 1963 gekrönt – die bisher letzte Papstkrönung mit einer Tiara. Am 13. November 1964 legte Papst Paul VI. die Tiara während der 3. Sitzungsperiode des Zweiten Vatikanischen Konzils in einem symbolischen Akt auf dem Altar der Peterskirche in Rom ab, nachdem auf dem Konzil das Thema »Armut in der Welt« behandelt wurde. Der Erlös der Tiara sollte den Armen der Welt zukommen. Zugleich lässt sich die Ablegung der Dreifachkrone auch als ein Verzicht der weltlichen Machtansprüche des Papsttums auslegen. Das Original wurde noch im November 1964 an Kardinal Spellmann, den Erzbischof von New York, als Dank für den Einsatz der amerikanischen Katholischen Kirche zur Bekämpfung der Armut übergeben. Nachdem die Tiara zunächst 1964/65 auf der Expo in New York im Vatikanischen Pavillon ausgestellt wurde, befindet sie sich seit 1968 als einzige päpstliche Tiara außerhalb des Vatikans in der Memorial Hall der »Basilica of the National Shrine of the Immaculate Conception« in Washington D. C.

Während die direkten Nachfolger Pauls VI. ebenfalls von einer Krönung absahen, verzichteten Papst Benedikt XVI. (2005–2013) und Papst Franziskus (seit 2013) zudem auf die Darstellung einer Tiara in ihren persönlichen Wappen und ersetzten sie durch eine mit Querstreifen versehene Mitra.

Die manchmal als »Raumschiff« bezeichnete konische Tiara im Art-Déco-Stil wurde in der »Scuola d'Arte Christiana Beato Angelico« von Pino Creperio in Mailand geschaffen. Das Original besteht aus einem 800er Silberkörper und ist mit einem 18-karätigen, aus Gelbgold gefertigten und mit Diamanten besetzten Kreuz bestückt. Der Kegel ist mit drei 18-karätigen gelb-goldenen Drahtbändern umgeben, die jeweils mit wertvollen Edelsteinen geschmückt sind. Unter den drei Ringen befindet sich ein 8-karätiges gelbgoldenes Galerieband mit Speerspitzenformen, welches durchbrochen und mit 24 ovalen grünbläulichen Facettenaquamarinen besetzt ist. Auf der Rückseite der Originaltiara befindet sich ein Paar polychrome, handbestickte Seidenleinen (Infuln), die mit dem päpstlichen Wappen Pauls VI., gelbgoldener Spitze und insgesamt 20 Zuchtperlen versehen sind.

Bei der hier abgebildeten Tiara handelt es sich um den im Jahr 1963 angefertigten und im Vatikan erhaltenen Entwurf des Mailänder Künstlers. Insgesamt lagen Papst Paul VI. fünf Entwürfe zur Auswahl vor. *TF*

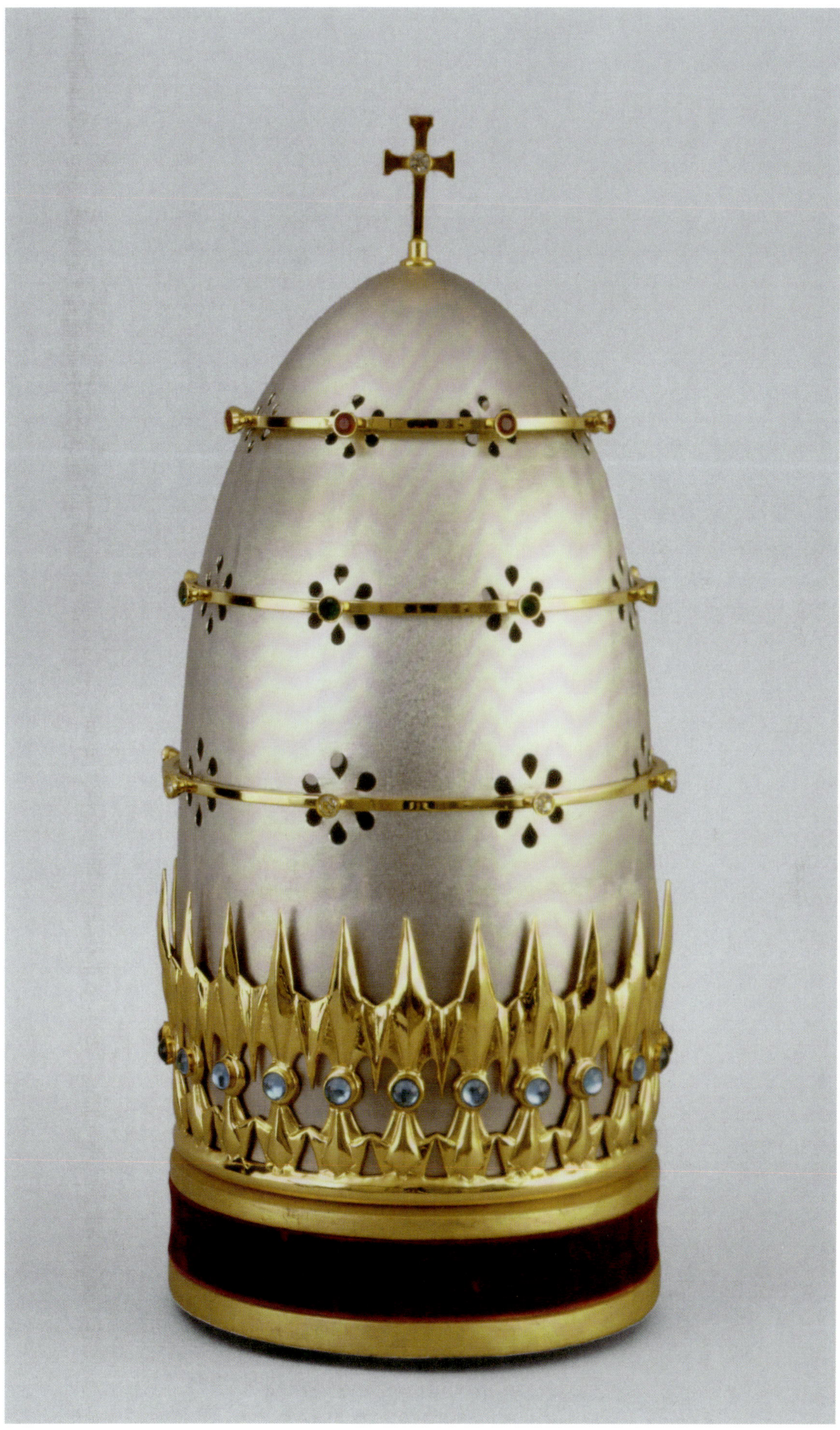

# *Toleranz*

Die Ferula (lat. Stab), welche Papst Paul VI. (reg. 1963–1978) erstmals am Ende des Zweiten Vatikanischen Konzils in der Liturgie trug, wurde mit Papst Johannes Paul II. (reg. 1978–2005) zu einer Art »Markenzeichen« des Papstes. Cornelia Schleime zeigt Johannes Paul II. mit der Ferula als eine Art Stütze oder Schutzschild. Dieser Papst trug entscheidend zu einem vertieften Dialog der Religionen bei, was 1986 einen symbolischen Höhepunkt mit dem Gebetstreffen in Assisi fand. Das Treffen wurde zu einem »Zeugnisakt« (Papst Johannes Paul II. 1986 b) der gegenseitigen Anerkennung der Weltreligionen und lud auch die Vertreter anderer Religionen ein, zu einem Beten für den Frieden zusammenzukommen. Mit diesem Treffen wurde ein Zeichen der Toleranz gesetzt, welches bis heute zum Handeln aufruft.

In der Abschlussrede fasst Papst Johannes Paul II. zusammen: »Es ist in der Tat meine Glaubensüberzeugung, die mich euch, den Vertretern der christlichen Kirchen und kirchlichen Gemeinschaften und Weltreligionen, in tiefer Liebe und Achtung zugewandt hat. Mit den anderen Christen teilen wir viele Überzeugungen und besonders, was den Frieden betrifft. Mit den Weltreligionen teilen wir eine gemeinsame Achtung des Gewissens und Gehorsam ihm gegenüber, das uns alle lehrt, die Wahrheit zu suchen, die einzelnen und die Völker zu lieben und ihnen zu dienen und deshalb unter den einzelnen Menschen und unter den Nationen Frieden zu stiften« (Papst Johannes Paul II. 1986 b).

Dass die Toleranz der Religionen untereinander in Zeiten der Konflikte und des Terrors, auch aus religiösen Beweggründen, von unschätzbarem Wert ist, zeigt die Aufforderung »Coexist« des französischen Künstlers Combo. Dieser Schriftzug soll die Gläubigen der drei großen monotheistischen Religionen daran erinnern, dass ein Zusammenleben der Religionen möglich ist und wichtigstes Ziel der nächsten Jahre sein wird. Eine Vielzahl religiöser und politischer Initiativen initiiert aktuell internationale Friedensprozesse und engagiert sich für soziale Gerechtigkeit in der Welt. Oftmals ohne die öffentliche Aufmerksamkeit, tragen sie ihren Teil zur Friedenswahrung in der Welt bei. *KE*

## 95

### Weltgebetstreffen in Assisi 1986

ARD-Jahresrückblick der Tagesschau vom 27. 10. 1986;
abrufbar in der ARD-Mediathek
NDR-Media GmbH, NDR-Mitschnittservice,
hier: Archivio Fscire, Bologna

Literatur: Sandler 2005; Johannes Paul II. 1986 a;
Johannes Paul II. 1986 b; Ruozzi/Galavotti 2015

Für den 27. Oktober 1986 lud Papst Johannes Paul II. (1978–2005) zum ersten Mal zu einem Weltgebetstreffen nach Assisi ein. Es nahmen 62 Vertreter verschiedener Religionen und Konfessionen teil, um gemeinsam für den Frieden in der Welt zu beten. Dabei wurde stets betont, dass es sich nicht um ein »miteinander Beten«, sondern um ein »Zusammenkommen zum Beten« handele (Sandler 2005, Absatz 7; Ruozzi/Galavotti 2015). In seiner Begrüßungsrede stellt Papst Johannes Paul II. fest, dass die Wahrung des Friedens in der Welt nicht allein durch politische Kompromisse oder wirtschaftliche Verhandlungen gewahrt werden könne. Es sei das Gebet, das in der Vielfalt der Religionen eine Beziehung mit einer höchsten Macht ausdrücke (Papst Johannes Paul II. 1986 a).

Um die Welt gingen die Filmaufnahmen von dem Moment, als die Botschafter der Religionen vor einer Tafel mit der Aufschrift »Frieden« im Innenhof der Basilika in Assisi Platz genommen hatten und die Vertreter der verschiedenen Religionen und christlichen Konfessionen ihre Gebete in unterschiedlichen Sprachen und auf unterschiedliche Weise vortrugen. Anders als bei vorherigen Friedensgebeten, waren nicht nur Christen, sondern Vertreter anderer Religionen, von Natur- und Stammesreligionen über nichttheistische Religionen, Buddhismus und monotheistische Buchreligionen, geladen (Sandler 2005, Abs. 5).

Die Kritik an diesem Treffen war vielfältig und kam aus unterschiedlichen Richtungen. Aus progressiver Sicht wurde kritisiert, dass die sachlichen Probleme in den Unterschieden der Religionen überspielt würden. Konservative katholische Stimmen kritisierten den Verzicht auf den alleinigen Wahrheitsanspruch des christlichen Glaubens (Sandler 2005, Abs. 6).

Papst Johannes Paul II. betonte allerdings von Anfang an die »Überzeugung, [...], daß in Jesus Christus, [...], wahrer Friede gefunden wird«.
Er gesteht aber ein, ganz im Sinne des Zweiten Vatikanischen Konzils, dass Friede auch außerhalb christlicher Religionen gefunden werden könne (Papst Johannes Paul II. 1986 b). *KE*

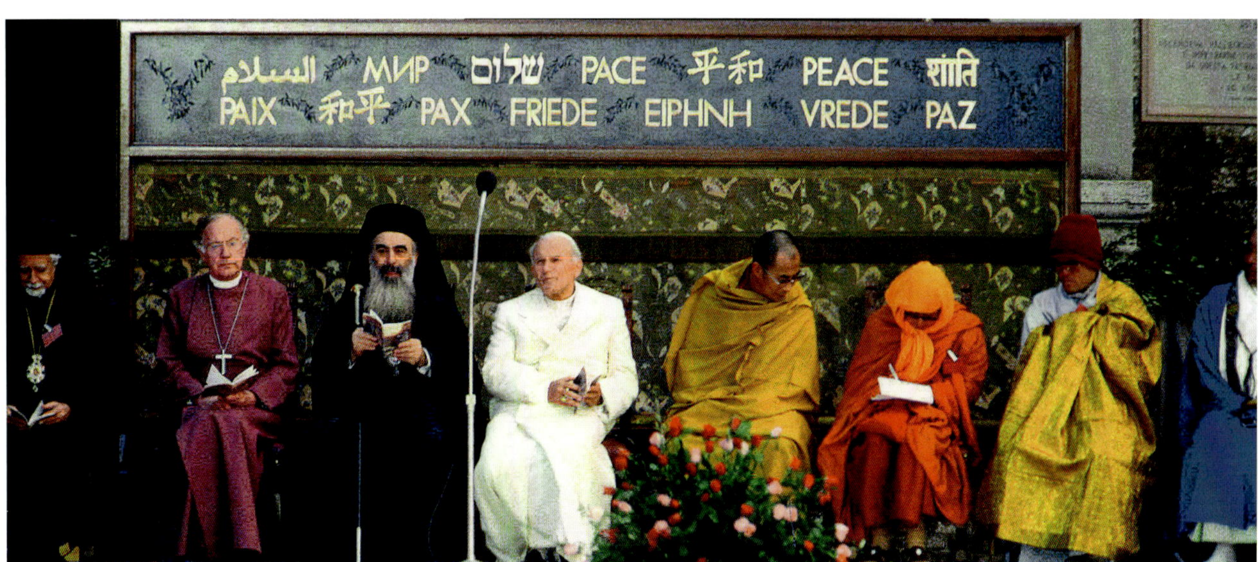


95

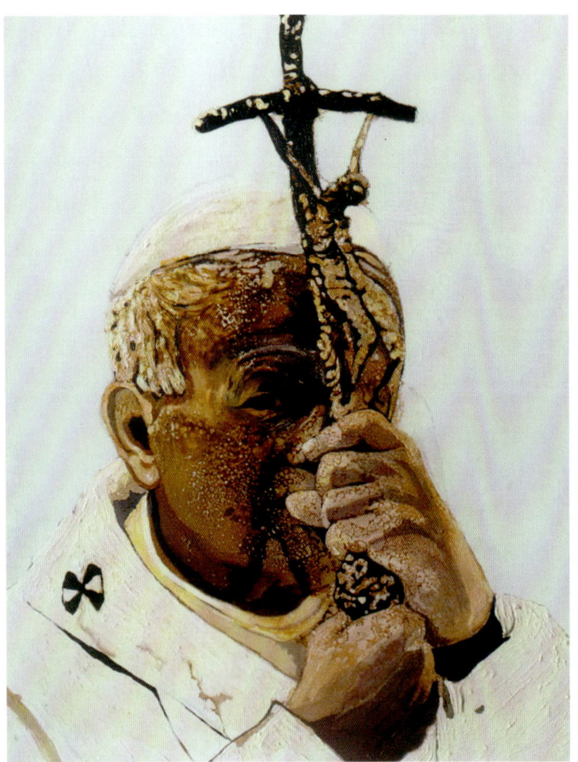

96

96

## Ohne Titel (Johannes Paul II.)

Cornelia Schleime, 2003; Acryl, Asphaltlack, Schellack auf Leinwand, 180 × 140 cm
SØR Rusche Sammlung Oelde/Berlin

Literatur: AK Berlin 2016–2017, S. 144, S. 76 (Abb.), Detail S. 132

Die 1953 in Ost-Berlin geborene, katholisch aufgewachsene Malerin studierte zwischen 1975 und 1980 an der Hochschule für Bildende Kunst in Dresden Grafik und Malerei. 1981 in der DDR mit einem Ausstellungsverbot belegt, siedelte sie 1984 nach West-Berlin über. Zu Beginn der 2000er Jahre malte sie eine Reihe von Bildern von Papst Johannes Paul II., in denen ausgehend von der Erscheinung des Papstes in den Medien die malerischen Mittel ebenso viel Aufmerksamkeit wie das Motiv auf sich ziehen.

Die Serie entstand nach dem Tod des Vaters der Künstlerin, der wie der Papst an Parkinson erkrankt war. In einem Interview sagte Schleime 2003: »Der Papst ist immer eine Figur der Zeitgeschichte, eine Ikone. Diese hat bei Johannes Paul II. durch die Parkinsonsche Krankheit eine Irritation erfahren und ist dadurch verletzbarer geworden [...]. Beim Papst wollte ich sein biografisches Gesicht entdecken« (AK Berlin 2016–2017, S. 136). Dabei ist ein Motiv, das sich besonders bleibend mit seiner Erscheinung verbunden hatte, der Kreuzstab, den der Papst bei öffentlichen Auftritten beinahe ausschließlich benutzte und der ihm mit Verschlechterung seines Gesundheitszustands zunehmend als Stütze dienen musste.

Die Ankündigung der Anerkennung der Schuld der Kirche in der Geschichte durch den Papst hatte um das Jubiläumsjahr 2000 besondere Aufmerksamkeit in den Medien auf sich gezogen. In Anknüpfung an die theologische Diskussion um den Begriff einer »Kirche der Sünder« auf dem Zweiten Vatikanischen Konzil (1962–1965) hatte sich Papst Johannes Paul II. in seinem Apostolischen Schreiben »Tertio millenio adveniente« auf jene Vorkommnisse bezogen, die »den Anblick von Denk- und Handlungsweisen boten, die geradezu Formen eines Gegenzeugnisses und Skandals darstellten« (zitiert nach Damberg 2014, S. 167; vgl. Wolf 2015, S. 9–27). In einem »schöpferischen theologischen Akt«, so der Kirchenhistoriker Damberg, benannte Johannes Paul II. den jüdischen Begriff und Ritus »Teschuwa« als Vorbild, indem er die Schuld der Väter miteinschließend bekennen wollte. Dass ihm der Dialog der Religionen ein besonderes Anliegen war, zeigte seine Einladung zum Treffen nach Assisi 1986 (vgl. Kat.-Nr. 95). *TFu*

97

## Coexist

Combo Culture Kidnapper, 2015;
Öl auf Leinwand, 215 × 180 cm

Literatur: Café Babel 2015; Mestaoui 2016, S. 173–211; Kurzfilm l'institut du monde arabe 2016; Homepage des Künstlers Combo 2017; Facebook Combo 2017; Instagram Combo 2017

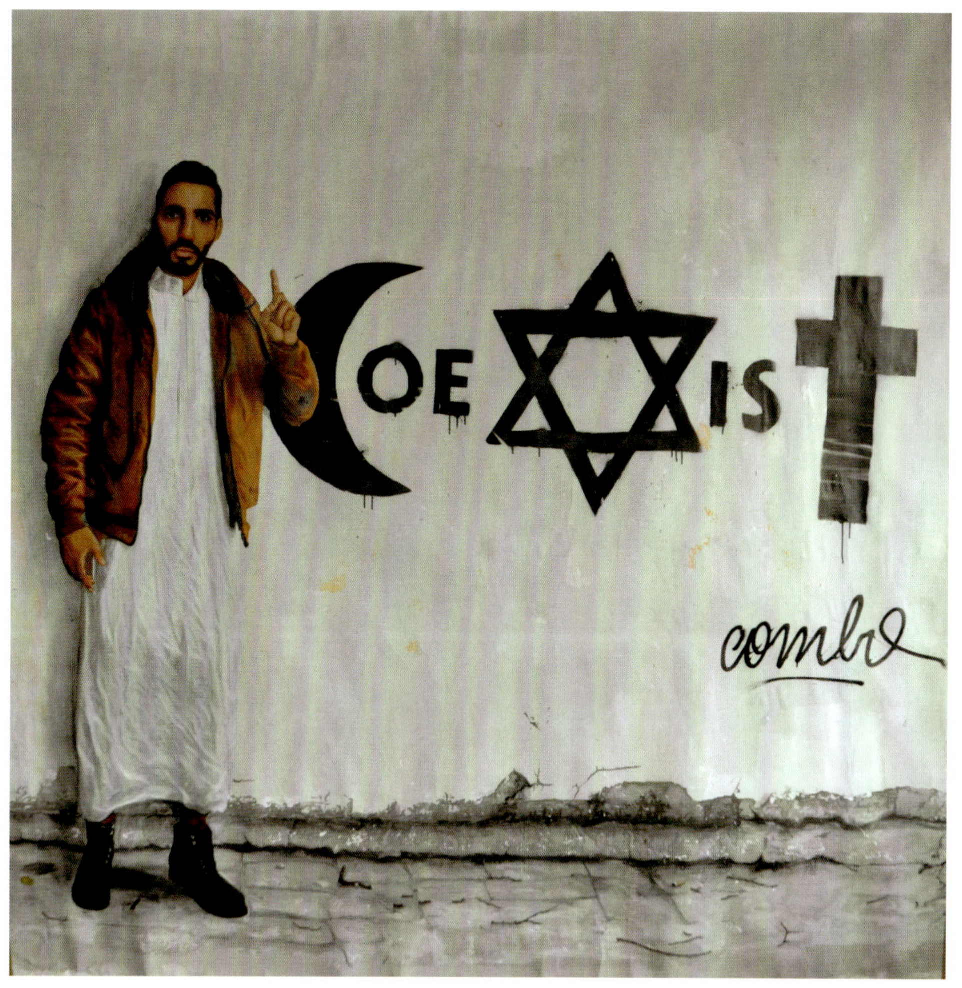


97

COEXIST ist ein Aufruf, den der Pariser Künstler Combo im Jahr 2015 an viele Häuserwände in Paris sprühte. Trauriger Anlass war vermutlich der Terroranschlag auf die Satirezeitschrift »Charlie Hebdo«. Teile der Serie wurden auf der Facebook-Seite des Künstlers im Februar 2015 veröffentlicht. Seitdem verfolgt er dieses Projekt und stellt sich selbst oder andere Personen (meist unterschiedlicher Glaubensrichtungen) als Stencil (mit einer Schablone angefertigt) neben den Schriftzug. Mittlerweile hat er dieses Motiv auch auf Leinwand ausgeführt. Der Schriftzug, der für einzelne Buchstaben den Halbmond, den Davidstern und das Kreuz einsetzt, stammt von dem polnischen Künstler und Grafiker Piotr Młodożeniec aus dem Jahr 2011 (Mestaoui 2016).

Große öffentliche Aufmerksamkeit bekam die Serie durch eine Ausstellung im »Institut du monde arabe« in Paris im Jahr 2016. Bereits zuvor war Combo mit seinen öffentlichen politischen Statements bekannt. Verfolgt man seine Aktivitäten im Internet, bemerkt man, dass er schon vorher auf diverse politische und gesellschaftliche Ereignisse reagierte. Er kommentiert die aktuelle internationale und besonders die französische Politik. In seinen Bildern verwendet er Zitate aus der Populärkultur, was er sogar in seinem Künstlernamen aufgreift

Combo selbst wurde in Amiens als Sohn einer marokkanischen Muslimin und eines libanesischen Christen geboren. Über sein Privatleben gibt er nur wenig preis, um seine Familie zu schützen. 2015 sah er sich, besonders aufgrund seiner Coexist-Serie, vielen Anfeindungen ausgesetzt. So wurde er zum Beispiel beim Sprayen des Schriftzuges zusammengeschlagen (Café Babel 2015; Mestaoui 2016). Seine Arbeiten berühren ein Thema, das in Zeiten von vermeintlich religiös legitimierten Terroranschlägen offenbar provoziert. Einerseits zeigt die Serie kritisch, dass Religion in vielen Fällen für Konflikte, Gewalt und Terror in Anspruch genommen wird. Andererseits ist die Arbeit ein Aufruf für Toleranz und das friedliche Zusammenleben von Menschen unterschiedlicher Religionen und Kulturen. Das Online-Magazin Vice zitiert den Künstler, der seine Botschaft auf den Punkt bringt: »We are all different, but I think that's our common ground: it should be what unites us« (»Wir sind alle unterschiedlich, aber genau das ist unsere Gemeinsamkeit: dies sollte uns vereinen«) (Vice-Magazin 2017). *KE*

98

## »(M)ein Stück vom Himmel.«

Besucherprojekt zur Ausstellung

Die Beteiligung und Aktivierung von Besuchern sind in deutschen Museen ein gängige Methoden der Kunstvermittlung. Hier gibt es unterschiedliche Herangehensweisen, etwa die Besucher im Vorfeld der Ausstellung zur Mitgestaltung bestimmter Inhalte aufzufordern, Menschen direkt in Ihrem Lebensumfeld anzusprechen oder auch während der Laufzeit von Ausstellungen eine Teilhabe zu ermöglichen. Das Hygienemuseum in Dresden nutzt beispielsweise digitale Besucherbefragungen, um gezielt

**Markus Wilhelm Lewe** | Münster
Oberbürgermeister der Stadt Münster

Es handelt sich um das Essgeschirr meines mittlerweile verstorbenen Schwiegervaters, welches er in britischer Kriegsgefangenschaft von 1945 bis 1948 benutzt hat.

Essgeschirr

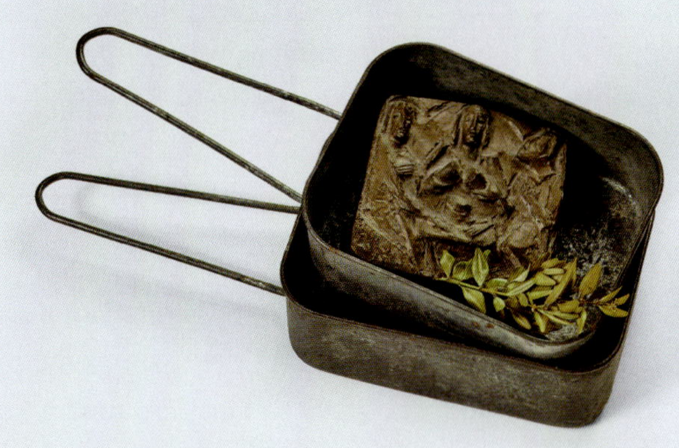

**Dr. Margot Käßmann** | Berlin
Botschafterin des Rates der EKD für das Reformationsjahr 2017

Als Symbol für Tod und Sterben, aber gleichzeitig auch für Leben und Hoffnung erinnert das Kreuz aus einer leeren Patronenhülse aus Liberia an die unzähligen Kinder, die als Kindersoldaten missbraucht werden. Tausende von ihnen sind gefallen, zu Invaliden geworden und haben schwere seelische Schäden erlitten. Für mich ist dieses Kreuz eine Mahnung, mich für Frieden zu engagieren.

Kreuz aus leeren Patronenhülsen, Liberia

98

Inhalte der Präsentation auszuwählen, die auf den individuellen Besucher zugeschnitten sind (Dresden 2018). Das Historische Museum Frankfurt hat im Vorfeld seiner Neueröffnung Projekte in den Stadtteilen umgesetzt und so auch aktuelle Stadtgeschichte und den individuellen Wissensschatz der Frankfurter in das Museum aufgenommen (Frankfurt 2018). Die Kunsthalle Emden formuliert in interaktiven Projekten existentielle Frage, die sich jeder Mensch stellt, und schafft so einen persönlichen Zugang zu den Ausstellungsinhalten (Emden 2018).

Das Thema »Frieden« wird in der Ausstellung des Bistums Münster zunächst so präsentiert, dass eine historische Entwicklung des christlichen Friedensverständnisses aufgezeigt wird. Immer wieder lassen sich auch Bezüge zu aktuellen Entwicklungen und künstlerischen Positionen finden. Am Ende der Ausstellung werden aktuelle Positionen zusammengeführt. Die Komplexität und Vielfalt der persönlichen Friedensvorstellungen der Menschen sollen an dieser Stelle nicht fehlen. Deshalb werden die Besucher mit einer Frage und einer Aufforderung entlassen: »Was verbinden Sie persönlich mit religiösem Frieden?« Um diese Frage »beantworten« zu können, wurden bereits im Vorfeld der Ausstellung persönliche Gegenstände und Geschichten gesammelt. So ergibt sich eine vielfältige Sammlung von Gegenständen, die einen Querschnitt durch die Lebenswirklichkeit der Gäste zeigt und deutlich macht, wie sehr das Thema »Frieden und Religion« die Menschen bewegt. *KE*

**Schwester M. Ancilla Röttger** | Münster
Äbtissin des Klarissen-Konvents

Eine Freundin brachte mir diese muslimische Gebetskette aus einem Dorf der Uiguren mit. Muslime beten daran die 99 Namen Allahs und ich das Jesus-Gebet, weil es nur einen Gott gibt.

Muslimische Gebetskette,
Uigurisches Autonomes Gebiet Xinjiang

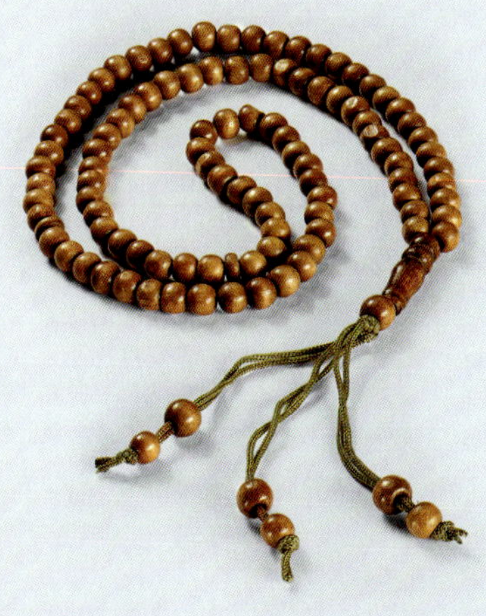

**Prof. Monika Grütters** | Berlin
MdB, Staatsministerin für Kultur und Medien

Das Kreuz ist weltweit das Symbol der Christen. Es steht für Tod und Auferstehung. Mir gibt mein Glaube inneren Halt und Orientierung – auch und gerade in der Politik. Dafür steht das Kreuz des Bildhauers Markus Daum, das auch im CDU-Fraktionssaal im Bundestag hängt.

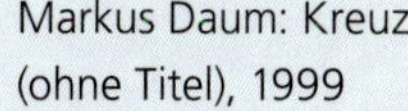

Markus Daum: Kreuz
(ohne Titel), 1999

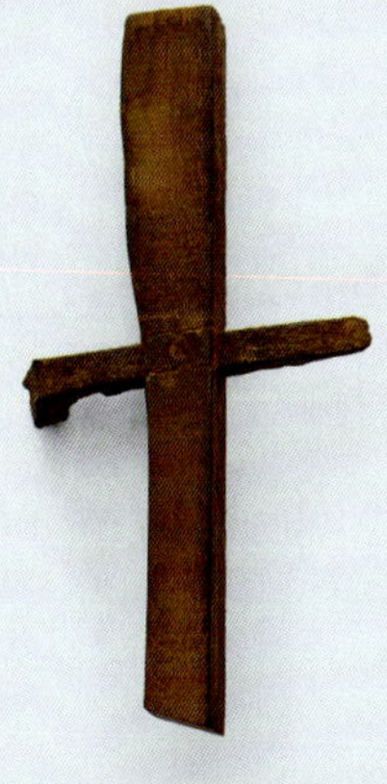

99

## Kunstwerke der Künstlerklasse Löbbert im St.-Paulus-Dom zu Münster

Literatur: Grote 2014, Seidel 1996; Kurmann-Schwarz in Toman 2004; Winterkamp 2014

Ein Grundgedanke der christlichen Vorstellung von Frieden ist der Eintritt in das Himmlische Jerusalem, jener neuen Stadt, die Christen am Ende der Tage erwartet, ein jenseitiger Friedensort also. Dieses Himmlische oder auch Neue Jerusalem ist reich geschmückt, es gibt dort kein Leid mehr, es herrscht Frieden (vgl. Offb. 21,1–27). Wie viele mittelalterliche Kirchen symbolisiert der St.-Paulus-Dom in Münster in seiner prachtvollen Architektur und Ausstattung das Himmlische Jerusalem, wie es in der Offenbarung des Johannes beschrieben wird. Der Dom ist zudem ein lebendiger Ort der Liturgie, in welcher der Friedensgedanke ebenfalls eine große Rolle spielt (vgl. Thementext »Frieden feiern« auf S. 128). Der St.-Paulus-Dom ist als zentrale Kirche des Bistums Münster elementar, um auf die alltägliche Verwirklichung der Idee des christlichen Friedensideals im Kirchenraum, in der Gemeinschaft der Gläubigen zu verweisen.

Um den Dom als lebendigen Ort des christlichen Friedens auch auf eine künstlerische Weise neu sichtbar zu machen, entstand eine Kooperation mit der Klasse für Kunst im öffentlichen Raum der Kunstakademie Münster. Schülerinnen und Schüler der renommierten und international angesehenen Künstlerklasse der Professoren Dirk und Maik Löbbert setzten sich intensiv mit dem Dom und der Friedensthematik auseinander. Sie entwickelten dabei in ganz unterschiedlichen Herangehensweisen ortsspezifische Arbeiten am und im Dom.

»Wenn ihr in ein Haus kommt, dann wünscht ihm Frieden« (Mt 10,12). Mit diesem Titel lädt Fridolin Mestwerdt Vertreterinnen und Vertreter aus Münsteraner Gemeinden der drei abrahamitischen Religionen zum Austausch des Friedensgrußes ein. Neben dem verbalen Gruß werden auch Schriftzüge in den jeweiligen Sprachen untereinander weitergegeben und an den bedeutendsten Gotteshäusern der Religionen in Münster angebracht: »As-salamu 'alaikum« – »Shalom aleichem« – »Friede sei mit euch«. Der Friedensgruß findet sich in den drei abrahamitischen Religionen Judentum, Islam und Christentum.

Auch Pascale Feitners Kunstwerk »Auge für Auge« ist im Außenraum zu sehen. Sie hat zwei Fahnen, jeweils mit einem großen, geöffneten Auge, an den beiden Türmen des Domes angebracht. Diese verweisen auf die Omnipräsenz eines wachsamen, manchmal mahnenden Gottes, der, je nach Wind, mal gen Himmel und mal gen Erde blickt. Der Titel enthält einen weiteren Aspekt: Auge für Auge – nicht Auge um Auge – er erinnert daran, dass der Weg zum Frieden nicht Rache, sondern Vergebung und Versöhnung ist.

Traditionelle Kirchenlieder ertönen durch Lautsprecher, doch sie klingen verstimmt, leiernd, wie von einem alten Grammofon abgespielt. Es handelt sich um die Installation »Porron« von Yuren Wu. Er vergleicht den Frieden mit einem Schiff, das einige Passagiere zu zerstören versuchen, während andere bemüht sind, es instand zu halten. Es wird immer vom Frieden gesprochen, ohne ihn dauerhaft zu bewahren – eine jahrtausendealte Leier also, wie die verstimmte Musik aus dem Grammofon?

Ebenfalls mit Musik befasst sich Jinuk Choi in seiner Videoinstallation »Ein ruhiger Altar«, allerdings ohne Ton abzuspielen. Er bringt die liturgischen Farben, die im Ablauf eines Kirchenjahres in Gottesdiensten sichtbar sind, zusammen mit Bildern einer Konzertszene aus Gustav Mahlers Sinfonie Nr. 2, einer Musik, die in Chois Auffassung nur existiert, um die musikalische Schönheit zu zeigen. Die Bedeutung der liturgischen Farben ist in der heutigen Gesellschaft kaum mehr bekannt. Die Videoarbeit erinnert den Besucher

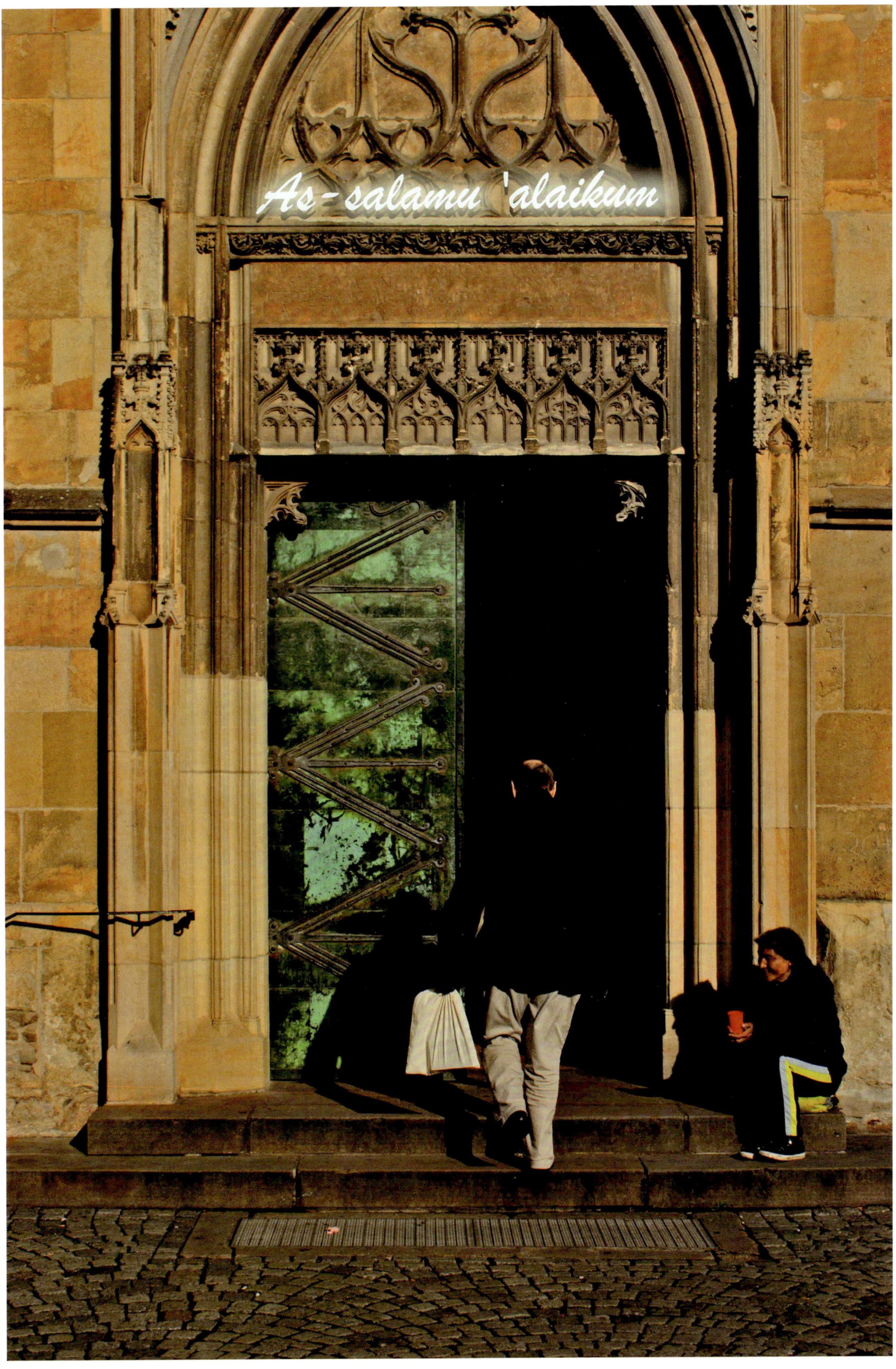
As-salamu 'alaikum

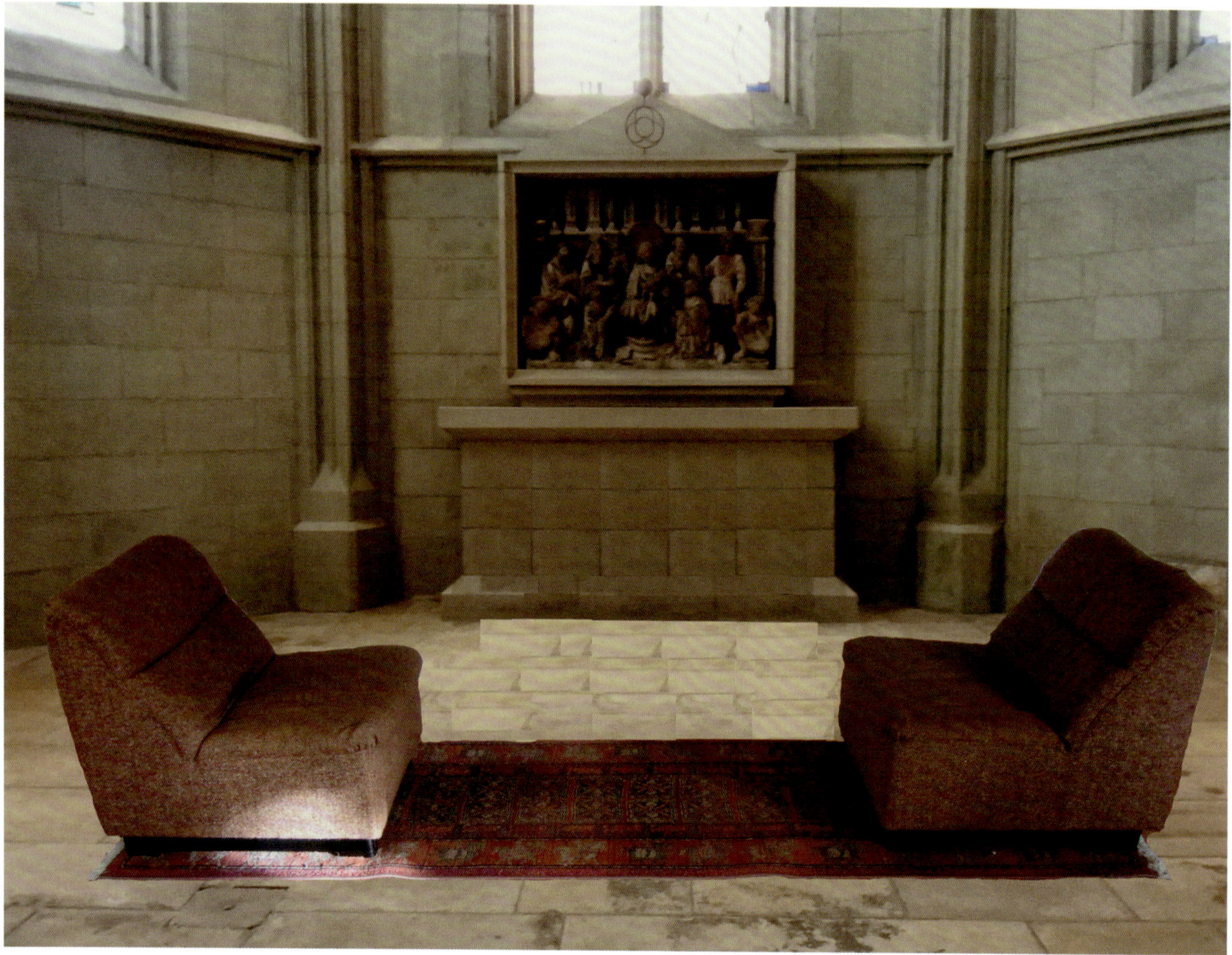

99

daran, nach Ursachen und Hintergründen zu forschen – dies gilt auch für das persönliche Gebet um Frieden. Ist es lediglich formell und dient nur der Gewissenserleichterung?

Mit der wechselhaften Geschichte des Doms und der Institution der katholischen Kirche befasst sich Amelie Hirsch. Bauliche Veränderungen, Schäden (unter anderem durch Kriegszerstörung), aber auch das teils unrühmliche Fehlverhalten der katholischen Kirche, all dies hat am Dom »Narben hinterlassen …«, so lautet der Titel des Werkes. Durch Erneuerung und das Eingestehen von Fehlern können Wunden heilen. Sie bleiben mahnende Erinnerung und geben Hoffnung auf Frieden.

Was ist Frieden? Ist es die schlichte Abwesenheit von Krieg und Gewalt? Für Ilsuk Lee entspricht Frieden einem unsichtbaren Gefühl. Man erkennt es, wenn man die sichtbaren Objekte wahrnimmt, die dieses Gefühl erzeugen. Diesen Gedanken hat der Künstler auf »Ein Denkmodell des Universums: Frieden« übertragen und lässt die Betrachter dem Gefühl des Friedens im Blick auf ein leuchtendes Kreuz nachspüren.

Yoana Tuzharova thematisiert den Frieden aus der Perspektive des Individuums und schafft in »Scheingarten« einen Besinnungsort der Selbstreflexion. Durch Licht und die Überlagerung verschiedener geometrischer Formen entsteht ein multiperspektiver Raum. Zentral erkennen wir die Rückenansicht einer menschlichen Silhouette. Scheinbar entrückt blickt sie aus dieser Welt ins angedeutete Universum. Was mag sie sehen?

»Nimm das Licht mit oder verschicke es«, lautet die partizipativ ausgelegte Arbeit von Marlena Gundlach. Fotografien von brennenden Kerzen, die Besucher an einem der Opferkerzentische im Dom zusammen mit einer persönlichen

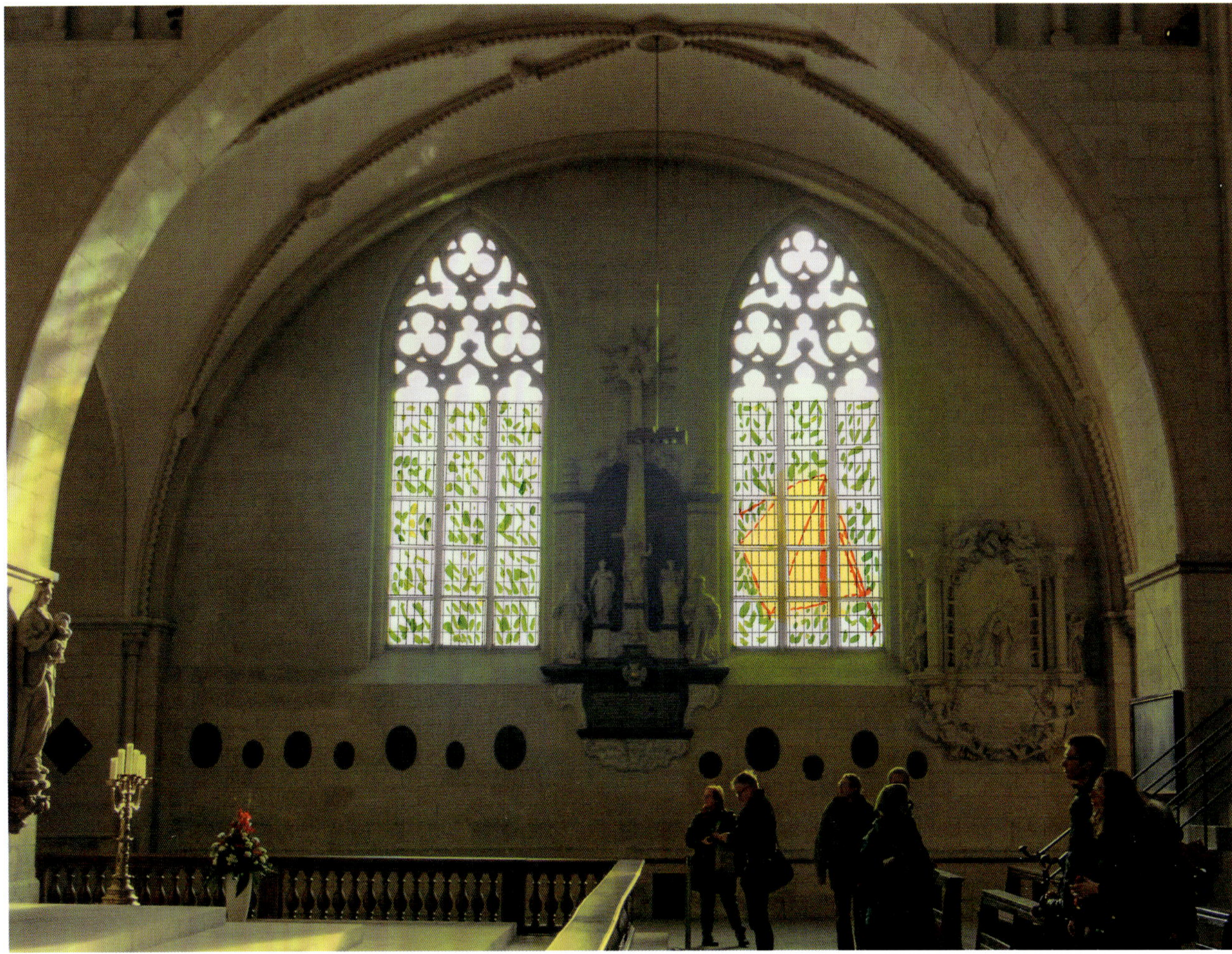

99

Bitte an Gott entzündet haben, befinden sich in einem Postkartenständer im Dom. Besucher können eine Fotokarte mitnehmen und versenden. Somit werden die Bitten über das Licht der fotografierten Kerzen weitergetragen und fördern ein friedliches und emphatisches Miteinander.

»Zusammensetzen […] – Auseinandersetzen […]« nennt Tonio Nitsche seine partizipative Installation in der Kreuzkapelle. Zwei Sessel stehen auf einem Teppich einander zugewandt und laden dazu ein, Platz zu nehmen und mit seinem Gegenüber ins Gespräch zu kommen. Reden als Grundlage für ein friedliches und gemeinschaftliches Miteinander – so einfach und so wichtig. Die Möbel stammen aus dem privaten Wohnzimmer des Künstlers und transportieren einen ganz persönlichen Friedensort in den Kirchenraum.

»Ich bin das Licht der Welt« (Joh 8,12) – diese Worte richtete Jesus, der Friedensfürst, an seine Jünger und hat damit die Bedeutung von Licht für das Christentum geprägt. So gilt auch »das Kerzenlicht […] als Materialisation des ewigen göttlichen Lichtes, und indem der Mensch mit ihm in Verbindung tritt, wird seine Hoffnung offenbar, das eigene Leben möge sich irgendwie in dem ewigen Leben vollenden« (Seidel 1996, S. 67). In »Visualisierung« von Moritz Riesenbeck bewegt sich ein Leuchtstab vom Inneren des Dachstuhls durch eine Öffnung im Gewölbeschlussstein in den Innenraum des Doms und wieder zurück. Der Künstler greift hier die Symbolik des Lichtes auf und verbindet diese mit der Architektur des Kirchenbaus. Wohin entschwindet dieses Licht, wohin entschwindet der Frieden immer wieder?

Ähnlich wie die Öffnung im Gewölbeschlussstein im Werk Riesenbecks widmet sich auch Holger Küper einer Schnittstelle zwischen Innen-

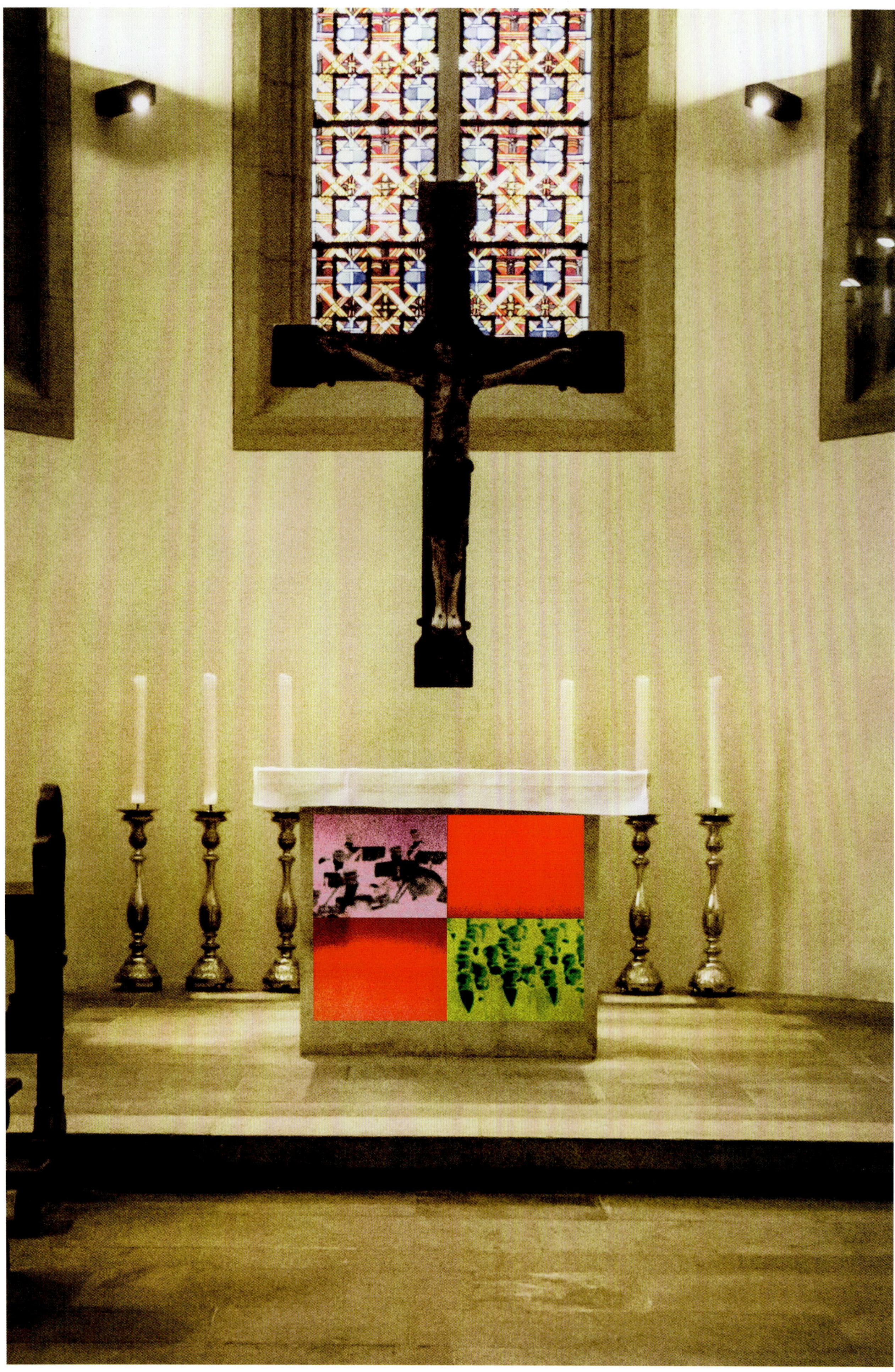

und Außenraum, nämlich den Fenstern des Doms. Seit der Gotik war es durch die Konstruktion des Maßwerks möglich, das massive Mauerwerk eines Kirchenbaus zugunsten von Glasfenstern zu öffnen. Das so einfallende Licht verstärkte den Gedanken der Anwesenheit Gottes. Mit farbigen Folien schuf Küper ein großes, profanes Fensterbild: eine grüne Wiese, Natur, ein Zelt. Der Titel lautet »Innerer Frieden«, ein persönlicher Ort des Friedens also. Durch den Lichteinfall taucht der Besucher im Dom in das Farbenspektrum dieses Friedensortes ein und wird angeregt, über den inneren Frieden nachzudenken, den man wie ein Zuhause in sich trägt – ein Gedanke oder Ort, um zur Ruhe zu kommen, um Kraft zu schöpfen, zu beten, zu verzeihen.

Eine weitere temporäre Kunstinstallation befindet sich im Kachelzimmer (oder auch Gartensaal genannt) des Doms. In diesen sonst verschlossenen Saal lädt nun Peter Lepp ein, Tereré zu trinken, ein südamerikanisches (kaltes) Teegetränk. Die vom Künstler getöpferte Majolika-Tasse, aus der getrunken wird, schafft eine Verbindung zu den kunstvollen Fliesen des Saales, die ein umfangreiches symbolisches Programm aufweisen, das auf die »allumfassende Schöpfung Gottes« hinweist (Grote 2014, S. 288). Die Kacheln hatten im Zweiten Weltkrieg starke Zerstörungen erlitten und wurden im Rahmen der Neuerrichtung des Kapitelsaals Anfang der 1980er Jahre wieder zusammengefügt und teilweise ergänzt. Zu hören ist dabei eine Aufnahme des Hohelieds Salomos, ein Dialog der Liebe auf Hebräisch und Arabisch. Der Besucher wird Teil dieses interkulturellen und -religiösen Austauschs in diesem umfriedeten Garten(saal), einem »Hortus Conclusus«, der noch die Spuren von Krieg und Zerstörung trägt.

Das Performancekunstwerk »Schwarzkelchen« von Rebecca D'Andrea beruht auf persönlichen Migrationserfahrungen der Künstlerin. In der Metapher des Vogels reflektiert sie die Ortswechsel, die Herausforderung der Anpassung an neue Orte und das Gefühl der Erleichterung, wenn man sich an einem neuen Ort zu Hause fühlt. Dahinter verbirgt sich der Gedanke, dass durch gegenseitiges Verständnis und Einfühlungsvermögen das friedliche Miteinander erleichtert wird. Von der Künstlerin gefertigte Vogelfiguren tragen Botschaften und werden während der zu bestimmten Terminen stattfindenden Performances im Dom platziert.

Elisabeth (Lis) Schröder realisiert ihre Arbeit in Kooperation mit dem Domchor in Form eines kurzen Musikstücks. Ein einfacher Satz wird in melodischen Variationen wiederholt: »Wir alle machen Fehler.« Sie geht dabei von der Möglichkeit der Vergebung im Christentum aus. Dass uns unsere Fehler vergeben werden können, ist ein tröstlicher Gedanke. Der im Alltagsgebrauch gängige Satz »Nobody is perfect« scheint gedanklich nicht weit entfernt von Jesus Worten im Johannesevangelium, als ihm eine Ehebrecherin vorgeführt wird: »Wer von euch ohne Sünde ist, werfe als Erster einen Stein auf sie.« (Joh 8,7). Vergeben und Verzeihen sind wichtige Ressourcen, um Frieden zu ermöglichen und zu bewahren – sowohl mit anderen Menschen, als auch mit sich selbst.

Die Arbeiten, die hier auf Grundlage der Ideenskizzen der Künstlerinnen und Künstler vom Dezember 2017 charakterisiert wurden, erschaffen vielfältige, teils sehr persönliche Zugänge zum Thema Religion und Frieden. Sie regen den Besucher an, sich mit dem eigenen Glauben und dem eigenen Friedensbegriff auseinanderzusetzen und übertragen somit die Idee des christlichen Friedens in die Gegenwart. Die unterschiedlichen Blickwinkel in den Kunstwerken zeigen die Aktualität der Friedensthematik und vor allem des Doms als lebendigen Friedensort auf. *EL*

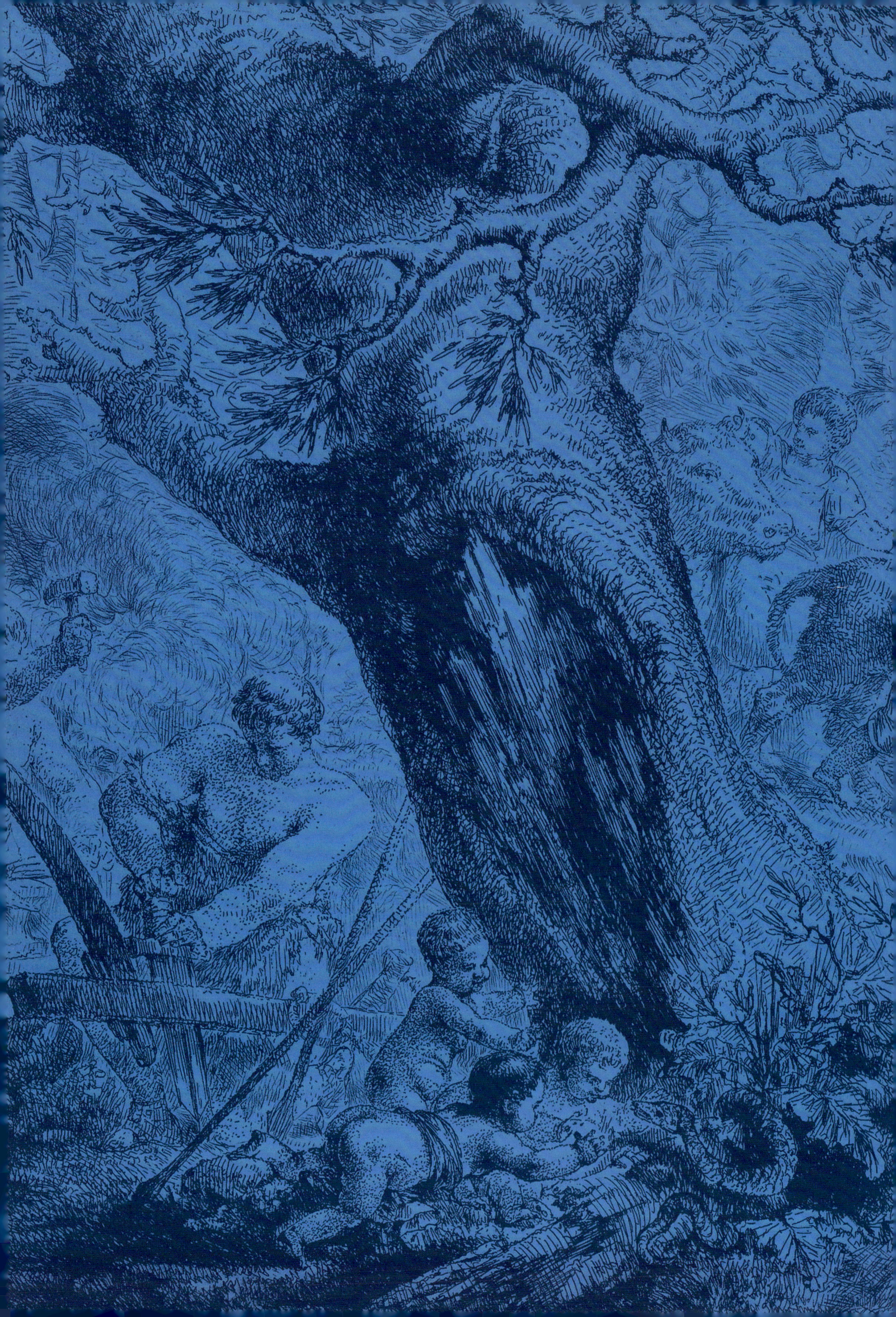

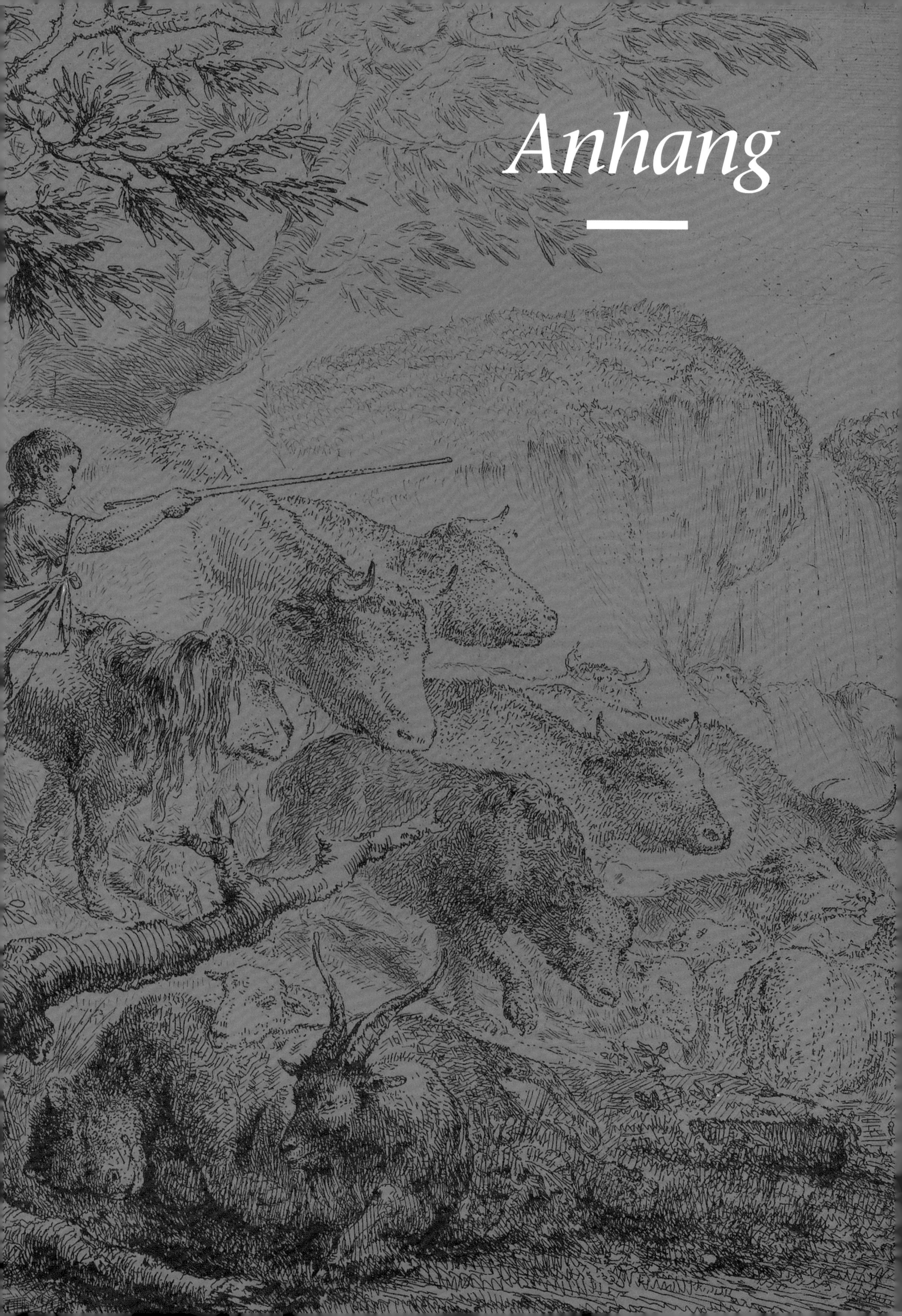

# Anhang

## Literaturverzeichnis


**Adalbéron de Laon 1979**
Adalbéron de Laon, Poème au roi Robert, hg. und übersetzt von Claude Carozzi, Paris 1979.

**Adam 1988**
Adolf Adam, Grundriß Liturgie, Freiburg/Basel/Wien 1988.

**Adelbold 1983**
Adelbold, Vita Heinrici II imperatoris, hg. von H. van Rij, in: Nederlandse Historische Bronnen, Bd. 3, Amsterdam 1983, S. 7–95.

**AK Aachen 2014**
Karl der Große/Charlemagne. Orte der Macht – Katalog, Ausst.-Kat., hg. von Frank Pohle, Rathaus Aachen 2014, Dresden 2014.

**AK Arnsberg 2012**
Franz Stock und der Weg nach Europa. Ausst.-Kat., hg. vom Landrat des Hochsauerlandkreises, Sauerland-Museum 2012, Arnsberg 2012.

**AK Augsburg 2005**
Als Frieden möglich war. 450 Jahre Augsburger Religionsfrieden, Ausst.-Kat., hg. von Carl A. Hoffmann/Markus Johanns/Annette Kranz/Christof Trepesch/Oliver Zeidler, Maximilianmuseum Augsburg 2005, Regensburg 2005.

**AK Baltimore 1986**
Silver from Early Byzantium: the Kaper Koraon and Related Treasures, Ausst.-Kat., von Marlia Mundell Mango, Walters Art Gallery, 1986, Baltimore (Maryland) 1986.

**AK Berlin 2001**
Karl Schmidt-Rottluff. Ein Maler des 20. Jahrhunderts. Gemälde, Aquarelle und Zeichnungen von 1905–1972, Ausst.-Kat., Brücke Museum Berlin 2001, Museum am Ostwall Dortmund 2001–2002, Kunsthalle zu Kiel 2002, Museum der Bildenden Künste Leipzig 2002, hg. von Magdalena M. Moeller, Tayfun Belign, München 2001.

**AK Berlin 2010a**
Hitler und die Deutschen. Volksgemeinschaft und Verbrechen, Ausst.-Kat., hg. von Hans U. Thamer/Simone Erpel, Deutsches Historisches Museum Berlin 2010–2011, Dresden 2010.

**AK Berlin 2010b**
Schätze des Glaubens. Meisterwerke aus dem Dom-Museum Hildesheim und dem Kunstgewerbemuseum Berlin zu Gast im Bode-Museum, Ausst.-Kat., hg. von Lothar Lambacher, Bodemuseum Berlin 2010–2012, Berlin 2010.

**AK Berlin 2014**
Karl Schmidt-Rottluff. Landschaft – Figur – Stillleben, Ausst.-Kat., hg. von Magdalena M. Moeller, Brücke Museum Berlin 2014–2015, München 2014.

**AK Berlin 2016–2017**
Cornelia Schleime. Ein Wimpernschlag/A Blink of an Eye, Ausst.-Kat., hg. von Thomas Köhler/Stefanie Heckmann, Berlinische Galerie 2016–2017, Berlin/Bielefeld 2016.

**AK Bonn 2007**
Schwerter zu Pflugscharen – Geschichte eines Symbols, von Rainer Eckert/Kornelia Lobmeier, hg. von der Stiftung Haus der Geschichte der Bundesrepublik Deutschland, Bonn 2007.

**AK Bonn 2015**
1914. Die Avantgarden im Kampf, Ausst.-Kat., hg. von Kunst- und Ausstellungshalle der Bundesrepublik Deutschland, Konzept und wissenschaftliche Redaktion Uwe M. Schneede, Bundeskunsthalle 2015–2016, Köln 2015.

**AK Bonn/Leipzig 2007**
Skandale in Deutschland nach 1945, Ausst.-Kat., hg. von Stiftung Haus der Geschichte der Bundesrepublik Deutschland Bonn, Haus der Geschichte Bonn 2007–2008, Leipzig, Zeitgeschichtliches Forum der Stiftung Haus der Geschichte der Bundesrepublik Deutschland, Berlin/Bielefeld 2007.

**AK Braunschweig 2004**
Peter Paul Rubens: Barocke Leidenschaften, Ausst.-Kat., hg. von Nils Büttner/Ulrich Heinen, Herzog Anton Ulrich-Museum Braunschweig, 2004, München 2004.

**AK Bremen 2014**
Bildhauer sehen den Ersten Weltkrieg, Ausst.-Kat., hg. von Usel Berger/Gundula Mayr/Veronika Wiegartz, Arp Museum Bahnhof Rolandseck Remagen 2014, Kunststätte Bossard, Jesteburg 2014, Ernst-Barlach-Stiftung Güstrow 2014, Georg-Kolbe-Museum Berlin 2014, Gerhard-Marcks-Haus Bremen 2014–2015, Käthe Kollwitz Museum Köln 2014–2015, Edwin-Scharff-Museum Neu-Ulm 2014–2015, Bremen 2014.

**AK Düsseldorf 1996**
Otto Piene: Retrospektive 1952–1996, Ausst.-Kat., hg. von Stephan von Wiese/Susanne Rennert, Kunstmuseum Düsseldorf im Ehrenhof 1996, Köln 1996.

**AK Gent 1975**
Gent. Duizend jaar kunst en cultuur, Ausst.-Kat., Museum voor Schone kunsten Gent, 3 Bde., Gent 1975.

**AK Halle/Oldenburg/Mannheim 2005**
Saladin und die Kreuzfahrer, Ausst.-Kat., hg. von Alfried Wieczorek/Mamoun Fansa/Harald Meller, Halle, Landesmuseum für Vorgeschichte 2005/06; Oldenburg, Landesmuseum für Natur und Mensch 2006; Mannheim, Reiss-Engelhorn-Museen 2006, Mainz 2005.

**AK Kiel 1986**
Kunst im Dienste der Aufklärung. Radierungen von Bernhard Rode. 1725–1797, Ausst.-Kat., Kunsthalle zu Kiel 1986–1987, Kiel 1986.

**AK Köln 2011–2012**
Glanz und Größe des Mittelalters. Kölner Meisterwerke aus den großen Sammlungen der Welt, Ausst.-Kat., hg. von Dagmar Täube/Miriam Verena Fleck, Museum Schnüttgen Köln 2011/12, München 2011.

**AK Köln 2015**
Der Große Krieg im Kleinformat. Graphik- und Medaillenkunst zum Ersten Weltkrieg, Ausst.-Kat., von Bernd Ernsting, Bayerisches Armeemuseum Ingolstadt 2015, Letterstiftung, Köln 2015.

**AK Leipzig 2008**
DEMOKRATIE jetzt oder nie! Diktatur. Widerstand. Alltag, von Anne Martin Stiftung Haus der Geschichte der Bundesrepublik Deutschland, Zeitgeschichtliches Forum Leipzig, Leipzig 2008.

**AK Los Angeles 2006**
Holy image, hallowed ground: icons from Sinai, Ausst.-Kat., hg. von Robert S. Nelson u. a., J. Paul Getty Museum, Los Angeles, 2006–2007, Los Angeles 2006.

**AK Madrid 2009–2010**
Tiempo de paces 1609–2009. La Pax Hispanica y la Tregua de los Doce Años, Ausst.-Kat., hg. von Bernardo José García García, Madrid, Fundación Carlos de Amberes, 2009–2010, Madrid 2009.

**AK Magdeburg 2008**
Spektakel der Macht. Rituale im alten Europa 800–1800, Ausst.-Kat., hg. von Barbara Stollberg-Rilinger/Matthias Puhle/Jutta Götzmann/Gerd Althoff, Kunsthistorisches Museum Magdeburg 2008–2009, Darmstadt 2008.

**AK Mannheim 2017**
Die Päpste und die Einheit der lateinischen Welt: Antike – Mittelalter – Renaissance, Ausst.-Kat., hg. von Alfried Wieczorek/Stefan Weinfurter, Reiss-Engelhorn-Museum Mannheim 2017, Regensburg 2017.

**AK Montpellier 1998**
Tableaux flamands et hollandais du Musée Fabre de Montpellier, Ausst.-Kat., hg. von Quentin Buvelot/Hans Buijs, Paris, Institut Néerlandais 1998, Montpellier, Musée Fabre, Zwolle 1998.

**AK München 2012**
Konstantin 312. Ausst.-Kat. bearbeitet von Kay Ehling/Nicolai Kästner, Staatliche Münzsammlung München 2012, München 2012.

**AK Münster 1993**
Imagination des Unsichtbaren. 1200 Jahre bildende Kunst im Bistum Münster, Ausst.-Kat., hg. von Géza Jászai, Münster, Westfälisches Landesmuseum für Kunst und Kulturgeschichte 1993, Münster 1993.

**AK Münster 1998**
1648 – Krieg und Frieden in Europa, Ausst.-Kat. und zwei Textbände, hg. von Klaus Bußmann/Heinz Schilling, Westfälisches Landesmuseum für Kunst und Kulturgeschichte in Münster, Osnabrück 1998, Münster 1998.

**AK Münster 2000–2001**
Das Königreich der Täufer. Ausst.-Kat. hg. von Barbara Rommé, Stadtmuseum Münster 2000–2001, 2 Bde., Münster 2000.

**AK Münster 2012**
Goldene Pracht. Mittelalterliche Schatzkunst in Westfalen, Ausst.-Kat., hg. von Bistum Münster und Domkammer der Kathedralkirche St.Paulus, Münster, dem Landschaftsverband Westfalen-Lippe (LWL), vertreten durch das LWL-Landesmuseum für Kunst und Kulturgeschichte, Münster und der Westfälischen Wilhelms-Universität, Münster, vertreten durch den Exzellenzcluster »Religion und Politik in den Kulturen der Vormoderne und Moderne«, LWL-Landesmuseum für Kunst und Kulturgeschichte und Domkammer der Kathedralkirche St. Paulus Münster 2012, München 2012.

**AK Nantes/Pau 1998**
L'Edit de Nantes, Ausst.-Kat., Nantes, Musée du château des ducs de Bretagne 1998, Pau, musée national du château, 1998–1999, Paris 1998.

**AK New York 2005**
Fra Angelico, Ausst.-Kat., hg. Laurence Kanter/Pia Palladino, Metropolitan Museum of Art New York 2005–2006, New York 2005.

**AK Paderborn 2013**
Credo. Christianisierung Europas im Mittelalter, Ausst.-Kat., hg. von Christoph Stiegemann, Diözesanmuseum/Museum in der Kaiserpfalz/Städtische Galerie Am Abdinghof zu Paderborn, 3 Bde., Petersberg 2013.

**AK Paderborn 2015**
Caritas. Nächstenliebe von der frühen Christenheit bis zur Gegenwart, Ausst.-Kat., hg. von Christoph Stiegemann, Diözesanmuseum Paderborn 2015, Petersberg 2015.

**AK Paris 1982**
Les Fastes du gothique: le siècle de Charles V, Ausst.-Kat., von Daniel Alcouffe u. a., Paris, Galeries nationales du Grand Palais 1981–1982, Paris 1981.

**AK Paris 1999–2000**
Dominique-Vivant Denon – l'oeil de Napoléon, Ausst.-Kat., hg. von Marie-Anne Dupuy, Paris, Musée du Louvre 1999–2000, Paris 1999.

**AK Paris 2009**
Frühe italienische Malerei. Von Siena bis Florenz – Meisterwerke aus dem Lindenau-Museum Altenburg, Ausst.-Kat., hg. von Nicolas Sainte Fare Garnot, Paris, Musée Jacquemart-André 2009, Stuttgart 2009.

**AK Paris 2016**
L'art de la paix. Secrets et trésors de la diplomatie, Ausst.-Kat., Paris, Petit Palais – musée des Beaux-Arts de la Ville de Paris, 2016–2017, Paris 2016.

**AK Pau 1985**
Quinze années d'acquisitions 1970–1984, Ausst.-Kat. von Jacques Perot, Pau, musée national du château 1985, Paris 1985.

**AK Pau/Paris, 1989–1990**
Henri IV et la reconstruction du royaume, Ausst.-Kat., Pau, musée national du château, Paris, Archives nationales, 1989–1990, Paris 1989.

**AK Rotterdam 2008**
At Home at the Golden Age. Masterpieces from the SØR Rusche Collection, Ausst.-Kat., hg. von Jannet de Goede/Martine Gosselink, Kunsthal Rotterdam 2008, Zwolle 2008.

**AK Saint-Germain-en-Laye 2010**
Hommage à Henri IV Prince de paix, Ausst.-Kat., hg. von Bernard Berdou d'Aas, Saint-Germain-en-Laye, musée d'Archéologie nationale et domaine national, 2010–2011, Biarritz 2010.

**AK Stade 2013**
Jesus Reloaded. Das Christusbild im 20. Jahrhundert, Ausst.-Kat., hg. von Ina Hildburg/Sebastian Möllers, Kunsthaus Stade 2013–2014, Köln 2013.

**AK Stuttgart 2011**
Kollwitz – Beckmann – Dix – Grosz. Kriegszeit, Ausst.-Kat., von Corinna Höper u. a., Staatsgalerie Stuttgart 2011, Tübingen 2011.

**AK Stuttgart 2013**
Friedensbilder in Europa 1450–1815: Kunst der Diplomatie – Diplomatie der Kunst, Ausst.-Kat., hg. von Hans-Martin Kaulbach, Staatsgalerie Stuttgart, 2012–2013, Berlin 2013.

**AK Utrecht 2003**
Pracht en Praal van de Paus. Schatten uit het Vaticaan, Ausst.-Kat., hg. von Sible Lambertus de Blaauw, Utrecht, Museum Catharijneconvent 2003, Amsterdam 2003.

**AK Villeneuve-d'Ascq/Lille/Belfort 2014**
Brouillon Kub: les artistes cubistes et la caricature, 1911–1918, Ausst.-Kat., bearbeitet von Jeanne-Bathilde Lacourt/Nicolas Surlapierre, Villeneuve-d'Ascq, Lille, Belfort, 2014–2015, Mailand 2014.

**AK Warschau 2012**
Maurizio Cattelan, Amen, Ausst.-Kat., hg. Iwo Zmyślony, Centrum Sztuki Współczesnej Zamek Ujazdowski, Warschau 2012–2013, Warschau 2012.

**Albrecht 1983**
Ulrike Albrecht, Die Augsburger Friedengemälde 1651–1789. Eine Untersuchung zum evangelisch-lutherischen Lehrbild einer Reichsstadt, (Diss.) München 1983.

**Althoff 1981**
Gerd Althoff, Nunc fiant Christi milites, qui dudum extiterunt raptores. Zur Entstehung von Rittertum und Ritterethos, in: Saeculum, 32, 1981, S. 317–333.

**Althoff 1997**
Gerd Althoff, Königsherrschaft und Konfliktbewältigung im 10. und 11. Jahrhundert, in: Spielregeln der Politik im Mittelalter. Kommunikation in Frieden und Fehde, hg. von Gerd Althoff, Darmstadt 1997, S. 21–56.

**Althoff 2013**
Gerd Althoff, »Selig sind, die Verfolgung ausüben.« Päpste und Gewalt im Hochmittelalter, Münster 2013.

**Althoff 2016**
Gerd Althoff, Kontrolle der Macht. Formen und Regeln politischer Beratung im Mittelalter, Darmstadt 2016.

**Alzheimer 2009**
Heidrun Alzheimer (Hg.), Glaubenssache Krieg. Religiöse Motive auf Bildpostkarten des Ersten Weltkrieges, Bad Windsheim 2009.

**Amishai-Maisels 1973**
Ziva Amishai-Maisels, The Tapestries and Mosaics of Marc Chagall at the Knesset, New York 1973.

**Angenendt 1998**
Arnold Angenendt, Mission bis Millennium (313–1000), Münster 1998.

**Angenendt 2005**
Arnold Angenendt, Liudger. Missionar – Abt – Bischof im frühen Mittelalter, Münster 2005.

**Angenendt 2007**
Arnold Angenendt, Toleranz und Gewalt. Das Christentum zwischen Bibel und Schwert, Münster 2007.

**Angenendt 2009**
Arnold Angenendt, Geschichte der Religiosität im Mittelalter, Darmstadt (1997) 2009.

**Angenendt 2009a**
Arnold Angenendt, Toleranz und Gewalt. Das Christentum zwischen Bibel und Schwert, Münster 2009.

**Angenendt 2009b**
Arnold Angenendt, Die Kreuzzüge: Aufruf zum ›gerechten‹ oder zum ›heiligen‹ Krieg?, in: Holzem 2009a, S. 341–367.

**Angenendt 2012**
Arnold Angenendt, Toleranz und Gewalt. Das Christentum zwischen Bibel und Schwert, Münster 2012.

**Angenendt 2013**
Arnold Angenendt, Offertorium. Das mittelalterliche Messopfer, Münster 2013.

**Angenendt 2014a**
Arnold Angenendt, Offertorium. Das mittelalterliche Meßopfer, Münster 2014.

**Angenendt 2014b**
Arnold Angenendt, Toleranz und Gewalt. Das Christentum zwischen Bibel und Schwert, Münster 2014.

**Apke 2008**
Bernd Apke, »Krieg ist die einzige moderne religiöse Ekstase« – Religiöse Ikonographie während des Ersten Weltkrieges, in: Der Erste Weltkrieg und die Kunst: von der Propaganda zum Widerstand, Ausst.-Kat., hg. von Bernd Küster, Landesmuseum für Kunst und Kulturgeschichte, Oldenburg 2008, Gifkendorf 2008, S. 184–201.

**Appleby 2000**
R. Scott Appleby, The Ambivalence of the Sacred. Religion, Violence and Reconciliation, Lanham/Boulder/New York/Oxford 2000.

**Archivseiten Centre for Contemporary Art 2012**
Archivseiten zur Ausstellung »Maurizio Cattelan – AMEN« im Centre for Contemporary Art Centrum Ujazdowski Castle Warsaw Sztuki Współczesnej Zamek Ujazdowski, mit Ansicht der Installation 2012 (17. 3. 2018), URL: http://archiwum.u-jazdowski.pl/index.php?action=wydarzenie&id=662&lang=.

**Armstrong 2004**
Karen Armstrong, Im Kampf für Gott. Fundamentalismus in Christentum, Judentum und Islam, München 2004.

**Arning 2010**
Holger Arning, Von kleinen Lesern und großen Kriegern. Ein Plädoyer für die Diskursanalyse von Macht und Widerstand, in: Andreas Henkelmann/Nicole Priesching (Hg.), Widerstand? Forschungsperspektiven auf das Verhältnis von Katholizismus und Nationalsozialismus, Saarbrücken 2010, S. 285–334.

**Arning/Wolf 2016**
Holger Arning/Hubert Wolf, Hundert Katholikentage. Von Mainz 1848 bis Leipzig 2016, Darmstadt 2016.

**Arnold 1996**
Klaus Arnold, Bilder des Krieges – Bilder des Friedens, in: Johannes Fried (Hg.), Träger und Instrumentarien des Friedens im Hohen und Späten Mittelalter, Sigmaringen 1996, S. 561–586.

**Arnold 2014**
Claus Arnold, La Guerre Allemande et le Catholicisme (1915). Katholisch-theologische Kriegsarbeit und die Nachwirkung der Modernismuskrise, in: Dominik Burkard/Nicole Priesching (Hg.), Katholiken im langen 19. Jahrhundert. Akteure, Kulturen, Mentalitäten, Regensburg 2014, S. 299–311.

**Aschoff 1975**
Diethard Aschoff, Die Stadt Münster und die Juden im letzten Jahrhundert der städtischen Unabhängigkeit (1562–1662), in: Westfälische Forschungen, 27, 1975, S. 84–113.

**Aschoff 1979**
Diethard Aschoff, Das Pestjahr 1350 und die Juden in Westfalen, in: Westfälische Zeitschrift, 129, 1979, S. 57–67.

**Aschoff 1993**
Diethard Aschoff, Judenkennzeichnung und Judendiskriminierung in Westfalen, in: Aschkenas, 3, 1993, S. 15–47.

**Aschoff 2003**
Diethard Aschoff, Die Gottesmutter thront über einem Juden. Eine mittelalterliche Warnung für gläubige Christen im Paradies des Domes zu Münster, in: Unser Westfalen, 2003, S. 85–86.

**Aschoff 2006a**
Diethard Aschoff, Die Judenpolitik des Fürstbistums Münster zur Zeit des Absolutismus (1650–1803/06), in: Westfälische Zeitschrift, 156, 2006, S. 85–114.

**Aschoff 2006b**
Diethard Aschoff, Geschichte der Juden in Westfalen im Mittelalter, Berlin/Münster 2006.

**Assmann 2010**
Jan Assmann, Die mosaische Unterscheidung oder der Preis des Monotheismus, München 2010.

**Auffahrt 2002**
Christoph Auffahrt, Irdische Wege und himmlischer Lohn. Kreuzzug, Jerusalem und Fegefeuer in religionswissenschaftlicher Perspektive, Göttingen 2002.

**Auffahrt 2009**
Christoph Auffahrt, Die Ketzer. Katharer, Waldenser und andere religiöse Bewegungen, München 2009.

**Augustinus 1955**
Augustinus, De civitate Dei libri viginti duo, hg. von Bernhard Dombart/Alphons Kalb, 2 Bde., Turnhout 1955.

**Augustinus 1997**
Augustinus, Vom Gottesstaat, übersetzt von Wilhelm Timme, eingeleitet und kommentiert von Carl Andresen, 2 Bde., München 1997.

**Augustyn 2003**
Wolfgang Augustyn, Friede und Gerechtigkeit: Wandlungen eines Bildmotivs, in: Wolfgang Augustyn (Hg.), PAX. Beiträge zu Idee und Darstellung des Friedens, München 2003, S. 243–300.

**Bärsch 2014**
Jürgen Bärsch, »Pax Domini« und »Depressio inimicorum« – Skizzen zu Krieg und Frieden im Spiegel der abendländischen Liturgie in Spätantike und Mittelalter, in: Gerhard Beestermöller (Hg.), Friedensethik im frühen Mittelalter. Theologie zwischen Kritik und Legitimation von Gewalt, Baden-Baden, Münster 2014, S. 53–84.

**Banksy 2006**
Banksy: Wall and piece, London 2006.

**Barbers 2016**
Meinulf Barbers, Friedensbemühungen im Quickborn. Überarbeitete und ergänzte Fassung eines Referates, das der Verfasser beim Frühlingstreffen 2016 des Quickborn am 5. März auf Burg Rothenfels gehalten hat (17. 3. 2018), URL: https://franz-stock.org/images/de/2016/Meinulf_Barbers_Friedensbemuehungen_im_Quickborn.pdf.

**Barzilay Freund 2013**
Anthony Barzilay Freund, Maurizio Cattelan: Heaven, Hell and the Art World, 1. 7. 2013 in: Sotheby's Magazine Juli 2013 (17. 3. 2018), URL: www.sothebys.com/en/news-video/blogs/all-blogs/sothebys-at-auction/2013/07/maurizio-cattelan-anthony-barzilay-freund.html.

**Baumeister 1979**
Annette Baumeister, Ein illuminiertes Missale des 16. Jahrhunderts im Landesmuseum Münster, In: Zeitschrift für Kunstgeschichte, 42, 1979, S. 92–116.

**Baumeister 2012**
Theofried Baumeister, Zur Entstehung der Märtyrerlegende, in: Peter Gemeinhardt, Johann Leemans (Hg.), Christian Martyrdom in Late Antiquity (300–450 AD). History and Discourse, Tradition and Religious Identity, Berlin 2012, S. 35–48.

**Becher 2013**
Matthias Becher, Gewaltmission. Karl der Große und die Sachsen, in: AK Paderborn 2013, S. 321–329.

**Becker o. J.**
Till Becker, Biographie Dietrich Bonhoeffers (mit Verweisen zum Nachlass), in: Staatsbibliothek zu Berlin, Preußischer Kulturbesitz, Handschriften, o. J. (17. 3. 2018), URL: http://staatsbibliothek-berlin.de/die-staatsbibliothek/abteilungen/handschriften/nachlaesse-autographen/nachlaesse-a-z/dietrich-bonhoeffer/biographie-dietrich-bonhoeffers/.

**Bedford-Strohm 2015**
Heinrich Bedford-Strohm, Dietrich Bonhoeffer. Wer fromm ist, muss politisch sein, in: Zeit Online, 9. April 2015 (17. 3. 2018), URL: www.zeit.de/2015/15/dietrich-bonhoeffer-todestag-protestantismus-widerstand/komplettansicht.

**Beestermöller 1990**
Gerhard Beestermöller, Thomas von Aquin und der gerechte Krieg. Friedensethik im theologischen Kontext der Summa theologiae, Frankfurt a. M. 1990.

**Beestermöller 1997**
Gerhard Beestermöller, Art. »Krieg«, in: Lexikon für Theologie und Kirche, Bd. 6, Freiburg/Basel/Wien 1997, Sp. 475–479.

**Béguin 1992**
Sylvie Béguin, Contribution à l'iconographie d'Henri IV, in: Association Henri IV 1989 (Hg.), Les arts au temps d'Henri IV, Volume des actes du colloque de Fontainebleau, 20–21 septembre 1990, Pau 1992, S. 41–61.

**Benedikt XV. 1915**
Benedikt XV., Allokution »Convocare vos« vor dem Konsistorium (lateinisch), 22. Januar 1915, in: Acta Apostolicae Sedis, 7, 1915, S. 33–36.

**Benedikt XV. 1915 a**
Benedikt XV, »Allorché fummo chiamati«, Apostolisches Schreiben, 28. Juli 1915, deutsche Übersetzung: »An die im Kriege sich befindenden Völker und Ihre Leiter«, online auf vatican.va (17. 3. 2018), URL: https://w2.vatican.va/content/benedict-xv/de/apost_exhortations/documents/hf_ben-xv_exh_ 19150728_fummo-chiamati.html.

**Benedikt XV. 1917**
Benedikt XV., Apostolisches Mahnschreiben »Dès le début« an die Oberhäupter der Krieg führenden Völker (französisch und italienisch), 1. August 1917, in: Acta Apostolicae Sedis, 9 I, 1917, S. 417–423.

**Benedikt XV. 1920**
Benedikt XV., Enzyklika »Pacem, Dei munus pulcherrimum« (lateinisch), 23. Mai 1920, in: Acta Apostolicae Sedis, 12, 1920, S. 209–218.

**Bergsma 1998**
Wiebe Bergsma, De godsdienstige verhoudingen tijdens de Vrede van Munster, in: Jacques Dane (Hg.), 1648 – Vrede van Munster. Feit en Verbeelding, Zwolle 1998, S. 83–105.

**Besier 2015**
Gerhard Besier, Der große Krieg und die Religion in vergleichender Perspektive. Warum 1914 die christliche Kriegskultur über den religiös motivierten Pazifismus obsiegte, in: Jörgen Klußmann (Hg.), 100 Jahre Erster Weltkrieg. Kritische Beobachtungen zur Rolle der Kirchen, Bonn 2015, S. 31–82.

**Bethmann 1846**
Gesta episcoporum Cameracensium (Taten der Bischöfe von Cambrai), hg. von L. C. Bethmann, in: Monumenta Germaniae Historica Scriptores 7, Hannover 1846, S. 510–525.

**Beuken 2003**
Willem A. M. Beuken, Jesaja 1–12 (Herders Theologischer Kommentar zum Alten Testament), Freiburg/Basel/Wien 2003.

**Beuys 2010**
Barbara Beuys, Sophie Scholl. Biografie, München 2010.

**Beyrau/Hochgeschwender/Langewiesche 2007**
Dietrich Beyrau, Michael Hochgeschwender, Dieter Langewiesche, (Hg.), Formen des Krieges. Von der Antike bis zur Gegenwart, Paderborn/München/Wien/Zürich 2007.

**Bieber 2007**
Alain Bieber, Banksy in Bethlehem, in: ART – Das Kunstmagazin, 21. 12. 2007.

**Bihlmeyer 1961**
Karl Bihlmeyer, Seuses Leben und Werke, in: Karl Bihlmeyer (Hg.), Heinrich Seuse, Deutsche Schriften, Stuttgart 1907, Nachdruck Frankfurt a. M. 1961, S. 63–163.

**Bischof/Leimgruber 2004**
Franz Xaver Bischof/Stephan Leimgruber (Hg.), Vierzig Jahre II. Vatikanum. Zur Wirkungsgeschichte der Konzilstexte, Würzburg 2004.

**Blaich 2013**
Markus C. Blaich, Werla 2 – Die Menschen von Werlaburgdorf. Ein Beitrag zur Geschichte des Nordharzvorlandes im 8. bis 10. Jahrhundert, Mainz 2013.

**Blanché 2010**
Ulrich Blanché, Something to spray: Der Street Artivist Banksy. Eine kunstwissenschaftliche Untersuchung, Marburg 2010.

**Bleyerfeld 2006**
Yvonne Bleyerveld, Een katholieke ridder als redder van de christelijke ziel. Twee prenten van Peeter van der Borcht met een contra-reformatorische inhoud, in: Kunstlicht, 27, 2006, nr. 2/3, S. 40–43.

**Böker 1989**
Hans J. Böker, Die Marktpfarrkirche St. Lamberti zu Münster. Die Bau- und Restaurierungsgeschichte einer spätgotischen Stadtkirche, Bonn 1989.

**Bologna 2004**
Pinacoteca Nazionale di Bologna. Catalogo Generale, Bd. 1: Dal Duecento a Francesco Francia, hg. von Jadranka Bentini, Giampiero Cammarota, Daniela Scaglietti Kelescian, Venedig 2004.

**Bonaventura 1926–1941**
Bonaventura, Legenda maior, hg. von Patribus Collegii S. Bonventurae, in: Analecta Franciscana, 10, Florenz 1926–1941, S. 557–652.

**Bonhoeffer 1992**
Dietrich Bonhoeffer, Ethik, hg. von Ilse Tödt, Gütersloh/München 1992.

**Bonn 1982**
Rheinisches Landesmuseum Bonn – Gemälde bis 1900, bearbeitet von Fritz Goldkuhle, Ingeborg Krueger, Hans M. Schmidt, Köln 1982.

**Brandl 1990**
Rainer Brandl, Das Diamantkreuz des Fürstbischofs Christoph Bernhard von Galen – Ein Geschenk Kaiser Leopolds I. für den Sieg über die Türken, in: Westfalen, 68, 1990, S. 220–231.

**Brechenmacher 2005**
Thomas Brechenmacher, Teufelspakt, Selbsterhaltung, universale Mission? Leitlinien und Spielräume der Diplomatie des Heiligen Stuhls gegenüber dem nationalsozialistischen Deutschland (1933–1939) im Lichte neu zugänglicher vatikanischer Akten, in: Historische Zeitschrift, 280, 2005, S. 591–645.

**Brecht 2000**
Martin Brecht: Erinnerung an den Frieden. Vom bemerkenswerten Umgang mit einem hohen Gut in Augsburg, in: Das Friedensfest. Augsburg und die Entwicklung einer neuzeitlichen Toleranz-, Friedens- und Festkultur, hg. von Johannes Burkhardt/Stephanie Haberer, Berlin 2000, S. 101–116.

**Bremer 2003**
Thomas Bremer, Kleine Geschichte der Religionen in Jugoslawien. Königreich – Kommunismus – Krieg, Freiburg 2003.

**Bremer 2015**
Thomas Bremer, Die Russische Orthodoxe Kirche und das Konzept der »Russischen Welt«, in: Russland-Analysen, 289, 2015, 6–8 (17. 3. 2018) (nur online), URL: www.laender-analysen.de/russland/pdf/RusslandAnalysen289.pdf.

**Bremer 2016**
Thomas Bremer, Diffuses Konzept. Die Russische Orthodoxe Kirche und die »Russische Welt«, in: Osteuropa, 66, 2016, H. 3, S. 3–18.

**Brendle 2009**
Franz Brendle, Der Religionskrieg und seine Dissimulation. Die ›Verteidigung des wahren Glaubens‹ im Reich des konfessionellen Zeitalters, in: Holzem 2009 a, S. 457–469.

**Bronkhorst 2006**
Daan Bronkhorst, Truth and Justice. A Guide to Truth Commissions and Transitional Justice, Amsterdam 2006.

**Browe 2003**
Peter Browe, Die Eucharistie im Mittelalter. Liturgiegeschichtliche Forschungen in kulturwissenschaftlicher Absicht, hg. von Hubertus Lutterbach/Thomas Flammer, Münster/Hamburg/London 2003.

**Brünenberg 2009**
Esther Brünenberg, Der Mensch in Gottes Herrlichkeit. Psalm 8 und seine Rezeption im Neuen Testament (Forschung zur Bibel 119), Würzburg 2009.

**Buchheit 2013**
Vinzenz Buchheit, Sehnsucht nach Frieden und Harmonie. Tierfriede in Antike und Abendland, in: Giessener Universitätsblätter, 232, 16. 5. 2013, S. 109–112 (17. 3. 2018), URL: http://geb.uni-giessen.de/geb/volltexte/2013/9524/.

**Budzik 1988**
Stanislaw Budzik, Doctor pacis. Theologie des Friedens bei Augustinus, Innsbruck/Wien 1988.

**Büchele 2009**
Markus Büchele, Autorität und Ohnmacht. Der Nordirlandkonflikt und die katholische Kirche, Stuttgart 2009.

**Bühl 2008**
Dumbarton Oaks: The Collections, hg. von Gudrun Bühl, Washington, D. C., 2008.

**Büscher/Wensierski 1982**
Wolfgang Büscher/Peter Wensierski (Hg.), Friedensbewegung in der DDR. Texte 1978–1982, Hattingen 1982.

**Büscher/Wensierski 1984**
Wolfgang Büscher, Peter Wensierski, Null Bock auf DDR. Aussteigerjugend im anderen Deutschland, Hamburg 1984.

**Büttner 2018**
Allegories and Subjects from Literature (Corpus Rubenianum Ludwig Burchard, Bd. 12), Turnhout – London 2018 (im Druck).

**Buhlmann 2002**
Michael Buhlmann, Liudger in den Münsteraner Chroniken des Mittelalters und der frühen Neuzeit, in: Ich verkünde euch Christus. St. Luidger, Zeuge des Glaubens 742–809, 2002, S. 76–100, (17. 3. 2018), URL: www.michael-buhlmann.de/PDF_Texte/mbhp_ivec2002_pdf.pdf.

**Bundesregierung 2013**
G20-Gipfel in St. Petersburg, 9. September 2013 (17. 3. 2018), URL: www.bundesregierung.de/Content/DE/Infodienst/2013/09/2013-09-09-g20-gipfel-in-st-petersburg/g20-gipfel-in-st-petersburg.html.

**Burchard von Worms 1972**
Burchard von Worms, Decretorum libri XX. Neuausgabe der Editio princeps (Köln 1548) von Gérard Fransen/Theo Kölzer, Aalen 1972.

**Bush 2001**
George W. Bush, Remarks by the President Upon Arrival, South Lawn, 16. September 2001 (17. 3. 2018), URL: https://georgewbush-whitehouse.archives.gov/news/releases/2001/09/20010916-2.html.

**Bysted 2015**
Ane L. Bysted, The Crusade indulgence. Spiritual Rewards and the Theology of the crusades, c. 1096–1216, Leiden 2015.

**Cabanes/Duménil 2013**
Bruno Cabanes/Anne Duménil (Hg.): Der Erste Weltkrieg. Eine europäische Katastrophe, Stuttgart 2013.

**Café Babel 2015**
Combo: Je fais des choses dangereuses, Interview von Combo mit Manon Valère, auf: CaféBabel Français, 5. März 2015 (17. 3. 2018), URL: www.cafebabel.fr/culture/article/combo-je-fais-des-choses-dangereuses.html.

**Carrasco 1984**
Magdalena Carrasco, Notes on the iconography of a Romanesque Manuscript of the Life of St. Albinus of Angers, in: Zeitschrift für Kunstgeschichte, 47, 1984, S. 333–348.

**Castaldi 2015**
Tommaso Castaldi, L'iconografia della Madonna della Misericordia e della Madonna delle frecce nell'arte bolognese e della Romagna nel Tre e Quattrocento, in: Eikón Imago, 7, 2015, S. 35–56.

**Ceci 2008 a**
Lucia Ceci, »Il Facismo manda l'Italia in rovina«. Le note inedite di monsignor Domenico Tardini (23 settembre – 13 dicembre 1935), in: Rivista storica italiana, 120, 2008, S. 294–346.

**Ceci 2008 b**
Lucia Ceci, La guerra di Etiopia fuori dall'Italia: le posizioni dei vescovi cattolici europei, in: Riccardo Bottoni (Hg.), L'Impero fascista. Italia ed Etiopia (1935–1941), Bologna 2008, S. 117–144.

**Ceci 2010**
Lucia Ceci, Il papa non deve parlare. Chiesa, fascismo e guerra d'Etiopia, Rom/Bari 2010.

**Centre for Contemporary Art 2012**
Archivseiten zur Ausstellung »Maurizio Cattelan AMEN« im Centre for Contemporary Art Ujazdowski Castle Warsaw, mit Ansicht der damaligen Installation, 2012–2103 (17. 3. 2018), URL: http://archiwum.u-jazdowski.pl/index.php?action=wydarzenie&id=662&lang=.

**Ceschi 1617**
Matthias Ceschi de Sancta-Cruce, Otium spirituale mellifluarum prectionum. Opus [...] imaginibus exornatum, München 1617.

**Chenaux 2003**
Philippe Chenaux, Pie XII. Diplomate et pasteur, Paris 2003.

**CNN 2012**
Laura Smith-Spark, Pope Benedict sends first personal tweet, 12. 12. 2012 (17. 3. 2018), URL: http://edition.cnn.com/2012/ 12/12/world/europe/vatican-pope-twitter/index.html.

**Conrad 2008**
Sven Conrad, Der Friedenskuss als Ausdruck der Gemeinschaft der Heiligen, auf: kath.net, 28. 11. 2008 (17. 3. 2018), URL: www.kath.net/news/21463.

**Cork 1994**
Richard Cork, A bitter truth. Avant-Garde Art and the Great War, New Haven/London 1994.

**Croitoru 2007**
Joseph Croitoru, Banksy in Bethlehem, in: FAZ, 23. 12. 2007.

**D'Apuzzo/Medica 2013**
L'acquamanile del Museo Civico Medievale di Bologna, hg. von Mark Gregory D'Apuzzo/Massimo Medica, Mailand 2013.

**Damberg 1998**
Wilhelm Damberg, Moderne und Milieu (1802–1998), Münster 1998.

**Damberg 2010**
Wilhelm Damberg, Krieg, Theologie und Kriegserfahrung, in: Karl-Joseph Hummel/ Christoph Kösters (Hg.), Kirchen im Krieg. Europa 1939–1945, Paderborn u. a. 2010, S. 203–216.

**Damberg 2014**
Wilhelm Damberg, Die Schuld der Kirche in der Geschichte, in: Kirche, Krieg und Katholiken: Geschichte und Gedächtnis im 20. Jahrhundert, hg. von Karl-Joseph Hummel/Christoph Kösters, Freiburg/Basel/Wien 2014, S. 148–171.

**Dann 1822**
Christian Adam Dann, Bitte der armen Thiere, der unvernünftigen Geschöpfe, an ihre vernünftigen Mitgeschöpfe und Herrn, die Menschen, Tübingen 1822.

**Deichmann 1967**
Friedrich Wilhelm Deichmann (Hg.), Repertorium der christlich-antiken Sarkophage, Bd. 1, Wiesbaden 1967.

**Denzel 2001**
Valentina Denzel, Selbstdarstellung und Rezeption der Kriegerin in Frankreich während des 17. Jahrhunderts, in: Klaus Latzel (Hg.), Soldatinnen. Gewalt und Geschlecht im Krieg vom Mittelalter bis heute, Paderborn 2011, S. 129–157.

**Dewitz/Hoffmann 1981**
Bodo von Dewitz/Detlef Hoffmann, Christus in aktualisierter Gestalt. Über ein Motiv der Kriegsphotographie von 1914–1954, in: Fotogeschichte. Beiträge zur Geschichte und Ästhetik der Fotografie, Bd. 1 1981, S. 45–58.

**Dietrich 2008**
Wolfgang Dietrich, Variationen über die vielen Frieden, Band 1: Deutungen (Schriften des UNESCO Chair for Peace Studies der Universität Innsbruck), Wiesbaden 2008.

**Dinkler 1992**
Erich Dinkler, EIRENE. Der urchristliche Friedensgedanke, in: Otto Merk, Michael Wolter (Hg.), Im Zeichen des Kreuzes. Aufsätze von Erich Dinkler, Berlin 1992, S. 263–303.

**Diringer 1989**
Christoph Diringer, Kriegsdienstverweigerung und katholische Kirche. Mit einem Geleitwort von Friedhelm Hengsbach, Uetersen u. a. 1989.

**Dirkse/Zijp 1986**
Paul P.W.M. Dirkse, Robert P. Zijp, Ketters en papen onder Filips II: het godsdienstig leven in de tweede helft van 16e eeuw, Utrecht 1986.

**Dörfler-Dierken 2008**
Angelika Dörfler-Dierken, Zur Entstehung der Militärseelsorge und zur Aufgabe der Militärgeistlichen in der Bundeswehr, hg. vom Sozialwissenschaftliches Institut der Bundeswehr, (o. O.) 2008.

**Doering-Manteuffel 1981**
Anselm Doering-Manteuffel, Katholizismus und Wiederbewaffnung. Die Haltung der deutschen Katholiken gegenüber der Wehrfrage 1948–1955, Mainz 1981.

**Dragovic-Soso 2016**
Jasna Dragovic-Soso, History of a Failure. Attempts to Create a National Truth and Reconciliation Commission in Bosnia and Herzegovina, 1997–2006, in: International Journal of Transitional Justice 10, 2016, Nr. 2, S. 292–310.

**Dresden 2015**
Archivseite zur Ausstellung »Freundschaft. Die Ausstellung über das, was uns verbindet« im Deutschen Hygiene-Museum Dresden, 2015, mit Ansicht der Installationen (17. 3. 2018) URL: www.dhmd.de/ausstellungen/rueckblick/freundschaft.

**Dresken-Weiland 2010**
Jutta Dresken-Weiland, Bild, Grab und Wort. Untersuchungen zu Jenseitsvorstellungen von Christen des 3. und 4. Jahrhunderts, Regensburg 2010.

**Drewer 1993**
Lois Drewer, Margaret of Antioch the Demon-Slayer, East and West: The Iconography of the Predella of the Boston Mystic Marriage of St. Catherine, in: Gesta, 32, 1993, S. 11–20.

**Drobisch 1970**
Klaus Drobisch, Wider den Krieg. Dokumentarbericht über Leben und Sterben des katholischen Geistlichen Dr. Max Josef Metzger, Berlin 1970.

**Dümmler 1895/1978**
Epistolae Karolini Aevi Tomus 2, hg. von Ernst Dümmler, Monumenta Germaniae Historica Epistolae 4,2, Berlin 1895 (Nachdruck 1978).

**Duston/Zagnoli 2003**
Allen Duston/Roberto Zagnoli (Hg.), Saint Peter and the Vatican. The Legacy of the Popes, Alexandria 2003.

**Duverger 1961–1966**
Erik Duverger, Filip Spruyt en zijn inventaris van kunstwerken in openbaar en privaat bezit te Gent (ca. 1789–1791), in: Gentse bijdragen tot de kunstgeschiedenis en de oudheidkunde, 19, 1961–1966, S. 151–240.

**Eck 2008**
Werner Eck, Vom See Regillus bis zum flumen Frigidus. Constantins Sieg an der Milvischen Brücke als Modell für den Heiligen Krieg?, in: Klaus Schreiner (Hg.), Heilige Kriege. Religiöse Begründungen militärischer Gewaltanwendung: Judentum, Christentum und Islam im Vergleich, München 2008, S. 71–91.

**Eckert/Lobmeier 2007**
Rainer Eckert/Kornelia Lobmeier, Schwerter zu Pflugscharen. Geschichte eines Symbols, Bonn 2007.

**Egbringhoff/Flammer/Lange 2018**
Katrin Egbringhoff, Thomas Flammer, Elisabeth Lange (Hg.), Der Friedenssucher. Entstanden anlässlich der Ausstellung »Frieden wie im Himmel so auf Erden«, München 2018.

**Einhard 1974**
Einhard, Vita Karoli Magni, in: Quellen zur karolingischen Reichsgeschichte, Bd. 1, hg. und übersetzt von Reinhold Rau, Darmstadt 1974.

**Elbern/Reuther 1969**
Victor Heinrich Elbern/Hans Reuther, Der Hildesheimer Domschatz, Hildesheim 1969.

**Elßner/Heither 2006**
Thomas R. Elßner/Theresia Heither, Die Homilien des Origines zum Buch Josua. Die Kriege Josuas als Heilswirken Jesu, Stuttgart 2006.

**Emden 2018**
Archivseiten mit interaktiven Projekten der Kunsthalle Emden (17. 3. 2018), URL: www.kunsthalle-emden.de/archiv.

**Erasmus von Rotterdam 1987**
Erasmus von Rotterdam, Süß scheint der Krieg den Unerfahrenen, hg. und übersetzt von Brigitte Hannemann, München 1987.

**Erasmus von Rotterdam 1999**
Opera omnia Desiderii Erasmi Roterodami. Recognita et adnotatione critica instructa notisque illustratae, Bd. 2,7, hg. von S. Dresden/J. Trapman/C. Augustijn/Ch. Bene/V. Branca, Amsterdam/Heidelberg 1999.

**Erkens 2006**
Franz-Reiner Erkens, Herrschersakralität im Mittelalter: von den Anfängen bis zum Investiturstreit, Stuttgart 2006.

**Ernesti 2015**
Jörg Ernesti, Paul VI. Die Biographie, Freiburg/Basel/Wien 2015.

**Ernesti 2016**
Jörg Ernesti, Benedikt XV. Papst zwischen den Fronten, Freiburg/Basel/Wien 2016.

**Ernst Barlach Stiftung 2017**
Güstrower Tagesbuch 1914–1917 (5. 11. 2017), URL: www.ernst-barlach-stiftung.de/ernst-barlach/plastiken/der-raecher.

**Escher 1917**
Die Miniaturen in den Basler Bibliotheken, Museen und Archiven, hg. von Konrad Escher, Basel 1917.

**Etzersdorfer 2007**
Irene Etzersdorfer, Krieg. Eine Einführung in die Theorien bewaffneter Konflikte, Wien/Köln/Weimar 2007.

**Etzersdorfer/Janik 2016**
Irene Etzersdorfer/Ralph Janik, Staat, Krieg und Schutzverantwortung, Wien 2016.

**Eusebius von Caesarea 2007**
Eusebius von Caesarea, De Vita Constantini – Über das Leben Konstantins, hg. von Bruno Bleckmann/Horst Schneider, Turnhout 2007.

**Exner 1993**
Matthias Exner, Flammenschwert, in: Reallexikon zur Deutschen Kunstgeschichte, Bd. 9 (1993), Sp. 693–744 (17. 3. 2018), URL: www.rdklabor.de/w/?oldid=89039.

**Faber 2006**
Eva-Maria Faber, Vergebung – II. Systematisch-theologisch, in: Lexikon für Theologie und Kirche, Band 10, 3. Auflage, Freiburg/Basel/Wien (2001) 2006, Sp. 652–653.

**Facebook 2017**
Facebook-Seite von Combo Culture Kidnapper, URL: www.facebook.com/combo.culturekidnapper (30. 10. 2017; 714 Pinnwandfotos, 30.651 »Gefällt-mir«-Markierungen).

**Faü 2005**
Jean-Francois Faü, L'image des Juifs dans l'art chrétien médiéval, Paris 2005.

**Faulkner Rossi 2015**
Lauren Faulkner Rossi, Wehrmacht Priests. Catholicism and the Nazi War of Annihilation, Cambridge (Mass.)/London 2015.

**Favreau 2003**
Robert Favreau, ›Rex, lex, lux, pax‹: jeux de mots et jeux de lettres dans les inscriptions médiévales, in: Bibliothèque de l'école des chartes, 161, 2003, S. 625–635.

**Feier der Gemeindemesse 1995**
Die Feier der Gemeindemesse. Handausgabe. Auszug aus der authentischen Ausgabe des Meßbuches für die Bistümer des deutschen Sprachgebietes. Anhang: Hochgebet für Messen für besondere Anliegen. Votivhochgebet ›Versöhnung‹, Freiburg/Basel/Wien 1995.

**Feneberg/Öhlschläger 1987**
Rupert Feneberg/Rainer Öhlschläger (Hg.), Max Josef Metzger. Auf dem Weg zu einem Friedenskonzil, Stuttgart 1987.

**Festschrift 2008**
Katholische Propsteikirche St. Peter und Paul Dessau: Festschrift zur 150. Wiederkehr der Weihe unserer Kirche, hg. von der Propstei St. Peter und Paul Dessau, Redaktion Christiane Nöthen, Dessau 2008.

**Fichtenau 1992**
Heinrich Fichtenau, Lebensordnungen des 10. Jahrhunderts. Studien über Denkart und Existenz im einstigen Karolingerreich, München 1992.

**Finney 1994**
Paul Corby Finney, The invisible God. The Earliest Christians on Art, Oxford 1994.

**Fischer 1996**
Irmtraud Fischer, Schwerter oder Pflugscharen? Versuch einer kanonischen Lektüre von Jesaja 2, Joël 4 und Micha 4, in: Bibel und Liturgie, 69, 1996, S. 208–216.

**Fischer-Fabian 1987**
Siegfried Fischer-Fabian, Sophie Scholl oder das andere Deutschland, in: Siegfried Fischer-Fabian (Hg.), Die Macht des Gewissens. Von Sokrates bis Sophie Scholl, München 1987, S. 333–373.

**Fischer-Fabian 1987 a**
Siegfried Fischer-Fabian, »Gewissen, ein gefährlich Ding …«, in: Siegfried Fischer-Fabian (Hg.), Die Macht des Gewissens. Von Sokrates bis Sophie Scholl, München 1987, S. 7–23.

**Flebbe/Hasselhoff 2017**
Jochen Flebbe/Görge K. Hasselhoff (Hg.), Ich bin nicht gekommen, Frieden zu bringen, sondern das Schwert. Aspekte des Verhältnisses von Religion und Gewalt, Göttingen 2017.

**Flori 1986**
Jean Flori, L'essor de la chevalerie, XI$^{e}$–XII$^{e}$ siècles, Genf 1986.

**Forbes 2013**
Tom Watson, Pope Francis, The Social Media Star: Peace, Love And A New Understanding, in: Forbes, 16. 9. 2013 (17. 3. 2018), URL: www.forbes.com/sites/tomwatson/2013/09/16/pope-francis-the-social-media-star-peace-love-and-a-new-understanding/#79d293b43cc1.

**Forward o. J.**
Roy Forward, Strutt: Peace on Earth, in: National Gallery of Australia Research Paper, no. 63, o. J. (24. 11. 2017), URL: www.academia.edu/3882054/STRUTT_PEACE_ON_EARTH_William_Strutt_A_reign_of_love_1903_by_Roy_Forward_National_Gallery_of_Australia_Research_Paper_no._63.

**Frankfurt 2018**
Website des Historischen Museum Frankfurt mit Stellungnahme zur Teilhabe am Museum (17. 3. 2018) URL: www.historisches-museum-frankfurt.de/de/mitmachen.

**Franz 1909**
Adolph Franz: Die kirchlichen Benediktionen im Mittelalter, 2 Bde., Freiburg 1909.

**Franziskus 2017**
Franziskus, Politique et société. Recontres avec Dominque Wolton, Paris 2017.

**Freitag 2016**
Werner Freitag, Die Reformation in Westfalen. Regionale Vielfalt, Bekenntniskonflikt und Koexistenz, Münster 2016.

**Friedensgebete 1987**
Die Friedensgebete von Assisi, eingeleitet von Franz Kardinal König, kommentiert von Hans Waldenfels, Freiburg/Basel/Wien 1987.

**Friedländer 1967–1976**
Max J. Friedländer, Early Netherlandish Painting, 14 Bde., Leiden/Brüssel 1967/76.

**Fromm 2013**
Andrea Fromm, »Der bewusste und organisierte Trieb, selbst Gott zu werden«. Christusdarstellungen des 19. und 20. Jahrhunderts in Frankreich und Deutschland, in: Jesus reloaded: das Christusbild im 20. Jahrhundert, Ausst.-Kat., hg. von Ina Hildburg/Sebastian Möllers, Kunsthaus Stade 2013–2014, S. 22–108.

**Fuchs 1997**
Guido Fuchs, Agape-Feiern in Gemeinde, Gruppe und Familie. Hinführung und Anregungen, Regensburg 1997.

**Fürst 2014**
Alfons Fürst, Christliche Friedensethik von Augustinus bis Gregor dem Großen, in: Gerhard Beestermöller (Hg.), Friedensethik im frühen Mittelalter. Theologie zwischen Kritik und Legitimation von Gewalt, Münster 2014, S. 19–52.

**Galen 1995**
Friedensreiter und Sendschwert – Bürger und Soldaten. Begleitbuch zur Ausstellung, hg. von Hans Galen, Stadtmuseum Münster und des I. Korps 1995, Münster 1995.

**Gent 1938**
Museum van Schoone Kunsten: catalogus oude meesters schilderstukken, teekeningen, plaatsneden, bearb. von Georges Hulin de Loo/Fritz van Loo (Gent) 1938.

**Gerechter Friede 2013**
Gerechter Friede, hg. vom Sekretariat der Deutschen Bischofskonferenz, Bonn (2000) 2013.

**Gerhards/Kranemann 2008**
Albert Gerhards/Benedikt Kranemann, Einführung in die Liturgiewissenschaft, Darmstadt 2008.

**Gerster 2012**
Daniel Gerster, Friedensdialoge im Kalten Krieg. Eine Geschichte der Katholiken in der Bundesrepublik 1957–1983, Frankfurt a. M. 2012.

**Gertrud von Helfta 1989**
Gertud von Helfta. Gesandter der göttlichen Liebe (Legatus divinae pietatis), übersetzt von Johanna Lanczkowski, Heidelberg 1989.

**Geyer 2007**
Hermann Geyer, Nikolaikirche, montags um fünf. Die politischen Gottesdienste der Wendezeit in Leipzig, Darmstadt 2007.

**Gillner 1997**
Matthias Gillner, Kriegsdienstverweigerung, in: Lexikon für Theologie und Kirche, Bd. 6, Freiburg/Basel/Wien 1997, Sp. 479–480.

**Godlove 2017**
Shannon Godlove, In the words of the apostle: Pauline apostolic discourse in the letters of Boniface and his circle, in: Early Medieval Europe, 25, 2017, S. 320–358.

**Goekenart 2017**
GOEKEN Kunst Einrahmungen Galerie, Plakat von Jae Pas (Jan Andreas Enste, Andre Pascal Stücher) 2017 (8. 11. 2017), URL: www.goekenart.com/MGPolitische%20PlakatePP03.html.

**Gousset 1980–1981**
Marie-Thérèse Gousset, Un aspect du symbolisme des encensoirs romans: la Jérusalem Céleste, in: Cahiers archéologiques, 29, 1980–1981, S. 81–106.

**Graf 2008**
Friedrich Wilhelm Graf, Sakralisierung von Kriegen. Begriffs- und problemgeschichtliche Erwägungen, in: Klaus Schreiner (Hg.), Heilige Kriege. Religiöse Begründungen militärischer Gewaltanwendung: Judentum, Christentum und Islam im Vergleich, München 2008, S. 1–30.

**Greschat 1985**
Martin Greschat (Hg.), Im Zeichen der Schuld. 40 Jahre Stuttgarter Schuldbekenntnis. Eine Dokumentation, Neukirchen-Vluyn 1985.

**Grieser 1993**
Dietmar Grieser, Im Tiergarten der Weltliteratur. Auf den Spuren von Kater Murr, Biene Maja, Bambi, Möwe Jonathan und den anderen, München 1993.

**Grimmsmann 2016**
Damaris Grimmsmann, Krieg mit dem Wort. Türkenpredigt des 16. Jahrhunderts im Alten Reich, Berlin 2016.

**Gross 1956**
Heinrich Gross, Die Idee des ewigen und allgemeinen Weltfriedens im Alten Orient und im Alten Testament, Trier 1956.

**Groos/Von Rudloff 1927**
Carl Groos/Werner von Rudloff, Infanterie-Regiment Herwarth von Bittenfeld (1. Westfälisches) Nr. 13 im Weltkriege 1914–1918. Nach den amtlichen Kriegsakten und privaten Aufzeichnungen, Oldenburg u. a. 1927.

**Grote 2004**
Udo Grote, Das Grabmal des Fürstbischof Christoph Bernhard von Galen, 2004 (17. 3. 2018), URL: www.paulusdom.de/kunst/kunstwerke/kunstwerke-des-st-paulus-domes/das-grabmal-fuerstbischofs-christoph-bernhard-von-galen.

**Grote 2014**
Udo Grote, Der Dom zu Münster. Rundgang durch die Kathedralkirche St. Paulus, Münster 2014.

**Guérend 2017**
Jean-Pierre Guérend (Hg.), Franz Stock. Wegbereiter der Versöhnung. Tagebücher und Schriften, Freiburg i. Br. 2017.

**Haacker 2014**
Klaus Haacker, Stephanus – verleumdet, verehrt, verkannt, Leipzig 2014.

**Haas 2012**
Thomas Haas, Geistliche als Kreuzfahrer. Der Klerus im Konflikt zwischen Orient und Okzident 1095–1221, Heidelberg 2012.

**Hadley 2015**
James Hadley, The Shepherd who Saves. A Liturgical Symbol of Salvation, in: Anaphora, 9, 2015, Nr. 2, S. 71–102.

**Hägermann 2006**
Dieter Hägermann, Karl der Große. Herrscher des Abendlandes. Biographie, Berlin 2006.

**Härting 2010/11**
Ursula Härting, Mit Bildern beten – eine Einführung in illustrierte Gebete, in: Credo – Meisterwerke der Glaubenskunst, Ausst.-Kat., hg. von Ursula Härting/Alexandra Dern, Draiflessen Collection, Mettingen, 2010–2011, S. 12–23.

**Hagenmeyer 1901**
Heinrich Hagenmeyer (Hg.), Die Kreuzzugsbriefe aus den Jahren 1088–1100. Eine Quellensammlung zur Geschichte des Ersten Kreuzzuges mit Erläuterungen, Innsbruck 1901.

**Hahn 2016**
Udo Hahn, Dietrich Bonhoeffer. Von guten Mächten wunderbar geborgen, Kevelaer 2016.

**Harms 1980**
Deutsche Illustrierte Flugblätter des 16. und 17. Jahrhunderts, Die Sammlung der Herzog-August-Bibliothek in Wolfenbüttel, Band 2. Historica, hg. von Wolfgang Harms, München 1980.

**Hartmann o. J.**
Idis B. Hartmann, Mücke, Heinrich Karl Anton, auf: Kulturportal West-Ost (17.3. 2018), URL: http://kulturportal-west-ost.eu/biographien/mucke-heinrich-karl-anton-2.

**Hartmann/Orth-Müller 2017**
Codex Carolinus. Frühmittelalterliche Papstbriefe an die Karolingerherrscher, hg. von Florian Hartmann/Tina B. Orth-Müller (Freiherr-vom-Stein-Gedächtnisausgabe A, Bd. 49), Darmstadt 2017.

**Hauß 2012**
Stefan Hauß, Eine Untersuchung auf Diskurse, symbolische Kommunikationsformen und Inszenierungsstrategien. Eine ›Türckhische Fahne‹ in der Neiburger Pfarrkirche St. Peter (1687), in: Archiv für Kulturgeschichte, 94, 2012, S. 87–112.

**Hayner 2011**
Priscilla B. Hayner, Unspeakable truths. Transitional justice and the challenge of truth commissions, New York 2011.

**Hecke 1995**
Bernward Hecke, Katholische Friedensgruppen in Westdeutschland zwischen 1945–1955 – Brüche, Kontinuitäten, in: Johannes Horstmann (Hg.), 75 Jahre katholische Friedensbewegung in Deutschland. Zur Geschichte des »Friedensbundes Deutscher Katholiken« und von »Pax Christi«, Schwerte 1995, S. 117–136.

**Heckmanns 1993**
Friedrich W. Heckmanns, Otto Pankok. Seine Düsseldorfer Jahre, in: Otto Pankok 1893–1966. Retrospektive zum 100. Geburtstag, Ausst.-Kat., hg. von der Otto-Pankok-Gesellschaft/Bernhard Mensch/Karin Stempel, Städtische Galerie Schloss Oberhausen 1993, Städtisches Museum Mülheim an der Ruhr 1993, Otto-Pankok-Museum Drevenack 1993, Oberhausen 1993, S. 53–64.

**Hehl 1994**
Ernst-Dieter Hehl, Was ist eigentlich ein Kreuzzug?, in: Historische Zeitschrift, 259, 1994, S. 297–336.

**Hehl 2009**
Ernst Dieter Hehl, Heiliger Krieg – Eine Schimäre? Überlegungen zur Kanonistik und Politik des 12. und 13. Jahrhunderts, in: Holzem 2009a, S. 323–340.

**Heidemeyer 2011**
Helge Heidemeyer, NATO-Doppelbeschluss, westdeutsche Friedensbewegung und der Einfluss der DDR, in: Philipp Gassert, Tim Geiger, Hermann Wentker (Hg.), Zweiter Kalter Krieg und Friedensbewegung. Der NATO-Doppelbeschluss in deutsch-deutscher und internationaler Perspektive, München 2011, S. 247–267.

**Heinz 1980**
Andreas Heinz, Die »Oratio Fidelium« im deutschen Sprachraum zwischen Tridentinum und Vaticanum II., in: Liturgisches Jahrbuch, 30, 1980, S. 7–25.

**Heinz 2010**
Andreas Heinz, Das Gebet für die Feinde in der abendländischen Liturgie, in: Andreas Heinz, Lebendiges Erbe. Beiträge zur abendländischen Liturgie- und Frömmigkeitsgeschichte, Tübingen/Basel 2010, S. 141–158.

**Heinz 2010a**
Andreas Heinz, »Waffensegen« und Friedensgebet. Zur politischen Dimension der Liturgie, in: Andreas Heinz, Lebendiges Erbe. Beiträge zur abendländischen Liturgie- und Frömmigkeitsgeschichte, Tübingen/Basel 2010, S. 221–241.

**Held 1980**
Julius Held: The oil sketches of Peter Paul Rubens. A critical catalogue, 2 Bde., Princeton N.J. 1980.

**Herberg-Rothe 2003**
Andreas Herberg-Rothe, Der Krieg. Geschichte und Gegenwart, Frankfurt/New York 2003.

**Heß 2016**
Christian Heß, Ohne Christus, ohne tiefstes Christentum ist Krieg. Die Christkönigsthematik als Leitidee im kirchlich-gesellschaftlichen Engagement Max Josef Metzgers, Paderborn 2016.

**Hesse-Frielinghaus 1948**
Herta Hesse-Frielinghaus, Die Kappers als Bildnismaler, in: Westfalen, 27, 1948, Heft 2, S. 131–137.

**Hiestand 1998**
Rudolf Hiestand, ›Gott will es‹ – Will Gott es wirklich? Die Kreuzzugsidee in der Kritik ihrer Zeit, Berlin/Köln 1998.

**Hiles 1996**
Timothy Wayne Hiles, Thomas Theodor Heine. Fin-de-Siècle Munich and the Origins of Simplicissimus, New York 1996.

**Hippler 2013**
Thomas Hippler, Images of Peace, in: The New Centennial Review, 13, 2013, Nr. 1, S. 45–70.

**Hochhuth 1969**
Rolf Hochhuth, Der Stellvertreter. Soldaten. Dramen, mit 33 Diskussionsbeiträgen, Gütersloh 1969.

**Höfling 1979**
Beate Höfling, Katholische Friedensbewegung zwischen zwei Kriegen. Der »Friedensbund Deutscher Katholiken« 1917–1933, Waldkirch 1979.

**Hötzinger 2011**
Heike Hötzinger, Stephanus, in: Das wissenschaftliche Bibellexikon im Internet (WiBiLex), 2011 (17.3.2018), URL: www.bibelwissenschaft.de/stichwort/53987/.

**Hoffmann 1964**
Hartmut Hoffmann, Gottesfriede und Treuga Dei, Stuttgart 1964.

**Holzem 2009a**
Andreas Holzem (Hg.), Krieg und Christentum. Religiöse Gewalttheorien in der Kriegserfahrung des Westens (Krieg in der Geschichte, Bd. 50), Paderborn/München/Wien/Zürich 2009.

**Holzem 2009b**
Andreas Holzem, Geistliche im Krieg und die Normen des Kriegsverstehens. Ein religionsgeschichtliches Modell zu Ritual, Ethik und Trost zwischen militärischer Kulttradition und christlicher Friedenspflicht, in: Franz Brendle/Anton Schindling (Hg.), Geistliche im Krieg, Münster 2009, S. 41–85.

**Holzem 2009c**
Andreas Holzem, Krieg und Christentum. Religiöse Gewalttheorien in der Kriegserfahrung des Westens. Einführung, in: Holzem 2009a, S. 13–104.

**Homepage des Künstlers Combo 2017**
culture kidnapper Combo CK – fear no one, fear nothing (17. 3. 2018), URL: www.combo-streetart.com.

**Hoose 2010**
Adam L. Hoose, Francis of Assisi's way of peace? His Conversion and mission to Egypt, in: The Catholic Historical review, 96, 2010, Nr. 3, S. 449–469.

**Hopkin 2003**
David M. Hopkin, Soldier and peasant in French popular culture. 1766–1870, London 2003.

**Horstmann 1995**
Johannes Horstmann (Hg.), 75 Jahre katholische Friedensbewegung in Deutschland. Zur Geschichte des »Friedensbundes Deutscher Katholiken« und von »Pax Christi«, Schwerte 1995.

**Hübsch 2000**
Eberhard Hübsch, Georg Ludwig Freiherr von Welck, in: Von Alberti bis Zöppel. 125 Biografien zur Chemnitzer Geschichte, Redaktion Gabriele Viertel/ Stephan Weingart/Stephan Pfalzer, Radebeul 2000, S. 128.

**Hurskainen 2013**
Heta Hurskainen, Ecumenical Social Ethics as the World Changed. Socio-Ethical Discussion in the Ecumenical Dialogue between the Russian Orthodox Church and the Evangelical Lutheran Church of Finland 1970–2008, Helsinki 2013.

**Instagram 2017**
Instagram-Seite von Combo Culture Kidnapper, URL: www.instagram.com/ combo_ck abgerufen am: 30. 10. 2017; 14.502 Abonnenten.

**l'Institut du monde arabe 2016**
Kurzfilm zur Ausstellung »CoeXisT – Combo Culture Kidnapper« 7. Januar – 6. März 2016 in l'institut du monde arabe in Paris, 14. 1. 2016 (17. 3. 2018), URL: https://m.youtube.com/watch?v=x-TA-4lyK7-s.

**Inter arma caritas 2004**
Inter arma caritas. L'Ufficio informazioni Vaticano per i prigionieri di guerra istituito da Pio XII (1939–1947), 2 Bde., 8 DVD, Vatikanstadt 2004.

**Jacobs 1990**
Renate Jacobs, Das grafische Werk Bernhard Rodes (1725–1797), Münster 1990.

**Janke 2006**
Petra Janke, Ein heilbringender Schatz. Reliquienverehrung am Halberstädter Dom im Mittelalter. Geschichte, Kult und Kunst, Berlin 2006.

**Jansen 2016**
Thomas Jansen, Abschied vom »Gerechten Krieg«? Vatikan-Konferenz fordert Änderung der kirchlichen Lehre, in: domradio.de, 22. April 2016 (17. 3. 2018), URL: www.domradio.de/themen/vatikan/2016-04-22/vatikan-konferenz-fordert-aenderung-der-kirchlichen-lehre.

**Jansen 2017**
Thomas Jansen, Man muss wissen, was man sagen kann, in: katholisch.de, 6. September 2017 (17. 3. 2018), URL: http://katholisch.de/aktuelles/aktuelle-artikel/man-muss-wissen-was-man-sagen-kann.

**Jászai 1999**
Géza Jászai, Das goldene Büstenreliquiar des Apostel Paulus, Münster 1999.

**Jens 1984**
Inge Jens (Hg.), Hans Scholl, Sophie Scholl, Briefe und Aufzeichnungen, Frankfurt a. M. 1984.

**Jesse 1981**
Horst Jesse, Friedensgemälde 1650–1789. Zum Hohen Friedensfest am 8. August in Augsburg, Pfaffenhofen a. d. Ilm 1981.

**Johannes XXIII. 1963**
Johannes XXIII., Enzyklika »Pacem in terris« (lateinisch), 11. April 1963, in: Acta Apostolicae Sedis, 55, 1963, S. 257–304; deutsche Übersetzung unter URL: http://w2.vatican.va/content/john-xxiii/de/encyclicals/documents/hf_j-xxiii_enc_11041963_pacem.html (17. 3. 2018).

**Johannes Paul II. 1986**
Johannes Paul II., Adress of John Paul II to the Representatives of the Christian Churches and ecclesial communities gathered in Assisi for the World Day of Prayer, 27. Oktober 1986 (17. 3. 2018), URL: http://w2.vatican.va/content/john-paul-ii/en/speeches/1986/october/documents/hf_jp-ii_spe_19861027_prayer-peace-assisi.html.

**Johannes Paul II. 2003**
Johannes Paul II., Neujahrsansprache »Heureuse tradition« an das beim Hl. Stuhl akkreditierte diplomatische Korps (französisch), 13. Januar 2003, in: Acta Apostolicae Sedis, 95, 2003, S. 321–327, deutsche Übersetzung unter URL: http://w2.vatican.va/content/john-paul-ii/de/speeches/2003/january/documents/hf_jp-ii_spe_20030113_diplomatic-corps.html (17. 3. 2018).

**Jonas 2005**
Raymond Jonas, The Tragic Tale of Claire Ferchaud and the Great War, Berkeley 2005.

**Jülich 2007**
Theo Jülich, Die mittelalterlichen Elfenbeinarbeiten des Hessischen Landesmuseums Darmstadt, Regensburg 2007.

**Jürgens-Kirchhoff 2008**
Annegret Jürgens-Kirchhoff, Am Ende einer Epoche. Apokalyptische Fantasien in der Kunst vor dem Ersten Weltkrieg, in: Kassandra, Visionen des Unheils 1914–1945, Ausst.-Kat., hg. von Stefanie Heckmann/Hans Ottomeyer, Deutschen Historischen Museums, Berlin 2008, Dresden 2008, S. 33–42.

**Jullien/Perelman 1999**
Marie-Hélène Jullien/Francois Perelman (Hg.), Clavis des auteurs latins du Moyen Age. Territoire Français 735–987, Bd. 2: Alcuin, Turnhout 1999.

**Jung 1997**
Martin H. Jung, Die Anfänge der deutschen Tierschutzbewegung im 19. Jahrhundert, in: Zeitschrift für Württembergische Landesgeschichte, 56, 1997, S. 205–239.

**Jungmann 1962**
Josef Andreas Jungmann, Missarum Sollemnia. Eine genetische Erklärung der römischen Messe. 2 Bde., Freiburg/Basel/Wien 1962.

**Justenhoven 2012**
From just war to modern peace ethics, hg. von Heinz-Gerhard Justenhoven/William A. Barbieri Jr., Berlin/Boston, Mass. 2012.

**Kaiser 1983**
Reinhold Kaiser, Selbsthilfe und Gewaltenmonopol. Königliche Friedenswahrung in Deutschland und Frankreich im Mittelalter, in: Frühmittelalterliche Studien, 17, 1983, S. 55–72.

**Kamp 2001**
Hermann Kamp, Friedensstifter und Vermittler im Mittelalter, Darmstadt 2001.

**Kamp 2014**
Hermann Kamp, Päpste als Friedensvermittler in der Karolingerzeit, in: Gerhard Beestermöller (Hg.), Friedensethik im frühen Mittelalter. Theologie zwischen Kritik und Legitimation von Gewalt, Münster 2014, S. 175–201.

**Katechismus 2005**
Katechismus der Katholischen Kirche. Kompendium, veröffentlicht am 20. März 2005, deutsche Übersetzung (17. 3. 2018), URL: www.vatican.va/archive/compendium_ccc/documents/archive_2005_compendium-ccc_ge.html.

**Kathpress.at 2013**
Twitter: Papst startet Hashtag »prayforpeace«, 6. 9. 2013 (22. 11. 2017), URL: www.kathpress.at/goto/meldung/1340687/twitter-papst-startet-hashtag-prayforpeace.

**Kedar 1984**
Benjamin Z. Kedar, Crusade and Mission. European Approaches towards the Muslims, Princeton/New Jersey 1984.

**Kehlmann 2017**
Daniel Kehlmann, Tyll. Roman, Reinbek bei Hamburg 2017.

**Keller 1968**
Wendelin Keller, Libertas und Christogramm. Motivgeschichtliche Untersuchungen zur Münzprägung des Kaisers Magnentius, Karlsruhe 1968.

**Keller 1989**
Hagen Keller, Zum Charakter der ›Staatlichkeit‹ zwischen karolingischer Reichsreform und hochmittelalterlichem Herrschaftsaufbau, in: Frühmittelalterliche Studien, 23, 1989, S. 248–264.

**Kessler 1999**
Rainer Kessler, Micha (Herders theologischer Kommentar zum Alten Testament 49), Freiburg u. a. 1999.

**Kinkel 2011**
Tanja Kinkel, Noahs Arche. Warum Mensch und Tier in einem Boot sitzen, München 2011.

**Kirchhoff 1962**
Karl-Heinz Kirchhoff, Die Belagerung und Eroberung Münsters 1534/35. Militärische Maßnahmen und politische Verhandlungen des Fürstbischofs Franz von Waldeck. (Diss.) Münster 1960.

**Kirchhoff 1962 a**
Karl-Heinz Kirchhoff, Die Täufer im Stift Münster, in: Westfälische Zeitschrift, 112, 1962, S. 1–110.

**Klemm 1986**
Christian Klemm, Joachim von Sandrart: Kunst-Werke und Lebens-Lauf, Berlin 1986.

**Klemm 1999**
Christian Klemm, L'itinéraire de Joachim von Sandrart. Carrière et témoinage d'un peintre allemand, in: Jacques Thuillier/Klaus Bussman u. a., 1648: Paix de Westphalie: l'art entre la guerre et la paix/1648 – Westfälischer Friede: die Kunst zwischen Krieg und Frieden, Paris 1999, S. 335–367.

**Klinghardt 1996**
Matthias Klinghardt, Gemeinschaftsmahl und Mahlgemeinschaft. Soziologie und Liturgie frühchristlicher Mahlfeiern, Tübingen 1996.

**Klüting 1982**
Hermann Klüting, Soldaten in Westfalen und am Niederrhein. Das Königlich Preußische VII. Armeekorps. Mit einer Bibliographie zur Geschichte der zum Korps gehörenden Einheiten, Beckum 1982.

**Knapiński 2013**
Ryszard Knapiński, Türkenkriege und religiöse Ikonographie in europäischen Graphiken des 16. bis 18. Jahrhunderts, in: Eckhard Leuschner/Thomas Wünsch (Hg.), Das Bild des Feindes. Konstruktionen von Antagonismen und Kulturtransfer im Zeitalter der Türkenkriege, Berlin 2013, S. 337–354.

**Knipping 1939/40**
John Baptist Knipping, De Iconografie van de Contra-Reformatie in de Nederlanden, 2 Bde., Hilversum 1939–1940.

**Knörzer/Baumgartner 2006**
Guido Knörzer/Konrad Baumgartner/Hermann-Josef Stipp/Bernhard Irrgang, Tier: II.–IV., in: Lexikon für Theologie und Kirche, Band 10 (2006), Sp. 31–35.

**Koch 2000**
Guntram Koch, Frühchristliche Sarkophage, München 2000.

**Koch 2008**
Magnus Koch, Fahnenfluchten. Deserteure der Wehrmacht im Zweiten Weltkrieg – Lebenswege und Entscheidungen, Paderborn u. a. 2008.

**Köckert 2013**
Matthias Köckert, Die Zehn Gebote, München 2013.

**Körntgen 2009**
Ludger Körntgen, Heidenkrieg und Bistumsgründung: Glaubensverbreitung als Herrscheraufgabe bei Karolingern und Ottonen, in: Holzem 2009 a, S. 281–304.

**Köster 2013**
Norbert Köster, »Viele mexikanische Bischöfe sind Revolutionäre«. Der Vatikan, die Cristiada und der mexikanische Episkopat, in: Silke Hensel/Hubert Wolf (Hg.), Die katholische Kirche und Gewalt. Europa und Lateinamerika im 20. Jahrhundert, Köln u. a. 2013, S. 191–204.

**Krain 2007**
Peter Krain, Willibald Krain, als Künstler gefeiert – verboten – vergessen, Hamburg 2007.

**Kranemann 2004**
Benedikt Kranemann, Liturgie zwischen Schwertweihe und Friedensgebet, in: Christoph Bultmann/ Benedikt Kranemann/Jörg Rüpke (Hg.), Religion, Gewalt, Gewaltlosigkeit. Probleme, Positionen, Perspektiven, Münster 2004, S. 17–34.

**Kranemann 2006**
Benedikt Kranemann, »Baue auch du … deiner Seele Unterstand bei ihm«. Kriegsdeutung durch Liturgie am Beispiel von Feldpredigten des Ersten Weltkriegs, in: Jürgen Bärsch/Bernhard Schneider (Hg.), Liturgie und Lebenswelt. Studien zur Gottesdienst- und Frömmigkeitsgeschichte zwischen Tridentinum und Vatikanum II, Münster 2006, S. 105–119.

**Kratzer 2015**
Siegfried Kratzer, Von guten Mächten wunderbar geborgen. Dietrich Bonhoeffer, sein Weg – sein kurzes Leben, München 2015.

**Kraus 2014**
Hans-Christof Kraus, Heiliger Befreiungskampf? Sakralisierende Kriegsdeutungen 1813–1815, in: Historisches Jahrbuch, 134, 2014, S. 44–60.

**Krumeich 2011**
Gerd Krumeich: Jeanne d'Arc als »chef de guerre«, in: Klaus Latzel (Hg.), Soldatinnen. Gewalt und Geschlecht im Krieg vom Mittelalter bis heute, Paderborn 2011, S. 113–128.

**Küppers 1981**
Kurt Küppers: Das Himmlisch Palm-Gärtlein des Wilhelm Nakatenus SJ (1617–1682). Untersuchungen zu Ausgaben, Inhalt und Verbreitung eines katholischen Gebetbuches der Barockzeit, Regensburg 1981.

**Küster 2008**
Bernd Küster, Das Jahr der Wende: 1916, in: Der Erste Weltkrieg und die Kunst: von der Propaganda zum Widerstand, Ausst.-Kat., hg. von Bernd Küster, Landesmuseum für Kunst und Kulturgeschichte, Oldenburg 2008, Gifkendorf 2008, S. 142–164.

**Kullmann 2016**
Claudio Kullmann, »Gott braucht uns in der Politik!« Die Deutschen Katholikentage in Zivilgesellschaft und Politik 1978–2008, Wiesbaden 2016.

**Kunter/Schilling 2014**
Katharina Kunter/Annegreth Schilling (Hg.), Globalisierung der Kirchen. Der Ökumenische Rat der Kirchen und die Entdeckung der Dritten Welt in den 1960er und 1970er Jahren, Göttingen 2014.

**Kunz-Lübcke/Mayordomo 2017**
Andreas Kunz-Lübcke/Moisés Mayordomo, Frieden und Krieg (Biblische Lebenswelten), Gütersloh 2017.

**Kurier 2013**
Papst startet Hashtag #prayforpeace, Kurier, 6. September 2013 (17. 3. 2018), URL: https://kurier.at/wirtschaft/twitter-papst-startet-hashtag-prayforpeace/25.688.520.

**Kuropka 2015**
Joachim Kuropka, Galen. Wege und Irrwege der Forschung, Münster 2015.

**Lachner 2003**
Raimund Lachner, Friede aus theologischer Sicht. Biblische Grundlagen und theologische Entfaltungen von der frühen Kirche bis zum Mittelalter, in: Wolfgang Augustyn (Hg.), PAX. Beiträge zu Idee und Darstellung des Friedens, München 2003, S. 63–116.

**Lahrkamp 1979**
Helmut Lahrkamp, Rückwirkungen der Türkenkriege auf Münster 1560–1685, in: Westfälische Zeitschrift, 129, 1979, S. 89–108.

**Lang 2009**
Eva-Katherina Lang, Das Kreuz von Saarburg – ein Wunder inmitten des Krieges?, in: Heidrun Alzheimer (Hg.), Glaubenssache Krieg. Religiöse Motive auf Bildpostkarten des Ersten Weltkrieges, Bad Wingsheim 2009, S. 199–213.

**Langemeyer 1978**
Gerhard Langemeyer: Die Heinrichstafel vom Meister der Barbaralegende, in: Das Kunstwerk des Monats, Dezember 1978, hg. vom Westfälisches Landesmuseum für Kunst und Kulturgeschichte, Münster 1978.

**Langer 2003**
Amnon Langer, Raising Arms. Liturgy in the Struggle to Liberate Jerusalem in the Late Middle Ages, Turnhout 2003.

**Lanz 2006**
Dieter Lanz, Frieden als Auftrag. Das Lebenswerk des Priesters Abbé Franz Stock, Arnsberg 2006.

**Latzel 2011**
Klaus Latzel (Hg.), Soldatinnen. Gewalt und Geschlecht im Krieg vom Mittelalter bis heute, Paderborn 2011.

**Laufs 1973**
Joachim Laufs, Der Friedensgedanke bei Augustinus. Untersuchungen zum 19. Buch des Werkes ›De Civitate Dei‹, Wiesbaden 1973.

**LCI**
Lexikon der christlichen Ikonographie, hg. von Engelhard Kirschbaum, 8 Bde., Freiburg/Basel/Wien 1968–1976.

**Lécuru 2003**
Ludovic Lécuru, L'abbé Franz Stock. Sentinelle de la paix, Paris 2003.

**Lehmann 2016**
Karl Lehmann, Der Priester Max Josef Metzger. Gestapo-Haft und Todesurteil, Berlin 2016.

**Lemhoefer 1987**
Dieter Lemhoefer, Willibald Krain, in: Veröffentlichungen aus dem Deutschlandhaus Berlin, Berlin 1987, S. 3–19.

**Lengeling 1981**
Emil Joseph Lengeling, Liturgie. Dialog zwischen Gott und Mensch, Freiburg/ Basel/Wien 1981.

**Lengeling 1997**
Emil Joseph Lengeling, Agapefeier beim »Mandatum« des Gründonnerstags in einer spätmittelalterlichen Agende aus dem Bistum Münster, in: Benedikt Kranemann/Klemens Richter (Hg.), Zwischen römischer Einheitsliturgie und diözesaner Eigenverantwortung. Gottesdienst im Bistum Münster, Altenberge 1997, S. 339–367.

**Leodiensium 1880**
Leodiensium (Anselm von Lüttich), Gesta episcoporum Leodiensium, hg. von J. Heller (Monumenta Germaniae Historica Scriptores, 25), Hannover 1880, S. 14–129.

**Leppin 2009**
Volker Leppin, Das Gewaltmonopol der Obrigkeit: Luthers sogenannte Zwei-Reiche-Lehre und der Kampf zwischen Gott und Teufel, in: Holzem 2009a, S. 403–414.

**Leroquais 1937**
Victor Leroquais, Les pontificaux manuscrits des bibliotheques publiques de France, 4 Bde., Paris 1937.

**Leugers 2014**
Antonia Leugers, Jesuiten in Hitlers Wehrmacht. Kriegslegitimation und Kriegserfahrung, Paderborn u. a. 2009.

**Lipton 2014**
Sara Lipton, Dark Mirror. The medieval Origins of Anti-Jewish Iconography, New York 2014.

**Löffler 1996**
Peter Löffler (Bearb.), Bischof Clemens August Graf von Galen, Akten, Briefe und Predigten 1933–1946. Bd. II: 1939–1946, Mainz 1996.

**Loonbeek 2015**
Raymond Loonbeek, Franz Stock. Menschlichkeit über Grenzen hinweg, St. Ottilien 2015.

**Lorenz 2000**
Renaissance und Barock im Westfälischen Landesmuseum für Kunst und Kulturgeschichte Münster, bearbeitet von Angelika Lorenz, Münster 2000.

**Lupold von Bebenburg 2005**
Lupold von Bebenburg, De iuribus regni et imperii. Über die Rechte von Kaiser und Reich, hg. von Jürgen Miethke, München 2005.

**Luther 1912**
Martin Luther, Weimarer Ausgabe (WA), Tischreden, Bd. 1, Weimar 1912.

**Lutterbach 2001**
Hubertus Lutterbach, »Die Tiere folgen dem Heiligen ...« – Eine kosmische Friedensidee im Christentum, in: Erfahrung und Deutung von Krieg und Frieden: Religion – Geschlechter – Natur und Kultur, hg. von Klaus Garber, München 2001, Bd. 1, S. 771–785.

**Lutterbach 2003**
Hubertus Lutterbach, Gotteskindschaft. Kultur- und Sozialgeschichte eines christlichen Ideals, Freiburg/Basel/Wien 2003.

**Lutterbach 2004**
Hubertus Lutterbach, Bonifatius, mit Axt und Evangelium. Eine Biographie i. Br. efen, Freiburg/Basel/Wien 2004.

**Lutterbach 2006**
Hubertus Lutterbach, Der Weg in das Täuferreich von Münster. Ein Ringen um die heilige Stadt, Münster 2006.

**Lutterbach 2008**
Hubertus Lutterbach, Das Täuferreich von Münster. Ursprünge und Merkmale eines religiösen Aufbruchs, Münster 2008.

**Luz 2002**
Ulrich Luz, Das Evangelium nach Matthäus I (Evangelisch-Katholischer Kommentar zum Neuen Testament I/1), Neukirchen-Vluyn 2002.

**Luz 2009**
Ulrich Luz, Feindesliebe und Gewaltverzicht: Zur Struktur und Problematik neutestamentlicher Friedensideen, in: Holzem 2009a, S. 137–149.

**Machiavelli 2001**
Niccolò Machiavelli, Der Fürst, Frankfurt a. M. 2001.

**Maeterlinck 1906**
Louis Maeterlinck, A propos de quelques tableaux curieux des XVe et XVIe siècles aus Musée de Gand, in: Bulletijn der Maatschappij van Geschied- en Oudheidkunde te Gent, 14, 1906, S. 340–451.

**Maier 2008**
Hans Maier, Compelle intrare. Rechtfertigungsgründe für die Anwendung von Gewalt zum Schutz und zur Ausbreitung des Glaubens in der Theologie des abendländischen Christentums, in: Klaus Schreiner (Hg.), Heilige Kriege. Religiöse Begründungen militärischer Gewaltanwendung: Judentum, Christentum und Islam im Vergleich, München 2008, S. 55–70.

**Maleczek 1996**
Werner Maleczek, Das Frieden stiftende Papsttum im 12. und 13. Jahrhundert, in: Johannes Fried (Hg.), Träger und Instrumentarien des Friedens im Hohen und Späten Mittelalter, Sigmaringen 1996, S. 249–332.

**Manacorda 2006**
Francesco Manacorda, Maurizio Cattelan – Supercontemporanea, Segrate 2006.

**Marsilius von Padua 2017**
Marsilius von Padua, Defensor Pacis, übersetzt von Walter Kunzmann, eingeleitet von Jürgen Miethke, Darmstadt 2017.

**Martyn 2013–2014**
Georges Martyn, Naar het museum met een jurist als gids. Recht in de kunst in Gent (3). De acht zaligheden, in: Strop & Toga, 5, 2013–2014, Nr. 17, S. 24–29.

**Massing 1997**
Jean Michele Massing, Images d'Epinal, in: Print Quarterly, 14, 1997, Nr. 2, S. 208–211.

**Matheus/Schneidmüller/Weinfurter/Wieczorek 2017**
Michael Matheus/Bernd Schneidmüller/Stefan Weinfurter/Alfried Wieczorek (Hg.), Die Päpste der Renaissance. Politik, Kunst und Musik (Die Päpste 2), Regensburg 2017.

**Matschke 2003**
Klaus-Peter Matschke, Türkenkriege, Lexikon des Mittelalter, Bd. 8 (2003), Sp. 1106–1108.

**Mechthild von Hackeborn 1880–1881**
Mechthild von Hackeborn, Leben und Offenbarungen der hl. Schwester Mechtildis und der Schwester Mechtildis von Magdeburg, Jungfrauen aus dem Orden des hl. Benediktus, hg. von J. Müller, 2 Bde., Regensburg 1880–1881.

**Meller/Mundt/Schmuhl 2008**
Der Heilige Schatz im Dom zu Halberstadt, hg. von Harald Meller/Ingo Mundt/ Boje E. Hans Schmuhl, Regensburg 2008.

**Melloni/Cavagnini/Grossi 2017**
Alberto Melloni/Giovanni Cavagnini/ Gulia Grossi (Hg.), Benedetto XV. Papa Giacomo Della Chiesa nel mondo dell'»inutile strage«, Bologna 2017.

**Melsaeter 2012**
Torgeir Melsaeter, Eine unbeachtete Quelle des 16. Jahrhunderts: Martin Schrots und Adam Bergs Wappenbuch (1580) als kaiserliche Kreuzzugspropaganda gegen die Türken, in: Mitteilungen des Instituts für Österreichische Geschichtsforschung, 120, 2012, S. 339–368.

**Melzer 1991**
Walter Melzer, Das frühmittelalterliche Gräberfeld von Wünnenberg-Fürstenberg, Kreis Paderborn, Münster 1991.

**Mergenthaler 2018**
Volker Mergenthaler, Bildpolitik und Autorschaft: Ernst Jüngers ›Das Anlitz des Weltkrieges‹, in: Totalität als Faszination. Systematisierungen des Heterogenen im Werk Ernst Jüngers, hg. von Andrea Benedetti, Lutz Hagestedt, Berlin/Boston 2018, S. 211–217.

**Merkt 2015**
Andreas Merkt, Verfolgung und Martyrium im frühen Christentum. Mythos, Historie, Theologie, in: Jan-Heiner Tück (Hg.), Sterben für Gott – Töten für Gott? Religion, Martyrium und Gewalt, Freiburg/Basel/Wien 2015, S. 192–206.

**Mertens 2016**
Dieter Mertens, Türkenabwehr und biblische Legitimation in der Zeit Kaiser Maximilians I., in: Frühmittelalterliche Studien, 49, 2016, S. 363–390.

**Messerschmidt 2005**
Manfred Messerschmidt, Die Wehrmachtsjustiz 1933–1945, Paderborn u. a. 2005.

**Mestaoui 2016**
Linda Mestaoui, Combo. Artiste a risques, Paris 2016.

**Metzger 1964**
Max Josef Metzger, Für Frieden und Einheit. Briefe aus der Gefangenschaft, Meitingen 1964.

**Meyer-Blanck 2016**
Michael Meyer-Blanck, Kann das Mysterium der öffentlichen Klärung dienen? Liturgie und Politik, in: Kim de Wildt/ Benedikt Kranemann/Andreas Odenthal (Hg.), Zwischen-Raum Gottesdienst. Beiträge zu einer multiperspektivischen Liturgiewissenschaft, Stuttgart 2016, S. 92–102.

**MGH Diplom Heinrichs II.**
Die Urkunden Heinrichs II. und Arduins (Heinrici II. et Arduini Diplomata), hg. von Harry Bresslau/Hermann Bloch/ Robert Holtzmann u. a., 1900–1903 (Nachdruck 2001).

**MGH Diplom Heinrichs III.**
Die Urkunden Heinrichs III. (Heinrici III. Diplomata), hg. von Harry Bresslau/Paul Kehr, 1926–1931 (Nachdruck 1993).

**Miethke 2008**
Jürgen Miethke, Politiktheorie im Mittelalter. Von Thomas von Aquin bis Wilhelm von Ockham, Tübingen 2008.

**Mirbt/Aland 1967**
Carl Mirbt/Kurt Aland (Hg.), Quellen zur Geschichte des Papsttums und des römischen Katholizismus, Tübingen 1967.

**Missalla 1995**
Heinrich Missalla, Katholische Friedensbewegung vor der Herausforderung der Politisierung. Ein kritisch-produktiver Vergleich zwischen dem FDK und »Pax Christi«, in: Johannes Horstmann (Hg.), 75 Jahre katholische Friedensbewegung in Deutschland. Zur Geschichte des »Friedensbundes Deutscher Katholiken« und von »Pax Christi«, Schwerte 1995, S. 137–155.

**Missalla 1999**
Heinrich Missalla, Für Gott, Führer und Vaterland. Die Verstrickung der katholischen Seelsorge in Hitlers Krieg, München 1999.

**Modesti 2009**
Adolfo Modesti, La Medaglia »Annuala« dei romani pontefici, Bd. 2, Rom 2009.

**Möhring 2014**
Hannes Möhring, Die Kreuzfahrer als Pilger, in: Klaus Herbers/Hans Christian Lehner (Hg.): Unterwegs im Namens der Religion. On the Road in the Name of Religion, Stuttgart 2014, Bd. 1, S. 33–44.

**Möseneder 2013**
Karl Möseneder, Bilder der Toleranz. Von der Renaissance bis in die Gegenwart, Petersberg 2013.

**Mühleisen 2000**
Hans-Otto Mühleisen, Augsburger Friedensgemälde als politische Lehrstücke, in: Das Friedensfest. Augsburg und die Entwicklung einer neuzeitlichen Toleranz-, Friedens- und Festkultur, hg. von Johannes Burkhardt und Stephanie Haberer, Berlin 2000, S. 117–145.

**Müller 1959**
Theodor Müller (Bearb.), Die Bildwerke in Holz, Ton und Stein von der Mitte des XV. bis gegen Mitte des XVI. Jahrhunderts, München 1959.

**Müller 2012**
Heribert Müller, Die kirchliche Krise des Spätmittelalters. Schisma, Konziliarismus und Konzilien, München 2012.

**Müller-Geib 1992**
Werner Müller-Geib, Das Allgemeine Gebet der sonn- und feiertäglichen Pfarrmesse im deutschen Sprachgebiet. Von der Karolingischen Reform bis zu den Reformversuchen der Aufklärungszeit, Altenberge 1992.

**Münster 2014**
Einblicke – Ausblicke. Spitzenwerke im neuen LWL-Museum für Kunst und Kultur in Münster, hg. von Hermann Arnold, Köln 2014.

**Murk/Schlattmann 2011**
Andreas Murk/Konrad Schlattmann, Maximilian Kolbe. Märtyrer der Nächstenliebe, Würzburg 2011.

**Musée lorrain o. J.**
Musée lorrain, Les oeuvres majeures. Le Retour du croisé, o. J. (17. 3. 2018), URL: www.musee-lorrain.nancy.fr/fr/collections/les-oeuvres-majeures/le-retour-du-croise-41.

**Museum Catharijneconvent 2017**
Museum Catharijneconvent, Vrede maant de kerken tot verdraagzaamheid (17. 3. 2018), URL: www.catharijneconvent.nl/adlib/41715.

**Nagler 1860–1879**
Georg Kaspar Nagler, Die Monogrammisten, 5 Bde., München/Leipzig 1860–1879.

**Nicklas 2009**
Tobias Nicklas, Der Krieg und die Apokalypse, in: Holzem 2009 a, S. 150–165.

**Niemeyer 1972**
Gerlinde Niemeyer, Das Testament des Dekan Johannes Husemann († 1496/97), in: Westfälische Zeitschrift, 122, 1972, S. 133–145.

**Oberste 2009**
Jörg Oberste, Krieg gegen Ketzer? Die defensores, receptatores und fautores von Ketzern und die principes catholici in der kirchlichen Rechtfertigung des Albigenserkriegs, in: Holzem 2009 a, S. 368–391.

**Oboth 2017**
Jens Oboth, Pax Christi Deutschland im Kalten Krieg 1945–1957. Gründung, Selbstverständnis und »Vergangenheitsbewältigung«, Paderborn 2017.

**Oexle 1978**
Otto Gerhard Oexle, Die funktionale Dreiteilung der »Gesellschaft« bei Adalbero von Laon. Deutungsschemata der sozialen Wirklichkeit im früheren Mittelalter, in: Frühmittelalterliche Studien 12, 1978, S. 1–54.

**Oexle 1993**
Otto Gerhard Oexle, Formen des Friedens in den religiösen Bewegungen des Hochmittelalters (1000–1300), in: Wilfried Hartmann (Hg.), Mittelalter. Annäherung an eine fremde Zeit, Regensburg 1993, S. 87–109.

**Oexle 1996**
Otto Gerhard Oexle, Friede durch Verschwörung, in: Johannes Fried (Hg.), Träger und Instrumentarien des Friedens im Hohen und Späten Mittelalter, Sigmaringen 1996, S. 115–150.

**Ost 2007**
Hans Ost, Unbekannte Werke von Otto van Veen, in: Wallraf-Richartz-Jahrbuch, 68, 2007, S. 279–294.

**Otten/Ristow 2008**
Thomas Otten/Sebastian Ristow, Xanten in der Spätantike. Topographie und Geschichte, in: Martin Müller/Hans-Joachim Schalles/Norbert Zieling (Hg.), Colonia Ulpia Traiana. Xanten und sein Umland in römischer Zeit, Mainz 2008, S. 549–582.

**Otto 2005**
Frank Otto, Der Nordirlandkonflikt. Ursprung, Verlauf, Perspektiven, München 2005.

**Overbeck/Müller 1995**
Cyrus Overbeck/Oliver Müller, Otto Pankok. Maler, Grafiker, Bildhauer. Eine Biographie, Düsseldorf 1995.

**Overmeyer 2005**
Heiko Overmeyer, Frieden im Spannungsfeld zwischen Theologie und Politik. Die Friedensthematik in den bilateralen theologischen Gesprächen von Arnoldshain und Sagorsk, Frankfurt 2005.

**Pacelli-Edition**
Kritische Online-Edition der Nuntiaturberichte Eugenio Pacellis (1917–1929), URL: www.pacelli-edition.de (13. 9. 2017).

**Paderborn 1999**
Friede, das ist nicht nur ein Wort. Der Weg des Priesters Franz Stock, hg. vom Erzbischöflichen Generalvikariat Paderborn, Paderborn 1999.

**Pankok 2008**
Jobst Moritz Pankok, Otto Pankok: Wahlverwandtschaften und Freundschaften in liebloser Zeit, in: Die geistige Emigration. Arthur Kaufmann, Otto Pankok und ihre Künstlernetzwerke, Mülheim an der Ruhr, Ausst.-Kat., hg. von Beate Ermacora/Anja Bauer, Kunstmuseum Mülheim an der Ruhr in der Alten Post, Mülheim an der Ruhr 2008, S. 22–28.

**Parisse 2004**
Michel Parisse, Sigefroid, abbé de Gorze, et le mariage du roi Henri III avec Agnès de Poitou (1043). Un aspect de la réforme lotharingienne, in: Revue du Nord, 86 (L'Église et la société entre Seine et Rhin V[e]–XVIe siécle), 2004, S. 543–565.

**Patzold 2007**
Steffen Patzold: Konsens und Konkurrenz. Überlegungen zu einem aktuellen Forschungskonzept der Mediävistik, in: Frühmittelalterliche Studien, 41, 2007, S. 75–103.

**Paul VI. 1967**
Paul VI., Enzyklika »Populorum progressio« (lateinisch), 26. März 1967, in: Acta Apostolicae Sedis, 59, 1967, S. 257–299, deutsche Übersetzung unter URL: http://w2.vatican.va/content/paul-vi/de/encyclicals/documents/hf_p-vi_enc_26031967_populorum.html (13. 9. 2017).

**Paul 1995**
Eugen Paul, Geschichte der christlichen Erziehung. Bd. 2: Barock und Aufklärung, Freiburg/Basel/Wien 1995.

**Peltzer 1916**
Rudolf Arthur Peltzer, Hans Rottenhammer, in: Jahrbuch der kunsthistorischen Sammlungen des allerhöchsten Kaiserhauses, 33, 1916, S. 293–365.

**Perot 1988**
Jacques Perot, L'iconographie d'Henri de Navarre à l'époque de la bataille de Coutras et au début de son règne en France: le rôle de François Bunel, in: Association Henri IV (Hg.), Quatrième centenaire de la bataille de Coutras. Volume des actes du colloque de Coutras, 16–18 octobre 1987, Pau 1988, S. 175–201.

**Pesch 1982**
Rudolf Pesch, Voraussetzungen und Anfänge der urchristlichen Mission, in: Karl Kertelge (Hg.), Mission im Neuen Testament, Freiburg 1982, S. 11–70.

**Petkov 2003**
Kiril Petkov, The Kiss of Peace. Ritual, Self, and Society in the High and Late Medieval West, Leiden 2003.

**Piene 1961**
Otto Piene, Wege zum Paradies, in: Zeitschrift ZERO, 3, o. J. (1961), ohne Seitenzählung.

**Pieper 1990**
Westfälisches Landesmuseum für Kunst und Kulturgeschichte: Bestandskatalog – Die deutschen, niederländischen und italienischen Tafelbilder bis um 1530, bearb. von Paul Pieper, Münster 1990.

**Pieper/Müller 1993**
Paul Pieper/Ina Müller, Das Paradies des Domes zu Münster in Westfalen, Münster 1993.

**Pius XI. 1926**
Pius XI., Enzyklika »Iniquis afflictisque« (lateinisch), 18. November 1926, in: Acta Apostolicae Sedis, 18, 1926, S. 465–477.

**Pius XI. 1936 a**
Pius XI., Ansprache »La vostra presenza« an die Bischöfe, Priester, Ordensleute und gläubigen Flüchtlinge aus Spanien (italienisch), Castel Gandolfo, 14. September 1936, in: Acta Apostolicae Sedis, 28, 1936, S. 373–381.

**Pius XI. 1936 b**
Pius XI., Ansprache »Siamo ancora« zur Eröffnung der Weltausstellung der katholischen Presse (italienisch), 12. Mai 1936, in: Acta Apostolicae Sedis, 29, 1937, S. 139–144.

**Pius XII. 1939 a**
Pius XII., Rundfunkansprache »Con immenso gozo« an die Katholiken Spaniens (spanisch), 16. April 1939, in: Acta Apostolicae Sedis, 31, 1939, S. 151–154.

**Pius XII. 1939 b**
Pius XII., Enzyklika »Summi pontificatus« (lateinisch), 20. Oktober 1939, deutsche Übersetzung in: Acta Apostolicae Sedis, 31, 1939, S. 565–594.

**Pius XII. 1942**
Pius XII., Rundfunkansprache »Con sempre« (italienisch), 24. Dezember 1942, in: Acta Apostolicae Sedis, 35, 1943, S. 9–24.

**Pius XII. 1956**
Pius XII., Rundfunkansprache »L'inesauribile mistero« (italienisch), 23. Dezember 1956, in: Acta Apostolicae Sedis, 49, 1957, S. 5–22.

**Poeschke 1985**
Joachim Poeschke, Die Kirche San Francesco in Assisi und ihre Wandmalereien, München 1985.

**Probst 2014**
Volker Probst, Wer den Krieg malen will, muss den Frost malen lernen. Ernst Barlach und der Erste Weltkrieg, in: Bildhauer sehen den Ersten Weltkrieg, Ausst.-Kat., hg. von Usel Berger/Gundula Mayr/Veronika Wiegartz, Bremen, 2014, S. 33–46.

**Provoost 2004**
Arnold Provoost, Pastor or Pastor bonus? The interpretation and evaluation of Pastoral Scenes in the late antiquity, in: Nederlands archief voor kerkgeschiedenis/Dutch Review of Church History, 84, 2004, S. 1–36.

**Puknus 2011**
Heinz Puknus, Rolf Hochhuth. Störer im Schweigen. Der Provokateur und seine Aktionsliteratur, München 2011.

**Putz 1998**
Ralf Putz, Das Christkönigs-Institut, Meitingen, und sein Gründer Dr. Max Josef Metzger (1887–1944). Für den Frieden der Welt und die Einheit der Kirche, Hamburg 1998.

**Quasten 1946**
Johannes Quasten, Der Gute Hirte in frühchristlicher Totenliturgie und Grabeskunst, in: Miscellanea Giovanni Mercati, Bd. 1, 1946, S. 373–406.

**Quermann 2010**
Andreas Quermann, ›Der Stellvertreter‹ 1963/64. Ein Theaterskandal im Museum 2007/08, in: Ilse Nagelschmidt/Sven Neufert/Gert Ueding (Hg.), Rolf Hochhuth: Theater als politische Anstalt. Tagungsband mit einer Personalbibliographie, Weimar 2010, S. 133–149.

**Radio Vaticana 2017**
Pope Francis: 40 million Twitter followers and counting, 10. 11. 2017 (21. 11. 2017), URL: http://en.radiovaticana.va/news/2017/10/11/pope_francis_40_million_twitter_followers_and_counting_/1342197.

**Radulfus 1977**
Radulfus Niger, De Re Militari et Triplici Via Peregrinationis Ierosolimitane (1187/88), hg. und eingeleitet von Ludwig Schmugge, Berlin/New York 1977.

**Rahner/Vorgrimler 1984**
Karl Rahner/Herbert Vorgrimler, Kleines Konzilskompendium. Sämtliche Texte des Zweiten Vatikanums, Freiburg i. Br. 1984.

**Rahner/Vorgrimler 2008**
Karl Rahner, Herbert Vorgrimler, Kleines Konzilskompendium. Sämtliche Texte des Zweiten Vatikanums, Freiburg i. Br. 2008.

**Ratzmann 2004**
Wolfgang Ratzmann, Im Angesicht der Gewalt. Zum Gebet um den Frieden, in: Wolfgang Ratzmann (Hg.), Religion – Christentum – Gewalt. Einblicke und Perspektiven, Leipzig 2004, S. 185–204.

**Raupp 2004**
Niederländische Malerei des 17. Jahrhunderts der SØR-Rusche-Sammlung, Bd. 5: Stilleben und Tierstücke, hg. von Hans-Joachim Raupp, Münster 2004.

**Raupp 2010**
Niederländische Malerei des 17. Jahrhunderts der SØR-Rusche-Sammlung, Bd. 4: Historien und Allegorien, hg. von Hans-Joachim Raupp, Münster 2010.

**Rehm 1968**
Martin Rehm, Der königliche Messias im Licht der Immanuel-Weissagungen des Buches Jesaja, Kevelaer 1968.

**Repgen 1979**
Konrad Repgen, Die Außenpolitik der Päpste im Zeitalter der Weltkriege, in: Konrad Repgen/Hubert Jedin (Hg.), Handbuch der Kirchengeschichte. Bd. 7: Die Weltkirche im 20. Jahrhundert, Freiburg i. Breisgau u. a. 1979, S. 36–96.

**Reuter 2009**
Hans-Richard Reuter, Vom christlichen Pazifismus zum aktiven Widerstand. Dietrich Bonhoeffers (Denk-)Weg zwischen 1930 und 1943, in: Hans-Richard Reuter (Hg.), Frieden – Einsichten für das 21. Jahrhundert. 12. Dietrich-Bonhoeffer-Vorlesung Juni 2008 in Münster, Berlin 2009, S. 15–42.

**Riccardi 2012**
Andrea Riccardi, Johannes Paul II. Die Biografie, Würzburg 2012.

**Riccardi 2017**
Andrea Riccardi, Der längste Winter. Die vergessene Geschichte der Juden im besetzten Rom 1943/44, Darmstadt 2017.

**Richter 1976**
Klemens Richter, Die Ordination des Bischofs von Rom. Eine Untersuchung zur Weiheliturgie, Münster 1976.

**Richter 1993**
Klemens Richter, Agape, in: Lexikon für Theologie und Kirche, Bd. 1 (1993), Sp. 220–223.

**Richter 2003**
Thomas Richter, Paxtafeln und Pacificalia. Studien zu Form, Ikonographie und liturgischem Gebrauch, Weimar 2003.

**Richter/Kohnle 2016**
Susann Richter/Armin Kohnle (Hg.), Herrschaft und Glaubenswechsel. Die Fürstenreformation im Reich und in Europa in 28 Biographien, Heidelberg 2016.

**Riesenberger 1976**
Dieter Riesenberger, Die katholische Friedensbewegung in der Weimarer Republik, Düsseldorf 1976.

**Riley-Smith 2005**
Jonathan Riley-Smith, Wozu heilige Kriege? Anlässe und Motive der Kreuzzüge, Berlin 2005.

**Riley-Smith 2014**
Jonathan Riley-Smith, Die Kreuzzüge, Darmstadt (1987) 2014.

**Roding 2007**
Michiel Roding, Adriaen von Nieulandt, Pieter Isaacsz's Versatile Pupil, in: Badeloch Noldus/Juliette Roding u. a. (Hg.), Pieter Isaacsz. Court Painter, Art Dealer and Spy, Turnhout 2007, S. 219–229.

**Rösch 2014**
Michael Rösch, »Wenn du den Frieden willst, rüste den Frieden!« (Michael Kardinal von Faulhaber). Der Friedensbund Deutscher Katholiken im Spannungsfeld von kirchlicher Hierarchie und mündiger Weltverantwortung der Laien (1917–1933), (Diss.) Münster 2014.

**Röw 2014**
Martin Röw, Militärseelsorge unter dem Hakenkreuz. Die katholische Feldpastoral 1939–1945, Paderborn 2014.

**Rohling 2009**
Geraldine M. Rohling, Jubilee 2009. Basilica of the National Shrine of the Immaculate Conception, Washington, DC, 2009.

**Rohling 2015**
Geraldine M. Rohling, Coronation Tiara of Pope Paul VI, in: Mary's Shrine, 76, No. 1, 2015, o. S.

**Rotte 2014**
Ralph Rotte, Die Außen- und Friedenspolitik des Heiligen Stuhls. Eine Einführung, Wiesbaden 2014.

**Rouen 2000**
Peintures françaises du XVIIe siècle – la collection du musée des Beaux-Arts de Rouen, bearbeitet von Philippe Malgouyres, Rouen 2000.

**Runde 2003**
Ingo Runde, Xanten im frühen und hohen Mittelalter. Sagentradition – Stiftsgeschichte – Stadtwerdung, Köln 2003.

**Ruozzi/Galavotti 2015**
Frederico Ruozzi, Enrico Galavotti (Hg.), Das II. Vatikanische Konzil. Geschichte – Bedeutung – Wirkung. Ein historischer Atlas, Stuttgart 2015.

**Samaritani 1967**
Antonio Samaritani, Gebeardo di Eichstätt, arcivescovo di Ravenna (1027–1044), e la riforma imperiale della Chiesa in Romagna, in: Analecta Pomposiana, 3, 1967, S. 109–140.

**Sandler 2005**
Willibald Sandler, Das Friedensgebet der Religionen in Assisi. Der Weltgebetstag von Assisi, in: Raymund Schwager/Józef Niewiadomski (Hg.), Religion erzeugt Gewalt – Einspruch! Innsbrucker Forschungsprojekt »Religion – Gewalt – Kommunikation – Weltordnung«, Münster u. a. 2003, S. 78–97; online veröffentlicht am 29. 8. 2005 (19. 3. 2018), URL: www.uibk.ac.at/theol/leseraum/texte/597.html.

**Scheer 2006**
Monique Scheer, Rosenkranz und Kriegsvisionen. Marienerscheinungskulte im 20. Jahrhundert, Tübingen 2006.

**Schlager 2010**
Claudia Schlager, Kult und Krieg, Herz Jesu – Sacré Coeur – Christus Rex im deutsch-französischen Vergleich 1914–1925, Tübingen 2010.

**Schlott 2007**
René Schlott, Die Friedensnote Papst Benedikts XV. vom 1. August 1917. Eine Untersuchung zur Berichterstattung und Kommentierung in der zeitgenössischen Berliner Tagespresse, Hamburg 2007.

**Schmidt 2009**
Heinrich Richard Schmidt, Religion und Krieg im Reformiertentum, in: Holzem 2009 a, S. 415–438.

**Schnackenburg 1995**
Maria-Luise Schnackenburg, Die Osnabrücker Taubenfibel, in: Osnabrücker Mitteilungen, 100, 1995, S. 279–288.

**Schneider 1966**
Burkhart Schneider (Hg.), Die Briefe Pius' XII. an die deutschen Bischöfe 1939–1944, Mainz 1966.

**Schneider 2014**
Der Erste Weltkrieg im Spiegel expressiver Kunst: Kämpfe – Passionen – Totentanz; Werke aus der Sammlung Gerhard Schneider und aus Künstlernachlässen, Ausst.-Kat., hg. von Gerhard Schneider u. a., Städtisches Kunstmuseum Spendhaus Reutlingen 2014; Südsauerlandmuseum Attendorn 2014; Kunsthalle Jesuitenkirche Aschaffenburg 2014–2015, Bönen/Westfalen 2014.

**Schneidmüller 1997**
Bernd Schneidmüller, Neues über einen alten Kaiser? Heinrich II. in der Perspektive der modernen Forschung, in: Bericht des Historischen Vereins Bamberg, 133, 1997, S. 13–41.

**Schneidmüller 2000**
Bernd Schneidmüller: Konsensuale Herrschaft. Ein Essay über Formen und Konzepte politischer Ordnung im Mittelalter, in: Reich, Regionen und Europa in Mittelalter und Neuzeit. Festschrift für Peter Moraw, hg. von Paul-Joachim Heinig u. a., Berlin 2000, S. 53–87.

**Schneidmüller 2011**
Bernd Schneidmüller, Grenzerfahrung und monarchische Ordnung. Europa 1200–1500, München 2011.

**Schöller 1995**
Bernadette Schöller, Religiöse Drucke aus Kölner Produktion. Flugblätter und Wandbilder des 16. bis 19. Jahrhunderts aus den Beständen des Kölnischen Stadtmuseums, Köln 1995.

**Scholl 1982/93**
Inge Scholl, Die Weiße Rose, Frankfurt a. M. (1982) 1993.

**Schorlemmer 2003**
Friedrich Schorlemmer, Ein jeder braucht sein Brot, sein' Wein. Die Wittenberger Schmiede-Liturgie (Das Malchus-Schwert), Sonnabend, 24. September 1983, 21.30 Uhr auf dem Lutherhof, in: Friedrich Schorlemmer, Den Frieden riskieren – Sätze und Grundsätze. Pamphlete und Predigten. Reden und Einsprüche aus zwanzig Jahren, Stuttgart 2003, S. 55–58.

**Schorlemmer 2009**
Friedrich Schorlemmer, Schwerter zu Pflugscharen, in: DIE ZEIT, 3. 9. 2009, Nr. 37 (4. 12. 2017), URL: www.zeit.de/2009/37/D-Pflugscharen/komplett-ansicht.

**Schrader 1979**
J. L. Schrader, Antique and Early Christian Sources for the Riha and Stuma Patens, in: Gesta, 18, 1979, S. 147–56.

**Schreiber 1954**
Georg Schreiber, Deutsche Türkennot und Westfalen, in: Westfälische Forschungen, 7, 1954, S. 62–79.

**Schreiner 1985**
Klaus Schreiner, »Sakrale Herrschaft« und »Heiliger Krieg«. Kaisertum, Kirche und Kreuzzug im Spiegel der spätmittelalterlichen Heinrichstafel, Münster: Landschaftsverband Westfalen-Lippe, Landesbildstelle Westfalen, Referat für Museumspädagogik 1985.

**Schreiner 2000**
Klaus Schreiner, Märtyrer, Schlachtenhelfer, Friedenstifter. Krieg und Frieden im Spiegel mittelalterlicher und frühneuzeitlicher Heiligenverehrung, Opladen 2000.

**Schreiner 2004**
Klaus Schreiner, Signa Victricia: Heilige Zeichen in kriegerischen Konflikten des Mittelalters, in: Rituale, Zeichen, Bilder. Formen und Funktionen symbolischer Kommunikation im Mittelalter, hg. von Ulrich Meier/Gerd Scherhoff/Gabriela Signori, Köln/Weimar/Wien 2011, S. 11–63.

**Schreiner 2008**
Klaus Schreiner (Hg.), Heilige Kriege. Religiöse Begründungen militärischer Gewaltanwendung: Judentum, Christentum und Islam im Vergleich, München 2008.

**Schreiner 2008 a**
Klaus Schreiner, Kriege im Namen Gottes, Jesu und Maria. Heilige Abwehrkämpfe gegen die Türken im späten Mittelalter und in der Frühen Neuzeit, in: Klaus Schreiner (Hg.), Heilige Kriege. Religiöse Begründungen militärischer Gewaltanwendung: Judentum, Christentum und Islam im Vergleich, München 2008, S. 151–192.

**Schreiner 2015**
Klaus Schreiner, Alttestamentliche Kriegshelden in der politischen Theologie des Spätmittelalters und der Frühen Neuzeit, in: Frühmittelalterliche Studien, 49, 2015, S. 391–417.

**Schubert 2013**
Dietrich Schubert, Künstler im Trommelfeuer des Krieges 1914–1918, Heidelberg 2013.

**Schüler 2000**
Barbara Schüler, »Im Geiste der Gemordeten …«. Die »Weiße Rose« und ihre Wirkung in der Nachkriegszeit, Paderborn 2000.

**Schwager/Niewiadomski 2003**
Raymund Schwager/Józef Niewiadomski (Hg.), Religion erzeugt Gewalt – Einspruch! Innsbrucker Forschungsprojekt »Religion – Gewalt – Kommunikation – Weltordnung«, Münster u. a. 2003.

**Sebastian 2009**
Julia Sebastian, Woran Menschen ihr Herz hängen. Leitfiguren als Bausteine konfligierender Identitäten im nordirischen Friedensprozess, Frankfurt 2009.

**Seewald 1969**
Richard Seewald, Jesaja. Ein Trostbuch. 23 Zeichnungen und eine Einführung, Freiburg i. Br. 1969.

**Seiler 2010**
Jörg Seiler, Friedensbund Deutscher Katholiken oder Pax Christi? Das friedenspolitische Engagement von Franziskus Maria Stratmann (1947–1951), in: Detlef Bald/Wolfram Wette (Hg.), Friedensinitiativen in der Frühzeit des Kalten Krieges 1945–1955, Essen 2010, S. 87–106.

**Selle 2002**
Otto-Ehrenfried Selle, Rathaus und Friedenssaal zu Münster (Westfälische Kunststätten, Heft 93), Münster 2002.

**Seidel 1996**
Katrin Seidel, Kerze und Licht als Symbol Christi, in: Katrin Seidel, Die Kerze. Motivgeschichte und Ikonologie, Hildesheim/Zürich/New York 1996, S. 63–67.

**Sieber-Lehmann 2015**
Claudius Sieber-Lehmann, Papst und Kaiser als Zwillinge? Ein anderer Blick auf die Universalgewalten im Investiturstreits (Papsttum im mittelalterlichen Europa 4), Köln/Weimar/Wien 2015.

**Sikkink/Booth Walling 2007**
Kathryn Sikkink/Carrie Booth Walling, The Impact of Human Rights Trials in Latin America, in: Journal of Peace Research, 44 2007, S. 427–445.

**Sirch 1975**
Bernhard Sirch, Der Ursprung der bischöflichen Mitra und päpstlichen Tiara, St. Ottilien 1975.

**Sitzmann 1957**
Karl Sitzmann, Künstler und Kunsthandwerker in Ostfranken, Bd. 1, Kulmbach 1957.

**Söding 1992**
Thomas Söding, Die Tempelaktion Jesu. Redaktionskritik – Überlieferungsgeschichte – historische Rückfrage (Mk 11,15–19; Mt 21,12–17; Lk 19,45–48; Joh 2,13–22), in: Trierer Theologische Zeitschrift, 101, 1992, S. 36–64.

**Soika 2014**
Aya Soika, Weltenbruch. Die Künstler der Brücke im Ersten Weltkrieg 1914–1918, Ausst.-Kat., hg. von Magdalena M. Möller, Brücke-Museum, Berlin, 2014.

**Sommeregger 2011**
Andreas Sommeregger, Soft Power und Religion. Der Heilige Stuhl in den internationalen Beziehungen, Wiesbaden 2011.

**Steglich 1970**
Wolfgang Steglich (Hg.), Der Friedensappell Papst Benedikts XV. vom 1. August 1917 und die Mittelmächte. Diplomatische Aktenstücke des Deutschen Auswärtigen Amtes, des Bayerischen Staatsministeriums des Äußern, des Österreichisch-Ungarischen Ministeriums des Äußern und des Britischen Auswärtigen Amtes aus den Jahren 1915–1922, Wiesbaden 1970.

**Steiger 2014**
Johann Anselm Steiger, Gerechter Krieg und ewiger Friede. Zu Theologie und Ethik lutherischer Konsolationsliteratur für Soldaten zur Zeit des Dreißigjährigen Krieges, in: Der Krieg hat kein Loch. Friedenssehnsucht und Kriegsapologie in der Frühen Neuzeit, hg. von Marc Föcking/Claudia Schindler, Heidelberg 2014, S. 175–197.

**Stein 1986**
Transfeldt. Wort und Brauch in Heer und Flotte. 9., überarbeitete und erweiterte Auflage, hg. von Hans-Peter Stein, Stuttgart 1986.

**Steinweg 1980**
Reiner Steinweg (Hg.), Der gerechte Krieg. Christentum, Islam, Marxismus, Frankfurt 1980.

**Stier/Scheid/Fell 1901**
Joseph Stier, Heinrich Scheid, Georg Fell (Hg.), Der Jesuiten Perpiñá, Bonifacius und Possevin ausgewählte pädagogische Schriften, Freiburg i. Br. 1901.

**Stietencron 1995**
Heinrich von Stietencron, Töten im Krieg: Grundlagen und Entwicklungen, in: Heinrich von Stietencron/Jörg Rüpke (Hg.), Töten im Krieg, Freiburg i. Br./ München 1995, S. 17–53.

**Stoltenberg 2014**
Helmut Stoltenberg, Der Kanzler fühlte sich am falschen Ort, in: Das Parlament, 2014, Nr. 33–34, (28. 10. 2017); www.das-parlament.de/2014/33_34/Themenausgabe/51399692/328514.

**Stowasser 2007**
Martin Stowasser, Jesu Konfrontation mit dem Tempelbetrieb von Jerusalem – ein Konflikt zwischen Religion und Ökonomie?, in: Martin Fitzenreiter, Steffen Kirchner, Olaf Kriseleit (Hg.), Internet-Beiträge zur Ägyptologie und Sudanarchäologie, Bd. VII, Berlin 2007, S. 39–51.

**Stuflesser 2013**
Martin Stuflesser, Eucharistie. Liturgische Feier und theologische Erschließung, Regensburg 2013.

**Sturms 2013**
Frank Sturms, Die Weiße Rose. Die Geschwister Scholl und der Studentische Widerstand, Wiesbaden 2013.

**Suchan 2002**
Monika Suchan, Macht verschafft sich Moral? Gewalt in der Politik der Reformpäpste, Stuttgart 2002.

**Supervielle 1967**
Jules Supervielle, Ochs und Esel bei der Krippe, in: Horst Nitschke (Hg.), Und alle wunderten sich. Ein Weihnachtsbuch der Gegenwart, Stuttgart 1967.

**Sutter 2012**
Christiane Sutter, Die Kreuzfahrerrezeption in der deutschen Malerei des 19. Jahrhunderts, Berlin 2012.

**Sydow 1919/20**
Eckard von Sydow, Die deutsche expressionistische Kultur und Malerei, Berlin 1920.

**Thamer 2013–2014**
Hans-Ulrich Thamer, Die Schrecken des Krieges und die Legitimation des Krieges durch die Nation. Kriegswahrnehmung und Kriegsdichtung während der Befreiungskriege, in: Gerhard Bauer/ Gorch Pieken/Matthias Rogg (Hg.): Blutige Romantik. 200 Jahre Befreiungskriege? Essays und Katalog, Dresden 2013, S. 30–37.

**Theobald 2014**
Michael Theobald, Die Eucharistie als Quelle sozialen Handelns. Eine biblisch-frühkirchliche Besinnung, Neukirchen-Vluyn 2014.

**Thietmar von Merseburg 1935**
Thietmar von Merseburg, Chronik, hg. von Robert Holtzmann (MGH Scriptores rerum Germanicarum N. S. 9), Berlin 1935.

**Thomas 1983**
Keith Thomas, Man and the Natural World. A History of the Modern Sensibility, New York 1983.

**Thomas von Celano 1926–1941**
Thomas von Celano, Vita Prima, hg. von Patribus Collegii S. Bonventurae, in: Analecta Franciscana 10, Florenz 1926–1941.

**Throop 1940**
Palmer A. Throop, Criticism of the Crusade. A Study of Public Opinion and Crusade Propaganda, Amsterdam 1940.

**Thust 2006**
Karl Christian Thust, Dietrich Bonhoeffers »Von guten Mächten« – ein Gedicht und seine Folgen. Vorgeschichte und Entstehung, Textinterpretation und Aufbau, Vertonung und Wirkungsgeschichte, in: Deutsches Pfarrerblatt, 106, 2006, Nr. 6, S. 285–289.

**Tiefenbach 1986**
Heinrich Tiefenbach, Der Batimodus-Stein unter der Stiftskirche St. Viktor in Xanten, in: Beiträge zur Namensforschung, NF. 21, 1986, S. 19–47.

**Tiefensee 1999**
Eberhard Tiefensee, Die Friedensgebete in Leipzig und die Wende 1989, in: Liturgisches Jahrbuch 49, 1999, S. 145–170.

**Tietz 2013**
Christiane Tietz, Dietrich Bonhoeffer. Theologe im Widerstand, München 2013.

**Tittel 1999**
Lutz Tittel (Bearb.), Heinrich Mücke. Das Christentum. 1835, Regensburg 1999.

**Tolan 2009**
John Victor Tolan, Saint Francis and the Sultan. The curious History of a Christian-Muslim encounter, Oxford 2009.

**Toman 2004**
Brigitte Kurmann-Schwarz, Glasmalerei der Gotik, in: Rolf Toman (Hg.): Die Kunst der Gotik. Achitektur – Skuptur – Malerei. Königswinter 2004, S. 468–483.

**Tomuschat 2011**
Christian Tomuschat, Friedensstiftung durch Wahrheitskommissionen. Vermittlung ex post?, in: Gerd Althoff (Hg.), Frieden stiften. Vermittlung und Konfliktlösung vom Mittelalter bis heute, Darmstadt 2011, S. 262–277.

**Trampedach/Pečar 2013**
Kai Trampedach/Andreas Pečar (Hg.), Theokratie und theokratischer Diskurs. Die Rede von der Gottesherrschaft und ihre politisch-sozialen Auswirkungen im interkulturellen Vergleich, Tübingen 2013.

**TTT – Titel, Thesen, Temperamente 2017**
ARD, Sendung vom 16. Juli 2017: Banksy in Bethlehem, 6 Min., verfügbar in der ARD Mediathek bis 17. Juli 2018 (abgerufen am 27. 10. 2017).

**Tück 2015**
Jan-Heiner Tück, Mord im Namen Gottes? Warum Selbstmordattentäter keine Märtyrer sind – eine Klarstellung, in: Jan-Heiner Tück (Hg.), Sterben für Gott – Töten für Gott? Religion, Martyrium und Gewalt, Freiburg i. Br. 2015, S. 99–120.

**Tutu 1999**
Desmond Tutu, No Future Without Forgiveness, London u. a. 1999.

**Valentiner 1930**
Elisabeth Valentiner, Karel van Mander als Maler, Strassburg 1930.

**Van Eck/Priem 2013**
Xander van Eck, Ruud Priem (Hg.), Vormen van Verdraagzaamheid. Religieuze (in)tolerantie in de Gouden Eeuw, Zwolle 2013.

**Vanaise 1966**
P. Vanaise, Le monogrammiste de l'Evangéliaire dit ›de Quercentius‹ (1564–1565) ou Thomas vanden Put(te), dit Puteanus, enlumineur de Saint-Trond (1523–1609), in: Bulletin de la Société Royale Le Vieux-Liège, 7, 1966, S. 54–64.

**Várkonyi 2001**
Ágnes Várkonyi, Az egység jelképei a megosztottság másfél évszázadában [Symbole der Einheit in 150 Jahren der Teilung], in: A hadtörténeti múzeum értesítoje (Acta Musei Militaris in Hungaria), 4, 2001, S. 59–76.

**Varney 2007**
Howard Varney, Retribution and Reconciliation. War Crimes Tribunals and Truth Commissions – can they work together?, in: Human Rights Institute of the International Bar Association, 2007 (www.ibanet.org).

**Veldman 2018**
Ilja Veldman, Zu Lieven de Wittes »Bergpredigt-Altar« in Gent, in: Das Münster 2018 (im Druck).

**Veldman/van Schaik 1989**
Ilja Veldman/Karin van Schaik, Verbeelde boodschap: de illustraties van Lieven de Witte bij »Dat leven ons Heeren« (1537), Haarlem u. a. 1989.

**Verlage 2009**
Christopher Verlage, Responsibility to Protect. Ein neuer Ansatz im Völkerrecht zur Verhinderung von Völkermord, Kriegsverbrechen und Verbrechen gegen die Menschlichkeit, Tübingen 2009.

**Vice-Magazin 2017**
meet the french muslim street artist fighting for coexistence, Vice-Magazin, 31. Mai 2016 (19. 3. 2018), URL: https://i-d.vice.com/en_au/article/evnwpk/meet-the-french-muslim-street-artist-fighting-for-coexistence.

**Völkl 2011**
Martin Völkl, Muslime, Märtyrer, Militia Christi. Identität, Feindbild und Fremderfahrungen während der ersten Kreuzzüge, Stuttgart 2011.

**Vollhardt/Multhammer/Bach 2015**
Friedrich Vollhardt/Michael Multhammer/Oliver Bach (Hg.), Toleranzdiskurse in der Frühen Neuzeit, Berlin 2015.

**Von Falke 1932**
Otto von Falke, Der Meister des Tragaltars von Stavelot, in: Pantheon. Monatsschrift für Freunde und Sammler der Kunst, 10, 1932, S. 279–283.

**Von Padberg 1996**
Lutz E. von Padberg, Studien zur Bonifatiusverehrung. Zur Geschichte des Codex Ragyndrudis und der Fuldaer Reliquien des Bonifatius, Frankfurt a. M. 1996.

**Von Padberg 2009**
Lutz E. von Padberg, Luidger als Missionspraktiker, in: Rudolf Ludger Schütz (Hg.), Heiliger Liudger. Zeuge des Glaubens. 742–809, Essen 2009, S. 65–76.

**Walter 1972**
Christopher Walter, Un Commentaire enluminé des Homélies de Grégoire de Nazianz, in: Cahiers Archéologiques, 22, 1972, S. 115–129.

**Wang 1975**
Andreas Wang, Der »miles christianus« im 16. und 17. Jahrhundert und seine mittelalterliche Tradition, Frankfurt a. M. 1975.

**Wanner 2017**
Tassilo Wanner, Heilige Allianz? Die Aufnahme diplomatischer Beziehungen zwischen den Vereinigten Staaten und dem Heiligen Stuhl, Wiesbaden 2017.

**Wassilowsky 2004**
Günther Wassilowsky (Hg.), Zweites Vatikanum – vergessene Anstöße, gegenwärtige Fortschreibungen, Freiburg 2004.

**Weinfurter 2001**
Stefan Weinfurter, Ordnungskonfigurationen im Konflikt. Das Beispiel Heinrichs III., in: Jürgen Petersohn (Hg.), Mediaevalia Augiensia. Forschungen zur Geschichte des Mittelalters. Vorgelegt von Mitgliedern des Konstanzer Arbeitskreises für mittelalterliche Geschichte, Stuttgart 2001, S. 79–100.

**Weinfurter 2002**
Stefan Weinfurter, Heinrich II. Herrscher am Ende der Zeiten, Regensburg 2002.

**Weinfurter 2005**
Stefan Weinfurter, Investitur und Gnade. Überlegungen zur gratialen Herrschaftsordnung im Mittelalter, in: Marion Steinicke/Stefan Weinfurter (Hg.), Investitur- und Krönungsrituale. Herrschaftseinsetzungen im kulturellen Vergleich, Köln/Wien/Weimar 2005, S. 105–123.

**Weinfurter 2009**
Stefan Weinfurter, Herrschen durch Gnade. Legitimation und Autorität des Königtums in ottonisch-frühsalischer Zeit, in: Eduard Hlawitschka (Hg.), Sudetendeutsche Akademie der Wissenschaften und Künste/Geisteswissenschaftliche Klasse: Forschungsbeiträge der Geisteswissenschaftlichen Klasse, München 2009, S. 109–126.

**Weinfurter 2013**
Stefan Weinfurter, Karl der Große. Der heilige Barbar, München 2013.

**Weingardt 2011**
Markus Weingardt, Friedenspolitische Aufgaben und Beiträge von Religionen, in: Irene Dingel/Christiane Tietz (Hg.), Die politische Aufgabe von Religion. Perspektiven der drei monotheistischen Religionen, Göttingen 2011, S. 379–394.

**Weissenberg 2005**
Timo J. Weissenberg, Die Friedenslehre des Augustinus. Theologische Grundlagen und ethische Entfaltung, Stuttgart 2005.

**Die Weltbühne 1918**
Peter Paner (Kurt Tucholsky) in: Die Weltbühne, 21. 8. 1918, Nr. 35, S. 233.

**Wenninger 1991**
Markus J. Wenninger, Das gefährliche Fest. Ostern als zeitlicher Kristallisationspunkt antijüdischen Verhaltens, in: Detlef Altenburg (Hg.), Feste und Feiern im Mittelalter. Paderborner Symposion des Mediävistenverbandes, Sigmaringen 1991, S. 323–332.

**Wensierski 2017**
Peter Wensierski, Die unheimliche Leichtigkeit der Revolution. Wie eine Gruppe junger Leipziger die Rebellion in der DDR wagte, München 2017.

**Westermann-Angerhausen 2014**
Hiltrud Westermann-Angerhausen, Mittelalterliche Weihrauchfässer von 800 bis 1500, Petersberg 2014.

**Weyer 2016**
Anselm Weyer, Liturgie von links. Dorothee Sölle und das Politische Nachtgebet in der Antoniterkirche, hg. von Markus Herzberg/Annette Scholl, Köln 2016.

**Widukind von Corvey 1935**
Widukind von Corvey, Rerum gestarum Saxonicarum libri tres, hg. von Paul Hirsch/H.-E. Lohmann, Die Sachsengeschichte des Widukind von Korvei (MGH Scriptores rerum Germanicarum [60]), Hannover 1935.

**Wiese 1989**
Stephan Wiese, Expressionistische Verkündigung. Bemerkungen zu Schmidt-Rottluffs religiösen Holzschnitten, in: Karl Schmidt-Rottluff. Retrospektive, Ausst.-Kat., hrsg. von Gunther Thiem/Armin Zweite, Kunsthalle Bremen 1989, Städtische Galerie im Lenbachhaus München 1989, München, S. 43–48.

**Wilckens 2003**
Ulrich Wilckens, Der Brief an die Römer. 3. Teilband. Röm 12–16 (Evangelisch-Katholischer Kommentar zum Neuen Testament VI/3), Zürich u. a. 2003.

**Wilhelm von Ockham 1995**
Wilhelm von Ockham: Texte zur politischen Theorie. Exzerpte aus dem Dialogus (lateinisch/deutsch), hg. und übersetzt von Jürgen Miethke, Stuttgart 1995.

**Winterkamp 2014**
Klaus Winterkamp, Ein Blick ins Himmlische Jerusalem, anlässlich des Domjubiläums im September 2014 (13. 1. 2018); URL: www.domjubilaeum.de/wissenswertes/paulus-altar/.

**Wipo 1915**
Wipo, Proverbia, in: Die Werke Wipos, hg. von Harry Bresslau (MGH Scriptores rerum Germanicarum [61]), Hannover/Leipzig 1915, S. 66–73.

**Wisskirchen 2009**
Rotraut Wisskirchen, Zum »Tierfrieden« in spätantiken Denkmälern, in: Jahrbuch für Antike und Christentum, 52, 2009, S. 142–163.

**Wittenberg 1973/74**
Andreas Wittenberg, Militär-Gesangbuch und Militär-Seelsorge in Vergangenheit und Gegenwart, Jahrbuch für Liturgik und Hymnologie, 18, 1973/74, S. 97–162.

**Wittenberg 2009**
Andreas F. Wittenberg, Die deutschen Gesang- und Gebetbücher für Soldaten und ihre Lieder, Tübingen 2009.

**WN 2004**
Westfälische Nachrichten (Münster), 5. Juni 2004, Titel, Seite 2 und Meinung/Hintergrund S. 2.

**Wohlfeil 1988**
Trudl und Rainer Wohlfeil, Verbildlichungen ständischer Gesellschaft. Bartholomäus Bruyn d. Ä. – Petrarcameister, in: Winfried Schulze (Hg.), Ständische Gesellschaft und soziale Mobilität, München 1988, S. 269–319.

**Wohlfeil 1991**
Rainer Wohlfeil, Pax antwerpiensis. Eine Fallstudie zu Verbildlichungen der Friedensidee im 16. Jahrhundert am Beispiel der Allegorie »Kuß von Gerechtigkeit und Friede«, in: Historische Bildkunde – Probleme – Wege – Beispiele, hg. von Birgitte Tolkemitt/Rainer Wohlfeil (Zeitschrift für Historische Forschung, Beiheft 12, 1991), S. 211–258.

**Wolf 2004 a**
Hubert Wolf, »Lasst uns beten für die treulosen Juden«. Neues zum Thema Katholische Kirche und Antisemitismus aus den Vatikanischen Archiven. Festvortrag anlässlich der Verleihung des Communicator-Preises, 30. September 2004 (7. 12. 2017), URL: www.dfg.de/download/pdf/gefoerderte_projekte/preistraeger/communicator-preis/2004/vortrag_wolf_040930.pdf.

**Wolf 2004 b**
Hubert Wolf, »Pro perfideis Judaeis«. Die »Amici Israel« und ihr Antrag auf eine Reform der Karfreitagsliturgiefürbitte für die Juden (1928). Oder: Bemerkungen zum Thema katholische Kirche und Antisemitismus, in: Historische Zeitschrift, 279, 2004, Heft 3, S. 611–658.

**Wolf 2006**
Hubert Wolf, unter Mitarbeit von Ingrid Lueb, Clemens August Graf von Galen. Gehorsam und Gewissen, Freiburg 2006.

**Wolf 2009**
Hubert Wolf, Papst und Teufel. Die Archive des Vatikan und das Dritte Reich, München 2009.

**Wolf 2011**
Hubert Wolf, Der Papst als Mediator? Die Friedensinitiative Benedikts XV. von 1917 und Nuntius Pacelli, in: Gerd Althoff (Hg.), Frieden stiften. Vermittlung und Konfliktlösung vom Mittelalter bis heute, Darmstadt 2011, S. 167–220.

**Wolf 2015**
Hubert Wolf, Krypta. Unterdrückte Traditionen der Kirchengeschichte, München 2015.

**Wolf/Flammer/Schüler 2007**
Hubert Wolf, Thomas Flammer, Barbara Schüler (Hg.), Clemens August von Galen. Ein Kirchenfürst im Nationalsozialismus, Darmstadt 2007.

**Wolf/Unterburger 2006**
Hubert Wolf/Klaus Unterburger, Eugenio Pacelli. Die Lage der Kirche in Deutschland 1929, Paderborn 2006.

**Wolfher 1854**
Wolfher, Vita Godehardi episcopi prior, hg. von Georg Heinrich Pertz (MGH Scriptores rerum Germanicarum [11]), Hannover 1854, S. 196–218.

**Wolgast 2016**
Eike Wolgast, Religionsfrieden als politisches Problem der frühen Neuzeit, in: Eike Wolgast, Aufsätze zur Reformations- und Reichsgeschichte, Tübingen 2016, S. 146–178.

**Zamagni 2013**
Gianmaria Zamagni, Friede, Martyrium, Christenheit. Theologische Modelle im Spanischen Bürgerkrieg, in: Silke Hensel/Hubert Wolf (Hg.), Die katholische Kirche und Gewalt. Europa und Lateinamerika im 20. Jahrhundert, Köln u. a. 2013, S. 31–58.

**Zamagni 2016**
Gianmaria Zamagni, »¡Viva España! ¡Viva Cristo Rey!« Das spanische Bischofsamt und der Bürgerkrieg, in: Raffaela Perin (Hg.), Pius XI. im Kontext der europäischen Krise, Venedig 2016, S. 177–190 (13. 9. 2017), URL: https://iris.unive.it/retrieve/handle/10278/3672750/89304/Pio%20XI%20nella%20crisi.pdf.

**Zenger 1987**
Erich Zenger, Gottes Bogen in den Wolken. Untersuchungen zu Komposition und Theologie der priesterschriftlichen Schöpfungsgeschichte, Stuttgart 1987.

**Zenger 1997**
Erich Zenger, Die Verheißung Jesaja 11,1–10. Universal oder partikular?, in: Jacques van Ruiten, M. Vervenne (Hg.), Studies in the Book of Isaiah. Festschrift Willem A. M. Beuken, Leuven 1997, S. 137–147.

**Zijp 1981**
Robert P. Zijp, Vrede maant de kerken tot verdraagzaamheid, in: Geloof en satire anno 1600, Ausst.-Kat., Rijksmuseum het Catharijneconvent, Utrecht 1981, S. 38–42.

**Zimmer 2010**
Karl-Heinz Zimmer, Der Gegenkaiser Magnentius (350–353) und die Stadt Trier. Erkenntnisse und Überlegungen zur Trierer Heimat- und Münzgeschichte (2010), (19. 3. 2018) www.regionalgeschichte.net/bibliothek/texte/aufsaetze/zimmer-magnentius.html.

**Zimmermann 1993**
Rainer Zimmermann, Bilder gegen den Zeitgeist. Zum Werk Otto Pankoks, in: Otto Pankok 1893–1966. Retrospektive zum 100. Geburtstag, Ausst.-Kat., hg. von der Otto-Pankok-Gesellschaft/Bernhard Mensch/Karin Stempel, Städtische Galerie Schloss Oberhausen 1993, Städtisches Museum Mülheim an der Ruhr 1993, Otto-Pankok-Museum Drevenack 1993, Oberhausen 1993, S. 13–31.

**Zupancic 1998**
Andrea Zupancic, Das Judenbild in der christlichen Ikonographie. Einige Beispiele aus dem westfälischen Raum, in: Jüdisches Leben in Westfalen, Ausst.-Kat., hg. von Kirsten Menneken/Andrea Zupancic, Dortmund, Museum für Kunst und Kulturgeschichte 1998; Gütersloh, Stadtmuseum 1998; Mindener Museum für Geschichte, Landes- und Volkskunde 1999; Siegerlandmuseum im Oberen Schloß zu Siegen 1999; Osnabrück, Kulturgeschichtliches Museum 1999; Münster, Stadtmuseum 1999, Fulda 1998, S. 23–37.

## Abbildungsnachweis

### Essays

**Thomas Söding**
Abb. 1 und 2: Kunstsammlungen und Museen Augsburg, Inv. G 20632; Abb. 3: wie Kat.-Nr. 6; Abb. 4: Pope John XXIII sign Encyclical/Mondadori Portfolio/ Bridgeman Images; Abb. 5: 101. Deutschen Katholikentag in Münster 2018 (Quelle: dpa, Vladimir Čičmanec)

**Stefan Weinfurter**
Abb. 1: Bayerische Staatsbibliothek München, Clm 4456, fol. 11r; Abb. 2: Reproduktion nach Weinfurter 2013, Abb. 6; Abb. 3: wie Kat.-Nr. 33; Abb. 4: Heidelberg, Universitätsbibliothek, Cod Pal Germ 167, fol. 18r

**Andreas Holzem**
Abb. 1: wie Kat.-Nr. 90; Abb. 2: Leyden, Universiteitsbibliotheek, cod Perizoniani 17 F, f 9r; Abb. 3: akg-images/Jérôme da Cunha; Abb. 4: wie Kat.-Nr. 79; Abb. 5: wie Kat.-Nr. 49

**Hubertus Lutterbach**
Abb. 1: wie Kat.-Nr. 13; Abb. 2: wie Kat.-Nr. 12; Abb. 3: La prophétie d'Isaïe ou La création, 1964–1967 (tapestry), Chagall, Marc (1887–1985)/Chagall State Hall, Knesset, Jerusalem, Israel/ Bridgeman Images, © VG Bild-Kunst, Bonn 2018; Abb. 4: The Peaceable Kingdom, c. 1833 (oil on canvas), Hicks, Edward (1780–1849)/Worcester Art Museum, Massachusetts, USA/Bridgeman Images Worcester Art Museum, Massachusetts, USA/Bridgeman Images

**Hubert Wolf, Holger Arning**
Abb. 1: wie Kat.-Nr. 64; Abb. 2: wie Kat.-Nr. 63; Abb. 3: Stadtarchiv Münster, Fotosammlung Nr. 4069, Foto: Stadtarchiv Münster; Abb. 4: A group of Cristeros gathered for secret devotions, c.1926 (b/w photo), Casasola, Agustin Victor (1874–1938)/Private Collection/ The Stapleton Collection/Bridgeman Images; Abb. 5: wie Kat.-Nr. 66

**Benedikt Kranemann**
Abb. 1: wie Kat.-Nr. 21; Abb. 2: wie Kat.-Nr. 38; Abb. 3: The Morgan Library and Museum. MS G.16, fol. 129r. Gift oft he Trustees oft he William S. Glazier Collection, 1984; Abb. 4: wie Kat.-Nr. 18; Abb. 5: wie Kat.-Nr. 59

**Thomas Bremer**
Abb. 1: wie Kat.-Nr. 52; Abb. 2: wie Kat.-Nr. 37; Abb. 3: wie Kat.-Nr. 54; Abb. 4: Archivio Fscire, Bologna; Abb. 5: wie Kat.-Nr. 59

### Katalog

Kat.-Nr. 1: Foto: Dina Katharina Sauer, Münster; Kat.-Nr. 2: München, Schamoni Film & Medien GmbH; © VG Bild-Kunst, Bonn 2018; Kat.-Nr. 3a: Foto: Deutsches Historisches Museum, Berlin/S. Ahlers: Kat.-Nr. 3b: Foto: Robin Thier, Münster; Kat.-Nr. 4: Bistumsarchiv Münster, Foto: Stefan Jahn; Kat.-Nr. 5: © Bayerisches Nationalmuseum, München, Fotonummer: D115294, Fotos: Krack, Bastian; Kat.-Nr. 6: Foto: Lukas-Art in Flanders, © The Museum of Fine Arts Ghent; Kat.-Nr. 7: Musei Vaticani, Città del Vaticano; Foto: © GOVERNATORATO SCV – DIREZIONE DEI MUSEI VATICANI; Kat.-Nr. 8: © Skulpturensammlung und Museum für Byzantinische Kunst, Staatliche Museen zu Berlin, Foto: Antje Voigt; Kat.-Nr. 9: Hessisches Landesmuseum Darmstadt, Foto: Wolfgang Fuhrmannek; Kat.-Nr. 10: SØR Rusche Sammlung Oelde/Berlin; Kat.-Nr. 11: Domkammer der Kathedralkirche St. Paulus in Münster, © Foto: Stephan Kube, Greven; Kat.-Nr. 12a: Bistumsarchiv Münster, Foto: Stefan Jahn; Kat.-Nr. 12b: © Barbara Nascimbeni, 2018; Kat.-Nr. 13: Staatsgalerie Stuttgart, Graphische Sammlung. Foto: bpk/ Staatsgalerie Stuttgart; Kat.-Nr. 14: LVR-Archäologischer Park Xanten, Foto: A. Thünker, DGPh; Kat.-Nr. 15: Bistumsarchiv Münster, Foto: Stefan Jahn; Kat.-Nr. 16: Bistumsarchiv Münster, Foto: Stefan Jahn; Kat.-Nr. 17: Hohe Domkirche Trier – Domschatz, Foto: Rita Heyen, Trier; Kat.-Nr. 18: Musei Vaticani, Città del Vaticano; Foto: © GOVERNATORATO SCV – DIREZIONE DEI MUSEI VATICANI; Kat.-Nr. 19a: Byzantine Collection, Dumbarton Oaks, Washington, DC; Foto: by Joe Mills; Kat.-Nr. 19b: Kat.-Nr. 20: Katholische Propsteigemeinde St. Patrokli, Soest, Foto: Ansgar Hoffmann; Kat.-Nr. 21: su concessione del Ministero die Beni e delle Attività Culturali e del Turismo, Polo Museale dell'Emilia Romagna; Kat.-Nr. 23: LWL-Museum für Kunst und Kultur (Westfälisches Landesmuseum), Münster/Sabine Ahlbrand-Dornseif; Kat.-Nr. 24a und b: Basel, Universitätsbibliothek, AN I 8, f. Gv und Jr – Elias Cretensis, Commentarius in S. Gregorii Nazianzeni orationes (www.e-codices.unifr.ch/de/list/one/ubb/AN-I-0008); Kat.-Nr. 25: Foto: Stiftung Haus der Geschichte der Bundesrepublik Deutschland, © VG Bild-Kunst, Bonn 2018, © Maurizio Cattelan's Archive; Kat.-Nr. 26: Foto: Franz-Stock-Komitee für Deutschland e.V.; Kat.-Nr. 27: Houghton Library, Harvard University, Gift of Maria von Wedermeyer 1966 (Ms Ger 161); Kat.-Nr. 28: Bundesarchiv R 3018 (alt NJ)/13512; Kat.-Nr. 29: Museen der Stadt Bamberg, Historisches Museum Bamberg; Foto: Lara Müller, Stadtarchiv Bamberg; Kat.-Nr. 30: Kulturstiftung Sachsen-Anhalt, Domschatz Halberstadt, Inv.-Nr. DS062a; Foto: C. Grimm-Remus; Kat.-Nr. 31: SØR Rusche Sammlung Oelde/Berlin; Kat.-Nr. 32: Bistumsarchiv Münster, Foto: Stefan Jahn; Kat.-Nr. 33: LVR-Landes-Museum Bonn, Foto: Jürgen Vogel; Kat.-Nr. 34: Bistumsarchiv Münster, Foto: Stefan Jahn; Kat.-Nr. 35: Bistumsarchiv Münster, Foto: Stefan Jahn; Kat.-Nr. 36: Militärhistorisches Museum der Bundeswehr, Dresden, Foto: Andrea Ulke; Kat.-Nr. 37a: Historische Bildpostkarten – Universität Osnabrück – Sammlung Prof. Dr. Sabine Giesbrecht, www.bildpostkarten.uos.de; Kat.-Nr. 37b: Foto: Deutsches Historisches Museum, Berlin/A. Psille; Kat.-Nr. 38: Stadtarchiv Münster, Fotosammlung Nr. 2528, Foto: Stadtarchiv Münster; Kat.-Nr. 39a/b/c: Foto: Deutsches Historisches Museum, Berlin/S. Ahlers; Kat.-Nr. 40: Jean Frémont, Foto: Archives départementales de la Seine-Maritime, © Jean Frémont; Kat.-Nr. 41: Réunion des Musées Métropolitains Rouen Normandie, musée des Beaux-Arts, © Musées de la Métropole Rouen Normandie; Kat.-Nr. 42: Privatsammlung Gerhard Schneider in Olpe und Solingen/Foto: Fotoatelier Saša Fuis, Köln; Kat.-Nr. 43: Paris, Bibliothèque National de France; Kat.-Nr. 44: Bistumsarchiv Münster, Foto: Stefan Jahn; Kat.-Nr. 45: Christkönigs-Institut Meitingen; Kat.-Nr. 46: Christkönigs-Institut Meitingen; Kat.-Nr. 47: Foto: Militärhistorisches Museum der Bundeswehr, Dresden, Foto: Andrea Ulke; Kat.-Nr. 48: Bistumsarchiv Münster, Foto: Stefan Jahn; Kat.-Nr. 49: Privatsammlung Gerhard Schneider in Olpe und Solingen/Foto: Fotoatelier Saša Fuis, Köln; Kat.-Nr. 50: Stiftung Christliche Kunst Wittenberg, © Fotostudio Kirsch, Wittenberg, © Estate of George Grosz, Princeton, N.J./VG Bild-Kunst, Bonn 2018; Kat.-Nr. 51: Stiftung Christliche Kunst Wittenberg, © Fotostudio Kirsch, Wittenberg, © VG Bild-Kunst, Bonn 2018; Kat.-Nr. 52: Privatsammlung Gerhard Schneider in Olpe und Solingen, Zentrum für verfolgte Künste GmbH im Kunstmuseum Solingen; © Otto Pankok Stiftung, 2018; Kat.-Nr. 53: Privatsammlung Gerhard Schneider in Olpe und Solingen/Foto: Fotoatelier Saša Fuis, Köln; Kat.-Nr. 54: Christkönigs-Institut Meitingen; Kat.-Nr. 55: Staatsbibliothek zu Berlin – Preußischer Kulturbesitz, Handschriftenabteilung; Kat.-Nr. 56: Staatsbibliothek zu Berlin – Preußischer Kulturbesitz, Handschriftenabteilung; Kat.-Nr. 57: Bundesarchiv R 3018 (alt NJ)/1704; Kat.-Nr. 58a: Diözesanarchiv Osnabrück; Kat.-Nr. 58b: Bistumsarchiv Münster, Foto: Stefan Jahn; Kat.-Nr. 59: Foto: Andreas H. Birkigt, Leipzig, © André Steidtmann, 2018; © Logo Ökumenische FriedensDekade e.V., 2018; Kat.-Nr. 60: Stiftung Haus der Geschichte der Bundesrepublik Deutschland, Foto: Zeitgeschichtliches Forum Leipzig, Haus der Geschichte, Bonn; Kat.-Nr. 61: © epd-bild/Bernd Bohm; Kat.-Nr. 62: kuratorium friedensglocke dessau e.V.; Kat.-Nr. 63: Bibliothèque de Documentation Internationale Contemporaine (BDIC); Kat.-Nr. 64: LWL-Museum für Kunst und Kultur (Westfälisches Landesmuseum), Münster/Sabine Ahlbrand-Dornseif; © VG Bild-Kunst, Bonn 2018; Kat.-Nr. 65: Foto: Robin Thier, Münster; Kat.-Nr. 66: Bistumsarchiv Münster, Foto: Stefan Jahn; Kat.-Nr. 67: Bistumsarchiv Münster, Foto: Stefan Jahn; Kat.-Nr. 68: Archiv Rolf Hochhuth, Schweizerisches Literaturarchiv (SLA), Bern; Kat.-Nr. 69: Paris, Bibliothèque National de France; Kat.-Nr. 70: Göttingen, Staatsbibliothek, Hs. theol. 231; bpk/Lutz Braun; Kat.-Nr. 71: Domkammer der Kathedralkirche St. Paulus in Münster, © Foto: Stephan Kube, Greven; Kat.-Nr. 72a: LWL-Museum für Archäologie Herne; Foto: LWL/Stefan Brentführer/Taubenfibel Borken; Kat.-Nr. 72b: Paderborn, Museum in der Kaiserpfalz (Foto: LWL/Stefan Brentführer, LWL-Archäologie für Westfalen, Münster); Kat.-Nr. 73: LWL-Museum für Kunst und Kultur (Westfälisches Landesmuseum), Münster/Sabine Ahlbrand-Dornseif; Kat.-Nr. 74: Stadtarchiv Münster, Foto: Stadtarchiv, Münster; Kat.-Nr. 75: © Foto: Stephan Kube, Greven; Kat.-Nr. 76: Foto: Stadtmuseum Münster, T. Samek; Kat.-Nr. 77: LWL-Museum für Kunst und Kultur (Westfälisches Landesmuseum), Münster/Sabine Ahlbrand-Dornseif; Kat.-Nr. 78: Pau, musée national et domaine du château; Kat.-Nr. 79: ©Musée Fabre de Montpellier Méditerranée Métropole – photographie Frédéric Jaulmes; Kat.-Nr. 80: Museum Catharijneconvent, Utrecht; Foto: Ruben de Heer; Kat.-Nr. 81: LWL-Museum für Kunst und Kultur (Westfälisches Landesmuseum), Münster/Sabine Ahlbrand-Dornseif; Kat.-Nr. 82: Mainz, Bischöfliches Dom- und Diözesanmuseum; Kat.-Nr. 83: Hessisches Landesmuseum Darmstadt, Foto: Wolfgang Fuhrmannek; Kat.-Nr. 84: Universitätsbibliothek Johann Christian Senckenberg Frankfurt am Main, Handschriftenabteilung; Kat.-Nr. 85: Dommuseum Hildesheim; Kat.-Nr. 86: © Istituzione Bologna Musei/Musei Civici d'Arte Antica; Kat.-Nr. 87: Foto: Lindenau-Museum Altenburg; Kat.-Nr. 88: Bistumsarchiv Münster, Foto: Stefan Jahn; Kat.-Nr. 89: picture alliance/AP Photo/Charles Dharapak; Kat.-Nr. 90: LWL-Museum für Kunst und Kultur (Westfälisches Landesmuseum), Münster; Germanisches Nationalmuseum Nürnberg; Westfälischer Kunstverein Münster/Hanna Neander; Kat.-Nr. 91: Staatliche Graphische Sammlung München; Kat.-Nr. 92: © Rheinisches Bildarchiv, rba_224251; Kat.-Nr. 93: Domkammer der Kathedralkirche St. Paulus in Münster, © Foto: Stephan Kube, Greven; Kat.-Nr. 94: © GOVERNATORATO SCV – DIREZIONE DEI MUSEI VATICANI; Kat.-Nr. 95: Archivio FSCIRE, Bologna; Kat.-Nr. 96: SØR Rusche Sammlung Oelde/Berlin, © Cornelia Schleime, 2018; Kat.-Nr. 97: Foto: Combo, © Combo, 2018 © VG Bild-Kunst, Bonn 2018; Kat.-Nr. 98: Bistumsarchiv Münster, Foto: Stefan Jahn; Kreuz: Markus Daum, © VG-Bild-Kunst, Bonn 2018, Foto: Thomas Widenka; Kat.-Nr. 99: Münster, Kunstakademie; alle Rechte liegen bei den Künstlern

Die Redaktion war bemüht, alle Bildrechte einzuholen. Sollten versehentlich Inhaber von Rechten nicht berücksichtigt worden sein, werden deren Ansprüche selbstverständlich im Rahmen der üblichen Vereinbarungen abgegolten.

## Dank an die Leihgeber

**Altenburg**
Lindenau-Museum Altenburg

**Arnsberg**
Franz-Stock-Komitee für Deutschland e.V.

**Bamberg**
Museen der Stadt Bamberg, Historisches Museum Bamberg

**Basel**
Öffentliche Bibliothek der Universität Basel

**Berlin**
Peter Wensierski

Staatliche Museen zu Berlin, Skulpturensammlung und Museum für Byzantinische Kunst

Staatsbibliothek zu Berlin – Preußischer Kulturbesitz, Handschriftenabteilung

Stiftung Deutsches Historisches Museum, Berlin

**Bern**
Archiv Rolf Hochhuth, Schweizerisches Literaturarchiv (SLA), Bern

**Bologna**
Museo Civico Medievale

Polo Museale dell`Emilia Romagna

**Bonn**
LVR-LandesMuseum Bonn

Stiftung Haus der Geschichte der Bundesrepublik Deutschland

**Cambridge, MA**
Houghton Library, Harvard University

**Darmstadt**
Hessisches Landesmuseum Darmstadt

**Dessau**
Kuratorium Friedensglocke e.V.

**Dresden**
Militärhistorisches Museum der Bundeswehr, Dresden

**Frankfurt am Main**
Universitätsbibliothek Johann Christian Senckenberg Frankfurt am Main, Handschriftenabteilung

**Gent**
Museum voor Schonen Kunsten, Gent

**Halberstadt**
Kulturstiftung Sachsen-Anhalt, Domschatz Halberstadt

**Hamburg**
Barbara Nascimbeni

**Herne**
LWL-Museum für Archäologie Herne

**Hildesheim**
Dommuseum Hildesheim

**Koblenz**
Bundesarchiv

**Köln**
Kölnisches Stadtmuseum

**Leipzig**
Ev.-Luth. Kirchgemeinde St. Nikolai Leipzig

**Mainz**
Bischöfliches Dom- und Diözesanmuseum Mainz

**Meitingen**
Christkönigs-Institut

**Montpellier**
Musée Fabre, Montpellier Méditerranée Métropole

**München**
Bayerisches Nationalmuseum, München

Schamoni Film & Medien GmbH

Staatliche Graphische Sammlung München

**Münster**
Bistumsarchiv Münster

Domkapitel des St.-Paulus-Domes

Diözesanbibliothek Münster

LWL-Museum für Kunst und Kultur. Westfälisches Landesmuseum, Münster

Stadtarchiv Münster

Stadtmuseum Münster, Stiftung LVM-Versicherung

**Nanterre**
Bibliothèque de Documentation Internationale Contemporaine (BDIC)

**Oelde**
SØR Rusche Sammlung Oelde/Berlin

**Olpe**
Privatsammlung Gerhard Schneider in Olpe und Solingen

**Osnabrück**
Diözesanarchiv Osnabrück

Historische Bildpostkarten – Universität Osnabrück, Bildpostkarten-Sammlung Prof. Dr. Sabine Giesbrecht

**Paderborn**
Museum in der Kaiserpfalz, Paderborn/ LWL-Archäologie für Westfalen, Münster

**Paris**
Bibliothèque nationale de France

Combo the Culture Kidnapper

**Pau**
Musée national et domaine du château

**Rouen**
Archives départmentales de la Seine-Maritime

Musée des Beaux-Arts

**Soest**
Katholische Propsteigemeinde St. Patrokli

**Solingen**
Zentrum für verfolgte Künste GmbH im Kunstmuseum Solingen

**Stuttgart**
Staatsgalerie Stuttgart, Graphische Sammlung

**Trier**
Hohe Domkirche Trier – Domschatz

**Utrecht**
Museum Catharijneconvent

**Vatikan**
Musei Vaticani, Città del Vaticano

Uffizio delle Celebrazioni Liturgiche del Sommo Pontefice

**Washington, DC**
Byzantine Collection, Dumbarton Oaks

**Wittenberg**
Stiftung Christliche Kunst Wittenberg

**Xanten**
LVR-Archäologischer Park Xanten

Wir danken ebenfalls herzlich den Privatpersonen, die zum Gelingen der Ausstellung mit Leihgaben beigetragen haben.

## Danksagungen


Arnold Angenendt, Münster
Gerd Althoff, Münster
Hermann Arnhold, Münster
Barbara Bader, Münster
Gerhard Bauer, Dresden
Thomas Bauer, Münster
Wilhelm Bauhus, Münster
Heinrich Becker, Aachen
Julia Becks, Münster
Peter Behrenberg, Münster
Paolo Benedik, Vatikan
Annette Berger, Hünxe
Stefan Bexten, Münster
Christoph Bickmann, Münster
Wibke Birth, Aachen
Leona Blesenkemper, Münster
Thomas Bremer, Münster
Thomas Brockmann, Münster
Renate Brunett, Münster
Gudrun Bühl, Washington DC
Petra Czerwinske, Frechen
Monika Dallmöller, Münster
Jens Dechow,Münster
Magnifica De Longhi, Münster/Treviso
Ueli Dill, Basel
Simon Döbbelt, Münster
Rudolf Düsmann, Nottuln
Stephan Egbringhoff, Münster
Lothar Ehm, Dessau
Susanne Eichler, Münster
Heinz-Wilhelm Elpers, Münster
Birgitta Falk, Aachen
Inge Fisch, Münster
Roswitha Freemann, Münster
Werner Freitag, Münster
Annette Fusenig, Alsdorf
Margit Gigerl, Bern
Karin Gressbach, München
Markus Groß-Morgen, Trier
Doris Große-Börding, Münster
Udo Grote, Münster
Ulrich Heinen, Köln
Stefanie Hermsen, Münster
Angelica Hilsebein, Münster
Claudia Höhl, Hildesheim
Annette Höing, Münster
Andreas Holzem, Tübingen
Sabine Hunke, Münster
Detlev Husken, Münster
Stefan Jahn, Münster
Marie-Luise Kamp, Münster
Martin Kaspar, Münster
Giesela Kaup, Münster
Reinhard Karrenbrock, Münster
Hans-Martin Kaulbach, Stuttgart
Max-Eugen Kemper, Münster
Holger Kempkens, Bamberg
Norbert Kleyboldt, Münster
Eckhard Kluth, Münster
Bernhard Kolb, Stuttgart
Silvia Koppenhagen, Münster
Barbara Kormann, Münster
Antje-Fee Köllermann, Hannover
Norbert Köster, Münster
Benedikt Kranemann, Erfurt
Sabine Krieger, Berlin
Stephan Kronenburg, Münster
Stephan Kube, Greven
Thomas Lentes, Münster
Maria-Pia Lorenz-Filograno, Münster
Anke Lucht, Münster
Hubertus Lutterbach, Münster
Andrea Mackes, Münster
Antonella Mampieri, Bologna
Guido Marini, Vatikan
Birgit Marx, Münster
Heinz Mestrup, Münster
Fridolin Mestwerdt, Münster
Christian Meyer, Münster
Paula Möller, Münster
Sebastian Mohr, Münster
André Moor, Münster
Ludwig Müller, Rom
Ilda Mutti, Münster
Barbara Nascimbeni, Hamburg
Arnold Nesselrath, Vatikan/Berlin
Dieter Nienhaus, Münster
Rainer Oberthür, Aachen
Iris Oji, Münster
Franz-Josef Overbeck, Essen
Ermanno Palleschi, Münster
Peter Pfister, München
Juliette Polenz, Münster
Andrea Reiling, Münster
Katrin Reuscher, Hünxe
Michael Reuter, Münster
Michael Rief, Aachen
Achim Riether, München
Barbara Rommé, Münster
Elena Rossoni, Bologna
Christiane Ruhmann, Paderborn
Annette Saal, Münster
Dina Katharina Sauer, Münster
Thomas Scharf-Wrede, Hildesheim
Nina Simone Schepkowski, Hamburg
Philipp Schepp, Münster
Anna Schleep, Münster
Maria Schmiemann, Münster
Anja Schöne, Telgte
Barbara Schüler, Münster
Kurt Schulte, Münster
Cornelia Seidel, Münster
Thomas Söding, Münster
Bernadette Spinnen, Münster

Klaus Steinbüchl, Dortmund
Lutz Stellmacher, Dresden
Pierre Stépanoff, Montpellier
Thomas Sternberg, Münster
Christoph Stiegemann, Paderborn
Barbara Studer, Münster
Birgit Tenbuß-Niehues, Münster
Edith Thier, Münster
Jeanette Thier, Münster
Vera Thies, Nottuln
Werner Tschacher, Köln
Stefanie Uphues, Münster
Umberto Utro, Vatikan
Hannah Vietoris, Münster
Doris Vollenbröker, Münster
Rita Waßmann, Münster
Jutta Weber, Berlin
Stefan Weinfurter, Heidelberg
Tobias Weismantel, München
Thomas Weißbrich, Berlin
Carsten Wellbrock, Rheine
Georg Wendel, Münster
Doris Wermelt, Münster
Kathrin Wiggering, Münster
Georg Wilhelm, Osnabrück
Klaus Winterkamp, Münster
Nicole Wislsperger, München
Sabine Woelfel, München
Ludger Woltering, Münster
Markus Wonka, Münster
Christoph Wüllner, Münster
Cesare Zucconi, Rom

## Impressum

Diese Publikation erscheint anlässlich der Ausstellung

**Frieden.**
**Wie im Himmel so auf Erden?**

28. April – 2. September 2018

des Bistums Münster

**im Rahmen der Ausstellungskooperation**

**Frieden.**
**Von der Antike bis heute**

LWL-Museum für Kunst und Kultur
Bistum Münster
Archäologisches Museum der WWU Münster
Kunstmuseum Pablo Picasso Münster
Stadtmuseum Münster

**Gesamtleitung**
Hermann Arnhold, Friederike Maßling (LWL-Museum für Kunst und Kultur), Thomas Flammer, Klaus Winterkamp (Bistum Münster), Markus Müller, Andrea Hagemann (Kunstmuseum Pablo Picasso Münster), Barbara Rommé (Stadtmuseum Münster), Dieter Salzmann, Achim Lichtenberger (Archäologisches Museum der WWU Münster)

**Projektkoordination**
Katrin Egbringhoff

**Kuratoren und Konzeption**
Judith Claus, Gerd Dethlefs (LWL-Museum für Kunst und Kultur), Thomas Flammer, Thomas Fusenig, Viktoria Weinebeck (Bistum Münster), Alexander Gaude (Kunstmuseum Pablo Picasso Münster), Barbara Rommé, Axel Schollmeier, Bernd Thier (Stadtmuseum Münster), Achim Lichtenberger, H.-Helge Nieswandt, Dieter Salzmann (Archäologisches Museum der WWU Münster)

**Presse- und Öffentlichkeitsarbeit**
Claudia Miklis (Leitung), Thomas Flammer, Anke Lucht, H.-Helge Nieswandt, Norbert Robers, Barbara Rommé, Birthe Sarrazin, Anja Tomasoni, Katrin Anna Ziegast

**Kunstvermittlung**
Doris Wermelt (Leitung), Ingrid Fisch, Katrin Egbringhoff, Elisabeth Lange, Britta Lauro, H.-Helge Nieswandt, Axel Schollmeier, Bernd Thier

**Kulturprogramm**
Daniel Müller Hofstede (Leitung), Viktoria Weinebeck, Alexander Gaude, H.-Helge Nieswandt, Barbara Rommé, Klaus Winterkamp

**Eröffnung**
Viktoria Weinebeck (Leitung), Birthe Sarrazin, H.-Helge Nieswandt, Anna Schleep, Axel Schollmeier, Bastian Weisweiler

**Finanzen/Fundraising**
Detlev Husken (Leitung), Thomas Flammer, Andrea Hagemann, Eckhard Kluth, Achim Lichtenberger, Barbara Rommé, Nina Simone Schepkowski, Bastian Weisweiler

**Katalogmanagement**
Thomas Fusenig (Leitung), Judith Claus, Gerd Dethlefs, Alexander Gaude, H.-Helge Nieswandt, Axel Schollmeier

**Grafik-Design**
Schwerdtfeger & Vogt, Münster

## Ausstellung

**Kuratoren und Konzeption**
Thomas Fusenig, Viktoria Weinebeck, kuratorische Mitarbeit:
Katrin Egbringhoff, Thomas Flammer, Elisabeth Lange

**Wissenschaftlicher Beirat**
Norbert Köster, Peter Pfister, Thomas Sternberg, Christoph Stiegemann, Stefan Weinfurter, Klaus Winterkamp

**Projektleitung**
Thomas Flammer, Hubert Wolf

**Ausstellungsarchitektur und -grafik**
Eichholz Architektur Gestaltung

**Restauratorische Betreuung**
Janneke Bauermeister (Hamburg), Börries Brakebusch (Düsseldorf)

**Kunsttransport**
Hasenkamp Holding GmbH

**Leihverkehr**
Elisabeth Lange, Generalvikariat des Bistums Münster

**Sekretariat**
Miriam Lammers, Nicole Tepper

**Begleitprogramm**
Viktoria Weinebeck

**Kunstvermittlung**
Katrin Egbringhoff, Elisabeth Lange

**Finanzen und Beauftragungen**
Thomas Flammer

**Presse- und Öffentlichkeitsarbeit**
Thomas Flammer, Thomas Fusenig

**website**
(www.friedensausstellung-muenster.de)
Stephan Egbringhoff, www.ratbringer.de

## Katalog

**Evaluation**
Hans-Rüdiger Volkmann (Münster)

**Studentische Hilfskräfte**
Charlotte Müller, Philip Jörg, Sarah Popp, Sebastian Jakubik

**Schreinerarbeiten und Haustechnik**
Thomas Erdmann und das Team der Handwerker des LWL-Museum für Kunst und Kultur

**Lichttechnik**
Johann Crne und das Team des Museumstechnischen Diensts des LWL-Museum für Kunst und Kultur

**Besucherbüro**
Silvia Koppenhagen



**Herausgeber**
Bistum Münster, bearbeitet von Thomas Flammer, Thomas Fusenig, Viktoria Weinebeck

**Redaktion**
Thomas Flammer, Thomas Fusenig

**Bildbeschaffung**
Katrin Egbringhoff, Thomas Fusenig, Elisabeth Lange, Charlotte Müller, Viktoria Weinebeck

**Projektleitung Verlag und Lektorat**
Christine Jäger-Ulbricht, Sandstein Verlag

**Gestaltung**
Michaela Klaus, Jana Felbrich, Joachim Steuerer, Annett Stoy, Jacob Stoy, Sandstein Verlag

**Satz und Reprografie**
Gudrun Diesel, Katharina Stark, Jana Neumann, Sandstein Verlag

**Druck und Verarbeitung**
Westermann Druck Zwickau GmbH

Die Deutsche Nationalbibliothek verzeichnet diese Publikation in der Deutschen Nationalbibliografie; detaillierte bibliografische Daten sind im Internet unter http://dnb.dnb.de abrufbar.



ISBN 978-3-95498-384-1

www. sandstein-verlag.de

**Umschlag Vorderseite**
Adriaen van Nieulandt, Allegorie, 1655 (Kat.-Nr. 31)

**Umschlag Rückseite**
Banksy (zugeschrieben), Taube in schusssicherer Weste (Kat.-Nr. 1)

## Ausstellungskooperation

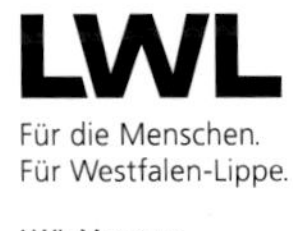


LWL-Museum
für Kunst und Kultur

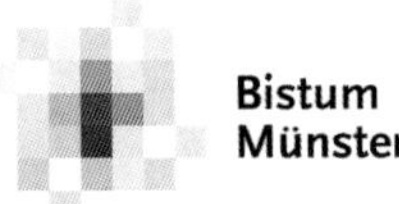


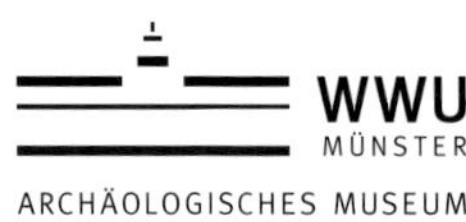


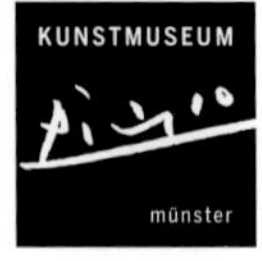


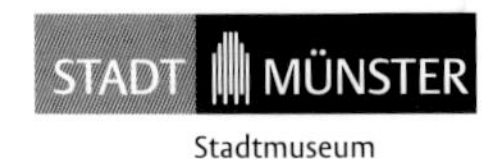


Förderer der Ausstellung »Frieden. Wie im Himmel so auf Erden?«

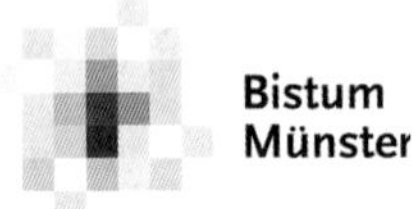


Förderer des Kooperationsprojekts

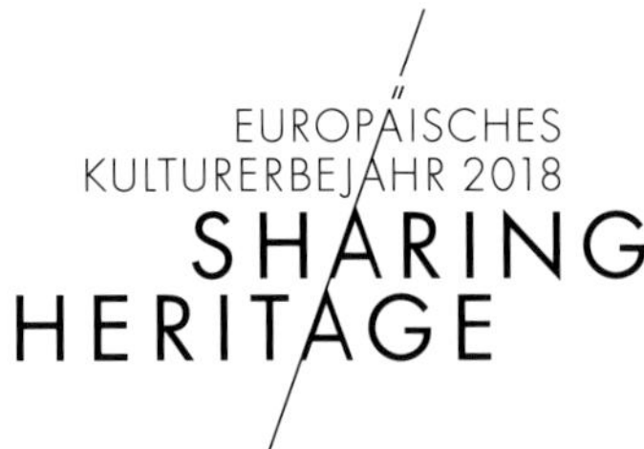


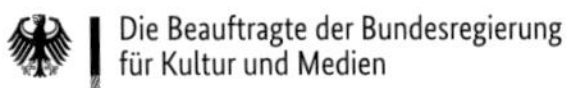


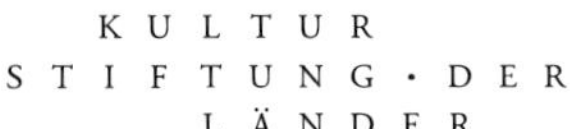


Ministerium für
Kultur und Wissenschaft
des Landes Nordrhein-Westfalen

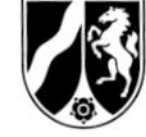

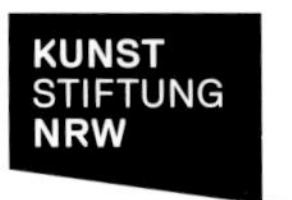


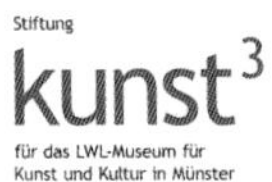


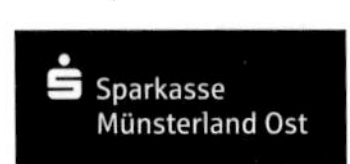


friede springer stiftung

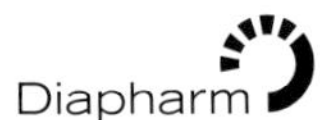


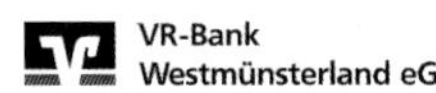


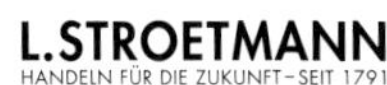